U0920717

中华人民共和国地方志

福建省志

民政志（1995—2005）

中共福建省委党史研究和地方志编纂办公室　编

海峡出版发行集团
THE STRAITS PUBLISHING & DISTRIBUTING GROUP
福建人民出版社
FUJIAN PEOPLE'S PUBLISHING HOUSE

图书在版编目（CIP）数据

福建省志. 民政志：1995—2005/中共福建省委党史研究和地方志编纂办公室编. --福州：福建人民出版社，2020.11
ISBN 978-7-211-08517-0

Ⅰ.①福… Ⅱ.①中… Ⅲ.①福建－地方志②民政工作－概况－福建－1995－2005 Ⅳ.①K295.7

中国版本图书馆 CIP 数据核字（2020）第 177834 号

福建省志·民政志（1995—2005）
FUJIAN SHENGZHI · MINZHENG ZHI

编　　者：中共福建省委党史研究和地方志编纂办公室
责任编辑：满　艺
出版发行：福建人民出版社　　**电　　话**：0591-87533169(发行部)
网　　址：http://www.fjpph.com　　**电子邮箱**：fjpph7211@126.com
地　　址：福州市东水路 76 号　　**邮政编码**：350001
经　　销：福建新华发行（集团）有限责任公司
印　　刷：福州力人彩印有限公司
地　　址：福建省福州市晋安区新店镇健康村西庄 580 号 9 栋第一层、二层
开　　本：889 毫米×1194 毫米　1/16
印　　张：44
彩　　插：14
字　　数：975 千字
版　　次：2020 年 11 月第 1 版　　2020 年 11 月第 1 次印刷
书　　号：ISBN 978-7-211-08517-0
定　　价：420.00 元

2004年2月10日，全省农村居民最低生活保障工作会议在福州召开

2005年春节，省长黄小晶（右一）在三明市看望慰问低保户并送上慰问金

中国莆田SOS儿童村

2000年3月，国际SOS儿童村协会主席海尔姆特·库廷（右一）和民政部副部长杨衍银（右二）参加中国莆田SOS儿童村开村揭牌仪式

2004年5月31日，省委、省政府为福州市儿童福利院派送慰问金

1997年，福州市台江区台江老人公寓开业典礼

2002年1月，民政部部长多吉才让（前中）考察福州市台江区亚峰社区星光计划实施点

2002年7月，全省星光计划工作会议在福州召开

2001年1月，省福彩中心电脑福利彩票数据机房投入使用

2001年1月，电脑福利彩票在福建正式上市销售。图为彩民在省福彩中心销售大厅购买彩票现场

2002年1月，省委书记宋德福（中）在福州市看望革命“五老”人员

1997年，东山县委、县政府慰问海训部队

1998年，驻闽部队和武警官兵赴赣抗洪胜利凯旋

1999年，福建省暨福州市爱心献功臣义演活动现场

1999年，驻漳州部队帮助地方抢险救灾

2000年1月28日，省委、省政府和省军区联合召开全省双拥模范城（县）命名大会

2001年6月，省双拥办为驻闽海军舰艇赠送图书

2003年，晋江市送科技进军营捐赠仪式

1996年12月，厦门市同安区阳翟社区设立标准地名标志牌

1996年12月，莆田市城厢区城郊乡畅林设立标准地名标志牌

2005年8月，福建省在全国城市地名标志设置暨启动县乡镇地名标志设置工作视频会上获得2个先进单位和5名先进个人的荣誉称号

1997年，古田县村委会选举投票现场

2000年8月，美国卡特中心代表团观摩仙游县赖店镇留仙村村委会选举投票活动

2005年4月，厦门市湖里区金山社区首次举行社区居委会直接选举

2002年，民政部副部长李学举（中）在福州市台江区考察社区建设

2002年，省委、省政府命名“福建省社区建设示范区”和“福建省社区建设示范街道”

2005年11月，省委、省政府召开建设海峡西岸和谐社区工作会议

2002年11月5日，全省民政系统首届运动会在福州举办

2004年9月，全省民政系统第三届运动会在厦门召开

2002年落成于福州市鼓楼区鼓东路44号的福建省民政厅办公大楼

《福建省志》编纂委员会

《福建省志》编纂委员会办公室

主　　任：黄　誌（兼）
副 主 任：黄　玲　林　浩　王盛泽　汪一朝
　　　　　俞　杰　戴振华　钟健英

《福建省志·民政志（1995—2005）》编纂委员会

主　　任：池秋娜　赖　军　黄序和
副 主 任：邱　玮　赵荣生　方少雄　皮华林　陈丽华
　　　　　辛志华　林　弘　张维船　林跃强　郑成林
委　　员：陈　林　吴名贤　王加胜　郭　奇　张广新
　　　　　彭　华　陈　勇　沈锦文　滕　容　许　胜
　　　　　林建水　李提金　陈晨光　陈永林　林中珠
　　　　　戴雄文　毛秀清
主　　编：池秋娜　赖　军　黄序和
副 主 编：邱　玮　赵荣生
编辑室主任：林厚裕
编辑室成员：陈　瑶　邓似宾　叶惠恋　郑雪维　林彩虹
　　　　　张　傲
总 撰 稿 人：林厚裕

《福建省志·民政志（1995—2005）》审稿人员

俞　杰　林　浩　李升荣　林其华　林珍瑞　林位芳　蔡丽华

《福建省志·民政志（1995—2005）》审定验收组人员

组　　长：陈秋平

副 组 长：俞　杰　林　浩（执行）

成　　员：李升荣　张维义　吕秋心　欧长生　林其华　林珍瑞

序

1995年至2005年的11个春秋，在漫漫的历史长河中只是浪花一朵，但对于福建民政系统而言却是极富意义的一段历史。在这世纪交替的历史时期，全省民政人开拓创新，锐意进取，在社会救助、优抚安置、社区建设、社会事务管理等工作领域积极作为，大范围多方面惠及社会民众，民政事业的公益性服务性地位进一步为社会所关注。

盛世修志，以文存史。为挖掘和传承民政领域历史文明成果，近几年来，省民政厅根据省委办公厅、省政府办公厅统一部署，组织有关人员积极开展新一轮民政志编纂工作。相关编修人员在人手不足、史料缺失的情况下，勤勉不怠，孜孜不辍，通过多方渠道搜集、梳理、撰写、编辑民政工作历史资料；又本着尊重历史、求真存实的工作原则和态度，不断地对许多史料进行上下求溯、反复求证。现在《福建省志·民政志（1995—2005）》经多方面征求意见，数易其稿，已基本成型。这将是一部比较系统地记述福建民政领域前一个时期各方面业绩亮点的志书，其篇章布局既传承上一轮志书的脉络，又依据当今工作实践对各个主题板块进行优化设置；其内容记述既注重客观翔实准确，又追求全面科学合理，不仅是往昔全省民政系统工作成果的再现与昭示，也是全省民政人齐绘锦绣蓝图智慧的诠释与注解，更是全省民政人栉风沐雨砥砺前行心血和汗水的见证与确认。相信这部志书的出版发行，将为人们了解福建民政事业发展变化的历史提供一个透视窗口，为老一辈民政人追忆往昔提供一个记忆载体，为新一代民政人开拓未来提供一条可资借鉴的途径。

民政工作上为政府分忧，下为百姓解愁，是政府履行公共服务和社会管理职能的重要方面。当前，随着经济社会快速发展，福建民政事业面临新机遇新挑战，基本民生保障和社会管理公共服务领域的改革发展任务依然艰巨繁重。愿从事民政工作的同行们进一步增强做好民政工作的责任感和使命感，知往鉴今，革故鼎新，传承民政创业、兴业、强业文明薪火，奋勇推进民政事业科学发展跨越发展。愿社会各界人士能够从这部志书中领略到福建民政历史厚重的积淀，欣赏到福建民政历史文化传统及其所闪烁出的以民为本、为民解困的人性光芒，从而给予民政事业改革发展更多的关注与支持！

黄序和

2015年1月

序

我省民政事业历经几代人的辛勤努力与无私奉献，构筑起相当深厚的历史底蕴。今天我省民政工作的新局面就是根植于前期全省民政系统从业人员努力创建的成果和积累。因而，对全省民政行业历史的成果进行系统的梳理和总结，是相当有意义的，我们有责任为后人留下一部系统的、翔实的民政行业史书。

令人欣喜的是，在省方志委的指导下，经过相关人员多年的努力，我厅编志工作即将全面告捷，《福建省志·民政志（1995—2005）》就要成书出版了。全书以1995年为记述上限，2005年为记述下限，共分8章31节。书中的一页页文字、一个个数字、一张张图表，再现了20世纪与21世纪交替时期全省民政行业的成果，也反映了那个时期全省民政人承前启后、继往开来、顽强拼搏的创业精神。这本追溯历史、描绘实况的行业发展史书无疑具有较高的历史价值，既能为社会各界人士了解我省民政工作历史、获取民政史料提供信息窗口和渠道，又能为未来全省民政事业改革发展提供资政借鉴。

党的十九大吹响了决胜全面建成小康社会的新号角，对全面建设社会主义现代化强国提出新要求，肩负着基本民生保障和公共服务职能的民政工作被赋予新的历史使命。作为新时代的民政人，必须忠实地贯彻执行党中央的号令，全方位回应人民群众的新要求新期待，在促进解决新时代社会主要矛盾中彰显民政的作用，履行民政的使命。知古鉴今，以史资政。让我们借鉴以往的经验和成果，积极承接新时代新使命，以更高标准抓重点，补短板，强弱项，奋力谱写新时代福建民政事业发展新篇章。

池秋娜

2018年6月

编辑说明

一、本志记述民政工作与民政事业的上限时间为1995年，下限时间为2005年。

二、为填补上一轮志书的空缺，本志救灾合作保险、村民自治、地名管理和社会福利彩票发行等章节均从事业发端写起；个别章节为交代事情缘由或为弥补空缺，从20世纪90年代初期起记述。

三、本志使用简称表示常用机构名称，如中共福建省委简称“省委”，福建省人民政府简称“省政府”，福建省民政厅简称“省民政厅”。

四、本志涉及单位名称、人员职务、地名等，均取当时之所称。

目　录

CONTENTS

概　述

1995年至2005年，全省民政事业在省委、省政府的领导和国家民政部的指导下，经各级民政部门及其工作者开拓进取，获得了长足的发展，为调节社会利益分配、保障基本民生、维护社会稳定、促进经济社会协调发展发挥了重要作用。

一、社会救助与社会福利事业

20世纪90年代中期起，为建立健全社会保障体系，全省各级党委政府把城乡居民最低生活保障工作提上重要议事日程。各级民政部门积极应对居民最低生活保障这一全新事业的挑战，先是在城市探索，紧接着又将探索路径延伸向农村。1998年，城市居民最低生活保障工作覆盖全省每一个城市；2004年，农村居民最低生活保障工作被作为为民办实事的第一项目扩展至全省范围。

2001年，全省开始探索建立救灾投入自然增长管理机制，各级政府实行灾害救助财政预备金预算。每年自然灾害发生后，各级民政部门不仅在资金上给予紧急援助，组织灾民灾后重建，而且广泛开展募捐赈灾活动。2003年，为提高突发性自然灾害救助应急反应能力，省民政厅在研究总结历年自然灾害规律及应急救助工作的基础上制定自然灾害救助应急预案。2004年，随着省市县三级普遍制定防抗风涝应急救助工作预案（内容包括突发性自然灾害等级划分、应急反应机构组成、灾情信息传送及应急救助行动方案等），全省基本建立起自然灾害应急预案体系和应急机制，自然灾害救助工作由此迈向科学规范的新轨道。

为了顺应日渐呈现的老年社会的需求，1995年起，各地鼓励和引导民间力量创办以养老服务为主要项目的社会福利机构，并逐步改革社会福利机构管理体制，盘活资源，开放服务项目，加大服务产品供给。1996年，国际SOS儿童村项目落地莆田。1997年，福州、厦门等地开始兴建老年公寓，为老年人提供集居住、餐饮、休闲养生、文化娱乐、运动健身等为一体的专业服务设施。2000年，电脑型福利彩票上市，推动彩票销量增长从传统的要素驱动向创新驱动转变，不断增长的公益金被广泛运用于助残、扶孤、赈灾和老年人公益事业。2001年起，全省相继启动“微笑列车”唇腭裂矫治项目、“残疾孤儿手术康复明天计划”和“社区老年福利服务星光计划”，以老年人和孤残儿童为主体服务对象的社会福利事业获得多元化发展。

二、优抚、退役安置与双拥工作

1996年起，全省不断深化优待抚恤机制改革。先是改革优待金统筹方式，变乡镇统筹为以县（市、区）为单位的社会统筹；继而建立优抚对象抚恤补助标准自然增长机制，每年参照上一年度城市职工平均工资和农民人均纯收入水平调整一次优抚对象的抚恤和生活补助标准，经费由政府财政承担。2000年，在乡老复员军人定补面实现全覆盖。同年起，全省重点优抚对象凭“医疗优惠卡”享受部分医疗费用减免的优待，二等乙级以上的伤残军人基本实现公费医疗。2005年，提高革命“五老”人员生活补助标准被列入省委“十一五”规划建议中。

1995年起，各地优抚事业单位不断优化基础设施，探索开放管理新模式；烈士评定工作依法依规稳妥进行，烈士褒扬工作迈出新步伐。

1999年起，全省改革复退军人安置工作，引导和鼓励绝大多数符合就业安置条件的城镇退役士兵自谋职业，由政府对自谋职业者发放一次性补助金。各地各部门积极为自谋职业的城镇退役士兵拓展社会就业渠道，并对自主创业者提供优惠政策和资金支持，逐步形成以市场化为导向、以自谋职业为主渠道的安置工作新格局。

20世纪90年代中期起，双拥模范城作为一项政治荣誉，受到全省军地双方高度重视，由此推动双拥模范城创建活动蓬勃发展。各级地方财政年年安排专项经费，帮助驻闽部队开展基础设施、训练设施、文化设施和“菜篮子”工程建设；沿海各地连年为中央军委、南京军区和东海舰队组织的在闽作战演习提供强有力的后勤支援，除了绝对保障军演部队粮油、蔬菜供给外，还帮助铺设大量的水电、道路和宿营设施；省市县层层建立拥军优属基金，帮助优抚对象缓解临时性和突发性困难，扶持优抚对象发展生产。1996年，《福建省拥军优属若干规定》获省人大常委会审议通过，军人军属在路桥通行、公园游览、医院门诊、就学就业、住房分配等日常生活方面的优待权益被赋予法律地位。1999年，全省广泛开展“爱心献功臣行动”，动员和组织社会各方面力量，多层次多渠道多形式对重点优抚对象进行帮扶。各级机关、企事业单位与重点优抚对象签订结对帮扶协议；各级民政部门会同当地主流媒体组织义演义卖募捐活动，在帮助重点优抚对象解决生活难、住房难、治病难的“三难”问题的同时，唤起社会各界对重点优抚对象现实生活的关切，营造关爱革命功臣的社会氛围。2000年，各地开始优先安排驻闽部队随军家属就业并对无工作者发放生活保障金。2003年起，省财政每年安排500万元专项经费帮助驻闽部队各大单位开发重点科研项目。2004年，“全国双拥模范城”荣誉称号花落全省所有设区市，双拥模范城覆盖率排名全国前列。

三、社会专项事务管理

1997年起的5年间，是全省社会组织管理领域工作任务比较艰巨的一个时期，先是整顿治理社会团体（审查社团政治倾向和法人资格，严格党政领导干部在社团中兼任领导职务的审批程序），将民办非企业单位登记和基金会监管职责划归民政部门，开展社会团体重新登记工作（重新审查社团章程和社团活动资金）；接着成立省市县三级民间组织管理工作领导小组，严控民间组织结构和总量，引导民间组织建立和完善自律机制；随后又专项治理整顿气功类社团，全面排查分布在城乡基层的各类气功组织活动情况。2002年起，各级不再批准设立业务宽泛、分类过细、交叉重复的社会团体，注重培育发展行业性和慈善类民间组织，并引导民间组织建立健全自我管理、自我约束机制。

1999年，外国人在闽收养子女改由省民政厅统一登记；各地民政部门加强收养登记场所整治，公开收养登记条件和程序，提高收养工作的透明度。同年，全省清理整顿婚姻介绍服务机构，清查其服务项目和经营方式，督促办理申报和登记手续。2001年，国内婚姻介绍服务机构资格审批权限由省民政厅下放到各设区市民政局。2003年，全省依法改革婚姻登记传统模式，让当事人隐私权益获得相应保障。2004年，县级民政局开始挂牌成立婚姻登记处，集中受理城区和农村婚姻登记工作，并引入婚姻登记信息管理系统。2005年，各级民政部门依法进行婚姻登记工作规范化建设，进一步提升婚姻登记工作服务质量。

1996年，全省启动全面勘界工作。历时5年，相继完成省际、省内县乡际界线勘定任务。同期，各地积极拓展地名管理工作，相继在国道、省道、县道（公路）两侧依照一定规范设置村镇名称标志；实施地名规划工作，在城市人文地理实体名称形成之前介入其名称审查和论证环节；理顺街路巷门牌管理体制，变城镇街路巷牌和居民住户门牌多头管理为民政部门统一标准化设置；引入城区地名标志设置工作筹资新渠道，对民间投资制作街路巷牌者回报以广告经营权。2002年，全省开始大幅调整乡镇行政区划，撤并规模小、经济实力弱、基础设施差的乡镇，进一步优化乡镇资源配置，促进农村经济发展。2003年，沿海5个设区市开展无居民海岛调查摸底工作，历时2年完成其地理要素的系统收集。

1996年起，全省殡葬改革于艰难之中迂回前行。各相关部门曾先后3次针对铁路沿线、公路沿线、主要河道沿线、经济开发区和旅游风景区出现的乱葬乱埋乱建坟墓问题进行专项整治。1998年起，省政府先后制定2批全省火葬区规划，对各市、县（区）火化区面积、人口、火化率及达标时间等提出具体要求。2002年，《福建省殡葬管理办法》由省政府通令发布，殡改工作被进一步推向法治轨道。2004年起，各地探索殡葬事业资金多元化筹措机制，鼓励和引导社会力量参与殡葬设施建设。

四、村（居）民自治与社区建设

20世纪80年代中期，农村基层政治体制转型让农村和农民的管理问题成为时代新课题。为有序有效引导农村基层施行自治活动，省民政厅会同省人大常委会相关部门从法律法规层面寻找解决问题的切入点和突破口。80年代末期，福建省在全国率先出台村民自治的地方性法律规范。90年代以后，伴随着村民自治地方性法规多次修订和完善以及农村群众民主意识的不断增强，各地村委会选举程序逐渐走向规范，民主程度一届比一届提高。2000年起，各地农村从建立健全以村民代表会议为主要形式的民主决策制度、以村规民约和自治章程为主要形式的民主管理制度、以村务公开栏和村委会向村民代表会议报告工作等为主要形式的民主监督制度入手，不断维护村民在自治实践活动中的知情权、参与权、管理权和监督权，农村基层民主政治建设进入发展新阶段。

2001年，在省委、省政府的重视下，各大中小城市和县政府驻地镇掀起了社区建设的热潮，其受重视程度之高，参与部门之多，运行声势之大，前所未有。各地整合社区，优化社区资源配置，建立健全各项社区管理制度，扩充发展社区志愿者队伍。同年起，各级政府不断调整社区优惠政策，加大社区经费供给；各级各相关部门延伸自身业务至社区，踊跃开展科教、法律、文体、卫生、警务进社区活动，打造出数量众多、惠及面广、功能齐备的各种服务平台。2004年，沿海各大中城市开始施行“权随责走、费随事转、事费配套”的社区服务管理体制，解决长期困扰社区的部门委托性工作的经费问题。

五、革命老区建设

1998年，省委、省政府专门召开全省老区工作会议，要求各级党委政府主要领导都要重视老区工作，真正把老区工作列入议事日程。1999年起，针对老区基础条件差、资源禀赋弱、经济发展与发达地区差距越来越大等实际情况，全省推出一系列精准扶建措施：先是组织实施老区人民渴望已久的通路、通水、通电、通广播电视和通电话的“五通工程”，连年将之列入省委、省政府为民办实事项目；接着将老区重点贫困村划定为省级扶贫开发重点村，由113个省直单位直接挂钩帮扶，每年注入大量资金扶助开展基础设施和开发性生产建设；随后又实施老区科技项目示范推动计划，培植老区中有影响有信誉的实体项目，推进老区特色产业开发和市场拓展。同期，各级各相关部门根据自身业务性质和特点，针对老区发展短板问题，在产业、财政、科技、人才和基础设施等方面给老区以倾斜，不断改善老区生产生活条件，从而增强老区发展的内生动力。2004年，全省范围内实施旨在解决农村人口饮水、水库保安、农田灌溉、山地水利、水土治理、河道清理问题的农村水利“六千”工程，惠及之处绝大部分属于革命老区。各地老区抓住上级政府着力帮扶的新契机，着力开展山地种植、养殖等综合开发，形成规模产业，地区生产总值和地方财政收入年年大幅增长，基础设施建设和各项民生事业大为改观。

六、机构和队伍建设

1995年和2000年，省民政厅先后两次调整和增减内设机构，整合和扩展相关处室行政职能。各级民政部门定期或不定期地举办各种培训班，不断提升从业人员依法办事的职业素质和专业技能。同时，着力推行政务公开制度，定期或不定期地举办行风廉政建设的测评和检查活动，全省民政系统依法行政的质量获得进一步提升。

第一章　社会救助

1995 年，福建省开始注重探索城市居民最低生活保障工作（简称“城市低保”）。3 年后，全省城市低保工作全面施行。1996 年，各地开始把农村居民最低生活保障工作（简称“农村低保”）提上议事日程。随后经过 8 年努力，农村低保工作覆盖全省。同期，救灾管理工作发生很大变化，各地建立救灾投入自然增长机制，省、市、县三级全面建立自然灾害救助应急预案体系。2003 年，全省变收容遣送工作为社会救助工作。2004 年，部分地区开始探索城乡居民医疗救助工作。2005 年，全省城市低保对象 20.01 万人，农村低保对象 74.69 万人；农村五保对象 9.77 万人；筹集医疗救助基金 1363 万元；救助流浪乞讨人员 1.5 万人次；有 22 家专业性慈善团体和 43 家基金会，有 35 个县（市、区）成立慈善爱心超市。

第一节　城乡最低生活保障

一、城市最低生活保障

1993 年 10 月，厦门市发布《城市居民最低生活保障暂行办法》，于当年 11 月起对生活困难的城市居民施行生活补助。

1995 年 4 月，省政府召开福建省第十五次民政会议，城市居民最低生活保障问题被列为会议重点议题之一。9 月，省委常委会对城市低保问题进行专题研究，提出实施城市最低生活保障制度的工作意见。10 月，各地（市）开始城市低保试点工作，试点区内的家庭人均收入低于当地划定的最低生活保障标准线的居民，向住地居委会提出申请，由街道办事处组织调查核实后报区（市、县）民政局审批，由当地政府差额补助其家庭年人均收入低于低保标准线的部分。11 月，省民政厅在莆田市举办城市居民最低生活保障线制度研讨班，参加者有各地（市）民政局救济科科长和 1996 年拟开展城市低保工作的区（市、县）民政局分管负责人。

1996 年底，全省有 16 个城市推行城市低保工作，共有 11700 人被纳入保障范围，其中无劳动能力，无生活来源，无法定赡养、抚养、扶养义务人（或者其法定赡养、抚养、扶养义务人无赡养、抚养、扶养能力）的人员（以下简称“三无”人员）和社会特困户 9700 人，企业退休、下岗、失业职工约 2000 人，全省月平均发放低保金 100 多万元。

1997 年 9 月，省民政厅贯彻国务院《关于在全国建立城市居民最低生活保障制度的通知》，召开全省地市民政局长会议专题研究城市低保工作，并派出 4 个调研组赴 9 个地市 18 个区（市、县）和有关省直部门调研城市生活困难居民实际情况以及保障机制问题。同月下旬，省委在贯彻中共十五大精神的决议中提出，“要加快建立健全社会保障体系步伐，全面建立城市居民最低生活保障制度”。12 月，省政府下发《关于在全省建立和实施城市居民最低生活保障制度的通知》，要求县驻地镇以上的城市（镇）于 1998 年前全面建立和实施城市低保制度，将家庭人均收入低于当地最低生活保障标准的持有非农业户口的城市居民全面纳入保障范围。全省城市低保工作由此全面进入实施阶段，各县（市、区）民政部门会同当地财政、统计、劳动、物价等部门调查研究城镇贫困居民人口数量、家庭结构及其生活消费情况，根据当地日常生活必需品的市场价格计算出人均月最低消费额，结合财政能力制定最低生活保障线并经当地人民政府批准后向社会公布。各地城镇低保对象主要是持有非农业户口的“三无”人员（简称“一类对象”），领取失业救济金期间或失业救济期满仍未能重新就业，家庭人均收入低于最低生活保障标准的城市居民（简称“二类对象”），在职人员和下岗人员在领取工资或最低工资、基本生活费后以及退休人员领取退休金后，其家庭人均收入仍低于最低生活保障标准的城市居民（简称“三类对象”）。城市低保工作所需资金实行财政分级负责制，由市、县（区）政府列入财政预算，纳入社会救济专项资金支出科目，专账管理。省直、部属企业困难职工及其家属最低生活保障工作实行属地管理。当年底，全省有 68 个县（市、区）建立城市居民最低生活保障制度，占全省县（市、区）总数的 81.9%，总保障数为 21399 人。厦门、泉州、龙岩、漳州、莆田市所有县（市、区）建立城市居民最低生活保障制度；厦门市保障标准人均 116.38 元，为全省最高；福州市保障标准人均 71.82 元（其中市区保障标准单人户每月每人 170 元，多人户月人均 155 元）。

表 1-1　　**1997 年福建省城市低保实施情况表**

地区	县（市、区）总数（个）	实行城市低保县（市、区）数（个）	保障人数（人）	月保障金支出（元）
福州市	13	10	10270	737607
厦门市	7	7	2981	346954
泉州市	10	10	874	78712
漳州市	11	11	2981	145475
莆田市	4	4	215	13623
宁德地区	9	7	680	41993
三明市	12	6	1083	47168
龙岩市	7	7	1323	70633

续表

地区	县（市、区）总数（个）	实行城市低保县（市、区）数（个）	保障人数（人）	月保障金支出（元）
南平市	10	6	992	84577
全省	83	68	21399	1566742

注：截至1997年底，尚未建立城市低保制度的有周宁、屏南、松溪、政和、光泽、浦城、宁化、明溪、清流、大田、尤溪、建宁、闽侯、平潭、永泰等15个县。

1998年5月，全省有77个县（市、区）建立城市居民最低生活保障制度，保障城市居民21445人，其中一类对象10824人，二、三类对象10621人，月发放保障金163.35万元，平均每人月补贴76.17元。截至6月底，全省83个县（市、区）全部建立并实施城市低保制度，全省有23653人获得最低生活保障救助，保障标准每月在120～260元，月支出保障金170万元。同月，省委、省政府召开国有企业下岗职工再就业和深化社会保障制度工作会议，强调“服务大局、服务改革”的指导思想，要求民政、劳动、工会等部门配合运作，把扩大二、三类对象的社会保障作为为企业改革排忧解难的突出任务来抓。同年底，全省共有3.8万包括下岗、失业、退休职工在内的城市（城镇）特困居民得到政府最低生活保障救助，保障标准最高的为厦门市（单人户每月每人260元，2人户月人均235元，3人及3人以上家庭户月人均210元）。省政府建立500万元最低生活保障调剂金，用于补助财政困难或省、部属企业较多的地方。全省地方财政共安排城市低保资金2060万元，支出1708万元。

1999年3月，省民政厅转发民政部《关于加快建立与完善城市居民最低生活保障制度的通知》，要求把符合保障条件的居民全部纳入保障范围，加强规范低保工作属地管理制度，并建立计算机管理的信息系统。6月，全省有26480人纳入城市低保，其中一类对象7469人，二、三类对象19011人，月发保障金191.48万元，平均每人月补助72.3元。8月，省民政厅开始为县级以上民政局配置低保信息计算机管理系统。9月，全省低保工作会议在南靖县召开，要求将城镇居民低保标准提高30%，实现低保工作制度化规范化管理：注重抓好“三个程序”（保障资格审批和注销程序、保障金发放程序、保障金标准调整程序）、“三个落实”（落实保障金、落实优惠政策、落实档案管理制度）、“三个公开”（向保障对象公开、向居民公开、向社会公开）。11月，全国城市居民最低生活保障工作会议在泉州市举行，会议代表参观考察泉州鲤城区、丰泽区低保工作，中央电视台在《新闻30分》栏目中报道福建省城市低保工作。同年，省财政增加城市低保专项调剂金200万元（总额至700万元），用于帮助落实企业二、三类人员的生活保障。各地（市）也建立100万元以上的低保专项调剂金。多数县（市、区）保障标准月人均90～120元，厦门市保障标准为全省最高（单人户每月每人315元，2人户月人均290元，3人以上户月人均265元）。厦门、福州等地城市低保资金由市、县两级财政共同承担：市属单位职工（含离退休人员、下岗待业职工、遗属）家庭的保障资金由市财政负责；县属单位职工家庭和无工作单位家庭的保障资金由县级财政承担；领取失业救济金或失业救济期满仍未能重新就业，符合低保条件的失业人员家庭的保障资金，由市、区两级财政一同承担。当年，全省地方财政安排低保资金3010万元，支出2609万元，全省纳入城市低保27128人。

2000年，全省开展城市低保对象调查摸底工作，调查结果显示：全省城市低保人数35949人（其中一类对象9476人，二、三类对象26291人），年发保障金3387万元，月发保障金295.1万元，平均每人每月补差82.06元；全省辖区内部属国有企业418家中已纳入保障范围的有40家，已享受低保职工394人，应保未保职工266人；全省省属国有企业371家中已纳入保障范围的133家，已享受低保职工804人，应保未保职工2987人。当年，省级提高城市低保调剂金达1200万元，地方财政共安排低保资金3890万元，支出约3500万元。厦门、福州两市总保障人数和总保障资金分别占全省的42.7%和58.6%。闽侯、闽清、龙文、屏南、顺昌、光泽、涵江、德化、石狮、洛江等县（市、区）城市低保人数在60人以下（基本上都是“三无”对象），其中龙文区保障数为4人。同年7月，根据监察部、财政部、劳动和社会保障部、民政部的要求，省民政厅下发《关于对城市居民最低生活保障资金管理使用情况开展专项检查工作的通知》，全省民政系统由此开展城市低保资金管理使用情况检查活动，历时3个多月，共派出检查组100多个，200多人次，召开座谈会100多场次，走访核实500多户低保户。

2001年初，漳州市龙文、云霄、诏安、华安4个县（区）因财政困难未能发放城市低保金。3月，省民政厅转发民政部《关于进一步做好2001年城市居民最低生活保障工作的通知》，要求努力扩大保障覆盖面，加大地方财政资金投入，确保保障资金及时足额到位。5月22日，省长习近平到省民政厅调研，强调各级党政领导要提高思想认识，增强做好城乡低保工作的紧迫感和责任感；要认真制定工作目标责任制，步步为营，不断推进城乡低保制度建设；对城乡低保制度不落实的要给予通报批评甚至惩戒，令其限时改正。31日，省政府召开专题会议研究城乡低保工作，要求各级政府把城乡低保工作摆上重要议事日程，一边推进城市低保，一边发展农村低保，努力实现“应保尽保”；拓宽筹资渠道，合理使用低保调剂金，不搞平均分配；加强低保工作队伍建设，保证低保工作经费（表格印制、人员培训、软件购买等费用）供给。6月，省民政厅向9个设区市党委政府发函传达习近平省长讲话精神，组派人员赴福州、漳州、三明、南平、龙岩、莆田基层调研督查，与省财政厅联合召开会议研究如何落实并规范管理低保资金。同月底，全省城市有42457人领取低保金。7月，全省范围内开展低保资金管理使用情况专项检查，重点检查2000年7月至2001年6月城市低保资金管理使用情况和农村低保实施情况。检查工作以自查自纠为主，全面检查与重点抽查相结合的形式进行。7月9日，省政府令第67号颁布《福建省城市居民最低生活保障实施办法》，规定：共同生活的家庭成员人均收入低于当地城市低保标准的持有非农业户口的城市居民均可享受城市居民最低生活保障待遇，“三无”人员按当地城市低保标准全额享受，有一定收入的城市居民按照家庭成员人均收入低于当地城市低保标准的差额享受；家庭成员人均收入按共同生活的家庭成员的全部货币收入（含法定赡养人、扶养人或者抚养人应当给付的赡养费、扶养费或者抚养费）和实物收入在申请者申请低保待遇之前3个月内的平均值计算（不包括优抚对象按照国家规定享受的抚恤金、补助金）；申请低保待遇的，先由户主向户籍所在地的居委会提出书面申请，出具有关证明材料，由居委会对申请人的家庭经济情况和实际生活水平在个人自报的基础上通过入户调查、邻里走访或信函索证等方式进行核实（并张榜公示），经街道办事处或镇政府初审后，报县级民政局审查批准（并再度张榜公示），最后由居委会代发县级民政部门统一印制的城市居民最低生活保障领取证；低保待遇由街道或镇政府以货币形式按月发放。9月，全省城市低保50479人，占非农业人口0.76%，有23个县（市、区）城市低保人数占非农业人口比例在0.50%以下，有6个县区（闽侯、光泽、龙文、涵江、洛江、仙游）城市低保人数在100人以下。9月20日，省政府召开专题会议，要求扩大保障面，特别要将符合条件的省、部属企业和城镇集体企业下岗职工、退休人员作为扩面

图1-1 2001年10月25日，省财政厅与省民政厅在龙岩市新罗区联合召开全省城市低保管理工作调研座谈会

的重点对象；争取“应保尽保”，凡符合低保条件的城市贫困人口都要纳入保障范围。10月25日，省财政厅与省民政厅在龙岩市新罗区联合召开全省城市低保管理工作调研座谈会，听取各地对城市低保工作的意见。11月，省民政厅会同省财政厅、省劳动和社会保障厅下发《关于贯彻〈福建省城市居民最低生活保障实施办法〉的通知》，提出享受城市低保的适用范围、低保家庭成员收入界定办法、低保待遇报批程序、低保资金筹措和管理等；会同省总工会联合下发《关于做好贫困职工最低生活保障工作的通知》，就贫困职工享受低保问题做出具体规定。截至同月底，全省城市有79329人领取低保金，占全省非农业人口总数的1.23%，月均发放低保金436.15万元。各地低保对象由初始的以“三无”人员为主转变为以家庭成员人均收入低于保障标准的二、三类人员为主。当年，为救助生活水平位于低保线边缘的贫困家庭和因突发事件造成生活困难的人员，省级财政追加投入城市低保调剂金800万元，泉州、福州、莆田、南平、龙岩、漳州等设区市建立城市低保调剂金100万元。同年，福建省引入民政部开发的城市居民最低生活保障信息管理系统，9个设区市民政局与省民政厅实现城市低保信息联网。当年，省民政厅下达省级调剂金和中央专项补助金共2200万元，大部分设区市也建立了本级调剂金。

表1-2　**2001年福建省各市县区城市低保情况表**

地区	保障人数（人）	非农业人口数（人）	保障比例（%）
福州市	**12089**	**1651957**	**0.73**
市属	800	430390	0.44
鼓楼区	1100		
台江区	3367	292603	1.15
仓山区	3045	187743	1.62
晋安区	803	153108	0.52
马尾区	487	51986	0.94
福清市	745	157900	0.47
长乐市	136	85530	0.16
闽侯县	607	76008	0.80
连江县	203	60095	0.34
闽清县	262	49953	0.52
罗源县	242	30618	0.79
永泰县	143	37161	0.38

续表

地区	保障人数（人）	非农业人口数（人）	保障比例（%）
平潭县	149	38862	0.38
厦门市	**7518**	**662159**	**1.14**
同安区	446	74619	0.60
集美区	308	37929	0.81
杏林区	716	69691	1.03
湖里区	1145	85734	1.34
思明区	1508	99268	1.52
鼓浪屿区	202	16369	1.23
开元区	3193	278549	1.15
泉州市	**6928**	**836288**	**0.83**
鲤城区	1036	198845	0.52
丰泽区	365	69849	0.52
洛江区	281	11664	2.41
泉港区	424	34688	1.22
石狮市	120	93682	0.13
晋江市	1542	134304	1.15
南安市	424	112534	0.38
安溪县	1142	82828	1.38
永春县	831	59312	1.40
德化县	763	38582	1.98
漳州市	**11634**	**768784**	**1.51**
常山开发区	80	235814	1.44
芗城区	3324		
龙文区	129	8931	1.44
龙海市	1679	107809	1.56
漳浦县	1079	74887	1.44
云霄县	1406	62717	2.24
东山县	957	69526	1.38

续表

地区	保障人数（人）	非农业人口数（人）	保障比例（%）
诏安县	869	63003	1.38
南靖县	763	49134	1.55
平和县	715	53112	1.35
华安县	294	21154	1.39
长泰县	339	22697	1.49
莆田市	**4708**	**337805**	**1.39**
城厢区	1161	106230	1.09
涵江区	633	52919	1.20
莆田县	1634	95881	1.70
仙游县	1280	82775	1.55
宁德市	**8914**	**489157**	**1.82**
市直	597	89287	2.12
蕉城区	1293		
福鼎市	1760	87394	2.01
福安市	2070	108116	1.91
霞浦县	856	66123	1.29
古田县	983	65434	1.50
屏南县	288	21737	1.32
寿宁县	410	19688	2.08
周宁县	273	19259	1.42
柘荣县	384	12119	3.17
三明市	**9935**	**668529**	**1.49**
三明市皮肤病医院	36	107109	1.25
梅列区	1303		
三元区	1435	98709	1.45
永安市	1923	136756	1.41
明溪县	346	24615	1.41
清流县	404	24656	1.64

续表

地区	保障人数（人）	非农业人口数（人）	保障比例（%）
宁化县	815	40642	2.01
大田县	607	42709	1.42
沙县	1095	62172	1.76
尤溪县	826	58300	1.42
将乐县	450	30921	1.46
泰宁县	353	20837	1.69
建宁县	342	21103	1.62
龙岩市	**8252**	**516465**	**1.60**
新罗区	3483	188824	1.84
漳平市	769	53977	1.42
长汀县	948	70793	1.34
永定县	896	65682	1.36
上杭县	750	53395	1.40
武平县	747	37206	2.01
连城县	659	46588	1.41
南平市	**12510**	**804424**	**1.56**
延平区	3565	237484	1.50
邵武市	1463	102163	1.43
武夷山市	1016	58200	1.75
建瓯市	1864	99514	1.87
建阳市	1212	86011	1.41
顺昌县	1028	68449	1.50
浦城县	1037	67206	1.54
光泽县	601	34762	1.73
松溪县	352	24089	1.46
政和县	372	26546	1.40
全省合计	82488	6735568	1.22

2002年1月，民政部部长多吉才让率救灾救济司、优抚安置局负责人等到福建检查城市贫困居民最低生活保障等方面工作，历时4天，先后考察福州、泉州市5个县（区）的街道、社区和村委会，到20多户居民家中了解情况。同月，省民政厅致函9个设区市委、市政府主要负责人，希望各设区市主要领导亲自过问、检查督促低保工作，从组织、措施和资金上优先保证低保工作，实现应保尽保。同月起，各地民政部门建立城市低保对象家庭备案制度，备案内容包括户主姓名、身份证号码、家庭人口、家庭住址、邮政编码、批准低保金的时间和金额。3月，全省开展城市应保对象排查摸底工作，历时2个多月。摸底结果：全省应保人数153079人（占非农人口总数的2.3%），已保94408人（占非农人口总数的1.38%），人均补差55.2元。7月，省民政厅表彰28个县（市、区）民政局为福建省城市居民最低生活保障工作先进单位、43名省市县民政工作者为福建省城市居民最低生活保障工作先进个人。9月，民政部低保工作组到莆田市城厢区、荔城区，龙岩市新罗区、长汀县和三明市永安市抽样调查80户低保对象家庭。10月，代省长卢展工到省民政厅调研，重点就城市低保、灾民救助、基层政权建设和殡葬改革提出意见。11月，全国城市低保标准体系座谈会在厦门市召开，参会的有13个省（直辖市）、省会城市民政局分管负责人、民政部救灾救济司干部和中国人民大学社会学系教授等。同年，全省省、市、县三级低保信息管理实现网络化运行。省财政部门提出“以人定钱”，调整支出结构，安排全年低保支出8820.45万元（其中城市低保支出5307.4万元），并加强各项资金的追踪问效。

2003年1月至6月，全省城市低保总支出5667万元，人均月补差52元，补差额从高到低依次为：厦门市107元、福州市72元、莆田市60元、泉州市58元、三明市44元、宁德市44元、龙岩市41元、漳州市40元、南平市35元。人均补差在35元及35元以下的有明溪（35元）、永定（34元）、浦城（34元）、闽侯（31元）、芗城（31元）、尤溪（31元）、松溪（31元）、大田（30元）、漳平（30元）、武平（30元）、邵武（30元）、光泽（27元）、建阳（26元）。4月，省民政厅下发通知，要求各地完善城市低保工作目标责任制，切实落实属地化管理，纠正各种“虚拟收入”和“应得收入”等不合理的市场计算方法，把符合最低生活保障条件的城市困难居民全部纳入保障范围，实现动态管理下的应保尽保。当年，省级预算安排城市低保补助资金5600万元（含当年中央预算安排2000万元）。

同年8月，省民政厅根据国务院办公厅和民政部要求下文通知：短期内无法就业、无生活来源的普通高等学校患病毕业生（含大学专科、大学本科、研究生），可向户口所在地民政部门申请临时救助；符合条件者，参照当地城市低保标准给予不超过一年的临时生活困难救助，一年后家庭生活仍有困难的，可申请享受最低生活保障或其他社会救济。

表 1-3　**2002 年福建省各设区市城市居民最低生活保障情况表**

地区	保障对象（人）										保障资金（万元）				
	总人数	按家庭成员身份分类						按所在单位性质分类			总金额	其中			
		在职职工	下岗职工	离退休人员	失业人员	“三无”人员	其他人员	国有企业职工	集体企业职工	其他人员		省级财政	市级财政	县级财政	其他
福州	23680	1124	4358	1572	3417	2097	11112	5467	3535	14678	504.4	0	219.6	284.8	0
厦门	14401	1196	1501	884	789	758	9273	3038	789	10574	479.84	0	150.85	302.8	26.19
泉州	14193	317	2073	591	912	1510	8790	1502	2002	10689	232.33	13.25	0	168.09	50.99
漳州	21835	590	3884	612	2618	1721	12410	1313	4147	16375	250.23	82.38	32.06	131.97	3.82
莆田	10145	760	1977	525	1371	1439	4073	1778	1730	6637	143.81	0	0	143.81	0
宁德	19349	640	9311	527	2964	2277	3630	7388	5732	6229	279.56	141.53	10	128.03	0
三明	25305	2042	3375	1015	12912	1297	4664	9296	6713	9296	338.76	338.76	0	0	0
龙岩	17151	1842	5789	989	4120	1245	3166	7433	4628	5090	192.07	0	50	136.67	5.4
南平	29521	912	11689	678	7607	1749	6886	10575	9930	9016	327.44	195.07	0	50	82.37
全省	175580	9423	43957	7393	36710	14093	64004	47790	39206	88584	2748.44	770.99	462.51	1346.17	168.77

表 1-4　**2003 年福建省各市县区城市居民最低生活保障情况表**

地区	低保户数（户）	低保人数（人）							低保资金支出（万元）		12 月人均补差额（元）
		小计	在职职工	离岗人员	离退休人员	失业人员	“三无”人员	其他人员	1—12 月支出	12 月支出	
总　计	**77646**	**192808**	**8961**	**39962**	**7065**	**40852**	**16119**	**79849**	**11789.28422**	**1085.06**	**56**
福州市	**10469**	**24603**	**1106**	**4441**	**1454**	**3548**	**2128**	**11926**	**2145.3**	**183.10**	**74**
市　属	637	637	0	0	0	0	637	0	50.1	4.50	71
鼓楼区	977	2361	55	422	113	820	19	932	248.1	22.00	93
台江区	2025	4887	193	661	263	1267	23	2480	581.8	45.30	93
仓山区	1618	4017	287	658	184	512	89	2287	354	31.40	78
晋安区	703	1830	36	449	21	180	163	981	178.1	16.30	89
马尾区	386	1084	11	183	25	40	44	781	102.3	8.80	81
福清市	1210	2571	180	307	265	411	523	885	234.8	21.10	82
长乐市	385	979	0	249	0	0	88	642	81.6	7.60	78
连江县	306	924	47	420	25	25	76	331	40.1	3.50	38
闽侯县	544	1683	128	546	403	17	55	534	61.5	5.20	31
闽清县	489	1015	138	131	70	258	157	261	60.6	5.10	50
罗源县	438	788	0	117	3	10	43	615	50.4	4.10	52
永泰县	361	639	31	91	82	8	118	309	41.3	2.90	45
平潭县	390	1188	0	207	0	0	93	888	60.6	5.30	45
厦门市	**5511**	**14556**	**1072**	**1355**	**524**	**2789**	**299**	**8517**	**1778.97**	**147.67**	**101**
同安区	371	1019	0	80	0	45	43	851	69.74	5.96	58
集美区	465	1310	132	219	73	2	30	854	147.31	11.83	90
海沧投资区	314	873	14	0	24	20	46	769	67.71	6.03	69
湖里区	788	2254	254	245	82	442	30	1201	269.97	24.74	110
思明区	912	2229	232	230	77	140	52	1498	314.87	23.60	106
鼓浪屿区	174	333	40	43	35	0	10	205	67.91	5.53	166
开元区	2487	6538	400	538	233	2140	88	3139	841.46	69.98	107
泉州市	**6705**	**16919**	**338**	**2145**	**801**	**732**	**1677**	**11226**	**1088.84**	**104.92**	**62**
鲤城区	1063	3038	146	368	278	0	346	1900	189.57	26.00	86

续表

地区	低保户数（户）	低保人数（人）							低保资金支出（万元）		12月人均补差额（元）
		小计	在职职工	离岗人员	离退休人员	失业人员	“三无”人员	其他人员	1—12月支出	12月支出	
丰泽区	652	1846	29	56	63	11	56	1631	96.13	11.50	62
洛江区	210	449	1	61	50	0	0	337	25	2.49	55
泉港区	545	820	45	477	83	42	66	107	79.2	6.60	80
石狮市	361	1091	0	12	0	26	45	1008	58.43	4.92	45
晋江市	1022	2443	43	0	74	143	356	1827	192.98	16.31	67
南安市	470	968	5	115	49	60	184	555	106.68	8.53	88
安溪县	782	1719	15	245	2	0	83	1374	119.2	10.02	58
永春县	578	1366	3	356	87	0	51	869	80.4	6.70	49
德化县	352	1129	16	231	60	39	53	730	48.82	4.06	36
惠安县	670	2050	35	224	55	411	437	888	92.43	7.79	38
漳州市	**9110**	**23662**	**708**	**3639**	**719**	**2374**	**2031**	**14191**	**1159.03**	**105.63**	**45**
常山开发区	46	100	0	10	14	0	36	40	5.72	0.60	60
芗城区	2332	6400	245	545	292	687	134	4497	289.61	29.79	47
龙文区	254	380	19	0	28	87	40	206	20.68	1.97	52
龙海市	1349	3340	106	603	132	395	315	1789	169.9	14.70	44
漳浦县	930	2072	45	358	38	140	183	1308	116.44	9.73	47
云霄县	731	1775	10	252	45	89	14	1365	81.16	7.37	42
东山县	868	2514	8	136	32	0	25	2313	112.09	10.10	40
诏安县	524	1710	0	96	0	251	538	825	83.13	6.95	41
南靖县	764	1815	25	692	59	103	358	578	97.2	8.10	45
平和县	667	1680	36	732	31	191	35	655	82.78	7.56	45
华安县	345	980	90	0	0	350	250	290	54.76	4.95	51
长泰县	300	896	124	215	48	81	103	325	45.56	3.81	43
莆田市	**7369**	**13221**	**861**	**3225**	**462**	**1848**	**1853**	**4972**	**689.8934**	**66.71**	**50**
荔城区	1091	1951	242	194	21	284	376	834	125.219	9.94	51
城厢区	901	2194	27	178	106	44	203	1636	110.4649	9.65	44

续表

地区	低保户数（户）	低保人数（人）							低保资金支出（万元）		12月人均补差额（元）
		小计	在职职工	离岗人员	离退休人员	失业人员	“三无”人员	其他人员	1—12月支出	12月支出	
涵江区	1067	2463	172	618	207	547	708	211	139.1	11.80	48
秀屿区	832	1173	275	65	32	20	49	732	72.6948	8.74	75
仙游县	3478	5440	145	2170	96	953	517	1559	242.4147	26.58	49
宁德市	**8270**	**21985**	**643**	**10939**	**528**	**3091**	**2888**	**3896**	**1077.6741**	**95.72**	**44**
市　直	329	1028	210	611	39	102	4	62	54.831	4.63	45
蕉城区	732	2691	157	771	97	792	126	748	131.84	11.05	41
福鼎市	2133	4610	0	2377	126	1174	933	0	228.2	20.58	45
福安市	1592	4620	86	2641	47	142	421	1283	224.3009	20.15	44
霞浦县	1129	2901	31	1255	102	638	355	520	148.31	13.20	46
古田县	701	2175	98	1439	31	130	48	429	102.613	8.78	40
屏南县	210	736	3	513	23	0	197	0	40.8	3.40	46
寿宁县	899	1589	3	678	23	0	658	227	64.266	6.36	40
周宁县	278	775	18	306	24	0	103	324	37.233	3.49	45
柘荣县	267	860	37	348	16	113	43	303	45.2802	4.08	47
三明市	**10225**	**26742**	**1421**	**3165**	**960**	**13915**	**1153**	**6128**	**1469.3843**	**152.57**	**57**
市皮防院	60	60	0	0	0	0	60	0	6	0.50	83
梅列区	1522	3990	428	840	232	1956	101	433	320.4501	23.75	60
三元区	1594	4122	319	595	321	1785	123	979	273.7813	22.19	54
永安市	1060	2698	135	0	147	1152	167	1097	148.282	37.34	138
明溪县	691	1539	45	55	27	828	45	539	66.3492	6.11	40
清流县	645	1641	72	424	60	943	40	102	67.5222	6.91	42
宁化县	888	2176	151	311	47	444	229	994	108.3817	9.90	46
大田县	685	2435	36	0	10	2158	53	178	94.4674	9.18	38
沙　县	911	1928	106	43	37	985	143	614	103.608	9.96	52
尤溪县	863	2581	0	226	0	1951	83	321	92.2688	8.78	34
将乐县	547	1415	23	0	26	691	43	632	69.5785	7.91	56

续表

地区	低保户数（户）	低保人数（人）							低保资金支出（万元）		12月人均补差额（元）
		小计	在职职工	离岗人员	离退休人员	失业人员	“三无”人员	其他人员	1—12月支出	12月支出	
泰宁县	361	1059	81	229	44	616	30	59	60.2047	5.45	51
建宁县	398	1098	25	442	9	406	36	180	58.4904	4.59	42
龙岩市	**7256**	**19369**	**1960**	**4685**	**963**	**5725**	**2055**	**3981**	**927.22**	**79.46**	**41**
新罗区	1745	4958	1053	1265	583	1130	269	658	263.52	20.75	42
漳平市	923	2108	141	7	56	763	356	785	86.39	8.55	41
长汀县	1375	3728	164	1615	79	1290	202	378	212.59	17.35	47
永定县	984	3187	206	505	138	1196	452	690	125.65	10.99	34
上杭县	885	2099	175	401	56	218	247	1002	100.65	8.50	40
武平县	851	1808	180	540	20	562	38	468	67.85	6.55	36
连城县	493	1481	41	352	31	566	491	0	70.57	6.77	46
南　平	**12731**	**31751**	**852**	**6368**	**654**	**6830**	**2035**	**15012**	**1452.97242**	**149.28**	**47**
延平区	3210	8275	328	0	8	2446	695	4798	370.3542	42.62	52
邵武市	1123	3599	5	654	21	412	99	2408	140.0132	14.96	42
武夷山市	1136	2285	45	644	57	637	411	491	126.9041	12.15	53
建瓯市	1272	3217	0	791	95	953	131	1247	143.2082	12.21	38
建阳市	1472	3385	215	894	83	378	70	1745	115.4744	12.52	37
顺昌县	1168	3119	172	763	123	748	108	1205	160.42142	15.61	50
浦城县	1215	3110	81	1037	206	313	162	1311	139.85	15.68	50
光泽县	1117	2076	0	1082	42	467	97	388	135.3019	10.06	48
松溪县	459	1318	6	215	19	319	120	639	60.4325	6.63	50
政和县	559	1367	0	288	0	157	142	780	61.0125	6.84	50

2004年6月，厦门市人大常委会颁布《厦门市最低生活保障办法》，将城乡低保工作纳入法治保障范畴。福州市出台特困户粮价补贴应急预案：当因各种因素造成粮食市场供应紧张，粮价出现异常波动且持续一个月高于周边地区粮价10%以上时，由市政府对受到粮价波动影响的城市低保户和困难户进行粮价应急补贴。补贴标准以福州粮食批发市场普通大米价格每公斤3元为起补点，每上涨0.1元补贴每人每月3元。至6月底，全省城市低保对象突

破 20 万人。同年，各地在初步规范化管理基础上进一步推进低保制度建设，强调“公开、公平、公正”原则，严格申请、审核、审批制度。实际工作中有两项改进：一是对保障对象实行动态管理。民政和统计部门联合进行在册城市低保户拉网式重新核实检查，以家庭人均收入低于当地低保标准作为入保的唯一条件，通过一定的计算办法，将符合条件者保留在册，不符合者及时调整出局。南平市入户检查率 100%，经普查，退出城市低保有 1158 户 3502 人，新增入保 968 户 2467 人，调整面达 32.3%。武夷山市实行低保对象月见面季审核制度，每月底前由户主或受委托人持户主身份证、户口簿、低保金领取证、银行存折到所在社区居委会（未设社区居委会的到乡镇民政办）见面签到。二是全面实行低保金社会化发放。县级民政部门给每个低保对象发放低保金领取证和存折（卡），低保对象凭领取证和存折（卡）领取所得，以避免出现低保资金跑、冒、滴、漏的现象。

表 1-5　**2004 年福建省各市县区城市居民最低生活保障情况表**

地区	低保户数（户）	低保人数（人）							低保资金支出（万元）		12月人均补差额（元）
		小计	在职职工	离岗人员	离退休人员	失业人员	“三无”人员	其他人员	1—12 月支出	12 月支出	
总　计	80921	200640	8881	37045	7000	45342	14870	87502	13557.9	1176.97	59
福州市	10766	25789	1115	4056	1682	3872	2191	12873	2302.8	212.7	82
市　属	501	501	0	0	0	0	501	0	53.5	4	80
鼓楼区	1034	2400	42	387	91	948	18	914	262	24.1	100
台江区	1976	4624	176	614	188	1003	24	2619	535.4	50.4	109
仓山区	1753	4376	294	695	195	537	69	2586	413	41.2	94
晋安区	732	1855	37	158	60	323	89	1188	206.6	19.9	107
马尾区	432	1209	16	160	24	60	47	902	116.5	9.9	82
福清市	1217	3029	215	259	310	634	806	805	288.3	26.2	86
长乐市	425	1076	0	0	252	0	86	738	95	8.3	77
连江县	315	944	47	432	25	25	78	337	43.5	3.7	39
闽侯县	590	1681	127	568	383	17	57	529	67.2	5.7	34
闽清县	535	1133	127	130	68	290	156	362	63.7	5.4	48
罗源县	432	886	0	282	10	27	47	520	53.3	4.7	53
永泰县	355	634	34	91	76	8	118	307	37.2	3.1	49
平潭县	469	1441	0	280	0	0	95	1066	67.6	6.1	42

续表

地区	低保户数（户）	低保人数（人）							低保资金支出（万元）		12月人均补差额（元）
		小计	在职职工	离岗人员	离退休人员	失业人员	“三无”人员	其他人员	1—12月支出	12月支出	
厦门市	**6462**	**16934**	**1699**	**2299**	**270**	**2758**	**316**	**9592**	**2187.24**	**186.09**	**110**
同安区	353	915	0	129	0	166	11	609	77.28	6.3	69
翔安区	168	412	0	20	0	5	13	374	27	2.3	56
集美区	416	1114	41	0	11	129	39	894	135.97	10.71	96
海沧区	315	890	13	0	15	112	37	713	68.27	5.49	62
湖里区	1300	3808	1250	145	37	1361	75	940	434.48	39.19	103
思明区	3910	9795	395	2005	207	985	141	6062	1444.24	122.1	125
泉州市	**8151**	**19844**	**361**	**1391**	**799**	**1269**	**1945**	**14079**	**1528.46**	**128.23**	**65**
鲤城区	1128	3200	149	412	276	0	396	1967	265.93	22.93	72
丰泽区	711	1958	30	62	63	12	58	1733	143.45	12.08	62
洛江区	226	456	0	60	32	0	0	364	36.88	3.08	68
泉港区	728	1009	48	0	87	647	79	148	99.6	8.3	82
石狮市	1274	3614	0	12	0	32	265	3305	277.01	22.62	63
晋江市	1020	2451	41	0	61	122	356	1871	219.61	18.7	76
南安市	560	1133	27	124	68	9	169	736	121.9	10.08	89
安溪县	773	1606	5	0	10	0	81	1510	118.2	9.9	62
永春县	560	1320	3	356	87	0	51	823	78.6	6.6	50
德化县	364	947	23	141	60	36	53	634	56.4	4.7	50
惠安县	807	2150	35	224	55	411	437	988	110.88	9.24	43
漳州市	**9951**	**25148**	**716**	**4038**	**843**	**3167**	**1858**	**14526**	**1364.57**	**133.47**	**53**
常山开发区	100	243	0	50	0	84	70	39	19.89	1.86	77
芗城区	2282	6019	231	495	286	623	116	4268	350.56	29.48	49
龙文区	276	429	9	0	78	71	22	249	25.97	2.17	51
龙海市	1457	3634	113	138	227	937	315	1904	193.3	15.95	44
漳浦县	1190	2397	47	608	38	141	183	1380	133.32	22.52	47
云霄县	747	1796	10	231	38	87	18	1412	97.48	8.62	48

续表

地区	低保户数（户）	低保人数（人）							低保资金支出（万元）		12月人均补差额（元）
		小计	在职职工	离岗人员	离退休人员	失业人员	“三无”人员	其他人员	1—12月支出	12月支出	
东山县	879	2528	8	133	34	0	25	2328	121.3	10.2	40
诏安县	524	1710	0	96	0	251	538	825	83.4	13.9	41
南靖县	831	1965	13	694	59	72	276	851	99.22	8.27	42
平和县	709	1769	41	757	30	211	45	685	92.1	7.78	44
华安县	620	1580	120	640	0	550	200	70	83	7.3	46
长泰县	336	1078	124	196	53	140	50	515	65.03	5.42	50
莆田市	**7358**	**13198**	**707**	**3505**	**475**	**2021**	**1689**	**4801**	**814.02**	**68.21**	**52**
荔城区	1101	1974	101	335	20	284	320	914	124.36	10.38	53
城厢区	830	2140	14	313	118	202	124	1369	110.18	9.01	42
涵江区	1117	2471	172	623	209	561	679	227	141.9	11.9	48
秀屿区	832	1173	275	64	32	21	49	732	75.14	5.34	46
仙游县	3478	5440	145	2170	96	953	517	1559	362.44	31.58	58
宁德市	**8631**	**22905**	**581**	**10333**	**520**	**4047**	**2660**	**4764**	**1182.52**	**102.03**	**45**
市　直	320	999	194	592	39	102	3	69	55.06	4.53	45
蕉城区	758	2729	138	806	71	796	143	775	134.45	11.3	41
福鼎市	2225	4802	0	2407	130	1331	934	0	249.45	21.41	45
福安市	1487	4370	43	2444	55	205	429	1194	230.70	18.71	43
霞浦县	1385	3622	34	1496	121	872	431	668	172.40	16.6	46
古田县	730	2240	98	1481	31	162	48	420	117.41	10.20	46
屏南县	204	719	0	498	23	0	0	198	40.26	3.34	46
寿宁县	931	1594	0	184	9	108	537	756	84.04	7.46	47
周宁县	301	852	18	—	24	350	107	353	44.25	3.78	44
柘荣县	290	978	56	425	17	121	28	331	54.5	4.7	48
三明市	**10382**	**27198**	**1175**	**3511**	**908**	**14415**	**918**	**6271**	**1534.56**	**126.21**	**46**
市皮防院	60	60	0	0	0	0	60	0	6	0.5	83
梅列区	1466	3788	287	816	236	1904	99	446	276.10	22.31	59

续表

地区	低保户数（户）	低保人数（人）							低保资金支出（万元）		12月人均补差额（元）
		小计	在职职工	离岗人员	离退休人员	失业人员	“三无”人员	其他人员	1—12月支出	12月支出	
三元区	1520	3939	306	579	315	1719	123	897	253.00	20.14	51
永安市	1027	2391	60	0	78	1065	155	1033	129.17	10.98	46
明溪县	668	1465	45	56	27	764	44	529	72.61	6.01	41
清流县	798	2013	82	534	63	1199	36	99	102.85	8.89	44
宁化县	811	2203	141	414	46	517	48	1037	113.46	8.53	39
大田县	741	2506	36	0	10	2168	85	207	115.72	9.75	39
沙　县	860	1900	115	29	35	973	32	716	118.00	9.88	52
尤溪县	948	2879	0	349	0	2015	121	394	121.70	9.87	34
将乐县	622	1633	15	0	45	875	52	646	96.85	8.24	50
泰宁县	417	1208	73	232	44	787	30	42	69.80	6.10	51
建宁县	444	1213	15	502	9	429	33	225	59.30	5.01	41
龙岩市	**6815**	**19084**	**1731**	**4012**	**919**	**7177**	**1067**	**4178**	**952.67**	**81.57**	**43**
新罗区	1412	4123	924	1282	575	890	260	192	231.87	18.44	45
漳平市	688	1807	91	0	34	806	89	787	90.53	7.40	41
长汀县	1480	4059	164	1827	82	1384	200	402	212.32	17.69	44
永定县	942	3000	195	476	149	1515	414	251	133.39	11.1	37
上杭县	687	2065	175	75	57	579	48	1131	97.70	8.09	39
武平县	1072	2504	182	0	22	1461	56	783	103.08	11.64	46
连城县	534	1526	0	352	0	542	0	632	83.78	7.21	47
南平市	**12405**	**30540**	**796**	**3900**	**584**	**6616**	**2226**	**16418**	**1691.06**	**138.46**	**45**
延平区	2935	7495	312	0	9	2147	758	4269	402.80	31.11	42
邵武市	881	2357	0	283	18	592	136	1328	159.60	11.72	50
武夷山市	809	1995	39	263	58	619	402	614	142.78	12.05	60
建瓯市	1271	3144	0	0	72	551	155	2366	167.30	13.85	44
建阳市	1715	3915	238	921	91	383	70	2212	154.28	14.48	37
顺昌县	1152	2851	130	664	101	603	108	1245	186.10	15.22	53

续表

地区	低保户数（户）	低保人数（人）							低保资金支出（万元）		12月人均补差额（元）
		小计	在职职工	离岗人员	离退休人员	失业人员	“三无”人员	其他人员	1—12月支出	12月支出	
浦城县	1200	3077	71	1030	206	298	160	1312	195.50	16.21	53
光泽县	1446	2781	3	276	21	950	175	1356	130.55	11.54	42
松溪县	406	1055	3	193	8	306	120	425	67.31	5.18	49
政和县	590	1870	0	270	0	167	142	1291	84.84	7.10	38

2005年，省财政提高低保补差标准，加大对财政困难县（市）的转移支付。各市、县（区）、乡均设立最低生活保障资金专户，低保资金被作为保吃饭的项目优先安排，由民政部门提出年度用款计划，经同级财政审核后列入预算，资金预算批准后全额转入专户，专款专用。当年，全省纳入城市居民最低生活保障的有81808户200051人，月人均补差60元，全年共发放城市低保金14353.94万元。同年，省民政厅协助省建设厅制定城镇最低收入家庭住房情况调查方案，开展城镇最低收入家庭住房情况调查工作。

表1-6　**2005年福建省各市县区城市居民最低生活保障情况表**

地区	低保户数（户）	低保人数（人）							低保资金支出（万元）		12月人均补差额（元）
		小计	在职职工	离岗人员	离退休人员	失业人员	“三无”人员	其他人员	1—12月支出	12月支出	
全　省	**81808**	**199991**	**6981**	**34418**	**6411**	**44848**	**13159**	**94174**	**14353.94**	**1204.3**	**60**
福州市	**10405**	**25577**	**1081**	**4686**	**1593**	**4004**	**1500**	**12713**	**2630.7**	**218.3**	**85**
鼓楼区	910	1928	50	200	80	620	13	965	263.4	21.2	110
台江区	1853	4243	169	577	168	1015	21	2293	572	47.7	112
仓山区	1871	4661	288	837	207	698	73	2558	499.2	42.6	91
晋安区	811	2030	40	158	60	380	90	1302	254	21.7	107
马尾区	466	1276	22	161	27	75	58	933	135.8	11.5	90
福清市	1335	3522	179	962	232	843	654	652	453.1	35.1	100
长乐市	370	1002	0	0	253	0	23	726	88.2	7.2	72
连江县	326	961	47	432	25	25	78	354	45.4	3.8	40
闽侯县	588	1674	129	564	382	17	55	527	68.4	5.7	34

续表

地区	低保户数（户）	低保人数（人）							低保资金支出（万元）		12月人均补差额（元）
		小计	在职职工	离岗人员	离退休人员	失业人员	“三无”人员	其他人员	1—12月支出	12月支出	
闽清县	526	1122	130	141	70	291	158	332	64.6	5.4	48
罗源县	450	920	0	289	10	27	45	549	65.5	6.1	66
永泰县	401	721	27	111	79	13	123	368	45.1	3.8	53
平潭县	498	1517	0	254	0	0	109	1154	76	6.5	43
厦门市	**6695**	**17267**	**955**	**888**	**258**	**2140**	**437**	**12589**	**2377.84**	**200.55**	**116**
同安区	431	1113	9	53	0	82	49	920	113.7	10.15	91
翔安区	187	498	0	0	0	0	0	498	33.81	2.89	58
集美区	407	1052	21	0	6	82	42	901	136.25	11.31	108
海沧区	359	1042	0	0	20	30	60	932	80.96	6.7	64
湖里区	1390	4015	536	175	52	812	105	2335	498.8	42.7	106
思明区	3921	9547	389	660	180	1134	181	7003	1514.32	126.8	133
泉州市	**9516**	**23645**	**399**	**1150**	**693**	**1745**	**1597**	**18061**	**1812.78**	**161.14**	**68**
鲤城区	1102	3025	81	97	63	72	289	2423	286.18	24.6	81
丰泽区	730	2031	25	50	58	8	90	1800	152.76	12.88	63
洛江区	187	466	0	86	32	0	0	348	39.27	3.28	70
泉港区	902	1224	52	0	73	834	82	183	114.72	9.56	78
石狮市	1421	4024	0	25	5	26	197	3771	308.4	25.8	64
晋江市	1951	5348	159	37	190	358	175	4429	406.87	42.2	79
南安市	583	1167	17	141	62	0	104	843	126.57	10.5	90
安溪县	829	1650	5	0	10	0	81	1554	124.46	10.4	63
永春县	556	1264	3	353	85	0	89	734	78	6.5	51
德化县	344	896	22	137	60	36	53	588	55.2	4.6	51
惠安县	911	2550	35	224	55	411	437	1388	120.35	10.82	42
漳州市	**10411**	**25502**	**644**	**3003**	**824**	**3711**	**1383**	**15937**	**1362.55**	**114.9**	**45**
芗城区	2304	5876	180	470	211	581	102	4332	353.56	29.4	50
龙文区	185	386	0	0	78	71	22	215	23.42	1.82	47

续表

地区	低保户数（户）	低保人数（人）							低保资金支出（万元）		12月人均补差额（元）
		小计	在职职工	离岗人员	离退休人员	失业人员	“三无”人员	其他人员	1—12月支出	12月支出	
龙海市	1646	4063	113	482	247	657	384	2180	204.28	18.03	44
漳浦县	1190	2397	47	608	38	141	183	1380	135.12	11.26	47
云霄县	808	1925	10	231	38	109	66	1471	111.04	9.42	49
东山县	917	2602	8	146	41	0	24	2383	121.22	10.1	39
诏安县	774	1708	1	60	54	504	58	1031	78.55	6.85	40
南靖县	867	1964	0	0	32	702	243	987	84.72	7.06	36
平和县	709	1769	41	757	30	211	45	685	93.36	7.78	44
华安县	620	1580	120	0	0	550	200	710	87.6	7.3	46
长泰县	391	1232	124	249	55	185	56	563	69.68	5.88	48
莆田市	**6886**	**12494**	**634**	**3396**	**435**	**1911**	**1658**	**4460**	**790.28**	**64.13**	**51**
荔城区	925	1686	53	266	10	206	320	831	106.07	8.98	53
城厢区	742	1947	14	260	119	165	93	1296	96.2	8.05	41
涵江区	1052	2419	147	636	178	566	679	213	141.6	11.5	48
秀屿区	689	1002	275	64	32	21	49	561	67.44	4.10	41
仙游县	3478	5440	145	2170	96	953	517	1559	378.97	31.50	58
宁德市	**8563**	**22441**	**314**	**10386**	**399**	**3540**	**2653**	**5149**	**1221.15**	**101.13**	**45**
蕉城区	817	2855	89	868	68	854	138	838	145.74	12.21	43
福鼎市	2225	4802	0	2407	130	1331	934	0	256.92	21.41	45
福安市	1669	4912	43	2838	55	273	436	1267	249.75	21.42	44
霞浦县	1261	3231	3	1572	46	333	412	865	199.47	14.98	46
古田县	769	2268	98	1506	31	173	48	412	124.46	10.46	46
屏南县	211	772	0	531	19	0	0	222	48.28	3.95	51
寿宁县	1005	1734	0	240	9	108	555	822	93.62	8.04	46
周宁县	304	853	23	0	24	345	103	358	45.38	3.81	45
柘荣县	302	1014	58	424	17	123	27	365	57.53	4.85	48
三明市	**10139**	**26239**	**1003**	**3566**	**836**	**14041**	**833**	**5960**	**1455.4**	**120.47**	**46**

续表

地区	低保户数（户）	低保人数（人）							低保资金支出（万元）		12月人均补差额（元）
		小计	在职职工	离岗人员	离退休人员	失业人员	"三无"人员	其他人员	1—12月支出	12月支出	
梅列区	1477	3781	290	801	228	1902	95	465	270.10	22.58	60
三元区	1558	3887	298	595	312	1707	121	854	243.21	20.00	51
永安市	1027	2391	60	0	78	1065	155	1033	131.71	10.97	46
明溪县	662	1472	45	56	27	768	46	530	71.42	5.89	40
清流县	732	1603	17	432	27	1006	28	93	63.45	4.99	31
宁化县	652	1813	97	458	37	462	28	731	91.66	7.09	39
大田县	760	2535	33	0	10	2190	93	209	114.09	9.72	38
沙　县	813	1753	63	41	22	881	29	717	116.82	9.59	55
尤溪县	981	2980	0	418	0	2014	127	421	121.37	10.41	35
将乐县	559	1453	12	0	42	783	54	562	94.42	7.52	52
泰宁县	452	1306	73	267	44	851	29	42	75.40	6.46	49
建宁县	466	1265	15	498	9	412	28	303	61.75	5.25	42
龙岩市	**6731**	**17849**	**1507**	**3357**	**802**	**7432**	**1053**	**3698**	**969.22**	**78.63**	**44**
新罗区	1439	4132	921	1238	573	959	258	183	226.24	18.90	46
漳平市	738	1820	90	0	40	785	95	810	90.87	7.82	43
长汀县	1393	3759	159	1660	75	1272	202	391	207.26	17.00	45
永定县	883	2460	11	178	73	1555	346	297	122.34	8.25	34
上杭县	703	1820	176	75	23	840	91	615	98.78	8.07	44
武平县	1079	2528	150	0	18	1496	61	803	139.74	11.65	46
连城县	496	1330	0	206	0	525	0	599	83.99	6.94	52
南平市	**12462**	**28977**	**444**	**3986**	**571**	**6324**	**2045**	**15607**	**1734.02**	**145.05**	**50**
延平区	2496	4954	0	0	0	1466	611	2877	382.25	29.80	60
邵武市	1243	3223	0	369	23	950	200	1681	174.61	15.97	50
武夷山市	866	2107	43	264	60	613	402	725	147.99	13.16	62
建瓯市	1300	3190	0	0	72	570	147	2401	170.93	14.36	45
建阳市	1746	3958	238	921	91	385	70	2253	189.84	15.82	40

续表

地区	低保户数（户）	低保人数（人）							低保资金支出（万元）		12月人均补差额（元）
		小计	在职职工	离岗人员	离退休人员	失业人员	“三无”人员	其他人员	1—12月支出	12月支出	
顺昌县	1200	2960	91	692	90	660	103	1324	187.16	16.00	54
浦城县	1200	3077	66	1030	206	298	165	1312	194.40	16.20	53
光泽县	1431	2732	3	276	21	933	174	1325	138.52	11.42	42
松溪县	415	1067	3	193	8	310	120	433	62.98	5.34	50
政和县	565	1709	0	241	0	139	53	1276	85.34	6.98	41

二、农村最低生活保障

1995年1月，厦门市湖里区禾山镇成为民政部农村最低生活保障工作试点单位，有152户371人接受最低生活保障救助，月保障标准120元/人。

1996年4月，省民政厅下发《福建省农村低保试点工作实施意见》，确定福清市、莆田县、鲤城区、南靖县、沙县、邵武市、福安市、永定县、湖里区为农村社会保障试点县市，对家庭生活困难的农户实行生活保障救助，保障金按月或按季度发放到保障对象手中。

1997年，厦门、泉州等地出台城乡居民最低生活保障工作实施办法，把农村低保工作提到当地政府议事日程。12月，省政府下发《关于在全省建立和实施城乡居民最低生活保障制度的通知》，要求在建立和完善城市低保制度的同时，发展农村低保工作。年底，农村低保工作扩展至厦门市6个区（县）、泉州市10个县（市、区）、莆田市3个区（县）以及福清、南靖、沙县、邵武等23个县（市、区），保障人数5.54万人（其中民政对象2.32万人），占所在地农村总人口的5.2‰，月发放保障金230.8万元，月人均补助41.6元，全年共发放保障金844.6万元。保障资金多数由县乡村按3∶3∶4或4∶3∶3比例分担，属于贫困乡的由市（地级）县乡村按2∶3∶3∶2比例四级分担。保障标准由当地县一级政府依据财政承担能力确定并公布，一般是每人每年600元左右，厦门市开元区每人每年1920元，南靖县每人每年834元（其保障标准测算依据是：口粮一年240公斤需336元、菜金每日0.6元需220元、油盐每月10元需120元、医疗费每月4元需48元、衣服一年需50元、过节费一年60元），福清市每人每年720元。

表1-7　**1997年福建省农村低保实施情况表**

地区	县（市、区）总数（个）	实行低保县（市、区）数（个）	保障人数（人）	月保障金支出（元）
福州市	13	1	3256	73000

续表

地区	县（市、区）总数（个）	实行低保县（市、区）数（个）	保障人数（人）	月保障金支出（元）
厦门市	7	6	6528	267550
泉州市	10	10	21940	1178933
漳州市	11	1	3266	40421
莆田市	4	3	5518	338407
宁德地区	9	0	0	0
三明市	12	1	813	21170
龙岩市	7	0	0	0
南平市	10	1	727	17000
总计	83	23	42048	1936481

1998年9月，省民政厅在南靖县召开低保工作现场会，总结南靖县、莆田县、福清市农村低保工作经验，提出低标准起步，稳妥推进，重在制度建设，优先保障重点对象的工作策略和要求。全省有55个县（市、区）建立农村低保制度，保障人数72211人，月发保障金265.54万元。同年，民政部在泉州召开全国低保工作会议，肯定福建省城乡低保工作所取得的成绩。

1999年6月，全省有71个县（市、区）建立和实施农村低保制度（覆盖面85.5%），保障农村贫困人口8.6万人，月保障标准60～100元/人，月发保障金330.44万元，平均每人月补38.34元。厦门、泉州、漳州、龙岩、莆田市所属县（市、区）实现农村低保全覆盖。厦门市开元区月保障标准200元/人，为全省最高。泉州、漳州、福州、龙岩四市保障人数占全省农村低保总人数69%。全省保障对象从农村“三无”救济对象，扩大到无劳动能力或基本丧失劳动能力的、因家庭成员重病重残而造成生活困难的、因灾或因其他原因而未能温饱的贫困家庭。厦门市保障对象还包括市民配偶、子女户籍不在厦门市但已在厦门市居住满3年的残疾人、无劳动能力或丧失劳动能力的城乡居民。农村低保资金多数由县乡村按4∶3∶3比例分担，但是，由于中央和省一级没有关于农村低保资金来源和筹措的明文规定，致使县乡两级财政列支不足，有的虚列虚支，有50%以上乡镇一级所承担的低保资金难以兑现，村一级承担的基本不能兑现。

2000年，全省享受低保90645人，月发保障金324.6万元，平均每人每月补35.7元。闽清、云霄等9个县因资金筹集困难停止发放农村低保金。

2001年初，闽清、永泰、龙文、云霄、诏安、华安、武平、长汀、古田等县未发农村低保金。1月，省委办公厅、省政府办公厅发布《关于帮助农村贫困群众解决基本生活问题的通知》，要求提高认识，加大力度，加快建立和完善农村居民最低生活保障制度。8月，省委下发《福建省乡镇工作纲要（试行）》，提出完善农村社会救济体制，建立健全农村低保制度。当年，各级财政投入有所增大，月均发放保障金497.9万元，全省共保农村特困居民101299人。

2002年，全省农村低保人数13.17万人，占全省农业总人口的0.5％，其中“三无”对象约占保障总人数的35％，病、残疾农户约占保障总人数的45％，其他特困户约占保障总人数的20％。

表1-8　**2002年福建省各设区市农村居民最低生活保障情况表**

地区	实施低保县（市、区）数（个）	保障人数（人）	年保障支出资金（万元）				人均月补助金（元）
			总额	其中			
				市	县	乡、村	
福州市	12	24567	1390.1	85.1	369.6	935.4	区80 县39
厦门市	7	11077	448.1	96.0	159.5	192.6	34
泉州市	11	37497	2095.8	130	1001.5	964.3	区47 县37
漳州市	11	15752	464.8	17.3	230.7	216.8	区24 县27
莆田市	5	9841	537.5	2	348.2	187.3	区42 县33
三明市	12	5432	204.3	0	88.0	116.3	区32 县30
宁德市	9	12782	457.2	0	197.2	260	区32 县28
龙岩市	7	8499	311.4	—	150.6	36.5	区32 县22
南平市	10	6253	257.9	0	109	148.9	区13 县30
全省	84	131700	6167.1	330.4	2654.3	3058.1	39

2003年3月，依照民政部《关于对农村特困家庭开展摸底排查的通知》，全省民政部门对上一年人均纯收入低于当地低保标准的农村特困家庭进行拉网式摸底排查。4月，省政府召开专题会议研究农村贫困人口脱贫问题，提出以年人均纯收入625元以下的、825元以下的和1000元以下的农村家庭为对象，继续进行摸底排查。5月，排查统计结果显示：全省农村家庭年人均纯收入在1000元以下的贫困人口68.3万人、825元以下的贫困人口54.06万

人、625 元以下的贫困人口 34.9 万人，分别占全省农业总人口的 2.83%、2.1%和 1.3%。同月，省政府召开全省贫困人口统计分析会，听取农村特困家庭排查摸底情况汇报，研究分析农村贫困人口统计等问题。6 月，省民政厅向省政府提出关于建立健全农村居民最低生活保障制度的工作方案。7 月，省政府召集民政、财政、农办、统计等部门负责人举行专题会议，研究农村低保问题。10 月，省政府召开省长办公会议，研究省民政厅、省财政厅提出的关于全面建立和实施农村居民最低生活保障制度的请示。11 月，省长卢展工等省领导带领省直部门负责人赴闽东地区古田、屏南、霞浦，调研农村低保问题。同期，省民政厅领导根据省政府领导和省长办公会议关于再次核实农村特困家庭数量的要求，先后两次带领民政、财政、农办、统计等部门人员分赴莆田、漳州、龙岩和南平建瓯、浦城、建阳等地调研核查农村特困家庭情况。经调查研究核实，确认当年全省农村家庭人均收入低于 1000 元的特困人口 70.6 万人，全省保障农村特困人口 16.26 万人，占农业人口 0.62%。全省农村人均月补差 35 元，各区补差额从高到低依次为：泉州市 46 元、福州市 42 元、宁德市 34 元、南平市 32 元、三明市 30 元、厦门市 28 元、漳州市 26 元、龙岩市 25 元、莆田市 20 元。

2004 年 1 月 8 日，省第十届人大第二次会议上卢展工省长在政府工作报告中提出：全面建立和实施农村居民最低生活保障制度，将家庭年人均收入低于 1000 元的农村贫困人口全部纳入保障范围，争取实现应保尽保。1 月 20 日，省政府召开省长办公会议，决定以省政府名义下发建立农村低保制度的通知，并给省民政厅增加低保工作人员编制。2 月 3 日，省政府下发《关于全面建立和实施农村居民最低生活保障制度的通知》，提出凡共同生活的家庭成员年人均收入低于户籍所在地农村低保标准的农村居民，均享受农村居民最低生活保障待遇，纳入保障范围。2 月 6 日，省民政厅、省财政厅联合下发《关于印发〈福建省实施农村居民最低生活保障制度试行规定〉的通知》，就农村低保对象范围、低保对象家庭收入计算、低保资金的筹集和管理等问题作出具体规定。2 月 10 日，省政府召开全省农村低保工作会议，宣布从 2004 年 1 月起把农村家庭人均收入在 1000 元以下的 70.6 万贫困人口全部纳入低保范围，全省每年预算安排资金 3.4 亿元，其中省级财政每年安排 2.1 亿元补助财政困难县（市）支付低保金。同期，省民政厅、省财政厅联合制发《福建省农村居民最低生活保障资金管理暂行办法》，提出农村低保金的筹集渠道、各级财政对低保金的承担比例、低保金领取方式等；要求低保资金纳入社会救济专项支出项目，实行财政专户管理，专款专用。省民政厅下发《关于实施农村低保工作中有关问题的通知》，就建立农村低保数据统计通报制度、低保对象领证、低保金发放时间及方式等问题做出规定。2 月 14 日，省委、省政府下发《关于 2004 年开展为民办实事工作的通知》，将建立和实施农村居民最低生活保障制度列为年度为民办实事项目，要求各地根据实际合理确定本地最低保障线，但不得低于省定标准线。3 月，省政府办公厅下发《关于进一步做好农村居民最低生活保障有关工作的通知》，强调把农村低保工作做实做细做到位，规范操作程序，确保资金落实。同月起，各地把农村低保工作当作一项为民办实事的“德政工程”，全面部署，依照申请、核定、公示、审批等流程办理农村贫困人口入保手续。低保申请按属地管理原则，以家庭为单位，由户主或委托村民小组向其户籍所在地的村委会提出书面申请，并提交相关材料。4月，省委办公厅政研室、省民政厅、省财政厅、省统计局等部门组成3个检查组，赴除厦门市外的8个设区市17个县（市、区）27个乡镇41个村，调查了解农村低保工作实施情况。至6月底，全省保障农村特困人员328671户744866人（其中五保户84894人，因残致贫家庭人口179691人，因缺乏劳动力致贫家庭人口171015人，因病致贫家庭人口196713人，因灾致贫家庭人口47062人，其他特困人口65491人），占全省农业人口3%。当年1月至6月累计发放低保金17026.8万元。11月，省政府下发《关于开展农村低保工作情况检查的通知》，省民政厅会同省财政厅、省审计厅、省委农村工作领导小组办公室（简称“省农办”）、省革命老区根据地建设委员会办公室（简称“省老区办”）、省农村社会经济调查队（简称“省农调队”）组成4个联合检查组，赴除厦门市外的8个设区市16个县（市、区）检查农村低保工作。12月底，全省共保障农村贫困人口75.3万人，占全省农业总人口3%；其中五保对象8万多人，因残18.5万人，因病20.1万人，缺乏劳动力17.2万人，因灾4.7万人，其他6.8万人，同月人均补差额39元。全省农村低保工作从地方政府量力而行、试点摸索的软任务，上升为省委、省政府决策部署的硬任务。各市、县（区）成立由民政、财政、监察、审计、农办、统计等部门参与的农村低保工作领导小组，由政府主要领导任组长，负责农村低保工作的组织协调。农办、统计、老区、残联等部门配合民政、财政部门审核低保对象；纪检监察、审计部门跟踪检查和审计低保金使用管理情况。全省民政系统先后派出450个低保工作组，进村入户开展拉网式核查和现场办公。全年全省累计支出低保保障金3.42亿元，其中省级财政安排2.14亿元（约占资金总量的三分之二），市、县（区）、乡财政共安排1.28亿元。除宁德、龙岩两市统一由县级财政负担县级配套资金外，其余各县（市）政府自行确定与所辖乡（镇、街道）的低保配套资金分担比例，一般为7∶3或6∶4。市辖区所需资金按5∶5比例由市、区共同负担。除晋江、南安和泉港（分担10%）外，村级不负担低保经费。农村低保金实行专户管理，专款专用，封闭运行。福州、厦门、泉州市依据本地财政支付能力在省定标准（每人每月83元）的基础上提高保障标准（福州市5个市辖区低保标准为单人户每人每月170元，多人户每人每月150元；厦门市6个辖区每人每月180元；鲤城区、丰泽区、石狮市、晋江市每人每月200元，南安市、泉港区、惠安县每人每月100元，洛江区每人每月90元）。全省共增加低保人员编制94名。省民政厅救灾救济处增挂“城乡居民最低生活保障工作处”牌子，增加机关事业编制2名。尤溪县在民政局增设城乡低保中心，核定事业编制5名，各乡镇相应设立低保办，配备工作人员2～3名。同年10月，省民政厅、省教育厅转发民政部、教育部《关于进一步做好城乡特殊困难未成年人教育救助工作的通知》，全省各地对农村持有低保证或五保供养证的未成年人和城市无劳动能力、无生活来源、无法定抚养人或虽有法定抚养义务人但抚养义务人无抚养能力的未成年人实行教育救助，由未成年人本人或监护人提出申请，村（居）委会调查核实，乡镇（街道）审核，县级民政部门复核审批。

表 1-9

2004 年福建省各设区市农村居民最低生活保障情况表

地区	低保户数	低保人数							其中			低保资金支出			低保人数占比
		合计（人）	五保对象（个）	因残致贫家庭人数	因缺劳力致贫家庭人数	因病致贫家庭人数	因灾致贫家庭人数	其他人员	少数民族人数	优抚对象（个）	老年人数	1—12 月低保资金总支出（万元）	12 月低保资金支出（万元）	12 月人均补差额（元）	占农业人口比重（%）
福州市	44143	88166	11299	21003	16957	13477	8221	17209	2303	680	19873	4566.4	400.50	45	2
厦门市	4741	13849	771	3494	3172	3879	781	1752	0	34	2582	683.1	61.48	44	1.5
泉州市	35311	77788	8549	24211	15706	15218	4077	10027	2851	1387	14802	4311.8	362.83	47	1.8
漳州市	41417	84345	9340	19759	16915	25429	5777	7125	1139	1682	25870	3739.3	287.76	34	2.3
莆田市	34979	91575	5438	27507	23632	20551	7750	6697	1022	1183	22407	3984.3	340.95	37	3.4
宁德市	54346	109701	2231	21316	19920	38658	4001	3487	9327	2683	40149	5525.0	490.21	45	4
三明市	30680	81009	6775	20067	23656	20102	4956	5453	665	627	15038	3140.6	282.32	35	4.1
龙岩市	44913	115741	9009	24995	33895	30561	7271	10010	1025	5192	24416	4895.9	435.69	38	5.1
南平市	39021	90923	6682	23064	18881	33310	4168	4818	1124	1217	19033	3360.4	283.95	31	4.6
全省	329551	753097	60094	185416	172734	201185	47002	66578	19456	14685	184170	34206.8	2945.69	39	3

2005年，全省仍以家庭年人均收入低于1000元（即每人每月83元）作为农村低保执行标准，各市、县政府在省定标准基础上调整本地农村低保标准，对低保对象以其家庭年人均收入与当地保障标准的差额数予以补助。农村五保对象，按照当地低保标准全额享受低保待遇。各县（市、区）实行保障对象评审工作程序化，每个低保对象的确定，除按统计部门提供的标准进行测算和入户（2人以上）调查外，必须经过村级初审评议、乡镇审核、县级民政部门审批的“三审”程序；制定统一的低保对象公示格式文本（包括公示的内容、时间要求和公布举报电话），实行二榜公示（村级上报名单公示、乡镇审核上报名单公示）；实行保障金社会化发放，由乡镇金融网点代发低保金，低保对象凭借低保证和专用银行存折（卡）在所在乡镇的金融网点领取低保金；实行定期核查制度，规定往后每年对低保对象进行一次复核，收集低保对象家庭人口或收入变化情况，实行有进有出的动态管理；实行标准化建档，县、乡、村均建立低保对象档案库，一镇一柜，一村一盒，一户一袋。当年底，全省共保障农村贫困人口74.7万人，占全省农业人口3%，其中五保对象9.7万人，因残18万人，因病19.3万人，缺乏劳动力16.7万人，因灾4.4万人，其他6.6万人。人均月补差48元，全年累计支出保障金3.66亿元。同年，义务教育阶段的农村低保家庭子女由省财政设立专项资金给予免费提供教科书。

第二节　城乡医疗救助

2003年，省民政厅贯彻民政部、卫生部、财政部下发的《关于实施农村医疗救助的意见》，3次组织人员调查研究城乡贫困人员医疗救助问题，酝酿城乡医疗救助实施工作。

2004年1月，福州市在鼓楼、台江、仓山、晋安四区施行城区特困居民医疗救助制度，医疗救助金由市、区两级财政、福利彩票公益金和社会各界捐款等构成，设立专户，封闭管理。具体做法是：救助对象患病住院（住定点医院）的，持低保证、身份证、户口本和病历单，向户口所在地的区民政局申请登记备案；全年累计费用超过5000元的，可持相关证件向市医疗保险管理中心申领医疗救助金；医疗救助额度按照本人住院时符合规定的医疗费用的20%支付，每人全年医疗救助支付额累计不超过3000元。仓山区还启动农村特困人员和被征地农民特困户医疗援助，全区6625名城乡居民低保对象全部纳入医疗援助范围。

2005年3月，国务院办公厅转发民政部、财政部等部门《关于建立城市医疗救助制度试点工作的意见》，省长黄小晶批示要求相关部门加紧研究城乡医疗救助问题。4月11日，省政府召开专题会议，听取民政、财政、卫生、劳动保障等部门领导关于开展城乡医疗救助试点工作的意见汇报，提出开展城乡医疗救助工作的试点单位名单、救助对象范围和资金筹集方案等。会后，省民政厅组派人员到厦门、泉州、福州、三明等地调研，听取当地对城乡贫困家庭医疗救助工作的意见；与有关部门沟通协商，拟定城乡医疗救助试点工作方案。4月26日，省政府成立以分管副省长为组长的福建省城乡医疗救助试点工作协调小组，负责指导和协调城乡医疗救助试点工作。随后1个月内，省政府先后批转《省民政厅、省卫生厅、省财政厅关于福建省农村困难家庭医疗救助试行办法》和《省民政厅、省卫生厅、省劳动保障厅、省财政厅关于福建省城市医疗救助试行办法》，要求2005年起在罗源、厦门市同安、长泰、安溪、永安、荔城、武夷山、龙岩市新罗、柘荣县共9个县（市、区）开展农村困难家庭医疗救助试点；在鼓楼、台江、仓山、晋安、马尾、思明、湖里、海沧、集美、同安、翔安、鲤城、丰泽、泉港、晋江和沙县共16个区（市、县）开展城市贫困家庭医疗救助试点。5月19日，省政府召开全省城乡医疗救助试点工作会议，部署城乡医疗救助试点工作，要求将城乡医疗救助工作当成为民解困、缓解城乡困难群体因病返贫问题的大事来抓。六七月间，省财政厅和省民政厅联合制发《福建省农村困难家庭医疗救助基金管理暂行办法》和《福建省城市医疗救助基金管理暂行办法》，对城乡医疗救助基金筹集渠道、管理程序和使用范围等提出具体要求。10月，各试点县（市、区）均成立城乡家庭医疗救助试点工作协调小组，出台城乡医疗救助实施细则或试行办法，民政部门承担牵头和管理，财政部门负责资金筹措，卫生部门确定定点医疗机构。救助资金主要来源于本级财政、民政福利彩票公益金和社会捐赠。救助对象：在农村为农村低保对象（含五保对象）和在乡重点优抚对象（含革命“五老”人员，即中华人民共和国成立前参加革命，中华人民共和国成立后经县级政府评定，享受定期生活补助的老地下党员、老游击队员、老交通员、老接头户、老苏区干部）；在城市为城市低保对象（不包括已参加城镇职工基本医疗保险的人员）、具有城镇居民户籍的重点优抚对象和社会福利机构收养的“三无”人员。救助范围：在农村，资助救助对象参加当地新型农村合作医疗（即为其代缴个人应负担的每人每年10元的费用，让其享受合作医疗待遇），补助其因患大病（含因并发症住院）、分娩所发生的大额医疗费用（大额费用经合作医疗补助后，个人负担的医疗费用超过一定数量难以承担、影响家庭基本生活的，再给予一定比例的医疗救助）；在城镇，救助对象当年累计医疗费用或因患重病住院一次性医疗费用在扣除临时救济、社会互助帮困等之后，个人负担超过一定金额的医疗费用给予一定比例或一定数额的资金补助。救助对象在定点医疗机构住院期间院方对其住院床位费、护理费减收50%，大型设备检查费、手术费减收20%。救助资金由财政部门按照农村医疗救助每人每年不低于50元，城市每人每年不低于100元标准筹集，并按分担比例列入各级财政预算。省级财政根据各试点县（市、区）财力状况和救助人数，通过专项转移支付形式实施补助资金。县级财政部门设立医疗救助基金专户，实行基金专项管理，单独核算，专款专用。县级民政部门设立医疗救助基金专账，以社会化发放方式直接发放救助金。医疗救助起付标准、救助比例和最高救助金额，由县级民政局、卫生、劳动保障、财政等部门联合制定。厦门市筹资标准和各级分担比例由厦门市政府确定，所需资金由厦门市全额筹集。12月，为资助各试点县（市、区）建立城市医疗救助制度，省财政厅、省民政厅联合从中央集中彩票公益金中安排城市医疗救助公益金540万元。当年，全省开展城乡医疗救助试点工作的25个县（市、区）共筹集医疗救助金1363万元，发放医疗救助金653人次，共计67.99万元，全省共救助城市居民 478 人，发放医疗救助金 510145 元，人均救助 1067 元；救助农村居民 175 人，发放医疗救助金 169727 元，人均救助 970 元。

第三节　农村五保供养

1995 年，全省开展农村五保普查工作。普查结果显示：全省共有农村五保对象 66278 人，其中集中供养的 6781 人，年人均供养费 890 元；有 18 个县（市）每个乡镇都有敬老院；有 861 个乡镇实行五保对象统筹供养，覆盖面 89.4%，比上一年增长 5.3%。

1996 年，农村敬老院建设被列为政府为民办实事项目，全省改建扩建 29 所农村敬老院，新建农村敬老院 11 所。同年 4 月，省民政厅下拨专项经费 155 万元。6 月，省民政厅制发《福建省农村敬老院等级管理试行标准》，就入住农村敬老院的五保老人的伙食消费、居住环境、医疗保健等方面提出具体标准要求。7 月起，各地结合农村小康建设工程着力解决农村应保未保孤寡老人供养问题，推进五保对象供养经费的乡镇统筹，建立五保供养基金。截至当年底，全省有农村敬老院 742 所。

1997 年，全省开展农村敬老院建设示范活动。示范活动要求敬老院建立健全各项服务和管理制度，具备一定数量的床位，设有医务室、阅览室、电视室、游艺室、沐浴室、厨房、餐厅等附属设施，绿化美化居住环境；发展院办经济，供养经费纳入乡镇财政预算。南安市官桥敬老院、浦城县南浦镇敬老院、福鼎市桐城镇敬老院、莆田市湄洲镇敬老院、福清市城头镇敬老院、沙县凤岗镇敬老院、诏安县四都镇敬老院、长汀县河田镇敬老院被列为示范敬老院，省民政厅补助每所示范敬老院 10 万元。当年，全省新建改建 48 所农村敬老院。

1998 年，新建改建 40 所农村敬老院被列入省委、省政府为民办实事项目，省民政厅下拨专项民政事业费 245 万元，补助每所示范敬老院 10 万元，每所普通敬老院 5 万元。当年，全省新建改建敬老院 41 所，增加示范敬老院 10 所。截至当年末，全省有 600 多个五保服务中心（站），全省农村五保老人总数近 7 万人（其中：集中供养 7148 人，农村敬老院总数 760 所，年人均供养标准达 1536 元；分散供养 5.75 万人，年人均供养标准达 1086 元；自费收养 313 人；亲友协议供养 4020 人）。

表 1-10　**1999 年福建省农村散居五保对象供养情况表**

地区	五保对象		散居五保对象情况											
	总户数	总人数	总户数	总人数	乡镇统筹供养			村提留供养			其他供养人数	应保未保人数	普及乡镇供养县数	建立服务网络乡镇数
					乡镇数	人数	金额（万元）	乡镇数	人数	金额（万元）				
福州	8664	9377	7693	8406	146	7778	754.3	9	294	35.2	334	—	8	146
厦门	706	753	544	582	18	508	84.1	—	3	1.0	71	—	4	6

续表

地区	五保对象		散居五保对象情况											
	总户数	总人数	总户数	总人数	乡镇统筹供养			村提留供养			其他供养人数	应保未保人数	普及乡镇供养县数	建立服务网络乡镇数
					乡镇数	人数	金额（万元）	乡镇数	人数	金额（万元）				
莆田	1367	1481	1096	1212	43	995	60.4	9	158	15.1	—	59	1	51
泉州	4024	4551	3591	4039	132	3822	435.4	9	113	11.2	56	48	26	9
漳州	5851	6026	5375	5561	88	4224	494.5	27	936	124.0	217	184	8	49
三明	4333	4768	3355	3887	126	3388	387.9	15	394	37.0	79	26	5	120
南平	4472	4790	3303	3605	120	2970	399.0	27	423	42.5	212	—	4	25
龙岩	7237	7379	5417	5619	129	5613	580.9	1	6	0.6	—	—	129	132
宁德	21492	22156	20712	21352	122	16530	1300.0	30	2017	70.0	2805	—	9	122
全省	58146	61281	51086	54263	924	45828	4496.5	127	4344	336.6	3774	317	194	660

2000 年，农村敬老院改扩建继续被列为省委、省政府为民办实事项目，全省新改建 40 所农村示范和普通敬老院。根据省政府关于社会福利社会化的意见，各地开始探索农村敬老院建设社会化道路。7 月，省民政厅下达 25 万元资助政和、福清、福安县（市）维修因灾受损的敬老院。至当年底，全省有农村敬老院 780 所，收住五保老人 8461 人。

2001 年，各地借助民政部“社区老年福利服务星光计划”（以下简称“星光计划”）实施，推进农村敬老院建设。省民政厅下达新改建敬老院经费 250 万元，全省新改建农村敬老院 41 所。5 月，全省开展农村五保对象调查摸底工作，主要调查集中和分散供养人数、标准、资金来源情况和农村税费改革对五保供养的影响等，并摸查应保未保人数及其原因。各级民政部门抽调专人组成 80 多个调研组赴 400 多个乡镇，以召开座谈会、入户访问、填写表格等形式开展调研工作。当年，全省改扩建农村敬老院 55 所，增加示范敬老院 9 所。

2004 年，农村五保对象全部纳入农村低保，由省级财政以省定低保标准施以每人每年 1000 元全额保障，五保供养资金由此纳入公共财政管理范畴。8 月，省民政厅与省财政厅联合下发《关于做好农村五保对象换（发）证和五保对象摸底甄别工作的通知》。各县（市、区）民政部门会同当地财政部门，对当年 6 月底前已纳入五保供养的 8 万名五保对象重新造册登记，经甄别审核后换发省民政厅统一印制的农村五保供养证书。各地在这一过程中将 1.6 万多名符合五保供养条件但尚未被评为五保对象的农村鳏寡孤独老人列入保障行列，发给农村五保供养证书。10 月，民政部拨社会福利金 30 万元资助上杭、漳浦、罗源、寿宁、光泽、沙县 6 个县敬老院改扩建。

表 1-11

1999 年福建省农村敬老院情况表

地区	敬老院				工作人员总数	床位数	供养人数		集体供给金额（万元）	院办经济情况				当年新改扩建敬老院		乡镇普及敬老院的县数	没有敬老院的县数
	总数	其中					总数	其中五保人数		院办经济敬老院数	年利润（万元）	利润用途（万元）		数量（个）	资金（万元）		
		乡镇办（个）	村办（个）	个人办（个）								院民生活	院内改造				
福州	116	88	28	—	245	1590	1058	971	117.1	18	11.4	11	0.4	14	130.0	8	0
厦门	20	17	3	—	40	324	175	171	47.6	6	9.6	6.8	2.8	1	3.5	4	0
莆田	35	35	—	—	55	304	271	269	45.9	15	5.4	5.4	—	4	25.0	1	0
泉州	49	34	11	4	105	901	523	512	114	7	6.6	6.2	0.4	10	408.0	0	0
漳州	70	58	12	—	126	828	477	465	91.3	41	19.6	13.9	6.5	30	724.9	2	0
三明	135	128	7	—	227	1369	888	881	126	68	25.5	14.9	10.6	16	218.0	6	0
南平	123	98	25	—	215	1715	1192	1185	185	102	44.9	32.2	10.3	18	191.3	2	0
龙岩	120	118	2	—	256	2039	1861	1760	261	120	98.8	59	39.8	8	183.5	6	0
宁德	97	79	17	1	131	1055	856	804	99.2	69	28.5	13.1	7.0	8	20.6	1	0
全省	765	655	105	5	1400	10125	7301	7018	1087.1	446	250.3	162.5	77.8	109	1904.8	30	0

2005年4月，为弥补各地敬老院因灾损失，省财政厅、省民政厅联合下达500万元给134个敬老院，每个敬老院补助3万～4万元不等。全省共有五保对象99900人。当年，农村五保对象全部纳入农村医疗救助范围，由政府承担其参加新型农村合作医疗（简称“新农合”）所需缴纳的保险费（每年每人10元）。五保对象生病住院发生的医疗费用，由“新农合”按规定给予报销；个人自费部分，由民政部门在一定额度内给予全额救助；患小病的或者患慢性疾病但没有住院的，发给一定金额的门诊卡。

表1-12　**1995—2005年福建省新建乡镇敬老院情况表**

名称	建设年份	占地面积（m^2）	建筑面积（m^2）	2005年设置床位数	2005年供养人数
福清市港头镇敬老院	1995	3769	710	40	6
厦门市五显镇敬老院	1995	1350	950	8	3
霞浦县北壁乡敬老院	1995	660	160	8	4
厦门市内厝镇敬老院	1996	560	240	12	6
霞浦县牙城镇敬老院	1996	660	360	18	9
霞浦县下浒镇敬老院	1996	792	380	15	15
寿宁县鳌阳镇敬老院	1997	200	300	30	20
南安市洪梅镇敬老院	1998	1000	700	35	5
安溪县蓬莱镇敬老院	1998	3000	1000	25	10
寿宁县大安乡敬老院	1998	300	150	8	6
寿宁县坑底乡敬老院	1998	200	260	6	4
寿宁县凤阳乡敬老院	1998	200	100	8	6
永春县东关镇敬老院	1998	700	900	40	4
蕉城区赤溪镇敬老院	1998	360	700	40	13
永春县苏坑镇敬老院	1999	470	500	40	7
泉州市河市镇敬老院	2000	1000	500	50	4
福安市溪潭镇敬老院	2000	1800	360	20	13
福安市坂中乡敬老院	2000	1800	600	30	8
福清市宏路街道敬老院	2001	3330	1390	40	7
福清市高山镇敬老院	2001	4000	350	5	5
福鼎市白琳镇敬老院	2001	1800	2600	30	14

续表

名称	建设年份	占地面积（m^2）	建筑面积（m^2）	2005年设置床位数	2005年供养人数
福安市赛岐镇敬老院	2001	2000	1600	40	21
寿宁县清源乡敬老院	2001	600	260	10	8
厦门市大嶝街道敬老院	2002	700	600	30	14
福鼎市前岐镇敬老院	2002	1550	820	30	28
福鼎市管阳镇敬老院	2002	1300	374	40	11
福安市城阳乡敬老院	2003	400	154	10	8
寿宁县托溪乡敬老院	2003	200	180	10	5
福清市三山镇敬老院	2004	2133.6	762.86	13	10
福安市穆云乡敬老院	2005	432	640	12	11

第四节　流浪乞讨人员救助

一、成年人救助

1995年，全省共设有12个收容遣送站，分布在9个地（市）及邵武、永安、漳平3个交通枢纽市，核定事业编制共195名（含省收容遣送总站）。福州、漳州、龙岩、福安、邵武5个收容遣送站为全国对口接收站。各地收容遣送站均隶属省民政厅和地（市）民政局双重管理，人员经费、业务经费、专项经费均由省民政厅、省财政厅核定拨款（厦门除外）。各站贯彻“救助最困难的人，保护未成年人，教育好逸恶劳的人，安置无家可归的人”工作方针，全年收容遣送23567人次，收容对象中属于违反社会治安和犯罪的人员占收容人员总数39%。

1996年，全省收容遣送28603人次，属于违反社会治安和犯罪的占收容人员总数的44.4%。

1997年，全省收容遣送40290人次，同比增长40.8%；属于违反社会治安和犯罪的占收容人员总数的38%；省外的收容对象占全省收容总量的74%。收容工作出现收容难、管理难、遣送难的“三难”现象。同年，省民政厅制发《福建省收容遣送站岗位职责及管理制度》，进一步规范各地收容遣送工作制度。

1998年3月，全省各收容遣送站开展教育整改工作，实行挂牌上岗，制度上墙，完善管理制度。6月，根据省政府关于建立“110”报警与社会救助服务体系工作方案，省民政厅提出“民政部门参加‘110’社会联动的实施方案”，将城市收容遣送工作列入公安系统“110”

报警服务平台的服务项目。各收容遣送站按照社会联动工作目标和要求，对收容遣送工作在社会救助联动中的处置程序作出制度性安排，成立联动服务小组，设立救助公开电话，实行24小时值班制度。当年，全省共收容遣送38812人次，其中属于省外收容对象29358人次，占比75.64%；因灾因生活困难流浪乞讨的10847人次，违反社会治安和犯罪人员13719人次，移交公安部门处理的1485人次。同年，福州市理顺民政与公安共同承担收容遣送中的工作关系，初步形成"公安收民政容，公安配合民政送"的工作格局，扭转单靠民政承担收容遣送任务的局面，并实行由物价部门批复同意的对非救济的收容对象收取适当代办费的收费制度，缓解业务经费不足的问题；泉州市明确民政、计生、卫生、公安等部门对弃婴、精神病人、流浪乞讨人员的收养、收容、治疗和管理工作的职责分工，规范遣送联动工作程序；厦门站纠正超范围收容和以营利为目的的担保行为，取消公安部门延长留站待遣期限的做法；南平站成立站务管理委员会，实行集体研究决定重大站务的管理制度，增强收容工作透明性；福州、厦门、邵武等站改变封闭式监所管理模式，实行半开放的进站安检管理，对被收容人员进站时携带的现金物品当场清点登记，专袋封存，代为保管；龙岩、厦门、漳平站在当地公安部门支持下，解决遣送车辆挂警牌、安装警灯警笛问题。全年省民政厅共安排72万元专项经费用于各地收遣车辆更新和收容房维修。全年全省各站共受理"110"咨询服务达4000多人次，出警处警604人次，救助对象836人次；收到省内外感谢信300多封、锦旗26面。邵武站被省委政法委授予"学习漳州110先进集体"称号；福州、漳州、龙岩、永安、漳平等遣送站分别被评为本市级先进文明单位。同年2月，漳州遣送站审教科科长纪华灿主动配合漳州市"110"社会联动工作，在执行任务中牺牲。

1999年，省委、省政府将实施"110"社会救助联动工作列入年度为民办实事项目。同年2月，省民政厅向全省民政系统发出向纪华灿同志学习的通知。11月，全省开展违规收容遣送整治活动，主要整治"违规收容，逾期遣送"问题。省民政厅联手福州市民政局纠正创建卫生城市活动中违规收容现象，引导、督促福州市实行"公安收民政容，公安配合民政送"办法。福州市物价部门批准收容遣送站对非救济对象适当收取代办费。当年，省民政厅安排72万元专项经费给漳平、南平、福安、莆田、漳州、龙岩等站购置收遣车辆和维修收容房舍。当年，全省收容遣送57820人次。

2000年11月，全省收容遣送站开展内部管理制度清理检查活动，检查内容分为"收容与教育""管理与遣送""基本情况与后勤保障"三个部分。12月，民政部增设福州市收容遣送站为全国对口收容遣送站。同年底，福州市委常委会通过市委政法委、市公安局、市民政局等联合制定的《福州市收容遣送管理规定》，进一步强调"公安收民政容，公安配合民政送"的收容遣送管理模式，提出实行收容遣送和教育救助相结合，区别对待，分类管理的办法，并对收容遣送工作人员职责和责任做出规定。

2001年1月，省民政厅拨款30万元资助邵武收容遣送站改建收容房。是年全省收容遣送机构增加人员编制30%，13个收容遣送机构共有正式编制252个。

2002年1月，各地收容遣送站的人员编制、人员经费、业务经费等基数划转（下放）当地编办、财政、民政部门管理，省收容遣送总站负责指导各地收容遣送站的业务工作，并负责分配民政部和省财政收容遣送专项经费。同月，《海峡都市报》报道晋江市临时收容遣送站“乱收人、乱收费”问题。省民政厅派员调查，发现该收容遣送站属于未经法定程序批准的临时性工作机构，对其做出“立即停止收容遣送工作”的处理决定，并按照属地管理原则发函通报晋江市政府，建议对其进行查处。晋江市随即停止临时收容遣送工作，并对临时收容遣送站进行整改。当年，全省深化收容遣送整治活动，重点整治一些地方在对非救济对象的有偿服务（收取生活费和遣送费）中所存在的乱收费问题，并纠正3起因业务经费不足造成跨省遣送不到位，甚至在遣送途中随意抛弃被收容人员的现象。全省收容对象中因灾因生活困难而流浪乞讨的人员占收容总人数的25%，以乞讨为生财之道的、务工不着、无证经营、流窜从事违法活动等具有多重性的人员占收容总人数75%。

1995年至2002年，全省通过不同遣送方式遣送收容对象33.8万人次。其中，直接遣送返乡的6.4万人次，资助回乡的14.08万人次，送外省站转送的5.32万人次，送福利院、农场的5670人次，移送公安部门的7030人次，其他自行返乡或亲属接回的6.77万人次。1998年至2002年，全省实施“110”救助联动，共接警4093起，出警3971起，处警3869起，救助困难对象6399人次。

表1-13　**1995—2002年福建省被收容人员情况表**

年份	总人次	其中		年龄结构		流浪乞讨成因类别						
		闽籍	外省籍	不满16周岁	55周岁以上老年人	遭遇灾害外流乞讨	长期外流乞讨	痴呆傻或精神病或肢体残缺	家庭无力管教或受虐外出	中途遇故或遇难	违反社会治安或犯罪	其他
1995	23567	6375	17192	1125	1291	5426	1411	672	515	684	9239	5620
1996	28603	7863	20740	1546	424	7031	1476	849	592	750	12474	5431
1997	40290	10440	29850	2098	1071	9222	2648	614	647	547	15366	11246
1998	38812	9454	29358	2785	1847	12491	3312	833	975	430	15046	5725
1999	57820	13695	44125	3217	1823	26359	6027	1028	1348	494	15751	6813
2000	59725	12404	47321	2819	1950	25296	6991	806	994	756	13871	11011
2001	52199	11228	40971	2109	1809	20447	7204	608	944	615	11581	10800
2002	37395	9016	28379	2101	2167	14843	8009	712	1090	785	10095	1861
合计	338411	80475	257936	17800	12382	121115	37078	6122	7105	5061	103423	58507

表 1-14　**1995—2001 年福建省收容遣送工作经费情况表**

单位：万元

年份	正常经费	专项经费
1995	254.5	37
1996	252.5	37
1997	347.5	20
1998	447.0	72
1999	526.0	65
2000	573.0	50
2001	645.7	60
合计	3046.2	341

注：1. 正常经费指人员经费和业务经费；专项经费指基础设施维修、更新、改造经费。
2. 上述经费均不包括厦门市。

2003 年 7 月，省政府召开专题会议听取省民政厅转变收容遣送实施救助管理的情况汇报，建立城市生活无着的流浪乞讨人员救助管理协调联席会议制度，民政厅、公安厅、司法厅、卫生厅、教育厅等 12 个省直单位为联席会议成员。同月，为做好国务院颁布的《城市生活无着的流浪乞讨人员救助管理办法》实施前准备工作，各地开始对已收容和长期滞留的人员进行重新甄别和处理：对不属于生活无着的流浪乞讨人员予以遣散或遣返，属于生活无着的给予必要的生活救助；对多年积压滞留的痴呆傻等智力障碍人员、精神病人以及正在接受治疗的重病人员，予以生活照料和医疗救治。同时，省民政厅组织发动各地学习讨论新颁布的法律，并开展调研检查和相关规范性文件的清理活动。8 月，国务院《城市生活无着的流浪乞讨人员救助管理办法》正式施行，强制性收容遣送改为关爱性救助管理。全省按照新法律建立以自愿受助、无偿救助为原则的新型社会救助制度，福建省收容遣送总站更名为福建省救助管理总站，其余 12 个收容遣送站均更名为救助管理站。省救助管理总站负责指导、督促、检查 12 个救助管理站工作，协调受助人员跨省市接送工作。各救助站仍为财政全额拨款的事业单位，工作人员正常经费和业务经费仍以省财政厅 2001 年底划转给各地财政的基数为准。同月，省委常委鲍绍坤到福州市救助管理站调研，检查站内设施改造、物品配置、环境卫生、伙食供应等情况。12 月，全省收容遣送工作会议在邵武市召开，回顾交流各地前期工作经验，研究部署强制性收容遣送到关爱性救助管理的转变工作。同期，民政部门改造原收容遣送站房舍和基本设施，摘掉旧站牌，拆除铁栅栏，清除监所式痕迹，添置生活设施，并对原滞留在站的被收容人员进行全面核查清理。当年 8 月至 12 月，全省共有 3171 人次到救助站求助，经甄别后实际救助 2690 人次，受助率 84.83%。其中，未成年人 463 人次，占 17.21%；老年人383人次，占14.24%；痴呆傻、危重病人、精神病人、残疾人289人次，占10.74%。

图1-2 2003年，全省各收容遣送站更名为救助管理站。图为三明市救助管理站挂牌成立

2004年1月，省公安厅印发《关于依法妥善处理城市流浪乞讨人员问题加强社会治安管理的指导性意见》，划定禁讨区，明确对非正常乞讨行为以及以乞讨为掩护的违法犯罪活动的处理和打击方式。4月，省政府办公厅转发省民政厅、省财政厅、省公安厅、省卫生厅、省委机构编制委员会办公室（简称“省编办”）《关于贯彻〈城市生活无着的流浪乞讨人员救助管理办法〉的实施意见》，提出救助工作原则、救助工作对象、救助工作程序和救助工作内容，并明确各相关部门的工作职责。11月，省民政厅确定福州、厦门、漳州、龙岩、宁德等6个救助管理站为跨省救助管理站，负责省与省之间特殊受助人员的护送与接收任务。当年，各救助站全面整改工作方式方法：救助对象主要限于自身无力解决食宿、无亲友投靠、无享受最低生活保障、正在城市流浪乞讨、生活无着的自愿求助的人员；不再向受助人员及其家属和单位收取费用，也不组织受助人员从事生产劳动挣取生活费及返家费用；提供受助人员符合基本条件的住处，住宿处备有急救药品，女性受助人员由女性工作人员负责管理；对没有交通费返回其住所地或者所在单位的，提供乘车（船）凭证和基本伙食费。

2005年8月，全省救助站开通救助管理信息网络。同年，各地拓展救助工作，民政、公安、卫生等部门联手运作，帮助解决外来打工者中特殊困难对象跨省跨区返乡难的问题，主动护送接回省内外特殊困难对象累计395人次；建立主动劝导机制，成立联合督查队，实施街路巡查制度，遏制街头流浪乞讨人员强讨恶要的现象；进一步探索流浪危重病人和精神病人的救治工作，增加救治定点医院，对流浪乞讨病人实施属地救治，先救治后结算，先救治后救助。全年全省共实施救助15480人次，其中共救治流浪乞讨无着的人员4187人次，占救助总人数的27％。

2003年8月至2005年末，全省共有28879人次到各救助站求助，经甄别，实际救助26360人次，受助率为90.83％。受助人员中，福建省籍的占16.28％，外省籍的占81.53％，未成年人占11.97％，病残智障的占8.98％；提供乘车凭证和现金返乡的约占70％，由亲属汇款或单位接回的约占15％，提供医疗救治的约占15％。各地在贯彻实施《城市生活无着的流浪乞讨人员救助管理办法》过程中存在主要问题有：救助对象甄别难（单凭求助者自我陈述的情况，真假难辨，受助人员中常有职业性的骗吃、骗住、骗钱物以及重复救助的问题）；流浪儿童救助难（大部分地区未建立流浪儿童救助保护中心，光凭救助站未能有效实施对流浪儿童的监管和教育）；对痴、呆、傻的特殊救助对象缺乏足够的安置设施和安置条件；社会对救助管理认知存有偏差，误认为社会救助是社会福利行为或是长期性救济行为。有些地方把非救助对象病人拉到医院救治，由医院出面联系救助站承担救治费用。有的救助站时常发生强索、蛮索救助钱物等现象。

图1-3 救助站人员上街上路开展救助工作

表 1-15　　**2003—2005 年福建省流浪乞讨人员受助情况表**

年份	求助人次	受助人次			受助人员年龄结构		受助对象分类		
		总数	其中		60 周岁以上	18 周岁以下	病残智障	外出乞讨	其他
			本省籍	外省籍					
2003	3171	2690	562	2128	383	463	289	1088	1313
2004	9360	8190	1521	6669	840	941	787	3115	4288
2005	16348	14902	2209	12693	1125	1752	1291	4921	8690
合计	28879	25782	4292	21490	2348	3156	2367	9124	14291

二、儿童救助

1995 年，福建省建宁儿童救助学校（设在建宁塔下农场内）收容安置 105 人次，其中处理遣送 32 人次、家长领回 18 人次。

1996 年 1 月，福建省建宁儿童救助学校更名为“福建省建宁儿童救助保护中心”。

1999 年，省民政厅下拨 50 万元用于筹建莆田、龙岩、永安遣送站流浪少儿救助中心。截至 1999 年底，建宁儿童救助保护中心共收养来自全国各地 252 个县（市）的失散少儿达 2500 多人次，发函上千封、派人上门查找上百次以联系失散少儿家庭，有 632 个失散儿童与家人团圆。

1996 年至 1999 年，省民政厅共下拨专款 50 万元，为少儿救助中心添置教学和娱乐设施，改善少儿救助中心生活和学习环境。福州少儿救助中心建立“温暖学校”，组织编写法律教材，对收容的少儿进行法制和精神文明教育，教育他们遵守社会公道，做自尊自强的“四有新人”。

2004 年 11 月，福建省建宁塔下农场更名为福建省建宁安置管理站，加挂“福建省儿童救助保护中心”牌子，实行两块牌子一套班子，承担全省各救助站送来的流浪儿童的接收、教育、救助、安置等职能。

2005 年 4 月，省民政厅下发《关于做好孤儿情况调查统计工作的通知》，全省范围内开展孤儿基本情况摸底调查工作。

至 2005 年，省儿童救助保护中心共接收 895 人次由全省各救助站直接护送而来的无法查清或暂时无法查清原住址的 16 周岁以下的男性流浪儿童，分别来自福建、江西、安徽、河南、河北、山东、山西、广东、广西、四川、重庆、云南、贵州、陕西、湖北、湖南、浙江等 17 个省（市、自治区）252 个县（市），其中因父母离异、家庭不全或家教不当的问题儿童 501 人次（占 55.98%），被遗弃的哑巴、弱智、肢残等残疾儿童 62 人次（占 6.92%），外出务工无着的流浪儿童 127 人次（占 14.19%），盲流、乞讨顽劣儿童 179 人次（占 20%），孤儿 26 人次（占 2.91%）。救助保护中心通过电话查询、函调等方法，摸清流浪儿童家庭情况，并根据各自状况予以安置，其中由亲属直接领回的 570 人次，由中心护送或自行回家的 224 人次，放弃救助擅自离开的 75 人次，因涉嫌犯罪移送公安机关的 2 人，安排在福利企业（建宁羽绒厂）就业的 1 人（哑巴），无法查清家庭地址留置下来的流浪儿童 23 人。

第五节　自然灾害救助

一、应急预案

1995 年 2 月，省长办公会议研究决定，省级财政增列自然灾害救济事业费（217 项目）1000 万元，设立省级救灾基金，作为省级救灾预备金；救灾粮差价补贴由省、地、县财政按 4∶3∶3 比例分级负担，全年全省筹措 1350 万元。随后，省民政厅在省华兴信托投资公司设立救灾基金专户，并成立福建省救灾救济协会。地、县两级参照省级做法，相应安排自然灾害救济事业费预算，地（市）级 100 万～300 万元，县级 20 万～50 万元。截至当年末，全省累计建立救灾扶贫周转金 13720.87 万元，成立 410 多个救灾扶贫周转金管理机构；省民政厅共下拨救灾扶贫周转金 9611 万元，用于扶持民政对象创办救灾扶贫经济实体 1500 多个，用于扶持民政部门直属福利企业 427 个。同年起，省民政厅开始资助多灾贫困县民政部门配置救灾专用车辆，每个县补助 5 万元。

1996 年 4 月，省民政厅决定为每个地（市）民政局购置救灾车辆补助经费 15 万元。8 月，省民政厅发布《关于做好国内外救灾捐赠款物接收管理使用的通知》，提出对不附加任何先决条件的国内外救灾捐赠的现金和实物由民政部门负责接收管理和发放，严格按照捐赠人意愿制定分配使用方案。同年下半年，救灾物资仓储建设问题开始被关注，省民政厅开始酝酿筹建一个具有能够随时接收、整洗、消毒、分拣、打包等功能的救灾物资仓储中心，作为经常性捐助活动的基础设施和物资管理中心。

1997 年 5 月，全省省、地两级实行灾情信息微机联网，各地（市）民政局配备专职微机报灾人员，省民政厅给各地（市）民政局购置微机补贴费用 1 万元。

2000 年 11 月，省民政厅从省救灾预备金和救灾基金增值费中拨付 128 万元，补助 16 个重灾繁灾县购置救灾车辆。同年，全省各县（市、区）配齐救灾专用计算机，实现县（市、区）民政局、地（市）民政局、省民政厅、民政部上下四级救灾信息联网；部分重灾县配备救灾专用摄像机，进一步提高报灾时效性和准确性。

2001 年，全省开始建立救灾资金分级筹措、救灾投入自然增长的救灾经费筹措机制：省级列支救灾预备金 1000 万元，设区市列支 100 万～300 万元，县级列支 20 万～50 万元，乡级列支 3 万～5 万元。

2003 年 4 月，省民政厅在三明市召开会议研讨自然灾害救助应急预案。6 月，省政府办公厅批转省民政厅、省财政厅《福建省自然灾害救济补助资金使用管理暂行办法》，对救灾资金使用范围、管理原则，救灾资金申请、审批和拨付程序，灾情报告、评估和核定办法等作出规定。10月，省民政厅制发《福建省自然灾害救助应急预案》，规定突发性自然灾害（洪涝、台风、地质灾害、干旱、风雹等）等级划分、应急反应机构组成、灾情信息传送、灾害应急救助行动方案等，要求突发性自然灾害发生后当地民政部门必须在24小时内向上一级民政部门报告灾情，并迅速组织人员调查核实、统计汇总灾情，随后每天一报灾情及救灾工作进展情况。

2004年，全省9个设区市84个县（市、区）制定出台防抗自然灾害应急救助工作预案，内容包括各级自然灾害救助体系及其工作职责、救灾资金准备、物资准备、装备准备、人力资源准备、社会动员准备、通信准备等。省直有关部门也根据自身职能制定自然灾害救助应急预案。同年，救灾预备金实行“分级负责、省市县三级配套”制度。除中央下拨救灾款外，省级财政列支1000万元救灾预备金，设区市配套100万～300万元，县（市、区）配套20万～50万元。各级政府在编制年度财政预算时，根据常年灾情和财力可能，统筹安排救灾预备资金。全年省级财政实际拨出救灾款1300万元，各市县区投入救灾款3000多万元。同年12月，省民政厅转发民政部《春荒、冬令灾民生活救助工作规程》《灾害应急救助工作规程》《灾区民房恢复重建管理工作规程》。

2005年2月19日，全国救灾救济工作会议在福州举行，福建省政府在会上提出抗灾救灾工作4个理念：发展需要减灾，减灾也是发展；城乡统筹，全社会协同防灾减灾；以人为本，群众利益为先；人与自然协调发展，科学防灾减灾。全年省级救灾预备金1200万元，各设区市救灾预备金800万～1000万元，各县（市、区）救灾预备金预算100万～200万元。省民政厅进一步完善救灾应急预案，提升救灾物资保障水平，将灾后物资保障分为四个层级：（1）紧急转移安置80万～100万人的，为一级灾害保障，按60%受灾人数3天生活需求量予以物资保障。其中头两天以方便面、饼干、矿泉水供应为主，第三天后供应大米，每人每日0.75千克。（2）紧急转移安置50万～80万人的，为二级灾害保障，按50%受灾人数3天生活需求量提供物资保障。其中头两天以方便面、饼干、矿泉水供应为主，第二天后供应大米。（3）紧急转移安置30万～50万人的，为三级灾害保障，按40%受灾人数3天生活需求量提供物资保障。其中头一天以方便面、饼干、矿泉水供应为主，第二天供应大米。（4）紧急转移安置5万～10万人的，为四级灾害保障，按30%受灾人数3天生活需求量提供物资保障，其中头一天以方便面、饼干、矿泉水供应为主，第二天供应大米。同年，省民政厅上报省政府《关于将救灾应急体系建设列入我省“十一五”规划及重点建设项目的意见》，并将民政部拨给的8000顶救灾帐篷分散储存到市县两级。全省实行实物储备和协议供应相结合方法，建立自然灾害紧急状态下县乡自我保障与省市分级补助的救助体系，确保紧急状态下30万人3天生活物资需求量和16万人转移安置所需的临时住所和医疗救助。

图 1-4　2005 年 2 月 19 日，全国救灾救济工作会议在福州召开

二、紧急救助

1995 年 4 月 12 日至 17 日，南平、三明、宁德、福州、龙岩等地 28 个县（市）受冰雹、龙卷风袭击，冰雹颗粒直径最大达 15 厘米，冰雹地面积层最厚达 30 厘米，因灾死亡 8 人，受伤 950 人。省民政厅下达 200 万元应急救灾款。7 月，当年第 4 号台风由广东澄海市进入龙岩地区，受其影响，漳州、龙岩两地（市）普降暴雨引发灾情，省民政厅下拨 57 万元应急救灾款资助灾区安置受洪水围困的灾民。当年，省、地、县三级财政落实自然灾害救济事业费和救灾粮差价补贴共 5786 万元。

1996 年 7 月至 8 月，当年第 7、8、10 号台风相继登陆福建，因灾死亡 397 人。8 月，龙岩地区受台风影响普降特大暴雨，永定、长汀、上杭、武平等县受灾，死亡 242 人，失踪 284 人。灾情发生后，全省民众及海外侨胞共捐款 3300 万元，捐赠衣被 205 万件。全年全省还发生低温雪冻、洪涝、滑坡、泥石流等自然灾害，全省共投入救灾款 8400 多万元。

1997 年 4 月，三明、龙岩、南平、福州等地下冰雹，伴有龙卷风和暴雨，有 16 个县（市、区）不同程度受灾，死亡 2 人，受伤 707 人。省民政厅下达应急救灾款 280 万元。5 月，全省过程雨量超过 100 毫米的有 23 个县（市、区），超过 300 毫米的有 5 个县（市、区），九龙江、晋江、木兰溪等河流水位暴涨，洪涝成灾，死亡 34 人，失踪 9 人。省民政厅、省水电厅、省农业厅等派出5个工作组分赴福州、莆田、泉州、漳州等地考察灾情，下达应急救灾款300万元。6月，三明、莆田、南平、宁德暴雨成灾，省民政厅下达440万元应急救灾款。8月，受台风影响，霞浦、福鼎等县有29条海堤漫顶滑坡，崩溃决口25处；福州、莆田等地亦受灾。截至当年底，省里共下达救灾款11095万元，其中中央拨款9000万元、省级“217”科目（财政救灾预备金）500万元、救灾粮差价补贴款540万元、省长基金500万元、省级历年结余救灾捐赠款555万元。全年各灾区地、市、县以及部分乡镇共列支“217”科目3881万元，救灾粮差价款810万元。

1998年2月，宁德、南平、三明等地发生冰雹灾害，省民政厅下拨救灾款500万元。5月，福鼎市出现山体滑坡灾害，省民政厅拨救灾款100万元（中央下达的）。6月12日至22日，南平、三明、宁德、福州等地普降大到暴雨，过程雨量800毫米，局部900毫米以上，多处山洪暴发，山体滑坡，农房坍塌并致人员伤亡。灾害发生后，正在福建省考察工作的国务院副总理吴邦国赴闽江沿岸视察洪涝灾情，指导救灾工作；国务院副总理温家宝发来电报慰问灾民和抗洪抢险者；国务院副秘书长马凯率国务院救灾工作组来闽协调抗洪救灾工作；民政部派出工作组赴闽北灾区实地考察灾情。省民政厅紧急下拨救灾款250万元，运送800顶救灾帐篷和500顶军用帐篷，并通过南京军区某部的直升机向被洪水围困成“孤岛”的建瓯市区及周边乡镇空运2吨食品（饼干和方便面）、数吨饮用水和7000条毛巾被。7月，省民政厅下拨南平、宁德、三明、福州市洪灾救济款5100万元。8月，长江流域发生洪涝灾害，驻闽部队派出1.6万余名官兵赴江西九江抗洪抢险。10月，省委、省政府、省军区在福州召开全省抗洪救灾表彰大会，总结抗洪救灾工作成果和经验，表彰本省抗洪救灾先进集体和先进个人，全省民政系统有3个集体和3名个人受到表彰。12月，省民政厅下拨漳州市救灾款500万元。当年，民政部、财政部下拨救灾款7200万元，省级财政安排救灾款1040万元。

1999年5月，龙岩、三明、南平、福州、宁德等地分别出现洪涝，省民政厅安排救灾款600万元。6月，漳州市遭受当年第3号台风袭击，省民政厅安排救灾款100万元。8月，龙岩、三明、南平、漳州、宁德、莆田市遭受暴雨袭击，引发山洪暴发、山体滑坡、农田被淹。省民政厅组派2个工作组查核灾情，下达救灾款1150万元、救灾捐赠款450万元。9月，受当年第10号台风影响，福州、泉州、莆田、漳州、厦门等地遭受特大暴雨袭击，省民政厅下达救灾款300万元、救灾捐赠款70万元。10月，当年第14号强台风登陆龙海市，厦门、泉州等地有10多处海堤被冲毁，莆田有37个村庄被洪（潮）水围困，全省死亡、失踪72人。民政部拨给救灾款3200万元（含厦门市600万元），省民政厅预留300万元以供事后调节，其余全数下达。11月17日，福州市仓山区港头发生火灾。当晚省委书记陈明义率民政厅分管负责人察看火灾现场，主持召开现场办公会议，决定从省级救灾预备金中拨给50万元予以资助。

2000年7月，全省暴雨成灾，泉州尤甚，省民政厅下达救灾经费500万元。8月23日，台风“碧利斯”登陆晋江市，泉州、莆田、福州、龙岩等市24个县（市、区）普降暴雨。灾情发生后，各级政府共投入救灾资金 1.4 亿元，其中中央下达救灾款 1500 万元。

2001 年 3 月，南平、龙岩、宁德、漳州等地遭受龙卷风、冰雹和暴雨袭击，死亡 3 人，重伤 7 人，部分民房倒塌，农作物受损。4 月，省民政厅拨款受灾地区 170 万元以安置灾民基本生活。6 月 13 日，闽西北地区普降暴雨至大暴雨，宁化、清流、明溪、永安等地洪水成灾，死亡 5 人。6 月 23 日，强台风“飞燕”突然登陆福清龙高半岛后进入宁德地区，全省因灾死亡失踪 246 人。7 月至 8 月，省民政厅下达救灾资金 3100 万元。7 月 31 日，台风“桃芝”登陆连江县官坂镇。10 月至 11 月，省民政厅下达救灾经费 395 万元以资助灾民倒损房维修。当年，全省共向灾区下拨救灾款 12539 万元，其中中央拨款 6760 万元；市、县两级动用救灾预备金 5100 万元。

图 1-5　2002 年 6 月，省委副书记梁绮萍（左二）在顺昌县与民政部副部长杨衍银（左一）一起研究救灾工作

2002 年 6 月 11 日至 16 日，闽西北地区大范围强降雨，过程降雨量 200 毫米，局部达 500 毫米，富屯溪、沙溪水位超过警戒 1.7 米，将乐、顺昌、建宁、邵武、泰宁、宁化、明溪、延平等县（区）受灾。6 月 16 日，国务院总理朱镕基批示：当务之急是要紧急救援和转移被洪水围困的群众，务请组织力量，全力以赴。6 月 17 日，国务院派民政部副部长杨衍银率工作组到福建考察灾情（考察顺昌县和将乐县）。6 月 22 日至 23 日，中共中央政治局委员、国务院副总理、国家防汛抗旱指挥部总指挥温家宝在省委书记宋德福、省长习近平陪同下来到建宁县考察指导救灾工作，转达党中央国务院对福建灾区的关怀。同月，民政部、省民政厅下拨紧急救灾款物合计 3000 多万元。全省全年省市县各级共投入救灾资金 1.5 亿元。

表 1-16　　**2002 年福建省救灾款（民政部门拨付）情况表**

地区	救灾支出（万元）	救济人数（人）
福州市	1318.1	17788
厦门市	109.1	9074
莆田市	576.3	8363
三明市	3058.8	21434
泉州市	887.9	4521
漳州市	1076.8	47960
南平市	1440.1	15451
龙岩市	851.2	50993
宁德市	1464.9	71086
合计	10783.2	246670

2003 年 6 月，省民政厅、省财政厅联合下发《福建省自然灾害救济补助资金使用管理暂行办法》，提出救灾资金的使用范围、申请审批和拨付程序，灾情报告评估与核定办法，以及违规行为处理措施等，要求救灾资金重点用于重灾区重灾户，以受灾面积、绝收面积、倒塌房屋间数、成灾人口、转移安置人数、缺粮需救济人数以及救灾资金额度等相关因素为依据，合理分配使用，救灾款物发放由村民集体评议，救济对象名单和救济数额张榜公布。

2004 年 8 月 25 日，台风“艾利”在福清、石狮、龙海等地 4 次登陆，8 次上岸，横扫宁德、福州、莆田、泉州、厦门、漳州 6 个设区市 27 个县（市），带来风暴和海潮引发洪涝灾害，有 3 个城市受淹，死亡 2 人。省委代书记、省长卢展工主持召开党政军紧急会议，提出四个“千万”（千万不要有麻痹思想、千万要加强组织领导、千万要注意防范重点和重点环节、千万将防范工作做实做细）、四个“确保”（确保预防在先、确保责任到位、确保应急调度、确保群众安全）、四个“尽快”（尽快报告受损情况、尽快恢复正常秩序、尽快组织抢救自救、尽快救援受灾地区和受灾群众）。各地启动自然灾害应急救助预案，成立水文气象、宣传动员、转移安置、物资供应、交通运输、卫生救护、治安保卫、供电通信等小组，全省 10676 艘出海船只全部进港避风，海上养殖渔排 2.6 万多人全部转移上岸，沿海低洼地带、山区易滑坡地带以及居住在危房与简易工棚的 21 万民众全部转移。省民政厅调拨救灾帐篷 2800 顶、衣被 200 万件，由省军区调拨 20 辆军车发往灾区。灾情发生的第二天，省民政厅下达救灾应急预备金 500 万元，各地启动配套资金 2000 万元。9 月，省民政厅再度给台风灾区下拨救灾款 3500 万元。同月，当年第 6 号台风登陆晋江市，福建中南部受其影响暴雨成灾。11 月，省民政厅下达救济补助经费 400 万元。

2005 年 1 月，闽北、闽东出现强冷空气降雪积雪，农经作物及畜牧业不同程度受灾。3

月，龙岩、漳州、泉州等地出现“飑线风”，瞬时最大风速达13级，死亡2人，受伤455人。省民政厅组派2个慰问组赴灾区慰问受伤灾民，民政部派查灾工作组来闽实地勘查灾情。5月，闽西北出现暴雨、冰雹、雷击、山体滑坡等灾害。5月至6月，省财政厅、省民政厅2次联合下达救灾款1320万元。6月17日至23日，闽北地区持续强降雨，闽江流域农田受淹，山体滑坡，死亡13人，省政府办公厅下发《关于进一步做好防御洪涝和地质灾害工作的紧急通知》。6月25日至26日，中共中央政治局委员、国务院副总理回良玉率国家水利部部长汪恕诚、民政部部长李学举等抵达福建考察灾情慰问灾民。同期，国务院防汛救灾工作组赴南平、三明等地考察灾情，省民政厅组派3个工作组赶赴灾区，并下拨紧急救灾款3000万元。7月19日，台风“海棠”登陆连江县黄岐镇，闽东地区有4个县（市）城区进水受淹并多处山体滑坡。省委书记卢展工、省长黄小晶两次来到省防汛抗旱指挥部，召开紧急视频会议，动员部署救灾工作。省财政厅、省民政厅联合紧急下达救灾款500万元。同月，省财政厅、省民政厅3次联合下达自然灾害救济补助费共5450万元，因灾倒房重建补助标准为每户3000元。9月，台风“泰利”登陆莆田市秀屿区平海镇，沿海地区出现特大暴雨，各大河流均发生超警戒水位的洪水，死亡4人。国务院总理温家宝、副总理回良玉作出救灾工作批示，民政部派工作组赴闽指导救灾工作。省委书记卢展工、省长黄小晶两次来到省防汛抗旱指挥部听取情况汇报，检查部署救灾工作。省财政厅、省民政厅联合下达救灾应急款650万元。10月2日，台风“龙王”登陆晋江市后两次登陆龙海市，在福建沿海滞留10个小时，狂风暴雨恰逢农历八月天文大潮，沿海各江口水位急剧上升，海洋养殖业严重被毁且发生严重内涝。全省因灾死亡和失踪共117人。各级电视等新闻媒体持续32小时悬挂台风预警信号，滚动播发台风动态和台风灾害防范知识；全省民政部门紧急调拨救灾帐篷5000多件运往灾区；驻闽部队（含民兵预备役官兵）出动兵力10万人次参与救灾抢险。同月，省财政厅、省民政厅6次联合下达救灾款共6610万元。当年，全省因自然灾害死亡140人（不含部队死亡人员），失踪27人；省领导和省民政厅领导5次进京汇报灾情，国务院及民政部8次派工作组来闽查灾核灾；民政部和财政部10次下达救灾资金共1.76亿元，省级下拨救灾款2650万元，社会各界捐赠救灾款物总值1.1亿元（其中救灾捐款1700万元）。

三、灾后重建

1995年，全省共建灾民新村216个，帮助6232户28406人建房52112间（建筑面积74万平方米）。6月10日至13日，全国人大常委、澳门中华总商会副会长、大丰银行总经理何厚铧应中国国际减灾十年委员会邀请，率澳门救灾捐赠考察团一行29人在民政部副部长范宝俊陪同下来闽考察，听取福建省1994年接收使用港澳地区赈灾款情况介绍，考察清流、宁化两县1994年接收澳门救灾捐赠重建家园工作，并实地走访清流县嵩口镇月盘新村、龙津镇下坪新村、刘家坊新村和宁化县城南乡霜家坑新村、鱼龙新村、翠江镇薛家坊新村以及宁化县福利院。7月至8月，2次台风袭击福建，带来暴雨致使山区农房倒塌严重。各级民政部门把灾区倒房重建作为救灾工作主要任务，集中资金重点扶持灾区连片重建点。同年，全省完成联合国开发计划署和日本政府对闽救灾援助7万美元和24万美元的项目执行：前者由宁化县购买油毛毡10962卷搭盖临时篷屋3654间安置2.3万人，清流县购买毛毯1470条分发给1470户灾民；后者由三明、南平、宁德等地和省民政厅直属农场加工制作救灾衣被共23825件，分发给13229户32014名灾民。

图1-6　1995年6月，全国人大常委、澳门中华总商会副会长、大丰银行总经理何厚铧率澳门救灾捐赠考察团一行在闽北听取福建省民政厅关于澳门地区赈灾款用于灾区灾后重建情况介绍

1996年，全省因灾集中重建住房的有156个村，安置灾民14700户，分散建房25300户。龙岩地区集中重建31个灾民新村。

1997年，全省灾后重建19137户灾民住房，其中集中重建177个新村，安置4703户倒房灾民。各地灾后重建实行统一规划，不搞简单重建，新村选址避开“三边”（河边、山边、低洼边），房屋结构选择砖混或水泥。

1998年2月，省委副书记习近平率省直有关部门负责人考察大田、宁化、清流、建宁等地“造福工程”和脱贫工作，表扬宁化县下赖村73户因灾倒房的灾民在民政部门资助下重建新村。7月，省委、省政府主要领导率省直有关部门负责人在南平市召开现场办公会，研究部署闽北洪涝灾区恢复生产、重建家园工作，要求灾区各级党委政府把重建灾民住房作为中心工作来抓，确保灾民在元旦或春节之前全部迁入新居。同年8月和11月，省民政厅分别在邵武市和建阳市召开重建灾民住房工作现场会，敲定经费补助方案。各灾区党委、政府把重建家园作为中心任务，成立重建家园工作领导小组（由党委、政府领导挂帅），建立建房目标责任制，实行领导干部包乡、包村、包户；把灾后重建工作与农村奔小康、村镇改造、防洪减灾等结合起来，组织建筑规划设计部门到实地勘察，筛选建村地址，对集中连片重建的灾民新村进行统一规划，统一布局，统一建设。民政部门一次性发给倒房灾民救助款每户3000～5000元。各相关部门施行优惠政策：(1) 税务部门免征灾区承建单位营业税和个人收入所得税，对以优惠价格销售砖瓦供灾区重建新房使用的砖瓦厂免征增值税；(2) 矿管、水电部门免收灾民自采沙石料的矿产资源费和沙石料管理费；(3) 建设部门免收乡镇基础设施建设配套费、规划管理费，减收施工企业管理费、设计费和质量监督费；(4) 土地部门免收住房建设勘丈费、选点放样费、征地拆迁服务费、发证登记费和工本费；(5) 审计部门免收自筹资金审验费；(6) 林业部门安排每一重建户3立方米用材指标，全免其税金；(7) 计划、物资部门专项安排并以优惠价格供应重建新房所需钢材、水泥、玻璃等建筑材料，免收经营环节的有关费用；(8) 金融部门优先安排重建房屋专项贷款。每一个重建户因宅基地和原材料优惠供给获利达5000～10000元。11月，政和县石屯镇西津新村落成，占地1.7公顷，安置50户247人，每户房屋占地104平方米，因各种优惠户均获利4万元。当年底，闽北灾后重建工作基本完成，重建新村330个。松溪县重建进度最快，计划建房3229户，实际竣工3141户（其中集中连片36个点计划1000户，实际竣工921户；分散建房2229户，实际竣工2220户）。由于规划科学、布局合理，集中连片建成的新村房屋排列整齐，基本设施完备。全年全省重建灾民住房52923户，其中集中连片重建点430个，安置15579户，分散建房的有37344户。

1999年9月，省民政厅在永安召开全省重建灾民住房座谈会，对当年暴雨和台风袭击地区的灾民住房重建工作进行研讨部署。11月，省政府在莆田召开全省重建灾民住房工作会议，安排部署遭受当年第14号台风正面袭击的沿海地区灾后重建工作。各级政府加强对重建工作组织领导，土地、建设、规划、农业、林业、水电、财政、金融等部门互相配合，对集中重建的免收选址、规划设计、放样、图纸等费用，各项手续办理一律从简从快。民政部门对集中建房的每户补助3000元，分散建房的每户补助1000元。莆田市对29个重灾重建村安排29个副厅级以上领导干部作为重建工作责任人，在重建过程中实施分类指导，既考虑灾民生产生活便利问题，又结合农田山林整治，实现退地还耕。福州市在集中重建工作中把灾民安置房建设与老区基点村建设、"造福工程"、小康村建设结合起来，实行统一选址、统一征地、统一规划、统一设计、统一基础、统一监督。一些地方成立由村民代表和村委会成员组成的灾后重建工作监督小组，负责监督救灾款物、重建方案、安置办法和建筑质量等。当年底，全省集中重建新村189个，安置5745户。莆田市灾后不到100天重建新村78个，安置3000多户倒房灾民。

2000年1月，省委书记陈明义到莆田市湄洲湾北岸、莆田县、城厢区、仙游县等地考察灾后灾民重建住房工作。9月，省政府在龙岩市武平县召开全省灾后恢复生产与重建家园工作会议，省政府分管副省长，省民政厅、省农业厅、省水利厅、省海洋与渔业局主要负责人和省计划委员会（简称“省计委”）、省农办、省财政厅、省国土资源厅、省建设厅分管负责人参会。会议研究部署受台风“碧利斯”袭击的灾区灾后重建工作，要求各级主要领导亲自挂帅，建立责任制，包点包乡；坚持重建与防灾减灾相结合、灾后恢复与发展经济相结合、重建与社会主义新农村建设相结合的重建工作方针；建房资金筹措以灾民自筹为主，辅以“四个一点”（国家救济一点，灾区各级政府补助一点，制定优惠政策减免一点，亲友资助一点）。龙岩、漳州、泉州、莆田、三明各重灾县成立由民政、土地、计委、建委、财政、林业、水电、物资等部门参加的重建家园工作领导小组，组织实施重建家园工作。11 月 3 日，省委副书记、省长习近平率省直相关部门负责人赴龙岩棉花滩库区及龙岩市各地了解当年灾后重建与恢复生产情况。当年，全省因灾倒房需重建住房的有 15363 户，分布于 23 个县(市)。至年底，10 户以上集中成片重建新房的有 121 个点（安置 2626 户倒房灾民），分散建房的有 12737 户。

图 1-7　2000 年 9 月，武平县万安乡贤溪村灾民住房集中重建点

2001 年 1 月，全省有 15104 个重建户建好一层以上小楼房，并有 14530 个重建户搬入新居。全省灾后重建工作集中在福州、三明、漳州等地区，共重建灾民住房 9316 户，其中集中重建点 85 个，安置 1948 户，分散重建的有 7368 户（占总户数的 79.0%）。

2002 年 9 月，省民政厅在建宁召开全省灾民住房重建工作会议，传达民政部、财政部

《关于规范特大自然灾害救济补助费分配管理有关问题的通知》，研究5类倒房农户（农村建设中旧房改造户、低洼地的整体拆迁户、存在地质灾害隐患的整体搬迁户、附属房被毁的重建户、修建闲置房被毁的重建户）重建住房工作。

图 1-8　2002 年 9 月，全省灾民住房重建工作会议在建宁县召开

图 1-9　2002 年，建宁县均口镇修竹村大嵊山灾后重建点

2005年3月，省财政厅、省民政厅联合下拨泉州、漳州、龙岩三市600万元，资助受灾地区房屋修缮及重建。6月，南平、三明、龙岩、宁德等地出现暴雨引发洪涝灾害。省政府办公厅下发《关于进一步做好防御洪涝和地质灾害工作的紧急通知》；省民政厅召开专题会议研究部署灾后重建工作，并与省国土资源厅、省建设厅、省财政厅联合下发《关于做好灾后重建家园工作的通知》，要求灾区相关部门认真规划，开通绿色通道，从速从简组织实施灾后重建工作。6月至7月，省民政厅2次召开全省灾民住房恢复重建工作会议，研究部署洪涝、台风灾害过后的灾区重建工作。8月，为资助南平、三明、龙岩、宁德四市灾后重建工作，省民政厅下拨救灾捐赠款1000万元。8月16日至17日，国务院救灾工作调研组一行4人到宁德市调研工作，先后考察福鼎、福安市灾后重建点。10月“龙王”台风过后，省民政厅、省国土资源厅、省建设厅、省财政厅联合下发《关于做好灾区民房恢复重建工作的紧急通知》，对恢复重建工作的组织规划和审批程序提出具体要求。省民政厅会同省财政厅下拨灾区民房重建补助经费1360万元，派出6个工作组检查指导各地恢复重建工作。11月，省民政厅、省财政厅联合开展全省因灾倒房特困灾民摸底调查，全省尚有979户受灾低保户需重建住房。12月，省政府办公厅下发《关于进一步加大灾民住房重建力度做好困难群众生活安排工作的通知》，提出对特困灾民住房重建给予重点关注、重点扶持，在统一规划科学选址基础上实行目标管理责任制，采取限定差价率或规定限价等价格干预措施保证灾民住房重建所需建材价格的稳定。当年，全省有29329户灾民被纳入住房重建计划，享受资金补助、政策优惠和手续便利，其中有979户特困灾民享受重点扶持；全省共安排集中重建点142个，集中安置7153户因灾倒房灾民，其中2872户如期完成住房重建。

图1-10 2005年罗源县松山镇竹里村灾民住房重建点

四、春荒冬令救济

1995年1月至2月，全省各级民政部门开展“走千村、访万户、送温暖”活动，对重灾户和困难户进行调查摸底，登记造册，发放冬令救济款1240万元，发放前一年灾害救济费2000万元，下拨救灾粮2450万公斤，其中省民政厅下达冬令救济款1130万元、救济粮225万公斤（另发放慰问金320万元）。3月至6月，省、地、县三级财政共拨出救灾粮差价补贴款750万元，与中央下达春荒救济款1600万元配套使用。12月，省民政厅组派5个工作组分赴除厦门市外的8个地（市）9个县56个村走访慰问贫困灾民，共发放慰问金158万元，救济粮100万公斤，并下达冬令救济款1385万元。

1996年初，省、地、县三级财政共投入春荒救济款2250万元，发放救灾粮7300万公斤。12月，省民政厅下拨2413万元救济补助费（含救灾粮差价补贴款240万元）。

1997年1月至2月，省民政厅组派8个工作组分赴宁德、南平、三明、龙岩等地，进村入户查看贫困灾民荒情；下达中央拨给春荒救济款2700万元，其中拨给宁德市512万元、龙岩市462万元、南平市340万元、三明市305万元、漳州市307万元、福州市289万元、泉州市259万元、莆田市226万元。

1998年1月，省民政厅下达冬令救济款2340万元。3月，省民政厅下达春荒救济款1750万元。

图1-11　1998年12月，省委书记陈明义（中）走访慰问受灾贫困户

1999年5月，省民政厅下达春荒救济款2300万元、救灾粮差价补贴款300万元。

2000年1月，省五套班子成员分19路走访慰问城乡基层特困户、重灾民，共发慰问金及实物达48万元。1月至3月，省民政厅下达福利彩票赈灾专项募集资金2500万元，其中1970万元用于冬令春荒口粮救济，530万元用于省领导元旦春节期间慰问灾民、贫困户及补助19个经济欠发达且冻灾严重的县（市）。3月，省民政厅拨款50万元资助华安县高山族居民以解生活困难。4月，省民政厅下达三明、宁德、龙岩三市冻灾补助款300万元。5月，省民政厅下达800万元春荒救济款、300万元救灾粮差价补贴款。12月，省民政厅下达救济补助费250万元。

2001年4月，省民政厅下达1400万元春荒救济款和240万元救灾粮差价补贴款。5月，依照民政部、财政部要求，省民政厅下达结余的冬令救济款650万元。

2002年，省政府决定逐年追加春荒冬令救济款。当年省财政下拨3000万元，各市、县也相应增加救济款，全省共发放救济款近5000万元。

2003年1月，省民政厅组派5个工作组分赴全省9个设区市，走访慰问重点灾民、贫困户、五保户、低保户、优抚对象以及光荣院、福利院、敬老院的孤寡老人，全面开展冬令救灾救助工作。4月，省民政厅下发通知，要求各地进一步调查摸底和评估灾民缺粮情况，对困难群众登记造册，分类排队，细化安排，确保困难灾民有饭吃。当年，省民政厅下拨冬令救济款1500万元，解决困难群众口粮问题。

2004年1月，省民政厅下达福州、南平两市救济补助款30万元。同月，全省各地普遍开展扶贫济困送温暖活动，共走访慰问受灾户、城乡特困户、优抚对象、五保户等22万人，发放慰问金3800多万元和部分棉被衣物。4月，为资助春季灾区灾民生活，省民政厅下达救济补助款2700万元。12月，省民政厅下达冬令救济补助款2600万元。

2005年5月，省财政厅、省民政厅联合下达春荒救济补助款2900万元，要求各地实行民主评议、张榜公布、公开发放救济款，不得以慰问金形式发放救济款或预留资金。11月，省民政厅、省财政厅联合请示省政府将中央下达的特大自然灾害救济补助款4300万元作为冬令救济款分配下发各地，对各地核定的救济人口每人每天救济0.5公斤大米。同月，民政部救灾专员一行3人到三明市调研冬令救济问题。

表1-17　　**1995—2005年福建省城乡社会救济费发放情况表**

单位：万元

年份	农村社会救济费	城镇社会救济费
1995	1290	647
1996	1518	776
1997	1784	778

续表

年份	农村社会救济费	城镇社会救济费
1998	1817	675
1999	4038	3073
2000	4704	3707
2001	4717	4731
2002	5129	8685
2003	8257	12077
2004	3289	13821
2005	3842	14655

注：此表数据为省、市、县三级城乡社会救济费发放量总和。

五、慈善募捐

1996 年 1 月，根据中央办公厅和国务院办公厅提出每年 4 月、10 月定为扶贫济困送温暖捐助月，发动大中城市捐赠衣被和物品以支援灾区和贫困地区的要求，省委办公厅、省政府办公厅下发通知，要求在全省县级以上城市开展募集衣被捐助灾区和贫困地区群众活动。全省各级各部门通力协作，机关事业单位干部职工、街道居民、企业员工、解放军和武警官兵纷纷送温暖献爱心，踊跃参加捐助活动。截至 2 月，全省 23 个城市共募捐衣被 88.5 万件，捐款 10.5 万元。4 月，省民政厅等 9 个部门联合转发民政部等部门联合下发的《关于开展“扶贫济困送温暖”捐赠活动的通知》，要求县级市以上城市采取集中时间（每年 4 月和 10 月）和随时接收相结合的办法开展以捐赠衣被和物品为主的“扶贫济困送温暖”捐助活动。同月，全省 23 个县级以上城市（大部分处于沿海地区）民政部门设立捐赠接收工作站，发动城市居民按照自愿、量力而行的原则捐赠闲置不用的衣被，共募集衣被 50 多万件。6 月，福州、厦门两地募集的衣被经过消毒、整洗和包装，按照民政部和国务院扶贫开发领导小组等国家部委关于扶贫济困对口援助的安排运往宁夏回族自治区。8 月，为支援龙岩地区解救洪涝灾情，全省县级以上城市开展募集衣被活动，福州、厦门两市成立募集工作领导机构，发动社会各界开展救灾捐赠活动。10 月，全省县级以上城市开展以募集御寒衣被为主的“扶贫济困送温暖”捐助活动。至 10 月底，全省共募集御寒毛衣毛裤和被子毯子 205.4 万件，收到捐款 3300 万元。11 月，募集衣被对口支援宁夏 26.56 万件，分发省内龙岩、宁德等灾贫地区 178.84 万件。同年 2 月，香港航毅国际（集团）有限公司总裁蔡健生向福建灾区泰宁、浦城两县认捐食用油 4000 吨、化肥 10000 吨。

1997 年 4 月，省政府办公厅下发通知，要求县级以上城市开展扶贫济困送温暖捐助月活动。全省各地设立97个宣传点印发宣传标语，新闻媒体发表相关文章播报募捐月活动讯息。福州市在五一广场举行大型捐赠宣传活动，机关干部、社区居民、学生和驻榕部队官兵近万名参与，散发“致福州市民的一封信”及各类宣传材料。福州、莆田、泉州、漳州、厦门五市历时15天募集衣被80.8万件、现金98万元，于5月装12个车皮发往宁夏回族自治区西海固地区和银南地区10个县（所募现金亦全部汇往）。11月，扶贫济困送温暖捐助月活动依照先前规定开展，全省共募集御寒衣被近200万件、现金285.98万元，其中省直机关单位（参与单位58个）募集冬衣10.8件、现金1.6万元。同年，全省灾后募集衣被377.8万件，人民币340.98万元。

1998年4月，各级党政领导带头参与扶贫济困送温暖捐助月活动，全省共募集衣被、毛毯、毛衣等72.78万件、现金260.75万元。其中，省直机关募集衣被21万件，现金68万元；福建炼油化工有限公司3000多名职工及家属捐衣被、毛绒衣、毛毯等12071件，现金21771元。5月，募集衣被（装11个车皮）全部运抵宁夏，分发给该自治区55个乡镇。7月，全省开展支援闽北洪涝灾区捐赠活动，共募集捐款5600万元，其中省直195个单位参与募捐活动，共募集现金1600万元。8月起，为支援长江、松花江、嫩江流域抗洪救灾，各级民政部门设立捐赠接收机构（捐赠中心），制订捐赠物品接收制度，公布联系电话、接收地点和捐赠账户，并简化捐赠事项办理手续，实行特事特办、急事急办。省市县领导带头捐款捐物，一些老红军、离退休老干部也踊跃捐款捐物。厦门、泉州等地多次出现匿名捐赠事例，莆田市涵江区一个体户花4万多元购买救灾物资专程送至江西九江慰问抗洪部队，福州市台江集贸市场2000多个工商户捐赠现金14万多元、各类新衣服2.3万件（价值105万元）。为更广泛地筹集救灾资金，中央电视台举办2场赈灾义演活动，在闽企业和外资单位捐赠款物总额2780.1万元（其中通过中华慈善总会代转1621.9万元，通过民政部代转1158.2万元）。当月底，全省共募集捐赠款物20148.317万元。至当年底，全省共接收捐款17069.3万元（九地市接收14978.27万元、省民政厅直接接收社会各界捐款2091.03万元），汇往省外灾区1230万元（其中吉林省100万元、内蒙古自治区100万元、黑龙江省200万元、湖南省200万元、湖北省200万元、安徽省200万元、江西省230万元）；下拨省内九地（市）5348.03万元（其中福州市611.73万元、厦门市1万元、莆田市24.2万元、三明市379万元、泉州市5万元、漳州市292万元、南平市2710.6万元、宁德市824.5万元、龙岩市500万元）；对口支援宁夏110万元；慰问抗洪抢险部队530万元；为支援外省购买救灾物资133.03万元；全省共接收赈灾物资折款22142.77万元（其中衣被101419件折款16808.49万元，食品折款748.66万元，药品折款1006.76万元，其他物资折款3578.86万元），救灾募捐物资安排108个车皮和34辆卡车运往省外灾区。同年，省民政厅与重庆市万州区建立对口帮扶关系，约定连续帮扶3年，每年资助50万元。

表 1-18　　1998 年福建省支援长江流域抗洪救灾捐赠情况表

单位：万元

地区	认捐款额	捐赠物品折价					款物总额
		衣被	食品	药品	其他物资	物品总折价	
福州	2144.8	230	—	100	610	940	3084.8
厦门	1807.25	299.3	171.02	36.9	1869.96	2377.18	4184.43
宁德	473.79	96.59	2.61	4.65	24.86	128.71	602.5
莆田	292	521	19	12	223	775	1067
泉州	1300	3265	26.06	3.8	326.8	3621.66	4921.66
漳州	825.07	125	81.6	155	61.58	423.18	1248.25
龙岩	573.2	349.2	—	—	0.76	349.96	923.16
三明	320	912	3	137.77	53.3	1106.07	1426.07
南平	135.95	—	—	0.047	32	32.047	167.997
省直	1600	58.11	4.5	2.4	1	66.01	1666.01
其他	42.9	—	—	—	—	—	42.9
全省	9514.96	5856.2	307.79	452.567	3203.26	9819.817	19334.777

注：此表不包含福建省有关集团（公司）定向民政部、中华慈善总会捐赠款物总额 2780.1 万元（其中捐款 2125.6 万元、赈灾物资折款 654.5 万元）。

1999 年 2 月 8 日，全国人大常委会委员长李鹏走访慰问福州市鼓楼区温泉小区，送 1000 元慰问金给一名下岗职工（这名职工在 2 天之后几经咨询将 1000 元现金捐到省民政厅救灾救济处）。6 月，中国英国总商会通过中华慈善总会捐赠 10 万元人民币资助建阳市书坊乡贵溪小学修建教学楼，省民政厅委托建阳市民政局负责该资助项目监督与管理。10 月，为解当年第 14 号台风灾情，莆田、泉州、漳州、厦门、福州等地结合扶贫济困送温暖捐助月活动，进一步发动社会各界向灾民捐款捐物。在赈灾募捐活动中，莆田市厅级干部每人捐 1000 元，处级每人 500 元，科级每人 300 元，一般干部 100 元，各界认捐 1100 万元，有 2 名外商分别捐资 100 万元和 50 万元。同年，省民政厅机关干部和下属单位职工为支援台湾地震灾区，共捐款 30925 元；日本政府捐赠 4 辆救灾防疫车，分配省民政厅、省卫生厅、南平市民政局、宁德地区民政局各一辆。

2000 年 10 月，省委宣传部、省民政厅、省广播电视局转发中宣部、民政部、国家广播电影电视总局《关于做好今年“扶贫济困送温暖”捐助月和宣传周活动的通知》。全省以地（市）为单位组织捐助月和宣传周活动，各地电视台播放扶贫济困送温暖电视公益广告。

2001年3月，省民政厅在福州市召开全省扶贫济困送温暖捐赠工作会议，部署捐赠工作。4月，省政府办公厅发布《关于在全省开展扶贫济困送温暖捐助活动的通知》。同月，省民政厅机关举行捐赠仪式，共收捐款20500元（其中离退休干部捐款3550元），衣物2800余件。省直单位、市县相继成立捐赠工作机构，安排组织捐赠具体活动。各地媒体相继报道活动过程中的感人事迹，激发群众捐赠热情。厦门市鼓浪屿区一名86岁环卫退休工人捐出多年积蓄5000元。至5月10日，全省共募集衣被约100万件，募集捐款420.3827万元。除宁德、龙岩、三明、南平市募集衣被发放给本地贫困家庭外，福州、厦门、莆田、泉州、漳州市和省直机关募集93.66万件衣被装14个车皮运往宁夏银川、固原地区。募集捐款安排支援宁夏、重庆万州、西藏林芝以及省内南平、龙岩、漳州、宁德、莆田等地。9月，省委办公厅、省政府办公厅发布《关于加强经常性社会捐助工作的实施意见》，提出建立和完善经常性社会捐助管理机制与运行机制，把全省经常性社会捐助工作纳入规范化制度化轨道；要求各地下大力气解决好经常性社会捐助工作所需机构、人员、经费和仓储设施等问题。10月17日，省民政厅在福州八一服务社设立全省第一个经常性社会捐助接收工作点，当天收到捐款2800元、衣物800多件。11月，省委、省政府决定在福州市屏山大院设立经常性社会捐助接收工作点。至11月底，全省设立经常性社会捐助接收点167个，流动性捐助点8个。当年，全省共募集救灾捐赠款2000多万元。同年，泉州市成立慈善总会，有单位会员33个、个人会员128个，募集捐款1780万元。香港泉州慈善促进总会与泉州市慈善总会达成协议，每年资助800个白内障患者施行复明手术治疗，并为残疾人、五保户和低保对象设立免费门诊部。厦门市委宣传部、市民政局和市慈善会等联合发起“慈善一日捐”活动，倡议人人捐出一天所得，用于孤老安养设施建设和孤残儿童医疗救治以及文化教育，活动历时10天，募集捐款40多万元。

2002年2月，省委、省政府机关经常性社会捐助接收点在福州市屏山大院举行揭牌仪式。4月，全省照例开展扶贫济困送温暖捐助月活动，共募集7成新以上御寒外衣、棉衣、绒衣、毛衣、毛毯、棉被109万件，捐款702.69万元。省直单位和福州、厦门、莆田、泉州、漳州、龙岩募集衣物105万件（共15个车皮）运往宁夏银川、固原地区，大部分捐款安排支援宁夏、重庆万州和西藏林芝地区。宁德、三明、南平三市募集衣物和捐款用于支援本地贫困户。8月22日，福建省慈善总会在福州召开第一次会员代表大会，习近平省长出席会议并讲话，闽籍港澳台人士和华侨向省慈善总会认捐2000多万元，实际到位1000多万元。至当年底，全省县市区全数建立经常性捐助接收工作站（点）共达229个。全省全年直接接收社会捐赠款4028万元、衣被666万件和价值406万元的物资；间接接收其他部门转入的社会捐赠款601万元、衣被108万件和价值351万元的物资，受益人次数188.76万。

图 1-12　2002 年 1 月 11 日，屏山大院内机关单位工作人员在捐助接收点参与捐助活动

图 1-13　2002 年 8 月 22 日，省慈善总会在福州召开第一次会员代表大会

表 1-19　　**2002 年福建省社会捐赠接收情况表**

地区	直接接收捐赠				其他部门转入的间接接收捐赠				受益人次数（万人次）	社会捐赠接收站、点数（个）
	社会捐赠款数（万元）	捐赠衣被总数（万件）	棉衣数（万件）	其他捐赠物资价值（万元）	社会捐赠款数（万元）	捐赠衣被总数（万件）	棉衣数（万件）	其他捐赠物资价值（万元）		
省本级	842	44	—	—	—	—	—	—	—	2
福州市	304	16	1	1	20	—	—	—	0.17	50
厦门市	90	108	—	—	—	—	—	—	—	10
莆田市	131	35	1	—	—	—	—	—	0.5	31
三明市	1652	352	9	327	535	108	8	321	179	15
泉州市	28	48	—	—	—	—	—	—	—	24
漳州市	306	29	10	27	—	—	—	—	1.5	14
南平市	432	15	1	32	—	—	—	30	3.99	42
龙岩市	60	13	—	—	30	—	—	—	—	23
宁德市	183	6	1	19	16	—	—	—	3.6	18
全省	4028	666	23	406	601	108	8	351	188.76	229

2004 年 1 月，福州永辉超市集团公司在鼓楼区东泰路开设慈善超市，所有物品由供货企业自愿提供，开业当天有 1500 多个低保对象凭相关证件每人免费领取价值 50 元的衣服、牙具、卫生用纸、食品等日常生活用品。5 月起，贯彻民政部《关于在全国大中城市推广建立“慈善超市”的通知》，福州、厦门、漳州、泉州等地开展慈善超市试点工作，主要模式有 3 种：由企业赞助为主在超市内划出部分区域经营，为低保户每月每户免费提供一定价值（50 元以内）的生活日用品；由县市一级民政部门搭建社会捐赠物资交流平台，向低保对象和生活困难家庭免费发放或低价销售社会捐赠物品；由街道、社区居委会组织居民和企业捐赠闲置物品（衣服、床上用品、家具、文化用具等），经登记建档、物品消毒和包装后摆放在特定的货柜上，供城市低保户、重点优抚对象和生活有特殊困难需要临时救助的救助对象每月一次通过相关证件自由挑选领取。10 月，全省开展扶贫济困送温暖捐助月活动，共募集衣被 85 万件、捐款 98.48 万元。11 月，除龙岩、三明、南平募集的衣被就地分发外，其余衣被 62 万件装 5 个车皮运往四川省广元市。捐款安排支持宁夏、重庆万州、西藏林芝地区以及省内灾区。12 月，省民政厅在南靖县召开推进慈善超市建设现场会，要求建立健全社会捐助物资募集与接收管理制度，规范募捐物资的仓储、保管和定价工作。

2005 年 1 月 2 日，民政部下发《关于开展对印度洋海啸灾区民间捐赠活动的紧急通知》，

图 1-14　2004 年 12 月，全省推进慈善超市建设现场会代表参观南靖县慈善超市

省委、省政府责成省民政厅负责组织协调全省捐赠活动。1 月 3 日，省委宣传部紧急召集省民政厅、省慈善总会、省红十字会、福州市民政局、福州市慈善总会、福州市红十字会召开印度洋海啸灾区民间捐赠活动协调会，明确捐赠活动的组织框架和具体步骤。同日，省民政厅成立民间援助印度洋海啸灾区协调办公室（负责组织协调、数据汇总和信息发布事项），并连续会同省慈善总会、省红十字会、福州市民政局、福州市慈善会和福州市红十字会召开 3 场联席会议，研究部署具体的捐赠活动。同日下午起，省电视台、省广播电台、福建日报、海峡都市报、东南快报等主要新闻媒体全方位滚动播放或刊登有关捐赠活动的系列报道，呼吁全省各界人士踊跃捐款奉献爱心。1 月 4 日上午 10 时，由省民政厅总体协调和现场指挥，省慈善总会、省红十字会、福州市慈善总会、福州市红十字会联合在福州五一广场举行题为“汇聚人道力量，彰显八闽爱心”的大型捐赠活动。省委书记卢展工、省政协主席陈明义等省五套班子 20 多位领导和省直机关干部、福州市直机关干部、福州市各高校师生、社会各界人士近 1 万人冒着严寒在现场排队捐款。因公务未能亲赴捐赠现场的代省长黄小晶和省委 2 名副书记交代工作人员为其各代捐 800 元。截至当天上午 12 时，活动现场共收到现金 18.48 万元，收到单位认捐 115.96 万元。同期，全省民政部门统一行动，向社会公布接收捐赠的热线电话、银行账号和接收地点，各设区市均以不同形式举行为印度洋海啸灾区的募捐活动。截至 1 月 11 日，全省为印度洋海啸灾区募集捐款共 657.8 万元（由各地慈善总会接收

到账捐款累计132万元，由各地红十字会接收到账捐款累计525.8万元），其中，党政机关及事业单位、社会团体组织捐款176.9万元，企业捐款178.9万元，个人捐款149.1万元，其他捐款152.9万元。截至1月30日，省慈善总会共收到社会各界捐款277.44万元。3月，省民政厅在福安市召开推进慈善超市建设现场会，要求巩固和发展经常性捐助工作。6月，三明、南平等地洪涝成灾，省民政厅会同省慈善总会发出“协力抗洪，情暖灾区”倡议书，成立捐助工作协调办公室，发动社会开展募捐活动。同月，福建大丰投资集团有限公司救灾捐赠200万元（依省委书记卢展工批示由省民政厅将之转交建瓯市和顺昌县各100万元用于援助灾后重建工作）。10月，为救助沿海地区抗击台风灾害，省民政厅下发《关于在全省开展支持灾区捐赠活动的紧急通知》，省直机关党工委发出《关于向灾区捐物捐款的紧急通知》，省市两级党政机关、团体、企事业单位救灾募捐活动以多种形式相继展开。在各地的救灾募捐活动中，领导干部带头，群众捐款踊跃。至11月中旬，全省共募集捐款6026万元、大米370吨、各类衣被58.15万件，其中省直机关共捐款282万元、衣被20.1万件。11月，省慈善总会举行捐赠仪式，接收绿谷（集团）有限公司捐赠抗肿瘤保健药品（双灵固本散）价值108万元，交9个设区市民政局发给贫困癌症患者。同年，各地扩补华侨和港澳台人士为慈善会会员或理事以发展壮大慈善机构。泉州市慈善总会对捐款5万至50万元者分别授以慈善总会理事、常务理事、永远名誉副会长、永远名誉会长，累计捐款150万元者由泉州市政府授予“慈善大使”称号，累计捐款300万元者由泉州市政府授予“慈善家”称号。至年底，全省设立51家慈善超市（爱心超市、扶贫超市、爱心服务中心），其中福州市3家、厦门市17家、泉州市19家、漳州市6家、南平市3家、宁德市3家。

第六节　救灾保险与农村社会养老保险

一、救灾保险

1985年，中国人民保险公司福建省分公司与省民政厅联合下发通知，要求引导农民自愿参与家庭财产保险。5月，将乐县保险公司和县民政局联合开展农村家庭财产保险工作，实行“全额保、全额赔、不全额保、按比例赔”的办法，分为5000元、3000元、2500元3个投保金额档次，由乡镇政府统一与保险公司、各村各户签订保险合同，并由乡镇统一垫付保险费后再向各村各户收取保险费，民政助理员负责宣传、登记、报灾和理赔等工作，县保险公司乡镇营业所承办具体保险业务。当年，将乐县有16593户参加农村家财保险，占该县总农户数的82.6%，其中贫困户1967户、五保户149户，投保金额7810.8万，交纳保险费7.8万元；全县发生火灾4起、水灾2起，有62户农户因水灾、火灾由县保险公司理赔12.44万元，户均理赔2000元，民政部门拨付价值2500元的救灾救济物资。

1986年4月，省民政厅会同中国人民保险公司福建省分公司下发《关于大力开展农村保险工作的联合通知》，要求把农村家财保险与民政部门的救灾和扶贫工作结合起来，对集体资助有困难的农村贫困户、五保户，从社会救济款中酌情补助保险费，补助面控制在5%以内。9月，根据民政部救灾工作改革的思路和安排，沙县民政局提出在农村自办社会保险的计划，并制定工作实施方案：(1) 县、乡成立社会保险基金会，隶属于县、乡农村社会保障委员会，统筹农村救灾、保险工作，县级配备5人（业务主管、业务经办、会计、出纳等），乡镇级以民政助理员为主承担业务，另补增1～2人协助，所配人员实行任期聘任制；(2) 保险项目与民政救灾工作相关，先试办农村家财保险，平均每户3间房，授保额3000元，待取得经验后再推行种植业保险、养殖业保险、简易人身保险、养老保险等；(3) 以乡、村为单位，统一拟定授保额、授保期，并统一办理授保事项；(4) 农村五保户、极贫户的保险费由社会救济款中支付（控制在授保户数的5%以内）。11月，福建省沙县被确定为全国通过保险模式改革救灾工作的7个试点单位之一。

1987年2月，沙县成立县乡两级社会保障基金会，村设协保员，开始启动以家庭财产（主要为农房）、水稻收获2个险种为主的保险业务。4月，省民政厅要求沙县采取“低保额、低收费、低赔付”的办法，以县为核算单位，乡镇代办具体保险业务；农村家财保险覆盖面达80%以上，农作物（水稻）保险先个别乡村试点再逐步推开，其他养老、医疗等险种根据村民意愿及其经济承受能力有选择地进行试点；保险基金实行专款专用，业务费用按实际保费收入15%提取；理赔审批采取分级管理办法，承保项目1次出险赔付金额5万元以内的由县民政局审批，5万～10万元的报三明市民政局审批，10万元以上的报省民政厅审批。同月，省民政厅在沙县召开农村社会保险工作会议，要求9个地市和福清县民政局各搞一个相应的试点。5月，沙县参加农房保险有28511户，占应投保农户的94.75%，总保额61181792.90元，户均保额2344元，共收缴保费122363.62元；有8个乡镇办理水稻收获保险，投保水田（复种面积）122417.03亩，占8个乡镇水田（复种面积）的89.2%，总保额7589881.24元，收缴保费171384元。截至当年底，沙县共办理4个险种农村保险业务（家庭财产保险、水稻收获保险、医疗保险和养老保险），筹集社会保险基金99.36万元（其中民政部下拨准备金70万元、农民缴纳保费24.47万元、乡财和村财补贴保费4.89万元）。

1988年1月，经民政部审定批准，福建省农村救灾合作保险试点工作扩展到顺昌、将乐、明溪、德化、南靖5个县。各试点县建立农村救灾合作保险基金会（属于群众集体福利事业单位，由县民政局代管），由民政部各拨给50万元作为保险基金（保险准备金），由省民政厅各拨给5万元作为基金会开办费（含购买吉普车一辆），县乡村以年度农业税减免或从以工补农等支农资金中拨付一定比例资金补充保险基金；家财和农作物保险采取“低保额、低收费、有限赔付”办法，以全县为一个核算单位，实行县乡村合作承保，收费标准和理赔标准全县统一；养老和合作医疗保险以乡村承保为主。9月，各试点县依照民政部要求一并推行农房、种植业、养殖业、劳动力意外伤害4项保险业务。10月，各试点县共承保金额3.42亿元，收缴保费138万元，理赔67万元。同月，各试点县救灾合作保险基金会改称为救灾合作保险互济会。12月，民政部批准永安市、尤溪县、泰宁县、建宁县自1989年起开办农村救灾合作保险试点，并各拨付50万元给试点县（市）作为保险工作铺底资金（保险准备金）。截至当年底，全省承保金额共约6亿元，收取保费300万元；各试点县（市）农村救灾合作保险互济会配备人员5～7名。同年1月，中国人民银行总行、中国人民保险总公司、民政部组织农村救灾合作保险工作调查组赴沙县高砂、西霞等乡实地调查。

1989年，三明市设立救灾保险工作站，隶属于市民政局。

1990年，各试点县救灾合作保险试点险种仍维持农房、种植业、养殖业、劳动力意外伤害4项业务，救灾保险机构统一改称为农村救灾保险互济会，乡一级机构统一改称为农村救灾保险互济会分会。7月，省民政厅会同省财政厅，提出建立保险超付风险调节机制，按各救灾保险试点县前5年救灾款平均数50%的份额从中央下达自然灾害救济款中提取超付专项资金，设立专户存储管理，以备大灾超付。10月，全省农村救灾保险试点工作座谈会在顺昌召开，研究部署1991年续保工作，制定试点工作县级验收标准方案，要求坚持救灾保险的社会保险性质和方向，主动接受人民银行对资金来源和运用的监督，加强救灾保险互济会自身建设，强化民政行政机构对其归口领导。同年，省民政厅制定《农村救灾保险互济会财务管理暂行规定》。

1991年11月，全省农村救灾保险工作会议在永安召开，会议传达国家民政部关于民政部门不承担救灾保险由其他部门实施的地区的救灾任务的意见要求。会议提出：试点工作中经动员不予投保的乡、村，民政部门将逐步减少直至不再承担对其救灾救济任务，不允许存在开展保险的靠群众互济、不开展保险的靠国家救济的局面。会议要求：严格控制行政费用，严格控制购买汽车，五年内不准盖办公楼。同月，省民政厅下发文件提出：在试点地区宣传发动有投保条件而不参加救灾保险农户，或者其他部门搞了救灾保险的，遭遇灾害后民政部门不再承担救助责任；推行县互济会与乡或县有关部门联合承保，水稻收获保险实行“限额赔付”；各险种保费收入应全部缴存县互济会，保险资金（垫底资金和保费收入）一律存入银行或购买国家银行发行的金融债券，不搞投资、借贷，任何单位和个人无权批准动用保险资金。同年，沙县、将乐、明溪、永安、尤溪、泰宁、建宁、顺昌、德化、南靖10个县（市）继续实施救灾合作保险，投保农户比上一年增长64%，投保额6.37亿元（同比增长17%），收保费312.62万元（同比增长37%）。将乐、明溪两县政府对农村救灾合作保险进行区域划分，部分乡镇由民政部门主管的救灾互济会承保，另一部分乡镇（场）由县人民保险公司组织承保工作。

1992年，全省开展农村救灾保险的各县（市）有25万户、23万劳动力，4.9万公顷水稻入保，承保总额7.38亿元，收取保费381.7万元，共有9.93万农户因遭受各种自然灾害和意外事故获救助651万元。当年，沙县、永安、尤溪、将乐、明溪、泰宁、建宁、顺昌、德化9个县（市）保费收入扣除业务管理费后共超赔350.47万元。

1993年3月，省民政厅表彰5个县级农村救灾保险互济会（沙县、尤溪、永安、泰宁、南靖)、10个乡镇互济分会(沙县高砂镇政府、尤溪溪尾乡互济分会、永安青水畲族乡互济分会、泰宁龙湖乡互济分会、明溪胡坊乡互济分会、将乐南口乡互济分会、建宁里心镇互济分会、南靖奎洋镇互济分会、德化南埕镇互济分会、顺昌大干乡互济分会)和36名个人为全省农村救灾保险工作先进单位和先进个人。

1994年,全省实施农村救灾保险的县(市)不变,超赔问题持续存在。

1995年,全省开展农村救灾保险的各县(市)互济会累计收取农村救灾保险保费185.54万元,赔付397.28万元,保费收入扣除15%业务管理费后超赔239.58万元。同年11月,省民政厅在沙县召开全省农村救灾保险工作座谈会,探讨工作中面临的问题及其对策。

1996年,全省开展农村救灾保险的各县(市)收取农村救灾保险保费100.05万元,长效还本储金累计370.1万元。

1997年,全省实施农村救灾保险的地域范围不变,有12万户农民参加住房、劳力等项目的救灾保险,收取保费183.1万元,长效还本储金累计718万元,承保额5.4亿元;有5271户获得保险救助,共理赔166万元。

1998年,随着农村社会养老保险管理体制的改变,全省农村救灾保险工作基本不再开展。

二、农村社会养老保险

1991年4月,国家体改委、民政部、劳动部联合下发《关于城镇和农村社会养老保险分工的通知》,提出:凡非城镇户口且不由国家供应商品粮的公民(含乡镇企业职工)社会养老保险由民政部负责。5月至6月,国务院重申农村(含乡镇企业)社会保险由民政部门负责。7月,省民政厅提出在漳州市芗城区和东山县开展农村社会养老保险试点,上报民政部。8月,芗城区和东山县获批开展农村社会养老保险试点工作。当年底,农村社会养老保险试点工作扩展到漳州市芗城、东山、龙海、长泰,福州市福清、长乐,三明市沙县、泰宁,厦门市集美、同安共10个县(市、区),每个试点县(市、区)由省民政厅拨补1万元启动经费,参保对象自选养老金启领年龄(有50周岁、55周岁和60周岁3种选择)。

1992年初,民政部批准农村人均收入超过700元的福州市郊区、马尾、闽侯、闽清、平潭、连江,厦门市湖里、杏林,三明市三元、梅列、永安、明溪、清流、宁化、大田、尤溪、将乐、建宁,漳州市云霄、漳浦、诏安、南靖,南平地区南平、邵武、武夷山、建阳、顺昌、建瓯、浦城、光泽共30个县(市、区)开展农村社会养老保险工作。4月,全省救灾救济和农村社会养老保险工作会议在福州举行,民政部副部长陈虹参会并讲话,东山、芗城、集美、泰宁四县(区)在会上介绍试点工作经验。会议要求试点县(市、区)设立农村社会养老保险管理机构(隶属民政局,为非营利性事业单位,经办农村社会养老保险具体业务),以乡镇(或村、企业)为单位组织农村居民投保;设立农村社会养老保险基金管理委员会,管理养老保险基金。6月,全省有126个乡镇22.89万农户参加4个险种的保险,累计承保 6.69 亿元，收保费 357.95 万元，理赔 175.45 万元，扣除业务管理费用后实际赔付率达 57.6%。10 月，福建省农村社会保险公司（简称“省农保公司”）成立，为自收自支、企业化管理的省民政厅直属正处级事业单位，核定编制 20 名。11 月，省编制委员会和省民政厅根据民政部通知精神和省政府省长办公会议纪要精神联合下发《关于农村社会养老保险试点工作编制问题的通知》，要求各试点地区成立农村社会养老保险管理机构（县级统一称为农村社会保险公司，隶属民政局，规格比照劳动保险机构，乡镇统一称为农村社会保险管理所，均为事业单位性质，实行企业化管理，经费自收自支）；机构人员编制初定为地（市）4～5人，县（市、区）3 人，乡镇 1 人。同月，省民政厅发布《福建省农村义务兵社会保险暂行办法》，提出农村籍义务兵、复员退伍军人等优抚对象养老保险业务由民政部门办理。12 月，省政府下发《关于加快建立农村社会养老保险制度的通知》，要求各试点县当年全部启动社会养老保险工作，投保人数达应投保人数的 50%以上。当年，全省有 58 个县（市、区）开展农村社会养老保险试点工作，试点村 1600 多个，入保农民逾 6 万人。同年，省农保公司从省民政厅借入 25 万元作为工作启动经费，之后其工作经费主要来源于所收保费的提取（3%）和基金超增值部分（即调剂金）。

1993 年 1 月，省农保公司与省工商银行信托投资公司签订委托贷款合同：各试点县（市、区）存储基金总额的 50%可用于当地重点建设项目贷款，其中用于福利企业建设项目的贷款不少于总额的 10%；全省保险储金总额的 20%由省农村社会保险办公室统筹安排，用于发展民政事业投资项目。2 月，为实施计算机统一程序处理数据，省民政厅转发民政部印发的《农村社会养老保险编号办法》。3 月，省民政厅表彰建阳县、浦城县、光泽县、三明市梅列区、武夷山市、松溪县、厦门市集美区民政局和南平地区民政局为全省农村社会养老保险先进单位。6 月，省民政厅，省军区司令部、政治部联合转发民政部、总参谋部、总政治部《关于农村籍义务兵等优抚对象参加农村社会养老保险的通知》，要求将农村籍义务兵、复员退伍军人等优抚对象养老保险业务统一纳入由民政部门管理承办的农村社会养老保险制度轨道。当年，全省农村社会养老保险扩展险种，省民政厅先后发布《福建省老年农民（50 周岁以上）社会养老保险暂行办法》《福建省残疾人社会养老保险暂行办法》《福建省农村少年儿童社会养老保险暂行办法》。同年，农村救灾保险试点县除开展农房、劳动力意外伤害、耕牛意外伤害保险工作外，每县有 2～3 个乡镇（7 个村委会）改水稻收获保险为水稻灾害和口粮互济保险，共有 20 多万农户参加保险。

1994 年 2 月，为稳定农村非公办幼儿教师队伍，省民政厅、省教育委员会根据国务院有关通知精神决定在全省范围内实行农村幼儿教师社会养老保险，发布《福建省农村幼儿教师社会养老保险暂行办法》，规定省内农村任教的非公办聘任幼儿教师可向当地民政部门所属的农村社会保险公司申办社会保险；月缴费标准分为 10、12、14、16、18、20 元等档次，多交不限，一年缴纳一次（一次性趸交，其缴费标准分为 400、600、800、1000、1200、1400、1600、1800、2000 元等档次，多缴不限）；保费由个人缴纳 20%，其余由乡村财政、乡村筹措的教育基金和幼儿园共同承担。3月，省委组织部、省民政厅联合下发《关于在全省实行村干部社会养老保险的通知》，要求在全省建立村干部社会养老保险制度，并统一由民政部门承办具体业务。4月，省民政厅转发民政部通知，要求各地市民政局对应民政部设立农村社会保险科。同月，省民政厅表彰厦门市民政局、南平地区民政局和平潭、湖里、集美、南安、涵江、平和、永安、沙县、龙岩、福安县（市、区）民政局为全省农村社会养老保险先进单位，并表彰28名个人为先进工作者。5月至6月，省民政厅和省乡镇企业局两次联合下发通知，要求所有乡镇企业（包括乡镇办、村办集体企业，联户、户办企业，股份合作制企业，乡镇三资企业）均应到当地民政部门所属的农村社会保险公司为本企业职工办理社会养老保险，当年底覆盖面达50%，建立乡镇代办站，承办乡镇企业职工社会养老保险具体事项。9月，省政府批准在罗源县开展城乡统一的社会保险改革试点工作。同月，省民政厅下发通知，要求各地及时全额汇寄所收取的社会养老保险基金至省农村社会保险公司指定的银行和账户，不得动用基金直接进行投资；各县（市、区）储存在省专户的保险基金以50%额度返回当地，用于安排地方经济建设（包括发展县乡福利企事业）；由省农村社会保险公司按季度实收数字统一提取管理服务费，按规定比例分配各级民政部门；各级农保公司应尽快配备专职财会人员，建立健全财务会计制度，基金收入、拨出、上解、存储、回收及提取管理费等必须履行完备的财务手续。当年1月至9月，全省共收取农村社会养老保费2751.8万元。11月，省民政厅致函省社会保险工作协调小组办公室，重申除罗源县外不宜再扩大城乡统一的社会保险试点范围。当年，全省有73个县（市、区）开展农村社会养老保险，涉及720个乡镇、4829个村，入保100多万人，基本形成省、地（市）、县（市、区）、乡（镇）四级工作网络和上下贯通的管理体系，即实行农村务农、务工、经商等各类人员社会养老保险一体化管理，农村居民为保险工作的实施对象；筹集保险费以“个人缴费为主，集体补助为辅，国家给予政策扶持”；缴费标准多档次，农民可根据自己经济状况确定缴费标准，起始年龄一般为20岁；建立个人账户，按个人账户积累总额确定发放标准；保险关系可迁移、退回和继承；保险基金以县级为单位平衡核算，县级以上政府设立社会保险基金管理委员会，实行“省级统一代管，县级平衡核算”的基金管理制度（全国实行该制度的仅有两三个省份）；各级民政部门为主管部门，各级农村社会养老保险管理机构经办具体业务。同年，市县区民政部门相继成立农村社会保险公司，一些乡镇也成立农村社会保险管理所，其工作经费（管理服务费）依照民政部规定从保费中按3%提取。全省有69个县（市、区）基本完善农村社会养老保险管理工作，其中长汀、延平、梅列、涵江、湖里、集美、南靖等县（区）初步实现规范化管理；有一半以上县（市、区）开展农村幼儿教师、村干部养老保险工作；一些县（市、区）民政局配合当地乡镇企业局，选择2～3个经济效益好、职工人数较多、在当地有较大影响的乡镇企业开展职工养老保险试点工作；还有一些县（市、区）组织乡镇招聘的干部、农村个体工商户、运输户、乡村医生、计生对象参加养老保险。

1995年2月，民政部要求把农村社会养老保险列为当年民政工作重点，强化省地（市）

两级行政领导和业务指导职能，抓紧选调专门人才，推进保险机构和队伍建设。同月，全省范围内首次开展农村社会养老保险业务、财务、档案管理检查活动，历时1个多月。3月，省民政厅表彰19个市县区民政局（厦门市、南平市、宁德地区、福州郊区、平潭县、集美区、湖里区、南安市、莆田县、涵江区、梅列区、将乐县、福安市、屏南县、延平区、建瓯市、政和县、永定县、南靖县）和50名个人为农村社会养老保险先进单位和先进个人。5月，省民政厅增设农村社会保险办公室。7月，省民政厅请示省政府明确乡镇企业职工社会养老保险归属问题，强调省内乡镇企业职工社会养老保险由民政部门主管主办。截至当年6月，全省启动农村社会养老保险的县（市、区）73个，乡镇891个，村委会8944个，成立各级农村社会保险领导小组831个，建立各级农保机构940个，配备乡镇以上专兼人员942名，村代办员4888名，入保农民达100多万（其中乡镇企业职工近1万名），保险对象涉及义务兵、村干部、幼教、少儿、老年人、残疾人和普通农民，累计保费15549.9万元（其中收取乡镇企业职工保费300多万元），有3000多名农民开始按月领取养老金。8月，民政部办公厅转发福建省教育委员会、福建省民政厅联合制定的农村幼儿老师社会养老保险暂行办法。

1996年，各级民政部门发挥整体业务优势，结合社会福利工作引导乡镇福利企业职工参加农保；结合社会救济工作动员农民参保；结合优抚和双拥工作，组织入伍新兵和退伍军人参加农保；在基层政权建设工作中把农保工作列入评选先进乡（镇）村的条件范围；在办理撤乡建镇、撤县建市中宣传推广农保。4月，省民政厅开展第二次全省农村社会养老保险业务、财务、档案管理工作检查活动，每地（市）各抽查2～3个县（市、区），其余县（市、区）由地市民政局自行组织检查。检查结果显示农保基金管理出现个别单位直接与用款企业订立协议进行直接投资，欠息突出，投入民政企事业单位总体经济效益欠佳，个别单位出现基金沉淀、回收困难，返回基金管理办法不够完善，缺乏有效监控等问题。5月，全省农村社会养老保险工作现场会在平和县召开，提出重点抓好乡镇企业职工、计生对象、村干部、义务兵养老保险等要求。同月，省民政厅等部门联合下发《关于在全省联合开展农村计划生育养老保险的工作通知》，要求本着群众自愿的原则，引导农村独生子女父母、二女结扎夫妇参加由民政部门承办的养老保险，具体业务委托各级计生部门代办或协办。同月，为进一步组织村干部参加农村社会养老保险，省委组织部、省民政厅联合下发通知，要求当年参保村干部占应保人数50%，其保费以集体补助为主，个人缴费比例一般在30%左右；理顺入保归属关系，将村干部商业性保险关系转入民政农保机构；对离任村干部继续施行养老保险，保证其养老金标准不低于当地最低生活保障线。截至当年5月，全省有26524名村干部参加农村社会养老保险，占村干部总数的25.8%；把村干部养老保险关系（包括资金）从商业性保险公司移交民政系统农保机构的有宁化、平潭两县。截至6月，全省有各级农保机构1150个，配备乡镇以上专职人员679名，兼职人员830名，村级代办员8000多名，有79个县

（市、区）、1016 个乡镇开展农村社会保险工作，入保人数 140 万（约占全省农业总人口的 6%），保费近 3 亿元。9 月，省农保公司组织 3 期农保专业培训，培训对象为各地、市、县、区农保公司负责人、会计和业务骨干。11 月，民政部下发通知，要求坚持乡镇企事业单位职工与农村其他劳动者养老保险一体化的方向，尽快把乡镇企业（包括乡镇、村办企业、农村“三资”企业、股份制企业及联户农民合作办企业、私营企业）和事业单位职工养老保险纳入农村社会养老保险制度，并以“预筹资金、储备积累、建立个人账户”的办法，将所收取的保险费纳入农村社会养老保险基金专户。

同年，农村社会养老保险基金管理成为省民政厅重点监控的问题之一。5 月，省民政厅下发《关于进一步加强农村社会养老保险基金管理的通知》，要求农保基金实行县级核算、省级代管，各县（市、区）收取的农保基金应全额及时汇入省农保基金专户，任何单位和个人不得以任何理由截留、滞留基金；不得动用农保基金进行直接投资，已直接投资的应尽快收回，最迟必须在当年底前收回并返还省农保基金专户；不准经营基金贷款业务，不准公款私借或挪作他用，不准向借款单位（或个人）提供担保或收取合同之外的任何费用或谋取其他利益，不准用基金作抵押，不准搞指定贷款和人情贷款；暂停办理 50% 的基金返回管理使用，已返回县（市）管理使用的，只可用于购买国债或存入当地银行，禁止存入各类信用社、基金会、合作社；不得把农保基金作为暂存款汇入省农保公司账户，已汇入的，应及时报告并转入基金专户；建立基金管理重大事项报告制度。8 月，省民政厅对农保基金增值收益率进行调整：自 1996 年 6 月 21 日起农保基金存储月收益率由 12.6‰降至 12.2‰；民政部要求的年复利 12% 的增值要求维持不变，超利由原来的 3.784% 下降至 3.283%，分配比例仍为县（市、区）80%、地（市）15%、省 5%。11 月，省民政厅下发《关于加强返回的农保基金管理的通知》，要求返回各地的基金到期必须及时返回省农保基金专户，不得擅自延长返回基金的使用期限；农保返回基金的运营必须达到规定的增值要求，按季或半年及时收息；各地运营返回基金的收益必须将民政部增值要求部分按规定上汇，超过民政部增值要求部分在当年底前转入本级管理费账户列支。同月，省民政厅再次调整农保基金增值收益率：各县存储在省农保基金专户的农保基金月收益率由 12.2‰下降至 10.9‰，民政部要求的年复利 12% 的增值要求维持不变，超利由原来的 3.283% 下降至 2.9%，分配比例仍为县（市、区）80%、地（市）15%、省 5%。12 月，省民政厅督促石狮市内务局将所收取的农保基金（保费和增值部分）及时上缴省农保基金专户。

截至当年底，全省有 38 个县（市、区）开办农村计划生育养老保险，入保 23533 人，收取保费 502.28 万元，其中福州市、三明市和宁德地区分别收取保费 222.01 万元、153.11 万元、59.23 万元。除厦门市农保基金单独管理外，其他 8 个地（市）农村社会养老保险费全部汇入省农保基金专户。同年，部分农民持观望态度，不同程度退出保险。

表 1-20　**1996 年福建省农村计划生育对象养老保险情况表**

县（市、区）	当年投保人数（人）	当年收取保费（万元）	代理手续费（元）
全省合计	23533	502.21	100456
福州市	**10223**	**222.01**	**6660**
马尾区	363	9.94	1491
闽侯县	567	24.23	3634
闽清县	93	4.02	603
永泰县	7	0.59	88
长乐县	6370	109.29	16394
福清市	1709	40.26	6039
平潭县	574	13.05	1958
连江县	540	20.63	3094
厦门市	0	0	0
漳州市	32	0.80	24
龙海市	32	0.80	120
泉州市	**97**	**7.56**	**227**
安溪县	5	0.20	30
德化县	92	7.36	1104
莆田市	**310**	**22.80**	**684**
莆田县	310	22.80	3420
三明市	**10170**	**153.04**	**4593**
三元区	929	25.17	3775
梅列区	12	1.20	180
永安市	481	9.04	1356
明溪县	95	8.70	1316
清流县	160	8.00	1200
大田县	153	15.55	2333
沙县	3522	28.24	4236
将乐县	60	3.55	532
泰宁县	747	12.31	1847

续表

县（市、区）	当年投保人数（人）	当年收取保费（万元）	代理手续费（元）
建宁县	4011	41.28	6192
南平市	**212**	**11.03**	**331**
延平区	79	6.83	1024
邵武市	4	0.24	36
武夷山	9	0.18	27
顺昌县	26	1.00	150
浦城县	53	1.47	221
政和县	41	1.31	197
宁德地区	**1830**	**59.23**	**1777**
宁德市	696	11.96	1794
福安市	404	26.00	3900
古田县	349	11.51	1726
屏南县	140	4.24	636
柘荣县	169	3.36	504
霞浦县	72	2.16	324
龙岩地区	**659**	**25.74**	**772**
漳平市	112	3.78	567
永定县	119	2.95	442
武平县	368	16.56	2484
连城县	60	2.45	367

注：代理手续费是由省农保公司按当年所收缴保费的以下比例支付给市县两级计生部门的：县（含乡村）1.5%、地（市）0.3%。

1997年3月，省民政厅、省计划生育委员会、省计划生育协会联合表彰1996年度农村计生养老保险中成绩突出的福州市、三明市和宁德地区，各发给奖金5000元。同月起，各地针对农村出现退保现象采取措施：属于正常退出保险的（因保险对象户口农转非，或户口迁移至尚未建立农村社会养老保险制度地区的，或保险对象移民国外，或保险对象在缴费期内死亡而退出保险的），可将保险对象个人缴纳的保险费扣除管理服务费后按银行一年定期利率复利分段计息退给退保人或继承人；非正常退出保险的，不予退还其保险费及其利息。截至当年4月，农村社会养老保险工作扩展到79个县（市、区）、991个乡镇（占总数

97.8%）、12956个村委会（占总数87.5%），入保农民129.9万人（占全省农业人口的5%），累积基金3.7亿元，已有1497人开始领取养老金，累计领取养老金117万元；全省共成立各级农村社会养老保险领导小组831个，建立省地县乡农保机构1044个，配备乡镇以上专兼职人员1611名，村级代办员4050名。5月，省民政厅等部门联合对计划生育系列保险作出分工：农村中的独生子女父母、二女结扎夫妇养老保险由民政部门负责办理；农村独生子女两全保险、独生子女平安保险、母婴安康保险仍由中保人寿福建省分公司负责。7月起，各级民政部门加强对农村社会养老保险基金的监管、防范和风险化解。实行基金运营的地方按政事分开、监（督）经（办）分设的原则，成立基金运营经办机构；基金经办机构配备专职财会人员，县级配中专（或相当中专）以上财会学历，地（市）、省级配大专以上财会学历，并实行人员持证上岗制度；农社保基金积累滚存至800万元以上的单位建立风险调剂金。8月，省民政厅印发《福建省农村社会养老保险基本方案（试行）》，提出：农村社会养老保险以全体农村居民为实施对象，包括农民、渔民、船民、村干部、乡镇企业职工、民办幼师、乡村医务人员、农村籍义务兵、计划生育对象、个体经营者、个体运输户及其他劳动者，不分性别、职业，应聘在乡镇企业工作的大中专毕业生、科技人员、技术人员也可参加保险；投保年龄以参加劳动获得收入为起点，一般从20岁开始；月缴纳保险费的起点标准为4元，多缴不限；阶段性趸缴缴费标准起点为200元，多缴不限；养老金的启领年龄为60周岁。同月，省民政厅修订《福建省农村义务兵社会保险暂行办法》《福建省农村少年儿童社会养老保险暂行办法》《福建省残疾人社会养老保险暂行办法》《福建省老年农民（50周岁以上）社会养老保险暂行办法》（规定年满53周岁以上农民方可参加社会养老保险，其养老金启领年龄统一为60周岁，养老金领取标准给付利率按8.8%执行）。10月，省编委、省人事厅、省劳动厅、省民政厅联合发布《关于冻结全省机关事业、社会劳动、农村社会保险机构编制的通知》，要求冻结全省各级人事、劳动、民政系统所属的机关事业、社会劳动、农村社会保险机构编制；社保机构尚未编满的，不急于调进人员；已满编的不得超编调进人员，超编的须进行清退。

截至同年底，全省开展农村社会养老保险的县（市、区）80个（扣除无农业人口的，占应开展数的100%），乡镇969个，村委会12985个，入保农民141.3万人（占全省农业人口的5%），收取保费8200万元，保费积累4.81亿元，有10个县（市、区）保险基金积累总额超过800万元，有3212人领取养老金，累计领取养老金336万元；除厦门市外，有48个县、市、区开展农村计生对象养老保险工作，17512人入保，收取保费605.7万元。

表1-21　**1997年福建省农村计划生育对象养老保险情况表**

单位	当年投保人数（人）	当年收取保费（万元）	代理手续费（元）
全省合计	17512	605.70	—
福州市	2940	109.74	3292

续表

单位	当年投保人数（人）	当年收取保费（万元）	代理手续费（元）
马尾区	9	0.24	36
闽侯县	473	19.42	2913
闽清县	21	1.14	171
永泰县	29	2.44	366
长乐县	1690	63.28	9492
福清市	286	2.86	429
晋安区	49	2.45	368
连江县	383	17.91	2687
泉州市	**906**	**46.30**	**1389**
安溪县	654	26.14	3921
德化县	211	16.88	2532
永春县	41	3.28	492
莆田市	**3457**	**130.49**	**3915**
莆田县	1406	29.75	4463
城厢区	217	10.92	1638
涵江区	536	23.86	3579
湄洲湾北岸	306	15.74	2361
湄洲镇	988	50.05	7508
仙游县	4	0.17	26
三明市	**5218**	**154.91**	**4647**
三元区	1311	38.99	5849
梅列区	22	2.30	345
永安市	456	11.37	1706
明溪县	65	5.38	807
清流县	219	11.00	1650
大田县	27	2.7	405
宁化县	205	11.92	1788
沙县	1316	20.08	3012

续表

单位	当年投保人数（人）	当年收取保费（万元）	代理手续费（元）
将乐县	60	4.65	698
泰宁县	495	18.22	2733
建宁县	1042	28.30	4245
南平市	**660**	**28.47**	**854**
延平区	108	9.15	1373
建阳市	247	6.97	1046
武夷山	40	1.10	165
顺昌县	22	0.96	144
浦城县	150	5.53	830
政和县	0	0.14	21
光泽县	18	1.20	180
松溪县	75	3.42	513
宁德地区	**671**	**22.41**	**672**
宁德市	434	14.89	2234
福安市	29	1.50	225
古田县	159	4.60	690
寿宁县	15	0.45	68
柘荣县	5	0.10	15
霞浦县	29	0.87	131
龙岩地区	**3660**	**113.38**	**3401**
漳平市	72	2.92	438
永定县	679	33.95	5093
武平县	163	11.06	1659
连城县	2139	35.10	5265
长汀县	266	13.30	1995
上杭县	341	17.05	2558

注：1. 厦门市当年入保人数为6308人，当年保费421.01万元，各区代理手续费由厦门市自定。

2. 省农村社会保险公司按当年所收缴保费的以下比例支付市县两级计生部门代理手续费：县（含乡村）1.5%、地（市）0.3%。

1998年2月，全省开展农村社会养老保险管理工作规范化建设，各地（市）选择一个基金积累有一定规模，管理工作有一定基础，人员素质较高，软硬件建设（包括制度建设、办公条件）较好的县级农社保机构作为规范化管理省级试点单位，试点内容包括机构队伍管理、制度建设、业务管理（保险编号、工作规程、统计与稽核、档案管理）、财务与基金管理（基金筹集与给付、管理服务费、专用基金、固定资产管理、会计基础管理与核算、审计与稽核）。3月，九届全国人大一次会议通过国务院机构改革方案，将民政部主管的农村社会保险职能并入新组建的劳动和社会保障部。此后，全省农村社会养老保险工作机构面临主管单位变换和职能转移的问题。为保持工作连续性，省民政厅2次行文通知，要求各级民政部门在机构改革期间继续履行组织领导农村社会养老保险工作的职责，养老保险基金继续维持“省级统一代管、县级平衡核算”的管理体制不变。6月，省民政厅、省计划生育委员会、省计划生育协会表彰三明、莆田、龙岩、福州为1997年度计划生育养老保险先进单位。8月，民政部、劳动和社会保障部联合紧急通知，提出农村社会保险工作由劳动和社会保障部统一部署，要求地方各级农保机构确保工作不断、思想不乱、队伍不散、档案不丢、基金和国有资产不流失，稳定业务骨干，做好交接准备工作。10月底，全省各级农村社会养老保险机构专职人员661人，兼职人员718人，村代办员4468人；全省农村社会养老保险基金本息积累5.3亿元，其中在省农保基金专户上4.5亿元（存储在省财政专户3.97亿元、民政部农社保基金管理服务中心3300万元，以上两家年终结算利息2000万元）；厦门市自行管理基金总额7800万元，部分县（市、区）返回管理600万元。当年1月至4月，全省开展农村社会养老保险会计账目的整理检查和基金运营的清理结算工作，主要清理农保公司账目往来和基金的投向以及各种存单、协议、合同等。同年，各县（市、区）停止基金借支，停止基金返回管理；农保公司存储在省农保基金专户的基金月收益率由之前的9.58‰调为8.04‰，随后又调至7.65‰、6.24‰，全年收益率调为10%、9.5%、7.7%；农保基金积累滚存至800万元以上的县，划部分基金超增值部分，建立基金风险准备金。

1999年7月，国务院认为农村普遍实行社会养老保险尚不具备条件，决定对其进行清理整顿，要求停止接受新业务，有条件的地区逐步向商业保险过渡。当年，全省农村社会养老保险工作基本处于等待整顿改革的状态。

2000年，省民政厅划出农村社会养老保险职能，农村社会保险公司、农村社会保险办公室连同其工作职能整体移交省劳动和社会保障厅。

第二章　社会福利

1996年起，各地积极推进以老年人和孤残儿童为主体服务对象的社会福利事业，创建老人公寓等老年人专业化服务设施，创办中国莆田SOS儿童村，相继启动“微笑列车”唇腭裂矫治项目、残疾孤儿手术康复明天计划和社区老年福利服务星光计划。福利彩票品种经历了纸质即开型到网络电脑型的发展，彩票公益金年年增长。2003年起，民政部门独家承担社会福利企业审核认定工作。

第一节　儿童福利

1995年，福州市儿童福利院、厦门市儿童福利院、莆田县福利院开展聋儿语训等特殊教育，中国福利彩票募捐委员会各资助2万元。同年，世界宣明会（World Vision）资助全省25所儿童（社会）福利院192名学龄孤儿，议定每人每年600元。截至当年末，全省3所儿童福利院收养弃婴100多名，有59所社会福利机构收养残疾孤儿。

1996年初，莆田市政府向国际SOS儿童村组织和民政部提交《关于建立中国莆田SOS儿童村的申请报告》。8月，中国莆田SOS儿童村筹备小组成立。民政部批准莆田市政府与国际SOS儿童村组织合作，在莆田市建立中国莆田SOS儿童村，负责收养和教育来自福建、浙江、江苏、广东四省失去父母且亲友无力抚养、身体健康、肢体健全、智力正常的孤儿。当年，省民政厅组织开展对儿童（社会）福利院残疾儿童全面摸底调查工作，建立孤残儿童档案，对具有康复可能的制定手术实施计划；并拨出专款20多万元，首批33名残疾儿童得到手术治疗。

同年，福州市儿童福利院儿童综合楼、莆田县福利院儿童楼和邵武市福利院的儿童楼被列入民政部1996年基础设施更新改造项目。省民政厅和省卫生厅联合实施残疾孤儿康复工程实施计划，在福州、泉州、漳州、厦门、莆田、南平、龙岩、宁德市由12所三级综合医院和2所三级专科医院对210名聋哑盲、肢残、智障、儿麻、脑瘫、性畸形的残疾孤儿施行康复医疗，全省另有福利院内的33名残疾儿童得到手术康复治疗，医疗费用20多万元。省民政厅在全省福利院内调查摸底残疾儿童情况，建立残疾儿童档案。中国社会福利有奖募捐委员会分配福建省特殊教育补助费2万元，分别安排给龙岩、长汀、永定、连城四县社会福利院。

1997年3月12日至15日，世界宣明会代表团在民政部孤儿助学办公室有关人员的陪同下，来闽检查孤儿助学项目开展情况。9月，省民政厅等11个省直单位联合下发贯彻实施民政部等6个部委《关于进一步发展孤残儿童福利事业的通知》的意见，要求增加资金投入，扩大基础设施建设，提高儿童福利院供养标准。各地将福利院内儿童纳入城乡低保享受低保待遇。12月，中国莆田SOS儿童村动工开建，资金主要来源于国际SOS儿童村组织。当年，有3所儿童福利院被列入民政部儿童福利基础设施改造项目，其中2所已竣工；全省有15名孤残儿童获得手术治疗，医疗费用10万元。截至当年底，全省儿童福利院有床位370张，全省福利院收养孤儿1220名，收养弃婴4165名。

1998年，全省有13名孤残儿童得到医治，医疗费用5万元。同年，泉州市把处理弃婴问题列入“110”联动部门职责范围，当地“110”指挥系统、派出所、计生部门共同参与对弃婴问题的处置。同年，中国社会福利有奖募捐委员会分配福建省特殊教育补助费2万元，分别安排给古田、屏南、寿宁、霞浦四县社会福利院。同年，被列为民政部1996年基础设施改造项目的福州市儿童福利院儿童综合楼、莆田县和邵武市福利院的儿童楼修建完成。福州市儿童福利院儿童综合楼建筑面积1953平方米，项目总投资190万元；莆田县福利院儿童楼建筑面积3159平方米，项目总投资159万元；邵武市福利院的儿童楼建筑面积2627平方米，项目总投资168万元。中国社会福利有奖募捐委员会为上述3个项目各下拨补助资金50万元，省社会福利有奖募捐委员会为上述3个项目各配套支付30万元。

1999年6月，全省有孤残儿童床位861张，收养孤残儿童1720名。8月，中国莆田SOS儿童村完成主体工程建设，投入资金1100万元，招聘6个妈妈、2个阿姨，招收38名孤儿(其中本省孤儿34名)，组建6个家庭，所收孤儿全部安排在莆田市荔城区小学和幼儿园上学。同年，福州市儿童福利院、莆田市社会福利院、邵武市福利院儿童部纳入全国百所福利院基础设施改造范围，共增加建筑面积7000多平方米，总投入618万元，其中民政部和省民政厅出资250万元，地方财政拨付和自筹368万元。

2000年3月18日，中国莆田SOS儿童村正式开村，成为全国第7个SOS儿童村。全村有10名妈妈、4名阿姨、62名孤儿，组建10个家庭，每个家庭由1个妈妈和6～8个孩子组成。全村占地面积3.3公顷，有23座仿古琉璃瓦建筑，其中家庭住房15幢，办公室、幼儿园、招待楼、村长楼、职工住宅楼等8幢，总建筑面积4443平方米。国际SOS儿童村协会主席海尔姆特·库廷、民政部副部长杨衍银等参加开村典礼，并为儿童村揭牌。莆田市政府向海尔姆特·库廷颁发莆田市荣誉市民证书。5月，厦门市慈善会为资助孤、残、贫儿童医疗康复和就学举行捐款活动，共收到近30个单位捐款40.8万元。12月，省民政厅下发《关于开展唇腭裂矫治项目的通知》，要求各地调查摸底唇腭裂患者。同年，省政府提出：免收儿童福利院内的孤儿就读小学、初中的学杂费和书本费；减免儿童福利机构日常水、电、电话费用和车辆养路费；对就读于高中、技校、中专、高等院校的孤儿，免收学费和住宿费，并由教育部门或学校酌情给予助学金。

2001年，贯彻民政部颁布的《儿童社会福利机构基本规范》，全省儿童福利院实行规范化建设。2月，省民政厅会同省卫生厅召集有关医院人员举行座谈会，征求医院对承担唇腭裂矫治任务的意见，并出资20万元委托福建医科大学附属协和医院为10名福利院残疾儿童施行手术治疗。2月19日至23日，中华慈善总会会同美国“微笑列车”项目组考察福建省7所医院（福州市4所、南平市1所、三明市1所、漳州市1所）儿童唇腭裂矫治技术、设备和设施情况。5月，中华慈善总会专家委员会评审确定福建医科大学附属协和医院、武警福建总队医院、三明市第一医院、漳州市医院、中国人民解放军九二医院等5所医院为“微笑列车”唇腭裂矫治定点医院。省民政厅作为项目执行和监督方与5所定点医院签订委托协议书，并成立工作指导组。5月29日，省委书记宋德福、省长习近平到福州市儿童福利院，向孩子们表达六一国际儿童节的祝贺，并赠送洗衣机、空调、食品、文具、图书等礼物。6月，省民政厅、省卫生厅联合召开会议要求以县（市、区）为单位，由民政部门和慈善机构实施“微笑列车”唇腭裂矫治工作。全省有唇腭裂患者1432名，未做过手术的60岁以下的960名。同月，省民政厅批复同意云霄县民政局与香港顺亿贸易有限公司合作筹办云霄县儿童福利院。7月，省民政厅等7个省直单位联合发布《福建省聋儿康复“十五”实施方案》，规划在“十五”期间对1985名聋儿进行听力语言训练，培训聋儿家长1985名，验配“听力助残”助听器990台。同月，全省全面启动“微笑列车”唇腭裂矫治项目，从各地上报1000多名患者中确定第一批矫治对象900多名。至当年底，全省“微笑列车”唇腭裂矫治完成400例，成功率100%。10月，中国儿童福利机构管理工作发展研讨会在福州举行，由福州市儿童福利院承办，参会代表67名。

图2-1　2001年10月，中国儿童福利机构管理工作发展研讨会在福州召开

2002 年 1 月，省民政厅下发《关于进一步做好“微笑列车”唇腭裂矫治项目有关工作的通知》，要求做好唇腭裂患者的调查摸底和患者手术前的初检工作，提出矫治工作的具体要求。5 月，全省各设区市民政局会同当地出入境检疫局、卫生防疫站对涉外送养儿童进行艾滋病、梅毒检查。同月下旬，省委副书记梁绮萍前往福州市儿童福利院看望孤残儿童，送给福利院 3 万元慰问金和食品、文具、玩具等六一儿童节礼物，并要求各级政府给予孤残儿童更多关爱。6 月，国际“微笑列车”、中华慈善总会委托省慈善总会为福建医科大学附属协和医院、武警福建总队医院等“微笑列车”唇腭裂矫治定点医院授牌。截至 7 月底，全省共矫治 651 名唇腭裂患者，成功率 100%。9 月，省民政厅、省慈善总会联合下发《关于继续做好“微笑列车”项目有关工作的通知》，提出从 2002 年 9 月 1 日起，矫治对象为年龄在 3 个月至 18 岁的贫困家庭患者。同月，全省开展孤儿情况调查摸底工作。同年，福州市儿童福利院被评为“全国残疾人康复工作先进单位”。是年末，全省 65 所综合性社会福利院和儿童福利院共收养孤残儿童 1776 个，其中残疾儿童 402 个（脑瘫儿童 134 个）。

2003 年 3 月，中国莆田 SOS 儿童村有家庭 15 个，收养孤儿 157 名。5 月底，省长卢展工考察福州市儿童福利院，并为孤残儿童送上六一节日礼物。5 月，福州市儿童福利院与美国浩德组织国际儿童服务中心合作实施公益项目，由双方共同出资在省内率先启动儿童家庭寄养工作。福州市儿童福利院成立家庭寄养领导小组和寄养办公室，负责寄养家长录用、培训、日常走访和评估等工作。同年，省慈善总会实施“助孤工程”，对省内贫困孤儿发放助养金。截至当年末，全省民政部门抚养弃婴、孤儿 3800 多名，每名弃婴、孤儿每月抚育费 80～150 元不等。

图 2-2　2003 年 5 月，省民政厅赠送中国莆田 SOS 儿童村六一节日礼物

2004年5月，民政部启动“残疾孤儿手术康复明天计划”（简称“明天计划”），福建省立医院、福建医科大学附属协和医院、福州市儿童医院、厦门市中山医院、莆田市第一医院、泉州市第一医院、漳州市医院、三明市第一医院、龙岩市第一医院、南平市第一医院和宁德市第一医院被确定为“明天计划”手术定点医院。7月，省民政厅下发《关于“残疾孤儿手术康复明天计划”的实施意见》，提出用3年时间筹集1000万元（从省级留用中国福利彩票公益金、地方财政和社会捐赠中筹集600万元，民政部从中国福利彩票公益金核拨400万元），按照先急后缓（优先安排符合手术年龄要求的重症急症残疾孤儿）和先易后难（优先安排手术效果好、技术成熟科目）的原则，在全省范围内实施500名社会福利机构收养的残疾孤儿的手术矫治和康复。

同年6月，三明市社会福利院儿童部改设三明市儿童福利院，占地面积1.3公顷，修建儿童康复保育楼，其建筑面积1136平方米；南平市延平区社会福利院儿童部在延平区大横镇为105名家庭寄养儿童办理由寄养转为合法收养的手续。8月，福州市儿童福利院与美国宾夕法尼亚生活希望领养机构共同出资在福州市儿童福利院内建一座儿童楼，成立福州儿童希望之家，接收22名智力正常的弃婴和弃童，对之进行家庭式照料。

2005年2月，民政部领导考察福州市儿童福利院。5月底，省长黄小晶走访慰问福州市儿童福利院，送慰问金5万元。3月，省民政厅、省卫生厅转发民政部、卫生部《关于做好实施“明天计划”有关工作的通知》，决定对全省社会福利机构中391名0～18岁具有手术康复适应症的残疾孤儿实施手术矫治和康复，要求各设区市各指定一所医院为“明天计划”定点医院，手术康复过程中的检查费、住院费、手术费、医疗费（含药费、输血费、处置费和专家会诊费）、假肢配置费、交通费等均列入报销范围。6月29日，中国莆田SOS儿童村举行中国与国际SOS儿童村组织友好合作20周年暨中国莆田SOS村开村5周年庆祝大会，同时举行中国莆田SOS儿童村青年公寓揭牌仪式，来华访问的国际SOS儿童村协会主席海尔姆特·库廷、秘书长皮赫乐、常务董事威斯劳兹、副秘书长考尔在民政部相关人员陪同下前往参加庆典活动。8月，省民政厅预拨“明天计划”专项经费172.2万元，安排手术矫治康复89例（其中五官康复31例、先天性心脏病康复18例、外科矫治35例、矫形康复5例），由各设区市民政局协助福利机构组织实施。当年，中国莆田SOS儿童村有140名儿童，有31名中学生（其中有17名就读莆田市重点中学，有2人次获得一等奖学金），有4人次获得省级优秀少先队员和市级三好学生称号，有280人次被评为三好生、优秀学生干部，有242人次在市、区才艺赛事中获奖。同年，福州市儿童福利院有159名聋哑、失明、智障和身患疾病的儿童经该福利院寄养办公室协调进入家庭寄养，并在寄养家庭就近入托入学，寄养费每人每月700元，由美国浩德组织和儿童福利院各承担一半，看病和上学费用由儿童福利院负责；有58名儿童得到不与认养人一起生活的家庭助养；有106名家庭寄养儿童被国内外家庭收养。

截至2005年底，全省有4所儿童福利院、1所SOS儿童村，有36所社会福利院设有儿

图 2-3　2005 年 5 月 30 日，省长黄小晶（左二）代表省委、省政府向福州市儿童福利院送上 5 万元慰问金

图 2-4　2005 年 6 月 29 日，中国莆田 SOS 儿童村青年公寓揭牌仪式

童部，共收养2782名孤残儿童；11家“明天计划”手术定点医院共实施157例残疾孤儿矫治和康复手术。

表2-1　　**1995—2005年福建省儿童福利院情况表**

年份	机构数（个）	机构名称	职工人数（人）	核定床位数（张）	抚养儿童数（人）
1995	3	晋江市育婴院 厦门市儿童福利院 福州市儿童福利院	112	250	266
1996	3	晋江市育婴院 厦门市儿童福利院 福州市儿童福利院	118	287	345
1997	3	晋江市育婴院 厦门市儿童福利院 福州市儿童福利院	123	408	430
1998	3	晋江市育婴院 厦门市儿童福利院 福州市儿童福利院	133	445	490
1999	3	晋江市育婴院 厦门市儿童福利院 福州市儿童福利院	132	432	490
2000	3	晋江市育婴院 厦门市儿童福利院 福州市儿童福利院	132	431	507
2001	3	晋江市育婴院 厦门市儿童福利院 福州市儿童福利院	133	403	471
2002	3	晋江市育婴院 厦门市儿童福利院 福州市儿童福利院	136	461	521
2003	3	晋江市育婴院 厦门市儿童福利院 福州市儿童福利院	139	500	548
2004	4	晋江市育婴院 厦门市儿童福利院 福州市儿童福利院 三明市儿童福利院	149	592	569

续表

年份	机构数（个）	机构名称	职工人数（人）	核定床位数（张）	抚养儿童数（人）
2005	4	晋江市育婴院 厦门市儿童福利院 福州市儿童福利院 三明市儿童福利院	151	639	594

表 2-2　**1999—2005 年中国莆田 SOS 儿童村情况表**

单位：人

年份	收养孤儿数（累计数）	组建家庭数	保育人员数
1999	38	6	9
2000	62	10	19
2001	111	14	19
2002	111	14	19
2003	157	15	21
2004	136	15	23
2005	140	15	24

图 2-5　2005 年六一儿童节前夕，厦门市慈善总会慰问厦门市儿童福利院儿童

第二节　老年人福利

一、养老机构

1995 年，省民政厅开始引导各地创建为老年人提供居住、饮食和娱乐服务的社区服务中心，下拨补助资金 50 万元。省财政拨 100 万元补助各地改扩建社会福利机构。各地加大资金投入，改善社会福利机构服务设施。截至当年末，全省由民间和港澳台人士、海外华侨捐资兴建融老人儿童生活、学习、娱乐、康复为一体的福利院 15 所，共投入资金 2000 多万元。

1996 年，福州、厦门等地为顺应城市老年人的需求，开始规划创建为老年人提供包括居住、餐饮、休闲养生、娱乐康复等一体化专业化服务的老年公寓。

1997 年 4 月，福州市首家老人公寓台江区老人公寓（位于义洲街道红旗新村内）开业，总建筑面积 3634 平方米，设 120 个床位，分颐养区和生活区两部分，入住者可享受餐饮、家政等生活照料和文娱、健身、医护等综合服务。10 月，福州市鼓楼区老年公寓竣工，总投资 1000 万元，为全省县（区）一级设施最完备的老年公寓，省委常委、福州市委书记赵学敏、福州市党政领导和省民政厅主要负责人出席竣工仪式。截至当年末，全省县级以上福利院 72 所，共设床位 3152 张。同年，省民政厅发布《福建省社会福利事业单位管理办法》，提出社会福利社会办，以实业补事业，在保证服务民政对象的前提下，福利院实行对外开放。各地社会福利院开始由福利型向福利经营型、封闭型向开放型、供养型向供养康复型转变。地市级主管的社会福利院床位 100～150 张，县级主管的社会福利院 60～100 张。截至当年底，全省有老人公寓和敬老室 58 个，老人寄托所 163 个，老年人活动中心（站）1321 个，老年人康复站 565 个。

1998 年，省委、省政府年度为民办实事项目包含省社区服务中心和 10 个县级社区服务中心建设。当年底，省社区服务中心破土动工；10 个县级社区服务中心全部建成并投入使用，总建筑面积 1.6 万平方米，投入经费 1102 万元，其中省民政厅专项经费 70 万元、福利彩票公益金 30 万元、地方财政 195 万元、当地民政部门自筹 807 万元。全年全省新建改建农村敬老院 40 所。同年 10 月，福州市鼓楼老年公寓竣工。当年末，全省综合型社会福利院共收养老年人 1700 多名，其中民政对象 1400 名，自费收养者 300 多名。

1995 年至 1998 年，省民政厅每年拨出 300 多万元民政事业费和社会有奖福利募捐款资助各地福利院改扩建和设备更新。

至 1999 年 6 月，全省建立老人公寓 62 个、托老所 163 个，其中由个人、集体和港澳台胞投资创建的托老院、颐养园 6 所；各类国家办的社会福利机构 226 所（自筹资金 3589 万元），其中综合型社会福利院 61 所，老年人社会福利机构 144 所；收养老年人 3675 人，其中民政对象3210人，自费收养者465人；集体办的社会福利机构973所，政府资助3418万元；个人私营办社会福利机构8所，其中综合型社会福利机构1所、老人福利机构7所，自筹资金255万元；合作合伙办1所，自筹资金20万元；股份制形式办2所，自筹资金160万元；港商华侨独资办2所，共投资650万元。12月，省民政厅批准福州市台江区老人公寓、福州市鼓楼区社会福利院、福清市社会福利院为省二级社会福利事业单位。

2000年4月，省民政厅转发《国务院办公厅转发民政部等部门关于加快实现社会福利社会化意见的通知》《民政部办公厅关于开展区域社会福利机构设置规划工作的指导意见》《建设部、民政部关于发布行业标准〈老年人建筑设计规范〉的通知》，要求各设区市结合当地情况探索社会福利社会化路子，选择1～2个县（市、区）对国办、集体办和社会办的3种类型社会福利事业机构进行试点，制定出台扶持社会福利机构走向市场的优惠政策。12月，省政府下发《关于印发加快实现社会福利社会化实施意见的通知》，要求建立政府投入与社会投入相结合的社会福利资金筹措机制，提出社会力量兴办社会福利机构在用地、税收、城市建设和公用事业收费以及资金补贴等方面的优惠政策。同年下半年，省民政厅在福州召开全省社会福利社会化工作会议，要求各地充分认识社会福利社会化工作的重要性和紧迫性，积极开展相关试点工作。

2001年1月，全省社会福利工作座谈会在福州召开，进一步督促各地开展社会福利社会化试点工作，并研究制定《福建省社会福利机构管理办法》。2月至6月，贯彻民政部《关于统一制发社会福利机构设置批准证书的通知》，全省城乡各种所有制形式的收养老年人、残疾人和孤残儿童并提供养护、康复、托管等服务的社会福利机构，经检查合格发给社会福利机构设置批准证书。4月，副省长张家坤前往福州鼓楼老年公寓和于山老人活动中心调研老龄工作。当年末，全省有各类社会福利机构889所，其中政府办的861所（含福利院、农村敬老院、精神病疗养院）、社会办的28所，共收治供养16364人。

2002年，省民政厅等16个部门联合下发《关于加快发展社区服务业的意见》，要求引入市场机制，推动老年人社会福利事业多元化发展。各地通过公助民办、社区共建等形式，多渠道筹措资金兴办老人公寓，实行社会化投资企业化经营。福州、泉州等地私营企业主利用厂房开办老人公寓，收养生活困难的老年人。

表2-3 **2002年福建省社会福利机构情况表**

地区	机构数量（个）				床位数（张）				入住人数（人）			
	总数	国家办	集体办	民办	总数	国家办	集体办	民办	总数	国家办	集体办	民办
省本级	1	1	0	0	130	130	0	0	121	121	0	0
福州市	142	20	122	0	3344	1342	2002	0	2762	1172	1590	0

续表

地区	机构数量（个）				床位数（张）				入住人数（人）			
	总数	国家办	集体办	民办	总数	国家办	集体办	民办	总数	国家办	集体办	民办
厦门市	18	5	13	0	1217	931	136	150	717	602	51	64
莆田市	44	6	38	0	1020	668	352	0	847	566	281	0
三明市	142	20	121	1	2020	722	1278	20	1455	514	921	20
泉州市	53	9	42	2	1714	850	514	350	1183	663	404	116
漳州市	88	22	66	0	1634	812	822	0	953	470	483	0
南平市	146	21	125	0	2622	904	1718	0	1820	713	1107	0
龙岩市	131	12	119	0	2508	414	2094	0	2037	312	1725	0
宁德市	124	20	102	2	2102	921	1156	25	1656	721	915	20
合计	889	136	748	5	18311	7694	10072	545	13551	5854	7477	220

注：福利机构主要提供养老服务，基本上属于养老机构。

2003 年 2 月，福建省老年人活动服务中心在福州市马尾区天马山奠基，征用土地 12 公顷，规划建设项目包括老年大学、公寓楼、康复中心、办公楼、接待站和附属设施篮球场、排球场、网球场、门球场等。第一期工程总建筑面积规划 21405 平方米，其中主体建筑占地面积 5202 平方米，投资 3300 万元。同年，兴建老年公寓成为各地民政部门一项重点工作。厦门市社会福利中心为老年人新建一幢公寓楼，建筑面积 1 万多平方米，设 400 多张床位。永安市修建一老人公寓，建筑面积 3500 平方米，床位 125 张。

表 2-4　**2003 年福建省社会福利机构情况表**

项目	数量	占全国总量比重
社会福利机构（个）	902	1/42
床位数（张）	20182	1/60
收养人数（人）	14974	1/60

2004 年，福建省老年人活动服务中心第一期工程结束，建筑面积 3.8 万平方米，建有公寓楼、康复中心、办公楼、接待站和排球场、网球场、门球场等。

2005 年 3 月，民政部下发《关于开展养老服务社会化示范活动的通知》，要求以城市市辖区（县级市）或大中城市举办的各类养老机构为单位，开展养老服务社会化示范活动。同期，福州市社会福利院、厦门思明区、泉州鲤城区被列入全国养老服务社会化示范活动试点

图 2-6　2003 年 2 月，福建省老年人活动服务中心奠基仪式

单位。5 月，省民政厅、省老龄工作委员会办公室（简称“省老龄办”）联合下发《关于开展养老服务社会化示范活动的通知》，提出养老服务社会化示范工作目标、原则和要求，明确福建省养老服务社会化示范区（市）标准和养老福利机构基本示范标准。同月，福建省老年人活动服务中心开业，设有 268 个房间 502 张床位，配置图书室、影视厅、书画室、棋牌室、茶艺居、健身房、紧急呼叫系统等休闲娱乐设施，内设康复中心，有 100 个床位和门诊室、抢救室、理疗室等。10 月，省民政厅、省老龄办确定福州市台江区、福州市社会福利院，厦门市思明区、湖里区、厦门市社会福利中心、厦门金尚老年公寓，泉州市鲤城区、南安市雪峰山庄养老院，龙海市，莆田市涵江区、仙游县社会福利院，永安市，龙岩市新罗区、龙岩市永乐老人公寓，南平市延平区，福鼎市等 16 个单位为全省养老服务社会化示范活动的试点单位。各试点县（市、区）相继制定出台各项养老服务社会化优惠政策和工作措施，鼓励社会力量通过各自方式和手段参与养老服务，推进养老服务供给的多元化。厦门市思明区制定出台养老服务社会化工作（安康计划）实施办法，建立厦门市思明区安康服务中心，配置专职工作人员；利用社区服务中心服务平台将“968180”定为养老服务热线；设立安康基金，发动社会各界捐款 1200 多万元。福州市台江区成立区街社区三级管理服务机构，造册登记本区域内五保对象、特困老人和空巢家庭，把养老服务工作列入社区服务中心平台

建设，利用改制企事业单位闲置的资产和资源增设星光老年之家等街道和社区养老服务设施，依托社区信息网络设立为老服务（含老年人家庭医疗与急救服务）呼叫系统。同年10月，泉州市开工建设年可入住800人的老年公寓，项目工程占地面积9.5万平方米，规划建筑总面积6.5万平方米，项目总投资1.8亿元。同年，福州市社会福利院、厦门市思明区和泉州市鲤城区被确定为全省养老服务社会化示范活动试点单位。

截至2005年底，全省共有城镇养老机构155家（不含敬老院），养老床位总量7839张（其中，公办社会福利院76所，接收社会老人2300多名；民办养老机构79家，床位数5400多张），共有星光老年之家1236个（其中，街居养老机构935个，乡镇敬老院149个），总建筑面积达15万多平方米，民政部门累计投入2亿多元。拥有公办社会福利院的县市区为：鼓楼、台江、同安、海沧、福清、长乐、闽侯、平潭、闽清、永泰、连江、鲤城、晋江、芗城、龙海、东山、漳浦、诏安、平和、南靖、荔城、仙游、三元、永安、明溪、清流、大田、尤溪、沙县、将乐、泰宁、建宁、宁化、建阳、延平、顺昌、邵武、光泽、浦城、松溪、政和、建瓯、武夷山、蕉城、福鼎、福安、古田、屏南、寿宁、周宁、霞浦、漳平、新罗、连城、长汀、上杭、永定、武平。

表2-5　**2005年福建省养老服务社会化示范区（市）标准表**

项目要求	标准细则
党政领导重视	各级党委、政府对养老社会化服务工作高度重视，加强领导，把养老服务提上工作议事日程，成立社会养老服务领导机构，定期研究解决养老社会化中存在的问题
	民政部门主动履行职责，当好参谋助手，及时向党委政府提出社会养老工作的意见和建议
	老龄部门密切配合，做好指导、督促和检查，推动和协调养老服务社会化示范活动实施
	各级政府制定出台符合本地实际的老年福利服务事业发展规划并将其纳入当地经济和社会发展计划
	认真贯彻落实《关于加快实现社会福利社会化的意见》，制定出台促进老年社会福利事业发展的优惠政策
	街道成立居家养老管理服务中心，社区居委会成立居家养老服务站，初步形成以社区为依托的养老服务体系
服务保障到位	保障“三无”对象和低保对象中老年人的基本生活，妥善解决他们的养老服务问题
	将发展老年福利服务的资金列入财政预算，按当地老年人口数，依照一定比例划拨专项资金用于老年福利服务设施建设
	社会力量兴办的老年福利服务机构切实得到政策和资金扶持，较快发展，能基本满足各类老年人养老服务的需求
养老形式多样	增加养老服务机构建设投入，城市养老服务机构床位数达到每千名老人10张。各区（市）有1所床位在100张以上，功能齐全、设施良好、管理服务一流，并起示范作用的国家办综合性养老服务机构；有1所建筑面积在1000平方米以上的综合性多功能社区福利服务中心

续表

项目要求	标准细则
养老形式多样	各街道（乡镇）建有1所能容纳30名以上老年人的养老院或老年公寓（托老所），并按千人6平方米以上要求建立1所综合性多功能社区服务中心，社区居委会建有1所100平方米以上的社区老年福利服务设施，内设老年人日间照料室、文化活动室、医疗保障室等老年服务设施
	健全街道养老服务中介组织，建立养老服务超市、社区老年综合服务中心、互动式异地养老服务中心等中介机构，并实现联网，多渠道多形式收集和提供养老服务信息，开展涉老法律咨询和维权、居家养老服务、社会养老机构咨询、护理用工职业介绍及老年人保健、娱乐、旅游和为空巢家庭老人配送货物等服务，以满足老年人的服务需求
	各设区市有1～2支以社会工作专业人员为骨干，以热心社区公益事业的群众为基础的为老服务志愿者组织
服务网络健全	街道和社区建有一大批小型分散、方便实用的老年福利服务设施，充分发挥星光老年之家在养老社会化中的作用
	社区应建立社区卫生服务中心、卫生服务点、家庭病床等，社区老年卫生服务纳入职工基本医疗保障支持范畴
	依托社区信息网络，建有为老服务（含老年人家庭医疗与急救服务）呼叫系统，街道、社区全部普及便民热线电话，形成市、区（市）、街道、社区居委会四级社会服务设施网络
	社区建立老年人健康档案，开展健康检测、体检、咨询和教育活动，健康教育普及率达80%以上，社区老年人的满意率在90%以上
社会力量支持	鼓励辖区内企事业单位、社会团体、个人等社会力量积极参与养老服务工作，有效整合辖区现有的老年服务设施和卫生、体育、文化等设施向全社会开放，为老年人提供优惠服务，辖区内老年服务设施整合率在80%以上
	培育和发展社会服务团体和社会中介组织，积极发挥其为老年人服务的作用，形成关注和支持养老服务社会化的良好氛围
群众广泛参与	大力宣传《中华人民共和国老年人权益保障法》和《福建省老年人保护条例》，积极鼓励中青年群众开展为老年人送温暖活动
	大力提倡社会互助，发展和壮大志愿者服务队伍，实现志愿者服务活动的经常化、制度化
	鼓励老年人协会等群众性组织开展丰富多彩的老年人文体活动，社区精神文化生活丰富，居民满意率在90%以上
队伍爱岗敬业	按照《养老护理员国家职业标准》，有针对性地开展专业技能培训，服务人员做到持证上岗
	逐步建立一支具有奉献精神和专业化水平较高的养老服务队伍，不断加强养老服务队伍的知识化、专业化、职业化建设，并积极引进社会工作者
机构规范高效	养老机构建筑设计符合国家标准，机构设置符合国家规范，设施设备完善，管理和服务规范、优质、高效，切实维护和保障服务对象合法权益，职工对领导满意率90%以上，入住老年人的满意率为95%以上

表 2-6　　**2005年福建省养老福利机构基本示范标准表**

项目要求		标准细则
基本条件		1. 遵守国家法律法规，坚持“以人为本、服务至上”理念，全心全意为服务对象服务，与服务对象建立平等、团结、友爱、互助的和谐关系
		2. 具有一定规模和较完善的生活服务保障设施
		3. 有基本的现代医疗康复设备
		4. 有一支专业化的工作服务队伍
		5. 科学管理、服务规范、效益显著，在同级养老福利机构中起到示范、带动和辐射作用
		6. 符合《老年人社会福利机构基本规范》，具备《社会福利机构管理暂行办法》规定的条件，手续完备
服务质量	膳食服务	1. 食堂卫生整洁，严格执行卫生部门颁布的卫生制度，有当地卫生部门发给的卫生合格证书
		2. 配有厨师和炊事员，炊事员按有关规定进行体检，持健康合格证，穿工作服上岗
		3. 有服务对象参加的膳食管理委员会，并要定期开会，服务对象的膳食制作和用餐与工作人员分开
		4. 食品符合饮食卫生标准，配餐合理，主副食品多样化，每周有食谱分布上墙，尊重服务对象饮食习惯，符合膳食营养要求
		5. 服务对象膳食满意率达85％以上
	生活护理	1. 护理人员有高尚职业道德、宽厚文化基础、过硬专业技能和良好心理素质
		2. 为服务对象提供优质服务，精心安排服务对象吃、穿、住、治疗和康复；建立夜间值班制度，做好老年人夜间监护工作
		3. 对服务对象独特性实行程序化个案护理，使服务对象有温馨感、安全感和满意感
		4. 对服务对象体贴关怀，一视同仁，服务热情周到，及时正确化解服务对象之间的矛盾
		5. 注重部门合作，护理人员要对服务对象情况作必要反馈
		6. 服务对象及家属满意率均达90％以上
	康复娱乐	1. 康复娱乐年有计划、周有安排、日有活动，做好计划、记录、场地、器材、活动内容的落实，康复娱乐参与率达50％以上
		2. 根据不同服务对象健康状况、兴趣爱好和个性特点，组织实施有益健康的文化活动和锻炼
		3. 有专兼职康复娱乐人员并配备1名以上专职康复娱乐人员
	医疗保健	1. 配备与业务相适应的急救室，急救室有应付突发性事故的抢救能力，抢救组织健全，制度规范
		2. 配有独立的药房，药品的采购渠道应正规化，有完善的药品进出仓登记制度，保证服务对象用药安全
		3. 加强服务对象的疾病预防、卫生保健和心理指导，定期举行医疗知识宣传，加深服务对象对各种疾病的认识并使之积极配合治疗。每年对服务对象进行一次以上的健康检查

续表

项目要求		标准细则
服务质量	医疗保健	4. 建立健全服务对象病历、健康档案
		5. 坚持每日查房制度，对服务对象的常见病、多发病等疾病能及时治疗，无医疗责任事故
		6. 有一定的预防传染病意识，能有效防止传染病在服务对象间传播
		7. 对危重病人、长期卧床病人有严格的防褥制度及措施。病人Ⅱ度褥疮发生率为0，Ⅰ度褥疮发生率低于5%
管理水平		1. 领导班子健全，领导成员团结进取，廉洁奉公，求实创新，业绩突出，职工对领导班子满意率达90%
		2. 内部管理机构健全、高效、精干，有严密的工作质量考核监测控制系统，行政管理人员不超过职工总数的10%
		3. 床位年均入住率应达80%以上
		4. 有经主管部门认可的切实可行的中长期发展规划和年度工作实施计划
		5. 建立健全思想政治工作、廉政建设、医疗护理、财务管理、档案管理、后勤保障、安全等以岗位责任制为主要内容的各项规章制度
		6. 院容院貌整洁优雅、生活环境幽静舒适
		7. 服务对象有完善的入院手续和个人档案
		8. 院内各种统计材料及各项记录健全完善，有规范的档案资料
		9. 财务会计凭证、账簿、报表符合会计制度的规定，档案齐全，无违反财经、物价纪律的现象
		10. 物资设备管理健全，有完备的验收、入库、发放手续，账、卡、物相符
		11. 有服务对象民主管理组织和制度，并定期开展活动
		12. 3年内无重大责任和意外事故发生
		13. 工作人员有良好的职业道德，语言规范、仪表端庄、举止文明、挂牌服务、佩证上岗
		14. 工作人员与服务对象比例合理 (1) 工作人员与正常服务对象的比例为1∶4 (2) 工作人员与生活不能自理老人的比例为1∶1.5

二、老年人文体

1996年11月，福建省第四届老年人运动会在厦门市举行，为期8天，参赛人数近千名。

1999年1月，省老龄工作委员会（简称“省老龄委”）同省委宣传部等11个部门联合发布《关于开展1999年国际老年人年活动的联合通知》。3月，省老龄办与省文化厅在福州联合举办福建省助老济困文艺晚会。6月12日，省老龄办在福州五一广场举行庆祝国际老年人年暨迎澳门回归大型签名宣传活动。9月15日至16日，省民政厅等单位在福州举行全省老年人文艺会演。9月26日晚，省第五届老年人运动会经过5天比赛在三明闭幕。当年末，全省老年人文化活动站（室）1347个。

2001年9月，为贯彻实施民政部社区老年福利服务星光计划，省民政厅下发《关于“星光计划”启动工作实施意见》，发动城镇社区采取新建、改扩建、购建、插建、租用等方式，建造统一名称、统一标识、统一建筑设计、统一基本服务功能的街道和社区老年人活动场所，其资金渠道以福利彩票公益金资助为主（每年动用80%以上用于“星光计划”）。同月，省民政厅制发“星光计划”3年发展规划，提出全省“星光计划”示范试点分布数量、资金补助方案：省级示范点20个，每个资助福利金10万～20万元；市级示范点100个，每个资助福利金5万～10万元；县级示范点400个，每个资助福利金3万～5万元。随后，确定全省第一批“星光计划”项目59个，其中福州市40个、厦门市9个、漳州市5个、泉州市5个。各地选择条件比较成熟的街道和社区启动示范试点工作，建设小型多样、方便适用于老年人健身休闲的社区福利服务设施，并通过媒体公布项目地点、项目内容和资助金额等。当年底，全省实施首批示范项目261个，其中社区项目（即兴建全省统一标识的老年人活动场所）230个，预算投资总数8000万元，其中福利彩票公益金资助2141.5万元。10月17日至18日，省老龄办、省委宣传部、省委老干部局、省民政厅等部门在福州举行全省老年文艺会演。同年，省民政厅会同省老龄办，向农村基层老年活动室赠送100台29寸彩色电视机（此项援助在随后4年中年年施行）。同年8月，省体育局、省老龄办、省文明办、省财政厅、省委老干部局联合下发《关于进一步加强我省老年人体育工作的意见》，提出每年在省内不同地点举行“亿万老年人健身活动”展示仪式，宣传和动员老年人参加体育健身活动。同年12月，省民政厅分2次下拨省级福彩公益金共2250万元用于“星光计划”项目建设，下拨24.7万元资助福州市19个社区示范点配置适合老年人室外休闲运动的澳瑞特室外体育器材（中老年）（包括三位漫步机、扭腰踏步器、四联康复器、太极揉推器、椭圆漫步机、健骑机）。

2002年，“星光计划”由城市社区向农村扩展，全省共计划500项作为省委、省政府为民办实事项目。2月，省民政厅下达“星光计划”补助款1072万元，资助229个社区建设老年人活动（服务）中心，并要求全省统一采用澳瑞特室外体育器材（中老年），设置通用告示牌。6月，省老龄办开展“夕阳红”旅游活动，与旅行社联合，组织30多个老年人到香港、澳门、越南、广西等地旅游。10月13日，省老龄办、省委宣传部、省委老干部局、省民政厅等单位在福州举行全省老年人文艺会演。11月22日至28日，福建省第六届老年人运动会在福州市举行，来自9个设区市和7个行业系统的1500名老年运动员，进行地掷球、网球、门球、太极拳（剑）等10个项目比赛。省老干部活动中心枫叶时装表演队（平均年龄65岁）担任运动会“礼仪小姐”和“礼仪先生”。当年，“星光计划”实施活动被列为省委、省政府为民办实事项目，全省共实施示范项目500个。各地把“星光计划”示范活动同社区建设结合起来，主要围绕社区老年人医疗健身、文体娱乐、精神文化、日常生活照料等方面需求，统一设立“四室一场一校”（医疗保健室、文化娱乐室、图书阅览室、日间照料室，室外活动场，老年学校），在室外活动场地设置全省统一的适合老年人运动的健身器材，在资助项目的显著位置设置全国统一标识牌和建筑物门楣标识。当年底，全省已累计建成并投入使用“星光计划”项目545项，投资总额20451万元，其中福利彩票公益金3780万元，各级财政、街居自筹和社会各方配套投入16671万元，增设300个老年人室外休闲健身活动场所，配置室外健身器材225套，新建改扩建老年人活动场所总面积达20.2万平方米。

图2-7　2002年泉州市鲤城区新民社区老人活动中心举行老年人象棋比赛

表2-7　**2002年福建省“星光计划”项目建设情况表**

地区	项目数（个）			新建面积（平方米）	改造面积（平方米）	其他面积（平方米）	投资总额（万元）	福利金（万元）
	总数	投入使用	在建					
福州市	74	74	0	3732	29628	0	4012.13	451.7
漳州市	34	27	7	3230	4826	0	595.6	141
泉州市	61	59	2	5924	10503	0	1169	453
莆田市	6	5	1	1480	1780	0	723	26

续表

地区	项目数（个）			新建面积（平方米）	改造面积（平方米）	其他面积（平方米）	投资总额（万元）	福利金（万元）
	总数	投入使用	在建					
三明市	10	8	2	280	3150	0	270	63
南平市	4	4	0	0	1626	0	146.25	20
龙岩市	18	14	4	1120	6013	0	691	93
宁德市	24	18	6	8870	5272.5	0	675.42	122
厦门市	30	22	8	13022	4889	7330	3867.56	657.5
合计	261	231	30	37658	67687.5	7330	12149.96	2027.2

2003年，省老干部局、老龄委、老年大学协会、老年书画艺术协会举办第一届全省老干部、老年人书画诗影联展，共展出来自省直、九市老干部和老年群体的诗书画摄影作品近500幅（件）。此后，每年举办一次相同的活动。

2004年，省民政厅下达福彩公益金189万元，资助创建37个社区（村）老年人活动中心。2005年，省民政厅下达“星光计划”公益金146万元，资助创建25个村（居）老年人活动中心；下达10万元资助福利院建设。

截至2005年，全省有13591个村（居）成立老年协会，占总数的82.4%。

三、老年人优待

1990年10月，省七届人大常委会第十七次会议审议通过《福建省老年人保护条例》，规定每年重阳节为福建省老年节。1992年，省老龄委在龙海市召开全省农村老龄工作座谈会，提出老龄工作要面向基层、面向农村。会后，城乡基层老年协会等组织开展“一访四查”活动（走访老年人家庭，查老年人的吃、住、穿、医情况），维护老年人获得家庭赡养的权利。

1993年4月，省纪委等10个部门联合发布《关于共产党员、共青团员、国家干部、企事业职工尊老敬老的若干规定》。1995年6月，省委组织部等12个部门联合发布《关于开展敬老工程　树立社会新风尚的通知》。随后，全省9个设区市和部分县（市、区）相继以政府名义出台优待老年人的措施。

1996年，省政府成立贯彻《中华人民共和国老年人权益保障法》执法协调小组。1998年8月，省人大常委会开展《中华人民共和国老年人权益保障法》《福建省老年人保护条例》执法检查活动，历时2个月。9月，省财政厅、省卫生厅、省老龄委联合下发《关于对百岁老人实行优惠待遇的通知》。之后，各地对百岁以上老年人每人每月发给100元长寿营养补贴，并给予定期免费体检、巡诊等优待，经费由各县（市、区）财政列支。

2000 年 9 月，省政府召开老龄工作专题会议，决定自当年开始由省政府每年拨专款慰问全省百岁老人，每年发给每位百岁寿星 500 元，并以省政府名义发给百岁老人慰问信。11 月，省政府在福州召开全省老龄工作暨社会福利社会化工作会议，讨论省委、省政府关于贯彻落实《中共中央、国务院关于加强老龄工作的决定》的实施意见。同月，省政府发布《关于加快实现社会福利社会化实施意见》，提出建立政府投入与社会投入相结合的社会福利资金筹措机制，要求财政、地税、国土、城建、教育、卫生、劳动等部门为社会福利事业提供优惠政策。同年 4 月，厦门市老年基金会出台《厦门市助养特困老人工作实施细则》，提出对生活无人照料、丧失劳动能力、无固定生活来源的贫困孤寡老人，以及因天灾人祸等原因造成生活极端困难的 60 岁以上的老人，实行“一年期助养”或“常年义务赡养”，助养标准为每年每人 1200 元。

2001 年 4 月，省委、省政府下发贯彻《中共中央、国务院关于加强老龄工作的决定》的实施意见，要求把《中华人民共和国老年人权益保障法》和《福建省老年人保护条例》纳入普法规划，加强法制建设，建立国家、社会、家庭、个人相结合的养老保障机制，确保老年人生活、医疗等方面的基本需求；提出老年人有享受社会发展成果的权利，机关事业单位离退休干部职工应享受政策性福利待遇，企业应提高离退休干部职工福利待遇，继续推行老农民享受养老金和固定生活补助的办法，重视为“老有所为”创造条件，把老年保健纳入人口卫生事业发展总体规划，鼓励和引导社会力量兴办老年福利事业。5 月，省老龄办、省民政厅、省文明办联合下发《关于开展创建“敬老模范村（居）”活动的意见》，部署全省城乡创建“敬老模范村（居）”活动。8 月，省老龄办与《海峡都市报》联合开展助养特困老人社会募捐活动，在《爱晚亭》栏目刊登特困老人情况，公布热线电话，并设立专门银行账户，接受社会捐献。截至当年末，全省有 20 世纪 60 年代精简退职老职工 7463 人，救济标准分别为非农业人口的每人每月 65 元，农业人口的每人每月 55 元。同年 1 月，厦门市老龄委等部门开通“98365 夕阳红”老年咨询服务热线，为老年人提供精神慰藉和生活资讯等多种服务；厦门市市、区、街道（镇）老年人法律援助站均挂牌成立。

2002 年 9 月，省政府颁发《福建省优待老年人若干规定》，主要规定有：（1）农村老年人不承担义务工和劳动积累工；（2）非农村税费改革试点地区农村 65 周岁以上（含 65 周岁）老年人免除村提留，65 周岁以下丧失劳动能力或家庭有特殊困难的老年人酌情减免村提留；（3）医院、疗养院等医疗机构开设老年病门诊，在挂号、就诊、检查、取药、住院、收费等方面对 70 周岁以上（含 70 周岁）的老年人实行优先服务；（4）老年人凭老年人优待证进入公园（不含园中园）、非商业性展览馆等，在购买门票时享受优惠；（5）电影院、文化宫（馆）、体育场（馆）、图书馆等公共文化体育设施的经营管理部门，承担为老年人精神文化生活提供便利的义务；（6）70 周岁以上（含 70 周岁）的老年人凭老年人优待证在市区内免费乘坐公共汽车；（7）车站、港口、机场等经营管理部门在候车（船）室设老年人专用座位，并承担为老年人购票、进站、托运行李、上下车（船、飞机）提供方便的义务；（8）老年人因合法权益受侵害而提起的诉讼，有困难的，缓交、减交或免交诉讼费；（9）敬老院、老年公寓、托老所、社会福利院等为老年人服务的单位和70周岁以上（含70周岁）身边无子女的老年人，在申请安装闭路电视和管道煤气时，可持街道、乡镇以上民政部门的证明，享受减交初装费和优先安装的优惠。（10）各县（市、区）政府对百岁以上老年人每人每月发给不低于100元长寿营养补贴，卫生部门定期为他们免费体检、巡诊。11月，省老龄办、省劳动和社会保障厅、省民政厅等8部门联合下发《关于进一步做好救助特困老人工作的意见》。各地开展帮扶困难老年人活动，引导机关单位和干部、企业或个人与贫困老年人结成扶助对子，帮助贫困老年人解决实际问题。有关组织还动员大中学校学生、低龄健康老人组成志愿者队伍，为贫困老年人提供照料服务。全省老龄系统先后走访慰问贫困老年人5000多名，送上慰问金100多万元。

2003年6月，省老龄委转发《全国老龄工作委员会办公室关于在全国开展创建老龄工作先进县（市、区）活动的通知》，要求按照全国老龄委提出的创建条件和要求，结合实际开展创建活动。11月，省司法厅、省老龄办等有关部门联合举办“为实现公平和正义——法律援助在中国”大型公益活动，倡议加强老年人的法律援助和法律服务：对涉老案件实行优先立案、优先审结、优先执行、优先回访；对老年人因合法权益受到侵害提出诉讼而交纳诉讼费有困难的，给予缓交、减交或免交的优待。同年，省老龄办与省委宣传部、省教育厅、共青团福建省委（简称“团省委”）、省妇女联合会（简称“省妇联”）联合组建福建省青少年敬老爱老助老主题教育活动组委会，举行敬老爱老助老主题教育活动启动仪式，开展敬老好文章征文演讲比赛，评选推荐“中华孝亲敬老楷模”和“孝亲敬老之星”（全国敬老爱老助老主题教育活动组委会设置的表彰奖项）。

2004年4月，省老龄办发布《福建省老年人优待证管理暂行规定》，规定凡福建省年满60周岁及以上的老年人可本着自愿原则由个人向所在单位或户口所在地的村（居）民委员会提出申请，申领使用福建省老年人优待证。年满60周岁不满70周岁的老年人使用底色为浅绿色的优待证，满70周岁及以上的老年人使用底色为淡红色的优待证。同月，福建省和福州市的老龄委办公室、宣传部、教育厅（局）、妇联、团委在福州举行福建省暨福州市青少年敬老爱老助老主题教育活动启动仪式，倡导青少年读敬老书、做敬老事、写敬老文，弘扬敬老爱老传统美德，积极参加敬老爱老助老的社会实践。7月，省老龄办、省民政厅、省文明办联合印发《关于在全省开展第二批“敬老模范村（居）”的通知》。经逐级推荐评选，100个第二批“敬老模范村（居）”获表彰。10月，省人大内务司法委员会开展《中华人民共和国老年人权益保障法》执法情况调研。同年，全省有2人获得“中华孝亲敬老楷模”提名奖、84人获得“孝亲敬老之星”称号、1个单位获得优秀组织奖。同年重阳节，省老龄委在《福建日报》登载《致全省老年人的慰问信》（此后每年登载一次）。

2005年4月至8月，省老龄办组织开展维护老年人合法权益知识竞赛，在《福建老年报》上刊登竞赛试题70题，共收回试题答案1600多份。经过评选，共评出一等奖20名、二等奖50名。

至2005年末，省政府共慰问全省百岁寿星3804人次，累计发放慰问金190.2万元。

第三节　精神病人卫生福利

20世纪50年代，民政部门在福州、厦门、漳州、泉州（晋江）、莆田等地创办精神病人疗养院，收留社会上久治不愈的无依无靠、无家可归、无生活来源（简称"三无"对象）的精神病患者，以管理疗养为主，予以适当康复性治疗。入院的精神病人未能康复的终身在疗养院内疗养，经疗养确认康复后由民政部门另行安置：有劳动能力的安排到社会福利企业中自食其力，丧失劳动能力的老残人员转往社会福利院。

1989年11月，为体现人文关怀，避免精神病院在名称上给人造成负面影响，厦门市精神病人疗养院更名为厦门市南山疗养院。20世纪90年代初期，漳州市精神病人疗养院更名为福康医院，莆田市精神病人疗养院更名为慈康医院。

1995年，省民政厅实施精神病人疗养院改扩建工程，拨付150万元资助泰宁、永春、惠安、福安、福鼎、长乐、南平、仙游、闽侯、福清等地筹建或扩建改建精神病人疗养院，并资助福州、漳州、晋江、上杭等地精神病人疗养院新建理疗康复大楼。同年，一些精神病人疗养院在保证收容"三无"对象的基础上，开放收治自愿自费入院治疗的精神病人，既服务又经营，一院两制，提升疗养院自我发展能力。

1996年，省卫生厅、省公安厅、省民政厅和省残疾人联合会（简称"省残联"）共同在覆盖669万人口的11个市、县开展社会化、综合性、开放式的精神病防治康复工作。全省民政系统的精神病院开展"创文明行业、建满意窗口"文明优质服务活动，加强制度建设，人员挂牌上岗，公开各项收费。厦门市南山疗养院被评为厦门市直机关文明单位、厦门市花园式单位。同年，福清市创办精神病人疗养院，命名为融康医院。

1997年，南安市创办精神病人疗养院，命名为康复医院；仙游县创办精神病人疗养院，命名为德安医院。同年，省民政厅参照卫生精神专科医院评审办法，出台《关于开展民政精神医疗专科医院等级评审工作的通知》。全省精神病人疗养院由此展开规范化专业化管理活动，推进疗养院内部各项制度建设和基础设施建设。

1998年，厦门市南山疗养院、漳州市福康医院和福州市精神病人疗养院被评为省一级社会福利事业单位。同年起，省财政每年下达专项经费100万元用于除厦门市南山疗养院以外的16所精神病人疗养院购置医疗器械。

1999年，福州、厦门、漳州、晋江等地的精神病人疗养院改革内部用人制度，实行干部聘任制，院长聘任科长，职员也可通过竞岗活动担任领导工作；实行用工人员双向选择制，科室、班组长选择工作人员，工作人员选择科室；实行绩效工薪制，人员工资奖金与绩效考核结果挂钩，多劳多得。9月，省残联、省卫生厅、省民政厅、省公安厅联合制发《关于进一步加强我省精神病防治康复工作的通知》，提出相关部门在精神病防治方面所承担的职责。12月，省民政厅批准长乐市精神病人疗养院、闽侯县精神病人疗养院为省二级社会福利事业单位。截至当年末，全省有精神病人疗养院17所，精神病人床位2522张，收治精神病人5807人，其中民政对象1482人，自费收治者4325人；除厦门市南山疗养院外，其余16所的工作人员经费均由省财政拨款。

2000年，厦门、漳州、晋江、泰宁、永春、惠安、福安、福鼎、长乐、南平、莆田、仙游、闽侯、福清等地的精神病人疗养院基本完成新建和改（扩）建工程，添置新型医疗康复设备。“十五”期间，为改扩建精神病院，完善其生活服务设施，省民政厅共投入补助资金1300万元，地方财政配套5000多万元；全省有3万名重性精神病患者得到综合防治康复，监护率达93%，显好率达71.6%，社会参与率62.7%，肇事率下降至0.21%。

2001年，各精神病人疗养院由封闭转向开放，利用本院设备、技术、人才资源，开放门诊，收治自付治疗费的精神病人。7月，省卫生厅、省民政厅、省公安厅、省残联联合制发《福建省精神病防治康复“十五”实施方案》，规划在“十五”期间对覆盖人口1050万人的21个市、县14万名重性精神病患者开展社会化、综合性、开放式的精神病防治康复工作，中央给的经费按辖区覆盖人口每人0.15元给予补贴，省级经费实行一次性补助，地方投入经费按辖区覆盖人口每人不少于0.15元。同年，省财政厅、省民政厅联合发布《关于全省民政精神病人疗养院、收容遣送站经费管理体制下放的通知》，决定从2002年1月1日起下放全省16所精神病人疗养院经费管理体制，由当地民政、财政部门负责管理监督当地精神病人疗养院的经费预决算。截至当年末，全省有精神病人疗养院17所，精神病人床位2663张，收治精神病人2199人。

2002年，各精神病人疗养院完成财政管理体制转变，但原管辖的业务范围不变。8月，南平市精神病人疗养院被批准为省二级社会福利事业单位。9月，全省开展精神病人疗养院检查活动，主要检查项目有领导管理、医疗护理、基础设施建设、文明优质服务等。闽侯县精神病人疗养院、福州市精神病人疗养院、南平市精神病人疗养院、厦门市南山疗养院、漳州市福康医院、莆田市慈康医院被评为行风建设和护理质量先进单位。

2003年，各精神病人疗养院推进制度规范化建设，建立健全办事制度、议事制度、人事任免制度、值班制度和责任追究等，同时要求各精神病人疗养院负责承担“110”联动送来的精神病人的治疗、护理工作。长乐市精神病人疗养院提出“五心换三心一满意”口号，即对病人真心、热心、细心、耐心、关心，换取病人的安心、放心、舒心，让家属满意。截至当年末，全省17所精神病人疗养院床位2690张，工作人员841人，财政拨款每人每月190～

250 元不等。

2004 年，漳州市福康医院推出“大专科、小综合”的经营模式，增设以外科为主的综合医疗业务，使医院成为集疗养、康复、综合治疗、教学为一体的综合性医院，解决以往精神病院病种单一、跨科问题难以处理的问题。

2005 年 7 月，省政府办公厅转发省民政厅等部门《关于进一步加强全省精神卫生工作的实施意见》，提出精神疾病预防和精神分裂症治疗工作的具体目标，要求落实政府责任，加强部门分工协作，建立健全精神卫生服务体系，推进精神疾病预防、干预、康复和科研工作。8 月，为促进精神病人疗养院规范发展，省民政厅下发《关于开展民政精神医疗专科医院等级评审工作的通知》，决定在全省民政系统精神医疗专科医院建立和实行等级评审制度。省民政厅成立由分管厅长挂帅，由厅机关各处室负责人和各精神医疗专科医院负责人及有关医疗专家组成的评审委员会，依照《等级院评审基本标准》和《民政精神专科医院等级评审细则》对民政系统各精神病疗养院进行等级评审。2005 年底，全省共有精神病人疗养院（精神卫生福利机构）17 家（分别位于福州、厦门、莆田、漳州、南平、福清、长乐、闽侯、福鼎、福安、晋江、南安、惠安、永春、泰宁、上杭、仙游），总床位 3000 多张，医生 360 名（其中具有高级职称 52 名、中级职称 189 名、初级职称 119 名），有工作人员 1085 人（其中医护人员 830 人、工勤人员 255 人），门诊病人总数达 55.9 万人次，自费住院的病人 12.1 万人次。

第四节　社会福利企业

1995 年 1 月，全省有社会福利企业 1495 家，其中民政直属企业 493 家（全民 26 家、集体 467 家），社会办企业 1002 家（街道办 62 家、乡镇办 940 家）。2 月，按照民政部部署，全省完成对 1160 家社会福利企业的检查清理，合格的 838 家（其中民政直属企业 353 家），残疾人员安置比例符合标准要求，上岗率达 80%。

当年，省民政厅、省国家税务局、省地方税务局联合批复 189 家新办社会福利企业，其中省民政厅、省国家税务局联合批复 157 家（列为享有“先征后退”资格企业，享受税收优惠待遇），省民政厅、省地方税务局联合批复 85 家（享受减免税收优惠）。

1996 年，省民政厅和省地方税务局联合批复 29 家社会福利企业。

1997 年，全省新办社会福利企业 107 家，其中省民政厅和省地方税务局联合批复 105 家，省民政厅和省国家税务局联合批复 104 家。当年，全省完成社会福利生产总值 24.99 亿元，实现利润 1.09 亿元，新安置残疾人员 1288 人。龙岩、莆田、漳州等地基本做到增值税即征即退、月征月退或月征季退。同年，全省加大福利企业技改力度，列入民政部技改贴贷项目 4 个，总投资 2030 万元。

1998 年 1 月，省民政厅表彰龙岩市民政局、三明市民政局为福建省 1997 年度社会福利生产工作先进单位。当年，全省新办社会福利企业 85 家，其中省民政厅和省国家税务局联合批复创办 11 家，省民政厅和省地方税务局联合批复创办 53 家，既经省民政厅和省国家税务局联合批复，又经省民政厅和省地方税务局联合批复创办的 21 家。同年，被列入年度中央专项计划的技改贴贷项目 1 个，投资 990 万元。

1999 年，全省既经省民政厅和省国家税务局联合批复，又经省民政厅和省地方税务局联合批复创办的社会福利企业 31 家。

2000 年 7 月，依照民政部、国家税务总局部署，全省开展换发社会福利企业证书工作，为已领取社会福利企业证书且年检合格的社会福利企业换发新证书。全省全年既经省民政厅和省国家税务局联合批复，又经省民政厅和省地方税务局联合批复创办的社会福利企业 48 家。当年，省民政厅责成省社会福利厂酝酿资产重组，省假肢中心酝酿企业化管理。福州、漳州等地开始探索民政直属（国有）福利企业拍卖、股份合作、联营等改革。

2002 年，经省民政厅、省国家税务局、省地方税务局联合批复，全省新创办社会福利企业 57 家。全省全年共有社会福利企业 649 个，安置残疾人 10846 人。

2003 年 6 月至 9 月，全省开展社会福利企业资格重新审查工作，经审查合格的社会福利企业被认定为民政福利企业。全省获得认定的民政福利企业共 681 家。同年 7 月起，社会福利企业基本上由民政部门审核认定。当年，省民政厅批复创办社会福利企业 49 家，省民政厅和省地方税务局联合批复创办社会福利企业 2 家。

2004 年，经省民政厅批复，全省新办社会福利企业 34 家。

2005 年，经省民政厅批复，全省新办社会福利企业 29 家。

表 2-8 **1995 年福建省新办社会福利企业名表**

地区	社会福利企业名称	
福州（35 家）	福州健馨印刷包装厂	福州市皮肤病防治院附属厂
	福州市仓山纸品包装厂	福州市仓山民政草编特艺厂
	福州市闽冠皮革有限公司	福州市兴健建筑机械厂
	福州市仓山民政特艺厂	福州市义序福利橡胶厂
	福州市仓山金属钢窗厂	福州市仓山振兴工艺美术厂
	福州市亚福工艺美术厂	福州市郊区樟林皮塑鞋材厂
	福州鼓山高达稀土材料厂	福州美术印刷厂
	福州市郊区潘墩石料厂	福州郊区斗顶群星五金电器厂
	福州市摆线针轮减速机厂	福州市郊区金盛羽毛球厂
	福清市瑞祥橡胶厂	福清市融兴鞋料有限公司

续表

地区	社会福利企业名称	
福州（35家）	福清市金林福利纸品厂	福清市意达塑料制品有限公司
	福清市冠新纸品仓装有限公司	福清市冠新涂料有限公司
	福清市明龙鞋业有限公司	福清市金清福利塑料制品厂
	福清市凌峰福利塑料制品厂	福清市玉融齿轮厂
	福清市四亭福利聚酯造粒厂	福清市冠宝装饰材料有限公司
	长乐市标勇社会福利废金属提炼厂	长乐市金盾电焊条厂
	长乐市圣畅皮塑制品厂	平潭县民福砂厂
	平潭县福利电脑印刷厂	
莆田（23家）	莆田市社会福利化工厂	莆田市盛兴福利贴合厂
	莆田市江夏福利有色金属压铸厂	莆田市辉煌印染有限公司
	莆田市林产化工公司	莆田市福利日用品总厂
	福建省莆田新度彩印包装厂	莆田市益发福利鞋用品厂
	莆田市华兴福利彩印包装厂	莆田金川有色金属线材厂
	莆田市城厢区城南福利包装厂	莆田市城厢区德发福利彩印厂
	莆田市城厢区城南福利闽辉厨具厂	莆田市涵江柏兴工艺厂
	莆田市涵江区福利耐磨钢厂	涵江区华兴福利染织厂
	涵江区三江口镇福利鞋材厂	莆田县恒发福利化工厂
	莆田湄洲湾福利陶瓷厂	莆田县佳兴福利综合厂
	莆田县后卓福利食品综合厂	仙游县度尾振兴化工厂
	福建省仙游县顺亿福利焊管厂	
三明市（25家）	三明市梅列神力弹簧厂	三明市梅列更达环形链条厂
	三明闽发服务中心	三明市三元塑料工艺厂
	三明市三元区莘口树脂厂	三元区乌龙石灰石厂
	三明纺织厂综合服务站	永安市特种铸钢厂
	永安市塑棉厂	沙县西霞纸箱厂
	沙县天然福利香料化工厂	沙县高桥镇杉口福利纸厂
	沙县高砂利民造纸厂	沙县恒昌纸品有限公司
	沙县明盛竹器工艺厂	沙县高桥胶合板制造有限公司

续表

地区	社会福利企业名称	
三明市（25家）	尤溪县汤川电瓷装配福利厂	尤溪县洋中乡五宅木筷福利厂
	宁化县民政福利水泥厂	天津手表厂宁化手表装配分厂
	大田县均溪建筑材料厂	大田县龙山福利纸巾厂
	大田县吴山化工厂	建宁县濉城纸箱制品厂
	明溪县福利电子器材厂	
泉州市（1家）	永春县一都镇福利竹木制品厂	
漳州市（18家）	龙海市紫泥溪州俊达民政速冻厂	龙海市颜厝万兴福利食品厂
	漳浦县南方机械配件厂	漳浦县后螺民政纸厂
	漳浦县漳莞豆奶厂	漳浦县恒原食品罐头厂
	漳浦县宏豪制衣公司	漳浦县墩兴服装厂
	漳浦县赤湖凤山米粉厂	漳浦县石古腐植酸肥料厂
	长泰县泉源铸件厂	长泰县盛达彩印厂
	南靖县南讯石制品有限公司	南靖县和溪福利合成合板厂
	南靖县金山民政酱油食品厂	云霄县包装材料公司
	云霄县艺新文印中心	云霄县明宝来实业公司
南平市（2家）	福建省邵武精细化工厂	武夷山市化工厂
宁德地区（2家）	霞浦县广宇工艺厂	霞浦县永盛铸造厂
龙岩地区（83家）	龙岩地区闽龙鞋厂	龙岩地区建材技术装备总公司
	龙岩东肖水泥厂	龙岩地区福龙水泥粉磨厂
	龙岩地区龙麟水泥粉磨厂	龙岩地区龙宝水泥厂
	龙岩地区金龙汽车塑料件厂	龙岩市雁滨高合金铸造厂
	龙岩市新龙水泥厂	龙岩市福雁原子灰厂
	龙岩市铁山福利制造厂	龙岩市红坊福利水泥厂
	龙岩市开明工业公司	龙岩市福利家具厂
	龙岩市龙门五金修配厂	龙岩市凤凰纸袋厂
	龙岩市西城苏溪福利汽车外观修理厂	龙岩市马坑福利水泥厂

续表

地区	社会福利企业名称	
龙岩地区（83家）	龙岩市水池乡福利胶合板厂	龙岩市东宝铸钢厂
	龙岩市恒信水泥制品有限公司	龙岩地区闽丰造纸厂
	龙岩地区龙泉水泥厂	龙岩地区福昌汽车修配厂
	福建龙岩三达水泥厂	龙岩地区福利化工厂
	龙岩地区闽福卫生香厂	龙岩地区丰华食品厂
	龙岩地区延城水玻璃厂	龙岩地区新大地福利丝印厂
	闽西鑫龙机械厂	龙岩适中大力发电厂
	龙岩建安水泥厂	福建省永丰康复用品工贸公司
	龙岩市陶城建材厂	龙岩市东城水泥厂
	龙岩市岩山福利水泥厂	龙岩市适中洋东福利水泥厂
	龙岩市贝式体耐磨材料厂	龙岩市金明钨制品厂
	龙岩市福利塑料制品厂	龙岩市利达化工厂
	龙岩市岩山福利轻钙厂	龙岩市鸿运香纸业有限公司
	龙岩市东方香纸业有限公司	龙岩市富宝水泥厂
	龙岩市康达轮胎翻新厂	龙岩市铁山高合金冶炼厂
	龙岩市顺发食品有限公司	龙岩市紫金家私装潢有限公司
	龙岩市兴闽五金配件厂	龙岩市天云轻质碳酸钙厂
	龙岩市太宝林水泥厂	龙岩市大洋福利印刷厂
	龙岩市马坑第一水泥厂	龙岩市闽辉福利水泥厂
	漳平市赤水民政福利木制品工艺厂	漳平市鸿兴粮油加工福利厂
	漳平市菁城福利煜鑫冷饮厂	漳平市磊辉石材福利厂
	漳平市溪南福利水泥熟料厂	漳平市福利钉丝厂
	漳平市皮革制品有限公司	漳平市汽车维修中心
	漳平市宏发装潢综合服务公司	漳平市大圣制衣公司
	漳平市福利面粉厂	漳平市宏兴建材公司
	漳平市金富福利经营部	漳平市福利贸易公司
	漳平市退伍军人两用人才服务公司福利服装厂	连城县曲溪乡残联竹木工艺加工厂
	连城县连龙福利轮胎翻新厂	连城县福利藤木家具厂

续表

地区	社会福利企业名称	
龙岩地区（83家）	连城县庙前福利水泥纸袋厂	连城县庙前福利荣福锰粉厂
	连城县莒溪镇民政福利丰田纸箱厂	武平县顺发竹木制品工艺厂
	武平县民福南通水泥预制品厂	武平县福利雪糕厂
	武平县富达美术广告装潢公司	武平县新丰水电有限责任公司
	长汀县泰山水泥厂	

表2-9 **1996年福建省新办社会福利企业名表**

地区	社会福利企业名称	
福州市（4家）	福州市鼓楼榕星包装厂	福州民利塑胶厂
	闽清县福利工艺厂	平潭县岚城金湖养殖场
莆田市（5家）	莆田县顺发福利纸制品有限公司	莆田县华丰福利线带有限公司
	莆田县海燕福利建材综合厂	莆田县闽光织造公司
	莆田县灵川福利鞋材有限公司	
三明市（6家）	三明市福利纸塑包装厂	永安市西华水泥厂
	永安市盛发化工厂	永安市燕融水泥有限公司
	沙县虬城印刷厂	建宁县里心纸箱厂
泉州市（1家）	永春联兴服装厂	
漳州市（1家）	漳浦县长发纸箱包装厂	
南平市（1家）	南平市福利塑料包装装潢厂	
龙岩地区（11家）	龙岩市岩山福利轻钙厂	龙岩市顺发食品有限公司
	连城县朋口民政福利焦油厂	连城县联发保健竹制品厂
	连城县庙前明光福利磨粉厂	连城县庙上福利锰矿粉厂
	永定县东兴水泥厂	永定县天山水泥厂
	永定县磊艺石材工艺品厂	武平县超硬材料福利磨具厂
	上杭县福民水泥厂	

表 2-10　**1997 年福建省新办社会福利企业名表**

地区	社会福利企业名称	
福州市（17 家）	福州市仓山通业塑胶制品厂	福州市仓山红旗纸制品厂
	福州市仓山民福茶厂	福州开发区顺鑫机电维修部
	长乐茶叶精制厂	福州三瑞电机厂
	连江县苔菉福利塑料厂	罗源县吉祥福利日用品厂
	福州榕光电器有限公司	福州航升塑料包装厂
	福州峰如竹业有限公司	福州市奇超皮革厂
	福清市奥芬娜化工有限公司	福清市康利轻工制品有限公司
	福州华塑工贸有限公司	福州三成新技术开发有限公司
	福州晋安区彩虹油墨厂	
漳州市（9 家）	龙海市龙盛民政包装厂	长泰县兴裕塑胶厂
	漳州市昌灵汽车配件厂	长泰县泰龙粉磨加工厂
	漳浦县达川工贸有限公司	漳浦县大众农械厂
	南靖县龙江水泥厂	南靖县双龙金属丝钉厂
	南靖县靖城弘光纸箱制品厂	
泉州市（1 家）	泉州科美石油设备有限公司	
莆田市（9 家）	莆田市民政福利特种制品总厂	仙游县富民塑胶厂
	仙游县盖尾福利造纸厂	仙游县度尾化工厂
	莆田县天马福利彩印包装有限公司	莆田县埭头福利硬质合金厂
	莆田市城厢区梅山福利电脑绣花厂	莆田市城厢区福利塑胶厂
	莆田市城厢区福利琼脂厂	
三明市（23 家）	沙县西霞竹木制品厂	宁化县恒大联营水泥厂
	三明市朝鑫精细化工厂	三明市三元区永兴印刷厂
	三明市三元胶合板制胶厂	沙县宏光化工厂
	将乐县光明体育用品厂	大田县光发纸品有限公司
	上京矿务局劳动服务公司	大田县文江大文石英砂厂
	福建省岩城集团自动塑料复合袋有限公司	沙县华洁环卫机械设备厂
	沙县自强棉制品厂	宁化县华龙包装材料厂

续表

地区	社会福利企业名称	
三明市（23家）	尤溪县科达福利印刷厂	尤溪县东村社会福利电站
	尤溪县福利包装纸厂	明溪县火星化工有限公司
	建宁县里心纸箱厂	三明市立强工业窑炉材料厂
	永安市博大实业有限公司	尤溪县鸿盛福利超微粉厂
	三明市残疾人康复中心盲人中医推拿保健中心	
南平市（4家）	建瓯市伤残福利罐头食品厂	建瓯市伤残福利竹制品工艺厂
	武夷山市星村福利维修厂	南平市计算机培训中心
龙岩市（37家）	龙岩方宝达化工厂	龙岩市丰华高岭土厂
	上杭县福星水泥厂	上杭县临城水泥厂
	龙岩路达水泥厂	龙岩深宝水泥厂
	龙岩方正纸箱厂	上杭县畲山福利水泥厂
	上杭县官庄畲族福荣福利水泥厂	连城县莒溪胶合板厂
	闽西电池锰粉厂	漳平市自强塑料厂
	漳平市民政福利藤木家具厂	漳平市民政福利塑料厂
	漳平市赤水民政福利竹木制品工艺厂	武平县城厢云礤东兴水电站
	漳平市和平工艺根雕福利厂	闽西龙圆铸造厂
	龙岩市第二印刷厂	漳平市象湖兴建水泥厂
	上杭县建杭水泥厂	龙岩市橡塑复合剂厂
	龙岩市小池园墩水泥厂	龙岩市新罗盛发硬质合金有限公司
	龙岩市白沙银利竹木制品厂	龙岩市华誉涂料制造有限公司
	龙岩市华辉机械厂	龙岩市龙门福利轻钙厂
	龙岩市东岩水泥厂	龙岩市红坊福利水泥纸袋厂
	龙岩市新罗万丽家具装潢有限公司	龙岩市苏坂金属硅厂
	龙岩市新罗区蓝天印刷社	永定培丰水泥厂
	永定县兴达再生橡胶厂	武平县天然香料厂
	长汀县有色金属浮选剂厂	

续表

地区	社会福利企业名称	
宁德地区（7家）	柘荣县新街茶厂	福安市板桥福利石材厂
	福鼎市秦屿镇福利石材厂	福安市白马调味品厂
	霞浦县海玉渔需品制造厂	福鼎市宏丰电子元件厂
	宁德恒安卫生有限公司	

表2-11　**1998年福建省新办社会福利企业部分名表**

地区	社会福利企业名称	
省民政厅	福州兴顺建材有限公司	
福州市	福州市天福钉丝厂	福州市鼓楼宏顺鞋材厂
	福州市台江区新利冷气设备厂	福州市仓山恒通综合厂
	福州市仓山丰达吸塑厂	福州市仓山三福鞋材厂
	福州市仓山恒威塑料鞋材工艺厂	福州市仓山榕港纸箱厂
	福州市仓山民政汽车修配厂	福州市仓山民政塑料吸塑厂
	福州市琅岐光明福利劳保用品厂其峰分厂	福州市晋安区汇宝福利总厂
	福清市祥龙塑胶有限公司	闽清县康福电瓷电器配件厂
	平潭县盲人按摩中心	
莆田市	莆田市东南福利纸品厂	莆田市磁性材料总厂
	莆田市韩方化工厂	莆田市城厢区新兴福利塑料厂
	莆田市兴安福利纸塑织造厂	莆田市城厢区福利鞋材厂
	莆田县江口华峰福利电子塑胶厂	
三明市	三明市互利木制品厂	三明市麒麟机械厂
	三明市造纸厂第一分厂	三明市梅列荣王变速箱厂
	三明市梅列三菲铝箔厂	三明市梅列正飞塑料制品厂
	永安市鑫辉精细化工厂	永安市福星建材有限公司

续表

地区	社会福利企业名称	
三明市	永安市安砂福利厂	永安市跃发轻钙有限责任公司
	大田县直机关汽车修理厂	清流县李家机砖厂
	泰宁县金湖玩具厂	泰宁县竹木工艺厂
	尤溪县盛发福利胶合板厂	大田县民族铁矿
	沙县绿叶食品有限公司	沙县森宝实业有限公司
	沙县富源食品厂	
泉州市	泉州市肖厝福利印刷厂	惠安县友达饪用品有限公司
漳州市	漳州市洲龙副食品工业公司	漳州市东泰印刷厂
	漳州市美味食品公司	漳州市日华工贸中心
	长泰县枋洋磊鑫石材厂	平和宏泰包装厂
	平和县文峰民政福利综合加工厂	
南平市	南平市盛达福利装潢印刷厂	南平市嘉华化工有限公司
	南平市双龙浆料厂	武夷山市南灵水泥预制品厂
	浦城县三元民政基地新型多孔砖厂	
宁德地区	宁德市新干线印刷厂	宁德恒安卫生用品有限公司
	福安市凯辉轴承五金配件有限公司	福安市城阳乡民政铸造厂
	福安市镇联离心开关厂	霞浦县中泰金属制品厂
	闽东赛岐经济开发区民政福利正华茶厂	
龙岩市	龙岩方正包装箱厂	龙岩市安达机械厂
	龙岩裕民磷酸氢钙饲料厂	龙岩科力达橡塑制品厂
	龙岩市久盛工业包装厂	龙岩市富泰包装材料公司
	龙岩市恒固耐磨材料厂	闽西龙利机械厂
	上杭县思源制衣厂	上杭县畲山化工有限公司
	武平县园丁福利印刷厂	

表 2-12　　**1999 年福建省新办社会福利企业名表**

地区	社会福利企业名称	
省民政厅（2 家）	福建省民福服装厂	福州海源博爱机械设备有限公司
福州市（5 家）	福州市鑫欣文具用品厂	福州澳斯特汽车齿轮有限公司
	福州高顺海绵制品有限公司	福州市仓山庆禄鞋业材料加工厂
	福州市仓山美术印刷厂	
三明市（12 家）	福建省三明市新华印务有限公司	三明市华林人造板有限公司
	三明市恒丰印刷厂	三明市恒盛石灰厂
	永安市恒丰纸塑印刷厂	福建省将乐县体育运动器材厂
	尤溪县坂面乡福利纸制品厂	福建省尤溪耀华刨花板厂
	福建省尤溪县盛隆矿业有限公司	福建省沙县广福竹制品厂
	福建省沙县杰出福利制线厂	大田县桥头选矿厂
泉州市（1 家）	泉州纸板厂	
漳州市（1 家）	漳州市群大交通设施有限公司	
南平市（1 家）	福建省建瓯市玉山集宝刨花板有限责任公司	
宁德地区（2 家）	福建省福安市叶肥厂	福安市民政福利包装厂
龙岩市（7 家）	福建省龙岩闽福精细化工厂	龙岩市新罗联合铸造有限公司
	龙岩市新罗区水泵厂	龙岩市第一水泵厂
	龙岩鑫仁活性炭有限公司	漳平市陶瓷建材有限公司
	漳平市南坂一级发电有限公司	

表 2-13　　**2000 年福建省新办社会福利企业名表**

地区	社会福利企业名称	
省属（4 家）	福建省民和印刷厂	福州兴教印刷有限公司
	福州英中耐假肢矫形器有限公司	福州华彩印务有限公司
福州市（5 家）	福州如鑫钢管精制厂	福州大华机械有限公司
	福州市鼓楼区金凤休闲部	福清市茂源塑胶有限公司
	福清市明融制棉有限公司	

续表

地区	社会福利企业名称	
莆田市（1家）	涵江区鑫祥包装厂	
三明市（26家）	三明市瑞云木业工艺制品厂	三明荆胶木业有限公司
	三明市宏源卫生用品有限公司	三明市梅列第三化工厂
	三明市梅列多维机械工具厂	三明市三元区富兴催化剂厂
	永安市凌鹰水泥有限公司	福建省大田县华兴木业有限公司
	福建省尤溪县梅峰饮料食品厂	福建省尤溪县荣金化工有限公司
	宁化县兴隆装修建材有限公司	尤溪县建平木竹制品有限公司
	尤溪县林云胶合板厂	尤溪县鑫业彩色印刷有限公司
	尤溪县西城人造板有限公司	尤溪县创新彩色印刷有限公司
	大田县岩鑫矿业有限公司	大田县闽京煤炭有限公司
	大田县华闽纸业有限公司	将乐县万顺体液器材厂
	将乐县黄潭福利木材加工厂	将乐县金华木材加工厂
	沙县宏光化工有限公司	沙县兴业造纸厂
	沙县西霞社会福利莹石精选厂	明溪县狮窠石灰石加工厂
泉州市（3家）	永春县苏坑兴安彩瓷厂	永春县玉斗镇民政福利玉洁日用化工厂
	永春县苏坑良建彩瓷厂	
漳州市（5家）	漳州市荣源工艺厂	漳州市久久印刷有限公司
	福建省南靖县新龙塑料制品有限公司	漳州市嘉隆制罐厂
	南靖县华泰兴包装有限公司	
南平市（3家）	福建省顺昌县三联服贸有限公司	福建建瓯维运电讯有限公司
	政和县水泥复合袋厂	
宁德市（1家）	福鼎市桐山金明摩托车附件厂	

表 2-14 **2002年福建省新办社会福利企业名表**

地区	社会福利企业名称	
福州市（14家）	福州华悦印务有限公司	福州日昌包装材料有限公司
	福州永翔保温材料厂	福州正邦科技材料有限公司

续表

地区	社会福利企业名称	
福州市（14家）	福州鑫香茉莉花茶厂	福州开发区旺旺彩印厂
	福州红大企业有限公司	福州恒固达五金标准间制品厂
	福州泉旺纸品有限公司	福州永腾制革有限公司
	福清市翔辉福利塑料制品有限公司	福清市洪裕福利塑胶制品厂
	福清市久兴羽绒制品有限公司	闽侯县福利棉胎厂
莆田市（2家）	莆田市森泰标牌装饰有限公司	莆田市大地纸品有限公司
三明市（18家）	福建岩城股份有限公司石牌粉末厂	福建三明福荣车桥有限公司
	三明市皖宁碾磨材料有限责任公司	三明市富华林产化工有限公司
	三明市佳宝科技有限公司	三明三元区协兴材料厂
	永安市永华工贸有限公司	永安市三福机械有限公司
	尤溪县闽盛纸业有限公司	尤溪县明兴人造板有限公司
	尤溪县利盈林竹制品有限公司	尤溪县丰源矿业有限公司
	将乐县东南矿业有限公司	将乐县玉华塑料复合袋有限公司
	沙县宝莲造纸厂	大田县明盛矿业有限公司
	大田县顺发竹木加工厂	大田县鹭峰矿业有限公司
漳州市（9家）	漳州市诺信包装材料有限公司	漳州市富顺电子有限公司
	漳州市龙文瑞健包装制品有限公司	漳州市华峰泡塑厂
	漳州市闽亚水泥有限公司	龙海市信达纸业有限公司
	龙海源福福利包装品有限公司	长泰县振泰塑胶有限公司
	长泰县瑞明塑胶有限公司	
南平市（8家）	南平威尔生化科技有限公司	南平市福利塑料包装厂
	南平旌鼎科技有限公司	南平金宏钢缆有限公司
	南平市森茂精细化工助剂有限公司	邵武市阳光羽绒厂
	福建省邵武化肥厂天泉化工分厂	光泽县锋凯福利莹石干粉厂
宁德市（1家）	福安市龙丰机电厂	
龙岩市（5家）	龙岩三达油脂有限公司	龙岩大自然食品饮料有限公司
	龙岩市南方化学试剂厂	龙岩市新罗富锰渣冶炼厂
	漳平市鹭明林产化工有限公司	

表 2-15　　**2003 年福建省重新认定民政福利企业名表**

地区	民政福利企业名称	
省民政厅直属（14 家）	福建鸿博印刷有限公司	福建省民福发展总公司砂石加工厂
	福建福州大有电脑打字行	福建省民福服装厂
	福建省社会福利厂	福建省民和印刷厂
	福州创源科技有限公司	福州福利纸箱厂
	福州天源福利实业公司	福州英中耐假肢矫形器有限公司
	福州海源博爱机械有限公司	福州华悦印务有限公司
	福州华彩印务有限公司	福州兴教印务有限公司
福州市（136 家）	福州市五金电器厂	福州市塑革制品厂
	福州市人民印刷厂	福州市工艺漆器厂
	福州三辰化工有限公司	福州市皮肤病防治院附属厂
	福州市梅峰染化助剂厂	福州民利塑胶厂
	福州万利达家具厂	福州如鑫钢管精制厂
	福州玉金利标准件厂	福州丰煌印务有限公司
	福州鑫欣塑胶制品厂	福州永森达转动机械厂
	福州市榕光电器有限公司	福州永畅机械转承厂
	福州市永动机械轴承厂	福州市齐超皮革厂
	福州航升塑料包装厂	福州恒固达五金标准件制品厂
	福州鼓楼八闽彩色印刷包装厂	福州双威橡胶厂
	福州东芳生化厂	福州永翔保温材料厂
	福州榕达涂料厂	福州市鼓楼新兴彩印版务公司
	福州市鼓楼区社会福利综合厂	福州市鼓楼滚动轴承厂
	福州市鼓楼机械五金厂	福州市鼓楼区汽车附件厂
	福州市福达高压电器厂	福州市鼓楼精细橡胶制品厂
	福州市鼓楼区泰星饲料厂	福州市鼓楼区美术印刷厂
	福州市鼓楼区五金橡胶制品厂	福州市鼓楼区标牌厂
	福州市鼓楼区茶康乐饮料厂	福州市鼓楼鑫阳汽车修理厂
	福州西科电子厂	福州市鼓楼榕星包装厂
	福州大华机械有限公司	福州市台江区福丰鞋楦塑跟厂

续表

地区	民政福利企业名称	
福州市（136家）	福州市台江恒盛机械塑料制品厂	福州市台江福利印刷厂
	福州市台江区汽车附件厂	福州市台江区福利机械配件厂
	福州市仓山通业塑胶制品厂	福州市仓山纸品包装厂
	福州仓山美术印刷厂	福州仓山民政特艺厂
	福州仓山顺利纸品厂	福州仓山民政海棉软垫制品厂
	福州仓山龙安文具塑料厂	福州市仓山福民茶叶加工厂
	福州市仓山红旗纸制品厂	福州市仓山榕港纸箱厂
	福州市仓山医用塑料制品厂	福州市仓山益民纸箱厂
	福州市仓山恒威塑料鞋材工艺厂	福州市仓山民政塑胶厂
	福州市仓山民政塑胶吸塑厂	福州市仓山三福鞋材厂
	福州市仓山红旗轻工造纸机械设备厂	福州市仓山振兴工艺美术厂
	福州市仓山金属钢窗厂	福州市仓山屿宅诚祥纸箱厂
	福州市仓山民政塑料制品厂	福州市仓山丰达吸塑厂
	福州鑫香茉莉茶厂	福州市仓山纺织工业助剂厂
	福州市仓山潮威纸箱厂	福州高顺海绵制品有限公司
	福州正邦科技材料有限公司	福州日昌包装材料有限公司
	福州澳斯特汽车齿轮有限公司	福州闽冠皮革有限公司
	福州晋安汇宝福利总厂	福州市晋安区樟林皮塑鞋材厂
	福州鼓山高达稀土材料厂	福州晋安瑞发海绵制品厂
	福州市摆线针轮减速机厂	福州市晋安区盘石福利印刷厂
	福州市洪山福利纸制品厂	福州泉旺纸品有限公司
	福州永腾制革有限公司	福州市仓山盖山福利纸箱厂
	福州市盖山福利纸品厂	福州开发区旺旺彩印厂
	福州市马尾福利烫金材料厂	福州市马尾区社会福利印刷厂
	福清市金林福利纸品厂	福清市友谊胶粘带制品有限公司
	福建祥龙塑胶有限公司	福清市金林纸品有限公司
	福清市茂源塑胶有限公司	福清市奥芬娜化工有限公司
	福清市翔辉福利塑料制品有限公司	福清市福联光电仪器有限公司

续表

地区	民政福利企业名称	
福州市（136家）	福清市金清塑胶有限公司	福清市忠勇机械有限公司
	福清市新厝福利纸品厂	福清市港头镇义庄福利机砖厂
	福清市久兴羽绒制品有限公司	福清市洪裕福利塑胶制品厂
	福清市恒辉饮料厂	福清市隆兴工程机械厂
	福清市东旭纸品厂	福清市冠宝装饰材料有限公司
	福清市洪宽福利造纸厂	福清市明融制棉有限公司
	福清阳下福利造纸厂	连江县黄岐福利冷冻厂
	连江县黄岐福利塑料拉丝厂	连江县安凯石材工艺厂
	连江县华丰针织服装厂	连江县东湖福利纸箱厂
	连江县毗屯福利空心砖厂	连江县下园小学福利文化用品厂
	连江县东岱福利塑胶制品厂	连江县福利砖瓦厂
	闽侯县福利棉胎厂	闽侯县树脂助剂厂
	平潭县福利砂厂	平潭县民福砂厂
	平潭县芬尾食品冷冻厂	平潭县福利电脑印刷厂
	罗源县福利服装厂	闽清县康福电瓷电器配件厂
	闽清县民政福利厂	永泰县社会福利厂
	永泰县化工涂料厂	长乐市盛达皮革制品厂
	长乐市侨隆福利包装有限公司	长乐市茶叶精准厂
	福建红大企业有限公司	长乐市闽光消防器材有限公司
厦门市（44家）	厦门毕升印刷厂	厦门鑫业印务有限公司
	厦门保时豪工贸有限公司	厦门灿辉塑钢工贸发展有限公司
	厦门汇兴达彩印有限公司	厦门市兴隆人造花厂
	厦门金海岸盲人按摩中心	厦门永兴龙实业有限公司
	厦门明爱盲人按摩中心	厦门市宏面工贸有限公司
	厦门市开元区全星速印厂	厦门市开元区鹭江纸盒厂
	厦门金瑞通印刷有限公司	厦门市正毅新橡胶厂
	厦门市集美区福利印刷厂	厦门市杏林霞阳针织有限公司
	厦门特安实业有限公司气体厂	厦门市海沧新垵村残协自强塑胶加工厂

续表

地区	民政福利企业名称	
厦门市（44家）	厦门市同安区民利电器元件厂	厦门市瑞胜发物质再生有限公司
	厦门市同安区舫阳粮油食品厂	厦门市同安银光塑胶有限公司
	厦门市同安区福利印刷厂	厦门市同安敦煌事业有限公司
	厦门银琪有机硅制品有限公司	厦门市钻石鹭涂装工程有限公司
	厦门市丽丰包装有限公司	厦门市同安区集福印刷包装厂
	厦门市同安区五显造纸厂	厦门市同安区大明印刷包装公司
	厦门市同安德利纸业有限公司	厦门同安兴星纸品有限公司
	厦门市同安区五显店仔纸箱厂	厦门市同安保温实业有限公司
	厦门市厦戎联合造纸厂同安分厂	厦门市同安区天福卫生香厂
	厦门鑫荣兴工贸有限公司	厦门市同安区大同启伟印刷厂
	厦门市同安兴浪纸业有限公司	厦门市同安金强工贸有限公司
	厦门市华星化工实业有限公司	厦门市麒龙纸业有限公司
	厦门市同安协胜金属制品有限公司	厦门市同安新银风纸业工贸有限公司
莆田市（55家）	福建众和股份有限公司	莆田市大地纸品有限公司
	莆田市东泰皮革有限公司	莆田市天宇钨业有限公司
	莆田市荣兴实业有限公司	莆田市华兴社会福利彩印包装厂
	莆田市社会福利化工厂	莆田市益发福利鞋用品厂
	莆田市福利电控设备厂	莆田市镜塑福利厂
	莆田市福利综合厂	莆田市森泰标牌装饰有限公司
	莆田市民政福利特种制品总厂	莆田市南方福利涂布纸品总厂
	莆田市东南福利纸品厂	莆田市韩方化工厂
	莆田市闽光织造公司	莆田市泰盛包装彩印厂
	莆田市珍中福利鞋材有限公司	莆田华丰福利线带有限公司
	莆田市辉煌印染有限公司	莆田市恒发贴合公司
	莆田市再生纸品福利厂	莆田市磁性材料总厂
	莆田市城厢区福利琼脂厂	莆田市城厢区新兴福利塑料厂
	莆田市城厢区城南福利包装厂	莆田市城厢区城郊乡福利制氧厂
	莆田市城厢区梅山福利电脑绣花厂	莆田市城厢区福利纸品厂

续表

地区	民政福利企业名称	
莆田市（55家）	莆田市荔城区德发福利彩印厂	莆田市荔城区新度福利制衣厂
	莆田市荔城区黄石福利铸件厂	莆田市荔城区南丰福利纸品厂
	莆田市荔城福利纸塑厂	莆田市荔城区综合福利厂
	莆田市荔城区天马福利彩印包装有限公司	莆田市荔城区福利粘胶厂
	莆田市涵江区福利印刷厂	莆田市涵江区佳兴福利综合厂
	莆田市涵江区江口福利包装厂	莆田市涵江区福利纸品厂
	莆田市涵江区塘西福利彩印厂	莆田市涵江区江口华锋福利电子塑胶厂
	莆田市涵江区江口奇峰福利彩印包装厂	莆田市涵江区江口福利彩印包装有限公司
	莆田市涵江区顺发福利纸制品有限公司	莆田市涵江鑫祥包装厂
	莆田市秀屿福利铸件厂	仙游县富民塑胶厂
	仙游县富民福利综合厂	仙游县红星化工厂
	仙游县盖尾福利造纸厂	仙游县昌盛福利造纸厂
	仙游县福利冶金化工厂	
三明市（142家）	三明市庆丰事业有限责任公司	三明市皖宁碾磨材料有限公司
	三明市康福彩印有限公司	三明市民政福利经营部
	三明市民政福利厂	三明市福利纸塑包装厂
	三明市重工机械配套厂	三明荆胶木业有限公司
	三明市朝鑫精细化工有限责任公司	三明市机械弹簧厂
	三明市恒丰印刷厂	三明市宏源卫生用品有限公司
	三明市梅列第三化工厂	三明市荣发林产化工有限公司
	三明市三圆化学试剂有限公司	三明市人民彩色印刷厂
	三明市三元区华夏广告制作部	三明市文生制袋有限公司
	三明市三元区协兴林化厂	三明市富华林产化工有限公司
	三明市新华印务有限公司	三明市造纸厂第一分厂
	三明市三元区西际福利粉末厂	三明市三元区际峰电站
	三明市三元区乌龙石灰石厂	三明福荣车桥有限公司

续表

地区	民政福利企业名称	
三明市 (142家)	三明市三元博雅包装有限公司	三明市三元区白沙福利化工厂
	三明市三元富兴进口汽车修理厂	三明市三菲铝业有限公司
	三明市荣王锻造有限公司	三明市梅列多维机械工具厂
	三明市梅列区森达林化厂	三明市梅列包装装潢印刷厂
	三明市梅列荣王变速箱厂	三明市福利绝热板厂
	三明市梅列区民政福利木制厂	三明市梅列区陈达福利焦油厂
	三明市佳宏有机精细化厂	三明市梅列列东印刷厂
	三明市梅列正飞塑料制品厂	三明星王锻造有限公司
	福建省三明路桥建设集团昌盛混凝土工程有限公司	三明市残疾人康复中心盲人中医推拿保健中心
	三明吉福化工有限公司	三明市闽新(集团)建材有限公司混凝土搅拌站
	明溪县火星化工有限公司	明溪县吉恒化工原料厂
	明溪县腾达纺织有限公司	清流县民政福利印刷厂
	清流县温郊协兴焦油厂	宁化县民政竹木制品厂
	永安市盛发化工厂	永安市燕融水泥有限公司
	永安市康燕印刷厂	永安市福兴粮油有限公司
	永安市恒丰印刷有限公司	永安市南山水泥厂
	永安市永华工贸有限公司	永安市安砂铸钢厂
	永安市跃发轻钙有限公司	永安市融盛发水泥有限公司
	永安市安砂包装材料厂	永安市三福机械有限公司
	永安市凌鹰水泥有限公司	永安市大湖民政福利水泥厂
	永安市福星建材有限公司	永安市鑫辉精细化工厂
	永安市西华水泥厂	大田县弘惠纸业有限公司
	大田县东升包装制品制造有限公司	大田县兴发纸品有限公司
	大田县福星建材有限公司	三明市佳宝科技有限公司
	福建省岩城集团自动塑料复合袋有限公司	福建省岩城股份有限公司石牌磨粉厂
	大田县梅林水泥厂	大田县石牌福利厂

续表

地区	民政福利企业名称	
三明市（142家）	大田县县直机关汽车修理厂	大田县华兴木业有限公司
	大田县华闽纸业有限公司	大田县岩鑫矿业有限公司
	大田县明盛矿业有限公司	大田县华兴矿业有限公司
	大田县鹭峰矿业有限公司	大田县顺发竹木制品有限公司
	大田县桥头选矿厂	大田县闽建纺织有限公司
	尤溪县闽盛纸业有限公司	尤溪县创新彩色印刷有限公司
	尤溪县建平竹木制品有限公司	尤溪县西城人造板有限公司
	尤溪县鑫业彩色印刷有限公司	尤溪县荣鑫化工有限公司
	尤溪县盛隆矿业有限公司	尤溪县盛发福利胶合板厂
	尤溪县福利包装纸厂	尤溪县坂面乡福利纸制品厂
	尤溪县东村社会福利电站	尤溪县利盈木竹制品有限公司
	尤溪县明兴人造板有限公司	尤溪县丰源矿业有限公司
	尤溪县社会福利树脂厂	尤溪县大隆织造有限公司
	尤溪县德福纺织染整有限公司	沙县宏光化工有限公司
	沙县西霞社会福利莹石精选厂	沙县大洛福利造纸厂
	沙县高砂利民造纸厂	沙县宝莲造纸厂
	沙县兴业造纸厂	沙县纸制包装厂
	沙县高桥胶合板制造有限公司	沙县金龙香料化工有限公司
	沙县绿叶食品有限公司	沙县富源食品厂
	沙县虬江福利造纸厂	沙县麦丹调味品制造有限公司
	沙县华佳纸业有限公司	沙县汇恒纸业有限公司
	沙县同盛纸业有限公司	三明市环科化工橡胶有限公司
	沙县杰出福利制线厂	将乐县福利化工厂
	将乐县社会福利厂	将乐县磊磊矿石粉厂
	将乐县白莲化工厂	将乐县木材经营部九八制材厂
	将乐县东南矿业有限公司	将乐县南口木制工艺厂

续表

地区	民政福利企业名称	
三明市（142 家）	将乐县光明体育用品厂	将乐县高榕钙塑箱有限公司
	将乐县金华木材加工厂	将乐县玉华塑料复合袋有限公司
	将乐县体育运动器材厂	将乐县黄潭福利木材加工厂
	将乐县南天化纤织布厂	将乐县远志运动器材有限公司
	泰宁县福利厂	泰宁金湖玩具厂
	建宁县羽绒厂	建宁县第二印刷厂
泉州市（33 家）	泉州市印刷厂	泉州市浮桥福利塑料五金厂
	泉州福利化塑厂	泉州市鲤中福利塑料厂
	泉州市海滨玻璃钢制品厂	泉州市民政宏达塑胶厂
	泉州纸板厂	泉州市民政造纸厂泉州市纸箱厂
	泉州市泉港区玉山福利纸品厂	泉州市港区东华福利造纸厂
	泉州市泉港福利印务有限公司	泉州市肖厝山腰民政福利综合厂
	泉州泉港泉荆新型保温防腐材料有限公司	晋江市第二福利厂
	南安市柳城静电喷塑厂	南安市溪美电器厂
	南安市伟兴机械配件有限公司	南安市源泰五金机械有限公司
	南安市水头福利厂	泉州昌安交通器材福利有限公司
	惠安县友达包装用品有限公司	惠安民政丰利造纸厂
	惠安县民政玉力鹏钻石工具厂	惠安县福利塑料制品厂
	惠安县曲江福利化工厂	惠安八一旅社
	惠安县民政东玉造纸厂	惠安县民政惠尔利化工综合厂
	惠安县桥发福利服装鞋件厂	安溪县福利综合厂
	永春县苏坑兴安彩瓷厂	永春县苏坑良建彩瓷厂
	惠安县民政荣发石材工艺公司	
漳州市（82 家）	漳州市东泰印刷厂	漳州市民政成龙纸厂
	漳州市星河塑料厂	漳州市华西彩印厂
	漳州市富顺电子有限公司	漳州市嘉隆制罐厂

续表

地区	民政福利企业名称	
漳州市（82家）	漳州市闽达印铁有限公司	漳州市美味食品有限公司
	漳州市惠通机电厂	漳州市煌达彩印厂
	漳州市华峰泡塑厂	漳州市兴业包装厂
	漳州市久久印刷有限公司	漳州市昌灵汽车配件厂
	漳州市诺信包装材料有限公司	漳州市北星焊管厂
	漳州市建达塑料厂	漳州市洲龙副食品工业公司
	漳州市东方仪器仪表厂	漳州市嘉顺制罐公司
	漳州市福淼皮革有限公司	漳州市杰龙机电有限公司
	漳州恒瑞包装材料有限公司	漳州市芗城民政石英钟挂钟厂
	漳州市东铺头民政塑料厂	漳州市天纬塑胶有限公司
	漳州市芗城石亭民政水泥厂	漳州市群大交通设施有限公司
	漳州市芗城丹艺民政塑料厂	漳州市东大海绵厂
	漳州市芗城天宝民政再生纸厂	漳州市芗城飞泡沫塑料厂
	漳州市芗城正光饲料厂	漳州市芗城浦南废橡胶制品厂
	漳州市龙文瑞健包装制品有限公司	漳州市龙文区后坂制罐厂
	龙海市永盛民政纸箱厂	龙海市闽龙福利造纸厂
	龙海市颜厝镇下陈民政抄纸厂	龙海市宅前福利丝钉厂
	龙海市榜山民政三星造纸厂	龙海市北溪头民政造纸厂
	龙海市步文梧浦福利翻胎厂	龙海市颜厝民政抄纸厂
	龙海市塑料包装厂	龙海市紫泥西良民政造纸厂
	龙海市海联塑料包装厂	龙海市下楼民政福利造纸厂
	龙海市民政福利工厂	龙海市海澄河福民政纸制品厂
	龙海市罗坑民政造纸厂	龙海源福福利包装品有限公司
	龙海市信达纸业有限公司	南靖县金山利兴造纸厂
	南靖县靖城福兴机砖厂	南靖县靖城民兴机砖厂
	南靖县益民纸厂	南靖县新龙羔制品有限公司
	南靖县荆露造纸厂	南靖县华太兴包装有限公司
	南靖县山城民政福利印刷厂	南靖县鑫宝塑料制品厂

续表

地区	民政福利企业名称	
漳州市（82 家）	平和县自强福利木制品厂	东山县民政纸箱厂
	漳浦县南方机械配件公司	漳浦县大众农械厂
	漳浦县金属制品厂	漳浦县民政后螺纸厂
	漳浦县民政工厂	漳州市闽亚水泥有限公司
	云霄县云港文具印刷厂	云霄县艺新经贸发展中心
	云霄县福升纸箱包装厂	漳州草酸厂
	诏安县民政社会福利工厂	漳州市长泰县冶金铸造厂
	长泰县兴裕塑胶有限公司	福建省长泰县武安福利厂
	福建省长泰盛达彩印厂	长泰县振泰塑胶有限公司
	长泰县瑞明塑胶有限公司	长泰县民政福利厂
南平市（33 家）	南平市嘉闽化工有限公司	南平市荣欣化工公司
	南平市嘉兴石英砂有限公司	南平市威尔生化科技有限公司
	南平市鸿光化学品有限公司	南平市旌鼎科技有限公司
	南平市精细化工厂	南平市森茂精细化工助剂公司
	南平市福利塑料包装厂	南平市嘉华化工有限公司
	南平市双龙浆料厂	南平市盛达福利装潢印刷厂
	南平市山菱包装有限公司	南平市康福装饰石材厂
	南平市延平区福利综合厂	南平市延平区赤门福利综合厂
	邵武市社会福利厂	邵武市铁路社会福利制氧厂
	邵武市拿口社会福利印刷厂	邵武市广天泉化工分厂
	邵武市阳光羽绒厂	武夷山市南灵水泥预制品厂
	建瓯市万德电讯有限公司	建瓯市民政印刷厂
	建瓯市顺建水泥制品厂	建瓯市玉山集宝刨花板有限公司
	顺昌县金城福利服装厂	顺昌县恒昌塑料包装有限公司
	顺昌县金弘钢缆有限公司	浦城县有机化工厂
	光泽县锋凯福利莹石干粉厂	光泽县杭川福利综合厂
	光泽县民政福利企业公司	

续表

地区	民政福利企业名称	
宁德市（24家）	宁德市冠盛包装有限公司	宁德市福利印刷厂
	福安市农械木器厂	宁德恒安卫生用品有限公司
	宁德市新干线印刷有限公司	福鼎市阳光福利彩印厂
	福鼎市金明摩托车附件有限公司	福鼎市福利塑料厂
	福鼎市前岐福利塑料厂	福鼎市宏平电子元件厂
	霞浦县福利印刷厂	霞浦县俊星印刷厂
	霞浦县永盛铸造厂	福安市白马调味品有限公司
	福安市镇联离心开关厂	福安市龙丰机电有限公司
	福安城阳民政铸造厂	古田县民政福利印刷厂
	古田县福利染整厂	古田县包装装潢厂福利纸箱分厂
	古田县民政福利改革厂	屏南县民政福利印刷厂
	周宁县兴福铸造厂	柘荣县福利机械工具厂
龙岩市（117家）	龙岩三达水泥厂	福建闽西海狮水泥集团公司
	龙岩路达水泥厂	龙岩达宝水泥厂
	龙岩建安水泥厂	龙岩市龙泉水泥厂
	龙岩市利洲水泥厂	龙岩市福龙水泥厂
	龙岩市龙麟水泥粉磨厂	福建省龙岩深宝水泥厂
	龙岩南山盂水泥厂	龙岩东肖水泥厂
	龙岩适中火力发电厂	龙岩环星溪柄电站
	龙岩市建材技术装备总公司	龙岩市安达机械厂
	闽西龙利机械厂	龙岩龙峰机械厂
	龙岩乘风机械厂	闽西鑫龙机械厂
	龙岩市闽丰造纸厂	龙岩市福利汽车配件厂
	闽西富福薄片厂	闽西龙源铸造厂
	龙岩鑫仁活性炭有限公司	龙岩辰兴磷酸氢钙饲料厂
	龙岩科力达橡塑制品厂	龙岩三鑫合金钢厂
	龙岩市久盛工业包装厂	龙岩大自然食品饮料有限公司
	龙岩市南方化学试剂厂	龙岩市恒固耐磨材料厂

续表

地区	民政福利企业名称	
龙岩市（117家）	龙岩市福昌汽车修配厂	龙岩市第二印刷厂
	龙岩市红邦水电有限公司	龙岩市延城水玻璃厂
	龙岩市福利化工厂	龙岩成龙福利橡塑制品公司
	龙岩龙吉炉料工贸有限公司	龙岩溪柄电站有限公司
	福建省龙岩市马坑第一水泥厂	龙岩市新罗区福利印刷厂
	龙岩市新罗区清泉电子五金厂	龙岩市新罗区闽辉福利水泥厂
	龙岩市新罗区联合铸造有限公司	龙岩市新罗区龙门福利轻钙厂
	龙岩市新罗区嘉源水泥厂	龙岩市新罗区太保林水泥厂
	龙岩市马坑福利水泥厂	龙岩市新罗区新龙水泥厂
	龙岩市新罗区适中洋东福利水泥厂	龙岩市新罗区岩山福利轻钙厂
	龙岩市新罗区大洋福利印刷厂	龙岩市新罗区福利水泥厂
	龙岩市新罗区岩山福利水泥厂	龙岩市新罗区龙门福利化工厂
	龙岩市新罗区金明钨制品厂	龙岩市新罗区华辉机械厂
	龙岩市新罗区福利化工厂	龙岩市新罗区龙发水泵厂
	龙岩市新罗区康达轮胎翻新厂	龙岩市新罗区蓝田水泥厂
	福建省龙岩市福利翻胎厂	龙岩市新罗区小池圆墩水泥厂
	龙岩市新罗区开明工业公司	龙岩市恒信水泥制品有限公司
	龙岩市新罗区福星轮胎翻新厂	龙岩市红坊紫金水泥厂
	龙岩市新罗区红坊福利水泥纸袋厂	龙岩市新罗区东岩水泥厂
	龙岩市新罗区丰华高岭土厂	龙岩市新罗区富锰渣冶炼厂
	龙岩市新罗区实达化工厂	龙岩市新罗区兴闽机械厂
	龙岩市新罗区利达化工厂	龙岩市新罗区富宝水泥厂
	龙岩市三达油脂有限公司	龙岩市新罗区东城水泥厂
	龙岩麒丰集团盛发硬质合金有限公司	漳平市鹭明林产化工有限公司
	漳平市南坂一级发电有限公司	漳平市永福福利工艺厂
	漳平市恒兴粉磨厂	漳平市民政福利塑料厂
	漳平市新桥福利竹木制品厂	漳平市鸿兴粮油加工福利厂
	漳平市留香调味品公司	漳平市正昌化工有限公司

续表

地区	民政福利企业名称	
龙岩市（117家）	永定县东兴水泥厂	龙岩仙湖水泥有限公司
	永定县培丰水泥厂	永定县长丰机械制造厂
	上杭县官庄畲族福荣福利水泥厂	上杭县畲山化工有限公司
	上杭县闽龙水泥厂	上杭县民政福利公司
	上杭县三联汽车配件厂	上杭县畲山福利水泥厂
	上杭县民政纸管厂	上杭县临城水泥厂
	上杭县福星水泥厂	武平县福利厂
	武平县园丁福利印刷厂	武平县城厢云礤东兴水电站
	武平县福联水泥厂	武平县天凤散装水泥厂
	武平县新丰水电有限公司	武平县民福南通水泥预制品厂
	武平县天然香料厂	长汀县福利厂
	长汀县泰山水泥厂	长汀县有色金属浮选剂厂
	连城县庙前光明福利磨粉厂	连城县庙前福利荣福锰粉厂
	连城县民政福利皮革制品加工厂	连城县庙前富华福利锰粉厂
	连城县朋口民政福利焦油厂	

表2-16　**2003年福建省新办社会福利企业名表**

地区	社会福利企业名称	
福州市（8家）	福建新农大正生物工程有限公司	福州富利来洗涤有限公司
	福州福利消防器材有限公司	福鼎市金山化油器有限公司
	福州裕泰塑料有限公司	平潭县牛山天然石英砂厂
	永泰县台龙塑化有限责任公司	福建省长乐市光明福利有色金属有限公司
厦门市（1家）	厦门市同安舒尔雅纸业有限公司	
莆田市（9家）	福建省莆田市成峰鞋业有限公司	莆田市博爱鞋材有限公司
	莆田市新莆旅游用品厂	莆田市兴发塑胶有限公司
	莆田市博泰塑料有限公司	莆田市万通福利建材有限公司

续表

地区	社会福利企业名称	
莆田市（9家）	莆田市金德化纤有限公司	莆田市秀屿区东峤福利塑胶鞋厂
	莆田市涵江区义成鞋材有限公司	
三明市（16家）	福建省三明市圣华助剂有限公司	三明市双溪纸业有限公司
	永安市岩明包装材料有限公司	永安市东方晶体有限责任公司
	永安市远大复合包装有限公司	永安市岩明包装材料有限公司
	福建省尤溪县诚盛棉纺纸品有限公司	尤溪县金鸡山化纤制品有限公司
	福建省尤溪县华鑫化工有限责任公司	明溪县沙溪民政福利活性炭厂
	福建省将乐县闽兴铸钢有限责任公司	福建省将乐县南口明鑫塑料切片厂
	将乐县鑫峰矿业有限公司	福建省大田县盛发矿业有限公司
	福建省大田县宝山铁矿有限公司	福建省大田县东嘉矿业有限公司
泉州市（3家）	泉州市东侨化纤纺织有限公司	泉州市丰泽区明爱宾馆
	惠安县兴盈纸业发展有限公司	
漳州市（3家）	漳州市鑫和塑料制品有限公司	漳州市金安机电有限公司
	龙海市佳利达纸业有限公司	
南平市（8家）	福建省华瑞化工有限公司	南平市中闽铝业有限公司
	南平市元禾化工有限公司	建阳市荣鑫精细化工有限公司
	松溪县包装厂	福建省建瓯华丰化工有限公司
	光泽县永和矿产品加工厂	顺昌县豪璟达矿业有限公司
宁德市（1家）	宁德市三富机电有限公司	
龙岩市（2家）	龙岩市龙吉炉料工贸有限公司	漳平市正昌化工有限公司

表 2-17　**2004年福建省新办社会福利企业名表**

地区	社会福利企业名称	
福州市（9家）	福建省金盾彩色印刷有限公司	福州鹤林印刷纸品有限公司
	福州惠超塑料包装厂	福州大冶淀粉厂
	福清市福达包装有限公司	福州彪立铝业有限公司
	福州富利达电子有限公司	福州华伦机械有限公司
	福建省平潭县东星铸造砂有限公司	

续表

地区	社会福利企业名称	
厦门市（1家）	厦门市园山源工贸有限公司	
莆田市（5家）	莆田市新邦胶粘制品有限公司	莆田市鸿海鞋材有限公司
	莆田市艾力艾包装有限公司	莆田市科达新型建材有限公司
	福建省仙游县日新造纸厂	
三明市（5家）	福建省大华晶体科技有限公司	将乐县浙福铜业有限公司
	东南非矿（福建将乐）开发有限公司	大田县双茂园铁精矿有限公司
	大田县广源矿业科技开发有限公司	
漳州市（8家）	漳州市元华昌塑料有限公司	漳州市金华昌塑料有限公司
	漳州瑞跃皮革有限公司	漳州市兴裕成塑料有限公司
	漳州市鸿源彩色水泥制品厂	长泰县鸿泰塑胶工业有限公司
	平和县正林铜业有限公司	平和县民丰纸业制品厂
南平市（4家）	福建展望保健饮品有限公司	光泽县恒辉水电开发有限公司
	光泽县仙华福利皮革制品有限公司	光泽县精英福利竹木制品有限公司
龙岩市（2家）	龙岩市小娘坑矿业有限公司	福建省连城县海龙水泥有限公司

表 2-18　**2005年福建省新办社会福利企业名表**

地区	社会福利企业名称	
福州市（2家）	福州隆捷纺织有限公司	福州山力印务有限公司
厦门市（2家）	厦门天瑞鑫合金制品有限公司	厦门市同安吕厝纸业有限公司
莆田市（1家）	莆田市古峰福利综合厂	
三明市（6家）	福建省三明市鑫豪木业有限公司	福建省永安市东方矿业有限公司
	福建省尤溪县超细粉业有限公司	尤溪县铭华板业有限公司
	将乐县文鑫矿业有限公司	宁化县旭日红矿业有限公司
泉州市（5家）	泉州市视通光电网络有限公司	泉州市铭达鞋业有限公司
	福建省南安市浩科金属有限公司	福建南安日兴福利铝业有限公司
	南安中宇卫浴有限公司	

续表

地区	社会福利企业名称	
漳州市（5家）	漳州市永祥工贸有限公司	漳州市环宇树脂科贸有限公司
	长泰县共明包装有限公司	诏安县霞葛佳丽服装有限公司
	漳州市芗城丰美水泥制品有限公司	
南平市（4家）	南平百合聚酯塑料制品有限公司	福建省建阳市杜氏铸造有限公司
	浦城县闽越五金塑胶配件有限公司	邵武市永祥化工有限公司
宁德市（4家）	福建正大铜业有限公司	福安市宏华电器有限公司
	福鼎市魁星电子有限公司	福建省柘荣县万盛金塑材料制造有限公司

第五节　福利彩票

一、机构设置

1987年7月27日，省政府批准成立福建省社会福利有奖募捐委员会，省顾问委员会主任胡宏任名誉主任，副省长苏昌培任主任，省民政厅厅长李心鑑和副厅长张振郎任副主任，省直24个部委厅局以及28个群众团体的负责人担任委员，下设办公室，挂靠省民政厅。省民政厅借调5名人员开展工作，经费由奖券发行费中开支。各地市设置相应机构，县（区）不设专门机构只设专人分管。各级社会福利有奖募捐委员会受同级政府的领导，并接受上级有奖募捐委员会业务指导和监督。

1989年11月16日，撤销福建省社会福利有奖募捐委员会，成立福建省社会福利有奖募捐办公室，为民政厅直属事业单位，副处级机构，编制5名，经费仍从奖券发行费中开支。

1990年，各地市成立社会福利有奖募捐办公室，共有编制总数85人，实际在编65人。

1991年11月11日，省社会福利有奖募捐办公室增加编制5人，核定事业编制10人。

2000年3月9日，福建省社会福利有奖募捐委员会办公室更名为“福建省福利彩票发行中心”（简称“省福彩中心”），核定事业编制16名，为独立核算、自收自支事业单位，正处级。

2003年，省福彩中心调整内部机构设置，原有的7个职能部门整合为5个，原134个员工中分流解聘26人。

2004年，省福彩中心健全完善内部管理制度，设定内部机构岗位职数，定岗定员，工效挂钩，分流9人。省福彩中心主要承担指导、监督、服务职能，设区市管理站工作向片（组）长延伸，主要负责监管和培训服务。同年5月，全省民政系统开展福利彩票发行费、公益金使用管理情况执法监察，主要检查福利彩票发行费、公益金分配是否按规定程序和规定范围使用，是否纳入财政预算外专户实行收支两条线管理，并检查“星光计划”项目资金使用情况。

截至 2005 年底，全省拥有设区市管理站 9 个（包括厦门市福彩发行中心），共有电脑彩票销售站点 1200 多个，从业人员 2000 多人。

二、彩票发行销售管理

1988 年，福建省开始正式销售中国社会福利有奖募捐券。

1993 年前，全省各地由社会福利有奖募捐委员会办公室负责组织销售中国社会福利有奖募捐券，以城市为主要销售地点，主要品种有即开型有奖募捐券和即开传统结合型有奖募捐券，主要营销手段有网点式销售和集中式销售，营销站点遍布大街小巷，条件简陋，其情景常被形象地描述为“一张桌、一把椅、扯条横幅卖彩票”。1987 年至 1993 年间总销售金额 2.11 亿元。

1993 年 2 月，民政部将中国社会福利有奖募捐券更名为“中国社会福利奖券”，福建从之。

1994 年，省社会福利有奖募捐委员会办公室探索市场经济条件下的营销改革，参照外省“大奖组”做法和经验，在各地展开“大奖组”销售活动。各地变换设奖形式，扩大奖组规模，以摩托车、大型彩色电视机、电冰箱、小轿车等大型家电为奖品，销售现场设置大幅标语，有的还请来锣鼓乐队演出助售。同年 12 月，民政部又将中国社会福利奖券更名为“中国福利彩票”，福建从之。

1994 年至 2000 年，以即开型（“大奖组”）彩票为主流品种，总销量 13.78 亿元。2000 年后，随着电脑型彩票的出现，即开型彩票销量逐渐萎缩，但“大奖组”销售旺势一直延续到 2002 年。

1997 年 1 月至 5 月，全省销售福利彩票 1.1 亿元，筹集福利彩票公益金 3300 万元。

1998 年 10 月，国务院首次批准在全国发售赈灾专项福利彩票 50 亿元，福建发售任务 1.62 亿元（不含厦门）。11 月，民政部下达赈灾专项募集任务，帮助长江、松花江、嫩江流域特大洪涝灾区重建家园恢复生产，全省发行 1.93 亿元赈灾福利彩票（不包括常规福利彩票），历时 5 个多月。所筹集资金全数上缴中央用于支援灾区。1998 年底至 1999 年初，各地组织赈灾福利彩票销售发行活动。厦门市不到 2 个月先后组织 2 场销售活动，公安武警、保安、税务、交通、银行、消防等部门派出大量人员在现场提供服务，共销售赈灾福利彩票 7000 万元。福州市晋安区一周内发行赈灾福利彩票 5000 万元。泉州市邀请国家特型演员和知名歌唱演员到发行现场义演，2 天半内发行 3000 万元赈灾福利彩票。漳州芗城区邀请维吾尔族歌唱演员和舞蹈演员现场演出，2 天内销售赈灾福利彩票 2000 万元。南平市在彩票发行现场组织车队彩游，散发传单 60 万份，挂跨街横幅 100 多幅，彩色气球 12 个，5 天内销售 1000 万元。永安市邀请东南电视台栏目剧组演员在彩票发行现场献艺，首发式当天销售赈灾福利彩票500万元，原定50天的发行量仅30个小时完成。

1999年，省社会福利有奖募捐委员会办公室推出“八闽风采”即开传统结合型彩票（票面上反映福建改革开放成果和福建自然风光），通过银行、民政系统基层网络销售5000多万元，电视台播放开奖活动现场。全省全年销售福利彩票5.77亿元，投入9870万元资助社会福利事业项目，上交中国社会福利有奖募捐委员会赈灾资金5790万元。

2000年9月，“中华风采”福利彩票在福建上市销售。同年，全国电脑福利彩票市场启动，省福彩中心开始建立电脑型彩票销售系统。

2001年1月9日，全省电脑福利彩票销售系统开通，“35选7”上市，1421台电脑销售机参加运作，当天销售当天开奖。2月，全省福利彩票发行工作会议在福州召开，会议回顾总结过往的经验，讨论研究全省福利彩票发行系统劳动人事制度的改革。同月，“31选7”上市，上市第二天全省电脑型彩票销量达409万元，第三天仅半天销量达395万元。3月，省福彩中心根据彩票发行市场（增设电脑票）发展需要，整顿管理制度：(1) 实行全员招聘、工效挂钩；(2) 设区市设管理站，县（市、区）设片长和小组长（片长专职、小组长兼职），实行“省福彩中心——市管理站——片组长”垂直管理模式，人员、票种、站点和网络一体化管理；(3) 制发管理站投注站财务结算管理办法、经费开支审批程序、电脑票票据处理办法等财务管理制度；(4) 实行“CI工程”，全省福利彩票销售站点统一（外部）标志、统一着装、统一口径、统一服务、统一操作。4月1日，各销售站点改革彩票兑奖方式，不以实物设奖，一律以现金形式兑奖。5月22日，省长习近平、省委副书记卢展工考察省福彩中心。8月，华东地区福利彩票管理与市场营销信息交流会在福州举行，省福彩中心在会上介绍福利彩票管理体制改革、投注站管理和市场营销等方面工作经验。9月，电脑福利彩票销售系统升级为双游戏准热线系统，具有多种游戏不同时间开奖功能。同月，省福彩中心推出“新36选7”。同月，省民政厅依据中央纪委驻民政部纪检组通知要求，开展2000年度福利彩票发行、销售管理和福利公益金分配使用情况执法监察，主要监察有否摊派销售或变相摊派销售行为，有无实物设奖，是否严格履行开奖程序并进行公证，是否按规定管理使用福利基金（包括民政部本级和省市本级），是否完成和落实福利基金资助项目，有否挤占、挪用或超范围使用福利基金，是否按规定处理弃奖资金、活动费用支出等情况。同月，民政部副部长罗平飞参观省福彩中心办公大楼及其设施设备，了解福建省福利彩票发行情况。10月，民政部纪检监察局一行3人来闽对福利彩票发行工作开展执法监察，先后在福州、莆田、厦门等地检查福利彩票销售管理和福利公益金分配使用情况，实地察看由福利公益金投资的省福利彩票中心、部分儿童福利院和精神病人疗养院、SOS儿童村、革命烈士陵园、福利中心以及老年公寓等福利事业单位。当年，全省福利彩票销售总量居全国第四位。同年，省福彩中心成立“刮刮彩”电脑彩票发行总部，建立承销商和承销机构席位制度，通过承销商向各地发展二级分销商。各级民政部门把福利彩票发行事业列入“一把手”重点工程，重点培养销售队伍，培育市场空间，抢占市场份额。当年底，全省拥有福彩电脑投注站2118

多个，覆盖全省绝大部分乡镇，电脑型彩票销量近 7 亿元；销售网点逾 4000 个，销售人员达 6000 多名；销售“刮刮彩”即开型彩票 4820 万元；销售“大奖组”6100 万元；全省总销量首次突破 8 亿元，超额完成民政部下达的年度销售任务。

图 2-8　2001 年 8 月 27 日，华东地区电脑福利彩票管理与市场营销信息交流会在福州召开

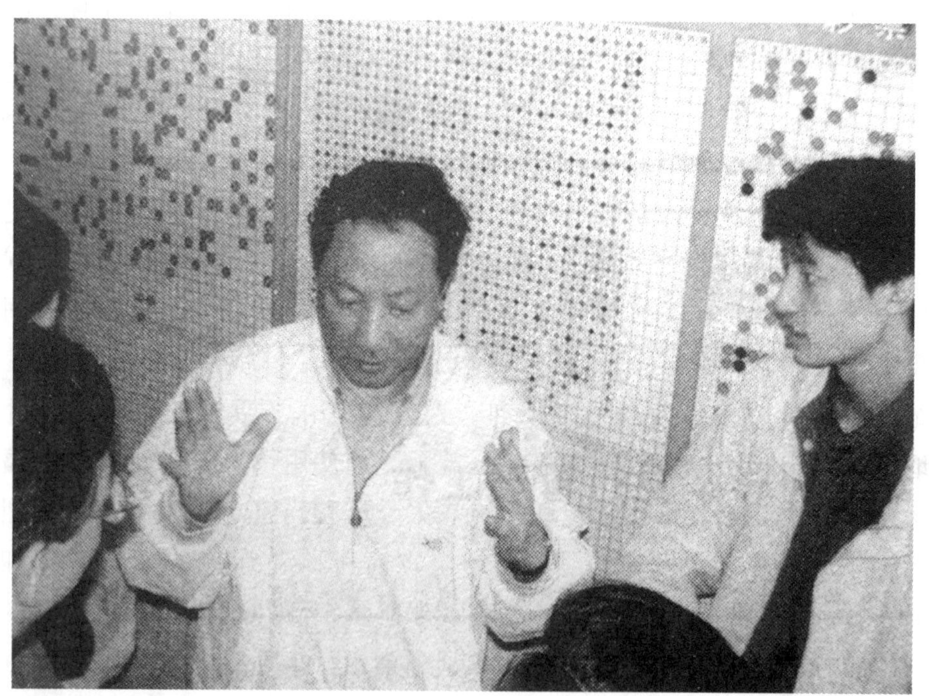

图 2-9　2001 年 11 月，中国福利彩票发行中心总顾问徐瑞新（中）考察福建省福利彩票发行中心

2002年2月，福建福利彩票工作以全省销售电脑彩票近7亿元，销售总量首次突破8亿元，超额完成民政部下达的销售任务的成绩，在全国福利彩票工作会议上受到表彰，获得3个奖项：组织工作奖二等奖、销售总量二等奖、人均销量三等奖。4月6日，省福彩中心开设小盘彩票游戏玩法“21选5”（为全国首开），当日销量达265万元。4月25日，“21选5”隐退。5月，全省推出“22选5”，随后又推出“29选4＋1”，调整“31选7”“36选7”设奖方案。11月23日至26日，泉州市丰泽广场销售即开型福利彩票，首日销量1800万元（创下单日销售量的全国纪录），4天销售量突破5200万元。当年，小盘彩票游戏玩法“21选5”日销量最高达670万元；全省福利彩票年总销量6.75亿元，居全国第八，获得民政部颁发的2002年度中国福利彩票发行工作销售总量二等奖、人均销量三等奖、即开票销量三等奖。

图2-10 2002年1月，民政部部长多吉才让（左二）视察福建省福利彩票发行中心

2003年，福利彩票市场滑坡，大量销售站点出现退机现象，全年全省总销量为2.91亿元。同年，推出“五子登科”和“幸运扑克”即开票，上市全国联销的“双色球”彩票游戏玩法，并完成电脑票销售系统“日清月结”MIS（管理信息系统）程序改进，降低管理成本和资金风险。

2004年，电脑福利彩票销售系统增设12588手机投注功能，穗彩准热线系统升级为全热线系统，为彩票游戏玩法多样化、延长销售时间、实时对账（兑奖）等提供服务平台。全年全省退机达1500余家，新增补站点近600家；全省组织17场“大奖组”销售，销售量4436万元。

2005年初，全国联销中国福利彩票3D（一个以3位自然数为投注号的彩票，为中国福利彩票继“双色球”后第二个全国性品牌彩票游戏玩法）登陆福建，每天开奖一次，实行统一名称标识、统一游戏规则，统一开奖号码。4月，省福彩中心大楼设置“中福在线”销售厅，采用计算机和通信网络系统作为发行载体，对外发行“中福在线”即开型电子视频彩票，有“幸运扑克”“多级扑克”“四花选五”“幸运五彩”“开心一刻”“四游夺彩”等6种玩法，彩民使用投注卡作为结算工具，在投注终端完成投注、游戏和兑奖全过程。7月，全国部分省市“中福在线”即开型彩票发行工作现场会在福州召开。当年，全省共开设12个“中福在线”即开型电子视频彩票销售厅，3D电脑票总销量2.96亿元，“中福在线”即开型彩票总销量1.55亿元，年销售福利彩票总量比上年增长111.74%。同年，省福彩中心自主开发实时缴款系统、财务对账系统和实时网上监控系统，提升对投注站的控制和监管。

截至2005年底，全省累计发行福利彩票40.68亿元。其中，2001年至2005年，全省福利彩票以电脑票销售为主，销量达24.79亿元。

表2-19　**1995—2005年福建省福利彩票销售业绩情况表**

单位：万元

年份	福州	厦门	宁德	莆田	泉州	漳州	龙岩	三明	南平	合计
1995	—	—	—	—	—	—	—	—	—	17370.00
1996	—	—	—	—	—	—	—	—	—	3557.60
1997	—	—	—	—	—	—	—	—	—	10744.00
1998	—	—	—	—	—	—	—	—	—	20277.00
1999	—	—	—	—	—	—	—	—	—	57747.00
2000	11461.48	0.00	597.30	2500.00	1952.53	450.00	1500.76	2050.00	1487.10	21999.17
2001	27724.29	8243.58	4719.77	3810.49	17761.32	8703.88	3448.81	5159.90	5229.45	84801.49
2002	17530.43	6350.52	5236.56	2649.37	22760.13	2937.42	2302.38	4299.98	3414.87	67481.66
2003	10641.54	1915.83	1879.98	2444.05	4937.28	794.99	1755.92	2250.96	2470.64	29091.19
2004	7318.82	2067.26	1525.08	1145.05	4825.77	599.53	801.85	1686.14	1366.99	21336.49
2005	25522.33	3249.40	1919.41	1290.19	6198.27	978.35	1249.69	2679.13	2075.31	45162.08

表 2-20　　2001—2005 年福建省福利彩票电脑投注网点情况表

单位：个

市别	2001 年	2002 年	2003 年	2004 年	2005 年
福州	571	660	379	369	416
厦门	265	315	159	137	148
宁德	93	119	67	76	85
莆田	104	139	73	72	62
泉州	530	592	272	255	243
漳州	149	164	76	63	62
龙岩	97	113	69	62	65
三明	177	207	105	97	94
南平	132	146	83	87	83
合计	2118	2455	1283	1218	1258

三、彩票公益金使用管理

1987 年至 1993 年，全省共筹集福利彩票公益金（简称“福彩公益金”）6340 万元，主要由民政部门统筹用于救灾扶贫工作。

1997 年 1 月至 5 月，全省发行福利彩票 1.1 亿元，筹集公益金 3300 万元，至当年底投放 2980 万元，资助兴办社会福利事业项目 172 个（其中省级社会福利事业项目 71 个，投放 891.6 万元）。

1998 年，执行财政部、民政部联合发布的《有奖募捐社会福利资金管理使用办法》，省福彩中心本级使用的福利彩票发行经费纳入财政专户，实行“收支两条线”管理，筹集的福彩公益金先全部上缴省财政厅专户，再由省财政厅根据民政部门申请上报的使用方案予以回拨。

1994 年至 2000 年，全省共筹集福彩公益金 4.14 亿元，上缴中央 1.14 亿元，投放 2.51 亿元资助创办城镇福利事业、社区服务、残疾人康复、孤儿就学、扶贫赈灾和其他公益事业。

2001 年，电脑福利彩票公益金省内留成按销售总额的 15%，其中省本级 8%，设区市 7%（不含厦门市）。1 月，省福彩中心在福州举行“福彩爱心救助工程”系列活动，通过电视、广播、互联网、内刊等多种渠道的发现、甄别和筛选，资助三明、南平、龙岩、泉州、宁德等地区的 50 个特殊困难急需救助的贫困家庭，发放福彩公益金 50 万元。6 月，民政部本级社会福利金安排 230 万元资助漳州市社会福利院、漳平市老年公寓建设和福清市儿童福利院改扩建。8 月，省民政厅对 2000 年度福利彩票发行、销售管理和福利基金分配使用情况开展执法监察。10月，省民政厅对省内留成公益金使用范围和资助对象作出规定，主要包括为老年人、残疾人、孤儿、革命伤残军人、重点优抚对象等特殊群体服务的社会福利事业（光荣院、福利院、老人公寓、老年人活动中心等），有特殊困难的弱势群体以及急需支持和帮助的社区建设、社会福利企业和其他社会公益慈善事业。公益金资助项目由省民政厅社会福利基金项目评审委员会评审决定。同年，省民政厅实施“福彩爱心助残工程”，规划资助全省1000个家庭经济困难的肢残者安装国产普及型假肢，由省假肢中心具体操作实施（翌年10月规划全面完成，投入公益金近100万元）。另投入38万元救助全省10名孤残儿童，并为一例连体婴儿分体手术提供经费5万元。同年，福利彩票实行额度管理，额度内发行的彩票所筹集的福彩公益金由民政部门使用；额度外的福彩公益金80%上缴财政用于社会保障统筹，20%留在民政部门使用。

2002年10月，为配合世界精神卫生日宣传活动，安排85万元福彩公益金资助全省17所精神病人疗养院中的“三无”对象和特困精神病人。同年，福彩公益金按照彩票销量的35%提取，福彩公益金70%以上用于“星光计划”项目。“福彩爱心助残工程”继上一年规划全面落实之后，继续推进，且扩大服务对象和服务项目，安排70万元为全省1000个特困肢残者安装国产普及型假肢，安排50万元为家庭困难的下肢截瘫者和年龄70周岁以上因患某种疾病无法行走的老人赠送轮椅。另安排30万元资助完成省委、省政府2002年为民办实事项目之一的“残疾人康复工程”。

2003年，“肢残助行工程”被列为省委、省政府为民办实事项目，省民政厅安排福彩公益金300万元为5000名低收入肢残者免费安装普及型假肢、矫形器1000件，赠送轮椅1000张和其他助行器3000件。为保证福彩公益金重点倾斜照顾老、少、病、穷地区，省民政厅建立福彩公益金使用项目评审制度，对无偿捐赠项目和贷款贴息项目实行重点项目追踪责任制。同年，省福彩中心与《海峡都市报》联合推出“福彩杯·感动福建2003年度人物评选活动”，安排福利金22万元资助20个社会公认的特殊群体或个人。

2004年10月，省福彩中心与《东南快报》联合举办“福彩爱心之星救助”活动。此活动作为省社会福利基金资助项目，历时6个月，由省福彩每月资助3万元。

2005年，全省共筹福彩公益金1.58亿元，省本级安排1469.14万元用于“星光计划”“明天计划”“助残工程”以及其他优抚事业、福利事业，“献爱心”活动等项目。3月8日，省福彩中心联合《东南快报》、福建电视台、福建广播影视集团电视公共频道在榕举办“2004年度福建省精彩女性人物”电视颁奖晚会，由福彩公益金划拨8000元慰问3位贫困母亲。3月20日，省福彩中心特别联办、福建电视台、《东南快报》联合在榕举办“春风伴我行——新学期大型公益活动”，省福彩中心为福州市晋安区500多名农民工子女赠送书包。5月，省福彩中心、《海峡都市报》、福建教育电视台、省盲人按摩指导中心联合举办“资助百名盲人技能培训”活动，20个特困盲人参加首批培训，主要培训人体经络穴位等专业知识和按摩技艺。5月31日，省福彩中心、《海峡都市报》、福建教育电视台、福建987都市生活广

图 2-11　2005 年 1 月 26 日，省福彩中心将 50 个新书包送到福州市晋安区站北外口小学

播、百姓餐饮（福州）有限公司肯德基品牌在榕联合举办“六一圆梦”公益晚会，为贫困儿童捐赠资助金。同月，省福彩公益金赠送每个社会福利机构儿童价值 100 元六一节日礼品。9 月 10 日，省福彩中心、《海峡都市报》、福建教育电视台、福州教育局在福州东街口万霞广场联合举办“把爱献给您”教师节晚会，省福彩中心为 6 个贫困教师赠送慰问金每人 3500～5000 元。12 月 3 日，省福彩中心和省残疾人劳动就业服务中心等单位联合举办残疾人免费现场招聘会，吸引约 50 家单位进场，为残疾人提供 300 多个工作岗位，省福彩中心为前来求职的特困残疾大学生每人捐助 5000 元。

截至 2005 年底，全省累计筹集福彩公益金 12.25 亿元。其中，2001 年至 2005 年筹集福彩公益金 8.14 亿元，上缴中央 4.2 亿元，省级留成 2.44 亿元（省本级支出 1.53 亿元），返还各市县 1.5 亿元。

表 2-21　**2001—2005 年省本级福彩公益金使用情况表**

单位：万元

项目名称	支出金额
星光计划	9324.4
残疾孤儿手术康复明天计划	160.79

续表

项目名称	支出金额
优抚福利事业单位房舍维修与改造	1330
补充农村、城市医疗救助基金和城镇居民低保经费	294.45
资助老年人事业	129.98
资助省老年人活动中心建设	3111.94
资助“助残工程”及残疾人运动会	574.16
“福彩圆梦”及献爱心活动	432.92
合计	15358.64

表 2-22　　若干年份福建省福利彩票资金分配构成情况表

单位：%

发行时间	发行票种	资金分配构成		
		返奖金额	成本费用	留存公益金
1988 年	传统型即开型彩票	40	15	45
1989 年	传统型即开型彩票	45	15	40
1990 年	面值一元即开奖券	50	20	30
	面值一元即开奖券	55	15	30
2002 年	电脑彩票	50	15	35
2005 年	即开型彩票	65	15	20

第三章　优抚安置

1996 年起，全省优待抚恤机制发生重大改变，先是变乡镇统筹为社会统筹，随后又转为优抚对象抚恤补助标准自然增长机制，优抚对象抚恤补助标准逐年调整并提升。1995 年至 2005 年，全省有 127 人被评为革命烈士。同期，全省妥善接收安置第四批军队离退休干部，并完成以自谋职业为导向的城镇退役士兵安置工作改革。

第一节　优抚对象与抚恤优待补助标准

1995 年，全省在民政部、财政部颁布的抚恤补助标准基础上提高革命烈士、因公牺牲军人、病故军人家属（简称“三属”）定期抚恤金标准和在乡退伍红军老战士、红军失散人员（简称“两红”）生活补助标准：“三属”城镇的每人每月补助 100～120 元，比部颁标准高出 40～45 元；农村的每人每月补助 75～85 元，比部颁标准高出 25 元。在乡退伍红军老战士每人每月补助 322 元，比部颁标准高出 71 元。红军失散人员农村的每人每月补助 83 元，比部颁标准高出 28 元；城镇的每人每月补助 99 元。部颁标准新增经费由中央财政专款下达，省颁标准新增经费由省财政承担。4 月，应中国社会福利有奖募捐委员会通知要求，全省开始为截去大小腿的革命伤残军人免费更换国产新型骨骼式下肢假肢（经县一级民政局介绍并经省民政厅转单后由省假肢厂施行），以帮助其减轻生产、生活困难。12 月，根据民政部改革优待金统筹形式、完善优待金统筹渠道和管理办法的精神，省民政厅发布《福建省优待金社会统筹试行办法》，要求从次年起改革优待金统筹办法，变乡镇为单位的统筹为以县（市、区）为单位的社会统筹，统筹对象扩大为国家机关、社会团体、企业事业单位工作人员，个体从业者，城镇居民和农村居民；享受定期抚恤金和享受定期定量生活补助的优抚对象，五保户和丧失劳动能力的残疾人员免缴优待金。当年，全省农村义务兵家属优待金由乡镇政府统一筹集，每户按当地农民上年度人均收入的 70%发放，户均 920 元。城镇义务兵家属优待金由地、县两级财政解决，每户优待金不低于上年度当地城镇居民人均生活费收入的 20%。各地各部门采取“租、借、建、修”等多种办法，帮助重点优抚对象解决住房困难问题，优抚对象因享受土地、建材等方面的优待户均节省建房资金 5000～15000 元。省地县三级民政部门开始建立拥军优属保障基金，以拓宽拥军优属经费渠道。截至同年末，全省有在乡老复员军人 54961 人，享受定补 36869 人，月定补标准为人均 55 元（城镇的 55～65 元，农村的 45～55 元，孤老的另增 10 元）；有革命“五老”人员（新中国成立前参加革命，中华人民共和国成立后经县级以上政府评定，享受定期生活补助费的老游击队员、老交通员、老接头户、老地下党员、老苏区乡干部）40549人，其中无依无靠（无子女）的8544人，有依无靠（有子女但子女无赡养能力）的16205人，有依有靠的15780人，享受定期生活补助的总共17117人，定补总金额647.4万元，月人均补助31.52元，最高的月定补100元；有“三属”人员11264名、“两红”人员7488名、农村义务兵家属4.5万余户；诏安、平和、尤溪、周宁、云霄等县依照民政部先前部署进行优待金统筹办法改革试点工作。

表3-1　**1995年福建省革命“五老”人员定补情况表**

地区	总人数	享受定补人数	定补面（%）	年定补总金额（万元）	定补标准（元/人·月）
龙岩	8619	1892	21.95	74.43	32.78
宁德	6065	3696	60.94	132.95	29.98
南平	2254	2214	98.22	61.36	23.10
三明	1317	1172	88.99	56.03	39.84
漳州	6151	1015	16.50	28.02	23.00
福州	7000	1260	18.00	85.10	56.28
泉州	5502	5502	100.00	183.58	27.81
莆田	2724	305	11.20	19.10	52.19
厦门	917	61	6.65	6.85	93.58
合计	40549	17117	42.21	647.42	31.52

1996年，为帮助重点优抚对象改善生活状况，各地对多重身份的优抚对象实行多重保障，在给予定期抚恤的同时给予定期补助。1月，执行民政部、财政部颁发的伤残抚恤金标准，全省提高在乡革命伤残人员（革命伤残军人、伤残人民警察、伤残工作人员、伤残民兵民工）伤残抚恤金，特等、一等的提高580～1000元，二等甲级、乙级的提高100～180元，三等甲级、乙级的提高84～92元。同月，全省提高在乡老复员军人生活定期补助标准，中华人民共和国成立前入伍和参加抗美援朝及国内剿匪战斗的老复员军人生活费定补标准为：城镇的每人每月提高到65元，农村的每人每月提高到55元；中华人民共和国成立后入伍（不含参加抗美援朝及国内剿匪战斗）的老复员军人生活费定补标准为：城镇的每人每月提高到55元，农村的每人每月提高到45元；老复员军人中的孤老对象在上述标准基础上每人每月另增10元。其经费由省地县财政以4∶3∶3比例分担。7月，省委办公厅、省政府办公厅联合发布《关于进一步做好拥军优属工作的通知》，强调把优待金统筹工作改革同建立拥军优属保障基金有机结合起来，以增强对优抚对象的保障实力。10月，革命“五老”人员无依无靠的每人每月由30元提高到80元，有依无靠的每人每月50元。其增补资金按7∶2∶1

比例由省、市、县（区）负担，纳入年度财政预算，全省月新增经费 22.91 万元。当年，全省有“两红”人员 6236 名（其中在乡退伍红军老战士 33 人）、“三属”人员 11604 名；有农村义务兵家属 36880 户，优待金总金额 4777 万元，户均优待 1295.28 元；有城镇义务兵家属 9022 户，户均优待金 784 元。同年，全省根据民政部、总政治部下达的随军遗属移交安置计划，解决 10 名牺牲病故军官随军家属住房安置问题。

1997 年 1 月，省司法厅、省民政厅、省财政厅联合制发《关于发给司法行政系统做出特殊贡献的牺牲病故人民警察家属特别抚恤金的通知》，司法行政机关在职人民警察因公牺牲或病故的，其家属享受特别抚恤：荣立或被追记一等功以上者，发给抚恤金 15000 元；生前在偏远山区或特别艰苦环境或有毒害环境连续工作满 20 年者，发给抚恤金 12000 元；生前曾任处级（含）以上职务或高级专业技术职务的或警龄满 30 年且事迹突出者，发给抚恤金 10000 元。2 月，执行公安部、民政部制发的《公安机关人民警察抚恤办法》，公安系统人民警察死亡抚恤标准为：属于革命烈士的，一次性发 40 个月工资；因公牺牲的，发 20 个月工资；病故的，发 10 个月工资。3 月，省民政厅、省财政厅下发《关于提高部分优抚对象抚恤补助标准的通知》，提出自 1996 年 7 月 1 日起提高在职革命伤残人员伤残保健金、“三属”人员定期抚恤金、“两红”人员生活补助标准，并给予粮食调价补贴。当年，全省有 7 个地市 54 个县（市、区）制定出台实施义务兵优待金社会统筹办法，优待金由城镇居民户籍所在地居委会统一代收，农村村民由户籍所在地村委会代收，后由乡镇、场、街道统一上缴县（市、区）财政优待金专户（有工作单位的城镇居民和农村村民，其优待金由所在单位代收代缴）；享受国家定期抚恤金的革命烈士家属、因公牺牲军人家属、病故军人家属、革命伤残军人，享受国家定期补助的在乡老复员军人、带病回乡退伍军人、红军失散人员，五保户、丧失劳动能力的残疾人，经所在县（市、区）民政局审核经济收入低于最低生活保障标准的人员和未满 18 周岁的公民，免缴优待金；统筹标准由各县（市、区）政府自定，征集和发放时间由政府统一公布。全省共优待烈军属 67980 户，优待总金额 6582.43 万元。其中，优待农村义务兵家属 36579 户，优待金额 5572.35 万元，户均 1523 元；优待城镇义务兵家属 9022 户，优待金额 707.67 万元，户均 784 元。全省有 11485 名“三属”人员，5979 名“两红”人员；有 53002 名 1954 年 10 月 31 日前入伍的在乡老复员军人，享受定补的有 37640 人，人平均每月定补额 55 元，家居城镇的每人每月 55～65 元，家居农村的每人每月 45～55 元，孤老的另增 10 元。同年 12 月，省政府决定对参加连城“8491”国防工程建设的支前民兵硅肺病及其疑似病患者和因患硅肺病已故家属给予一次性医疗和生活补助，经费由省财政承担。

1998 年 1 月，全省在乡特等、一等革命伤残军人享受与当地干部职工及离退休人员同样的各种地方性补贴（包括山区补贴、特区补贴）。2 月，执行民政部、财政部《关于提高部分优抚对象抚恤补助标准的通知》，全省从 1998 年 1 月 1 日起提高在乡革命伤残人员抚恤保健金、“三属”人员定期抚恤金和“两红”人员生活补助标准。3 月，国务院办公厅发布《关于加强优抚工作的通知》，要求解决优抚工作的重难点问题，保障优抚对象生活水平达到或略高于当地群众的平均生活水平。8月，省政府颁发《关于进一步加强优抚工作的通知》，提出要做好优待金社会统筹，完善群众优待办法。10月，省民政厅、省财政厅联合发布《关于提高在乡老复员军人定补标准的通知》，提出自1998年1月1日起提高已享受定期定量补助的全省在乡老复员军人定补标准：抗日战争时期入伍的每人每月增加40元，解放战争时期入伍（含中华人民共和国成立后入伍且参加过国内剿匪或参加过抗美援朝）的每人每月增加30元，中华人民共和国成立后入伍的每人每月增加15元，孤老对象在此标准的基础上再增加10元；对未享受定补且生活困难的中华人民共和国成立前入伍和参加过国内剿匪战斗、东山保卫战及抗美援朝的在乡老复员军人，应尽力给予享受定补；所需经费由省地县财政按4∶3∶3比例分担。12月，省政府召开全省拥军优抚安置工作会议，省长贺国强、省委副书记习近平出席会议并讲话。会议传达全国拥军优抚安置工作会议精神，总结改革开放以后全省优抚安置工作成绩和经验，要求实行优待金社会统筹，逐步建立优抚对象抚恤补助标准与人民生活水平同步提高的自然增长机制，确保优抚对象生活水平达到或略高于当地群众平均生活水平；建立拥军优属保障资金，解决烈属、伤残军人、老复员军人等重点优抚对象“三难”（生活难、医疗难、住房难）问题。同年，省民政厅组织全省各设区市优抚科（处）长赴江苏考察学习建立抚恤补助标准自然增长机制的做法和经验。泉州、莆田、漳州、三明四市和44个县（市、区）政府出台建立优抚对象抚恤补助标准自然增长机制的文件通知。全省9个设区市、58个县（市、区）实行优待金社会统筹，地县两级积累拥军优属保障资金近1000万元。全省农村义务兵家属38804户，户均优待金1793元；城镇义务兵家属9505户，户均优待金965元。省市县三级财政共拨款947万元为37640名在乡老复员军人、11497名“三属”、4347名在乡伤残军人、24名在乡退伍红军老战士和5955名在乡红军失散人员提高定补标准，并资助7218名带病回乡退伍军人。全省革命“五老”人员32508人，其中无依无靠的5117人，有依无靠的13062人，有依有靠的14329人。各地开始推行政府资助与社会各界各部门挂钩帮扶相结合的措施，为重点优抚对象解“三难”。

1999年1月，全省更新“三属”、“两红”、在乡老复员军人（含带病回乡退伍军人）定期抚恤补助金领取证。为调查摸底、更新优抚对象档案、落实抚恤定补标准和盘活自然减员节余经费，各地以乡镇（街道）为基本单位，统一对辖区内持证的优抚对象进行调查、核准、换证。同月起，全省调整机关事业单位在职和离退休、退职人员死亡抚恤标准：丧葬费7个月（以死亡者所在地职工最低工资标准计发，下同）；一次性困难补助6个月；遗属定期定额生活困难补助费（因公死亡的，非农业人口每人每月按60%发给，农业人口每人每月按55%发给；非因公死亡的，非农业人口每人每月按50%发给，农业人口每人每月按45%发给）；一次性抚恤金（在职因公死亡的40个月基本工资，因病死亡的10个月基本工资，离退休人员以死亡当月基本离退休费作为基数计发）。3月，省民政厅、省财政厅联合发布《关于建立优抚对象抚恤补助标准自然增长机制的通知》，要求各县（市、区）自1999年1月1日起对享受国家抚恤补助的优抚对象（享受定期抚恤的革命伤残军人、“三属”人员以及享受定期定量补助的“两红”人员、在乡老复员军人和带病回乡退伍军人），按上一年度当地城市职工平均工资和农村居民人均收入水平的增长比例递增补助标准，并每年调整一次抚恤补助标准，优抚对象中的孤老人员另增发5%的抚恤补助费；调整后的标准高于民政部、财政部和省民政厅、省财政厅规定的标准，其经费由各县（市、区）财政解决。同月，省民政厅、省财政厅联合转发民政部、财政部《关于提高部分优抚对象抚恤补助标准的通知》，自1999年1月1日起提高全省在职革命伤残人员伤残抚恤金、“三属”人员定期抚恤金和“两红”人员生活补助标准。7月，省民政厅印发《福建省拥军优属保障资金管理暂行规定》，提出拥军优属保障资金由各级民政部门各自筹集，分级管理，以无偿使用为主，主要用于解决重点优抚对象“三难”问题。9月，省财政厅、省老区办、省民政厅联合发布《关于提高革命“五老”人员生活定补标准的通知》，决定当年7月1日起调整全省革命“五老”人员定期生活补助标准：无依无靠的每人每月由80元提高至134元，有依无靠的每人每月由50元提高至80元，有依有靠的每人每月发给50元生活补助。同月，省财政厅、省民政厅联合下发《关于提高部分优抚对象抚恤补助标准的通知》和《关于提高部分在职革命伤残人员保健金的通知》，自1999年7月1日起提高“三属”、“两红”、在乡老复员军人定期生活补助标准和在职二等甲级以下革命伤残人员保健金标准。前者新增经费由省地县三级财政按7∶2∶1比例分担，后者新增经费由中央财政承担。当年，各地全面启动优抚对象抚恤补助标准自然增长机制，自然递增幅度为3%～25%不等；省财政为提升重点优抚对象生活补助标准投入1800万元。

同年，由中央拨款经省财政配套形成100多万元专项资金，由省假肢厂组织实施，帮助伤残军人更换假肢、轮椅等辅助用具。同年8月，应市政建设需要，省民政厅责成福州市民政局把福州市石景山军人墓中中华人民共和国成立初期第十兵团二十五野战医院安葬的65个已故军人（其中烈士14个）的遗骸全部火化，骨灰安放至福州市文林山革命陵园，经费补助5万元。

2000年5月，省劳动和社会保障厅、省民政厅、省财政厅、省卫生厅联合发布《福建省二等乙级以上革命伤残军人医疗管理暂行规定》，确定二等乙级以上革命伤残军人的医疗待遇：在乡退伍红军老战士和一至六级以上残疾军人享受公费医疗待遇；在乡七至十级残疾军人因伤口复发治疗所需的医疗费给予报销，重病、大病、医疗费支出较大且家庭经济困难者给予医疗补助。6月，省民政厅、省财政厅转发民政部、财政部《关于提高部分优抚对象抚恤补助标准的通知》，全省自2000年1月起调整提高革命伤残人员（含革命伤残军人、伤残人民警察、伤残国家机关工作人员、伤残民兵民工）抚恤保健金、“三属”人员定期抚恤金和“两红”人员生活补助标准。7月，省财政厅、省民政厅联合下发《关于对部分在乡复员军人实行定补的通知》，提出从2000年1月1日起对尚未享受定补的在乡复员军人全部实行定补，由此新增经费由省、市、县财政按7∶2∶1比例分级负担。同月，省民政厅下拨100

万元为孤老优抚对象进福利院、敬老院提供补助经费，每接收1人补助3000元。10月，省民政厅下拨240万元帮助无房或危房的重点优抚对象解决住房问题。11月，依照民政部、财政部要求，全省民政部门会同财政、老区部门开展重点优抚安置对象、革命“五老”人员和优抚安置事业单位普查工作。省、市、县三级成立普查工作领导小组，召开专题会议，落实经费，培训人员，实行集中登记造册或逐户上门登记方法开展普查工作。普查对象为：革命伤残人员、革命烈士家属、因公牺牲军人家属、病故军人家属、在乡退伍红军老战士、在乡西路军红军老战士、红军失散人员、在乡复员军人、带病回乡退伍军人；移交地方政府安置的军队离退休干部、退休职工、退休志愿兵；退役士兵、复员干部；2000年退出现役的义务兵、转业志愿兵、现役复员干部和革命“五老”人员；优抚医院、光荣院、烈士纪念建筑物、军队离退休干部休养所（服务站）、军用饮食供应站供水站和军人接待转运站。同月，全省优抚工作座谈会在晋江市举行，总结交流优抚对象抚恤补助标准自然增长机制运行以后的经验和存在的问题，要求各级民政部门增强责任感和使命感，确保自然增长机制持续全面实施。当年，各地对重点优抚对象发给医疗优惠卡，重点优抚对象凭医疗优惠卡到当地指定的城乡医疗机构诊病治病时享受优先就诊和减收或免收挂号费、注射费、住院床位费及各项检查费的待遇。福州、厦门、泉州等地发动社会力量与优抚对象结对子，“一帮一”，从人力财力和技术政策等方面支持重点优抚对象解决三难问题。截至当年底，全省享受抚恤补助对象共91649人，其中民政优抚对象67210人、革命“五老”人员24439人；全省在乡老复员军人定补面扩大至100%，共安排资金860万元。

表3-2　**2000年福建省享受定补优抚对象情况表**

单位：人

地区	享受定补总人数	优抚对象享受抚恤定补人数		革命“五老”人员定补人数
		总人数	其中孤老人数	
福州市	13523	9446	675	4077
漳州市	12752	8138	168	4614
泉州市	8548	6203	170	2345
三明市	6687	5676	403	1011
莆田市	4849	3812	79	1037
南平市	7910	6109	270	1801
龙岩市	17850	13710	1637	4140
宁德市	13874	9136	1870	4738
合计	85993	62230	5272	23763

注：表中资料不含三明市新增烈属522人和龙岩市新增烈属人员2277人、新增因公牺牲军人家属474人。

2001年4月，省财政厅、省民政厅联合下达2320万元抚恤和社会福利救济费指标，其中用于1996年提高红军失散人员、在乡退伍红军老战士生活补贴标准省级财政负担经费280万元，用于1998年提高在乡老复员军人生活补贴标准省级财政负担经费380万元，用于1999年提高部分优抚对象生活补贴标准省级财政负担经费1660万元。6月，全省重点优抚安置对象和优抚安置事业单位普查工作结束，并完成原始资料录入和数据的汇总工作。全省共有重点优抚对象89207人。普查后，全省“三属”对象中享受定期抚恤的总人数比普查前增加3463人，其中烈士家属增加3037人，因公牺牲军人家属增加426人。全省各级参加普查的人员共有10676人，其中普查专职人员1457人、资料录入人员178人。各级财政共拨出普查经费548万元，其中省级45万元、地级市67万元。普查中有1623人落实优抚政策，其中给予享受抚恤定补的有1272人，取消抚恤定补的有351人。9月，省财政厅、省民政厅、省老区办联合下发2001年优抚经费2379万元（其中中央补助经费458万元，省级财政负担1921万元），用于提高部分优抚对象和革命“五老”人员抚恤补助标准新增经费。同月，省民政厅、省财政厅、省老区办联合表彰福建省重点优抚安置对象、“五老”人员和优抚安置事业单位普查工作先进单位70个、先进个人135个。同年10月，省委书记宋德福指示：在公安系统严打整治斗争中牺牲的警察家属不能下岗，如是农村户口的，可转为城市户口，其成年子女没有工作的要安排工作。

表3-3 **2001年福建省重点优抚安置对象情况表**

单位：人

	类别	人数
重点优抚对象人员构成（不含双重身份）	革命伤残军人	9174
	伤残国家机关工作人员	256
	伤残人民警察	56
	伤残民兵民工	91
	烈士家属	22597
	因公牺牲军人家属	2440
	病故军人家属	2193
	在乡退伍红军老战士	17
	在乡西路军红军老战士	0
	红军失散人员	4583
	在乡复员军人	37077
	带病回乡退伍军人	10717
	总计89201人，其中城镇11911人，农村77290人	

续表

<table>
<tr><td colspan="3">类别</td><td>人数</td></tr>
<tr><td rowspan="15">伤残人员</td><td colspan="2">特等</td><td>27</td></tr>
<tr><td colspan="2">一等</td><td>191</td></tr>
<tr><td colspan="2">二等甲</td><td>691</td></tr>
<tr><td colspan="2">二等乙</td><td>2348</td></tr>
<tr><td colspan="2">三等甲</td><td>3000</td></tr>
<tr><td colspan="2">三等乙</td><td>3320</td></tr>
<tr><td colspan="2">在乡</td><td>3752</td></tr>
<tr><td colspan="2">在职</td><td>5825</td></tr>
<tr><td colspan="2">因战</td><td>2909</td></tr>
<tr><td colspan="2">因公</td><td>6182</td></tr>
<tr><td colspan="2">因病</td><td>486</td></tr>
<tr><td colspan="2">抗日战争致伤致残</td><td>123</td></tr>
<tr><td colspan="2">解放战争致伤致残</td><td>1705</td></tr>
<tr><td colspan="2">中华人民共和国成立后致伤致残</td><td>7695</td></tr>
<tr><td colspan="2">精神病患</td><td>1116</td></tr>
<tr><td rowspan="3">在乡复员军人</td><td colspan="2">抗日战争入伍</td><td>122</td></tr>
<tr><td colspan="2">解放战争入伍</td><td>7750</td></tr>
<tr><td colspan="2">中华人民共和国成立后入伍</td><td>29205</td></tr>
<tr><td rowspan="5">享受医疗优待</td><td colspan="2">实报实销</td><td>5386</td></tr>
<tr><td colspan="2">医疗保险</td><td>2890</td></tr>
<tr><td colspan="2">个人包干</td><td>65806</td></tr>
<tr><td colspan="2">医疗补助</td><td>29539</td></tr>
<tr><td colspan="2">医疗减免</td><td>33083</td></tr>
<tr><td rowspan="7">供养分布</td><td colspan="2">分散供养</td><td>7128</td></tr>
<tr><td rowspan="6">集中供养（共1215人）</td><td>荣誉军人康复医院</td><td>23</td></tr>
<tr><td>复员军人慢性病疗养院</td><td>0</td></tr>
<tr><td>复员退伍军人精神病院</td><td>129</td></tr>
<tr><td>光荣院</td><td>750</td></tr>
<tr><td>福利院</td><td>30</td></tr>
<tr><td>老年人收养机构</td><td>283</td></tr>
</table>

注：表中重点优抚对象中属多重身份的对象共计1159人，其中：既是革命伤残军人又是在乡复员军人602人；既是革命伤残军人又是“三属”83人；既是革命伤残军人又是带病回乡退伍军人77人；既是革命伤残军人又是在乡退伍红军老战士3人；既是革命伤残军人又是红军失散人员31人；既是“三属”又是在乡复员军人276人；既是“三属”又是红军失散人员7人；既是“三属”又是带病回乡退伍军人73人；既是烈士家属又是因公牺牲军人家属7人。

表 3-4　　2001 年福建省提高抚恤补助标准省级补助经费分配表

单位：万元

市别	下达经费总数	其中	
		优抚对象经费	革命“五老”人员经费
福州	315	259	56
漳州	273	220	53
泉州	217	177	40
三明	186	173	13
莆田	126	113	13
南平	205	171	34
龙岩	616	566	50
宁德	440	364	76
合计	2378	2043	335

2002 年 1 月起，执行民政部、财政部《关于调整一次性抚恤金发放办法的通知》，国家机关（含民主党派、人民团体）工作人员、人民警察因公牺牲、病故后，其一次性抚恤金由死者生前所在单位发放；革命烈士和因公牺牲、病故军人的一次性抚恤金仍由家属户口所在地的民政部门发放。9 月，省财政厅、省民政厅、省老区办联合下发《关于提高革命“五老”人员定期生活补助标准的通知》。革命“五老”人员自 2002 年 7 月 1 日起的定期生活补助标准为：无依无靠的每人每月从 165 元提高至 185 元，有依无靠的每人每月从 100 元提高至 115 元，有依有靠的每人每月从 60 元提高至 70 元。10 月，省财政厅、省老区办联合下达 2002 年度革命“五老”人员定补标准新增补助经费 133 万元，全省享受定补革命“五老”人员共有 23763 人。

当年，全省城乡重点优抚对象享受城乡低保的优惠条件，所领取的国家抚恤补助金不列为个人收入构成，既享受抚恤补助又能优先被列入最低生活保障线。全省革命“五老”人员（不含厦门市）健在的 23763 人，其中无依无靠的 2896 人，有依无靠的 10044 人，有依有靠的 10823 人。同年，省委政法委下发《关于进一步重视和加强对因公牺牲、致残政法干警及家属子女抚恤工作的通知》，全省政法系统调查政法干警因公牺牲情况，掌握了解其遗属工作和生活上的问题，启动政法系统优抚工程，共帮助协调解决 76 个因公牺牲政法干警的家属和子女就业、上学等问题。省公安厅成立慰问活动领导小组，派出慰问团、慰问演出小分队，到各地慰问因公牺牲、致残政法干警遗属，发放慰问金 85 万余元。

表 3-5　　**2002 年福建省享受国家抚恤补助优抚对象情况表**

单位：人

地区	各类优抚对象人数	享受国家抚恤补助优抚对象人数
省本级	28	28
福州市	127496	11570
厦门市	17117	13894
莆田市	124158	4872
三明市	67821	7329
泉州市	169363	7668
漳州市	128061	10270
南平市	65049	6700
龙岩市	105916	18485
宁德市	107894	10518
全省合计	912903	91334

2003 年 8 月，省民政厅等部门联合制发《关于做好因公牺牲政法干警遗属优抚工作落实从优待警的意见》，要求各地各有关部门想方设法解决因公牺牲干警遗属提出的尚未解决的困难和问题，注重维护其政治荣誉，保障其就业就学的实际生活需要。各地民政部门及时做好因公牺牲干警的认定烈士审核审批工作；政法部门积极联系有关部门互通因公牺牲干警遗属就业就学信息，帮助解决其就业就学困难；教育部门按就近入学原则安排入学入托，并在学习费用、入学考试分数等方面给予优惠照顾。11 月 13 日，省民政厅在福鼎召开全省优抚工作会议，研究探讨优抚对象抚恤补助标准自然增长机制和农村税费改革后优待金的落实问题。当年，革命“五老”人员定补标准提升为：无依无靠的每人每月 205 元，有依无靠的 130 元，有依有靠的 75 元。全省有 85 个县（市、区）建立重点优抚对象抚恤补助标准自然增长机制，增长比例最低的为 2%，最高的达 15%。全年下达优抚对象抚恤补助金 11156 万元，其中中央经费 6656 万元，省补助经费 4500 万元。福州、泉州、龙岩等市在省定补标准的基础上增加革命“五老”人员生活补助金，并对其实行医疗保健优待，对生活困难的革命“五老”遗孀给予补助。同年，省财政对 1993 年以前复员退伍的在乡特等、一等伤残军人每人补助建房费 2 万元。各地民政部门建立优抚对象信息档案，全省有近 9 万名优抚对象个人资料被录入计算机信息系统。同年 1 月起，已转为公务员的在监狱劳教系统负伤致残的人民警察由所在单位抚恤改由民政部门抚恤。

2004 年 4 月，省财政厅、省民政厅联合下达优抚事业经费 5157 万元，其中用于提高红

图 3-1　2003 年 11 月 13 日，全省优抚工作会议在福鼎召开

军失散人员和在乡退伍红军老战士抚恤费标准补助经费 280 万元，用于提高在乡老复员军人定期生活费标准经费 380 万元，用于 1999 年提高部分优抚对象抚恤费标准补助经费 1660 万元，用于 2001 年提高部分优抚对象抚恤费补助经费 1585 万元，用于 2002 年提高在乡老复员军人定期生活费标准补助经费 624 万元，用于 2003 年提高在乡老复员军人定期生活费标准补助经费 628 万元。8 月，国务院颁布《军人抚恤优待条例》修正案，全省各地调整军人及其家属的优待标准和办法：义务兵服现役期间其优待金由当地政府按照不低于当地平均生活水平的标准发给其家属，其家属继续享受该单位职工家属的有关福利待遇；义务兵入伍前是国家机关、社会团体、企业事业单位职工（含合同制人员）的，退出现役后，允许复工复职，并享受不低于本单位同岗位（工种）同工龄职工的各项待遇；义务兵服役期间保留其入伍前的承包地（山、林），除依照有关规定和承包合同的约定缴纳有关税费外，免除其他负担；现役军人死亡的，根据其死亡性质和死亡时的月工资标准，由县级民政部门发给其遗属一次性抚恤金（属于烈士的，补助 80 个月工资；因公牺牲的，补助 40 个月工资；病故的，补助 20 个月工资；生前月工资或者津贴低于排职少尉军官工资标准的，按照排职少尉军官工资标准计算）；获得荣誉称号或者立功的烈士、因公牺牲军人、病故军人，其遗属在享受一次性抚恤金的基础上由县级民政部门增发一次性抚恤金；对父母和配偶无劳动能力、无生活费来源或者收入水平低于当地居民平均生活水平的烈士遗属、因公牺牲军人遗属、病故军人遗属，由民政部门发给定期抚恤金。9 月，省财政厅、省民政厅联合下达 2004 年抚恤和社会福利救济费 688 万元，其中抚恤事业费 140 万元、安置事业费 86 万元、社会救济福利事业费 432 万元、其他民政事业费 30 万元。12 月，执行民政部、教育部、总政治部《优抚对象及其

子女教育优待暂行办法》，全省退役士兵、残疾军人、烈士子女、因公牺牲军人子女、一级至四级残疾军人子女、现役军人子女享受优先接收入学入托的优待。同年，龙岩、三明等地减免在乡老复员军人、革命烈士、因公牺牲军人、病故军人的父母和配偶，红军失散人员和三等甲级以下革命伤残军人住院医疗费用；泉州市实行抚恤优待补助城乡一体化，农村重点优抚对象享受和城镇一样的抚恤优待标准，义务兵每户每年优待金4072元，达到当地上年度农民人均收入的72.1%（城镇居民人均可支配收入的41.4%），位居全省前列。

2005年3月，省财政厅、省民政厅联合下达优抚事业经费55万元。7月，省民政厅、省财政厅联合发布《关于提高部分优抚对象抚恤补助标准的通知》，决定从2004年10月1日起，提高残疾军人（含伤残人民警察、伤残国家机关工作人员、伤残民兵民工）残疾抚恤金、“三属”人员定期抚恤金和“两红”人员生活补助标准；将革命残疾人员等级由四等六级套改为1～10级，取消其在职保健金与在乡抚恤之分，统一伤残抚恤标准；烈属、因公牺牲军人遗属、病故军人遗属分别执行抚恤补助标准。同期，省财政安排革命“五老”人员定补经费2286万元，定补标准为无依无靠的235元，有依无靠的150元，有依有靠的95元。生活困难的革命“五老”人员全面纳入城乡低保。8月，省委组织部、宣传部、统战部、老干部局、省民政厅等部门转发中组部、中宣部等8个部委《关于做好慰问抗战老战士、老同志及国内抗日将领或其遗属工作的通知》，省卫生厅、省民政厅联合转发卫生部、民政部《关于做好抗战老战士慰问活动中医疗服务工作的通知》，要求在组织抗战胜利60周年纪念活动中慰问抗战老战士，做好抗战老战士医疗保障工作。全省各地给抗战老战士、老同志或

图3-2　2005年，莆田市荔城区重点优抚对象医疗补助卡发放现场

其遗属以及其他重点优抚对象颁发抗战胜利60周年纪念章，为优抚对象发放慰问金530万元，慰问品2万件。各地卫生、民政部门组织辖区内有关医疗卫生和社区服务机构对抗战老战士逐一进行一次走访慰问，开展免费体检和送医送药活动。9月，省老区办、省财政厅联合制发《关于提高福建省革命“五老”人员定期生活补助标准的通知》《关于提高在乡复员军人定期定量生活补助标准的通知》，提出从2005年1月1日起，革命“五老”人员中的无依无靠、有依无靠、有依有靠人员定期生活补助每人每月分别提高至235元、150元、95元，新增经费由省市县财政按7∶2∶1比例分级负担；在乡老复员军人每人每年提高补助标准500元，回乡务农抗战老战士每人每年再提高500元补助，经费由省、设区市、县（市）财政按7∶2∶1比例分组负担。11月，省委将提高革命“五老”人员生活补助标准写入“十一五”规划建议中。12月，省政府批转省民政厅等部门《关于福建省重点优抚对象和革命“五老”人员医疗补助办法的通知》，决定从2006年起将全省残疾军人（不含六级以上人员）、“三属”人员、“两红”人员、在乡老复员军人和革命“五老”人员纳入城乡困难家庭医疗救助范围，医疗救助资金由省市县三级财政共同分担，按每年每人补助600元的标准予以筹集(厦门市除外)。省市县三级财政按下列比例负担医疗救助资金：人均财力在1.2万元以下的县（市），省、市、县按7∶2∶1比例负担；人均财力在1.2万～1.5万元的县（市），按照6∶2∶2比例负担；人均财力在1.5万～2万元的县（市），按照5∶2∶3比例负担；市辖区及人均财力在2万元以上的县（市），按照4∶2∶4比例负担)。同月，省公安厅、省教育厅、省民政厅联合转发公安部、教育部、民政部《关于印发〈人民警察优抚对象及其子女教育优待暂行办法〉的通知》，要求各地制定实施细则，切实加强对人民警察优抚对象及其子女的教育优待工作。

同年8月，省财政厅、省民政厅、省卫生厅联合发布《关于“8491”国防工程建设支前民兵患硅肺病的医疗和生活困难补助问题的通知》，决定提高三明、龙岩2市10个县（市、区）参加连城“8491”国防工程建设支前民兵硅肺病一、二、三期患者，硅肺病疑似患者，硅肺病死亡人员家属的医疗和生活困难补助标准。医疗补助标准为：三期患者每人每年5000元，二期患者每人每年2000元，一期患者每人每年1000元，疑似患者每人每年500元。医疗补助经费应用于硅肺病患者的诊断、治疗和复检等。生活困难补助经费由省、市、县按7∶2∶1比例分担。

表3-6　**2005年福建省各设区市优抚对象情况表**

单位：人

类别	福州	厦门	莆田	三明	泉州	漳州	南平	龙岩	宁德	合计
革命伤残军人	2128	656	955	707	1464	1318	1105	811	835	9979
伤残国家机关工作人员	57	29	25	29	24	54	31	41	15	305

续表

类别	福州	厦门	莆田	三明	泉州	漳州	南平	龙岩	宁德	合计
伤残人民警察	12	5	3	8	14	21	14	14	5	96
伤残民兵民工	9	13	8	6	12	18	11	8	2	87
烈士遗属	1213	215	508	1802	684	1509	947	9849	5774	22501
因公牺牲军人遗属	175	35	79	109	145	155	137	952	691	2478
病故军人遗属	453	219	230	145	320	225	171	254	207	2224
在乡退伍红军老战士	1	0	1	0	0	4	1	6	2	15
红军失散人员	45	2	81	251	145	162	113	2795	635	4229
在乡复员军人	6214	376	2082	3657	3337	5700	3710	5690	5338	36104
带病回乡退伍军人	1107	274	1088	515	1282	1586	805	2014	2035	10706
全省合计	11414	1824	5060	7229	7427	10752	7045	22434	15539	88724

表 3-7　**2005 年福建省优抚对象抚恤补助金发放情况表**

单位：万元

地区	伤残抚恤	牺牲病故抚恤		在乡退伍红军生活补助	红军失散人员生活补助	在乡复员军人生活补助	义务兵优待金	合计
		一次性抚恤	定期定量抚恤					
省本级	0	0	0	0	0	150	0	150
福州市	708.3	305.6	349.2	3.4	17.1	1833.4	295.6	3512.6
厦门市	221.4	77.7	76	0	1	225.2	495.1	1096.4
莆田市	386.2	5.2	180.1	0	21.7	715.1	289.7	1598
三明市	274.6	15.4	541.4	0	118.8	1024.5	774.9	2749.6
泉州市	906	39.8	521.3	0	58.9	1222.1	2399.1	5147.2
漳州市	523.2	38	760	0	101.7	2133.1	633.2	4189.2
南平市	481	57.1	316.6	2	31.9	834.3	545.9	2268.8
龙岩市	276.2	36.6	2094.4	4.3	1127.1	1672.6	616.9	5828.1
宁德市	279.3	11.3	615.7	3.3	207.6	1508.7	255.8	2881.7
全省总计	4056.2	586.7	5454.7	13	1685.8	11319	6306.2	29421.6

1995年至2005年，全省各级政府、社会团体及个人为优抚对象解决住房问题共投入资金1.01亿元（其中，政府补助4500万元，社会资助4600万元，优抚对象个人自筹1000万元）；为优抚对象租房的有610户，借房的1050户，修房的2525户，建房的2142户（民众义务帮工9万多个工作日）；孤老优抚对象进“三院”（光荣院、福利院、敬老院）的1284人；帮扶优抚对象结对子的5833个，建立帮扶组织4485个，参与帮扶的人数15300人，受帮扶的优抚对象24310人；单位及个人捐助1500万元，捐赠衣被85万件，食品1200多公斤，家电等日常生活用品100多万件，受益的优抚对象13万人次。全省共为各类优抚对象发放补助金1.52亿元，其中农村义务兵家属29875户4311万元，城市义务兵家属12780户3710万元，立功受奖2105人1015万元，重点优抚对象3521户5944万元，发放260万元专项补助金资助130名在乡特等、一等伤残军人。2000年至2005年，全省共有24506名重点优抚对象享受低保，月发保障金206.55万元；全省每年平均发放伤残军人医疗补助金3930万元。

表3-8　**1995—2001年革命伤残人员（在乡）抚恤保健金标准表**

单位：元/人·年

伤残等级	伤残性质	1995年	1996年	1998年	1999年	2000年	2001年
特等	因战	2240	3240	3540	5340	6000	7000
	因公	2100	3080	3380	5180	5840	6840
一等	因战	1860	2460	2760	4000	4600	5400
	因公	1740	2330	2630	3870	4470	5270
	因病	1620	2200	2500	3740	4340	5140
二等甲级	因战	1250	1430	1550	2120	2480	2900
	因公	1150	1320	1440	2010	2370	2790
	因病	1070	1230	1350	1920	2280	2700
二等乙级	因战	856	960	1080	1320	1680	1940
	因公	780	880	1000	1240	1600	1860
	因病	740	840	960	1200	1560	1820
三等甲级	因战	536	628	748	900	1050	1180
	因公	516	608	728	880	1030	1160
三等乙级	因战	442	526	646	780	930	1050
	因公	—	526	646	780	930	1050

注：1997年未统计。

表 3-9　　**1996—2001 年革命伤残人员（在职）抚恤保健金标准表**

单位：元/人·年

伤残等级	伤残性质	1996 年 7 月 1 日前执行	1996 年 7 月 1 日起执行	1998 年 1 月 1 日起执行	1999 年 1 月 1 日起执行	1999 年 7 月 1 日起执行	2000 年 1 月 1 日起执行	2001 年 1 月 1 日起执行
特等	因战	450	600	660	1000	—	1180	1500
	因公	420	570	570	970	—	1150	1470
一等	因战	374	500	500	800	—	980	1200
	因公	342	460	460	760	—	940	1160
	因病	332	450	450	750	—	930	1150
二等甲级	因战	288	380	380	—	455	515	600
	因公	268	360	360	—	435	495	580
	因病	250	340	340	—	415	475	560
二等乙级	因战	231	300	300	—	360	420	500
	因公	214	280	280	—	340	400	480
	因病	210	270	270	—	330	390	470
三等甲级	因战	174	220	220	—	260	320	380
	因公	160	200	200	—	240	300	360
三等乙级	因战	132	170	170	—	205	265	320
	因公	122	160	160	—	195	255	310

表 3-10　　**1996—2004 年福建省“三属”“两红”人员抚恤定补标准表**

单位：元/人·月

执行年份	“三属”									“两红”		
	烈士家属			因公牺牲军人家属			病故军人家属			在乡退伍红军老战士	红军失散人员	
	城市	城镇	农村	城市	城镇	农村	城市	城镇	农村		城镇	农村
1996 上半年	120	110	85	120	110	85	115	105	80	480	150	120
1996 年 7 月起	133	123	98	133	123	98	128	118	93	537	173	143
1998 年 1 月起	141	131	106	141	131	106	136	126	101	577	183	153
1999 年 1 月起	168	158	133	168	158	133	163	153	128	687	193	163

续表

<table>
<tr><th rowspan="3">执行年份</th><th colspan="9">“三属”</th><th colspan="3">“两红”</th></tr>
<tr><th colspan="3">烈士家属</th><th colspan="3">因公牺牲军人家属</th><th colspan="3">病故军人家属</th><th rowspan="2">在乡退伍红军老战士</th><th colspan="2">红军失散人员</th></tr>
<tr><th>城市</th><th>城镇</th><th>农村</th><th>城市</th><th>城镇</th><th>农村</th><th>城市</th><th>城镇</th><th>农村</th><th>城镇</th><th>农村</th></tr>
<tr><td>1999 年 7 月起</td><td>198</td><td>188</td><td>163</td><td>198</td><td>188</td><td>163</td><td>193</td><td>183</td><td>153</td><td>850</td><td>223</td><td>193</td></tr>
<tr><td>2000 年 1 月起</td><td>218</td><td>208</td><td>183</td><td>218</td><td>208</td><td>183</td><td>225</td><td>245</td><td>220</td><td>900</td><td>243</td><td>132</td></tr>
<tr><td>2001 年 1 月起</td><td>260</td><td>250</td><td>225</td><td>260</td><td>250</td><td>225</td><td>225</td><td>245</td><td>220</td><td>1100</td><td>290</td><td>260</td></tr>
<tr><td>2003 年</td><td>360</td><td>360</td><td>280</td><td>360</td><td>360</td><td>280</td><td>360</td><td>360</td><td>280</td><td>1290</td><td>320</td><td>290</td></tr>
<tr><td>2004 年 10 月起</td><td colspan="2">455</td><td>305</td><td colspan="2">435</td><td>300</td><td colspan="2">410</td><td>285</td><td>1310</td><td>410</td><td>380</td></tr>
</table>

注：1. 1996 年 7 月所提标准中含粮食调剂价补贴每人每月 8 元，孤老的在乡退伍红军老战士每人每月另增的特殊生活补贴费 100 元；

2. 1998 年 1 月所提标准中含孤老的在乡退伍红军老战士每人每月另增的特殊生活补贴费 100 元；

3. 1999 年 1 月所提标准中含孤老的在乡退伍红军老战士每人每月另增的特殊生活补贴费 100 元，其余孤老的每人每月另增特殊生活补贴费 20 元；

4. 1999 年 7 月所提标准中含孤老的在乡退伍红军老战士每人每月另增的特殊生活补贴费 100 元，其余孤老的每人每月另增特殊生活补贴费 30 元；

5. 2000 年 1 月所提标准中含孤老的每人每月另增的特殊生活补贴费 30 元；

6. 2001 年 1 月所提标准中含孤老的在乡退伍红军老战士每人每月另增的特殊生活补贴费 120 元（年满 70 周岁再增发月生活补助费 100 元），其余孤老的每人每月另增特殊生活补贴费 50 元。

表 3-11　　**1996—2005 年福建省在乡老复员军人抚恤定补标准表**

单位：元/人·月

<table>
<tr><th rowspan="2">执行年份</th><th colspan="2">抗日战争时期入伍</th><th colspan="2">解放战争时期入伍</th><th colspan="2">中华人民共和国成立后入伍</th><th rowspan="2">孤老的另增补助</th></tr>
<tr><th>城镇</th><th>农村</th><th>城镇</th><th>农村</th><th>城镇</th><th>农村</th></tr>
<tr><td>1996 年 1 月 1 日起</td><td>65</td><td>55</td><td>55</td><td>45</td><td>—</td><td>—</td><td>10</td></tr>
<tr><td>1999 年 1 月 1 日起</td><td>111</td><td>101</td><td>101</td><td>91</td><td>76</td><td>66</td><td>20</td></tr>
<tr><td>1999 年 7 月 1 日起</td><td>142</td><td>132</td><td>129</td><td>119</td><td>97</td><td>87</td><td>30</td></tr>
<tr><td>2001 年 1 月 1 日</td><td>170</td><td>160</td><td>155</td><td>145</td><td>120</td><td>110</td><td>50</td></tr>
<tr><td>2003 年</td><td>210</td><td>200</td><td>195</td><td>185</td><td>160</td><td>150</td><td>—</td></tr>
<tr><td>2005 年</td><td>290</td><td>290</td><td>235</td><td>235</td><td>200</td><td>200</td><td>—</td></tr>
</table>

表 3-12　　1998—2005 年福建省各地（市）优抚对象抚恤补助金自然增长情况表

单位：万元、%

年份		福州	厦门	莆田	三明	泉州	漳州	南平	龙岩	宁德
1998	总金额	—	—	—	—	191.4	—	—	—	—
	百分比	—	—	—	—	—	—	—	—	—
1999	总金额	90.5	0.1	7.4	40.21	885.2	64.1	12	160.5	72.8
	百分比	8.2	0～5	0～15	5～10	4.9～28.9	10	0～15	0～10	0～15
2000	总金额	11.3	60	47.6	54	937.9	90.8	5	190.5	126.7
	百分比	4.9	0～8	0～15	5～10	4～21.5	10	0～15	0～10	5～12
2001	总金额	32.3	70	78	54.4	1038.4	12.1	5	75.12	145.5
	百分比	9	2～25	15	5～10	3.4～31.7	0～10	0～15	0～10	0～14
2003	总金额	560	94.3	117.1	65.7	118	38	39.1	170	92.8
	百分比	7	0～9	15	0～10	2～14	2	3～5	2～20	0～10
2004	总金额	596.15	110.9	48.3	89.1	149.2	60	44.11	105.5	106.7
	百分比	5	0～9	6	0～17	2～20	3	3～5	5～12	0～8
2005	总金额	—	91.31	82.86	136.4	1070.6	61.2	55.5	185.6	130.9
	百分比	—	3～6	6	7～24	2.5～18	3	3	2.2～14	2～15

注：1. 2002 年未统计。

2. 百分比为各地（市）中各县（市、区）最低和最高的增长幅度。

表 3-13　　福建省残疾军人、伤残人民警察、伤残国家机关工作人员、伤残民兵民工残疾抚恤金标准表

单位：元/人·年

残疾等级	残疾性质	抚恤金标准
一级	因战	11200
	因公	10800
	因病	10440
二级	因战	10080
	因公	9600
	因病	9200

续表

残疾等级	残疾性质	抚恤金标准
三级	因战	8960
	因公	8400
	因病	7800
四级	因战	7280
	因公	6600
	因病	6000
五级	因战	5600
	因公	5040
	因病	4560
六级	因战	4480
	因公	4200
	因病	3600
七级	因战	3360
	因公	3000
八级	因战	2240
	因公	1920
九级	因战	1680
	因公	1440
十级	因战	1120
	因公	960

注：此标准 2004 年 10 月 1 日起执行。

第二节　优抚事业单位

一、荣誉军人康复医院

1995 年，省民政厅在民政部拨款 20 万元基础上增拨 4 万元给省荣誉军人康复医院（简称“省荣康院”，始建于 1953 年，位于建瓯市区）以添置服务设施。

1996 年 6 月，省荣康院设立老年护理中心，设计床位 20 张。9 月，门诊大楼开工建设，规划占地面积1085平方米，建筑面积1953平方米，总造价140万元，其中由中国社会福利有奖募捐委员会补助50万元、省社会福利有奖募捐委员会捐资50万元，自筹40万元。同年，省荣康院休养员住院补贴标准由每人每月100元提高至120元。

1997年1月，省荣康院重残休养员营养补贴费由每人每月50元提高至70元。4月起，在院休养员每人每月增发生活补助费80元。8月起，住院休养员每人每月增发生活补助费20元。

1998年5月，省荣康院门诊大楼投入使用。7月，省民政厅批复同意省荣康院休养员享受“南平市机关、事业单位工作人员适当增加补贴”的待遇，按每人每月55元标准从1998年1月1日起执行。

2000年8月，省民政厅批复省荣康院发放休养员“八一”慰问金每人400元。

2001年3月30日，省荣康院设立临终关怀病区，设置5个床位。8月，省民政厅批复同意自2001年1月1日起休养员住院补贴由每人每月140元提高至每人每月160元，发给休养员“八一”慰问金每人400元。同年，全院有特、一等伤残军人22人。

2002年2月，建瓯市医疗保险中心批准省荣康院为建瓯市医疗保险定点医院。3月，省荣康院荣军病房大楼开工建设，设计占地面积1088平方米、建筑面积4033平方米、床位100张，总投资404万元，其中民政部补助100万元，省财政补助126万元，省福彩中心补助100万元，自筹78万元。在院休养员20人。7月，省民政厅表彰省荣康院康复区为全省优抚事业单位管理工作先进科室。

2003年起，每年发给休养员春节慰问金每人300元。

2004年3月，省荣康院荣军病房大楼正式投入使用。8月，发给休养员“八一”慰问金每人400元。

图3-3　2004年3月，民政部副部长李宝库（中）到省荣誉军人康复医院考察调研

2005年1月省荣康院开办专科门诊。同月，经省民政厅批复，发给休养员春节慰问金每人300元，给原住家属区的休养员每人500元。同月起，住院的特、一等残疾军人休养员生活补贴每人每月提高至160元。9月，经省民政厅批复，发给休养员慰问金每人400元。截至当年末，省荣康院设置床位140张，实际住院老人140余人。在编工作人员48人（大学学历的9人，大专学历的10人，拥有高级职称1人、中级职称14人、初级职称15人），临时聘用人员52人，离休6人，退休29人。

二、光荣院

20世纪90年代中后期，各地光荣院实行开放管理新模式，福州、泉州、莆田、三明、南平等地光荣院与福利院合二为一，实行一套班子两块牌子，在满足当地优抚对象入院需求的情况下逐步向社会提供养老服务，利用空余床位开展自费代养（老年人）业务，变单一的集中供养孤老优抚对象为孤老优抚对象和社会老年人两种对象复合供养。供养过程中优抚对象待遇高于社会老年人。

1995年，省民政厅批复莆田县设立光荣院，工作人员按实际收养人数1∶4配备。

1996年5月，省民政厅表彰宁德市光荣院、屏南县光荣院、龙岩市光荣院、连城县光荣院、宁化县光荣院、建宁县光荣院、永安市光荣院、闽清县光荣院、平和县光荣院、武夷山市光荣院和浦城县光荣院为“省级文明光荣院”。

1999年，省民政厅划拨福彩公益金资助长汀县45万元、漳浦县35万元用于改造当地光荣院。同年5月，省民政厅表彰长汀县光荣院、宁德市光荣院、宁化县光荣院、平和县光荣院和连江县光荣院为“省级文明光荣院”。

2002年7月，省民政厅表彰长汀县光荣院、连江县光荣院、古田县光荣院、漳浦县光荣院、宁化县烈属光荣院为“全省先进光荣院”。

2005年12月，省民政厅表彰福州市光荣院、寿宁县光荣院、莆田市光荣院、惠安县光荣院、漳浦县光荣院、长汀县烈属光荣院、龙岩市新罗区光荣院、宁化县光荣院、政和县光荣院为“2003—2005年优抚事业先进单位”。是年，全省光荣院总数60所1565个床位，其中政府兴办的41所，集体兴办的19所；共有干部职工389人，供养院民912人，其中属于优抚对象的853人，属于自费代养的59人；院民年生活费用平均3324元。

表3-14　　**2000年福建省光荣院基本设置与收养情况表**

项　　目		数　量
光荣院数量（个）		60
基本设施	床位数（张）	1410
	占地面积（m^2）	383537
	业务用房面积（m^2）	72952

续表

<table>
<tr><th colspan="3">项　目</th><th>数　量</th></tr>
<tr><td rowspan="5">供职人员</td><td colspan="2">编制人数（人）</td><td>415</td></tr>
<tr><td colspan="2">职工总数（人）</td><td>464</td></tr>
<tr><td rowspan="3">其中</td><td>高级职称</td><td>15</td></tr>
<tr><td>中级职称</td><td>68</td></tr>
<tr><td>初级职称</td><td>93</td></tr>
<tr><td rowspan="7">收养人员</td><td colspan="2">收养人员总数（人）</td><td>864</td></tr>
<tr><td rowspan="6">其中</td><td>“三红”</td><td>22</td></tr>
<tr><td>“三属”</td><td>112</td></tr>
<tr><td>伤残军人</td><td>25</td></tr>
<tr><td>复员军人</td><td>537</td></tr>
<tr><td>退伍军人</td><td>54</td></tr>
<tr><td>其他</td><td>114</td></tr>
</table>

表 3-15　**1995—2005 年福建省光荣院基本情况表**

年份	光荣院数（个）	床位（张）	住院人数（人）	职工人数（人）	全年支出经费（万元）	人均月生活费用（元）
1995	53	1218	847	319	487.59	152
1996	53	1218	843	327	555.87	160
1997	54	1221	830	335	567.32	164
1998	55	1269	865	358	635.66	186
1999	55	1287	880	367	764.62	196
2000	60	1410	864	464	817.87	209
2001	60	1424	890	387	931.68	221
2002	60	1426	892	389	1008.57	241
2003	60	1467	916	392	1026.01	251
2004	60	1468	914	388	1137.32	270
2005	60	1565	912	389	1367.33	277

三、军供站

1995年后，全省军供站管理体制不尽相同，福州军供站属省级站，由省民政厅管理，其余由当地政府和民政局管理。龙岩、漳州、厦门、泉州、宁德、莆田军供站对部队供应时称军供站，对外经营活动时称八一服务社，两块牌子一套人马，实行军供工作与八一服务社企业化自主经营合二为一的管理模式。

2000年，除泉州站采取内部承包经营年收入近百万元外，其余实行自收自支的军供站主要以出租房屋解决生存问题。同年12月，省民政厅在厦门市召开全省安置暨军供站工作会议，要求各地军供站加强正规化建设水平，增强快速反应和应急保障能力，并深化经营体制改革，增强自我发展能力。

图3-4　2000年12月24日，全省安置暨军供站工作会议在厦门召开

20世纪90年代后期至2001年，省民政厅每年列支30万元用于各军供站的房屋维修，列支20万元用于各军供站接待新老兵及过往部队的饮食补贴；全省军供站（八一服务社）每年自主经营营业收入约400万元，上交税利约100万元，补贴过往部队约30万元，完成20多万人次的新老兵和过往部队的接待供应任务。

2004年5月，省民政厅对全省13个军供站进行军队交通运输工作正规化建设检查评比，向总后勤部推荐3个军供站作为全国先进单位，向南京军区推荐表彰4个军供站。

表 3-16

1995 年全省军供站情况表

单位：人、张、辆、人次、万元

站名	职工人数			床位数	车辆	年末固定资产	接待转运人次				拨款情况		对社会开放营业情况					
	小计	干部	工人				小计	新老兵运输	部队调动及其他运输	支前民兵民工运输	年总预算拨款数	其中由支前费拨款	总营业额	盈利	亏损	用于军供站建设	用于职工福利	上交税额
福州站	88	11	77	300	3	370	6934	4934	2000	—	—	—	352	25	—	—	74.4	85.8
厦门站	72	5	67	170	2	185.3	3111	3111	—	—	15	—	144.4	1.7	—	28	25.24	15.2
前场站	6	2	4	26	1	33.4	1880	—	1880	—	22	—	1.5	—	—	1.5	0.5	—
漳州站	54	6	48	210	2	154	5650	2650	3000	—	8	—	45	10.1	—	—	—	—
泉州站	83	5	78	216	1	398.8	640	640	—	—	—	—	185.1	10.7	—	134.4	31.4	18.6
莆田站	33	6	27	80	—	195.6	1560	—	1560	—	13.7	—	9.3	9.6	—	10	4.5	3.2
宁德站	6	1	5	—	—	230	—	—	—	—	3	—	3	2.4	—	—	—	0.6
龙岩站	30	2	28	172	1	142	1751	1365	386	—	—	—	78.5	20	—	—	—	5.2
漳平站	9	1	8	80	—	186	1525	—	1525	—	5.8	—	16.3	6.5	—	5.5	—	1
永安站	6	3	3	47	1	13	6122	3896	2226	—	4	—	9	4.3	—	2	0.4	0.5
三明站	15	2	13	—	—	51.6	130	130	—	—	—	—	13.8	—	—	—	—	1.0
来舟站	6	2	4	56	—	50.7	5202	2280	2922	—	4.19	—	6.1	3.8	—	1.05	1.8	0.5
邵武站	11	5	6	30	1	22	14152	6320	7832	—	6	—	3	3	—	—	—	—
全省	419	51	368	1387	12	2032.4	48657	25326	23331	—	81.69	—	857.7	97.1	—	182.45	138.24	131.6

表 3-17

2001 年福建省军供站基本情况表

单位：个、平方米、辆、万元、人、人次

<table>
<tr><th colspan="3">项　　目</th><th>数　量</th></tr>
<tr><td colspan="3">军供站总数</td><td>13</td></tr>
<tr><td rowspan="5">军供站类别划分</td><td rowspan="3">按交通线路划分</td><td>铁路</td><td>10</td></tr>
<tr><td>水路</td><td>2</td></tr>
<tr><td>公路</td><td>1</td></tr>
<tr><td rowspan="2">按接待任务划分</td><td>饮食供应站</td><td>11</td></tr>
<tr><td>军人接待转运站</td><td>2</td></tr>
<tr><td rowspan="7">基本设施</td><td colspan="2">占地面积</td><td>68060</td></tr>
<tr><td colspan="2">建筑面积</td><td>85216</td></tr>
<tr><td colspan="2">使用面积</td><td>65864</td></tr>
<tr><td colspan="2">供应站港</td><td>15</td></tr>
<tr><td colspan="2">附设床位</td><td>1321</td></tr>
<tr><td colspan="2">机动车辆</td><td>7</td></tr>
<tr><td colspan="2">固定资产原值</td><td>8438.02</td></tr>
<tr><td rowspan="10">从业人员</td><td colspan="2">核定编制</td><td>310</td></tr>
<tr><td colspan="2">实有人员</td><td>347</td></tr>
<tr><td rowspan="5">实有人员按类别划分</td><td>管理人员</td><td>55</td></tr>
<tr><td>特、一级厨师</td><td>14</td></tr>
<tr><td>二、三级厨师</td><td>12</td></tr>
<tr><td>技工</td><td>177</td></tr>
<tr><td>其他</td><td>89</td></tr>
<tr><td rowspan="3">其中拥有技术职称的</td><td>高级</td><td>49</td></tr>
<tr><td>中级</td><td>117</td></tr>
<tr><td>初级</td><td>58</td></tr>
<tr><td rowspan="3">运营实况</td><td colspan="2">最大日供应量</td><td>27582</td></tr>
<tr><td colspan="2">新老兵运输</td><td>50147</td></tr>
<tr><td colspan="2">部队调动及其他运输</td><td>68002</td></tr>
</table>

表 3-18　　**2002 年福建省军供站人员编制配备情况表**

单位：人

军供站名称	创建时间	编制性质	编制人数	实有人数
来舟军供站	1956 年 8 月	全额拨款	5	8
漳平军供站	1957 年 2 月	全额拨款	4	7
邵武军供站	1958 年 1 月	全额拨款	5	13
永安军供站	1963 年 11 月	差额拨款	5	5
福州军供站	1965 年 10 月	自收自支	118	114
前场军供站	1971 年 6 月	全额拨款	6	5
三明军供站	1980 年 7 月	自收自支	17	17
泉州军供站	1981 年 12 月	自收自支	10	53
厦门军供站	1982 年 8 月	自收自支	40	38
龙岩军供站	1985 年 8 月	自收自支	28	28
莆田军供站	1988 年 10 月	差额拨款	26	34
宁德军供站	1989 年 5 月	全额拨款	5	6
漳州军供站	1977 年	自收自支	41	58

注：漳州军供站于 2000 年底拍卖资产，但编制依然保留。

四、烈士纪念建筑物保护单位

1995 年 1 月，民政部公布第一批爱国主义教育基地名单（共 100 处），福建省的闽西革命烈士陵园（位于龙岩市区）、福州文林山革命烈士陵园和厦门市烈士陵园位列其中。4 月，省民政厅确定第一批爱国主义教育基地，共 25 个：瞿秋白烈士纪念碑（位于长汀县）、闽西革命烈士陵园、林祥谦烈士陵园（位于闽侯县）、福州文林山革命烈士陵园、厦门市烈士陵园、莆田市烈士陵园、漳州市烈士陵园、闽东革命烈士陵园（位于福安市）、赤石暴动烈士陵园（位于武夷山市）、东山战斗烈士纪念碑、何叔衡烈士纪念碑（位于长汀县）、寿宁县烈士陵园、福鼎县烈士陵园、永定县烈士纪念碑、长泰县烈士纪念碑、漳浦县革命烈士纪念碑、安溪县烈士纪念碑、晋江市烈士纪念碑、同安县烈士纪念碑、仙游县烈士纪念碑、福清市烈士纪念碑、宁化县烈士陵园、将乐县烈士纪念碑、松溪县烈士陵园、建阳市烈士陵园。9 月，执行民政部颁布的《革命烈士纪念建筑物管理保护办法》，根据革命烈士纪念建筑物的纪念意义和建筑规模，全省各地革命烈士纪念建筑物分为全国重点保护单位、省级保护单位、市（地）级保护单位和县级保护单位。县级以上保护单位为全额拨款的事业单位，由所在地的民政部门负责管理；县级以上保护单位的革命烈士纪念建筑物由建设单位负责管理保护。当年，全省有全国重点保护单位的革命烈士纪念建筑物 3 个，瞿秋白烈士纪念碑、闽西革命烈士陵园、林祥谦烈士陵园；省级保护单位的 8 个，福州文林山革命烈士陵园、厦门市烈士陵园、莆田市烈士陵园、赤石暴动烈士陵园、闽东革命烈士陵园、漳州市烈士陵园、东山战斗烈士陵园、何叔衡烈士纪念碑。

1996 年，各地推进革命烈士纪念建筑物管理机构建设，配备管理人员。未设专门管理机构的，当地民政部门大多安排机关干部职工或聘用社会人员管理。同年 5 月，省民政厅表彰闽东革命烈士陵园、寿宁县烈士陵园、福州文林山革命烈士陵园、林祥谦烈士陵园、瞿秋白烈士纪念碑、上杭县烈士陵园、厦门市烈士陵园、漳州市烈士陵园、晋江市烈士纪念碑、莆田市烈士陵园、松溪县烈士陵园和宁化县烈士陵园等 12 个革命烈士陵园管理处（所）为烈士纪念建筑物管理工作先进单位。

1999 年 5 月，省民政厅表彰莆田市烈士陵园、闽西革命烈士陵园、厦门市烈士陵园、福州文林山革命烈士陵园、泉州市烈士陵园、福鼎市烈士陵园、将乐县烈士陵园、诏安县烈士陵园和松溪县烈士陵园等 9 个革命烈士陵园管理处（所）为烈士纪念建筑物管理工作先进单位。

2000 年，各保护单位加强建章立制，实行专人管理和岗位责任制等措施，推进管理工作规范化、常态化。清明节等重大节日期间，各革命烈士纪念建筑物保护单位接待党政机关、群团组织、企事业单位、中小学校和部队人员前来瞻仰烈士纪念碑，祭扫烈士墓，参观烈士事迹陈列室，举行入党、入团、入队宣誓等活动。部分县级以上革命烈士纪念建筑物保护单位拓展社会服务功能，采取“走出去、送上门”方式，进部队、学校、社区进行烈士事迹巡展，扩大教育面和影响力。各保护单位增加经费投入，美化革命烈士纪念建筑物周边环境，

图 3-5　2000 年 4 月，厦门市鼓浪屿区为纪念在解放战争中英勇献身于当地的烈士在英雄山设立英雄园

使陵园公园化、园林化，成为当地民众休闲健身和游览的好去处。同年8月，莆田市烈士陵园改名为闽中革命烈士陵园。截至当年末，全省有革命烈士纪念建筑物保护单位93个，其中国家级3个、省级15个、地（市）级6个、县（市）级69个，陈展烈士16565人，安葬烈士15899人。

2001年4月，闽中革命烈士陵园被国务院列为第四批全国重点烈士纪念建筑物保护单位。同月，省公安厅、省民政厅、省见义勇为基金会联合在福州妙峰山陵园建立福建见义勇为纪念碑，碑高8米、宽30米，第一期工程收集20世纪90年代及其随后牺牲的61位见义勇为者的遗像和事迹简介。6月，林祥谦烈士陵园、瞿秋白烈士纪念碑被中宣部确定为全国第二批百家爱国主义教育示范基地。同年，林祥谦烈士陵园被省直机关党工委确定为福建省直机关政治教育基地。

2002年7月，省民政厅表彰厦门烈士陵园、东山战斗烈士陵园、福州文林山革命烈士陵园、闽西革命烈士陵园、寿宁县烈士陵园、大田县烈士陵园、仙游县烈士陵园、松溪县烈士陵园、泉州市烈士陵园等9个革命烈士陵园管理处（所）为全省革命烈士纪念建筑物管理工作先进单位。

2005年12月，省民政厅表彰福州文林山革命烈士陵园、连江县烈士陵园、厦门市烈士陵园、闽东革命烈士陵园、闽中革命烈士陵园、泉州市烈士陵园、漳州市烈士陵园、闽西革命烈士陵园、大田县烈士陵园、松溪县烈士陵园等9个革命烈士陵园管理处（所）为2003—2005年优抚事业先进单位。同年，福安市投资200多万元改扩建闽东革命烈士陵园。

截至2005年，全省有国家级革命烈士纪念建筑物保护单位4个（林祥谦烈士陵园、瞿秋白烈士纪念碑、闽西革命烈士陵园、闽中革命烈士陵园）；省级革命烈士纪念建筑物保护单位10个（福州文林山革命烈士陵园、厦门市烈士陵园、闽东革命烈士陵园、漳州市烈士陵园、东山战斗烈士陵园、张赤男烈士纪念碑、何叔衡烈士纪念碑、宁化县革命烈士纪念碑、赤石暴动烈士陵园、闽北革命烈士陵园）；市级革命烈士纪念建筑物保护单位8个，县级革命烈士纪念建筑物保护单位105个。全省革命烈士纪念建筑物保护单位设置科、股级管理机构，人员编制共140名。1995年至2005年，为维修和改造革命烈士纪念建筑物，省级财政累计下达专项经费2500万元。

表3-19　**1995—2005年福建省革命烈士纪念建筑物建造情况表**

单位：平方米

烈士纪念建筑物名称	所在地	竣工时间	占地面积	保护级别
南靖月眉公园革命烈士亭	南靖县山城镇	1995年3月	990	县级
连江革命烈士陵园	连江县凤城镇虎头山	1999年	2970	县级
平和烈士陵园	平和县小溪镇	1999年	3330	县级

续表

烈士纪念建筑物名称	所在地	竣工时间	占地面积	保护级别
惠安革命烈士纪念碑	惠安县科山公园中部	2000 年 4 月	32500	县级
长乐地下党烈士纪念园	长乐市江田镇南阳村	2003 年 7 月	33333	县级

第三节 烈士褒扬

1995 年 1 月至 2005 年 12 月，全省共有 127 人被授予革命烈士称号。

自 1986 年起，省委党史研究室、省民政厅联合编纂《福建革命烈士传》丛书，由福建人民出版社出版发行。

1995 年，出版《福建革命烈士传》丛书第 8 辑，记述 30 名新民主主义革命时期烈士的事迹。

1996 年 8 月，出版《福建革命烈士传》丛书第 9 辑。

1997 年，出版《福建革命烈士传》丛书第 10 辑。同年 8 月，省委党史研究室、省民政厅和福建人民出版社订立协议，自 1998 年起，每年出版 1 辑《福建革命烈士传》，3000 册，出版经费由省民政厅负责，每辑 4 万元，其中出版经费 3 万元，组稿经费 1 万元。

1998 年，出版《福建革命烈士传》丛书第 11 辑。

2000 年，出版《福建革命烈士传》丛书第 12 辑。

图 3-6 2000 年福建省民政厅机关青年干部到福州文林山革命烈士陵园开展祭拜活动

表 3-20

1995—2005 年福建省烈士评定情况表

年份	烈士姓名	籍贯	出生年月	生前单位及职务	牺牲时间、地点、原因	评定时间及文号
1995（23 人）	刘世雄	闽侯县祥谦镇人	1952 年 12 月	福州市电影队农村放映员	1995 年 3 月 27 日于福州市王庄新村为抢救的士司机遭罪犯杀害	1995 年 4 月 7 日闽政烈〔1995〕1 号
	许任平	江苏省苏化人	1923 年	漳州日报社编辑部工作人员	1950 年 5 月 16 日在参加土改工作中途经原龙溪县（今属龙海市）宅前村宅前桥时遭土匪袭击而牺牲	1995 年 6 月 28 日闽政烈〔1995〕2 号
	赵克胜	连江县敖江镇南村人	1964 年 4 月	连江县东岱派出所治安联防队队员	1994 年 11 月 9 日在连江县东岱镇湖里村参与抓捕持枪杀人犯团伙中遭罪犯枪杀	1995 年 7 月 6 日闽政烈〔1995〕3 号
	王秀如	连江县黄岐镇大谷村人	1969 年 2 月	连江县东岱派出所治安联防队队员	1994 年 11 月 9 日在连江县东岱镇湖里村参与抓捕持枪杀人犯团伙中遭罪犯枪杀	1995 年 7 月 6 日闽政烈〔1995〕3 号
	陈　华	福安市溪尾镇溪尾村人	1972 年 1 月	厦门市湖东建筑材料厂保安	1994 年 1 月 9 日在厦门市开元区莲坂居委会埭头村现场制止罪犯持刀行凶过程中遭罪犯杀害	1995 年 7 月 6 日闽政烈〔1995〕4 号
	吴阿英（女）	漳浦县绥安镇马坑村人	1956 年 10 月	在家务农	1994 年 8 月 4 日在漳浦县石榴镇田寮村为解救落入溪流的放牛儿童而牺牲	1995 年 7 月 6 日闽政烈〔1995〕5 号
	李志强	晋江市内坑镇宅内村人	1970 年 11 月	晋江市内坑镇消防队专职消防队员	1994 年 9 月 16 日在福厦公路白安地段东方酒家执行消防任务时为抢救战友而牺牲	1995 年 7 月 6 日闽政烈〔1995〕6 号
	黄志坚	南靖县靖城镇湖山村人	1978 年 3 月	草坂中学初三学生	1994 年 7 月 9 日在九龙江西溪南寺园河段为救被急流冲走的村民而牺牲	1995 年 7 月 6 日闽政烈〔1995〕7 号
	季建新	浦城县人	1968 年 4 月	武夷山市工商行政管理局通讯员	1994 年 4 月 25 日晚在工作单位值班时同翻墙撬门入室行窃的两名罪犯搏斗时牺牲	1995 年 7 月 6 日闽政烈〔1995〕8 号

续表

年份	烈士姓名	籍贯	出生年月	生前单位及职务	牺牲时间、地点、原因	评定时间及文号
1995（23人）	周海清	湖南省望城县人	1944年10月	福建省劳改局副局长	因坚持原则，拒绝省第四监狱某临时工无理要求于1992年12月30日晚在福州家中遭其报复杀害	1995年7月7日闽政烈〔1995〕16号
	李　军	三明市人	1968年8月	三明市公安局防暴队巡逻中队负责人	1994年9月30日在三明市公安局防暴队食堂被持枪行凶的罪犯枪杀	1995年12月12日闽政烈〔1995〕18号
	许世默	石狮市凤里街道办事处五星村人	1947年1月	石狮市凤里街道办事处五星村治保委员	1994年7月16日在本地为抢救下枯井捡鞋子的外省籍民工中毒身亡	1995年12月12日闽政烈〔1995〕19号
	李明洪	莆田市涵江区三江口镇高美村人	1970年7月	在家务农兼当电工	1995年5月23日晚在莆田市涵江区涵三路洋顶为抓捕犯罪嫌疑人被刺身亡	1995年12月12日闽政烈〔1995〕20号
	林金霖	仙游县榜头镇云庄村人	1954年8月	仙游县高级职业中学教师	1994年12月27日在本学校为抓捕偷盗自行车的犯罪嫌疑人被刺身亡	1995年12月12日闽政烈〔1995〕21号
	何家瑞	寿宁县坑底乡大岭村人	1906年6月	寿宁县坑底乡大岭村交通站交通员	1937年5月16日被浙江景宁苧袋反动民团捕杀于当地的牛槽坑	1995年12月13日闽政烈〔1995〕22号
	吴美莲（女）	寿宁县坑底乡大岭村人	1903年	寿宁县坑底乡大岭村交通站交通员	1937年5月16日被浙江景宁苧袋反动民团捕杀于当地的双架下坧	1995年12月13日闽政烈〔1995〕22号
	曾阿雪（女）	寿宁县犀溪乡甲坑南山下村人	1901年8月	寿宁县犀溪乡甲坑岗垄“山诸青”苏维埃政府妇女干部	1937年正月初一在福安突围敌军包围战斗中牺牲于当地的山兜坑竹仔坪	1995年12月13日闽政烈〔1995〕22号
	孙旭光	连江县晓沃镇百胜村人	1956年9月	连江县马鼻镇镇长	1995年11月3日在参加扑灭连江县马鼻镇辰山村土坂山山林火灾中牺牲	1995年12月25日闽政烈〔1995〕23号

续表

年份	烈士姓名	籍贯	出生年月	生前单位及职务	牺牲时间、地点、原因	评定时间及文号
1995（23人）	孙君乐	连江县马鼻镇拱头村人	1946年8月	连江县马鼻镇副镇长	1995年11月3日在参加扑灭连江县马鼻镇辰山村土坂山山林火灾中牺牲	1995年12月25日闽政烈〔1995〕23号
	林祖新	连江县官坂镇官坂村人	1956年5月	连江县马鼻镇人武部部长	1995年11月3日在参加扑灭连江县马鼻镇辰山村土坂山山林火灾中牺牲	1995年12月25日闽政烈〔1995〕23号
	徐祚银	连江县敖江镇白沙村人	1967年5月	连江县马鼻镇计生办副主任	1995年11月3日在参加扑灭连江县马鼻镇辰山村土坂山山林火灾中牺牲	1995年12月25日闽政烈〔1995〕23号
	黄武元	连江县透堡镇北街村人	1970年3月	连江县马鼻镇土地所干事	1995年11月3日在参加扑灭连江县马鼻镇辰山村土坂山山林火灾中牺牲	1995年12月25日闽政烈〔1995〕23号
	林瑞思	连江县马鼻镇拱头村人	1971年3月	连江县马鼻镇土地所干事	1995年11月3日在参加扑灭连江县马鼻镇辰山村土坂山山林火灾中牺牲	1995年12月25日闽政烈〔1995〕23号
1996（8人）	叶寿春	寿宁县城关解放街人	1973年3月	省公安系统专派到福州市台江区瀛洲派出所刑侦组实习生	1995年4月1日在福州市台江客运码头执行任务时因追捕抢劫团伙而牺牲	1996年2月15日闽政烈〔1996〕1号
	黄大红	南靖县龙山镇双明村人	1914年	南靖武工队队长	1947年9月23日护送革命同志到南靖县龙山镇双明交通站，因交通站队员叛变被伪保安队“围剿”，在突围中牺牲	1996年3月4日闽政烈〔1996〕2号
	刘德章	武夷山市星村镇曹墩村人	1897年	乡农会主席	1930年被敌杀害于武夷山市（原崇安县）星村曹墩大垅山上	1996年4月15日闽政烈〔1996〕3号

续表

年份	烈士姓名	籍贯	出生年月	生前单位及职务	牺牲时间、地点、原因	评定时间及文号
1996（8人）	吴清涪	武夷山市（原崇安县）城关镇人	1894年	任左路军三十二军卫生部长	1936年8月在长征途中因患伤寒病逝于懋功县（今小金沙）	1996年6月6日闽政烈〔1996〕4号
	李升忠	周宁县李墩镇李墩村人	1916年3月	周墩东南区武装小支队队员	1942年6月在周宁县咸村枣岭活动时被伪自卫队杀害	1996年12月18日闽政烈〔1996〕5号
	李佛随	周宁县李墩镇李墩村人	1906年5月	周墩东南区武装小支队队员	1942年6月在周宁县咸村枣岭活动时被伪自卫队杀害	1996年12月18日闽政烈〔1996〕6号
	李大积	周宁县李墩镇李墩村人	1917年10月	周墩东南区武装小支队队员	1942年6月在周宁县咸村枣岭活动时被伪自卫队杀害	1996年12月18日闽政烈〔1996〕7号
	郑大荣	永春县人	1936年3月	厦门市公路局总工程师、党委委员	1994年11月4日在国道324线后溪碗窑路段进行公路质检时为救同事被车撞成重伤，后抢救无效死亡	1996年12月18日闽政烈〔1996〕8号
1997（18人）	林为程	古田县湖滨乡西山村人	1972年2月	古田县湖滨乡治安联防队队员	1995年5月7日在古田县湖滨乡西山村机砖厂为制止罪犯犯罪与其搏斗受重伤，经医治无效于次日牺牲	1997年5月23日闽政烈〔1997〕1号
	陈琼华（女）	惠安县城关镇人	1950年1月	大田县黄城国有林场集体工	1996年2月11日在参与扑救大田县黄城国有林场第二工区山鬼弯发生的森林火灾中牺牲	1997年5月23日闽政烈〔1997〕2号
	庄美华（女）	惠安县城关镇人	1954年7月	大田县黄城国有林场家属工	1996年2月11日在参与扑救大田县黄城国有林场第二工区山鬼弯发生的森林火灾中牺牲	1997年5月23日闽政烈〔1997〕2号

续表

年份	烈士姓名	籍贯	出生年月	生前单位及职务	牺牲时间、地点、原因	评定时间及文号
1997（18人）	李秀春（女）	南安县九都乡人	1970年5月	大田县黄城国有林场家属工	1996年2月11日在参与扑救大田县黄城国有林场第二工区山鬼弯发生的森林火灾中牺牲	1997年5月23日闽政烈〔1997〕2号
	王金辉	永定县高陂镇富岭村人	1965年4月	永定县坎市镇林业站副站长	1996年1月2日在参与扑救永定县坎市镇浮山村背头山森林火灾中牺牲	1997年5月23日闽政烈〔1997〕3号
	卢安中	永定县坎市镇浮山村人	1955年4月	永定县坎市镇浮山村村民	1996年1月2日在参与扑救永定县坎市镇浮山村背头山森林火灾中牺牲	1997年5月23日闽政烈〔1997〕3号
	卢松银	永定县坎市镇浮山村人	1969年12月	永定县坎市镇浮山村村民	1996年1月2日在参与扑救永定县坎市镇浮山村背头山森林火灾中牺牲	1997年5月23日闽政烈〔1997〕3号
	蓝玉荣	长汀县三洲乡蓝坊村人	1975年6月	长汀县三洲乡蓝坊村村民	1996年8月8日在参加长汀县特大洪灾的抢险工作中为抢救他人生命而牺牲	1997年5月23日闽政烈〔1997〕4号
	蓝石林	长汀县三洲乡蓝坊村人	1965年9月	长汀县三洲乡蓝坊村村民	1996年8月8日在参加长汀县特大洪灾的抢险工作中为抢救他人生命而牺牲	1997年5月23日闽政烈〔1997〕4号
	江发源	连城县北团镇溪尾村人	1971年10月	连城县莒溪镇水技员	1995年3月18日在随连城县莒溪镇计生工作队前往该县铁山罗地村查环查孕和征收计划外生育费工作中为保护同事被杀害	1997年5月23日闽政烈〔1997〕5号
	陈酒	平和县山格镇宝丰村人	1912年12月	平和县山格镇宝丰村村民	1995年1月28日在平和县宝丰村为制止罪犯报复杀人被砍杀	1997年5月23日闽政烈〔1997〕6号

续表

年份	烈士姓名	籍贯	出生年月	生前单位及职务	牺牲时间、地点、原因	评定时间及文号
1997（18人）	詹炳兴	漳州市芗城区芝山镇南星村人	1967年6月	漳州市芗城区芝山镇南星村村民	1995年9月12日在漳州市芗城区南山铸造加工厂为保护国家集体财产在与罪犯搏斗中牺牲	1997年5月23日闽政烈〔1997〕7号
	曾潮州	云霄县下河乡后坑埔村人	1949年2月	云霄县和平乡乡长	1996年6月25日在云霄县和平农场苦溪水坝为抢救两名溺水学生而牺牲	1997年5月23日闽政烈〔1997〕8号
	詹世忠	龙海市程溪镇下庄村人	1983年3月	龙海市程溪镇下庄小学六年二班学生	1996年5月4日在龙海市程溪镇下庄三节桥下溪潭里为抢救落水的同校学生而牺牲	1997年5月23日闽政烈〔1997〕9号
	许雪芬	诏安县桥东镇桥头村龟山自然村人	1985年10月	诏安县桥东学区林巷小学五年级学生	1996年9月18日在其放学途经诏安县考溪入海口处时，为抢救被海潮突袭而溺水的低年级学生而牺牲	1997年11月20日闽政烈〔1997〕10号
	林松嵘	长泰县武安镇京元村人	1971年4月	厦门市公安局交警支队集美大队三级警司	1997年2月24日在厦门市集美区孙厝交通治安岗为追捕持枪抢劫犯人而牺牲	1997年11月20日闽政烈〔1997〕11号
	李兴富	福安市阳头街道办事处阳上村人	1958年8月	福安市公安局穆阳分局副局长	1997年5月9日在福安市康厝乡南洋村为追捕重大犯罪嫌疑人而牺牲	1997年11月20日闽政烈〔1997〕12号
	李玉堂	宁化县河龙乡永建村人	1962年10月	宁化县河龙乡永建村村委会会计	1997年6月9日在宁化县永建村嶂背自然村为抢救被泥石流围困的村民而牺牲	1997年11月20日闽政烈〔1997〕13号
1998（5人）	刘永安	南靖县和溪镇英勇村人	1946年10月	南靖县和溪镇英勇村第五组村民小组长	1997年8月3日在本村参与强热带风暴引发山体滑坡的抢险中为抢救他人生命财产而牺牲	1998年4月30日闽政烈〔1998〕1号

续表

年份	烈士姓名	籍贯	出生年月	生前单位及职务	牺牲时间、地点、原因	评定时间及文号
1998（5人）	林万霖	福清市上迳镇梧岗村人	1954年8月	福清市公安局刑警大队二中队副中队长	1997年5月21日在福清市融城渔市街执行侦查任务时遭4名持枪罪犯袭击，在搏斗中牺牲	1998年4月30日闽政烈〔1998〕2号
	吴凯达	南安市官桥镇人	1971年9月	南安市公安局交警大队三级警司	1996年4月30日在执行追查嫌疑车辆任务时为保护战友牺牲在国道324线225千米+500米处	1998年4月30日闽政烈〔1998〕3号
	李国弟	罗源县凤山镇人	1962年12月	罗源县公安局洪洋派出所副所长	1992年1月21日在罗源县洪洋乡政府驻地制止、劝解围攻殴打乡政府干部事件中被肇事者用钢筋、柴刀击砍头部而牺牲	1998年4月30日闽政烈〔1998〕4号
	赵　菁（女）	福州市台江区人	1963年9月	漳州职业大学外经贸系英语教师	1997年6月12日在漳州市区家中被本校1994级电子班学生报复杀害	1998年4月30日闽政烈〔1998〕5号
1999（16人）	傅敏超	南安市人	1963年3月	泉州市丰泽区公安局东湖刑警中队中队长、二级警司	1998年10月23日在泉州市丰泽区侦破一起贩卖假币案件时被罪犯杀害	1999年2月23日闽政烈〔1999〕1号
	周祖华	福清市融城街道人	1976年5月	福清市融城街道向高居委会居民	1997年5月22日在福清市融城后巷18号发生的火灾中为抢救被大火围困的4岁男童而牺牲	1999年2月23日闽政烈〔1999〕2号
	黄雅亭	永定县下洋镇沿江村人	1941年	永定县下洋镇沿江村曲潭村民小组组长	1996年8月8日在永定县下洋镇沿江村遭受特大洪水袭击时为抢救4名遇险儿童而牺牲	1999年2月23日闽政烈〔1999〕3号
	赖宏东	永定县抚市镇社前村人	1974年3月	永定县仙师林政管理站管理员	1996年5月16日因参加巡查走私木材在永定河下游水洋寨涉水过河时为抢救落水同事而牺牲	1999年2月23日闽政烈〔1999〕4号

续表

年份	烈士姓名	籍贯	出生年月	生前单位及职务	牺牲时间、地点、原因	评定时间及文号
1999（16人）	林庆扬	莆田县东峤镇霞西村人	1973年5月	中山商厦劳动合同制工人	1997年12月19日在莆田市城厢区五交化批发公司中山宾馆发生的火灾中为抢救被大火围困的旅客和职工而牺牲	1999年2月23日闽政烈〔1999〕5号
	张志民	漳州市人	1969年12月	漳州市公安局巡警支队直属大队副大队长	1999年2月5日护送一江西籍重病民工回乡，在厦门往泉州方向高速公路180千米＋800米处遭遇车祸而殉职	1999年7月2日闽政烈〔1999〕6号
	纪华灿	厦门市人	1954年6月	漳州市收容遣送站科科长	1999年2月5日护送一江西籍重病民工回乡，在厦门往泉州方向高速公路180千米＋800米处遭遇车祸而殉职	1999年7月2日闽政烈〔1999〕6号
	汤许明	漳州市人	1968年11月	漳州市中医院驾驶员	1999年2月5日护送一江西籍重病民工回乡在厦门往泉州方向高速公路180千米＋800米处遭遇车祸而殉职	1999年7月2日闽政烈〔1999〕6号
	张稚生	惠安县崇武镇海门村人	1901年	原国民党陆军八十师二三九团一营少校营长	1944年10月1日在福州市宦溪降虎岭阻击日军进犯的战斗中牺牲	1999年9月30日闽政烈〔1999〕7号
	郑春晓	南安市官桥镇黄山村人	1971年2月	南安市公安局石井派出所科员、三级警司	1996年7月28日在执行追捕罪犯任务中途经石井延平公路东滨路段，为保护两名民工生命安全而牺牲	1999年10月11日闽政烈〔1999〕8号
	黄振辉	南安市洪濑镇溪霞村人	1972年3月	南安市公安局石井派出所科员、三级警司	1996年7月28日在执行追捕罪犯任务中途经石井延平公路东滨路段，为保护两名民工生命安全而牺牲	1999年10月11日闽政烈〔1999〕8号
	方银海	云霄县东厦镇洲渡村人	1962年9月	云霄县东厦镇洲渡村村民	1997年11月16日在本村一村民住房失火救火过程中为抢救老人和小孩而牺牲	1999年10月11日闽政烈〔1999〕9号

续表

年份	烈士姓名	籍贯	出生年月	生前单位及职务	牺牲时间、地点、原因	评定时间及文号
1999（16人）	黄金珍	莆田县华亭镇顶宅村人	1948年10月	闽西监狱三级警督、第十三中队中队长	1997年4月21日在闽西监狱执行看管罪犯任务时被罪犯杀害	1999年10月11日闽政烈〔1999〕10号
	游卫东	龙岩市上杭县人	1968年11月	龙岩市大洋工业自动化研究所所长	1999年4月7日在龙岩市新罗区红坊水泥一厂2号窑安装电除尘设备时，为抢救两名因一氧化碳中毒的工人而牺牲	1999年10月11日闽政烈〔1999〕11号
	江孙钦	周宁县七步乡人	1968年3月	福鼎市公安局交警大队交管股民警、二级警司	1997年12月19日在与同事赶赴福鼎市秦屿镇处理交通事故时途经沙吕线周仓岭路段，因车胎炸裂致方向失控、为保护同车战友而牺牲	1999年12月30日闽政烈〔1999〕12号
	张剑勇	长泰县枋洋镇演柄村人	1974年9月	长泰县公安局枋洋派出所民警	1998年5月31日在长泰县枋洋镇贝乌与同事追捕逃犯过程中被同事误杀	1999年12月30日闽政烈〔1999〕13号
2000（6人）	林向京	仙游县榜头镇龙腾村人	1967年8月	石狮市公安局治安科副股级侦察员、一级警司	2000年4月27日参加石狮市公安局组织开展的“压发案、打流窜、清三无、保稳定”行动，在石狮市群英中路58号巷福恒大厦抓捕犯罪嫌疑人过程中不慎跌亡	2000年7月12日闽政烈〔2000〕1号
	黄元明	闽清县云龙乡台鼎村人	1959年3月	闽清县云龙乡台鼎村村民	1999年12月26日在闽清县云龙乡台鼎村溪尾山场发生的森林火灾中因抢险救灾而牺牲	2000年10月10日闽政烈〔2000〕2号
	刘惠烟（女）	闽清县云龙乡台鼎村人	1962年2月	闽清县云龙乡台鼎村村民	1999年12月26日在闽清县云龙乡台鼎村溪尾山场发生的森林火灾中因抢险救灾而牺牲	2000年10月10日闽政烈〔2000〕3号
	柯德富	长乐市樟港镇门楼村人	1970年8月	福州市台江区和平市场个体商贩及后洲街道义务消防员	1997年5月3日在福州市台江区和平市场因协助联防队员围捕行窃罪犯而牺牲	2000年10月10日闽政烈〔2000〕4号

续表

年份	烈士姓名	籍贯	出生年月	生前单位及职务	牺牲时间、地点、原因	评定时间及文号
2000（6人）	余洪铝	古田县鹤塘镇程际村人	1956年6月	古田县林业局党总支副书记	1999年12月25日在古田县大甲乡上书村洋本岩山场为扑灭森林火灾而牺牲	2000年10月10日闽政烈〔2000〕5号
	黄凤金	莆田湄洲湾北岸灵川镇西当村人	1984年11月	莆田市湄洲湾北岸灵川职业中专学校高二电子班团支书	1999年10月10日在莆田湄洲湾北岸张边溪入海口为抢救被困在湍急水流中的3名少年而牺牲	2000年10月10日闽政烈〔2000〕6号
2001（18人）	徐开清	寿宁县斜滩镇人	1969年6月	宁德十中数学老师	1998年4月19日在宁德师专后山为抢救落水学生而牺牲	2001年2月13日闽政烈〔2001〕1号
	范厚敏	松溪县何东乡长巷村人	1979年2月	广州航海高等专科学校学生	1998年8月14日在松溪县庙下村对门松溪河为抢救两名溺水儿童而牺牲	2001年2月13日闽政烈〔2001〕2号
	苏忠林	漳平市象湖镇象湖村人	1972年11月	漳平市象湖镇象湖村第三组村民	1998年8月5日因漳平市象湖镇山洪爆发为抢救被洪水围困的学生和村民而牺牲	2001年2月13日闽政烈〔2001〕3号
	刘逊谦	武夷山市（原崇安县城关）人	1874年	江苏省镇江勤务督察长、镇江警察厅代理厅长	参加辛亥革命因叛徒告密被捕于1913年9月，在原南京龙潭火车站附近英勇就义	2001年2月13日闽政烈〔2001〕4号
	林文仁	闽清县白中镇黄石村人	1948年5月	闽清县白中镇黄石村村委会主任兼治保主任	2000年3月28日在参与抢救闽清县白中镇白坂村梭逻岭山场发生的森林火灾中牺牲	2001年9月7日闽政烈〔2001〕5号
	许子同	闽清县白中镇黄石村人	1951年4月	闽清县白中镇黄石村村委会支委	2000年3月28日在参与抢救闽清县白中镇白坂村梭逻岭山场发生的森林火灾中牺牲	2001年9月7日闽政烈〔2001〕5号

续表

年份	烈士姓名	籍贯	出生年月	生前单位及职务	牺牲时间、地点、原因	评定时间及文号
2001（18人）	严仕通	闽清县白中镇黄石村人	1930年12月	闽清县佳头农场退休职工	2000年3月28日在参与抢救闽清县白中镇白坂村梭逻岭山场发生的森林火灾中牺牲	2001年9月7日闽政烈〔2001〕5号
	黄拨强	闽清县白中镇黄石村人	1955年2月	闽清县白中镇黄石村村民	2000年3月28日在参与抢救闽清县白中镇白坂村梭逻岭山场发生的森林火灾中牺牲	2001年9月7日闽政烈〔2001〕5号
	林章明	闽清县白中镇黄石村人	1957年11月	闽清县白中镇黄石村村民	2000年3月28日在参与抢救闽清县白中镇白坂村梭逻岭山场发生的森林火灾中牺牲	2001年9月7日闽政烈〔2001〕5号
	朱光荃	闽清县白中镇黄石村人	1953年4月	闽清县白中镇黄石村村民	2000年3月28日在参与抢救闽清县白中镇白坂村梭逻岭山场发生的森林火灾中牺牲	2001年9月7日闽政烈〔2001〕5号
	黄振顺	福州市人	1950年8月	福州市公安局仓山分局盖山派出所民警、三级警督	2000年6月20日在福州市三叉街友谊路临时菜市场与持刀行窃罪犯搏斗中牺牲	2001年9月7日闽政烈〔2001〕6号
	郑依清	莆田市人	1955年7月	福州市财政贸易委员会安全保卫处处长、牲畜定点屠宰管理联合执法检查队成员	1998年11月27日前往福州市仓山区螺洲镇生猪私宰点踩点返程途经洲尾村时被罪犯袭击，伤势过重，抢救无效，于1999年3月7日牺牲	2001年9月7日闽政烈〔2001〕7号
	庄景峰	泉州市泉港区山腰镇埭港村人	1974年11月	惠安县公安局科员	2001年5月2日9在重庆市涪陵区追捕省公安厅督办的崇武黑势力团伙主要成员中为拦截抓捕嫌疑人而牺牲	2001年9月7日闽政烈〔2001〕8号
	聂　曦	福州市人	1919年	—	1950年6月在台执行革命任务时牺牲（司局级）	民政部2001年9月24日民发〔2001〕287号

续表

年份	烈士姓名	籍贯	出生年月	生前单位及职务	牺牲时间、地点、原因	评定时间及文号
2001（18人）	谢景德（又名谢耀辉）	龙岩市新罗区适中镇中心村人	1904年5月	中共福建省委常委、组织部部长	1930年10月在闽南沿海对敌斗争中坠海导致重疾，于当年11月1日在厦门鼓浪屿救世医院医治无效逝世	2001年10月10日闽政烈〔2001〕9号
	关永兴	莆田县江口镇园顶村人	1961年11月	莆田县江口镇园顶村村民	2000年11月4日在莆田县江口镇园顶村为抢救落水学生而牺牲	2001年12月10日闽政烈〔2001〕10号
	林玉荣	仙游县度尾镇帽山村人	1949年6月	仙游县度尾镇帽山村务农	1998年7月26日在仙游县度尾镇帽山村坪目溪为抢救旧厝自然村落水儿童而牺牲	2001年12月10日闽政烈〔2001〕11号
	李传巧	福鼎市沙埕镇岙腰村人	1981年11月	福鼎市公安局保安服务公司交通施救队分队长	1999年10月19日在104国道福鼎山前万古亭路段处置交通事故中为抢救队友遭遇车祸殉职	2001年12月11日闽政烈〔2001〕12号
2002（7人）	池新新（女）	福安市人	1987年4月	福安四中初一学生	1999年10月1日在福安市郊区柳堤林江家渡溪为抢救落水同学而牺牲	2002年4月5日闽政烈〔2002〕1号
	陈仪勤	尤溪县人	1955年11月	尤溪县城关镇人大主席	2001年4月30日在尤溪县城关镇下村因协调处理私设电网电野猪问题被报复杀害	2002年4月5日闽政烈〔2002〕2号
	郑长铨	尤溪县人	1951年10月	尤溪县城关镇水利工作站站长	2001年4月30日在尤溪县城关镇下村因协调处理私设电网电野猪问题被报复杀害	2002年4月5日闽政烈〔2002〕2号
	郑惠慈（女）	邵武市下沙镇屯上村人	1953年10月	基干民兵连副班长、大队妇女代表、妇女队长	1974年10月3日在抢救邵武市下沙镇屯上村大田生产队大芦坑山场发生的森林火灾中牺牲	2002年7月3日闽政烈〔2002〕3号

续表

年份	烈士姓名	籍贯	出生年月	生前单位及职务	牺牲时间、地点、原因	评定时间及文号
2002（7人）	郑惠钗（女）	邵武市下沙镇屯上村人	1958年11月	邵武市下沙镇屯上村村民	1974年10月3日在抢救邵武市下沙镇屯上村大田生产队大芦坑山场发生的森林火灾中牺牲	2002年7月3日闽政烈〔2002〕3号
	江添茂	上杭县庐丰畲族乡太古自然村人	1906年5月	代英通讯社采购员	1935年11月14日因从事革命活动被敌人逮捕并于同年12月在上杭县庐丰被国民党以“通敌”罪名枪决	2002年8月9日闽政烈〔2002〕4号
	何桂萍	四川省西充县人	1968年9月	中国农行龙岩分行新罗支行社兴储蓄所员工	2000年11月18日在新罗支行社兴储蓄所上班时与前来抢劫银行的罪犯搏斗中牺牲	2002年12月27日闽政烈〔2002〕5号
2003（4人）	潘国江	松溪县渭田镇潘墩村人	1977年8月	福州铁路公安处来舟车船公安派出所警员	2002年12月21日凌晨于南平市延平区来舟镇205国道外洋至青州路段追捕犯罪嫌疑人，在搏斗中受重伤，抢救无效于2003年1月8日牺牲	2003年4月16日闽政烈〔2003〕1号
	庄俏东	泉州市泉港区山腰镇人	1970年4月	惠安县公安局刑警大队驻张板探组民警、一级警司	2001年12月18日前往福州办案途经福清路段时因交通事故为掩护同事而牺牲	2003年6月19日闽政烈〔2003〕2号
	钱小明	建瓯市人	1959年11月	建瓯市公安局办公室副主任、“110”指挥中心指挥长、三级警督	2003年6月11日在建瓯市区追捕重大凶杀案犯罪嫌疑人并与之搏斗过程中受重伤医治无效牺牲	2003年6月19日闽政烈〔2003〕3号
	吴雪端（女）	诏安县桥东镇牙头村人	1973年2月	诏安县桥东镇牙头村村民	2001年5月12日在本村抢救落水村民胡清妹一家三口过程中牺牲	2003年12月2日闽政烈〔2003〕4号
2004（14人）	黄毅	福安市人	1974年9月	厦门市公安局交警支队直属高速公路大队后安中队科员	2000年7月7日在高速公路厦门马巷收费站出口开展专项整治统一行动时为检查违章车辆被撞倒并碾压致死	2004年8月5日闽政烈〔2004〕1号

续表

年份	烈士姓名	籍贯	出生年月	生前单位及职务	牺牲时间、地点、原因	评定时间及文号
2004（14人）	蔡志成	石狮市人	1983年9月	石狮市凤里街道新华社区治安联防队队员	2002年12月4日在石狮市群英北路执勤时被犯罪嫌疑人杀害	2004年8月5日闽政烈〔2004〕2号
	许建昌	晋江市安海镇前埔村人	1963年10月	晋江市安海镇前埔村村民	2001年6月22日在晋江市安海镇桐林村黄礼化米粉厂因抢救落井工人而牺牲	2004年8月5日闽政烈〔2004〕3号
	刘荣兰（女）	泉州市泉港区人	1987年9月	泉州市泉港区圭峰中学学生	1999年12月12日在泉州市泉港区峰尾镇郭厝林果场石潭为抢救4名落水同学而牺牲	2004年8月5日闽政烈〔2004〕4号
	林文高	莆田市荔城区黄石镇人	1967年7月	莆田市荔城区黄石镇金山村采石场采石工	1996年12月26日在莆田市荔城区黄石镇金山村采石场为抢救硝烟中毒的采石工而牺牲	2004年8月5日闽政烈〔2004〕5号
	陈自通	福清市海口镇后路村人	1956年12月	福清市福牛乳业公司电工	2002年8月6日在福厦公路镜洋段为抢救落水女青年牺牲	2004年11月18日闽政烈〔2004〕6号
	林明	连江县东岱镇人	1976年11月	连江县官塘中学物理教师	2002年7月5日在连江县官坂镇下濂村为抢救落水女学生牺牲	2004年11月18日闽政烈〔2004〕7号
	林明奇	连城县姑田镇长较村人	1967年9月	连城县姑田镇长较村村委、护林员	2004年2月17日在抢救连城县姑田镇长较村上焦坑山场发生的森林火灾中牺牲	2004年11月18日闽政烈〔2004〕8号
	陈荣炳	连城县姑田镇城兜村人	1979年10月	连城县姑田镇东方经济开发有限公司工人	2004年2月17日在抢救连城县姑田镇长较村上焦坑山场发生的森林火灾中牺牲	2004年11月18日闽政烈〔2004〕8号

续表

年份	烈士姓名	籍贯	出生年月	生前单位及职务	牺牲时间、地点、原因	评定时间及文号
2004（14人）	陈运锦	连城县姑田镇长较村人	1978年12月	连城县姑田镇长较村村民	2004年2月17日在抢救连城县姑田镇长较村上焦坑山场发生的森林火灾中牺牲	2004年11月18日闽政烈〔2004〕8号
	林建权	德化县盖德乡三福村人	1964年11月	德化县上涌镇党委副书记	2004年2月28日在抢救德化县上涌镇下涌村葫芦坂山场发生的森林火灾中牺牲	2004年11月18日闽政烈〔2004〕9号
	李　素（女）	四川省安岳县人	1971年7月	德化县上涌镇下涌村村民	2004年2月28日在抢救德化县上涌镇下涌村葫芦坂山场发生的森林火灾中牺牲	2004年11月18日闽政烈〔2004〕9号
	郭清楚（女）	德化县人	1970年12月	德化县上涌镇下涌村村民	2004年2月28日在抢救德化县上涌镇下涌村葫芦坂山场发生的森林火灾中牺牲	2004年11月18日闽政烈〔2004〕9号
	郭春梅（女）	德化县人	1970年11月	德化县上涌镇下涌村村民	2004年2月28日在抢救德化县上涌镇下涌村葫芦坂山场发生的森林火灾中牺牲	2004年11月18日闽政烈〔2004〕9号
2005（9人）	李木盛	周宁县人	1970年5月	福建省建阳监狱第一大队一中队中队长、三级警督	2004年7月13日上午在建阳监狱制衣车间检查生产情况时被服刑犯人报复杀害	2005年6月8日闽政烈〔2005〕1号
	江水旺	建阳市人	1957年3月	建阳市直机关党工委委员、机关武装部部长	2005年6月25日下午在建阳市麻沙镇华宇电站大坝抗洪抢险作业中牺牲	2005年8月2日闽政烈〔2005〕2号
	陈文光	闽侯县南通镇人	1955年10月	闽侯县南通镇古城村党支部书记	2005年10月2日在抗击“龙王”台风中为组织本村民众安全转移而牺牲	2005年12月27日闽政烈〔2005〕3号

续表

年份	烈士姓名	籍贯	出生年月	生前单位及职务	牺牲时间、地点、原因	评定时间及文号
2005（9人）	林观德	浙江省文成县人	1962年7月	政和国有林场职工	2004年3月9日在参与扑救政和国有林场下工区林场发生的森林火灾中牺牲	2005年12月27日闽政烈〔2005〕4号
	李孝礼	浙江省苍南县人	1957年4月	政和国有林场下村工区主任	2004年3月9日在参与扑救政和国有林场下工区林场发生的森林火灾中牺牲	2005年12月27日闽政烈〔2005〕4号
	许小斌	浙江省文成县人	1963年11月	政和国有林场西表工区护林员	2004年3月9日在参与扑救政和国有林场下工区林场发生的森林火灾中牺牲	2005年12月27日闽政烈〔2005〕4号
	陈松	政和县人	1974年6月	政和县镇前镇里洋村村民	2004年3月9日在参与扑救政和国有林场下工区林场发生的森林火灾中牺牲	2005年12月27日闽政烈〔2005〕4号
	林进宝	霞浦县长春镇大京村人	1949年11月	霞浦县长春镇大京国债造林工程队民工	2004年2月14日在参与扑救霞浦县沙江镇厚首村后门山上发生的森林火灾中牺牲	2005年12月27日闽政烈〔2005〕5号
	郑志强	龙海市浮宫镇丹宅村人	1982年5月	龙海市浮宫镇丹宅村村民	2000年12月16日晚在厦门市莲花村为制止抢劫犯罪而牺牲	2005年12月27日闽政烈〔2005〕6号

2003年，《福建革命烈士传》丛书第13辑出版。

第8辑至第13辑《福建革命烈士传》，编录近600名新民主主义革命时期以及社会主义时期各条战线上的烈士事迹。

2000年至2004年全省接收军队批准的烈士43人。截至2005年6月，全省烈士总数51828人，其中载入县（市、区）《革命烈士英名录》46842人。

第四节　退役安置

一、军队离退休干部安置

1995年10月，民政部、财政部、人事部、中央机构编制委员会办公室下发《关于做好第四批军队离退休干部管理工作有关问题的通知》，下达福建省第四批军队离退休干部服务管理机构事业编制189名（含厦门市23名）。当年，省民政厅为接收安置第四批军队离退休干部下拨建房经费1500万元。截至当年底，全省已为接收安置一、二、三批军队离退休干部先后建立30个军队离退休干部休养所（简称“军休所”）。

1996年，全省正式启动第四批军队离退休干部、退休志愿兵接收安置相关工作，省民政厅分配下达各地第四批军队离退休干部安置机构事业编制123名（其中福州市82名、泉州市10名、漳州市7名、莆田市8名、南平市6名、三明市2名、宁德市5名、龙岩市3名），省里留存编制43名。12月，下达第四批军队离退休干部交接安置补充计划，计划移交福建省273人。当年，福州、莆田、泉州等地新建军休所8个，全省第四批军队离退休干部、退休志愿兵计划移交安置895名。

1997年，全省正式开始按计划接收安置第四批军队离退休干部。1月，省民政厅、省财政厅联合下达抚恤和社会福利救济费463万元，其中用于接收第四批军休干部所需管理经费250万元，用于一、二、三批已移交政府安置的军休干部管理经费175万元，用于调整公勤费护理费标准和增加防暑降温费所需经费38万元。6月，省民政厅下达军队离退休干部、退休志愿兵调整生活待遇经费379.04万元。7月，省民政厅、省财政厅联合下达抚恤和社会福利救济费1638万元，军队退休干部职业津贴和伙食补贴每人每月各50元。同月，为迎接建军70周年，省财政拨款190万元给各军休所办实事。6月，省委组织部、省民政厅、省财政厅、省人事厅、省军区司令部、省军区政治部、省军区后勤部联合转发中共中央组织部、民政部、财政部、人事部、总参谋部、总政治部、总后勤部《关于给移交政府安置的军队离休退休干部和退休志愿兵增加离退休费的通知》，全省移交政府安置的1993年12月31日前离退休的军队干部和退休志愿兵自1994年起定期增加离退休费，1994年1月1日以后离退休的自离退休的下个年度起增加离退休费，1993年9月30日前离休的干部从1993年10月起增加离休费。11月，民政部、财政部、总政治部、总后勤部下发《关于给移交福建、广东、广西、海南部分地区安置的军队离退休干部和退休志愿兵发放特区津贴及有关问题的通知》。根据该通知要求，移交福建厦门、泉州两地安置的军队离退休干部、退休志愿兵从1996年1月1日起享受特区津贴，并提升生活补助标准：移交厦门市（含市辖同安县及龙海市青屿、浯屿）安置的特区津贴为每人每月离退休干部350元，退休志愿兵280元；移交石狮市、晋江市、惠安县安置的生活补助标准为每人每月离退休干部80元，退休志愿兵65元。所需经费，1997年12月31日以前的从军费开支（武警部队离退休干部、退休志愿兵所需经费由武警部队开支）；从1998年1月起，按现行财政管理体制，分别由中央财政和地方财政开支。当年，全省建造第四批军休干部住房751套的计划已基本落实，其中部队统建491套，已完成479套；地方统建74套，已完成70套；自建186套，已完成174套。有1400多名军休干部增加了工资。截至1997年，全省共统建第一、二批各职级军休干部住房301套，其中师职1套、团职174套、营职126套，总建筑面积19720平方米，主要分布在福州、漳州、泉州、莆田、三明、南平、龙岩等地。

1998年1月，省民政厅、省财政厅、省军区政治部、省军区后勤部联合转发民政部、财政部、总政治部、总后勤部《关于给移交政府安置的军队离退休干部、退休志愿兵发放生活补贴的通知》，各地为军队离退休干部、退休志愿兵自1996年10月1日起发放生活补贴。同月，省民政厅下达总后勤部拨给的离退休干部和退休志愿兵（不含武警）护理费、公勤费、电话补贴、住院伙食补贴费358.1万元；表彰厦门市镇海路军休所、福州市铜盘军休所、福州市梅峰军休所、漳州市军休所、泉州市鲤城区军休所、莆田市涵江区军休所、三明市军休所、南平市军休所、龙岩市军休所、宁德地区霞浦县军休所为全省先进军休所。同月起，全省地方安置的军队离退休干部和退休志愿兵以1997年的标准为基数增加离退休费。2月，省民政厅追加各地1997年抚恤和社会福利救济费98万元用于调整离退休干部离退休费，离休干部离休费每人每月平均148元，退休干部退休费每人每月20元。5月，各地（市）民政部门开始酝酿各军休所干部住房出售工作，通过评估和测算，全省各军休所具备出售条件的干部住房共有839套（师职34套、团职623套、营职182套）。8月，省民政厅、省财政厅、省军区政治部、省军区后勤部联合转发民政部、财政部、总政治部、总后勤部《关于给移交政府安置的军队离退休干部、退休志愿兵增加离退休费的通知》，全省从1997年7月1日起给移交政府安置的军队离退休干部和退休志愿兵增加离退休费，每人每月增加20元。

1999年1月，全省地方安置的军队离退休干部和退休志愿兵以1997年的标准为基数增加离退休费。5月，全省对1949年10月1日至1953年12月31日期间入伍的师职退休干部从1998年5月1日起发给生活补助费。6月，省民政厅分配下达第四批军队离退休干部安置机构事业编制43名，其中福州市10名、泉州市6名，漳州市5名，莆田市3名、南平市1名，宁德地区4名，龙岩市1名，省军队离休干部接待服务中心13名。7月，省民政厅、省财政厅联合下达抚恤和社会福利救济费2674万元，用于各地支付增加的离休费和接收军队离退休人员所需经费。当年，各地民政部门贯彻民政部、财政部、总参谋部、总政治部、总后勤部联合下发的《关于加快第四批军队离退休干部交接安置工作有关问题的通知》，在修缮充实已建老军休所的同时加大力度组建新军休所，按规定配备军休所工作人员、车辆及服务管理设施。福州、泉州、漳州、三明、莆田、宁德等地新建军休所12个，各军休所设有办公室、会议室、医疗室、文娱活动室、车库和门球场等文体医护设施。是年，全省（未含厦门市）共接收安置第四批军队离退休干部654人。

2000年，各军休所实行住房补贴、货币补差相结合的办法，开展军队离退休干部住房改革工作。全年全省建造第五批军休干部住房62套。同年，全省（未含厦门市）接收安置第四批军队离退休干部86人、伤病残退休士官9人、无军籍职工3人，其中正师职9人、副师职26人（2人离休、24人退休）、正团职29人（7人离休、22人退休）、副团职11人（3人离休、8人退休）、营职以下20人。

2001年2月，省民政厅在漳州举办全省安置普查培训班，各设区市安置办公室主任、县级以上军供站站长和军休所所长、会计、电脑录入人员共150余名参加培训。随后，省民政厅和省财政厅共同组织实施全省安置普查工作，主要普查移交地方政府安置的军休人员（军队离休干部、退休干部、退休志愿兵、军退职工）、退伍义务兵、转业士官和复员干部以及军供站、军休所。8月，全省军队离退休干部、退休士官（含志愿兵）自2001年1月1日起增加离退休费。当年，全省接收安置第四批军队离退休干部5人，其中师职2人、团职1人（离休干部）、营职1人、连职1人，退休士官9人。

2002年8月，省民政厅下达军队离退休人员经费和管理机构经费6300万元，补偿1984年至2000年军队移交地方政府安置的离退休干部（含退休士官、落实政策人员）和无军籍职工，以及移交地方安置的离退休干部服务管理机构2000年所需经费。所下达经费按离休干部年人均3.05万元，退休干部年人均2.6万元，军休机构管理人员年人均1.35万元，车辆管理费每台年补助0.6万元标准核定。11月，全省自2002年1月1日起调整提高军队离退休干部（含退休士官）公勤费护理费标准：公勤费全费标准由每人每月200元调整为400元，半费标准由每人每月100元调整为200元，全费四分之一标准的，由每人每月50元调整为100元；护理费标准由每人每月200元调整为400元。12月，省民政厅、省军区司令部、省军区政治部、省军区后勤部联合转发民政部优抚安置局、总参军务部、总政干部部、总后基建营房部《关于加快第五批军队离退休干部交接安置工作有关问题的通知》，要求在2004年底前完成第五批军队离退休干部交接安置工作，2003年6月底前安排好第五批军队离退休干部住房，新建住房只售不租。同月，省民政厅等单位联合转发民政部等部《关于调整移交政府安置的军队离退休干部、退休士官离退休费的通知》，全省自2001年10月1日起调整提高移交政府安置的军队离退休干部、退休士官离退休费。同月，省民政厅等单位联合转发民政部等部《关于归并移交政府安置的军队离退休干部、退休士官（志愿兵）地区生活津贴标准的通知》，移交政府安置的军队离休干部、退休士官（志愿兵）的地区性补助、补贴和津贴从2000年1月1日起统一归并为地区生活津贴。同月，省民政厅两次下达安置事业经费共74万元。

2003年2月，省民政厅、省财政厅、省军区政治部、省军区后勤部联合转发民政部、财政部、总政治部、总后勤部《关于调整移交政府安置的军队离退休干部住院伙食补助费标准的通知》、《关于调整1955年前后复员女同志生活补助费标准的通知》和《关于做好滞留军队伤病残干部退役安置工作有关问题的通知》，全省自2003年1月1日起调整提高地方安置的军队离退休干部（含退休志愿兵、退休士官）住院伙食补助费；从2002年1月1日起调整提高中华人民共和国成立前入伍的、1955年前后复员、现为随军家属无固定收入女同志生活补助费标准；2002年6月底前退休的特等、一等伤残和重症精神病干部全部纳入2003年伤病残退休干部安置计划，住房补贴经费不足7万元的按7万元计算，医疗保障优先优待。7月，开展移交政府安置的军队离退休人员经费使用管理情况专项执法监察，历时3个月。同年，民政部、财政部、人事部、中央机构编制委员会办公室安排福建省第五批军队离退休干部服务管理机构工勤人员事业编制109名（含厦门市16名），福建省需要交接安置第五批军队离退休干部517名。当年末，全省移交地方政府安置的军队5·12干部（本人档案在“文化大革命”前填写1949年9月参加中共创办的干部学校、干部训练班后即分配工作的，或填写1949年10月1日至1950年5月12日期间参加工作的并享受供给制待遇的干部）共188名。

2004年9月，省财政厅、省民政厅联合下达军队移交地方政府安置的离退休人员经费7073万元、离退休干部管理机构经费809万元。10月，省财政厅、省民政厅联合下达第五批移交政府安置的军队离退休干部住房改革补贴经费880万元。

2005年1月，省民政厅、省财政厅、省人事厅、中共福建省委编办联合发布《关于下达事业编制指标等有关问题的通知》，安排第五批军队离退休干部服务管理机构工勤人员事业编制86名，其中福州市36名、厦门市16名、莆田市5名，泉州市6名、漳州市10名、龙岩市2名、三明市2名、南平市2名、宁德市4名、省民政厅3名。同月，省民政厅、省财政厅、省军区政治部、省军区后勤部联合转发民政部、财政部、总政治部、总后勤部《关于调整移交政府安置的军队离退休干部公勤费、护理费标准的通知》和《关于调整移交政府安置的军队离退休干部住房租金和房租补贴标准有关问题的通知》，全省从2004年10月1日起调整提高移交政府安置的军队离退休干部（含退休士官）公勤费护理费标准（公勤费全费标准由每人每月400元调整为800元，半费标准由每人每月200元调整为400元，全费四分之一标准的，由每人每月100元调整为200元；护理费标准由每人每月400元调整为800元）；从2004年5月1日起调整提高移交政府安置的军队离退休干部（含退休士官）住房租金和房租补贴（住房月租金标准从每平方米使用面积0.6元调整为1.2元，房租补贴依照当事人职务每人每月35～120元不等）。6月，全省民政系统公开招聘军休工作人员。7月，经过笔试（题目由省考务中心专家命名组设计）、面试，从2600名考生中招录70名，其中本科生22名、大专生32名、中专生16名。同月，省民政厅、省军区政治部联合表彰全省16个军休服务管理工作先进单位、32名先进军队离退休干部和35名军休服务管理工作先进个人。8月，省军区和省民政厅联合召开全省军队离退休干部移交安置工作军地协调会，总结移交安置经验，商议军休干部历史遗留问题以及第五批军队离退休干部住房规划建设问题。驻闽部队、南京军区司令部和联勤部系统、武警系统师以上单位政治部门的负责人以及各设区市民政局分管领导、安置办主任参会。同年，军休干部移交安置实行年度审定、年度移交（退休一审定一移交，各一年）。全年全省接收安置军队退休干部354人。9月，省民政厅、省财政厅联合下达军队离退休干部移交地方安置补助经费61万元，用于军队离退休干部无经济收入家属和遗属医疗补助以及随军遗属生活补助；下达管理机构经费736.3万元，用于工作人员补助和管理机构设施配置。12月，省民政厅、省人事厅、省劳动和社会保障厅、省财政厅联合发布《关于解决1953年底前参军后复员到企业工作的退休人员生活困难问题的通知》，对全省8370名1953年12月31日前参军后复员到企业工作在企业退休的人员自2006年1月1日起每人每月补助100元。当年，省民政厅审定军队离退休干部及退休士官安置去向358人，其中退休士官10人，实际审定人数333人；全年完成接收安置347名。

1995年至2003年，省民政厅共下拨建房经费3814万元，建造住房1241套，建造附属用房5475.6平方米。

2005年，全省有51个军队离退休干部服务管理机构（军休所），其中省管2个、市管25个、县管24个，共有工作人员395人。

表3-21　**1995—2005年福建省军队离退休干部接收情况表**

单位：人

年份	接收人数	年份	接收人数
1995	280	2001	49
1996	72	2002	137
1997	87	2003	122
1998	502	2004	158
1999	95	2005	354
2000	109	合计	1965

注：统计数据中含退休士官。

表 3-22　　若干年份福建省军休所设置情况表

单位：人

军休所	设置地点	编制	规格	设置年份
梅亭军休所	福州梅亭	21	正科级	1996
凤岭军休所	福州凤岭	9	正科级	
洪山军休所	福州洪山	7	正科级	
华林军休所	福州华林	8	正科级	
凤山军休所	福州凤山	16	正科级	
南安军休所	福州南安	3	正科级	1996
涵江军休所	莆田涵江	3	正科级	
莆田县军休所	莆田县	6	正科级	
崎上军休所	福州崎上	6	正科级	1999
长乐军休所	福州长乐	2	股级	
平潭军休所	福州平潭	2	股级	
云霄军休所	漳州云霄	2	股级	
泉州市红梅军休所	泉州红梅（由市本级拆分）	6	正科级	
泉州市仁风军休所	泉州仁风（由市本级拆分）	6	正科级	
泉州市丰泽区军休所	泉州丰泽区	3	股级	
泉州石狮市军休所	泉州石狮市	1	股级	
三明永安军休所	三明永安市	2	股级	
莆田城厢区军休所	莆田城厢区	3	股级	
莆田仙游军休所	莆田仙游县	3	股级	
宁德福鼎军休所	宁德福鼎市	3	股级	
漳州市第二军休所	漳州市区	5	正科级	2005

二、退役士兵安置

1995 年，全省退役义务兵安置工作依旧贯彻从哪里来回哪里去的政策，由民政部门会同人武、计划、劳动人事部门依照“按系统分配任务，包干安置”的方针，根据当地经济状况、用工需求、职工人数、职工子女退伍人数和安置任务等实际情况，本着均衡负担的原则，制定分配计划，进行指令性安置。退伍义务兵回到原征集地 30 天内，持退伍证和部队介绍信到县（市、区）人武部办理预备役登记，随后向入伍前所在地的退伍军人安置办公室报到，并办理落户手续。原为农业户口的，在服役期间立二等功（含二等功）以上的，安排就业；有一定专长的，推荐使用；用人单位向农村招收工人时优先录用退伍义务兵。原为城镇户口的服役前没有工作的，由政府实行“按系统分配任务，包干安置”的指令性办法，统一分配工作。全年全省接收安置城镇退伍军人4000多名。同年，石狮市为减轻安置压力，探索城镇退役士兵安置改革新办法，对城镇退伍安置对象愿意到非国有、集体经济组织单位就业或自谋职业的，由市财政拨款发给一次性安置费（转业志愿兵每人55000元，退伍义务兵每人25000元）；安置费根据被安置者服役期表现予以增发或减发，立功受奖者按次数累计每次增发200～300元不等，受惩处者按次数累计每次减发500～2000元不等；对有青工青干征集任务能力而完不成者，按每个任务数征缴3万元安置费和优抚款；义务兵入伍后，一律享受养老保险待遇，由市统一办理相关手续（一次性投保500元，经费由市镇分担）；农村户口义务兵正常退伍时，由市安置办一次性发给安家费500元。

1996年起，随着国有企业改制，企事业单位扩大用人自主权，各类单位后勤保障开始走向社会化，工勤岗位减少，退役士兵安置的主渠道变窄。当年，全省接收退伍义务兵10712人，转业志愿兵670人，需要安置的城镇退役士兵3800人，实际安置2966人。

1997年，省政府、省军区联合下发通知要求：（1）依法保障城镇退役士兵就业安置，强化政府指令性调控手段，任何用人单位不得拒绝接受当地政府分配的安置任务，新建、扩建单位划出不低于20%的用工比例接收退役士兵。（2）建立和完善安置工作激励和制约机制，对完成安置任务好的单位和个人，予以通报表彰与奖励；对拒绝接收或完不成接收任务的单位，追究领导者的责任或给予必要的行政及经济处罚，并责令其限期完成安置任务。（3）探索安置工作改革新路子，通过扩大“供需见面、双向选择、自主择业”的范围，提倡和鼓励退役士兵到非国有经济成分单位就业或自谋职业，实现多形式、多渠道安置。同年，铁路、交通、民航、公安、民政、人武和军事交通运输部门互相配合，承接实施退役士兵接待转运工作，优先保证退役士兵购票、托运（提取）行李、进出站（港）和中转换乘。各军供站在退役士兵返乡时，举行迎接仪式，保障其过往的饮食供应和接待工作。退役士兵由安置部门凭退伍安置登记证书进行安置，无退伍安置登记证书的，不安排工作；到非国有经济成分单位就业的，用人单位按《中华人民共和国劳动法》规定为其办理养老、失业、工伤、医疗等保险。外省入伍要求在福建省安置的退伍义务兵，农村籍立二等功以上（含二等功）的，二、三等伤残的，服役期间因家庭地址变迁迁入城镇，本人要求随家庭安置的退伍义务兵，逐级上报省安置办审批。经批准后，公安、粮食部门给予办理户粮手续，不受户口指标限制，不征收任何附加费用。转业志愿兵（含因精简提前转业和因病提前转业的）由省复员退伍军人安置办公室按移交计划与军队（含武警部队）相关部门进行集中交接，回入伍时户口所在地的县（市）以专业技术对口安置；结婚满5年的，配偶婚前在当地有常住户口且家庭生活基础在当地，服役期满的志愿兵，允许安置到配偶所在地；服役期间家庭住址变迁的未婚志愿兵，允许到父母户口所在地安置。退役士兵安置工作列入由省双拥工作领导小组主导的双拥模范城（县）创建考评项目。全年全省共接收退役士兵 11367 人，其中转业志愿兵 790 人、城镇退役士兵 3865 人，实际安置城镇退役士兵 3556 人，占安置总数 92%。

1998 年 2 月，泉州市政府出台《泉州市退役士兵安置暂行规定》，提出城镇退役士兵自谋职业的改革措施，实行安置任务有偿转移，接收单位 3 个月内未落实当地政府统一分配的城镇退役士兵安置任务，依照任务数承担安置补助金（义务兵每人 2 万元、志愿兵每人 3 万元）；拒不承担安置补助金的单位，由当地政府授权当地退伍军人安置办公室通告银行，从该单位账户划拨安置补助金，并给予通报批评；城镇退役士兵自愿自谋职业、创办各类经济实体的，发给一次性安置补助金（义务兵每人 2 万元、志愿兵每人 3 万元），工商部门优先给予办理营业执照，免交 3 年的工商管理费，政府不再为其安排工作；人事劳动部门录用公务员、招收新工作时对退役士兵放宽年龄 3 岁，录用考试照顾 10 分，并可根据其服役期间立功受奖情况加给荣誉分 10～30 分。连城县在退伍安置工作中也推出新措施，对自愿到非国有经济成分单位就业的，用人单位按规定为其办理养老、失业、工伤、医疗等保险；自愿申请自谋职业的，政府发给一次性安置补偿金；对拒不接收政府分配安置任务的单位，主管部门责成其从接到安置任务之日起，发给安置人员该单位职工平均工资直至该退伍军人上岗为止。同年，厦门、莆田、龙岩、南平、三明、漳州等地规定完不成城镇退役士兵安置任务的县（市、区）不能参加双拥模范城评选，拒绝接收退伍军人的单位不能评为双拥工作先进单位。全年全省接收退役士兵 12536 人，其中转业志愿兵 750 人、城镇退役士兵 4052 人，实际安置 3171 人。

1999 年 3 月，省民政厅下达军队随移交企业就地转业志愿兵的计划，安置福州市的 23 名，安置厦门市的 48 名。7 月，省民政厅下达军队、武警部队第二批随移交企业就地转业志愿兵计划，安置福州市 7 名。省政府和省军区联合下发通知，要求引导和鼓励退役士兵自谋职业，对自谋职业的退役士兵由当地政府给予一次性经济补助，对完不成安置任务的企事业单位实行有偿转移，有偿转移资金用于补偿自谋职业的退役士兵。各地多形式多渠道帮助退役士兵自谋职业，允许接收安置确有困难的单位采取有偿转移方式承担安置义务；对退役士兵父母或配偶有工作单位的，坚持“按系统分配任务，包干安置”的办法，实行指令性分配。晋江市制定出台城镇退役士兵安置工作实施细则，就业在非国有经济成分单位的退役士兵，其行政关系挂靠在市人事局人才交流服务中心，并获每人 1 万元的养老保险。当年，全省接收退役士兵 14540 人，其中城镇退役士兵 6173 人，回城镇安排工作 4606 人（占城镇退役士兵总数 74.6%），自谋职业 1567 名（占城镇退役士兵总数 25.4%）。

2000 年 12 月，全省安置暨军供站工作会议在厦门召开，收集总结全省城镇退役士兵自谋职业改革基本情况。当年，各地城镇退役士兵安置任务有偿转移得到进一步推广。厦门市教育局规定：初中毕业的退役士兵（含农村籍）可免试就读本市内的中等职业学校；家庭困难的，其学费可获得适当减免。全省全年接收退役士兵 18744 人，安置城镇退役士兵 5288 人，占城镇退役士兵总数 77%。

2001 年，省地税局转发国家税务总局《关于退役士兵自谋职业享受有关税收优惠政策问题的通知》。5 月，省民政厅亦转发该文，要求各地民政部门及时与当地税务部门联系，落实有关政策规定，引导鼓励城镇退役士兵自谋职业。当年，省民政厅召开全省退役士兵安置工作改革经验交流会，要求拓宽城镇退役士兵安置渠道，建立与市场经济体制相适应的安置工作新机制，争创安置工作新局面。当年，全省接收退役士兵 17654 人，安置城镇退役士兵 6107 人，占城镇退役士兵总数的 38%。

2002 年，各地继续推进安置工作改革，推动退伍安置制度与市场经济条件下劳动用工制度的接轨。属自谋职业的，与当地安置部门签订安置协议后，按军龄计算，发给每人每年 5000～10000 元不等的一次性补偿金，并享受国家扶持再就业职工有关工商、税务的优惠政策，其档案移交劳动部门保管，免交档案管理费，军龄视同工龄计算。立功受奖的、在困难地区服役的、因公致残的特殊退役士兵和转业士官，继续实行重点安置。退役士兵从退役的第二月起至安置的前一个月止，享受当地最低生活保障线待遇。11 月，全省应征入伍军人退伍安置登记证书改换成优待安置证，其证件号由省民政厅根据国务院、中央军委下达的征集任务统一编排。当年，全省所有设区市和 30%以上县（市、区）制定出台城镇退役士兵安置新规定，建立城镇退役士兵安置保障金，由财政部门负责安置保障金账户管理，由民政部门负责安置保障金测算、报批和安置补偿金具体拨付。全年全省接收城镇退役士兵 4707 人，有 2129 名城镇退役士兵自谋职业。厦门市当年总安置率 93.1%，其中自谋职业领取一次性补助金的占总安置的 77%。漳平市退伍士兵自谋职业率达 91%。

2003 年 4 月，省民政厅召开退役士兵安置工作表彰会议，表彰 19 个区（市、县）民政局为全省城镇退役士兵安置工作改革先进单位。当年，全省城镇退役士兵自谋职业率达 70%。厦门市民政局、劳动和社会保障局、财政局联合规定，退役士兵每人可参加 1 次 600 元以内免费职业技能培训。

2004 年 1 月，省政府、省军区联合制发文件规定，实行城镇退役士兵安置任务有偿转移：不能落实当年安置任务的机关、团体和企事业单位，以经济补偿形式履行其应承担的安置义务，每少接收 1 名退役士兵，按不低于 2 万元标准缴纳安置有偿转移金。7 月，民政部优抚安置局负责人带领全国深化退役改革协调小组调研组成员来闽，在福州听取省民政、财政、工商、税务、公安、劳动部门及省军区、海军福建保障基地、空军福州指挥所关于退役士兵安置情况汇报，并赴宁德、泉州、厦门等地进行实地调研。8 月，根据国务院办公厅转发的《民政部等部门关于扶持城镇退役士兵自谋职业优惠政策意见的通知》，省政府办公厅批转省民政厅、教育厅、公安厅、财政厅、人事厅、劳动和社会保障厅、中国人民银行福州中心支行、国税局、地税局、工商局联合制订的《福建省扶持城镇退役士兵自谋职业优惠政策实施意见》，对 1999 年 12 月后退役的符合城镇安置条件并与安置地民政部门签订退役士兵自谋职业协议书、领取城镇退役士兵自谋职业证的自谋职业的退役士兵（士官和义务兵），提出就业服务、社会保障、教育培训、工商经营、商贸税收、金融贷款和户籍管理等方面的优惠政策。当年，经过培训取得国家承认的职业资格证书的城镇退役士兵，由安置地民政部门补助部分培训费用，所需经费由地方财政列入专项预算。各级公共职业介绍机构免费为城镇退役士兵提供职业介绍服务，并在同等条件下优先予以就业推荐，有关部门从政府安排的专项就业经费中给予职业介绍机构一定的经费补助。用人单位面向社会招聘员工时同等条件下优先录用自谋职业的城镇退役士兵，公务员考录时自谋职业的城镇退役士兵军龄被视为社会实践工龄，在同等条件下优先录用。城镇退役士兵自谋职业后，参加基本养老、基本医疗、失业等社会保险，其军龄被视同社会保险缴费年限，并和实际缴费年限合并计算；服役期间参加的基本养老、基本医疗保险的个人账户储存额，并入新建立的基本养老、基本医疗保险个人账户。自谋职业的城镇退役士兵报考成人高等学校的，投档总分增加 10 分（服役期间荣立三等功以上的，投档总分增加 20 分）；报考普通高等学校的，投档总分增加 10 分（服役期间荣立二等功以上或被大军区以上单位授予荣誉称号的，投档总分增加 20 分）；具有本科学历报考研究生的，在同等条件下优先予以复试或录取。城镇退役士兵从事个体经营或创办私营企业的，除国家限制的行业（包括建筑业、娱乐业以及广告业、桑拿、按摩、网吧、氧吧等）外，自工商部门批准其经营之日起，3 年内免缴工商部门收取的个体工商户注册登记费（包括开业登记、变更登记）、个体工商户管理费、集贸市场管理费、经济合同示范文本工本费，并免缴卫生部门收取的民办医疗机构管理费、劳动保障部门收取的劳动合同鉴证费以及省政府及其财政、价格主管部门批准设立的涉及个体经营的登记类和管理类的各项收费；3 年内免征营业税、城市维护建设税、教育费附加和个人所得税；从事开发荒山、荒地、荒滩、荒水的，从有收入年度开始，3 年内免征农业税；从事农业机耕、排灌、病虫害防治、植保、农牧保险和相关技术培训业务以及家禽、牲畜、水生动物的繁殖和疾病防治业务的，3 年内免征营业税；从事临时性、季节性、流动性经营的，可核发临时营业执照。接纳安置城镇退役士兵达 10 人以上的个体工商户和私营企业，允许其跨行跨类增加经营范围。为安置城镇退役士兵而新办的且当年安置量达职工总数 30%以上并与城镇退役士兵签订 1 年以上期限劳动合同的，属于服务型企业（除广告业、桑拿、按摩、网吧、氧吧外）的，3 年内免征营业税及其附征的城市维护建设税、教育费附加和企业所得税；属于商贸企业（从事批发、批零兼营以及其他非零售业务的商贸企业除外）的，3 年内免征城市维护建设税、教育费附加和企业所得税。当年，省民政厅统一制作下发 5 万本城镇退役士兵自谋职业证。省财政厅、民政厅联合制发《福建省城镇退役士兵安置保障专项资金管理暂行办法》，提出：市县两级财政部门应将退役士兵安置保障资金归入社会保障基金财政专户管理，任何单位和个人不得截留、挤占、挪用，民政部门要定期或不定期监督检查退役士兵安置保障专项资金使用情况。全年全省接收城镇退役士兵 4897 人，城镇退役士兵自谋职业率 71%。

2005 年 8 月，省政府转发国务院《关于进一步做好城镇退役士兵安置工作的通知》，要求充分认识做好城镇退役士兵安置工作的重要意义，切实加强组织领导，做到责任到位、工作到位、政策到位、资金到位，确保安置城镇退役士兵各项工作落到实处。同年 9 月，厦门市政府发布《关于切实做好城镇退役士兵安置工作的通知》，对城镇退役士兵在职业培训、职业推介和档案管理等方面提出优惠政策。当年，全省城镇退役士兵自谋职业率86%，安置任务完成率96.3%，安排历史遗留的未安置对象就业1138人，自谋职业2572人，各级财政共支出自谋职业一次性补助金2132.2万元。当年起，省财政对享受一般转移支付县（市）以及实际财力相当于一般转移支付县（市）的自谋职业的城镇退役士兵每人一次性经济补助3000元。

1995年至2005年，全省接收退役士兵169007名，其中转业志愿兵7328名，城镇义务兵和城镇复员士官47255名，农村退役士兵114264名，残疾士兵250名、复员干部120名，实际安置城镇退役士兵3.7万人。这一时期全省退役士兵安置工作由完全的计划安置逐步走向计划安置与自谋职业相结合，并最后形成以自谋职业为主的轨道，落实自谋职业并已领取自谋职业一次性补助金的有1699人，全省发放一次性自谋职业补助金共计1822.2万元。

三、无军籍退休退职职工安置

1995年，民政部安置司、总后勤部司令部联合下发《关于第二批军队无军籍退休退职职工安置计划及接收安置有关问题的通知》，计划移交福建省安置第二批军队无军籍退休退职职工256名，其中厦门市13名。经军地双方协商后，分5年接收安置。当年全省接收安置17名。

至2000年末，全省第二批军队无军籍退休退职职工接收安置率约60%。一些县（市、区）因驻军密集和财政负担问题影响接收安置工作，福州市鼓楼区仍有50多名安置指标未落实。

2001年2月，根据2000年民政部优抚安置局、总后勤部司令部下发的《关于审定第三批军队无军籍退休退职职工移交安置计划及有关问题的通知》，省民政厅开始审查第三批军队无军籍退休退职职工移交计划，经协商复审后，符合相关政策规定的有341名。

2002年3月，省民政厅完成第三批移交政府安置的军队无军籍退休退职职工审档工作，确定移交安置对象276名，分别由福州市安置142人、厦门市安置21人、泉州市安置16人、漳州市安置37人、莆田市安置23人、三明市安置4人、宁德市安置4人、龙岩市安置8人、南平市安置21人。7月，第三批移交安置对象增加4名。

截至2003年底，全省已接收安置三批无军籍退休退职职工，共273名，尚有343人未接收，其中福州市鼓楼区有163人，占未接收人数的47.5%。

2004年6月，省民政厅等单位联合下发《关于进一步落实移交政府安置的无军籍退休退职职工生活待遇的通知》，要求移交政府安置的军队无军籍退休退职职工从移交安置的下一个月起和当地同职级退休退职职工一样享受当地政府出台的各类生活补助；已参加地方社会养老保险的依然享受当地政府各项补助政策，由民政部门代表当地政府发放补差经费。

2005年12月，省民政厅、财政厅、劳动和社会保障厅、省军区后勤部转发民政部、财政部、劳动和社会保障部、总后勤部《关于加强和改进军队无军籍退休退职职工移交安置工作的意见》，提出对1986年以前参加工作的军队机关、部队及纳入军队编制管理的招待所、幼儿园、装备修理机构、实习工厂、试制试验车间、营房维修机构、文印机构、军人服务社、农场（生产基地）等事业单位纳入国家劳动计划的全民固定工人，新中国成立后至2004年底前参加工作的录用制职员干部，1971年11月底以前参加工作的计划内长期临时工，工作5年以上退休退职的，由县级民政部门接收安置；安置工作实行就地安置，分散安置，交由街道（乡镇）服务管理，被安置者基本退休生活费由中央财政预算安排，地方性津贴补贴按照属地原则由当地政府财政部门负责解决；被安置者参加医疗保险，享受当地退休人员同等医疗保险待遇，参保经费筹集标准由当地劳动保障部门参照上年度当地退休人员平均开支水平确定，所需经费由当地财政承担，中央财政给予定额补助；无军籍退休退职职工由按计划分批次安置改为按年度交接安置，经审核符合移交条件者，由军队移交单位与接收安置地民政部门交接安置手续；从2005年起，中央财政每年按照已接收安置的无军籍退休退职职工实际人数和定额标准安排无军籍职工安置管理补助经费，专项用于无军籍退休退职职工管理和活动开展。

表3-23 **1995—2005年福建省接收军队无军籍退休退职职工情况表**

单位：人

年份	接收人数	年份	接收人数
1995	17	1996	4
1997	36	1998	29
1999	12	2000	3
2001	0	2002	81
2003	30	2004	7
2005	3	合计	222

第四章　双拥工作

1995年起，全省各级合力推进拥军工程建设，帮助驻闽部队解决基础设施和后勤保障等方面的问题。每年福建沿海举行军事演习，各地热忱提供人力、物力和财力上的支持。1999年，各地广泛开展爱心献功臣活动，层层建立拥军优属保障金。2004年，福建省率先成为所有设区市均被命名为全国双拥模范城的省份。

第一节　拥军优属

一、“四项”工程建设

1995年起，省委、省政府决定有计划有步骤地帮助驻闽部队开展基础设施、训练设施、文化设施和“菜篮子”工程建设（简称“‘四项’工程建设”）。省地县财政拨出经费4000多万元支持部队搞好水、电、路、通信、营房等基础设施。省委、省政府拨出600万元为200个基层连队实现“三个一好”（一个好食堂、一个好菜地、一座好猪圈）。省财政安排200万元维修漳州、莆田等地驻军交通干线。

1996年，省财政拨款600万元支持200个基层连队建设“三个一好”。各地政府投入2000多万元帮助驻军修建20条道路长达70多公里，投入500多万元为驻军解决供水问题，投入438万元为部队增容供电，拨款2500多万元补贴驻军粮油差价，拨款1200万元新建6000平方米、总容量1300吨的军供仓库。全省企事业单位出资1000余万元配置彩电、音响等器材和5万册书籍，帮助3个团级6个营级和85个连级单位建立文化活动中心，组建军乐队、吉他队、腰鼓队、快板队等。

1997年，全省各级财政共投入2.4亿元帮助部队建设“菜篮子”工程、水电工程和道路设施，共修建和拓宽道路76条长达132.2公里。当年八一前，省政府拨专款700万元用于200个基层连队建设“三个一好”，500万元用于1000个建制连配发图书及书橱，190万元补助军休所建设；福州市投入5000万元，拓宽通往省军区机关办公地点的鼓楼区铜盘路；厦门市投入1100万元，为驻军修路13条；漳州市投入650万元，拓宽九十一师师部连接国道的进出道路；泉州市投入320万元，为九十二师修筑4.1公里专用公路。

1998年，全省各级财政共投入近2亿多元帮助部队“四项”工程建设，其中省财政拨款1000万元帮助200个建制连队建设“三个一好”。福州市帮助驻军完善基层连队俱乐部38

个、图书室54个，赠送文体器材563件，图书5.16万册。厦门市投资105.5万元帮助部队修建供水工程12项、供电工程2项，投资748万元修建通往部队营区道路15条17.5公里，投资110万元扶持厦门警备区、厦门水警区和新移防同安的37894部队副食品生产基地建设。漳州市投资5000万元修建通往部队的道路17条。

1999年，全省各级财政投入1.5亿元帮助部队新建和完善训练设施25处、文化设施75处。省政府拨款270万元购置500台电脑配发到驻闽部队40个建制团，省财政安排600万元帮助部队建设“菜篮子”工程。三明市拨款430万元为4个武警中队修建看守所岗楼，为市武警教导队、89762部队和军分区国防教育基地添置教学设备，为罗拔顶空军高山雷达站官兵添置冬季取暖设备和体能训练器材。福州、泉州等地为当地驻军配置电脑180台，开办电脑培训班12期。厦门水警区在地方部门支持下实现指挥管理自动化。10月，因台风袭击，省政府拨款1100万元帮助沿海驻军修缮受损设施，泉州、漳州、莆田、宁德等市投资1500多万元解决部队水电路等方面问题。当年，各地提供15公顷农用地给当地部队作为副食品生产基地。

2000年，省财政厅和省直机关拨款6127万元，帮助部队建设战备训练设施和文化娱乐设施，修缮营区住宅，补助水电费用和随军家属生活等。福州、宁德、三明市政府把支持部队搞好“两中心一基地”（示范培训中心、生活服务中心、农副业生产基地）作为办实事的重要项目，农业、科协等部门为部队开办蔬菜种植、大棚栽培、病虫害防治等业务培训32个班次，义务培训基层连队的司务长、种植（饲养）员530多人次。厦门市为驻厦部队所有基层连队配备“厦华”29英寸彩电，各部门各单位向共建的驻军单位赠送文体活动器材6882件、赠书6000多册。

2001年，各级财政共安排1亿多元，帮助部队特别是高科技部队改善基础设施，扩大农副业生产，补贴待业军嫂生活。省财政安排700万元支持部队“菜篮子”工程建设，安排900万元补助待业军嫂生活费，安排20万元帮助莆田市南日岛驻军作战指挥自动化建设，安排80万元为基层连队增配图书。福清市免费提供180亩土地供当地驻军发展农副业生产。厦门市投入资金9740万元维修部队营区进出道路，安排1724万元补贴驻厦部队官兵、军休干部和待业军嫂生活，拨款600多万元修建前场军供站供应大楼。泉州市拨款1078万元为驻军完善“四项”工程建设。漳州市投入1500万元为部队修建水泥路4.3公里、供水供电工程7项、文化设施12项，扶持21个驻军单位建设“菜篮子”工程。

2002年，省政府安排专项资金700万元，各设区市配套资金600多万元，扶持基层连队建设“三个一好”。全省共投入7000多万元为部队修筑16条营区进出道路、9条演习场所交通线路，为海岛驻军修建通信和水电设施，帮助应急机动作战部队和预备役部队完善训练基地和干部培训中心建设等。厦门市电信分公司出资400万元，为部队安装200多个新型IC卡电话亭，并以优惠价格为部队打造亲情电话网。

2003年，省政府拨款1800多万元扶持部队农副业生产，改（扩）建营区进出道路13

条。各级各部门共帮助部队完成基础设施项目 202 个，训练设施项目 32 个，文化设施项目 121 个，“菜篮子”工程项目 451 个。福州市投入 2300 万元为驻军修路，架设闭路光缆，扩建训练场地，改造供电线路，铺设自来水管，绿化营区。厦门市拨款 1680 万元补贴部队官兵，安排 600 万元专项资金改造驻厦部队信息专网工程，并为驻厦部队提供经济适用房 111 套。泉州市投入 1400 万元扶持 15 个团以上单位和 15 个基层连队建设“菜篮子”工程。宁德市财政补贴 202 万元扶持部队“菜篮子”工程建设，筹资 55 万元帮助部队修水、修电、修路等。当年，全省各级财政为完善部队“四项”工程建设共投入 9000 多万。

2004 年，省政府把支持部队“四项”工程建设列入为民办实事计划，安排专项经费 1000 万元，各地配套资金 2000 多万元，为部队改扩建道路，改善供水供电条件，完善训练和文体设施，发展农副业生产。全省各地共帮助部队完成基础设施项目 105 个，训练设施项目 20 多个，文化设施项目 80 多个，“菜篮子”工程项目 100 多个。

2005 年，省政府拨款 700 万元，各设区市配套 600 多万元，帮助部队建设“两中心一基地”项目 13 个，“三个一好”项目 75 个。沿海地区党政领导到新移防部队的营区进行现场办公 20 次，为新增部队营区建设和训练场地建设划拨和调整土地约 150 公顷。

截至 2005 年，全省共帮助驻闽部队建设基础设施 2500 多项，主要项目包括部队营区与国道省道连接道路（铺设水泥或沥青路面）、驻高山海岛和沿海突出部基层连队出行道路、部队通信网络和基层连队供水供电线路的修建和改造；训练设施 1400 多项，主要项目包括登陆作战训练基地（占地 2.3 万亩）、二炮训练场、坦克训练场、炮兵靶场、各军师团综合训练基地、各级军官和专业技术兵培训中心的建设；文化设施 1800 多项，主要项目包括部队文化活动中心、俱乐部、图书馆、体育场等；“菜篮子”工程 3000 多项，主要项目包括团以上机关副食品生产基地和基层连队“三个一好”。驻闽部队 90％以上连队实现食堂规范化、菜地田园化、猪圈制式化，肉菜自给率达到 85％。

二、拥军支前

1995 年 1 月，省委办公厅、省政府办公厅、省军区政治部联合下发《关于进一步加强军警团结的意见》，就加强军民军警团结，正确处理矛盾和纠纷，作出 19 条规定。8 月至 11 月，南京军区在东山、诏安、云霄等县进行“成功 5 号”渡海登陆作战演习。省委书记贾庆林参加南京军区召开的军事演习联席会议，受领支前任务。省政府召开专题会议研究部署支前工作，成立省支前工作领导小组，副省长施性谋任组长，省经贸委副主任、漳州市副市长和厦门市副市长为副组长，统一协调军事演习后勤保障。漳州市、县（区）、乡（镇）三级层层成立拥军支前工作机构，主要领导挂帅，为部队提供人力、物力、财力支持和保障。省直机关和漳州、厦门、福州、莆田等市政府送给演习部队慰问金共 185 万元，漳州市机关团体和人民群众送给慰问金 97.5 万元。全年，为支援军事演习全省直接参加一线支前工作的机关干部职工 2000 多人；优质优惠供应部队大米 330 吨、面粉 54 吨、食油 18 吨、大豆 20

吨、蔬菜300吨、肉类60多吨、水产10多吨、煤炭300多吨；腾出公房民房14600平方米；封闭5个港口4条航道，疏散封闭在港船只5864艘，驱赶接近演习船只853艘，组织7个自然村、10家养殖场、6100多名群众临时转移。同年，全省接收军转干部1171人，其中师团职238人；全省80%居委会和60%村委会建立1.7万个拥军优属服务组织。

1996年3月，南京军区在海坛岛（平潭岛）举行陆海空三军联合渡海登岛作战和山地进攻作战的军事演习，军委副主席张万年到现场视察指导。全省投入1500多万元为参演部队提供物资补给和修建道路、营房等设施。福州市投入300多万元帮助演习部队完成宿营、道路和水电等设施建设，并调集优质大米、面粉和食油等生活物资保障部队。厦门市拨款550万元给参演的第三十一集团军、厦门警备区和厦门水警区部队，并组织慰问团赴平潭慰问演习部队。11月，省人大常委会颁布《福建省拥军优属若干规定》，规定各级政府要加强对拥军优属工作的领导和宣传，有计划地支持帮助驻高山、海岛、边远地区部队搞好水电路等基础设施建设和农副业生产，为部队搞好各类教育提供智力支持，并对军人施行以下优待：(1) 军用车辆在本省行政区域内免费过路、过桥、过渡、过隧道；(2) 公园、纪念馆、博物馆对现役军人、革命烈士家属、军队离休干部、革命伤残军人免收游览门票，伤残军人免费乘坐市内公共汽车，车站、港口、医院设立专门优待窗口；(3) 现役军人、革命烈士和特等、一等革命伤残军人配偶在同等条件下享受优先招工录用或招生录取的待遇，被批准随军的现役军人配偶有工作的由劳动人事部门优先安置，无工作符合就业条件的由劳动部门优先介绍就业，从事个体经营的由工商优先办理营业执照；(4) 现役军人配偶享受探亲假，探亲期间工资和奖金照发；(5) 现役军人配偶在所在单位分配住房或集资建房时享受双职工待遇，城镇义务兵在其家属单位安排住房时被计入家庭人口，农村义务兵家属紧缺住房需要建房时由所在村委会优先安排建设用地；(6) 现役军人、革命烈士和特等、一等革命伤残军人子女上小学的，由教育部门就近安排在教学条件较好的学校就读；(7) 对拒不接收政府分配的城镇退伍义务兵和转业志愿兵的单位，由安置工作主管部门责成其从接到安置任务之日起发给安置人员该单位职工平均工资，直到上岗工作；(8) 驻边防、海岛、船艇、高山等艰苦地区的部队需要在城镇建立家属区的，享受经费和土地审批等方面的优惠。同年，各地人武部回归军队建制，接收安置军转干部1221人。

1997年10月至11月，海军东海舰队在东山、云霄海域举行“万箭一号”演习，第三十一集团军在龙岩地区举行“成功6号”演习。演习部队中途宿营杏林时，厦门市政府送去慰问金10万元，杏林区、集美区、同安区送去猪肉625公斤、鸡鸭80只、禽蛋950公斤、蔬菜3000公斤、水果1500公斤。杏林区自来水公司、供电局昼夜作业为部队铺设自来水管道和安装供电线路。漳州、龙岩两地封闭4个港口和2条航道，组织17个自然村4600多名群众临时转移，1000多名干部群众参加一线支前，优惠供应部队大米、面粉、食油、蔬菜、鸡鸭、猪肉和水产品等总优惠金额约650万元。当年，各地为帮助部队军事斗争准备投入8000多万元，其中厦门市政府投入4500万元在厦门市境内建设长11公里的战备公路。全省接收军转干部1179人。龙岩、漳州等地组织和人事部门采取“预留位置，先进后出”等措施对军转干部进行指令性安置。同年，莆田、泉州、宁德、三明、南平等地向部队子女开放重点中小学校，部队子女入学不受分数线限制，免缴“赞助费”。

1998年，第三十一集团军在龙岩、漳州两地举行“成功7号”军事演习。两地公安部门出动112台次警车、790人次维护交通秩序。厦门市为保障演练部队特种车辆通行，专门架高部队行军沿途中的50多处供电、广播、通信电线。长汀县河田镇为迎接演习部队到来紧急组织200多人调集5000只编织袋抢修道路20多公里，有22个村庄近5000人按时疏散撤离实弹演习区域，一些高龄患病老人谢绝部队帮助在自家人协助下自行转移，许多经济作物被损毁但村民们谢绝赔偿，有许多妇女见到部队宿营地官兵们换下的脏衣服悄悄地拿去洗涤晒干。同年，省政府拨款200万元帮助海岛部队随军家属解决住房问题。厦门、仙游、福鼎、东山、诏安等地提供2000多公顷土地为二炮部队建立训练基地和导弹仓库，并解决部队供水供电和进出道路问题。石狮市出台《随军家属就业保障规定》，待岗军嫂生活补助每月180元。厦门市湖里区湖里街道招聘的15个居委会工作人员中有7名军嫂。全年全省共接收安置军转干部1299名。同年12月，为奖励驻闽部队在闽江和长江流域抗洪抢险功绩，省委办公厅、省政府办公厅联合下发《关于解决参加抗洪救灾的驻闽部队有关问题的通知》，拨给参加抗洪救灾部队1000万元专款，用于解决部队因检查身体、治疗疾病等急需解决的医疗器械和药品短缺等问题，对参加闽江和长江流域抗洪抢险的义务兵给予以下优待：（1）由军以上单位授予一等功荣誉称号的，增发其家属优待金一倍；二等功的，增发优待金60%；三等功的，增发优待金30%。（2）本省入伍的荣立三等功以上的城镇义务兵，由入伍地的县（市、区）政府给其家属一次性奖励2000元，退伍时优先安排工作；（3）农村籍的由入伍地的县（市）政府给其家属一次性奖励5000元。

1999年7月，南京军区在泉州地区举行海上民船动员征集演练，历时15天，石狮市有110艘民船参加海上演习，无一艘民船掉队，无一人向部队要误工补贴。10月，南京军区又在泉州地区举行新装备战术演示（4个军级单位参加，张万年等百名将军到现场视察指导），历时2个月，泉州市举全市之力做好支前工作。10月9日，台风袭击军演现场，掀掉演习官兵帐篷和衣被，石狮市政府闻讯后立即将4000多参演官兵接到学校、民房和工厂住宿，送去一大批衣被和2万多包方便面，保障部队演习按预定计划进行。同年，省委机构编制委员会在省直机关机构改革中保留省支前办公室，使福建省成为全国唯一设有支前工作机构的省份。泉州市出台部队随军家属就业保障暂行规定，将部队旅以上政治部门批准的随军家属因各种原因下岗或未就业且本人没有其他经济收入的，列入当地城乡低保，户粮迁移手续不受城市人口控制指标限制。三明市设立部队官兵法规咨询站、心理咨询站和“维护军人、军属合法权益巡回法庭”，聘请10名律师和资深心理专家为军人军属来访来函来电释疑解惑，所属12个县（市、区）也都设立维护军人军属合法权益巡回（合议）庭，受理军人军属及优抚对象涉法案件，酌情减免案件受理费和诉讼费。当年，全省共安置军转干部1800人（其中师团级干部420名)，安排军嫂就业750名；对一时找不到合适工作的军嫂由当地政府每人每月发给120～250元的生活补助费；对从事个体经营的军嫂在税收、办证、征用摊位上给予优先优惠照顾。

2000年，各地把做好对台军事斗争准备作为双拥工作的重点来抓，加强国防动员，支持国防施工，解决新入闽部队“安居”问题。5月至8月，南京军区部队在石狮举行科技练兵成果演示，参演官兵近万人，历时2个多月，泉州市有1200人参加支前，共投入经费1300万元。9月，南京军区在漳州地区举行“东海五号”大规模军事演习，漳州市有1600人加入支前行列，投入经费共计2000万元。同年3月，省人事厅、财政厅、民政厅、劳动和社会保障厅、工商行政管理局、国家税务局、地方税务局和省军区政治部联合制定《驻闽部队随军家属就业保障暂行规定》：省内驻军和武警部队家属没有正式工作的，每人每月发给100～270元生活保障金；随军家属随军前有正式工作的，由人事劳动部门按照专业对口原则予以安置，原则上不安排下岗；随军家属自谋职业的，由当地劳动部门发给失业证，享受下岗职工自谋职业的优惠政策；无工作的随军家属到劳动部门开办的或经劳动部门认定的培训机构培训，所需费用由当地财政拨付；劳动部门举办的职业介绍服务机构开设随军家属服务窗口，对随军家属实行免费服务；职业技能鉴定机构免收随军家属职业技能鉴定费。各地加大拥军经费投入，对部队旅以上政治部门批准随军的已在部队驻地落户半年以上的无工作且无其他固定收入的随军家属，发放基本生活保障金100～150元（厦门市除外)。随军家属基本生活保障金由当地财政安排，其中驻榕部队军级单位、武警各总队、福建预备役高炮师机关及直属队的由省财政安排。11月，省委、省政府和省军区联合下发《福建省支持驻闽部队后勤保障社会化改革意见》，从饮食管理、营房建设、商业服务、交通油料输送、医疗服务以及部队内部职工养老、失业保险和再就业安置等方面，为部队后勤保障社会化提供条件。同年，全省共接收军转干部1761人，其中师团干部496人；安排1200名随军家属就业。

2001年4月至8月，中央军委和南京军区在漳州地区举行“东海6号”演习。省委书记宋德福、省长习近平率省直有关部门负责人赴东山等地看望慰问演习部队，研究部署支前工作，并赠送100万元慰问金给部队。漳州市县两级分别成立物资供应、交通通信、安全保卫、卫生防疫等7个支援小组，组建以民兵为骨干的各类专业分队，配合部队做好演练后勤保障工作。6月，省委办公厅、省政府办公厅召开专题会议，研究解决解放军驻三明某部25名随军家属就业问题。同年，省高级人民法院和省军区政治部联合发布《关于加强维护军人军属合法权益的若干意见》，全省84个县（市、区）成立维护军人军属合法权益领导小组、合议庭、法律咨询站，受理涉军案件458件，结案423件，处理涉法纠纷767件。当年，泉州市洛江区在境内万安公路两侧规划100平方公里用于双拥精品园建设。

2002年，南京军区在漳州地区举行“东海7号”军事演习。漳州市提出“部队练打仗，地方练支前”口号，党政军主要领导挂帅，统一组织实施军事演习全过程的支前保障，从人力、物力、财力、技术等方面予以支援，受到部队参演官兵一致赞扬，南京军区向全军区转发漳州市拥军支前做法和工作经验。同年，全省共接收军转干部1059人，安排650名随军家属就业；各地发给待业随军家属每月130～300元不等的生活补助费。

2003年，部队在漳州、泉州等地举行“035”“037”“闽海1号”军事演习，省武警总队举行反恐演练，省预备役高炮师举行实弹射击演练，另有11个师旅单位进行海上练兵和野营训练，各地无偿提供住房10多万平方米，优惠供应主副食品50多万公斤，出动警力和民兵6500多人次维护交通，组织转移演习地区群众1.8万多人次，动用民用车辆1880台次、民船20多艘次，为部队提供水电、卫生、通信、安全等保障。厦门市医药站组织一批市场紧俏的预防“非典”（非典型肺炎）药品送给演习部队。同年，宁德市补贴部队496万元，支持部队用地9.47公顷，让利467万元，帮助部队家属子女就业40人次，就学130人次，减免部队子女入学费用31.1万元。

2004年7月24日，福建省国防动员委员会、漳州市国防动员委员会和漳州军分区在东山举行海上支前保障实兵演习，有51个单位3000多名部队官兵、民兵预备役人员和武警官兵参加，重点演练海上支前保障四大类20个课题。南京军区司令员朱文泉中将，南京军区副司令员林炳尧中将，省委代书记、省长卢展工等军地主要领导到现场观摩。为支援此次军事演习，省市两级共拨付500多万元解决近百个与部队演习有关问题，省财政下拨200万元启动38个支前物资供应站建设。同年，泉州市审批在建人防地下室面积达27万平方米，全市防空警报控制实现数字化。厦门市为当地驻军团以上单位开通宽带专用网，提供经济适用房50多套，在社区工作者招聘中，给予20多名军嫂“年龄放宽5岁、考试成绩加5分”的优待，有30多家企业赴营区开展“送岗进军营”活动，为700多名军嫂提供就业岗位。全年全省接收安置军转干部1600多人（占应安置总数的90%），安排随军家属就业500多人。

2005年，部队在漳州、泉州地区举行“东海9号”、“05·8”活动和“2005·2”、“闽海3号”军事演习，预备役高炮师举行战时转服现役演练。漳州市和泉州市党政领导挂帅，组织实施部队演习全过程的支前保障工作，征地200公顷解决部队修建营房和战备设施的用地问题。同年11月，省人事厅、省劳动和社会保障厅、省教育厅、省民政厅分别牵头，组成“军转干部安置”“随军家属就业”“部队子女入学”“优抚安置政策落实”四个专题调研组，分赴全省9个设区市和当地驻军机关进行工作调研，调查了解军队需要地方支持的重点难点问题。全年全省共接收军转干部1512人（其中师团级干部396人，营以下干部810人，专业技术干部309人），选择计划安置的军转干部1201人，有1177人当年实现计划安置；共安排900多名随军家属就业，待业随军家属生活补助费每月130～300元不等。

2001年至2005年，全省共为演习部队提供住房5350间（面积18.7万平方米）、训练场地200多公顷，建成10条入闽主通道、5个滚装码头。

三、科教拥军

1996年，厦门、福州等地大中专院校为驻军建立育才基地，派出数百名教学骨干辅导部队官兵财会、电脑、外语、烹调、电器维修、食用菌栽培等专业知识学习，有3000多名官兵获中专以上毕（结）业证书。厦门市科委与电子工业部第二十研究所厦门分所共同帮助东海舰队研制特种天线，攻克战备训练技术难题。

1997年，全省农业部门共派出360名技术人员到基层连队指导农副业生产，科技部门和高等院校帮助部队攻克10多项战备训练和国防施工技术难关。

1998年，厦门市高等院校为部队举办各种培训班41期，培训官兵1795人（其中有60%的官兵取得高中毕业或专业合格证书），并为部队代培科技人员182人。福州市为部队开办大专班14期，授157人大专文凭；建立军地两用人才培训基地16个，培训官兵2366人；帮助基层连队改善俱乐部38个，图书室54个，赠送文体器材563件，图书5.16万册。

1999年，各地普遍组织大专院校、科研部门和专业对口单位帮助部队培训各类技术人员，解决科技练兵、作战指挥、战备执勤、国防施工等遇到的难题。省政府拨款270万元，购买512台电脑赠送部队开展科技练兵活动。

2000年，全省大专院校和科研单位为驻军培训各种专业人员2000多人，提供科技资料1万多册，派出70多名技术人员帮助部队实施科技演练。南安市成人中专学校成立32515部队分校，每周双休日上午在部队营区为部队官兵教授计算机实际应用、数据库、互联网等基础科目，首期培训当地部队官兵400人。

2001年8月，省委办公厅、省政府办公厅联合下发《关于广泛深入开展科技拥军活动的通知》，提出科技拥军是推进双拥工作向高层次发展的重要举措，要以创新理念和思维方式来做好科技拥军工作，实现双拥工作由传统型向现代型转变；要本着“部队所需，地方所能”的原则，围绕军事斗争准备的需要，帮助部队培养造就高素质人才，帮助部队攻克科技难关，为部队优先安排科研项目和经费，优先转让科研成果。各地也下发文件通知，制定科技拥军计划，依托大专院校和科研院所，为部队开班开课，刊授函授，培养部队各类专业技术骨干。泉州市建立科技拥军示范基地，为部队开办电脑培训班16期，培训操作和维修人员820名；赠送电脑39台，赠送图书1.6万册，建立拥军书库29个。漳州市科委制发年度科技拥军实施计划，把科技拥军项目分解落实到各有关单位，实行目标管理责任制。漳州师范学院为部队举办大专班，参训者200多名。莆田市科协、技校培训部队官兵达数千人次。龙岩、宁德市组织科技含量较高的单位与驻军建立科技共建对子。全省建有13个科技拥军试点基地，为部队培养专业人才500多人，完成部队科研项目100多个，培训部队各类技术骨干700多人，革新装备器材40多件。

2002年，各地普遍制订科技拥军实施计划，并将工作任务分解到各部门各单位。有的依托大专院校和科研院所多层次、多渠道地帮助部队培养军事、政治、后勤、装备管理等各类专业技术人员；有的在安排年度科技计划项目时优先安排驻军科研项目，并组织专业技术人员帮助部队解决技术难题，鼓励驻军申报科技进步奖；有的从设备、资金、技术等方面帮助部队推进信息化建设，指挥、办公系统自动化建设，为部队开辟便捷的信息咨询通道，建立完善科技拥军示范基地，拓展科研成果转让、科技难题攻关、科普工作等方面定期交流渠道；有的开展“科技人才进军营、科研成果送军营、科技书刊到军营”活动，为驻军举办科技知识讲座、实用技术讲座和科普宣传，赠阅科技报刊。同年，省政府拨款500万元购买高性能电脑和应用性较强的图书，帮助9个师团单位建立微机培训中心，帮助45个营连单位扩大“拥军书库”。漳州市市县两级行政机关全部与当地驻军建立共建关系，市直17家重点企业与驻高山、海岛连队挂钩，50余名农业、电力、机械、通信、气象、水文、计算机等各类专家帮助部队培养人才、科研攻关和发展农副业生产。

2003年，省委、省政府将科技拥军列入为民办实事内容，决定当年起每年安排500万元专项经费帮助驻闽部队各大单位开发重点科研项目。当年，省政府拨款500万元支持驻闽部队实施38个重点科研项目开发。全省各地共安排1000多万元专项资金购买高性能电脑和科技图书赠送部队，帮助17个团以上部队机关建立“微机培训中心”和“拥军书库”。厦门市建立“军人科技拥军专家库”。三明市筹资205万元完成20个科技拥军项目。泉州市由双拥办和科技局牵头，依托华侨大学、泉州师范学院、黎明大学和仰恩大学及生产力促进中心等高校和科研院所，建立科技拥军基地，为当地驻军提供教育培训、课题研究、项目开发和信息咨询服务，并组织专家学者成立科技拥军顾问团赴部队现场讲学指导。各地进一步开展“科技送军营活动”，有的依托大专院校，采取办班、刊授、函授和远程教育等形式，为部队传授知识；有的依托科研院所，帮助部队完成科研试验任务，转让科研成果；有的依托高新企业，帮助部队培训专业技术骨干，研制、革新装备器材；有的依托地方科普资源，帮助部队开展科普教育活动，提高官兵科技知识；有的依托各类数据库，为部队提供台情、社情、海洋气象资料，做到信息资源共享。

2004年11月，全省科技拥军科技助民工作经验交流会在厦门召开，总政治部群工办主任、全国双拥办副主任常生荣，南京军区政治部副主任许湘东和省双拥工作领导小组负责人等出席会议。会议要求整合六大资源、建立六大基地，即整合教育资源，建立拥军人才培训基地；整合科研资源，建立科技拥军协作基地；整合高新技术资源，建立科技拥军新技术开发基地；整合高级技术人才资源，建立拥军“专家”“智囊”基地；整合科普资源，建立拥军科普教育基地；整合现有信息资源，建立信息情报基地。会上，省双拥工作领导小组表彰20个“科技拥军”和10个“科技助民”先进单位。当年，省政府安排500万元帮助部队开发45个重点科研项目。各地也专门立项科技拥军经费，扶持部队重点科研项目。漳州市拨款30万元帮助解放军第175医院申报科研项目、武警漳州支队开发自动化指挥系统和漳州军分区建立军地两用科技人才“Web”培训系统。泉州市政府数次在驻军师旅单位召开科技拥军现场办公会议，共拨款610万元解决部队科技强军资金问题。

2005年，省政府拨款600万元扶持驻闽部队申报57个科研项目。全省有5个拥军项目获得军队科技进步奖。各级科技、农业部门共为部队举办各类技术培训班60多期1500多人次，组织专家到部队副食品生产基地现场指导30批150多人次，赠送种养实用技术书籍2万

图 4-1　2004 年 11 月，福建省科技拥军科技助民工作经验交流会在厦门举行

多本、科技图片 5000 多张。集美大学向部队赠送科技书籍 3000 余册，并在校内图书馆开设军人阅览区，免费为部队官兵提供图书借阅和上网查询服务。福州市组织农业专家赴八十六师基层连队辅导蔬菜种植、土壤改造、病虫害防治、养猪技术及病毒防治等方面技术。

2002 年至 2005 年，全省依托各大专院校和科研院所建立 13 个科技拥军试点基地，为部队培训人才 3000 多人，完成科研项目 300 多个，嫁接移植科技成果 200 多项；依托地方生产资料资源帮助部队培训技术骨干 500 多人，革新装备器材 1500 多件；各级财政安排 3000 多万元专项资金购买电脑和科技图书赠送部队，帮助团以上单位建立"拥军微机培训中心"，帮助建制连队建立"拥军书库"；各级各部门累计投入资金 2500 多万元扶持部队实施科研项目。

四、节日慰问活动

1995 年 12 月，省民政厅、省军区政治部联合发布《关于 1996 年新年春节期间广泛深入开展拥军优属拥政爱民活动的通知》，并在《福建日报》上刊登，要求各地多办利军利民好事实事，节日期间组织慰问团（组）就地就近开展慰问部队的活动，走访慰问优抚对象。

1996 年 2 月，省委办公厅、省政府办公厅联合在福州市温泉宾馆召开春节军政座谈会，参加会议的有驻闽部队各军师级单位、省五套班子主要领导、省双拥领导小组组长、省直有关厅局和福州市政府主要负责人，会议由省长陈明义主持，省委书记贾庆林和驻闽部队各大单位主要领导发言。同月，省成立拥军优属慰问总团，各地（市）成立分团，省总团分6组由贾庆林、陈明义、游德馨、何少川、林兆枢、袁启彤率队慰问省军区、海军福建基地、空八军、福州总医院、福州医高专、南后十八分部、南司技术二局、八六师、海峡之声广播电台和武警福建三总队。省民政厅举行迎春座谈会，邀请驻闽部队政治部主任、群工处处长和省直有关单位领导座谈，共商双拥计划。7月，省民政厅、省军区政治部在《福建日报》、福建电视台上发布《关于“八一”期间开展拥军优属活动的通知》；省委副书记习近平率有关部门慰问南京军区福州总医院及高干病房伤病员；省民政厅制作1万份慰问品分发各地慰问驻军医院伤病员；省委办公厅、省政府办公厅在福州温泉宾馆举行省级军政座谈会，省委、省人大常委会、省政府、省政协领导和驻闽各部队主要领导出席，陈明义主持会议，贾庆林讲话；省委办公厅、省政府办公厅在福州西湖宾馆举行庆八一座谈会，驻闽各部队政治部主任和群工处处长及有关部门负责人参加。同年，各地结合纪念长征胜利60周年活动，组织由当地党政主要领导率队、有关部门负责同志参加的慰问团（队），走访慰问在乡退伍红军老战士和红军烈属。12月，省民政厅、省军区政治部联合在《福建日报》发布《关于1997年新年春节期间广泛深入开展拥军优属拥政爱民活动的通知》。

1997年1月，省委办公厅、省政府办公厅联合在福州市温泉宾馆召开春节军政座谈会，参加会议的有驻闽部队各军级单位、南京军区直属师级单位、武警福建部队主要领导，省五套班子主要领导，省双拥领导小组组长，省直有关厅局和福州市政府主要负责人，会议由代省长贺国强主持，省委书记陈明义和驻闽部队各大单位主要领导发言。春节期间，省五套班子领导率队慰问省军区、海军福建基地、空八军、三十一集团军、八六师、福州总医院、福州医高专、南后十八分部、南司技术二局、海峡之声广播电台、武警总部第九十三师、武警福建三总队和武警警卫局。省民政厅举行迎春座谈会，邀请驻闽部队政治部主任、群工处处长和省直有关单位领导座谈，通报双拥工作情况。

1998年1月，省民政厅在福州市温泉大饭店举行驻闽部队政治部主任、群工处处长和省直部门领导参加的迎春座谈会，互通双拥工作情况。同月，省委副书记习近平率省民政厅等相关部门负责人赴闽北顺昌、光泽、邵武三县（市）慰问优抚对象和贫困农户。12月，省民政厅、省军区政治部发布《关于1999年新年春节期间广泛深入地开展拥军优属拥政爱民活动的通知》，要求各地以弘扬部队抗洪精神为主题，广泛进行双拥光荣传统宣传教育，围绕促进国家和军队改革与建设深入扎实搞好双拥工作，研究解决军地关系遇到的新情况新问题；以驻高山海岛沿海突出部的部队基层单位为重点开展形式多样的走访慰问活动。

1999年2月，省委副书记习近平看望慰问省民政厅机关干部，走访救灾救济处、优抚处、双拥办、安置办等处室。同月，省民政厅受省拥军优属春节慰问总团委托，组派人员走访慰问省荣誉军人康复医院和周宁、福安、寿宁等地光荣院。

2000年1月，陈明义、习近平、何少川等省领导和省军区司令员陈明端率春节慰问团分别慰问平潭驻军、省军区、八六师和海峡之声广播电台、南司技术二局、空八军、福州总医院、省武警总队、省边防部队。同月，副省长汪毅夫到顺昌县慰问福利院红军老战士。2月，省委办公厅、省政府办公厅在温泉宾馆召开春节军政座谈会，参加会议的有驻闽三军和武警部队各军师级单位、省五套班子领导，省双拥领导小组组长，省直有关厅局主要负责人，会议由省长习近平主持，省委书记陈明义和驻闽部队各大单位主要领导发言。省民政厅举行迎春座谈会，邀请驻闽三军和南京军区直属师级单位及武警部队政治部主任和省直有关单位领导座谈，共商双拥计划。省民政厅负责人带队代表省委省政府赴省荣康院慰问特、一等伤残军人。10月，为纪念中国人民志愿军抗美援朝出国作战50周年，根据民政部、总政治部要求，在全省开展慰问志愿军老战士和志愿军烈属活动。省领导率省民政厅、省军区政治部、省委宣传部、福州市政府相关负责人员走访慰问福州市志愿军英模、烈属12人，赠送每人慰问金500元和价值300元的慰问品。各地均以走访慰问形式逐人逐户进行慰问，并对生活困难的志愿军老战士和志愿军烈士遗孀给予生活补助，资金由地方财政支付。

2001年1月，春节军政座谈会在福州举行，省领导宋德福、习近平、袁启彤、游德馨、陈明义、何少川、赵学敏、陈营官、黄松禄、梁绮萍、张家坤、潘心城、贾锡太、曹德淦、汪毅夫等和驻闽部队领导陈明端、吴青田、李长才、王来友、童世平、于长海、胡春福、薛国强等出席会议，习近平主持会议，宋德福在会上讲话。同月，受省委、省政府委托，由省委办公厅、省政府办公厅、省拥军优属拥政爱民工作领导小组办公室（简称“省双拥办”）和省人民政府驻上海办事处等单位组成慰问小组，由一名省委副秘书长带队赴南京慰问南京军区领导机关，赠送7台50寸彩色电视机，并看望曾在福建工作已离休安置在南京的正军级以上老干部。

2002年2月3日，省委、省政府在福州举行春节军政座谈会，省长习近平主持会议，省委书记宋德福讲话，出席会议的有省领导和驻闽部队领导陈明义、卢展工、梁绮萍、黄瑞霖、陈营官、李宏、鲍绍坤、何立峰、王建双、张家坤、潘心城、贾锡太、汪毅夫、张鹤田、吴青田、赵克石、程童壹、胡先贵、童世平、于长海、赵以良、薛国强、张武。同日，由省五套领导班子成员组成的春节慰问团分组前往驻闽师级以上陆海空和武警部队单位进行慰问活动。同月，省民政厅会同省文化厅、省双拥办共同举办2002年福建省拥军优属慰问晚会，晚会在福建会堂举行，省五套领导班子成员、驻闽陆海空和武警部队师级以上领导、部分在闽地方和军队离休老同志以及部分革命伤残军人等重点优抚对象代表出席现场观看。

2005年2月，省委办公厅、省政府办公厅在温泉宾馆召开春节军政座谈会，参加会议的有驻闽三军和武警部队各军师级单位、省五套班子领导，省双拥领导小组组长，省直有关厅局主要负责人，会议由省长黄小晶主持，省委书记卢展工和驻闽部队各大单位主要领导发言。省民政厅举行迎春座谈会，邀请驻闽三军和南京军区直属师级单位及武警部队政治部主任和省直有关单位领导座谈。2月，卢展工、黄小晶、陈明义等省领导率春节慰问团分别慰问平潭驻军、省军区、八十六师、海峡之声广播电台、南司技术二局、空八军、福州总医

图 4-2　2002 年 2 月 3 日，省委书记宋德福（前排中）率团走访慰问南京军区福州总医院

院、省武警总队、省边防部队。省民政厅负责人带队代表省委省政府赴省荣康院慰问特、一等伤残军人。

1995 年至 2005 年，全省向驻闽部队赠送元旦、春节、八一等节日慰问金共达 4645 万元、慰问品 47 万件、年画 200 万张。

五、爱心献功臣行动

1999 年，全省围绕解决重点优抚对象“三难”问题，开展“爱心献功臣行动”，引导全社会爱功臣学功臣助功臣。省双拥工作领导小组印发《福建省“爱心献功臣行动”实施方案》，并在惠安、福州、宁德开展试点工作。省市县三级均成立“爱心献功臣行动”领导小组，建立拥军优属保障资金（省级 1000 万元、地级 100 万元、县级 50 万元）。1 月 30 日，省双拥办和福州市双拥办联合在福州五一广场举行“爱心献功臣”义演活动，省委副书记习近平和省政府、省军区、福州市领导以及社会各界人士 1 万多人参加活动，习近平为“爱心献功臣”青年志愿服务队授旗，省市领导带头捐款，活动所有收入纳入福州市民政局“拥军优属保障资金”。4 月 23 日，省民政厅、省双拥办和福建电视台共同组织“爱心献功臣”募捐义演晚会，社会各界现场认捐总额达 800 万元。当年，全省为“爱心献功臣行动”组织 50 多场义演义卖募捐活动，共募集6000多万元；各地在“爱心献功臣行动”中有17418个重点优抚对象接受帮扶，其中由单位和个人挂钩帮扶的6833人，解决住房问题6700人，纳入最低生活保障对象7049人；省市县三级拥军优属保障资金资助重点优抚对象建房1500多万元。南安市在“爱心献功臣行动”中捐款超万元的私营企业主共43个，募集拥军优属保障资金200多万元。惠安、长泰县率先实行县直机关、企事业单位与重点优抚对象人数较多且困难较大的乡村挂钩帮扶，签订责任书。永定县召开“爱心献功臣行动”千人动员大会，县直部门和乡镇副科级以上干部每人挂钩1户以上重点“三老”（老烈属、老伤残军人、老复员军人）贫困户并签订帮扶责任书。三明市组织革命“五老”人员参加简易人身保险，本辖区内的公立医院和乡镇、街道卫生院为革命“五老”人员免挂号费、注射费和50%的住院床位费、手术费、护理费。同年3月，全省地市双拥办主任会议在福州市召开，通报全省“爱心献功臣行动”开展情况，省委副书记、省双拥工作领导小组组长习近平提出要从认识意义上、提高质量上、搞好活动上、发挥作用上促进福建省双拥工作再上一个新台阶。同年12月，民政部、全国双拥工作领导小组召开“爱心献功臣行动”电视电话表彰会议，授予福建省67个“爱心献功臣行动”先进县（市、区）、6个“爱心献功臣行动”先进单位和3个“爱心献功臣行动”先进个人。

图4-3　1999年，泉州市鲤城区干部、学生、群众及部队1000多人上街宣传动员全社会向革命功臣献爱心

2000年1月，省双拥工作领导小组授予57个单位“爱心献功臣行动”先进集体称号，授予80人“爱心献功臣行动”先进个人称号。

第二节　双拥模范城

20世纪90年代上半期，省委、省政府和省军区先后命名3批省级双拥模范城（县）。90年代中期起，双拥模范城被视为一项政治荣誉，受到全省军地双方高度重视，创建双拥模范城活动被作为推进双拥工作的好载体好抓手，列入全省各级党委、政府和驻军领导机关的议事日程。各地把双拥工作纳入党政军领导干部政绩考核范围，坚持党委议军会议、军地联席会议等制度。省市县三级设立双拥工作领导小组办公室，挂靠民政部门，实行军地合署办公，并配备工作人员和工作经费；把支持国防和军队建设纳入地方经济社会发展规划，支持军事斗争准备，支援重点军事工程建设，配合部队完成军事演练、战备执勤、科研试验，支持部队后勤保障社会化，开展科技、教育、文化、法律拥军；把以爱国主义为核心，以拥军优属、拥政爱民为主要内容的国防教育纳入国民教育体系及部队教育规划，列入宣传、教育、文化、广播影视、新闻出版等部门的年度工作计划，党政各部门和国有企事业单位建立适合本地区本单位的国防教育制度和教育设施，工作有部署，有检查，有总结；军队发挥自身优势，参加地方抢险救灾，参加新农村和城市社区建设，参加扶贫帮困工作，协助地方处置各种突发事件；地方保障军人及其家属合法权益，落实转业军官、复员干部、退役士兵、军队离退休干部、残疾退役军人和随军家属的安置待遇，提升优抚对象抚恤补助标准；开展军民共建活动和军（警）民联防联治活动，推进文明城市、文明村镇、文明行业、文明社区的建设，推进社会治安综合治理。省级双拥模范城（县）命名程序和权限是：设区市党委、政府和军分区（警备区）联合推荐；省双拥工作领导小组考评审核；省委、省政府和省军区联合批准后举行命名大会发布命名决定。9月，省双拥工作领导小组下发双拥模范城（县）、乡（镇）创建命名管理办法实施细则，对双拥模范城标准、命名程序和命名后管理等方面作出具体规定。

1995年1月，省委、省政府和省军区召开双拥模范城（县）命名大会，命名第四届省级双拥模范城（县）10个、省级双拥模范乡（镇）19个、省级拥军优属模范企业9个。

1997年1月，民政部、总政治部进行第五次全国双拥模范城（县）命名。福州市、厦门市、泉州市、漳州市、三明市、莆田县、福鼎市、平潭县、晋江市被命名为全国双拥模范城（县）。同月，省委、省政府和省军区命名第五届省级双拥模范城（县）25个、省级双拥模范乡（镇、街道）36个、省级拥军优属模范企业12个。命名活动实行动态管理，当年获全国双拥模范城（县）称号的，省里就不再重复命名。

2000年1月，民政部、总政治部进行第六次全国双拥模范城（县）命名，泉州市、厦门

图 4-4　2001 年 1 月，厦门市举行双拥模范城命名 10 周年活动。图为厦航乘务分部与鼓浪屿好八连联合设立航空咨询、便民伞、茶水站等便民服务摊点

市、福州市、漳州市、三明市、莆田市、晋江市、福鼎市、长乐市、石狮市、长汀县被命名为全国双拥模范城（县）。同月，省委、省政府和省军区在福建会堂举行全省双拥模范城（县）命名表彰大会，命名第六届省级双拥模范城（县）32 个，省委常委、省军区司令员陈明端主持会议，省领导陈明义、习近平、袁启彤、游德馨等出席会议。

2002 年 7 月，省委、省政府和省军区命名第七届省级双拥模范城（县）48 个。

2004 年 1 月，民政部和总政治部在北京召开全国双拥工作会议，进行双拥模范城（县）第七次命名，福州市、厦门市、泉州市、漳州市、莆田市、三明市、龙岩市、南平市、宁德市、晋江市、福清市、永安市、石狮市、东山县被命名为全国双拥模范城（县），福建率先成为所有设区市均被命名为全国双拥模范城的省份。同月，省长卢展工和部分省领导在福建会堂接见从北京返回的参加全国双拥工作会议的福建省代表。

2005 年 7 月，省委、省政府、省军区联合在福州举行全省拥军优属拥政爱民工作会议，命名第八届省级双拥模范城（县）55 个，爱国拥军模范单位 72 个，拥政爱民模范单位 29 个，爱国拥军模范个人 45 个，拥政爱民模范个人 23 个。

表 4-1　　**1995 年福建省双拥模范城（县）创建标准表**

序号	标准项目	标准细则
1	组织领导坚强有力	当地党委、政府和驻军领导机关把双拥工作纳入经济、社会发展和部队建设的总体规划，当作涉及长远、事关全局的大事来抓，健全以军地主要领导牵头、各有关职能部门参加的双拥工作领导机构，并充分发挥组织、协调和指导作用。党政军领导机关形成合力，军地各有关部门切实履行职责。
2	国防教育广泛深入	以爱国主义为核心、以拥军优属拥政爱民优良传统为重要内容的国防教育，纳入全民教育体系，列入宣传、教育、文化、新闻、广播影视、出版等部门的工作计划，每年有部署，经常有检查。有适应本地区、本单位实际情况的教育制度、教育设施和教育方法。通过宣传教育，形成关心支持国防建设、维护军政军民团结的良好社会风尚。
3	双拥活动坚持经常	双拥工作每年有总体计划，半年有具体安排，节日联谊走访，平时活动经常；各项活动主题鲜明，内容实在，形式活泼，广大军民积极参与；健全规章制度，定期检查总结，把实践中行之有效的做法逐步规范完善，不断推进双拥工作社会化、经常化、制度化。
4	军民共建富有成效	军民共建精神文明坚持重在建设，把为改革开放和现代化建设提供精神动力和智力支持，培养有理想、有道德、有文化、有纪律的社会主义新人作为根本任务，并取得明显成效。军民共学雷锋、同树新风活动持之以恒，为增强各民族大团结、弘扬社会主义道德风尚起到带头作用；坚持军（警）民联防，在社会治安综合治理中起到了重要作用。70％以上的军民共建点被评为县（团）级以上先进单位。
5	政策法规落到实处	认真贯彻执行党和国家有关国防建设和加强军政军民团结的政策、法律和规定，适应形势的发展，不断完善与之相配套的地方性政策、法规。军人军属的合法权益得到保障，军事设施得到有效保护，部队执行军事训练、战备执勤、国防施工等各项任务得到地方支持和配合，军队离退休干部、转业和复员退伍军人得到妥善安置，军官家属的工作、生活得到妥善安排，优抚政策得到落实。部队模范执行党和国家的政策法规，尊重地方政府，支持地方工作，维护社会秩序，遵守群众纪律，严格执行民族、宗教政策，尊重少数民族风俗习惯，奋勇抢险救灾，积极扶贫，支持改革开放和经济建设取得明显成效。
6	军政军民关系融洽	军政军民之间互相关心，互相爱护，互相支持，亲如一家。无历史遗留问题，无大的军民纠纷。出现矛盾，军地领导主动出面，及时协商，妥善解决。

表 4-2　**1995—2005 年福建省双拥工作表彰名表**

表彰年份	获奖单位	荣誉称号	授奖机关
1995	漳州市、莆田市、福清市、南安市、邵武市、平潭县、霞浦县、连城县、沙县、厦门市鼓浪屿区	福建省双拥模范城（县）	中共福建省委、福建省人民政府、福建省军区
	福州市郊区洪山镇、长乐市营前镇、厦门市集美区灌口镇、厦门市思明区文安街道办事处、同安县大同镇、晋江市金井镇、晋江市陈埭镇、龙海市程溪镇、南靖县靖城镇、莆田县江口镇、莆田市涵江区三江口镇、尤溪县城关镇、光泽县鸾凤乡、建阳市小湖镇、福鼎市沙埕镇、福安市赛岐镇、永定县凤城镇、龙岩市新罗区中城街道办事处、明溪县瀚仙镇	福建省双拥模范乡（镇、街道）	中共福建省委、福建省人民政府、福建省军区
	三明钢铁厂、福州市第一化工厂、福州市公交公司、厦门中药厂、厦门华纶化学纤维有限公司、厦门工程机械有限公司、莆田县电力公司、南平电业局、龙岩华龙工业集团公司	福建省拥军优属模范企业	中共福建省委、福建省人民政府、福建省军区
1997	南平市、福清市、长乐市、南安市、石狮市、龙岩市（县级）、宁德市（县级）、福安市、邵武市、永安市、闽清县、东山县、漳浦县、长泰县、连城县、霞浦县、同安县、将乐县、沙县、莆田市城厢区、泉州市鲤城区、漳州市芗城区、南平市延平区、厦门市集美区、厦门市鼓浪屿区、长汀县	福建省双拥模范城（县）	中共福建省委、福建省人民政府、福建省军区
	闽侯县甘蔗镇、福清市东瀚镇、长乐市梅花镇、连江县丹阳镇、莆田县西天尾镇、莆田县梧塘镇、尤溪县城关镇、莆田市涵江区三江口镇、晋江市金井镇、南安市梅花山镇、南安市洪濑镇、南安市官桥镇、惠安县崇武镇、龙海市程溪镇、南靖县靖城镇、福鼎市沙埕镇、福安市赛岐镇、宁德市霍童镇、南平市延平区西芹镇、武夷山市武夷镇、厦门市湖里区禾山镇、同安县王显镇、霞浦县海岛乡、光泽县鸾凤乡、莆田市城厢区荔城街道办事处、厦门市开元区莲前街道办事处、厦门市思明区文安街道办事处、厦门市思明区滨海街道办事处、诏安县桥东镇、东山县陈城镇、上杭县才溪镇、上杭县古田镇、永定县湖雷镇、漳平市永福镇、明溪县瀚仙镇、泰宁县大田乡	福建省双拥模范乡（镇、街道）	中共福建省委、福建省人民政府、福建省军区

续表

表彰年份	获奖单位	荣誉称号	授奖机关
1997	福州市第一化工厂、福州市公交公司、莆田县电力公司、福建省炼油化工有限公司、福建省第七建筑公司、福建省九洲麒麟（集团）水泥有限公司、闽东啤酒厂、南平造纸厂、三明钢铁厂、厦门市古龙集团有限公司、厦门市第一百货商店、厦门市建发集团有限公司	福建省拥军优属模范企业	中共福建省委、福建省人民政府、福建省军区
2000	龙岩市（县级）、南平市（县级）、宁德市（县级）、福清市、福安市、南安市、龙海市、永安市、邵武市、闽侯县、平潭县、闽清县、连江县、惠安县、东山县、漳浦县、长泰县、将乐县、沙县、莆田县、永定县、连城县、霞浦县、厦门市湖里区、厦门市杏林区、厦门开元区、厦门市集美区、泉州市鲤城区、泉州市丰泽区、漳州市芗城区、莆田市城厢区、南平市延平区	福建省双拥模范城（县）	中共福建省委、福建省人民政府、福建省军区
2002	福州市、福清市、长乐市、平潭县、闽侯县、连江县、闽清县、厦门市、厦门市思明区、厦门市鼓浪屿区、厦门市集美区、厦门市开元区、厦门市同安区、泉州市、晋江市、石狮市、南安市、惠安县、泉州市鲤城区、泉州市丰泽区、泉州市泉港区、漳州市、漳州市芗城区、龙海市、漳浦县、东山县、长泰县、诏安县、莆田市、莆田市涵江区、仙游县、三明市、永安市、将乐县、沙县、建宁县、龙岩市、长汀县、龙岩市新罗区、连城县、南平市、邵武市、武夷山市、南平市延平区、宁德市、福鼎市、霞浦县、宁德市蕉城区	全省双拥模范城（县）	中共福建省委、福建省人民政府、福建省军区
2005	福州市、长乐市、平潭县、闽侯县、闽清县、罗源县、永泰县、厦门市、厦门市思明区、厦门市同安区、厦门市集美区、厦门市湖里区、厦门市翔安区、厦门市海沧区、漳州市、龙海市、漳州市芗城区、东山县、漳浦县、长泰县、诏安县、南靖县、泉州市、晋江市、石狮市、南安市、泉州市鲤城区、泉州市丰泽区、泉州市泉港区、泉州市洛江区、惠安县、永春县、三明市、永安市、沙县、将乐县、建宁县、宁化县、莆田市、莆田市荔城区、莆田市城厢区、南平市、南平市延平区、武夷山市、邵武市、龙岩市、龙岩市新罗区、漳平市、长汀县、连城县、永定县、宁德市、宁德市蕉城区、福鼎市、霞浦县	福建省双拥模范城（县）	中共福建省委、福建省人民政府、福建省军区

续表

表彰年份	获奖单位	荣誉称号	授奖机关
2005	福州市蔬菜科学研究所、福州市图书馆、福清市自来水公司、长乐市梅花镇、闽清县电力公司、福州市军粮供应站、福州市铜盘中心小学、连江县军粮供应站、厦门市双拥工作领导小组办公室、厦门市委文明办、集美大学、国家海洋局第三海洋研究所、厦门市地方税务局、厦门市交通战备办公室、厦门电信分公司同安电信局、厦门市翔安区大嶝镇、厦门市集美区灌口镇、漳州市支前双拥办公室、漳州市教育局、龙海市程溪镇、漳浦县广播电视局、东山县广播电视局、东山县武安镇、诏安县桥东镇东霞村、南靖县万利达集团有限公司、泉州市科学技术局、晋江市女企业家拥军团联谊会、石狮市人民法院维护军人军属合法权益合议庭、南安市军粮供应站、惠安县嘉惠中学、泉州汽车运输总公司安溪分公司、永春县桃城镇、德化县实验小学、南安市梅山镇、三钢（集团）有限责任公司、三明市梅列区人民法院、三明市教育局、大田县民政局、永安市燕北街道办事处、清流县林畲乡、莆田市财政局、莆田市城厢区地方税务局、莆田市荔城区西天尾镇、莆田市涵江区江口镇、南平市教育局、南平市延平区科学技术局、南平电业局、邵武市民政局、光泽县鸾凤乡、永定县教育局、漳平市民政局、上杭县古田镇、连城县文亨乡、长汀县大同镇红星村、武平县平川镇、漳平市电业局、中国建设银行宁德分行、霞浦县海岛乡北礵村党支部、古田县凤埔乡、福安市城阳中心小学、宁德市蕉城区实验小学、福鼎市电脑学校、宁德市蕉城区实验小学、中共福建省委组织部、福建省发展和改革委员会、福建省经济贸易委员会、福建省公安厅指挥中心、福建省财政厅、福建省农业厅、福建省双拥工作领导小组办公室、福建省军队转业干部安置工作领导小组办公室、福建省职业介绍服务中心	福建省爱国拥军模范单位	中共福建省委、福建省人民政府、福建省军区
	中国人民解放军73305部队、中国人民解放军73336部队、中国人民解放军73331部队72分队、中国人民解放军73123部队、中国人民解放军73133部队、中国人民解放军73141部队、中国人民解放军73151部队、中国人民解放军91274部队、中国人民解放军92674部队50分队、中国人民解放军92504部队、中国人民解放军94620部队、中国人民解放军94921部队、中国人民解放军94647部队、中国人民解放军73892部队、中国人民解放军73635部队、中国人民解放军73501部队政治部、中国人民解放军73702部队、中国人民解放军73661部队530分队、中国人民解放军94683部队、中国人民解放军96167部队、中国人民解放军第九十二医院、中国人民解放军南京军区福州总医院、宁德市蕉城区人民武装部、中国人民武装警察部队福建省总队直属支队、中国人民武装警察部队三明市支队、中国人民武装警察部队宁德市支队、中国人民武装警察部队8714部队、中国人民武装警察部队福州市边防支队、中国人民武装警察部队龙岩市消防支队	福建省拥政爱民模范单位	中共福建省委、福建省人民政府、福建省军区

续表

表彰年份	获奖单位	荣誉称号	授奖机关
2005	福州市蔬菜科学研究所副所长陈铣	福建省爱国拥军模范个人	中共福建省委、福建省人民政府、福建省军区
	平潭县个体医生翁训国		
	长乐市营前镇镇长蒋发荣		
	福州市鼓楼区洪山镇人民武装部部长张明国		
	罗源县双拥办主任林良梁		
	福州市仓山区民政局副局长叶土盛		
	福州市凤岭干部休养所军队退休干部林锦春		
	厦门市政府副秘书长卓锦锦		
	厦门市集美区委书记曾晓民		
	厦门市湖里区区长李栋梁		
	厦门市农科所所长彭国良		
	厦门市人事局培训与军转处副主任科员陈静如		
	厦门市海沧区民政局副主任科员余小军		
	漳浦县民政局副局长高文贵		
	东山县陈城镇西岐村民兵营长陈安顺		
	漳州市芗城区支前双拥办副主任陈进华		
	诏安县桥东镇西霞村党支部书记沈水生		
	龙海市教育局局长陈文福		
	长泰县第一中学校长姚悦生		
	平和县民政局副局长叶水珠		
	泉州市鲤城区民政局优抚安置股股长刘晓明		
	泉州市丰泽区丰泽社区党支部书记杨婷婷		
	泉州市泉港兴通船务有限公司董事长陈兴明		
	晋江市公共巴士公司经理李克清		
	泉州普星电子有限公司董事长林琴		
	石狮市永宁镇沙堤村村民龚秀训		
	中共永安市委副书记汤俊生		

续表

表彰年份	获奖单位	荣誉称号	授奖机关
2005	建宁县交通局局长童浩	福建省爱国拥军模范个人	中共福建省委、福建省人民政府、福建省军区
	将乐县双拥办专职副主任林可荣		
	沙县汇源贸易有限公司总经理万松青		
	三明市梅列区北山社区居民魏红霞		
	莆田市秀屿区南日镇村民蔡银治		
	莆田市民政局社区办主任姚淑蓉		
	莆田市建设局局长吴祖汜		
	南平市延平区西芹镇党委书记邹戈		
	邵武市广播电视局局长唐永亮		
	建瓯市林业木材检查站职工李金凤		
	龙岩市民政局副局长邓剑波		
	漳平市人民政府市长刘远		
	长汀县民政局局长谢先梅		
	武平县财政局副局长王春英		
	上杭县临城镇党委书记何祥椿		
	霞浦县海岛乡北礵村村民郑瑞英		
	福鼎市国土资源局桐山土地所职工钱宝英		
	宁德师范附属小学校长郭正光		
	中国人民解放军 73325 部队副政治委员钟艳庆	福建省拥政爱民模范个人	中共福建省委、福建省人民政府、福建省军区
	中国人民解放军 73156 部队副政治委员马晓毅		
	中国人民解放军 78146 部队政治部群联干事赖万林		
	中国人民解放军 73117 部队班长杨克旭		
	中国人民解放军 92985 部队副政治委员魏振海		
	中国人民解放军 91792 部队 71 分队副班长牛献坤		
	中国人民解放军 94816 部队政治部秘群办主任金希根		
	中国人民解放军 94816 部队三级士官钱宏伟		
	中国人民解放军 73630 部队政治部保卫科副科长艾郁郁		

续表

表彰年份	获奖单位	荣誉称号	授奖机关
2005	中国人民解放军73501部队宣传保卫科科长林建业	福建省拥政爱民模范个人	中共福建省委、福建省人民政府、福建省军区
	中国人民解放军73702部队队长曾小平		
	中国人民解放军94755部队51分队政治教导员苏建明		
	中国人民解放军96167部队政治委员何骏		
	中国人民解放军73661部队政治部副主任钟东		
	中国人民解放军南京军区福州总院政治部干事李秀英		
	中国人民解放军第一八〇医院眼科主任李学喜		
	晋江市人民武装部副部长兼政工科科长王三华		
	闽侯县人民武装部部长梁继伟		
	中国人民武装警察部队莆田市支队政治委员马运根		
	中国人民武装警察部队福建省总队政治部干事陈忠德		
	中国人民武装警察部队8713部队队长简继敏		
	中国人民武装警察部队宁德市边防支队三都派出所副政治指导员殷延智		
	中国人民武装警察部队三明市消防支队特勤中队队长胡建峰		

第三节　国防教育

1995年8月，全省举行抗日战争胜利50周年纪念活动，主题口号为：塑爱国主义典型，读爱国主义书籍，看爱国主义影片，编爱国主义教材，讲爱国主义故事，演爱国主义节目，唱爱国主义歌曲。12月，全省82万适龄青年中有70多万人报名应征。当年，龙岩、福州、厦门设立国家级爱国主义基地，长汀、闽侯、东山、莆田荔城区等地设立省级爱国主义教育基地。

1996年，厦门市投入3500多万元兴建狮山国防园等4个大型国防教育基地，命名陈嘉庚故居等12个爱国主义教育基地。

1997年7月30日，省委、省政府在福州召开庆祝中国人民解放军建军70周年大会，向驻闽部队1000个基层连队赠送图书3万册。7月底至8月初，各地举办庆祝建军70周年文艺晚会、国防建设图片展览、国防知识竞赛和爱国拥军电影周活动。

1998年7月底，省直机关举行军事形势报告会，省军区司令员陈明端讲授国防形势；省电视台播放以双拥工作为主题的系列政论片《不息的春潮》。当年，泉州、福州增设国防教育基地16个；厦门市设立“国防园”“航天城”等国防知识教育基地，设立双拥标志雕塑。

2000年，国防教育基地全面向社会开放。福州市林则徐纪念馆、马江海战纪念馆等爱国主义教育基地年接待达10万人次。厦门市设有51个国防教育基地，共接待参观和培训的青少年达20多万人次。莆田市举办8场国防教育演讲和知识竞赛，党军政领导到党校、干校和基层单位为学生和群众上国防教育课达20多次。宁德市设立少年海军军校，对少年学生进行组织纪律和吃苦耐劳精神训练。全省大中小学、各类专业技校、各级党校普遍把国防教育列入教学计划，举办各种军事夏令营，组织学生参加军训，接受国防形势、国防常识和军事技能等教育。同年10月，全省各地举行纪念中国人民解放军抗美援朝出国作战50周年活动，邀请当年参加抗美援朝的老志愿军战士、军烈属代表和机关干部、市民代表、学生一起参加座谈会，由当年参加作战的老战士回忆作战经历；邀请赴朝作战的志愿军老战士参观革命烈士纪念碑或民族英雄纪念堂，观看革命历史题材的电影和战争历史展览；走访慰问志愿军老战士。

2001年，省国防教育委员会研究制定省内大中学校国防教育计划，要求各大中学校采取举行座谈会、举办知识竞赛、参观革命圣地等形式，加强《中华人民共和国国防教育法》的

图4-5 2001年6月长汀县年逾九旬的老红军在“红军跃过汀江”的水口村古渡口为青少年学生讲述当年毛泽东主席创建闽西革命根据地的革命斗争故事

学习和宣传。全省100多万名青少年参观爱国主义教育基地，观看国防影视图片展览，瞻仰革命遗址。各大中专学校、初高中学校普遍采取课堂教学与军事训练相结合方法，大、中学新生进校先军训两周。漳州市以“东海6号”军事演习部队官兵爱国主义情操和不怕苦不怕死精神为活教材开展国防教育活动，激发民众爱国拥军热情，掀起拥军支前热潮。福州、莆田等地采取机关领导干部到驻军过“军事日”，请部队官兵到政府机关授课的形式，加强对机关干部的国防教育。厦门市举办中小学生军事夏（冬）令营100多期，参与者1万多人次，有200多名当地驻军官兵担任校外辅导员，举办军事时事报告会30多场次。泉州市邀请驻军干部参观经济建设和社会发展成就展，过“经济日”。全年全省参加军训的大中小学生30万人次。

2002年7月30日，省双拥办在庆祝中国人民解放军建军75周年文艺晚会上发行记录全省双拥工作成就的大型画册《八闽涌动双拥潮》。画册由南京军区司令员梁光烈、南京军区政委雷鸣球分别题词，省委书记宋德福、省长习近平分别作序，共有八个章节载有400张摄影图片，内容涉及党政领导对驻闽部队关怀、福建拥军支前历史、全省各地国防教育、“四项”工程建设、科技智力拥军、文化教育拥军以及驻闽解放军和武警部队为地方抢险救灾、植树造林、兴修水利、防洪排涝、义诊治病、扶贫帮困、助学建校等。

2003年1月，各地开展纪念延安双拥运动60周年活动。厦门警备区、市委宣传部制作105幅国防教育图片展板，在全市开展“国防教育一条街”巡展活动。

2004年，各地国防教育突出特色，福州突出爱国主义教育，厦门突出革命英雄主义教育，龙岩突出革命传统教育。

2005年，为纪念抗日战争胜利60周年和红军长征胜利70周年，各地扩展国防教育基地建设，形成以主要城区为中心，辐射乡村的国防宣传教育网络。8月至12月，各地举办国防影视展播，组织参观国防教育基地和爱国主义教育基地，邀请老红军作报告，开展国防军体活动，学校国防教育覆盖面达90%，社会国防教育覆盖面达45%，国防教育主要内容有国防形势、国防历史、国防常识、国防科技、国防法规和军事技能。

第五章　专项社会事务管理

1996年起，全省开展乱建坟墓专项治理活动，并开始勘界工作和国道两侧地名标志设置工作。1997年起，全省社会组织管理领域推出一系列管理举措，先是清理整顿、重新登记社团组织，统一登记民办非企业单位，后又开展气功类社团专项治理整顿等工作。2002年，各地开始调整乡镇规模和布局。2003年起，全省各级依照新颁布的法律法规简化婚姻登记手续，沿海地区开始调查无居民海岛。2004年起，各地开始探索多元化殡葬事业资金筹措机制，引导和鼓励社会力量参与殡葬设施建设。

第一节　民间组织登记管理

一、社会团体登记管理

20世纪90年代上半期，“气功热”波及福建，全省出现各类气功群众组织286个，其中大部分为气功类社团，涉及所谓“功法”90多种。

1995年，全省共登记全省性、地市性、县区性社会团体5612个，其中注册登记的行业协会1891个，学术性社团约2000个，联合性社团和专业性社团约1700个。有22个全省性行业协会，大部分属于轻工行业，设有行规行约，主要职能为反映本行业企业诉求、协调本行业企业之间的经营行为。

1996年，按照中共中央办公厅、国务院办公厅联合下发的《关于加强社会团体和民办非企业单位管理工作的通知》的要求，全省社会团体和民办非企业单位实行统一归口登记、双重负责、分级管理的管理体制，业务主管单位承担对民间组织的思想政治工作、财务和人事管理、研讨活动、对外交往、接受境外捐赠资助等事项；民政部门主要负责办理民间组织的登记审批手续，并指导和检查监督民间组织依法开展活动。全省已登记省、市、县区性社团组织7000多个。

1997年5月，贯彻国务院办公厅转发民政部《关于清理整顿社会团体的意见》，省政府召开清理整顿社会团体工作会议，提出要充分认识清理整顿社会团体工作的重要性、复杂性和艰巨性，重点清理社会团体在政治方向、业务活动、财务管理、组织人事、遵纪守法等方面的情况，并对之分别作出保留、整改、合并、撤销的处理。6月起，各级成立以政府分管领导为组长的清理整顿领导小组，制定出台工作方案，民政、公安、国家安全、人民银行、工商、财政等部门协同参与清理整顿工作。工作主要内容是审查社团政治倾向和法人资格（主要审查社团贯彻执行法律政策情况，秘书长以上负责人政治方面情况，社团重大业务活动特别是涉及政治、经济、理论等方面学术交流活动情况，接受境外资助捐赠情况以及参加国际民间组织情况），分三个步骤进行。当年底，全省共有社团9007个，其中全省性社团780个、地市性社团3159个、县区性社团5068个；依类别分，学术性社团占社团总数39.1%，行业性社团占23.3%，专业性社团占20.3%，联合性社团占17.3%。全年全省参加清理整顿的社团有8852个，其中以行业性和学术性社团为主，兼有部分气功类社会团体；初审社团6176个，其中全省性社团688个，占全省性社团总数90%；有3100个社团接受财务审计；查处9起非法结社活动，命令解散3个非法社团组织。

1998年10月，国务院发布《社会团体登记管理条例》。11月，民政部下发《关于清理整顿社会团体审定和换发证书工作的通知》，对社团审定标准和审定换证时间、程序提出新内容新要求。全省各地按此要求，以民政部《社会团体章程示范文本》为范本审核各社会团体章程，并着重社会团体宗旨和业务范围的审核。各地通过社团章程审核，要求社会团体不得从事营利性经营活动，其资产来源必须合法，社团经费及活动收益只能用于章程规定的业务活动，不得在会员中分配；专职工作人员工资、保险和福利待遇，参照国家事业单位执行；接受使用国内外捐赠资助情况，应当向社会公布；县处级以上现职党政机关领导干部不兼任社团领导职务（含社团分支机构负责人），如有特殊情况确需兼任的，必须按干部管理权限经审批同意后方可兼任；常设办事机构的专职人员中有正式党员3人以上的，应建立党的基层组织；社会团体名称应当符合法律法规的规定，不得违背社会道德风尚，且应与其业务范围、成员分布、活动地域相一致；社会团体应有50个以上的个人会员或者30个以上的单位会员，个人会员和单位会员混合组成的，其会员总数不得少于50个。12月，省政府召开加强民间组织管理、维护社会稳定工作会议，要求加强民间组织登记管理工作机构建设，充实人员，核拨必要业务经费，强化工作手段，有关机构编制人员问题在地方机构改革时一并考虑，统筹解决。同年，贯彻中共中央办公厅、国务院办公厅《关于党政机关领导干部不兼任社会团体领导职务的通知》和中共中央组织部、民政部联合发布《关于在社会团体中建立党组织有关问题的通知》精神，全省各级民政部门对县处级以上在职党政机关领导干部兼职社团情况进行调查摸底，对因工作需要确需兼任社会团体领导职务的，按干部管理权限办理报批手续；对民间组织（特定组织除外）常设机构专职工作人员和长期兼职人员有正式党员3人以上的，要求其必须在2000年6月30日以前建立党的组织。

1999年3月，省民政厅举办全省社团管理干部培训班，重点培训社团清理审定方法和知识，近百名市县两级社团管理干部参加。5月，全省清理整顿社团工作基本结束，共保留社团（包括经过整改达到保留条件的）6744个，占原社团总数的76.2%；合并社团636个，注销撤销社团1472个。8月起，各级民政部门依照国务院《社会团体登记管理条例》第三十九条规定，对已经登记的社会团体进行重新登记，符合法定条件的，予以重新登记；达不到法定条件的，依照不同情况予以撤销、注销、合并，或不予重新登记。工作程序是：社团自身申请、业务主管单位审查、登记管理机关核准。主要审查标准是：社团章程必须符合党和政府的要求，县处级以上党政领导干部不兼任社团领导职务，社团活动资金必须在3万元以上，必须有法定代表人（非法人社团重新登记时必须转为法人社团）。11月起，根据中央关于加强管理气功类社团的通知精神，全省各级党委政府把对气功类社团的管理提到议事日程，各级民政部门对“法轮功”辅导站进行告示，责令其立即解散，停止一切活动，并配合公安部门训诫“法轮功”组织骨干分子，配合有关部门清理没收“法轮功”组织辅导站的财产。各地还结合社团重新登记工作，引导发动社团组织学习中共中央文件、全国人大常委会决定以及国务院各相关部委有关加强管理气功类社团的通知文件等。当年，全省通过劝导和疏解工作注销41个气功功法门类的社团；全省重新登记社团4506个（约占全省原已登记社团总数的50%），其中学术性1998个、联合性665个、行业性1120个、专业性723个，因特殊情况批准县处以上党政领导兼任社团领导职务的社团277个，专职或长期兼职人员中有正式党员3人以上的社团建立党支部或党小组16个。

2000年3月，福建省民间组织管理工作领导小组成立，由省委、省政府分管领导分别任组长、副组长，宣传、民政、公安、安全、工商、教育、卫生、体育、财政、审计、编办、人行等部门为成员单位。4月，省民政厅召开全省地市民政局分管领导和社团主任工作会议，传达中央精神，部署气功类社团专项清理整顿工作。同月起，各市县区相继成立民间组织管理工作领导小组。5月9日，省民间组织管理工作领导小组召开第一次会议，研究确定领导小组成员单位职责分工，并提出加强民间组织管理工作是政治斗争和维护社会稳定的需要，编制、财政部门要给编制给经费，民政部门要加强复查登记，凡有正式党员3人以上的民间组织均要建立党的组织。5月19日，省委、省政府在福州召开全省民间组织管理工作会议，要求从维护社会政治安定稳定的高度引导管理好民间组织，调控民间组织的结构和总量，严禁民间组织之间建立垂直领导或变相垂直领导关系和组织网络系统，建立完善民间组织自律机制。同月，省委办公厅、省政府办公厅发布《关于贯彻实施中办国办〈关于进一步加强民间组织管理工作的通知〉的意见》，提出除国家法律明确规定可以免予登记的社会团体以外，所有民间组织均必须依法由民政部门统一登记，其他任何部门无权登记、颁发证书；党政领导干部不能徇私情干预登记管理机关的审批工作，机关团体企事业单位经本单位批准成立的内部团体不得在社会上活动；扩充民间组织管理队伍，核定编制，核拨经费；对未经登记擅自以民间组织名义进行活动的，或者被撤销登记的民间组织继续以民间组织名义进行活动的，坚决予以取缔，没收非法财产；对那些危害国家安全和社会稳定的敌对非法民间组织，要重点从严从快予以打击，力争消除在萌芽阶段。同月起，各级民政部门全面开展民间组织调查摸底工作。12月，全省民间组织管理工作会议在龙岩召开，部署社会团体分支机构清理整顿工作。当年，为贯彻中央文件和省委、省政府要求，各级民政部门严格控制登记工作，禁止审批设立气功功法类、特定群体（退伍军人、下岗待业人员、打工者等）类、宗族类以及业务宽泛、不易界定的民间组织，并延伸已经基本结束的社会团体清理整顿工作，清理社会团体设立的分支机构和代表机构；加强年度检查，实行章程再审核，监督民间组织按照核定的章程和业务范围开展活动；配合业务主管部门引导民间组织完善自律机制，建立健全民间组织内部民主管理制度、重大事项报告制度、财务管理制度、考核奖惩制度和接受捐赠公示制度，责令内部制度不健全的民间组织进行整改。截至当年底，全省有93个气功类社团组织和55个气功类社团分支机构，共有会员29260人，其中综合性气功社团组织33个（省级2个、市级10个、县级21个），气功功法类社团组织60个（省级1个、市级9个、县级50个）。同年，为贯彻民政部《关于重新确认社会团体业务主管单位的通知》，经省委、省政府同意，民政厅授权省总工会、团省委、省妇联、省科协、省文联、省社科联、中国人民银行福州分行、省经济社团联合会等单位为社会团体的业务主管单位；全省有10多个以对台交流和涉台研究为主业的全省性社团，福州、莆田、泉州、厦门、漳州、龙岩、三明、南平市设立台商协会；全省基本建立民间组织信息管理区域网络数据库，上下联网，进一步加强对民间组织的信息管理。

2001年，全省开展气功类社团专项治理整顿工作。各级民政部门会同公安、卫生、体育等部门，在街道和社区居委会配合支持下，排查分布在城乡基层活动的各类气功组织活动情况，通过政策宣传和规劝，注销或撤销按气功功法类设立的气功类社团和分支机构；对未经批准擅自开展气功类社团筹备活动的，或者未经登记擅自以气功类社团名义进行活动的，或者已被注销撤销登记但仍继续以气功类社团名义进行活动的气功类社团，在查清事实，报上一级社团登记管理机关核准后一律予以取缔，并没收其非法财产；对构成犯罪的，由司法机关依法追究刑事责任；尚不构成犯罪的由公安部门依法给予治安管理处罚；对抗拒民政部门依法行政的非法气功类社团，交由公安部门强制执行。3月，省民政厅参与省综合治理办公室举办的宣传活动，制作了10个有关社团管理等方面的宣传版面在福州五一广场展示，接待解答过往民众50多人次，发放宣传材料100多份。省委副书记卢展工、省人大常委会副主任黄松禄等察看此次宣传活动。9月，全省基本完成各类社会团体清理整顿、重新登记注册工作，原9014个社会团体经过清理整顿获得重新登记注册的有5481个，合并437个，注销1622个，撤销116个，不予重新登记注册1358个；全省性社会团体原有799个，经清理整顿后重新登记注册679个，合并12个，注销21个，不予重新登记注册87个。11月，省民政厅批复252个全省性社会团体重新登记注册。同月，国务院法制办和民政部联合调研组来闽调研民间组织登记管理立法工作，先后在福州、厦门、泉州等地召开6场座谈会，省、市两级法制、台湾事务、侨办、公安、安全、教育和卫生等部门协助其调研工作。当年，全省注销或撤销原在民政部门登记注册的99个气功类社团及61个分支机构，清算气功类社团撤、注销后的财产。

2002年，各级民政部门调整社团管理工作方向，实行培育发展和管理监督并重的工作方针，引导各类社团组织加强自身建设，增强自律意识，不再批准设立业务宽泛、分类过细、交叉重复的社会团体，杜绝登记以营利为目的的社会团体，同时鼓励发展行业性、慈善类社会团体和基层民间组织。3月，省民政厅表彰全省50个先进社团（全省性）、100名先进社团工作者。4月，省民政厅批复全省性社团49个重新登记注册。同年，由企业自发成立的行业协会新增100多个。各地农村相继出现以农户为主体自发组建的，以互利互惠、联合协作为内容，以自我管理、自我服务为主要特征的，服务于种植、养殖、生产、加工、销售及农田水利管理的专业经济协会。

2003年，各地普遍把培育发展服务企业的行业协会、服务“三农”（农村、农业、农民）的农村专业经济协会、服务困难群体的公益性社会团体列为社团管理工作重点。各地行业协会新增150个，其会员单位多分布在地方经济比较发达、产业集群比较密集的闽南沿海地区。福建省鞋业行业协会会员单位106个，其中晋江市有会员单位103个（占97%）。8月，省民政厅在福州举办全省社团管理业务培训班，授课内容主要为社会团体登记管理的法律法规。同年，依照民政部要求，全省县乡村三级区域在农业、水利、林业、牧业、渔业、科技、粮食、经贸等领域农民自发组建的具有互助合作性和非营利性的使用社会团体名称的各类农村专业经济协会被纳入县级民政部门社团登记范围。

图5-1 2003年8月中旬，福建省社团管理业务培训班在福州开课

2004年1月，省政府发布《关于加快农产品行业协会发展的意见》，要求结合全省“三大特色农业产业带”（闽东南高优农业、沿海蓝色农业、闽西北绿色农业）建设的总体规划，围绕优势产业和特色产品培育发展农产品行业协会；打破部门和区域界限，尽可能地将同行

业相关的组织和个人都吸收到协会中来，发挥协会的行业管理协调功能和作用；经登记成立的农产品行业协会，属于为企业和农户提供农产品产前、产中、产后技术服务和劳务所得，暂免征收所得税；符合农业产业化龙头企业标准的农产品行业协会，可以享受农业产业化龙头企业的优惠政策。8月，省民政厅下发《关于做好农村专业经济协会登记管理工作的通知》，对农村专业经济协会培育发展和登记管理工作提出总体要求和具体办法。一是放宽准入条件。农村专业经济协会注册资金由3万元降低为3000元，会员数量由30或50个降低为20个，办公地点由固定的办公场所降低为固定的联络点。二是简化登记手续。取消农村专业经济协会审批中的筹备程序，具备登记条件的直接办理注册手续。三是实行两个优惠。农村专业经济协会成立时可免于公告（以民政部门批复文件的形式通知相关部门），申请注册时可免交证书费和登记费。四是允许农村专业经济协会跨行政区域开展活动，允许跨地区发展会员，允许先培育后规范，对条件基本具备的及时予以注册，对暂时达不到登记条件的可先实行批准备案制（即对其宗旨、业务范围、负责人或联系人等情况进行备案，允许其开展活动，待条件完善后再办理登记手续）。全省社团管理工作进一步转变管理方式，改变“重登记、轻管理”工作倾向，在重点培育发展行业协会、农村专业经济协会、公益性民间组织和社区民间组织，优化调整行业协会布局和结构的同时，突出抓行业协会内部诚信建设和自律机制运行，发挥行业协会协调、维权、监督、中介服务等方面的作用，增强行业协会服务社会的功能。省民政厅选择酿酒、纺织等轻工行业协会，从规范组织建设、完善运行机制、提高服务水平、强化协调功能、扩大行业协会职能等方面开展试点示范工作。同月，省民政厅启用民间组织登记管理专用章。同年，各地农业、林业、海洋与渔业、粮食、供销、乡镇企业等涉农部门加强工作指导，重视发挥农产品行业协会和农村专业经济协会在信息咨询、技术培训、自律协调、市场拓展等方面的职能作用，对本行业行业协会“成熟一个，发展一个”；并且支持和引导农产品行业协会和农民专业合作经济组织参与农业产业化经营，推广“公司＋农产品行业协会（专业合作经济组织）＋农户”的农业产业化经营模式。同年12月，全省有16家民间组织获民政部表彰为“全国先进民间组织”。

2005年，各地进一步贯彻省政府关于加快农产品行业协会发展的意见，省市县均选择一批具有一定规模和基础、行业和区域代表性突出的农产品行业协会作为试点示范单位，探索行业协会制度管理和功能拓展问题；围绕畜牧、水产、林竹、园艺等产业引导发展各类农产品行业协会。全省有80％以上的农产品行业协会属于畜禽、笋竹、水产品、蔬菜、水果、食用菌、茶叶、花卉、烤烟等产业；引导农产品行业协会坚持对内为会员提供产前、产中、产后系列化服务，对外协调农产品供求和价格，维护市场秩序，开拓国内外市场。各地农产品行业协会实行会员制，会长为行业协会的法定代表人，多由企业家或专业大户担任。全省有300多个行业协会参与行业内部生产经营行为的规范化管理，协助处理贸易纠纷，并承接政府和企事业单位委托参与政策措施的论证、项目评估、成果评审等以及会员企业产品和服务质量、经营信用、资质等级、经营作风的行业评定。各地还引导农产品行业协会和农村专业经济协会坚持“自愿入会、自理会务、自筹经费”的原则，民主办会，订立协会章程和行业规范，实现自我管理、自我服务、自我协调、自我发展。同年，福州、厦门、泉州、漳州、三明等地开始涌现自发组建的社区文娱体育团体、志愿者服务组织、公益互助组织和非营利性便民服务机构等社区民间组织，多由驻区单位或个人在社区范围内单独或联合举办，在社区范围内开展活动，起到活跃社区文体生活、便利居民生活的作用。同年 12 月，省民政厅表彰全省 208 个社会团体、基金会和民办非企业单位为“全省先进民间组织”。

截至 2005 年底，全省共登记社会团体 7166 个，其中全省性社会团体 721 个、地市性社会团体 2258 个、县区性社会团体 4187 个；按性质划分，专业性社会团体 1450 个、行业性社会团体 1891 个（其中全省性行业协会 148 个、农村专业经济协会 526 个）、学术性社会团体 2073 个、联合性社会团体 1752 个。

表 5-1 **1995—2005 年福建省社团（省级）登记情况表**

年份	社团名称	
1995（30 个）	福建省监察学会	福建省工程爆破协会
	福建省旅游商品同业协会	福建省工业美术协会
	福建省闽台交流协会	福建省天然矿泉水协会
	福建省建筑装饰协会	福建省闽台保险行业联谊会
	福建省闽台老年学学会	福建省闽涛书画研究会
	福建省室内装饰装修协会	福建省特色研究会
	福建省青年志愿者协会	福建省福利企业协会
	福建省军供站开发促进会	福建省董仲舒杨震学术研究会
	福建省造纸行业协会	福建省新华社信息协会
	福建省石油学会	福建省物资流通行业协会
	福建省教育审计学会	福建省老教授协会
	福建省对外经济技术合作协会	福建省交通体育协会
	福建省女检察官协会	福建省质量检验协会
	福建省闽粤赣边区革命史研究会	福建省电力职工教育研究会
	福建省严复学术研究会	福建省机电产品进出口商会
1996（26 个）	福建省婚姻收养管理协会	福建省联运协会
	福建省肉类食品行业协会	福建省中直会计学会
	福建省农民书画研究会	福建省建筑金属结构协会
	福建省物资职工教育研究会	福建省青年新闻工作者协会
	福建青年艺术家协会	福建省青年摄影协会
	福建省光学学会	福建省开发区协会
	福建省国际税收研究会	福建省资产评估协会
	福建省金融信托业协会	福建省华福会计学会
	福建省进口食品检验协会	福建省乡镇供水企业协会
	福建省城镇住房制度改革研究会	福建省闽台经济贸易协会
	福建省监理协会	福建省城镇综合改革研究会
	福建省内部审计协会	福建省股份制企业协会
	福建省民政会计学会	福建省民族经济发展促进会

续表

年份	社团名称	
1997 （22个）	福建省历史名人研究会 福建省私营企业协会 福建省农村财政研究会 福建省汽车运动协会 福建经济技术协会促进会 福建省金融经济发展促进会 福建省卫生体育协会 福建省国有资产管理学会 福建省保龄球协会 福建省机关远洋渔业协会 福建省测绘协会	福建省校办产业协会 福建省口岸协会 福建省城市信用合作社协会 福建省气功科学研究会 福建省国际货物运输代理协会 福建省金凤经济发展促进会 福建省城市规划学会 福建省光彩事业促进会 福建省金融法律工作者协会 福建省机关房屋管理协会 福建省电子工业质量管理协会
1998 （18个）	福建省火车头体育协会 福建省连锁经营协会 福建省拍卖会 福建省保险行业协会 福建省健美协会 福建省工程造价管理协会 福建省登山协会 福建省证券协会 福建省船东协会	福建省鳗业协会 福建省银行业同业协会 福建省国际友好联络会 福建省交通法制协会 福建省足部反射区健康法研究会 福建省科学基金研究会 福建省高尔夫球协会 福建省人才交流协会 福建省用户协会
1999 （6个）	福建省认证协会 福建省宏利公益事业促进会 福建省信用合作协会	福建省东岚经济发展促进会 福建省闽榕经济贸易促进会 福建省天主教闽北教区
2000 （9个）	福建省管乐艺术协会 福建省食用菌学会 福建省纺织行业协会 福建省汽车工程学会 福建省邮政职工思想政治工作研究会	福建省洗染业协会 福建省旅游协会 福建省孙中山研究会 福建省爆破器材行业协会
2001 （5个）	福建省粮食行业协会 福建省地方税收咨询协会 福建省软件行业协会	福建省文化娱乐协会 福建省女法官协会
2002 （15个）	福建省互联网协会 福建省民俗摄影协会 福建省资本运营研究会 福建省福州市报关协会 福建省无线电管理协会 福建省亚太经济文化促进会 福建省营养学会 福建省华侨农民经济发展促进会	福建省商标协会 福建省航空运动协会 福建省黄金行业协会 福建省反邪教协会 福建省社会养老保险协会 福建省石材行业协会 福建省情商研究会

续表

年份	社团名称	
2003（30个）	福建省电子商务协会 福建省进出口商会 福建省厦门报关协会 福建省茶叶协会 福建省通信行业协会 福建省闽剧艺术研究会 福建省特种设备协会 福建省医药行业协会 福建省博士创业促进会 福建省老年保健医学研究会 福建省合唱协会 福建省机械行业协会 福建省医院管理协会 福建省土地估价行业协会 福建省小城镇与区域发展研究会	福建省服装服饰行业协会 福建省上市公司协会 福建省特级教师协会 福建省科技咨询协会 福建省民族管弦乐学会 福建省轻工工艺品进出口商会 福建省林业企业家协会 福建省农产品市场协会 福建省散装水泥协会 福建省通俗文艺研究会 福建省鞋机商会 福建省汽车流通协会 福建省农产业化龙头企业协会 福建省眼镜协会 福建省粮食系统职工思想政治工作研究会
2004（13个）	福建省诗歌朗诵协会 福建省黄氏源流研究会 福建省南南合作促进会 福建省物流协会 福建省箱包原辅材料行业协会 福建省民办教育协会 福建省大中专毕业生就业创业促进会	福建省企业与文艺发展促进会 福建省生物工程学会 福建省黄乃裳研究会 福建省鞋业行业协会 福建省诚信促进会 福建省泛亚经济文化交流协会
2005（35个）	福建省商务礼品协会 福建省医学装备协会 福建省社会医疗保险协会 福建省国际商会 福建省生殖保健协会 福建省化学油漆行业协会 福建省信用担保协会 福建省中小学德育研究会 福建省生产力促进协会 福建省和谐社会研究会 福建省舞蹈家协会 福建省楹联学会 福建省音乐家协会 福建省远距离教育学会 福建省电视艺术家协会 福建省城市经济研究会 福建省民防国际经济技术交流中心 福建省家居装饰用品进出口商会	福建省传播学会 福建省食品添加剂工业协会 福建省民间艺术家联谊会 福建省海峡青年论坛促进会 福建省美学学会 福建省青少年文艺人才协会 福建省阅读学会 福建省国际商务人才协会 福建省水暖卫浴阀门行业协会 福建省矿石协会 福建省花鸟画家协会 福建省电影家协会 福建省策划业协会 福建省海峡文化研究会 福建省城市科学研究会 福建省汽车用品及服务行业协会 福建省亚太合作与经济发展研究会

二、民办非企业单位登记管理

1996 年，全省民办非企业单位实行统一归口登记、双重负责、分级管理的管理体制。

1998 年 10 月，国务院颁布《民办非企业单位登记管理暂行条例》，规定民办非企业单位由民政部门负责登记管理。11 月起，全省各级民政部门开始布置民办非企业单位登记工作，对经业务主管单位审查同意，有规范名称和组织机构，有合法的章程，有与其业务活动相适应的从业人员和合法财产，有必要的场所，在收到成立登记申请文件的有效时限（60 日）内作出准予登记或者不予登记的决定；对准予登记的民办非企业单位，登记其名称、住所、宗旨和业务范围、法定代表人或者负责人、开办资金、业务主管单位，并根据其依法承担民事责任的不同方式，分别发给民办非企业单位（法人）登记证书、民办非企业单位（合伙）登记证书、民办非企业单位（个体）登记证书。

截至当年底，全省各地由企事业单位、社会团体和其他社会力量以及公民个人利用非国有资产举办的从事社会服务、社会公益事业的非营利性民间实体组织约 1.5 万个，涉及教育、文化、卫生、体育、劳动、民政、科技、司法、中介等行业。其中教育类的有民办幼儿园、民办中小学、民办专修（进修）学院、民办职业培训学校（中心）、民办补习学校等；文化类的有民办艺术表演团体、文化馆、活动中心、图书馆室等；卫生类的有民办门诊部所、医院，民办康复保健疗养院所等；体育类的有民办体育馆、中心、俱乐部等；科技类的有民办科技服务中心、研究所、中心等；劳动类的有民办职业培训学校或中心、民办职业介绍所等；民政类的有民办福利院、敬老院、托老所、老年公寓，民办婚姻介绍所，民办社区服务中心（站）等；司法类的有民办法律服务所、合伙律师事务所等；中介服务类的有民办评估咨询服务中心（所）、民办信息咨询调查中心（所）。这些民间组织由于没有建立统一的登记管理体制（多由相关政府部门独自审批设立），其法律地位不明确，多为无资金、无场所、无固定人员的“三无”单位，缺乏统一规范的管理。

1999 年，各地民政部门在实施民办非企业单位登记过程中将民办非企业单位的“非营利性”作为区别于企业的一个基本特征，加强甄别，从严审核，同时强调民办非企业单位的“非官办”和“非国资举办”的性质问题。当年，全省因“非营利性”不足而不予登记的有 500 多个申请件次，因“非官办”和“非国资举办”审查未通过的有 200 多个申请件次。

2000 年 1 月，根据民政部《民办非企业单位登记暂行办法》，全省所有民办非企业单位统一归口民政部门登记管理。5 月，省民政厅在龙岩市、连江县开展民办非企业单位复查登记试点工作，探索复查登记工作的宣传发动办法、部门间协调配合方法与渠道以及登记范围界定等问题。省民政厅会同省财政厅、省物价局、省公安厅、人民银行福州分行、省质量技术监督局等单位分别制定下发有关民办非企业单位财务制度、收费标准、印章刻制、开立账户和机构代码等方面的规范性文件，为复查登记工作提供政策依据；会同省教育、卫生、文化、科技、体育、司法、劳动和社会保障等部门联合下发复查登记双边文件，建立联络员队伍和相关工作制度。12月，省民政厅在龙岩召开试点工作总结现场会，会议听取龙岩、连江两地民办非企业单位复查登记试点工作经验介绍，要求各地参照龙岩、连江两地试点工作中取得的可行性做法和成功经验，并结合本地实际情况，全面开展民办非企业单位复查登记工作。同年8月，省直机关机构改革，省民政厅增设民办非企业单位登记管理办公室，核定编制5人。各设区市民政部门也在机构改革中设立民办非企业单位登记管理科室。

2001年2月，省民政厅在福州举办民办非企业单位管理业务培训班，为期2天，参加培训的有各设区市社团办公室主任和各县（市、区）民政局分管负责人及业务干部共200人。3月，省政府下发《关于开展民办非企业单位复查登记工作的通知》，重申民政部关于统一归口登记、业务主管单位和登记管理机关双重负责、从严把关、分级管理的复查登记原则，要求各级尽快建立和完善民办非企业单位登记管理机构，配备专人，核拨专项经费，开始民办非企业单位复查工作。同月，各地开始复查登记工作。复查登记的对象和类别是在此之前已经过有关部门审批的，或未经任何部门审批但经工商行政管理部门登记的涉及卫生、科技、文化、体育、劳动、司法、民政等行（事）业中的各类民办非营利性机构。未经任何部门审批或登记，自行成立的民办非企业单位，不属复查登记范围，但也必须依法申请归口登记。复查登记程序是民办非企业单位自查和申请登记、业务主管单位审查、登记管理机关核准登记。整体工作分三个阶段进行。第一阶段，由省民政厅统一组织宣传发动，各民办非企业单位自查政治方向、业务活动、财务管理、遵纪守法等方面的情况，写出书面报告，填写有关登记表格，并向业务主管单位报送章程草案、合法财产和相应从业人员、办公场所使用权等证明，单位成立获批的批文，单位党组织建立的批文或党员组织生活的情况记录。第二阶段，业务主管单位审查民办非企业单位提交的申请材料，对审查同意登记的，出具正式函件，连同上述材料送交民政部门。第三阶段，民政部门依法核准登记，对业务主管单位审查同意登记并符合登记条件的民办非企业单位，予以核准登记，发给民办非企业单位登记证书，并通过新闻媒体发布公告；对不符合登记条件的民办非企业单位，登记管理机关将其材料退回业务主管单位，并说明理由；对擅自开展活动，又不申请开户登记的民办非企业单位，劝其立即停止活动。为便利审查工作，各地采取登记管理机关与业务主管单位联合办公、集中登记的形式，将每个部门所属登记对象召集起来，发给登记表格，现场解答咨询，再审查登记对象原审批文件和原始申报材料。对已在工商部门登记的属民办非企业性质的，要求其先注销工商登记后再转入民办非企业单位登记。对未经任何部门审批或登记的属民办非企业单位性质的，又符合登记条件的，按新登记条件和程序办理。审查工作实行“三审核三不准”：审核名称，登记对象名称与国务院条例规定不符的，不予登记；审核章程，重点审核单位性质、业务范围、财产处置，必须是非营利性质的，否则不予登记；审核材料，主管部门批准文件、场所证明、验资证明、法定代表人（负责人）身份、从业人员名单材料不齐的，不予受理登记。当年，全省复查登记各类民办非企业单位 800 余个，受理各类民办非企业单位登记申请 800 多家，并开始启动教育类民办非企业单位登记工作，全省有教育类民办非企业单位近 2000 家。

2002 年 12 月，全国人大颁布《中华人民共和国民办教育促进法》，规定民办学校在取得办学许可证后要依法进行登记。当年，全省登记 1 家民办高等学校。

2003 年 1 月，省民政厅在石狮召开民办非企业单位登记管理工作会议，重点部署民办学校登记工作，并将全省年登记民办非企业单位 500 个的工作计划指标分解下达各设区市。从此，全省民办高校注册登记工作走上正轨。3 月，省民政厅召开全省民间组织管理工作会议，重点部署民办非企业单位登记管理工作，要求根据国家相关法律制定符合本省情况的具体管理制度和办法，进一步落实民办非企业单位的双重管理体制，确保登记和年检工作正常开展。11 月，省民政厅在泉州召开全省民办非企业单位登记工作研讨会，提出针对存在的热点难点问题，制定切合《民办非企业单位登记管理条例》的本省实施细则，健全和完善与中央法律法规政策相衔接的切合本省实际的民办非企业单位人事、党建、财务等管理制度，并在确保登记质量的前提下逐步改善民办非企业单位的类型结构和地区布局，填补文化、科技、体育类民办非企业单位登记空白。当年，全省新增登记民办非企业单位 538 个。

2004 年 2 月，省民政厅邀请省教育厅、劳动和社会保障厅、文化厅、人事厅、外贸厅、地税局、体育局、技术监督局、乡镇企业局、省科协、社科联等部门和单位召开座谈会，研讨业务主管部门与登记管理机关在民办非企业单位登记管理工作上的改进措施，提出各省级业务主管单位要协同民政部门做好本级民办非企业单位登记管理工作，指导、协调和督促市、县级业务主管单位配合当地民政部门做好民办非企业单位登记管理工作；建立联络员制度，重点畅通市、县级登记管理机关和业务主管部门联系渠道；规范民办非企业单位税务登记，解决其员工社保问题；严格执行民办非企业单位代码管理规定，把好代码年检关。当年底，全省共有各类民办学校 3400 多所，在校生总数 60 多万人，经民政部门登记的 1200 多所；当年新增登记民办非企业单位 300 多个。同年，为鼓励扶持民间科技智囊机构发展，厦门市出台《厦门市科技类民办非企业单位登记审查与管理暂行办法》，提出降低准入门槛、优惠税收等措施：只要达到个体单位 1 万元、合伙单位 3 万元、法人单位 5 万元的开办资金即可申请开办科技研究、科技开发、科技转让和咨询性的民办非企业单位；科技类民办非企业单位在申请科技计划项目时享有与科研机构、高等学校、企业同等待遇；科技类民办非企业单位的财政补贴收入，财政拨款专项经费收入，同级财政划拨的行政事业性收费，政府性基金、资金，经批准取得的社会捐赠收入，主管部门和上级单位划拨的用于科技事业发展专项补助收入，所属独立核算经营单位和税后利润中获取的收入属于非应税收入。

表 5-2　　**2000—2004 年福建省民办非企业单位登记统计表**

单位：个

地区	合计	类别								
		教育	劳动	文化	科技	体育	卫生	民政	中介	其他
福州	379	312	32	6	4	10	4	8	2	1
厦门	155	128	3	2	10	5	1	6	0	0
宁德	151	75	7	3	33	1	27	1	1	3
莆田	68	18	32	0	5	1	1	8	0	3
泉州	179	109	28	6	13	16	1	3	1	2
漳州	114	91	2	12	2	2	0	4	1	0
龙岩	112	48	31	8	6	2	0	14	0	3
三明	103	80	1	0	7	2	10	1	2	0
南平	80	50	14	0	7	4	0	4	0	1
省级	93	14	24	11	2	23	0	0	0	19
合计	1434	925	174	48	89	66	44	49	7	32

注：表中数据截至 2004 年 7 月。

2005 年 6 月，省民政厅、省教育厅联合下发《关于加强民办学校登记工作的通知》，提出凡新开办的民办学校，应当自教育部门颁发办学许可证之日起 30 日内，到同级民政部门申请民办非企业单位登记；已经教育部门审批并发放许可证但尚未登记的，要在当年 9 月底之前到相应的民政部门申请登记。11 月，省民政厅在厦门召开全省民办非企业单位登记管理工作现场会，推介厦门市民政局、思明区民政局、永安市民政局、连江县民政局等单位工作经验，并要求各地引导民办非企业单位诚信自律，加强财务管理和信息公开等制度建设，形成自主发展、自主运行、自我管理、自我约束的长效机制。当年，各级民政部门和教育部门相互配合，相互支持，互通信息，把民办学校审批和登记作为一项整体工作来抓；加强对科技类民办非企业单位的清理和规范，探索民办社科研究机构在开办资金、税费支出和财政补贴等方面的优惠举措；全省民办非企业单位登记管理转入正常登记阶段，登记主管部门、业务主管单位和代码、公安、人民银行等部门分工协作综合管理体系基本形成。全年全省新增登记民办学校 300 多所，民办非企业单位登记量不足 10 个的有 42 个县（市、区）。

至 2005 年底，全省民政部门共登记民办非企业单位 3226 个，按类别统计，其中教育类 1677 个、卫生类 107 个、文化类 166 个、科技类 141 个、体育类 173 个、劳动类 372 个、民政类 100 个、其他类别 490 个；按登记所属地区统计，其中省民政厅登记 209 个、福州市

864个、厦门市524个、莆田市113个、三明市217个、泉州市404个、漳州市210个、南平市283个、龙岩市224个、宁德市178个。福州、莆田、泉州、漳州、厦门市及省民政厅登记的民办非企业单位共2324个，约占总数的72%。全省3500多个民办学校中已登记1500个。各地民办非企业单位根据自身行业特点、业务范围和服务对象，为社会提供公益服务：有30%以上民办培训教育机构为贫困生、下岗人员、无业人员、残疾人员提供免费或较低收费教育培训机会，有20%以上民办医院、卫生服务站开展义诊活动，有35%以上民办科研单位宣传科普知识，提供信息咨询，还有一些民办文体单位对外开放文体娱乐活动场所，并开展文体项目培训、演出和体育比赛等活动。

三、基金会登记管理

1995年，全省登记在册基金会共19家。

1996年5月，省民政厅批准泉州贤銮福利基金会登记成立。

1997年4月，省民政厅批准庄希泉基金会登记成立。

1999年，经省民政厅批准，厦门市鹭风基金会、厦门市妇女发展基金会、厦门市教育基金会、南安市芙蓉基金会、集美陈嘉庚教育基金会登记成立。

2000年3月，经省民政厅批准，福建省宏利公益事业促进会更名为福建宏利基金会。

2002年3月，省民政厅批准福建省自学考试奖励基金会登记成立。7月，尚德教育基金会经省民政厅批准登记成立。

2004年，根据国务院《基金会管理条例》，省级民政部门负责本行政区域内地方性公募基金会和非公募基金会（境外在本行政区域内设立的除外）登记管理。同年2月，福建省石竹慈善基金会登记成立，5月，省民政厅举办基金会换证工作会议，部署全省基金会换证工作，并以会代训，培训换证业务。7月，郭文祥教育基金会登记成立。9月，全省开展各类基金会组织调查统计工作，省民政厅起草基金会换证宣传材料，在福建电视台第三套生活财富专栏滚动播出，并在《福建日报》发布公告，动员基金会到省民政厅登记换证或申请注册登记。全年全省有8家基金会换证登记。

2005年1月，晋江市湖中安安老人福利基金会登记成立。2月，泉州市宝树堂教育基金会登记成立。4月，厦门市儿童少年基金会登记成立。5月，全省有30家基金会完成换证工作，确认公募基金会13家、非公募基金会17家。6月，经省民政厅批准，福建省仲威教育基金会设立南安分会；注销福建省佐藤国际教育基金会登记。10月，福建医科大学教育发展基金会登记成立。11月，泉州市教育基金会登记成立。12月，福建省爱心公益基金会、福建省江夏百姓医疗救助基金会、福建益闽干部教育基金会登记成立。

截至2005年末，全省共登记基金会41家，其社会公益领域涉及慈善救助、社会福利、见义勇为、环境保护、妇幼保障、残疾帮扶，涉及行业有教育、科技、文化、体育、卫生、医药、消防等。

第二节　婚姻登记管理与收养登记管理

一、婚姻登记管理

1995年5月，为贯彻《中华人民共和国母婴保健法》关于婚前保健的规定，省卫生厅、省民政厅联合批准58个乡镇（福州市7个乡镇、厦门市4个乡镇、莆田市5个乡镇、泉州市14个乡镇、漳州市5个乡镇、三明市16个乡镇、龙岩地区6个乡镇、南平市1个乡镇）实施婚前医学检查制度。至此，全省施行婚前医学检查的乡镇达181个。6月，省民政厅转发民政部办公厅《关于认真贯彻〈国务院办公厅关于加强涉外婚姻介绍管理的通知〉有关问题的通知》，要求清理整顿社会上的婚姻介绍机构，取缔从事涉外婚姻介绍或变相从事涉外婚姻介绍的机构。10月，省民政厅发布《关于全省统一印制和使用婚姻证件的通知》，强调使用全国统一式样的由省民政厅监印的婚姻证件，包括结婚证、离婚证、夫妻关系证明书、解除夫妻关系证明书。当年，全省办理涉台结婚登记近1000对。同年起，各地国内婚姻介绍机构实行归口管理，设立国内婚姻介绍机构的，由县级民政部门逐级报省民政厅审批，并经工商行政管理部门登记注册后方可开展业务。

1997年，全省结婚登记率城市达100%，农村达96%。

1998年12月，省民政厅、省工商局、省公安厅联合发布《福建省国内婚姻介绍服务机构管理规定》，对国内婚姻介绍服务机构的设置和运营方面提出具体规定，要求国内婚姻介绍机构的设立由所在地的县级民政部门受理申请，逐级转报省民政厅审批，并要求严禁设立涉外婚姻介绍机构，国内婚姻介绍机构和其他任何单位均不得从事或变相从事涉外婚姻介绍业务，任何个人不得采取欺骗手段或以营利为目的从事或变相从事涉外婚姻介绍活动。当年，省民政厅要求在台协议离婚的台湾居民在省内与他人申请结婚的必须在协议离婚满6个月后方可进行，并为各地（市）婚姻登记机关和部分县级婚姻登记机关配备计算机、打印机，以推行婚姻登记管理办公自动化系统建设。全年全省办理涉台结婚登记3369对。截至当年末，全省有437个乡镇（街道）实施婚前医学检查制度（占全省乡镇街道总数40%），婚检覆盖率占新婚人口60%，其中涉外、涉港澳台居民及华侨的婚检率100%。

1999年1月，省民政厅下发《关于清理整顿婚姻介绍服务机构的通知》。各地民政部门会同工商、公安部门对辖区内婚姻介绍服务机构进行全面清理整顿，摸查婚介机构数量、类型、规模、人员状况、服务项目和经营方式等，并对未经批准设立的，或在婚介活动中弄虚作假、骗取钱财、擅自提高收费标准的，或从事涉外婚姻介绍活动的，予以取缔、没收非法所得、罚款等处罚。同月，省民政厅指定福州市、厦门市、莆田市、泉州市、漳州市、南平市、三明市和龙岩市民政局可直接办理辖区内涉台婚姻登记。2月，全省涉外、涉港澳台居民及华侨婚姻登记管理工作座谈会在福州市举行，重点学习民政部有关台湾居民婚姻登记的规章文件，审议涉台婚姻登记面临的问题，取消“在台协议离婚的台湾居民在大陆与他人申请结婚的必须在其协议离婚满6个月后方可进行”的规定。5月，省民政厅下发《关于外国人的离婚调解书和判决书裁定问题的函》，要求各地严格按照民政部、外交部的规定处理离婚的外国人在我国申请再婚的有关证件问题。12月，省民政厅指定宁德地区民政局自2000年1月1日起直接办理辖区内涉台婚姻登记。当年，全省有5个地级市民政局和15个县级民政局实现婚姻登记计算机化。全年全省办理涉台结婚登记6816对，其中多为“老夫少妻、少夫老妻”式的闪电式结婚登记（自1989年开办涉台婚姻登记后至当年末，全省共办理涉台结婚登记16011对）。同年起，各地设立国内婚姻介绍机构（或机构内设国内婚姻介绍服务项目），由所在地的县级民政部门逐级转报省民政厅审批后向当地公安机关报备。

2000年，全省有84所医疗机构被批准开展婚前医学检查工作，其中10所医疗机构开展涉外婚前医学检查工作。6月，针对涉台婚姻登记中出现的仿造证件、非法婚介活动、虚假婚姻和变相偷渡等异常现象，省委政法委召集省委宣传部、省公安厅、省民政厅、省法院、省政府法制办、省台湾事务办公室、省妇联等相关部门举行座谈会，专题研讨涉台婚姻管理工作。10月，省民政厅根据该座谈会精神，起草《关于加强我省涉台婚姻管理工作的意见》报省委政法委批转。各地民政部门建立涉台婚姻登记谈话制度和婚姻状况复核制度，严格涉台婚姻登记的审查和管理。

2001年1月，各设区市民政局开始启用民政部开发的“婚姻登记管理系统”软件办理涉外和涉台等婚姻登记（由计算机出证和管理）。3月，省民政厅要求各地已配置或有条件配置电脑的县（市、区）、乡镇、街道办事处婚姻登记机关均应使用民政部开发的婚姻登记管理系统软件，扩大婚姻登记管理办公自动化系统建设的覆盖面。6月，省民政厅下发《关于开展学习宣传贯彻〈中华人民共和国婚姻法〉活动的意见》，要求全省民政系统采取多种形式宣传学习第五届全国人民代表大会第三次会议修订的《中华人民共和国婚姻法》。7月，9个设区市民政局婚姻登记机关实现计算机信息联网。9月，省民政厅、省工商局、省公安厅联合下发《关于国内婚姻介绍服务机构资格审批权限下放的通知》，将原由省民政厅负责的全省国内婚姻介绍服务机构资格审批权限下放到各设区市民政局，并规定设立国内婚姻介绍服务机构的条件、申请审批程序，国内婚姻介绍服务机构业务活动应遵循的规则和违规处罚措施。

2002年，各地加大对婚介机构管理力度，禁止电视、广播、报纸、杂志等新闻媒体播放或刊登涉外征婚广告。7月，由省依法治省领导小组办公室牵头，省司法厅、省民政厅、省妇联在福建省电视台联合举行婚姻法知识竞赛活动。

2003年10月1日，《婚姻登记条例》正式施行，全省各地调整改革婚姻登记工作：婚前体检由强制变为自愿；结婚登记无须单位证明，内地居民只需持本人户口本和身份证等有效身份证件；结婚双方须签署一份本人无配偶以及与对方当事人没有直系血亲和三代以内旁系血亲关系的签字声明书（简称：单身和非近亲声明书）；婚姻登记管理机关不再对当事人的

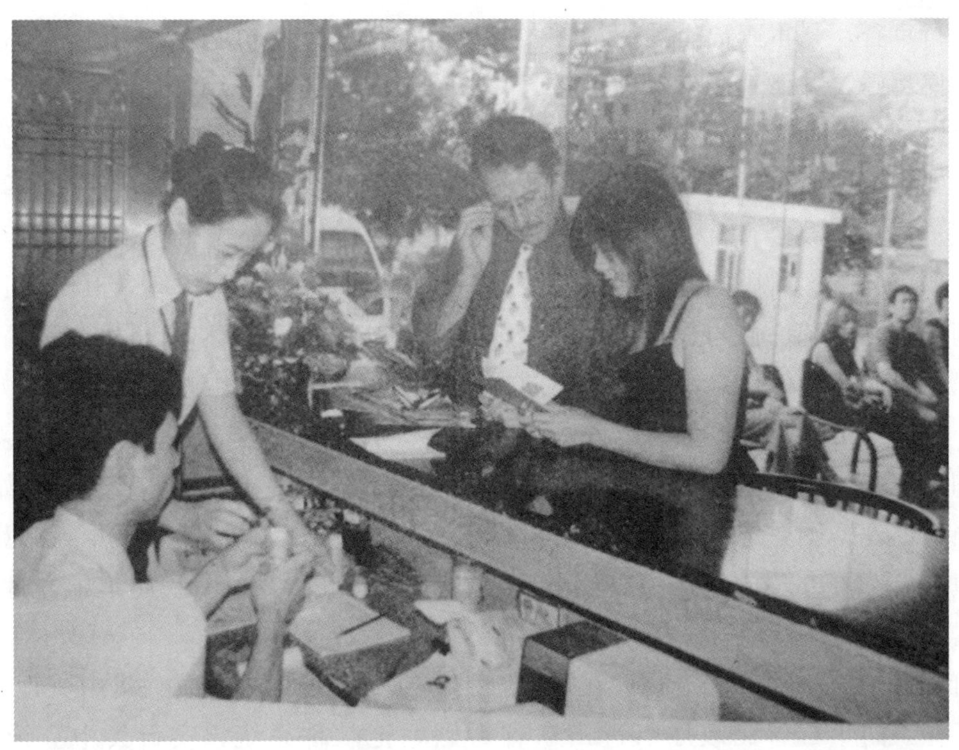

图 5-2　2003 年 10 月 1 日，福建省民政厅涉外婚姻登记处为前来登记结婚的新人准备贺喜小礼品

图 5-3　2003 年 10 月 1 日，福州市鼓楼区婚姻登记处现场

离婚申请进行审查，只审查离婚登记当事人出具的证件和证明材料，询问相关情况，确认当事人实属自愿离婚，并已对子女抚养、财产、债务等问题达成一致处理意见的，当场予以登记，发给离婚证；办理离婚登记无须单位证明，只需持户口本、身份证、结婚证及双方签署的离婚协议书；内地城镇居民婚姻登记由县级民政部门和乡镇政府办理，街道办事处不再办理婚姻登记；福州市鼓楼、台江、仓山、晋安、马尾区居民同外国公民的婚姻登记由福州市民政局办理，厦门市区居民同外国公民的婚姻登记由厦门市民政局办理，其他设区市居民同外国公民的婚姻登记统一由省民政厅办理；华侨和港澳台人士同省内公民申请婚姻登记的，由省内公民户口所在地的设区市民政局办理。同日，省民政厅工作人员联合新闻媒体工作者分赴福州、宁德等市进行现场办公；省民政厅涉外婚姻登记处为前来登记结婚的新人准备贺喜小礼品和玫瑰花。国庆节期间，全省共办理婚姻登记 4926 对。福州市鼓楼区婚姻登记处在国庆节当天办理婚姻登记 156 对。当年，各地为提高婚姻登记执法水平推行婚姻集中登记做法，乡镇政府不再办理内地居民婚姻登记，改为县（市、区）民政局集中办理全县（市、区）内地居民婚姻登记（简称“婚姻集中登记”）。

2004 年，全省部分县（市、区）民政局挂牌成立婚姻登记处，统一集中受理城区和农村婚姻登记工作。同年，省民政厅引进山东省婚姻登记软件系统，实行集中登记的县（市、区）民政局婚姻登记处均安装使用该系统。

2005 年 1 月，省妇联、省民政厅等 7 个厅局联合转发国务院妇女儿童工作委员会办公室、民政部等 7 个部委《关于开展“尊重生命尊重爱——‘婚前医学检查’知识宣传教育普及活动”的通知》，全省各地开展以提倡婚前医学检查为主题的宣传教育活动。同月，省电视台连续 1 周在黄金时段插播有关婚前医学检查内容的公益广告。3 月，省妇联、省民政厅等 7 个厅局联合开展婚前医学检查宣传周活动，6 月，省民政厅转发民政部《关于开展婚姻登记工作规范化建设活动的通知》，要求各地民政部门在 2006 年 10 月之前依照《婚姻登记条例》和《婚姻登记工作规范》完成婚姻登记工作规范化建设，实现登记机关政务公开，规范登记程序，转变工作方式，变管理为服务。截至 6 月末，全省有 68 个县（市、区）实行婚姻集中登记。7 月，省民政厅下发《关于支持乡镇人民政府为群众就近办理婚姻登记的通知》，提出乡镇政府也可以办理婚姻登记，要求乡镇政府设立的婚姻登记处必须“三固定”（固定登记场所、固定登记时间、固定登记人员），登记场所布置要考虑婚姻登记工作特点，办事程序和收费标准要公布上墙，婚姻登记员必须是在编的乡镇工作人员并经培训考核取得资格证者。同年 4 月，长泰县开展免费婚前医学检查试点工作，试点内容包括婚前卫生指导、婚前卫生咨询和婚前医学检查。10 月，莆田市民政局开通婚姻登记语音咨询电话，自助语音查询内容包括婚姻登记机关、结婚登记、补办结婚登记、复婚登记、撤销婚姻、离婚登记和补领婚姻登记证等。

截至 2005 年，全省县级以上婚姻登记机关共有婚姻登记人员 239 人，其中公务员编制 6 人，事业编制 61 人，聘用人员 172 人。

表 5-3　　**1995—1997 年福建省结婚登记情况表**

单位：对

年份	国内结婚登记	涉外、台、港、澳、华侨人员结婚登记						总计
		合计	涉外	涉台	涉港	涉澳	涉华侨	
1995	265318	3862	734	829	1625	143	531	269180
1996	278595	5769	1443	1238	2386	191	511	284364
1997	259377	6781	1712	1859	2507	187	516	266158

表 5-4　　**1998—2005 年福建省结婚登记情况表**

单位：对

年份	国内结婚登记	涉外、台、港、澳、华侨、出国人员结婚登记						总计
		合计	涉外	涉台	涉港	涉澳	涉华侨、出国人员	
1998	258662	7399	1711	3369	1696	192	431	266061
1999	269624	11108	2258	6806	1313	152	579	280732
2000	245732	15169	3631	9474	1278	131	655	260901
2001	227648	20233	6275	11435	1695	67	761	247881
2002	231139	19849	4006	13143	1597	70	1033	250988
2003	255751	24514	4038	18392	1225	88	771	280265
2004	282850	14238	4175	7016	1819	90	1138	297088
2005	269506	13587	2992	6546	2377	93	1579	283093

表 5-5　　**1995—1999 年福建省离婚登记情况表**

单位：对

年份	国内民政部门办理离婚登记	国内法院办理离婚	民政部门办理涉外离婚登记	总计
1995	4663	11823	63	16549
1996	5673	16151	43	21867
1997	6359	13491	61	19911
1998	7388	11417	181	18986
1999	9745	13491	51	23287

表 5-6　　2000—2005 年福建省民政部门办理离婚登记情况表

单位：对

年份	国内离婚登记	涉外、台、港、澳、华侨、出国人员离婚登记						总计
		合计	涉外	涉台	涉港	涉澳	涉华侨、出国人员	
2000	11379	55	0	36	14	0	5	11434
2001	14298	65	0	27	23	2	13	14363
2002	15140	127	0	79	36	3	9	15267
2003	22228	275	6	108	84	2	75	22503
2004	23550	516	52	332	40	7	85	24066
2005	26383	700	81	442	59	7	111	27083

二、收养登记管理

1995 年，全省各地按照《中华人民共和国收养法》和民政部颁发的《中国公民办理收养登记的若干规定》开展收养工作，收养对象为生活无保障的未满 14 周岁的未成年人（丧失父母的孤儿、查找不到生父母的弃婴和儿童、生父母有特殊困难无力抚养的子女），收养关系由民政部门负责登记。收养人必须同时具备无子女、有抚养教育被收养人的能力、年满 35 周岁的条件。送养人可以是孤儿的监护人、社会福利机构、有特殊困难无力抚养子女的生父母。外国人在闽收养子女，还需与送养人订立书面协议，并到指定的公证处办理收养公证。当年，全省有 85 名孤儿被外国人收养，有 1 名曾受厦门市儿童福利院抚养的女孩在其美国养父母的陪同下回访厦门福利院（为外国收养家庭回访全省首例）。截至当年末，全年全省共办理孤儿和查找不到生父母的弃婴收养登记 148 件。

1996 年，执行民政部《关于修改〈中国公民办理收养登记的若干规定〉的决定》，社会福利机构抚养的孤儿或弃婴须征得该社会福利机构和其业务主管机关的同意方可被收养。截至当年末，福州、厦门等地有近 300 名社会福利院抚养的弃婴，经中国收养中心批准，被美国、加拿大等国家家庭收养。

1999 年 5 月起，依照全国人大常委会修订的《中华人民共和国收养法》和民政部发布的《中国公民收养子女登记办法》《外国人在中华人民共和国收养子女登记办法》，全省开展收养登记工作，收养条件有两项改变：一是收养人除了应当无子女、有抚养教育被收养人的能力外，还必须未患有在医学上认为不应当收养子女的疾病。二是除孤儿或者残疾儿童外，收养社会福利机构抚养的查找不到生父母的弃婴和儿童，收养人不受收养人无子女和收养一名的限制。6月，省民政厅下发《关于指定收养登记机关的通知》，国内公民收养子女由县（市、区）民政局办理收养登记，华侨和居住在港澳台地区的中国公民（包括出国人员）收养子女由设区市或地区行政公署民政局办理收养登记，外国人在闽收养子女的统一由省民政厅登记，厦门市民政局不再办理外国人在闽收养登记。7月，全省收养工作会议在厦门举行，要求各地民政部门主动向当地政府汇报收养工作面临的新情况新任务，在地方政府机构改革中理顺工作关系，并加强与公安、司法、计生部门的协调与配合；要求社会福利机构建立健全儿童抚育记录和档案，把好送养关，涉外捐赠款物必须专款专用，严禁挪用。8月，省民政厅下发《关于启用新式收养登记证的通知》，要求全省涉外收养登记及涉港、澳、台、侨收养登记从当年8月1日起启用新式收养证，中国公民收养登记从2000年1月1日起使用新式收养证。12月，省民政厅、省计生委、省公安厅联合下发《关于认真做好收养登记工作有关问题的通知》，对有关部门为公民收养子女出证等问题作出规定：查找不到生父母的弃婴和儿童，由捡抱地的公安派出所出具报案证明；孤儿生父母的死亡证明、收养三代以内同辈旁系血亲子女的收养人和送养人的亲属关系证明，由其户籍所在地公安派出所依据户籍和调查核实情况出具（或由公证机关出具）；收养关系成立后，凭收养证经县市公安机关审批后，当地公安机关派出所为被收养人办理户口登记或迁移手续；收养人生育情况（含无子女）证明，由其户籍所在地村（居）委会提供后再由乡（镇、街道办事处）计生部门审查确认；福利机构抚养的弃婴和儿童入院3个月后方可被有子女的公民收养。同年，各地组织宣传学习国务院新颁发的《中华人民共和国收养法》和民政部颁布的收养登记实施办法，加强社会福利机构管理，增进部门之间互动配合，对弃婴送养从严把关，纠正假收养真超生违法现象。各地收养登记机关改善收养登记场所，公开收养登记条件、程序、服务承诺、咨询电话等，向村（居）委会发放《中华人民共和国收养法》单行本38.9万册发放至村（居）委会。

2000年6月，执行民政部《关于开展国内公民“事实收养”调查的通知》，选择福州市仓山区、惠安县、建阳市作为“事实收养”抽样调查点，历时1个月。共查出国内公民“事实收养”6554人，其中城镇居民收养2173人，农村居民收养4381人；已在公安部门落户的5207人，占总收养数79.45％。

2001年2月，贯彻民政部社会福利和社会事务司、中国收养中心要求，全省开始实行预涉外送养儿童定点医院体检制度，体检工作由各设区市民政部门委托当地具有一定资质条件的医院承担。

2003年3月，省民政厅根据当事者意愿，撤销加拿大一对夫妇收养晋江市育婴院抚养的1名弃婴的收养登记。

截至2005年底，全省共有13531名孩子被收养，其中有1557名孩子被美国、加拿大等国家庭收养；有近百名被美国、加拿大、荷兰和芬兰等国家庭收养的孩子回访曾受抚养的福州、厦门、龙岩、长汀、古田、南平、武夷山等地福利院。

表 5-7

1992—2005 年福建省收养登记情况表

单位：件、人

年份		1992	1993	1994	1995	1996	1997	1998	1999	2000	2001	2002	2003	2004	2005	合计
收养登记总件数		158	436	375	578	773	703	900	1270	1734	1241	1208	1308	1477	1384	13545
其中	国内公民收养	146	424	347	473	575	544	654	1051	1530	1011	975	1077	1233	1140	11180
	港澳居民收养	2	10	6	6	8	12	6	10	23	21	27	24	24	38	217
	台湾居民收养	0	0	0	0	0	0	0	27	45	43	44	49	32	34	274
	华侨收养	0	0	1	2	0	1	0	3	4	5	1	5	3	9	34
	外国人收养	10	2	21	97	190	146	240	179	132	161	161	153	185	163	1840
被收养总人数		158	436	375	578	773	703	900	1270	1744	1246	1218	1338	1544	1435	13718
其中	社会福利机构抚养弃婴	40	74	75	180	300	214	351	615	972	703	604	640	671	599	6038
	社会福利机构抚养孤儿	2	23	5	3	1	9	0	0	4	3	3	2	81	5	141
	社会福利机构抚养残疾儿童	0	0	0	0	0	0	0	0	5	0	8	29	65	49	156
	非社会福利机构抚养弃婴	113	334	295	395	465	479	542	596	640	435	495	554	639	677	6659
	非社会福利机构抚养孤儿	0	0	0	0	0	0	0	6	14	9	14	15	4	8	70
	非社会福利机构抚养残疾儿童	0	0	0	0	0	0	0	0	5	5	2	1	2	2	17
	三代以内同辈旁系血亲子女	0	0	0	0	0	0	0	29	61	58	52	46	39	49	334
	收养继子女	0	0	0	0	0	0	0	13	31	24	30	43	35	36	212
	父母无力抚养儿童	3	5			7	1	7	11	12	9	10	8	8	10	91
协议解除收养关系登记件数		0	0	0	0	0	0	0	0	2	6	2	4	3	0	17

表 5-8

1992—2005 年福建省福利院涉外送养儿童情况表

单位：人

年份	1992	1993	1994	1995	1996	1997	1998	1999	2000	2001	2002	2003	2004	2005	合计
厦门市儿童福利院	0	2	8	42	45	76	64	42	5	7	13	15	18	12	349
南平市延平区儿童福利院	0	0	4	22	37	14	50	42	39	34	45	30	19	10	346
福州市儿童福利院	10	0	6	6	30	8	60	38	25	4	0	1	17	17	222
龙岩市新罗区福利院	0	0	3	9	45	19	40	21	14	16	1	0	1	7	176
长汀县福利院	0	0	0	0	0	2	16	12	11	30	19	7	9	0	106
古田县福利院	0	0	0	0	19	9	6	9	8	16	38	30	32	9	176
建瓯市福利院	0	0	0	5	5	7	3	12	6	9	9	3	1	1	61
邵武市福利院	0	0	0	6	5	5	1	0	15	10	7	5	14	7	75
晋江市育婴院	0	0	0	0	0	0	0	0	0	16	31	26	38	16	127
武夷山市福利院	0	0	0	0	0	0	0	0	6	8	1	2	0	6	23
政和县福利院	0	0	0	1	0	3	0	0	3	1	5	8	6	5	32
建阳市福利院	0	0	0	2	0	2	0	3	0	0	1	0	3	0	11
浦城县福利院	0	0	0	0	3	1	0	0	0	0	0	1	0	0	5
松溪县福利院	0	0	0	3	0	0	0	0	0	0	0	0	0	0	3
漳平市福利院	0	0	0	1	0	0	0	0	0	0	0	6	0	0	7
福鼎市福利院	0	0	0	0	1	0	0	0	0	0	0	1	2	1	5
光泽县福利院	0	0	0	0	0	0	0	0	0	0	5	5	4	1	15
漳州市福利院	0	0	0	0	0	0	0	0	0	0	0	10	21	22	53
永安市福利院	0	0	0	0	0	0	0	0	0	0	0	2	2	3	7
尤溪县福利院	0	0	0	0	0	0	0	0	0	0	0	0	2	4	6
大田县福利院	0	0	0	0	0	0	0	0	0	0	0	0	5	11	16
三明市福利院	0	0	0	0	0	0	0	0	0	0	0	0	0	9	9
将乐县福利院	0	0	0	0	0	0	0	0	0	0	0	0	0	3	3
莆田市福利院	0	0	0	0	0	0	0	0	0	0	0	0	0	1	1
清流县福利院	0	0	0	0	0	0	0	0	0	0	0	0	0	4	4
云霄县福利院	0	0	0	0	0	0	0	0	0	0	0	0	0	4	4
合计	10	2	21	97	190	146	240	179	132	151	175	152	194	153	1842

第三节　行政区划与地名管理

一、行政区划

（一）县级以上行政区划调整

1995年10月13日，国务院批准撤销福鼎县，设立福鼎市（县级），以原福鼎县的行政区域为福鼎市的行政区域。10月27日，国务院批准福州市郊区更名为福州市晋安区，福州市辖区行政区域作如下调整：(1）鼓楼区辖鼓东、鼓西、东街、安泰、南街、华大、水部7个街道办事处，五四街道的思儿亭、汤边2个居委会，东门街道的东大、温泉、金汤、琼河、东水、琼新、河西、河东、东湖、澳桥、汤门11个居委会；从郊区划入洪山镇和新店镇的义井、湖前2个居委会，从台江区划入茶亭街道的斗中、西营里、福中、九福庵4个居委会；区政府驻地不变。（2）台江区辖瀛洲、新港、后洲、茶亭、洋中、双杭、苍霞、帮洲、义洲、上海新村10个街道办事处，从郊区划入台江镇及所辖南公、曙光、红旗、双丰、红星5个村委会和洪山镇的祥坂、长汀、高桥3个村委会，区政府驻地不变。（3）仓山区辖仓前、对湖、临江、上渡、下渡、三叉街6个街道办事处，从郊区划入建新、仓山、盖山、螺洲、城门5个镇，区政府驻地不变。（4）马尾区从郊区划入亭江、琅岐2个镇和鼓山镇的魁岐、建坂、龙门、双协、快洲5个村委会，区政府驻地不变。（5）晋安区辖鼓山镇、新店镇、宦溪镇、日溪乡、岭头乡、红寮乡、鼓岭乡，洪山镇的东门、紫阳2个村委会和台江镇的登云、鹤林、竹屿、岳峰、象园5个村（居）委会，从鼓楼区划入王庄新村、东门、五四街道办事处及所辖的塔头、桂香、康山、官尾、晋安、浦一、浦二、浦三、浦四、茶园、五四、铁一、铁二、铁三、铁四、凤山、金鸡、洋一、洋二、洋三、洋四共21个居委会和水部街道的砌池、福马、紫阳、紫新、丝绸厂5个居委会，从台江区划入新港街道的连潘、连辉、象园3个居委会，区政府驻鼓山镇。

截至当年底，全省设有7个地级市、2个地区、18个市辖区、16个县级市、48个县（含金门县）。

1996年1月，福州市正式调整行政区划：福州市郊区更名为福州市晋安区；鼓楼区从晋安区划入洪山镇和新店镇的湖前村委会，从台江区划入茶亭街道办事处的斗中、新营里、福中、九福庵4个居委会，析出晋安河以东的五四、王庄新村2个街道办事处及原东门街道办事处的塔头、桂香、康山、琯尾、晋安、浦一、浦二、浦三、浦四9个居委会和水部街道办事处的紫阳、紫新、砌池、丝绸厂、福马5个居委会归晋安区，析出琼河、东西河以南水部街道办事处的龙庭、状元2个居委会归台江区，析出鼓西街道办事处的农大居委会归仓山区；台江区从晋安区台江镇划入南公、红星、曙光、红旗、双丰5个村委会和洪山镇的祥坂、长汀、高桥3个村委会，析出新港街道办事处连潘、连辉、邦辉、象园4个居委会归晋安区；仓山区从原郊区划入建新、仓山、盖山、螺洲、城门5个镇；马尾区从晋安区划入亭江、琅岐2个镇。2月13日，省政府批复泉州市政府，同意设立泉州市肖厝经济开发管理委员会，统一管理协调区域内经济建设和社会发展事务，为泉州市政府派出行政机构，正处级，以惠安县肖厝镇为辖区范围。4月21日，泉州市肖厝经济开发管理委员会正式成立。5月31日，国务院批准设立漳州市龙文区（县级），将漳州市芗城区芝山镇的古塘、群勇、市尾、塔后、土白、下洲6个村委会，南坑街道办事处的东岳、岳北、漳糖、东关、南坑、洋篰6个居委会和洋篰1个村委会，巷口街道办事处的岳口、胜利东、东园、新民、巷口、新港、霞浦、霞东8个居委会和元光路以东属新华东居委会的部分；龙海市的郭坑镇，步文镇的蔡榜、西坑、小港、兰田、梧桥、湘桥、打山、恒坑、桥仔头、西洋、书厅、石井、圳头、东屿、步文、后坂、田丰、塘北、石仓、碧湖、坂上、孚美、后店、流岗、翁建、登科、科坑、漳滨、石洲、浦口、朝阳31个村委会和梧浦村委会位于国道324线西北部分，划归龙文区管辖，龙文区政府驻步文镇。7月，漳州市龙文区正式成立。11月20日，国务院批准调整龙岩地区行政区划：撤销龙岩地区和县级龙岩市，设立地级龙岩市，龙岩市设新罗区，市政府驻新罗区；新罗区的行政区域为原县级龙岩市的行政区域，区政府驻新罗区中心东路45号。行政区划调整后，龙岩市辖长汀县、永定县、武平县、连城县、上杭县和新设立的新罗区；原龙岩地区的漳平市由省直辖。同日，国务院批准撤销同安县，设立厦门市同安区，以原同安县的行政区域为同安区的行政区域，区政府驻大同镇。

1997年5月，龙岩市（地级）和厦门市同安区正式挂牌成立。6月3日，国务院批准调整泉州市行政区划，增设泉州市丰泽区和洛江区：鲤城区辖临江、海滨、鲤中、开元4个街道和江南、浮桥2个镇，区政府驻打锡街；丰泽区辖泉秀、丰泽、东湖、华大4个街道办事处和城东、东海、北峰3个镇，区政府驻丰泽街道；洛江区辖河市、马甲、罗溪3个镇和虹山乡，区政府驻河市镇。

1999年11月14日，国务院批准调整宁德地区行政区划：撤销宁德地区，设立地级宁德市，宁德市设蕉城区，市政府驻蕉城区；蕉城区的行政区域为原县级宁德市的行政区域，区政府驻蕉城区八一五中路。行政区划调整后，宁德市辖霞浦县、柘荣县、寿宁县、古田县、屏南县、周宁县和新设立的蕉城区；原宁德地区的福安市和福鼎市由省直辖。

2000年4月12日，国务院批准设立泉州市泉港区，辖惠安县的山腰、后龙、南埔、涂岭、埭港5个镇，区政府驻山腰镇。12月28日，泉州市泉港区正式挂牌成立。同年，原宁德地区撤地设市完成，全省地区行署全部归零，全面确立市管辖县（区）的行政体制。

2002年2月1日，国务院批准调整莆田市行政区划：撤销莆田县，将原莆田县的常太、华亭、灵川、东海4个镇划归莆田市城厢区管辖，原莆田县江口、梧塘、秋芦、白沙、新县、庄边6个镇和大洋乡划归莆田市涵江区管辖；设立莆田市荔城区，将城厢区荔城街道的文献、凤山、长寿、英龙、梅峰5个居委会，城南乡的镇海、阔口、新溪、步云、埭里、古山6个村，城郊乡的长丰、七步、濠浦、南郊、莘郊、荔浦、陡门、张镇、西洙、拱辰、畅林

12个村，以及原莆田县的西天尾、新度、黄石、北高4个镇划归荔城区管辖，区政府驻县巷；设立莆田市秀屿区，将原莆田县的笏石、东庄、忠门、东埔、湄洲、东桥、埭头、平海、南日9个镇和山亭、月塘2个乡划归秀屿区管辖，区政府驻笏石镇。行政区划调整后，莆田市辖城厢、涵江、荔城、秀屿4个区和仙游县。12月26日，民政部批复同意厦门市湖里区政府驻地由湖里街道兴隆路23号迁至禾山镇金尚路。

2003年4月26日，国务院批准调整厦门市行政区划：撤销鼓浪屿区和开元区，其行政区域划归思明区管辖，思明区政府驻民族路；杏林区的杏林街道办事处和杏林镇划归集美区管辖，集美区政府驻银江路；杏林区更名为海沧区，区政府驻地由杏林南路29号迁至海沧镇；设厦门市翔安区，将同安区所辖新店、新圩、马巷、内厝、大嶝5个镇划归翔安区管辖，区政府驻新店镇。行政区划调整后，厦门市辖思明、湖里、集美、海沧、同安和翔安6个区，市政府驻思明区湖滨北路。10月19日，厦门市翔安区正式挂牌成立，同安区东部的大帽山农场一同被划归翔安区。

2005年，省民政厅完成泉州市政府驻地由鲤城区庄府巷24号迁移至丰泽区东海街道北星社区方案的审核申报程序。截至当年底，全省设有9个地级市、26个市辖区、14个县级市、45个县。

（二）乡级行政区划调整

1995年1月，省民政厅批复厦门市政府，将同安县新民镇的凤岗、溪声、杜桥、西湖、西洪塘5个村委会，洪塘镇的下溪头、东宅、康浔3个村委会，西柯镇的阳翟、卿朴、瑶头3个村委会划归同安县大同镇管辖。3月，省民政厅批复龙岩地区行政公署，撤销曹溪、龙门、东肖、铁山、西陂5个镇，改设曹溪、龙门、东肖、铁山、西陂5个街道办事处。6月，经省民政厅批复同意，建宁县撤销溪口乡改设溪口镇。9月，经省民政厅批复同意，尤溪县撤销团结乡改设西城镇；将乐县撤销白莲乡改设白莲镇，撤销黄潭乡改设黄潭镇。11月，经省民政厅批复同意，邵武市撤销卫闽乡改设卫闽镇。12月，经省民政厅批复同意，武夷山市崇城镇更名为崇安镇；邵武市撤销肖家坊乡改设肖家坊镇。同年，仙游县撤销园庄乡改设园庄镇；武平县撤销中堡乡改设中堡镇，撤销桃溪乡改设桃溪镇；平和县撤销安厚乡改设安厚镇；长汀县撤销四都乡改设四都镇；厦门市集美区析出海沧、东孚2个镇归杏林区管辖；龙岩市新罗区（原龙岩市）撤销万安乡改设万安镇。

1996年1月，经省民政厅批复同意，福州市鼓楼区撤销东门街道办事处，设立温泉街道办事处，增设五凤街道办事处；福州市台江区增设宁化、鳌峰2个街道办事处，驻地分别为祥坂路、鳌峰路；福州市马尾区马尾街道办事处更名为罗星街道办事处；福州市晋安区增设象园街道办事处，五四街道办事处、王庄新村街道办事处分别更名为茶园街道办事处和王庄街道办事处，撤销台江镇改设岳峰镇。3月，经省民政厅批复同意，惠安县撤销肖厝镇，在原肖厝镇行政区域内设立后龙、山腰、南埔、涂岭、埭港5个镇，镇政府驻地分别为后龙村、锦塔村、柳厝村、涂岭村、埭港村。同月，省民政厅批复同意武夷山市崇安镇政府驻地从西林巷迁移至环岛西路。4月，经省民政厅批复同意，建瓯市东峰镇划出溪东、吴林、石呈、江垱、漈下、后房6个村委会，设立顺阳乡，乡政府驻溪东村。5月，经省民政厅批复同意，大田县早兴乡更名为华兴乡；龙岩市新罗区（原龙岩市）撤销白沙乡改设白沙镇。7月，经省民政厅批复同意，闽侯县荆溪镇昙石、洽浦、南山、流洋4个村委会划归甘蔗镇管辖。8月，经省民政厅批复同意，惠安县东岭镇划出东桥、后建、东湖、散湖、埔殊、屿头山、坑尾、梅庄、燎原、厝斗、南湖、珩海、珩山、大吴、西坑、西湖、官岭、香山18个村委会，设立东桥乡，乡政府驻东桥村；螺阳镇划出新霞、霞东、霞张、前型、南洲、梅山6个村委会，辋川镇划出溪南、王孙2个村委会归螺城镇管辖。9月，经省民政厅批复同意，闽侯县洋里乡划出小箬、大仓、西村、湖柄、中平、尚格、福田、尚锦8个村委会，设立小箬乡，乡政府驻小箬村。11月，经省民政厅批复同意，福州市晋安区红寮乡更名为寿山乡。同年，惠安县设立东桥乡，安溪县丰田乡更名为福田乡。

1997年3月，省民政厅批复同意漳州市龙文区辖东岳街道办事处（办事处驻东岳）和步文镇（政府驻步文村）、蓝田镇（政府驻蓝田村）、朝阳镇（政府驻朝阳村）、郭坑镇（政府驻地不变）。同月，经省民政厅批复同意，连江县撤销长龙乡改设长龙镇。6月，经省民政厅批复同意，大田县撤销石牌乡改设石牌镇；建宁县撤销均口乡改设均口镇；德化县龙浔镇划出凤池、富东2个居委会归浔中镇管辖，浔中镇的宝美、丁溪、丁墘、大坂、英山、高阳6个村委会划归龙浔镇管辖。7月，经省民政厅批复同意，福州市台江区撤销台江镇，将原台江镇的曙光村委会划归鳌峰街道管辖，红星村委会划归瀛洲街道管辖，南公村委会划归新港街道管辖，双丰村委会划归洋中街道管辖，红旗村委会划归义洲街道管辖；晋安区设立岳峰镇，辖原台江镇的岳峰、鹤林、竹屿3个村委会和登云居委会，原洪山镇的东六村委会，原东门街道的塔头、琯尾、晋安、桂香、康山、浦一、浦二、浦三、浦四9个居委会和新设立的中山、桃花、新华3个居委会，镇政府驻岳峰村；调整鼓楼区洪山镇行政区域，将原洪山镇的公正村委会划归鼓东街道管辖，水部村委会划归水部街道管辖，温泉村委会划归温泉街道管辖，西门村委会划归鼓西街道管辖，华大、泉塘、五凤3个村委会划归五凤街道管辖，鼓西街道的西河、怡山、物检、凤湖、祭酒岭5个居委会划归洪山镇管辖；调整马尾区马尾镇行政区域，将马尾镇的青洲、君竹、上岐、双峰4个村委会划归罗星街道管辖，罗星街道的前街、后街、江山、进步里、船政5个居委会和新马、中洲、六江3个村委会划归马尾镇管辖；晋安区新店镇的红星村委会划归茶园街道管辖，鼓山镇的双坂村委会划归象园街道管辖。同月，连江县敖江镇划出北岳、凤尾2个村委会归凤城镇管辖，析出江南、魁岐、已古、南塘、横槎、梅洋、镜路、连兴、文新、王庄、花坞、连登、澄岩、儒洋、连沙15个村委会，设江南乡（乡政府驻江南村），敖江镇政府驻地从凤城镇经济巷迁移至白沙村。8月，经省民政厅批复同意，永定县古竹乡析出高东、高南、高北、梅花石、大岭下5个村委会，设立高头乡，乡政府驻高北村；闽清县撤销金沙乡改设金沙镇。10月，经省民政厅批复同意，安溪县福田乡政府驻地从庵兜迁至场前；龙岩市新罗区撤销大池乡改设大池镇，撤销小池乡改设小池镇；永定县撤销龙潭乡改设龙潭镇。同月，莆田县忠门镇析出文甲、东仙、莆禧、西前、蒋山、利山、山亭、港里、山柄、乌垞、东店、西埔、西埔口13个村委会，设山亭乡，乡政府驻山亭村；析出何山、前范、东坑、东埔、度下、梯吴、西山、塔林、屿屿9个村委会，设东埔乡，乡政府驻田头自然村；析出联星、坂尾、霞塘、月埔、西园、砺山、岱前、前康、洋埭、双箬山、东潘11个村委会，设月塘乡，乡政府驻月埔村。11月，经省民政厅批复同意，政和县铁山镇析出岭腰、西坑、横坑、前溪、高山、锦屏、长垄7个村委会，设岭腰乡，乡政府驻岭腰村。12月，经省民政厅批复同意，泉州市洛江区双阳华侨农场改设双阳镇，镇政府驻阳山，原双阳华侨农场下属作业区改设为4个居委会和7个村委会，农场作为镇属企业继续保留，并增挂双阳华侨经济开发区牌子，享受省级经济开发区优惠待遇；设立万安街道办事处，街道办事机构驻凤冠街。同月，大田县撤销奇韬乡改设奇韬镇，长汀县撤销涂坊乡改设涂坊镇。福州市台江区上海新村街道办事处更名为上海街道办事处。

1998年1月，经省民政厅批复同意，将乐县水南农场改设水南镇，镇政府驻三华南路35号，原水南农场作为镇属企业予以保留，其下属作业区改设成6个居委会和7个村委会。4月，经省民政厅批复同意，浦城县撤销莲塘乡改设莲塘镇，撤销九牧乡改设九牧镇。7月，经省民政厅批复同意，漳州市芗城区调整行政区划：从东铺头街道办事处划出湖内、芝山、北塔、和平里、宝珠园5个居委会，从南坑街道办事处划出通北、延安北、北庙、凤高、团结、漳华、金源7个居委会，从芝山镇划出西洋坪、大同2个村委会，设立通北街道办事处，街道办事机关驻大通北路；芝山镇划出瑞京村委会归东埔头街道办事处管辖，划出前锋、诗埔2个村委会归新桥街道办事处管辖；南坑街道办事处从东埔头街道办事处划入建筑居委会，从芝山镇划入岱山、农友2个村委会，从石亭镇划入坑头村委会；西桥街道办事处从新桥镇划入钟芬、桥南2个居委会，从芝山镇划入南星村委会；芝山镇政府驻地由北庙村迁移至金峰村；石亭镇划出坑头村委会归南坑街道办事处管辖。同月，惠安县撤销东桥乡改设东桥镇。8月，经省民政厅批复同意，福鼎市撤销桐山、桐城2个镇，设立桐山、桐城、山前3个街道办事处，街道办事机关分别驻桐南街古城西路22号、流美村和山前村；永定县仙师乡锦西居委会划归峰市乡管辖，峰市乡政府驻地由峰市街迁至锦西。9月，经省民政厅批复同意，永春县北硿华侨茶果场改设东关镇，镇政府驻东关村，原北硿华侨茶果场以镇属企业保留，其下属的作业区改为4个居委会和4个村委会，另从东平镇划入东关、溪南、美升、东美、外碧5个村委会归东关镇管辖。同月，永定县撤销峰市乡改设峰市镇。同年，南安市撤销溪美、美林2个镇，设立溪美、柳城、美林3个街道办事处。同年，长泰县撤销前楼乡改设前楼镇。

1999年5月，经省民政厅批复同意，南安市从丰州镇划出霞美、山美、温山、四黄、邱钟、埔当、沃柄、张坑、长福、四甲、西山、金山、玉田、杏埔、仙河15村委会，设立霞美镇，镇政府驻霞美村；从罗东镇划出炉山、炉中、飞云、炉星、福山、湖内、潭边、厚阳8个村委会，设立乐峰镇，镇政府驻炉山村。6月，经省民政厅批复同意，福清市撤销南岭乡改设南岭镇；南靖县丰田华侨农场改设丰田镇，镇政府驻横山，原丰田华侨农场以镇属企业保留，其下属作业区改设成4个居委会和5个村委会，其中1个划归山城镇管辖。7月，经省民政厅批复同意，泉州市丰泽区清源农场改设清源街道办事处，街道办事机关驻新华北路的西门村，原清源农场以街道下属企业保留，其下属的管理区改为村（居）委会，另从北峰镇划入泉明、建宝2个居委会和西郊、北门、城口、西门、普明、后茂、环山、环清、田边9个村委会归清源街道办事处管辖。同月，泉州市丰泽区东海镇圣湖居住小区的行政区域划归东湖街道办事处管辖，云谷居住小区的行政区域划归丰泽街道办事处管辖。同月，石狮市从祥芝镇划出西墩、东埔一、东埔二、东埔三、伍堡、洪厝、莲厝、郭厝、东园、坵下10个村委会，设立鸿山镇，镇政府驻西墩村；从祥芝镇划出锦尚、东店、厝上、杨厝、西港、深埕、谢厝、卢厝、港前、奈厝前10个村委会，设立锦尚镇，镇政府驻锦尚村。同月，惠安县后龙镇划出诚峰、诚平、前亭、上楼、峥嵘、联岩、奎壁、郭厝8个村委会，设立峰尾镇，镇政府驻诚峰村；黄塘镇划出紫山、龙石、尾山、官溪、蓝田、石马、顶赤涂、油园、美仁、后垵、光山、坝下、南安、半岭、林口15个村委会，设立紫山镇，镇政府驻翁后；撤销埭港镇，其行政区域并入山腰镇，山腰镇政府驻新宅村；山腰镇划出前黄、香芹、前烧、凤南、凤北、凤阳、凤山、凤林、凤安、坑内、后张、三朱、古县13个村委会，设立前黄镇，镇政府驻前黄村。同月，莆田县灵川镇划出蔡亭、西黄、蔡厝、西厝、东朱、坪洋、海头、上亭、利角、上图、大埔、东海、东沙13个村委会，设立东海镇，镇政府驻海头村。8月，连城县撤销新泉乡改设新泉镇；惠安县南埔镇划出界山、玉湖、岭头、下朱、玉山、鸠林、鹅头、河阳、东张、狮东、槐山、东凉、大前13个村委会，设立界山镇，镇政府驻界山村；厦门市湖里区禾山镇划出兴隆、长乐、兴禾、北站4个居委会和高殿、马垅2个村委会，设立殿前街道办事处，街道办事机关驻殿前；漳浦县大南坂农场改制设立南坂镇，镇政府驻大南坂，原大南坂农场作为镇属企业予以保留，其下属作业区改设为村委会，其田地、林地、茶果场、农场和财产仍由大南坂农场经营管理。同年，沙县西霞乡更名为际口乡，连城县撤销新泉乡改设新泉镇。

2000年5月，经省民政厅批复同意，莆田县撤销东埔乡改设东埔镇；南靖县撤销书洋乡改设书洋镇；平潭县撤销平原乡改设平原镇；上杭县蛟洋乡政府驻地由丘坊村迁移至蛟洋村；惠安县撤销小岞乡改设小岞镇；宁化县撤销治平乡改设治平畲族乡；邵武市撤销大竹乡改设大竹镇；诏安县梅洲华侨农场改设梅洲乡，乡政府驻梅洲村，原梅洲华侨农场作为乡属企业保留，其下属4个作业区改设1个居委会，另从四都镇划出7个村委会归梅洲乡管辖。6月，经省民政厅批复同意，平潭县撤销敖东乡改设敖东镇；沙县撤销大洛乡改设大洛镇；南靖县撤销梅林乡改设梅林镇；邵武市吴家塘农场改设吴家塘镇，镇政府驻吴家塘，原吴家塘农场作为镇属企业保留，其下属作业区改设为村（居）委会；永春县撤销苏坑乡改设苏坑镇，撤销桂洋乡改设桂洋镇；闽侯县划出闽江乡的闽亭、建亭2个村委会归马尾区亭江镇管辖，划出闽江乡的公婆、胜利、建星3个村委会归马尾区琅岐镇管辖；福鼎市从前岐镇划出佳阳、后洋、周山、佳山、龙头湾、上庵、三丘田、安仁、象洋、蕉宕、罗唇、双华12个村委会，设立佳阳乡，乡政府驻佳阳村；连江县撤销坑园乡改设坑园镇；闽清县撤销省璜乡改设省璜镇。12月，经省民政厅批复同意，沙县际口乡并入凤岗镇，琅口镇古县村划归凤岗镇管辖；莆田县秀屿镇更名为东庄镇；长汀县策武乡政府驻地由策田村迁移至德联村；厦门市集美区撤销集美镇改设集美街道办事处，划出后溪镇4个居委会（浒井、孙厝、叶厝、凤林美）和2个村委会（东安、兑山）设立侨英街道办事处（驻侨英路）；厦门市同安区撤销大同镇，在原大同镇行政区域内设大同、祥平2个街道办事处，街道办事机关分别驻原大同镇驻地和祥桥村。

截至2000年底，全省共有乡镇987个，其中面积小于20平方公里的63个，小于5平方公里的10个；人口少于1万人的122个，不足5000的15个；有30个左右乡镇政府驻地不在本行政区域内（驻城关镇），有20多个城关镇被城郊的另一个乡镇包围，部分相邻的乡镇行政区域相互“插花”，互有“飞地”。

2001年1月，经省民政厅批复同意，永春县撤销仙夹乡改设仙夹镇；南安市向阳乡林坑村划归九都镇管辖。8月，省民政厅根据省委省政府领导批示和民政部、中央机构编制委员会办公室、国务院经济体制改革办公室、建设部、财政部、国土资源部、农业部《关于乡镇行政区划调整工作的指导意见》，组织开展乡镇行政区划调整工作调研活动，并形成《福建省调整乡镇行政区划实施方案》。9月，该方案经征求多方意见后上报省政府。同年，经省民政厅批复同意，德化县撤销葛坑乡改设葛坑镇，撤销上涌乡改设上涌镇。

2002年6月，为发挥农村中心镇的聚集优势和区位优势，提高城镇化水平，省政府发布《关于调整乡镇行政区划的意见》，要求在确保社会稳定的前提下，稳妥有序地重组乡镇行政区域，撤并规模小、经济实力弱、基础设施差的乡镇，科学合理地调整乡镇规模和布局。各地由此开始乡镇调整撤并工作，乡级行政区划调整改由省民政厅直接批复为由省政府批复。9月，省政府批复同意南平市延平区撤销茂地镇、大洋乡，二者行政区域合并设立茫荡镇，镇政府驻茂地村；建阳市撤销潭城、童游2个镇，改设潭城、童游2个街道办事处，并从原童游镇划出考亭、严墩、周墩、回瑶、溪源、黄墩6个村委会归潭城街道办事处管辖，从原潭城镇划出水东居委会和水东村委会归童游街道办事处管辖；永安市撤销吉山镇，其行政区域并入燕西街道办事处；沙县撤销梨树乡，划出原梨树乡的梨树、中堡、月邦、坡后4个村委会归夏茂镇管辖，划出原梨树乡的新桥、池窠、泉水峡3个村委会归高桥镇管辖；永春县横口乡政府驻地由福中村迁往云贵村；厦门市同安区大嶝镇政府驻地从田乾村迁移至西田；武夷山市撤销崇安、城东、武夷3个乡镇，改设崇安、新丰、武夷3个街道办事处，并从城东镇划出村尾、黄墩、崩埂、松凹4个村委会归崇安街道办事处管辖，从崇安镇划出南街、河东2个居委会归新丰街道办事处管辖；华安县撤销良村乡，其行政区域并入华丰镇；厦门市杏林区划出杏林镇新垵村、霞阳村和东孚镇祥露村归海沧镇管辖；福州市仓山区划出建新镇的卢滨、后曹、潘边、石边、新颐、上雁、葛屿、闽江、刘宅9个村委会，仓山镇的燎原村和上渡街道办事处的横江居委会，设立金山街道办事处，街道办事机关驻金山生活区风荷苑 1 号。同月，仙游县调整部分行政区划：撤销凤山乡，其行政区域并入西苑乡，西苑乡政府驻西苑村；撤销鲤城镇，设立鲤城街道办事处，辖属于原鲤城镇的 6 个居委会，属于城东镇的坝垄、龙泉、玉井、来洋、蜚山、东门、万福、北宝峰、富洋 9 个村委会（其中坝垄、龙泉、东门、北宝峰 4 个村委会改为居委会）和大济镇的金井、白塔 2 个村委会，街道办事机关驻洪桥居委会原鲤城镇政府驻地；城东镇更名为鲤南镇（政府驻地从东门村迁移至仙安村），划入原鲤城镇的柳坑居委会，原城东镇的仙安、霞苑、下楼、涵井 4 个村委会，龙华镇的大坂、平原、象运、象林、象坂 5 个村委会和赖店镇的西埔、温泉、圣泉、玉田、玉塔、横塘、东山 7 个村委会；郊尾镇划出芹林、盖南、新窑 3 个村委会归盖尾镇管辖。同年，莆田市城厢区撤销荔城街道办事处和城南、城郊 2 个乡，改设龙桥、霞林 2 个街道办事处，同时调整凤凰街道办事处行政区域；莆田市荔城区设立镇海、拱辰 2 个街道办事处；厦门市同安区大嶝镇政府驻地从田乾村迁移至西田。

2003 年 1 月，泉州市丰泽区撤销东海、城东、北峰 3 个镇，改设东海、城东、北峰 3 个街道办事处；鲤城区撤销江南、浮桥 2 个镇，改设江南、浮桥 2 个街道办事处。5 月，南平市延平区黄墩街道办事处安丰村委会划归茫荡镇管辖，茫荡镇政府驻地由茂地村迁移至安丰村；福州市仓山区从建新镇析出 9 个村委会，从仓山镇析出 1 个村委会，从上渡街道办事处析出 1 个居委会，设立金山街道办事处。6 月，晋江市撤销青阳镇、罗山镇，析出陈埭镇双沟、赤西、沟头 3 个村委会，磁灶镇砌田、车厝、官前、小桥 4 个村委会和安海镇曾林、灵水、大山后、大布林、小布林 5 个村委会，设立青阳、梅岭、西园、罗山、新塘和灵源 6 个街道办事处，街道办事机关分别驻陈村、桂山、苏塘、福埔、上郭和林口。7 月，霞浦县撤销松城镇，改设松城、松港街道办事处，街道办事机关分别驻原松城镇政府驻地和后港村；泉州市泉港区撤销山腰镇，改设山腰街道办事处，街道办事机关驻原山腰镇政府驻地锦塔。8 月，长乐市撤销吴航镇，设立吴航街道办事处、航城街道办事处；龙海市撤销石码镇，改设石码街道办事处，街道办事机关驻原石码镇政府驻地；沙县撤销凤岗镇、虬江乡和琅口镇，改设凤岗、虬江 2 个街道办事处，街道办事机关分别驻城西南路、洋坊村。

2004 年 4 月，古田县撤销新城镇、松吉乡、湖滨乡，并析出凤都镇的桃溪、仕坂、坑里、罗坑、双山 5 个村委会，设立城东、城西 2 个街道办事处，街道办事机关分别驻原湖滨乡政府驻地和解放西路罗华村；福州市台江区双杭街道办事处并入后街街道办事处，帮洲街道办事处并入苍霞街道办事处。6 月，福州市晋安区岭头乡并入寿山乡，寿山乡政府驻岭头村；鼓岭乡并入宦溪镇，宦溪镇政府驻宦溪村；厦门市湖里区撤销禾山镇，设立江头、禾山和金山 3 个街道办事处，街道办事机关分别驻吕厝、坂尚、高林。7 月，闽清县撤销后佳乡、佳头乡，其行政区域并入上莲乡，上莲乡政府驻上莲村。8 月，厦门市思明区撤销文安、思明 2 个街道办事处，其行政区域并入中华街道办事处；公园街道办事处更名为开元街道办事处。9 月，厦门市集美区撤销杏林镇，设立杏滨街道办事处；从杏林街道办事处析出 3 个社区居委会归杏滨街道办事处管辖，从杏滨街道办事处析出 4 个村委会归杏林街道办事处管辖。11 月，永泰县樟洋镇更名为大洋镇。

2005 年 1 月，泰宁县撤销大布乡、龙安乡，原大布乡、龙安乡行政区域合并设立大龙乡，乡政府驻大布村；连城县撤销李屋乡，其行政区域并入文亨乡。2 月，闽侯县撤销闽江乡，其行政区域并入祥谦镇。6 月，泉州市洛江区撤销双阳镇，改设双阳街道办事处，街道办事机关驻原双阳镇政府驻地；三明市梅列区撤销徐碧乡，原徐碧乡所辖的列东村委会并入列东街道办事处，列西村委会并入列西街道办事处，徐碧、洋山、后洋、廖源 4 个村委会并入北门街道办事处，北门街道办事处更名为徐碧街道办事处。9 月，闽侯县撤销甘蔗镇，改设甘蔗街道办事处；厦门市翔安区撤销大嶝镇，改设大嶝街道办事处。10 月，浦城县撤销南浦镇、“水南乡”建制，析出莲塘镇部分区域（城西开发区），整合设立南浦、河滨街道办事处，街道办事机关分别驻千里马路和水南路 96 号；11 月，长乐市撤销营前镇，改设营前街道办事处；撤销漳港镇，改设漳港街道办事处。12 月，泰宁县撤销龙湖镇，将其行政区域并入朱口镇。同月，福清市撤销音西、阳下、宏路 3 个镇和融城街道办事处，析出海口镇祥丰、塘头、北店、柏渡、隆中、坊里、南宅、先强 8 个村委会，整合设立玉屏、龙山、龙江、音西、宏路、石竹、阳下 7 个街道办事处，街道办事机关分别驻江滨路 9 号、海城路 22 号、龙江路 118 号、清荣大道 55 号、清昌大道 253 号、清荣大道 191 号和圣帝桥 6 号。同月，顺昌县撤销双溪镇、水南镇，原双溪镇和水南镇行政区域合并设立双溪街道办事处，街道办事机关驻城南路 278 号；撤销际会乡，并入建西镇。

截至 2005 年底，全省设有 1103 个乡级行政区划单位，其中镇 595 个、乡 324 个、民族乡 18 个、街道 166 个。

表 5-9　**2005 年福建省行政区划与地名表**

名称	下辖社区、居委会	下辖村委会	政府驻地
福州市	辖 5 市辖区、2 市、6 县、43 街道、99 镇、45 乡、2 民族乡、368 社区、71 居委会、2422 村委会		鼓楼区
鼓楼区	辖 9 街道、1 镇、76 社区、5 村委会		津泰路
鼓东街道	开元、树兜、庆城、贤南、中山、观风亭		鼓东路
鼓西街道	保定、陆庄、后县、新民、达明、梦山、西湖		白马北路
温泉街道	汤边、琼河、东大、东湖、河东、汤门、金汤	温泉	玉泉路
东街街道	军门、津泰、大根、竹林境、旗汛口		石井巷

续表

名称	下辖社区、居委会	下辖村委会	政府驻地
南街街道	七巷、灵响、柳河、驿里、河南、杨桥、三坊		黄巷 28 号
安泰街道	乌山、加洋、乌塔、圣庙、于山、西营里、五一广场		福涧街
华大街道	屏东、公益、国棉、龙峰、北江、屏山、九彩、思儿亭、琴湖、体育中心		华林路
水部街道	福新、建华、闽都、莲宅、乐天泉		龙庭境
五凤街道	铜盘、屏西、泉塘、梅峰、龙泉、永恒、白龙、天元、湖前、兰庭、左海、广厦	华大、泉塘、湖前	铜盘路
洪山镇	凤湖、怡山、福屿、象山、兴园、西凤、洪山桥、凤凰池、金牛山、大凰山	保福	洪山园路
台江区	辖 10 街道、90 社区		广达路
瀛洲街道	建海、洲后、尾垱、江十、光明、瀛东、滨江、红星、步行街		排尾路
后洲街道	迎晖、大同、安平、江滨、达江、中亭街东区、中亭街西区、上杭、龙岭、水巷、示范、汀洲、下杭		达江路
义洲街道	南禅、浦东、太平、奋斗、上游、泰山、浦西、保兴		北兴横路
新港街道	中选、新港、龙庭、南公、路通、元一、雁塔、鞋城、十三桥、利嘉城		中选北路
上海街道	河上、医大、西洋、丹桂、凤凰、怡园、嘉园、榴园、牡丹、菏泽、交通一、交通二、交通三		上海新村
苍霞街道	中平、田垱、青年会、苍霞新城、同德、万侯、长寿、三保、河下		苍霞新城

续表

名称	下辖社区、居委会	下辖村委会	政府驻地
茶亭街道	广安、金洋、仁德、祖庙、福德、状元、阳光、洋头口		广达路
洋中街道	玉树、铺前、横街、十间、小桥、福山、达道、金斗、福明		灯笼弄
鳌峰街道	福人、亚峰、曙光、东滨、鳌峰洲、鳌峰苑		鳌峰路
宁化街道	祥坂、宁化、福瑞、福祥、长汀		祥坂路
仓山区	辖8街道、5镇、70社区、4居委会、109村委会		麦园路
仓前街道	公园、麦园、利民、万春、星园、梅坞、龙峰、劳工、振兴、航兴		公园路
东升街道	埔头、东兴、东南		东升
对湖街道	马厂、程厝、仓顶、湖岭、长安、施程、师大		马厂街
临江街道	仓前山、观井、信平、上藤、菖蒲、河边、下池、太平洋城		东窑街
三叉街街道	村东、村南、村西、村北、湖畔、金浦、绿岛		三叉街新村
上渡街道	天民、洋洽、飞凤、上渡、凤岭、龙潭、鹭岭、新成、灰炉、岭下、红星、坊兜、水上、尤溪洲、李厝山		上渡路
下渡街道	港头、金彩、小岭、工农、龙津、港墩、藤山、下藤、银桥		工农路
金山街道	金洲、金河、金环、金麟	燎原、石边、后曹、卢滨、潘边、闽江、上雁、新颐、葛屿、刘宅	金山
仓山镇	万里、万升、三高	仓山、霞湖、先农、先锋、东升、金星、万里、郑安、湖边、联建	首山路
城门镇		城门、胪雷、胪厦、浚边、黄山、龙江、清富、洋坑、湖际、下洋、梁厝、樟岚、狮山、濂江、绍岐、福濂、潘墩、连坂、厚峰、壁头、白云、前锦、鳌里、安平、谢安	敖里

续表

名称	下辖社区、居委会	下辖村委会	政府驻地
盖山镇	郭宅	白湖、郭宅、江边、浦下、高湖、后坂、北园、首山、跃进、齐安、东升、黎升、半田、中山、中亭、新安、尚保、浦口、竹榄、吴凤、吴山、天水、六凤、照屿、洋下、上岐、下岐、屿宅、叶厦、葫芦阵	白湖亭
建新镇	马榕、金亭、江滨、洪塘、淮安、农大	中截、长埕、横龙、湾边、霞镜、后巷、东岭、凤高、洪光、劳光、塘下、翁排、莫朱、阵坂、红江、楼下、麦浦、高宅、冯宅、玉兰、透浦、冠洲、江边、建平、半道、港头、浦上	洪塘街
螺洲镇	螺洲	敖山、天福、乾元、吴厝、洲尾、杜园、店前	螺洲
马尾区	辖 1 街道、3 镇、12 社区、1 居委会、61 村委会		君竹路
罗星街道	罗星、沿山、培英、马限、新港、罗建	青洲、君竹、上岐、双峰	罗建路
马尾镇	船政、中岐、马江	新马、中洲、六江、快安、儒江、上德、下德、胐头、魁岐、龙门、建坂、双协、快洲	进步里
亭江镇	亭头、闽安、闽亭	亭头、闽安、东岐、长柄、长安、英屿、象洋、盛美、笏山、敖溪、东街、洪塘、西边、东盛、康坂、前洋、白眉	亭头
琅岐镇	闽琅	东红、建光、荣光、劳团、龙台、争丰、劳丰、劳光、乐村、光辉、光明、农旗、星辉、勤耕、董安、南兜、后水、院前、群星、星光、红星、红光、云龙、凤窝、吴庄、海屿、闽江	团结路
晋安区	辖 3 街道、4 镇、2 乡、57 社区、114 村委会		福新中路
茶园街道	洋四、斗门、凤山、湖塍、红星、环南、电建、东浦、站前、站东、铁中、环北、洋下东、洋下西	红星	华林路
王庄街道	砌池、福马、紫新、乐东、紫阳、民安、华美、丝绸厂、印染厂、五里亭		王庄新村

续表

名称	下辖社区、居委会	下辖村委会	政府驻地
象园街道	象园、连辉、双坂、菊园、乐西、南湖、乐园、长河、双龙		长乐中路
鼓山镇	茶会、金晖、融东、福茶、文华、机务段、三木、日出东方	前屿、鼓一、鼓二、鼓三、鼓四、凤坂、连潘、茶会、上洋、埠兴、樟林、红光、洋里、远东、远中、远西、六一、横屿、湖塘、东山、园中、潭桥、后浦	前屿
新店镇	新店、古城、金城	益凤、磐石、西园、后山、桂山、洄田、琴亭、郭前、秀山、井店、溪里、象峰、东园、杨廷、鹅峰、战峰、汤斜、坂中、斗顶、西垅、厦坊、赤桥、健康、赤星、义井、浮村、新店、凤池	秀峰路
岳峰镇	塔头、桂香、琯尾、康山、登云、浦下、新华、东站、二化、万佳、三华、桃花山、三角池	岳峰、竹屿、东门、鹤林	岳峰
宦溪镇		宦溪、胜利、创新、鹅鼻、弥高、降虎、硋砷、板桥、牛项、黄田、峨嵋、湖中、湖山、垅头、山溪、中心、民义、建立、增楼、洲洋、黄土岗、南洋、宜厦、过仑	宦溪
寿山乡		岭头、叶洋、贵洋、沙溪、溪下、石牌、红庙、前洋、吾洋、莱岭、江南竹、山头顶、红寮、上寮、优山、长基、寿山、芙蓉、芹石、九峰、上仑、大坂	岭头
日溪乡		日溪、汶洋、点洋、汶石、井后、梓山、党洋、东坪、南峰、万洋、铁坑、山秀园	日溪
闽侯县	辖1街道、8镇、6乡、7社区、307村委会		甘蔗镇
甘蔗街道	福龙、三福、双福	五福、青岐、十字、大元、长江、双池、化龙、三英、山前、横屿、南山、洽浦、昙石、流洋	五福
白沙镇	白沙	白沙、大濑、马坑、汶溪、溪头、楼格、孔源、井下、新坡、上寨、林柄、院埕、汤院、唐举、联坑、坑头、上岐、洋石、梧桐下、大目埕、大目溪	白沙

续表

名称	下辖社区、居委会	下辖村委会	政府驻地
南屿镇	南屿	南旗、龙泉、九都、桐南、窗厦、芝田、玉田、茂田、新联、五都、中溪、尧沙、江口、柳浪、后山、流洲、元峰、高岐、葛岐、晓岐、南井、南前、六十份	南旗
尚干镇	尚干	洋中、东升、过浦、后村、乌门、亭上、红新、龙醒、后福、后浦、后厝、浦里	洋中
祥谦镇		泮洋、兰圃、枕峰、凤港、洋下、琯前、双龙、岐尾、澜澄、山后、辅翼、卜洲、中院、门口、禄家、江中、三溪口、萧家道、峡南、新建	泮洋村
青口镇	青新	青口、东台、西台、联丰、傅筑、梅岭、莲峰、梅溪、联光、青林、前洋、泸屿、镜上、杨厝、坊口、溪东、前街、后街、大埕、长楼、船尾、吉山、后福、宏一、宏二、宏三、宏四、村里、壶山、农光、庄头、团结、青秀、红旗、升旗、幸福、文华、青圃岭、青圃里	青口
南通镇		南通、银安、洲头、上洲、泽苗、廷宅、泽洋、桥街、陈厝、罗洲、瓜山、建南、古城、文山、马腾、新岐、方庄	南通
上街镇		金屿、侯官、厚美、上街、新峰、红峰、沙堤、联心、榕桥、庄南、美岐、青洲、岐安、岐头、中美、浦口、建平、蔗洲、马保、厚庭、新洲、马排、溪源宫	金屿
荆溪镇		荆溪、仁洲、六垱、关中、埔前、关西、关东、荷洋、关口、溪下、港头、光明、桐口、厚屿、永丰、桃田、古山洲	徐家村
竹岐乡		竹岐、苏洋、白龙、春风、榕东、榕中、榕西、汶洲、山洋、竹西、源格、火炬、半岭、南洋、罗洋、春光、叶洋、蒲洋、溪南、里洋、前山、天台	竹岐

续表

名称	下辖社区、居委会	下辖村委会	政府驻地
廷坪乡		廷坪、溪坪、西坑、下洋、黄埔、洪山、岩头、西山、马厝、盘岭、赤坑、罗桥、蕉溪、曹地、汶合、广坪、石洋、石井、流源、尾桥、塘里、石坑、后溪、池坑、文山岗	廷坪
鸿尾乡		里头、岩石、安樟、南园、大罕、溪源、桥头、南坑、大坑、鸿尾、大模、官路、超墘、奎石、源口、南下、埕头、汉头、青马、古洋	石佛头
洋里乡		花桥、梧洋、仙门、岭兜、仙洋、林洋、长基、刘洋、刘地、张际、田垱、茶苑、友泉、梧溪、安仁、洋里、绅带、新见、金田、锡地、廷洋、洋头、后坑	花桥
大湖乡		大湖、新塘、箬洋、后井、洋山、马墘、仙山、珍山、大坪、后洋、双溪、上苑、兰田、雪峰、大池、碾坑、岭头、东姚、墙坪、东墘、坂头、茶坪、六锦	大湖
小箬乡		湖柄、小箬、大坂、中平、尚格、福田、西村、尚锦	湖柄
江洋农场	——	——	——
连江县	辖16镇、6乡、1民族乡、25居委会、244村委会		凤城镇
凤城镇	西北、西南、东北、东南、北门、凤园、百凤	绿茵、玉山、北岳、凤尾	经济巷
敖江镇		白沙、长汀、小湾、畂畂、岱云、浦下、山亭、石头、幕浦、杉塘、青塘、上山、下山、清溪	白沙
东岱镇	东岱	洪塘、山堂、蝉步、龙山、东水、关头、湖里、洋西	东岱
琯头镇	琯头、琯福	东升、塘头、山兜、竹岐、阳岐、秦川、拱屿、下塘、兰田、东边、上坪、门边、下岐、寨洋、官岐、长门、东岸、蓬岐、定岐、塘下、壶江、川石、定安、后一、后二、龙沙	琯头

续表

名称	下辖社区、居委会	下辖村委会	政府驻地
晓澳镇	晓峰、晓江、晓兴	长沙、百胜、道澳、赤湾	晓澳
东湖镇		东湖、祠台、飞石、岩下、洋门、西庄、湖坪、东塘、牛栏坪、天竹	大头山
丹阳镇	丹阳	丹阳、坂顶、旺庄、坑口、溪尾、山边、文朱、新洋、东平、松岭、东山、花园、虎山、朱山、山兜、上周、桂林	丹阳
长龙镇		建庄、洪峰、真茹、下洋、岚下、丘祠、苏山	宫坂
透堡镇		南街、馆读、北街、西门、陇柄、塘里、尖墩、龙头	南街
马鼻镇		横厝、玉井、墙兜、南门、东湾、浮曦、贵丰、文丰、合丰、村前、辰山、墩里、拱头、龙峰、半田下	马鼻
官坂镇		官坂、下濂、塘边、梅里、合山、北营、梅阳、白鹤、莺头、塘口、洋尾、辋川、东头、东澳、浮泉、石丘	官坂
筱埕镇		筱埕、蛤沙、蛎坞、东坪、南山、大埕、逻回、埕口、定海、官坞、凤贵	筱埕
黄岐镇	海丰、海新、海英、海建	长沙、赤澳、大谷、后仑、赤才、大建、古石	黄岐
苔菉镇		苔菉、东洛、后湾、上塘、琇琊、横塍、茭南、北茭	后港坪
浦口镇	浦江、浦东、浦乐、浦旗、浦丰、浦升、浦兴	塔头、益砌、蔗尾、松坞、山坑、中麻、官岭	浦口
坑园镇		坑园、屿头、下屿、前屿、颜岐、象纬、红厦、下园	坑园
潘渡乡		潘渡、塘坂、坡西、东雁、仁山、贵安、兰山、溪利、陀市、高岳、朱步	潘渡
江南乡		江南、魁岐、己古、南塘、横槎、梅洋、镜路、连兴、文新、王庄、花坞、连登、澄岩、儒洋、连沙	江南

续表

名称	下辖社区、居委会	下辖村委会	政府驻地
蓼沿乡		蓼沿、赤石、溪东、白沙、后坂、凤岩、岐山、王坑、利畲、仁坂、朱公、周溪、义洋、兰水、蒲边、仙屏、定田、大沧、杏林、四定、首占、后垄、林场	蓼沿
安凯乡		安海、郭婆、飞红、镇安、半山、文湾、高塘、奇达、沙澳、同心、黄家洞	安海
下宫乡		下宫、新辉、江湾、松皋、上宫、大洋、厦一、可门、初芦	下宫
小沧畲族乡		小沧、樟后、东风、七里、利洋	小沧
马祖乡	——	——	——
罗源县	辖6镇、4乡、1民族乡、6社区、188村委会		凤山镇
凤山镇	北门、东门、南门、西门、东区、闽凤	苏区、管柄、南门外、陈厝、方厝、城关、岐阳、竹兜、余家塘	司前街
松山镇		渡头、岐后、岐头、树柄、吕洞、南岐、北山、巽屿、外洋、剩头、大获、上杭、竹里、八井、小获、泥田、迹头、白水、前房、乘风、上土港、下土港	五里
起步镇		起步、港头、桂林、沈厝、兰田、田中、叶洋、蒋店、杭山、党林、洋北、西山、护国、潮格、高洋、曹垅、庭洋坂、下长治、上长治、黄家湾、水口洋	起步
中房镇		中房、林家、乾溪、大洋、下湖、王沙、叠石、满盾、岭兜、沙坂、上宅、大园、吉礤、洋里、寨头、显柄、松洋、柏山、深坑、溪门、东山、厚富、港里	中房
飞竹镇		飞竹、洋柄、蛤蟆石、陶洋、官路下、梧桐、马洋、刘洋、潘洋、上地、洋头、仓前、丰余、外坂、大湖、斌溪、安后、西禄	飞竹

续表

名称	下辖社区、居委会	下辖村委会	政府驻地
鉴江镇		鉴江、陆上、海上、上澳、东湾、远顶、圣塘、井水、程家洋	上澳
白塔乡		凤坂、旺岩、钟下、百丈、梅洋、长基、应德、赤岭、石鳖、大项、九溪、小云、白塔、南洋、塔里	水古
洪洋乡		洪洋、皇万、曹营、王认、石塘、秋岭、禄洋、厝坪、穴里、盾后、后洋、樟溪、大目、洋中、车溪、官村、民族、牛角丘	洪洋
西兰乡		西兰、蒋山、院前、后路、官洋、垱厝、许洋、洋坪、寿桥、岭头、下漈、破石、甘厝、上洋、坑里、礌石、石壁下	岭尾店
霍口畲族乡		霍口、溪前、福湖、冈尾、岐峰、后宦、船头、黄鹤、香岭、琅坑、西峰、仙洋、川边、佳湖、东宅、南垄、塘下、徐坪、山垄湾、东园亭、王廷洋、大王里、长柄丘、石坪洋	霍口
碧里乡		碧里、西洋、梅花、廪头、溪边、牛坑、廪尾、新澳、濂澳、吉壁、牛澳、先锋	碧里
闽清县	辖11镇、5乡、17居委会、271村委会		梅城镇
梅城镇	梅城、溪口、台山、城北、南门、洋桃、城西、桂园、西门街	城关、大路	梅城
东桥镇		过洋、大溪、大箬、义窑、山限、溪芝、湖洋、朱山、黄坪、官圳、刘山、北洋、坪溪、南坑、溪沙、新桥、村后、高港、竹岭、下宅、安仁溪、黄土岭	过洋
梅溪镇	梅溪	上埔、榕院、钟石、榕星、北溪、樟洋、石郑、马洋、渡口、里寨、建兴、新民、梅埔、石湖、扶山、南泉、廷洋、塔峰、桥东、石榴洋	上埔

续表

名称	下辖社区、居委会	下辖村委会	政府驻地
白樟镇	白樟	白南、樟山、半山、溪南、云渡、下炉、白云、前庄、小园、横坑、白洋、池浦、园头	白南
金沙镇	金沙	鹤墩、三太、鹤林、沃头、光辉、广峰、前坑、溪头、下林、墘面、上演、东坑、云际、宝峰、城门、古洋、重坑、巫岭	鹤墩
白中镇		田中、珠中、白汀、前坂、攸太、黄石、梅坂、可梅、保林、普贤、继善、继新、霞溪	田中
池园镇	池园	池园、潘亭、叶洋、东洋、丽山、丽星、九斗、顶坑、福斗、井后、隔兜、宝新、宝山、岭头、仁周、店前、东前、田地、陈厝垅	池园
坂东镇	坂东	湖头、鹿角、朱厝、坂东、坂中、坜埔、溪西、旗峰、杨坂、坂西、塘坂、李坂、限头、仙下、贝兰、车墘、墘上、仁溪、新壶、前埔、林田、洪安、楼下、文定、下洋、秋峰、溪峰	湖头
塔庄镇	塔庄	塔庄、茶口、上汾、坂尾、梅寮、炉溪、南墘、甲洋、饭洋、龙池、溪东、莲宅、梅坪、林洞、荷峰、高峰、黎家、斜洋、下庄、坪街、玉台、秀环、坪洋、秀洋	塔庄
省璜镇	合龙	省璜、下坂、山边、建功、和平、上云、岭里、璜兰、省汾、前峰、塘下、洋里、三新、凤池、佳垄、柴岭、良寨、际峰、玉水、谷洋、谷口、横溪、官洋、王洋、太原、炉前	省璜
雄江镇	大雄	梅雄、芹洋、西山、安岭、桥头、凤山、梅山、汤下、梅洋、梅台、尚坑、马池	梅雄
云龙乡		后垄、台鼎、官庄、台埔、云中、际下、际上、柿兜、竹柄、潭口	后垄

续表

名称	下辖社区、居委会	下辖村委会	政府驻地
上莲乡		上莲、溪坪、新村、莲埔、上寨、田溪、石漏、下丰、上丰、街中、福里、佳洋、卑溪、林中、顶洋、樟里、佳头、大墘	上莲
三溪乡		三溪、前光、溪源、新丰、鼓舞、宝溪、溪柄、前坪、洋坊、上洋、山墩、佳垄里	三溪
桔林乡		四宝、尚德、温汤、关山、锡洋、桔林、新光、伴岭、高洋、后洋、汤兜、宝湖、槐林	四宝
下祝乡		下祝、后峰、兰口、杉村、池楼、长新、堡顶、箬洋、梧洋、罗山、后岭、洋头、洋尾、前洋、源溪、洋边、渡塘、汶洋、邹洋、三洋、过山洋、翁山头	下祝
永泰县	辖 9 镇、12 乡、8 居委会、254 村委会		樟城镇
樟城镇	南门、北门、沙浮、杨梅、登高	城关	县府路
嵩口镇	嵩口	邹湖、月阙、道南、中山、佳洋、漈头、三峰、村洋、东坡、下坂、芦洋、月洲、梧埕、溪湖、溪口、龙湘、玉湖、大喜、赤水、里洋	嵩口
梧桐镇	梧桐	白杜、丘演、三富、石尾、汤埕、埔埕、明灯、圳南、溪北、椿萱、椿阳、民主、西林、后溪、潼关、坂埕、光荣、盘洋、盘富、上埕、中埕	梧桐
葛岭镇		葛岭、蕉坑、小洲、蒲边、东星、台口、溪洋、万石、九老、溪西、黄埔、溪南、赤壁、龙村、立洋、巫洋	葛岭
城峰镇	城南	龙峰、凤星、凤岭、芋际、金沙、里岛、力生、刘岐、温泉、汤洋、穴利、太原、石圳、高峰	后垄
清凉镇		清凉、山田、渔溪、村尾、温南、芹洋、旗山、小田、古岸、北斗、乐山、岭下店	清凉

续表

名称	下辖社区、居委会	下辖村委会	政府驻地
长庆镇		长庆、莲峰、先峰、福斗、岭兜、岐峰、上洋、中埔、下埔、梅楼、中洋、南尾、上漈、下漈、尾洋	长庆
同安镇		岚口、新村、荷洋、连山、上坊、官路、樟坂、丹洋、文漈、同安、上庄、云台、三捷、洋尾、坂头、洋中、洋头、联坪、占柄、西安、红阳、芹草、尾林	桥头里
大洋镇		凤阳、埔头、溪墘、康乐、漈尾、明星、大展、麟阳、苍霞、尤墘、棋杆、下苏、青峰、七漈、霄洋、珠洋、荣兴、旗东	腾鲤
白云乡		白云、大坪、蒲溪、东溪、寨里、陈家、石岸、北山、星联、樟江、樟洋、凤漈、岭下	白云
塘前乡		大樟、莒口、官烈、赤鲤、芋坑、岭头	大樟
富泉乡		力华、德洋、瑞应、芭蕉、力星、下院、协星、蜚安、蜚英	爱竹口
岭路乡		岭路、凤落、潭后、庄边、叶洋、七斗、云山、长坑、对山、寨下	岭路
赤锡乡		赤锡、荷溪、云岭、玉锡、白叶、淡油、石竹、东坑、下万、双桂、石梯、寿山、溪门、念后、蕉坪	赤锡
洑口乡		洑口、后寨、后亭、双溪、梅村、山寨、祥峦、梧村、吉坑、紫山	洑口
盖洋乡		盖洋、珠峰、赤岭、石塘、湖头、前湖、奋斗、湖里、碓头、小洋	墩前
东洋乡		东洋、茂楼、西塘、仑坪、东斗、秀峰、周坑、彭洋、秀岩、长畲	东洋
霞拔乡		霞拔、长中、上和、锦安、后官、富洋、福长、仁里、南坑、下园、南坪	霞拔
盘谷乡		荣阳、新丰、官村、福坪、水尾、洋里	荣阳

续表

名称	下辖社区、居委会	下辖村委会	政府驻地
红星乡		尧祥、淡洋、过岭、雁门、坂尾、礼柄、西寨、红星	尧祥
丹云乡		丹云、赤岸、溪坪、前洋、下洋、翠云	洋头
平潭县	辖 7 镇、8 乡、8 社区、192 村委会		潭城镇
潭城镇	瑞龙、辕门、城东、红山、宝湖、桂山、中埔、右营	城北、城中、城南、北门	龙凤路
苏澳镇		苏澳、钟门、龙头、红旗、斗魁、梧峰、和平、友谊、五一、斗门、紫霞、齐富、南海、看澳、民主、先进、南楼、下苏澳	苏澳
流水镇		流水、矽楼、砂美、磹水、君山、北港、山门、坑北、谢厝、五埕、模镜、松厝、南松、新湖、大埕、大澳、西楼、山边、裕藩、五星、港东、松南、后田、渔屿、东美、下厝场	流水
澳前镇		澳前、东澳、岭前、龙山、官姜、龙北、光楼、前进、龙南、东星、中甲、磹报、东光、南赖、上井、紫兰、光裕、玉楼、玉道、井边、磹角底	澳前
北厝镇		湖西、跨海、先建、红山、红湖、北厝、庄上、娘宫、芦山、天山、湖南、吉钓、美楼、务里、厝祥、澳尾、山利、北洋、大厝基	石榴坑
平原镇		平原、剑湖、榕山、上攀、红卫、凤美、梧凤、燎原、江楼、当盛、半山、瓦窑、梧凤楼、山显美	官井
敖东镇		新垄、向阳、龙海、建民、仙霞、苍海、东昆、华东、建星、渔庄、大福、敖网、桥棉头、青观顶、钱便澳	新垄
白青乡		青峰、白胜、白沙、丰田、岱峰、玉堂、招康、国彩、南盘、东占	岱峰前
屿头乡		东珠、乐屿、屿北、东贵、田下、玉瑶、屿南、旺宾、东金、后垱	东珠

续表

名称	下辖社区、居委会	下辖村委会	政府驻地
大练乡		立新、渔限、月举、瑞洋、围东、秀礁、东礁、西礁、舍仁宫	东澳
芦洋乡		洋中、芦北、马腿、大渊、鹿寮、黄土墩、西边寮	洋中
中楼乡		中楼、冠山、湖山、昆湖、大坪、大中、韩厝、盐田、芦南、南楼、至凤	井盂兜
东庠乡		南江、澳底、东风、澳星、东进、鲎北、东霞、湖边	南江
岚城乡		正旺、上楼、新桥、霞屿、白山、流东、东屿、新门、上洋、下洋、矶屿、中湖、中南	亭下街
南海乡		陈厝、莲澳、西门、江尾、北楼、南中、后坑	张厝
福清市	辖7街道、17镇、22社区、11居委会、438村委会		融城街道
玉屏街道	小桥、一拂、北大、锦云、小北、西大、金墩、柳池、向高、幸福、融北、西云、玉屏、西文	石井	江滨路
龙山街道	瑞云、东皋、融东、瑞亭	东刘、龙东、玉峰、玉塘、倪浦、祥丰、塘头、北店、柏渡、隆中、坊里、南宅、先强	海城路
龙江街道	龙江	下梧、霞楼、苍霞、朝阳、东南、松峰、松潭、安民、观音埔、小南洋	龙江路
宏路街道	宏路	圳边、周店、南峰、金印、大埔、新华、东坪、溪下、宏路、石门	清荣大道
石竹街道	福耀	棋山、北前亭、真丰、跃进、龙塘、高仑、洋梓、宏兴	清昌大道
音西街道	融西、凤山、融音	音西、文楼、龙溪、马山、瑶峰、珠山、西楼、洋埔、埔尾、芦院、云中洋	清荣大道
阳下街道	洪宽	阳下、北林、奎岭、油楼、新局、溪头、玉岭、屿边、东田、作坊、高厝、下坝、上亭、中亭、下亭、北亭、北山、西洽、后坂、上街、潦头、梨庄	胜帝桥

续表

名称	下辖社区、居委会	下辖村委会	政府驻地
海口镇	海口	海口、云光、牛宅、后路、晨光、立新、前村、城里、斗垣、东峤、东岐、梧屿、李厝、东阁、南厝、岑兜、洋坂、石溪、工农	下龙江
城头镇		大厝、后俸、东皋、新楼、山下、梁厝、港西、彭洋、吉钓、南田、南冲、城头、善友、溪边、峰前、星桥、东垣、西池、五龙、凤屿、湖美、堑柄、岩兜、首溪、黄墩、宅前	大厝
南岭镇		南岭、文祚、吉岚、上岭、西溪、梨洞、大山、马斜	南岭
龙田镇	龙辉、福庐	北庄、山头、下溪、友谊、际塘、上苍、西蕉、坂头、西坑、东峰、赤坑、后面、闻读、南山、前坑、上薛、珍塘、二村、三村、东营、东华、玉瑶、锦美、岭前、树下、玉丰、积库、东庭、山前、后林、海滨、山利、茶腰、厝场、东施、东欧、西华、上一村、下一村、南西亭	龙田
江镜镇		江镜、酒店、谢塘、后地、雁湖、城坂、玉桂、张厝、塘沁、玉仑、南宵、南华、北翁、鹤潭、前张、塘边、岸兜、文房、苍溪、林厝、吴塘、前华、陈厝、南城、柯屿、柏陈	江镜
港头镇		白玉、芦华、汕头、南门、后园、洋边、沁塘、湖山、草炳、马湖、岭头、光辉、东光、五星、东翁、前林、梓园、玉田、高东、义庄、西芦、南芦、后卓、陈库、玉坂、后叶、占阳、杭下、南郑、东元、北湾	白玉
高山镇	高山	北坑、高山、东进、海门、竹秀、前王、长安、西江、山后、玉楼、门头、垄上、岑下、北垞、洋门、后耀、西郑、薛港、后安、杭中、院西、前岭、北岭	高山
沙埔镇		沙埔、西叶、江南、西山、赤礁、官厅、和联、和岐、太武、青屿、东盛、西岭、文场、龙洋、瑁下、牛峰、平林、江厦、坑北、东陈、锦城、四宅	沙埔

续表

名称	下辖社区、居委会	下辖村委会	政府驻地
三山镇	平华	三山、鳌峰、东埔、楼下、横坑、官路、沁前、良琪、嘉儒、北陈、安前、泽朗、后洋、鳌头、上坤、北楼、海瑶、埕边、白鹤、瑟江、东郭、坑边、塘北、后郑、虎邱、钟厝、任厝、魏庄、泽岐、前庄、前薛、楼前、韩瑶、江厝、道北	三山
东瀚镇		东瀚、大壤、东庄、文山、文关、西安、莲峰、佳乐、万安、大垢、海亮、可门、后营、北盛、南浔、陈庄、赤表	东瀚
渔溪镇	渔溪	渔溪、上张、步上、联华、侨丰、上郑、双墩、苏田、南升、建新、东漈、钟前、下里、柳厝、红山、水头、后朋、后岐、南屿、南前亭	渔溪
上迳镇		上迳、洋中、油塘、树林、东林、梧岗、县圃、前宅、南湾、官元、玉屿、山兜、下井、岭脚、牌边、海头	上迳
新厝镇		新厝、东楼、棉亭、蒜岭、双屿、界下、硋灶、霞埔、江兜、东沃、漆林、凤迹、桥尾、加头、大沃、峰头	坂顶
江阴镇		浔头、庄前、梨港、屿礁、高岭、莆头、北郭、岭口、门口、田头、沾泽、赤厝、东井、南曹、潘厝、小麦、下石、下堡、何厝、后庄、后陈、龙门、下垄	浔头
东张镇	清源	先进、先锋、香山、半岭、濑底、三星、道桥、华石、溪北、芦岭、岭下、漈山、崔后、双溪、金芝、玉林、少林、南湖	东张
镜洋镇		镜洋、琯口、红星、东升、西边、上店、长征、波兰、光荣、齐云、磨石、下施、玉埔、浮山、东风、墩头、黎洋	镜洋
一都镇	山城	一都、王坑、普礼、东山、善后、后溪	一都
江镜华侨农场	——	——	——
东阁华侨农场	——	——	——

续表

名称	下辖社区、居委会	下辖村委会	政府驻地
长乐市	辖 4 街道、12 镇、2 乡、20 社区、239 村委会		吴航街道
吴航街道	胜德、东关、十洋、洋锦、西关、三峰、航兴、航华、西滨、景美	东关、十洋、西关	十洋
航城街道	航辉	龙门、龙津、联村、泮野、下朱、霞州、祥洲、筹岐、东安、里仁、五竹、洋屿、琴江、后安、石龙、石燕、石屏	航辉
营前街道	营前、海星、岐头	湖里、长安、长限、马头、洞头、下洋、东屿、黄石、后岐	营前
漳港街道	漳港、漳光、关湖边	渡桥、山边、王朱、演屿、屏洋、龙峰、路顶、仙岐、门楼、百户、新厝、新宅、万沙、沙尾、洋边、上垱顶	漳港
首占镇		上洋、首占、鹏上、丰山、岱边、珠湖、佑林、礼元、赤屿、塘屿、屿后、岭头、黄李	上洋顶
玉田镇		玉田、桃源、西埔、西社、长青、大溪、阡中、琅岐、琅峰、坑田、东渡	玉田
松下镇		首祉、松下、垄下、大祉、前连、山前、长屿、午山、榕岭	首祉
江田镇		江田、溪山、三溪、石门、漳流、港西、友爱、南阳、下沙、长林、溪湄、下珍、桥里、游溪、邦上、漳坂、克明	江田
古槐镇		中街、青山、北湖、福坊、湖南、龙田、高楼、洋下、仙桥、华元、感恩、昆石、下村、竹田、井门、上店、前塘、洋布、雁塘、屿南、屿中、屿北、湖坂	中街
文武砂镇		八站、东海、洽屿、岐西、壶井、壶东、山顶、下吴、新村、一站、二站、三站、四站、五站、六站、七站、东岱	八站
鹤上镇		仙街、新览、岐阳、云江、云路、洞湖、峰顶、峰陈、白眉、东平、大架、大厝、上李、京林、莲花、湖尾、路北、桃坑、青桥、岱岭、北山、环东湖	仙街

续表

名称	下辖社区、居委会	下辖村委会	政府驻地
湖南镇	湖南	仙宅、湖滨、仙富、西宅、闽沙、闽鹏、鹏陈、鹏谢、大鹤、蔡宅	仙宅
金峰镇	金峰、胪峰	凤洋、塘下、集仙、塔光、三星、前林、首峰、首台、华阳、华刘、仙高、陈店、厚团、金峰、六林、兰田、锦凤、凤山、陈垱头	金峰
文岭镇		文岭、后董、前董、石壁、郑朱、东吴、凤庄、皋山、东庄、龙塘、沙头顶、山边刘	文岭
梅花镇		梅城、梅新、梅南、梅东、梅西、梅北	梅城
潭头镇		潭头、文溪、泽里、溪新、霞江、厚东、克凤、沙堤、碧岭、岭南、边兰、岱西、岱灵、二刘、石马、大宏、元岱、曹朱、汶上、菊潭、文石、福星、江塘	潭头
罗联乡		三山、吴村、顶头、马厝、大坪、东林、方厝、马台	三山
猴屿乡		猴屿、浮岐、象屿、猴屿张	猴屿
厦门市	辖6市辖区、22街道、14镇、180社区、6居委会、269村委会		思明区
思明区	辖10街道、97社区		民族路
厦港街道	福海、鸿山、下澳、蜂巢山、巡司顶、南华、沙坡尾		思明南路
中华街道	思南、安定、水仙、仁安、镇海、中华、霞溪、镇邦、思东、中山		天一楼
滨海街道	白城、演武、上李、曾厝垵、黄厝		曾厝垵
鹭江街道	鹭江道、营平、大同、厦禾、双莲池、小学、禾祥西		海岸街
开元街道	深田、溪岸、美仁、西边、后江、湖滨、希望、虎溪、坑内、天湖、美湖、阳台山		禾祥西路

续表

名称	下辖社区、居委会	下辖村委会	政府驻地
梧村街道	梧村、文灶、滨中、双涵、浦南、金祥、文屏、东坪、溪东、金榜山、万寿北		东埔路
筼筜街道	西郭、四里、湖光、莲岳、岳阳、育秀、仙阁、官任、屿后、一里、振兴、仙岳、槟榔西、金桥、屿后西		槟榔西里
莲前街道	莲怡、莲云、莲顺、莲丰、侨福、瑞景、莲翔、莲薇、金鸡亭、龙山桥、前埔北、何厝、前埔、洪文、西林、塔埔、岭兜、前埔南		莲前西路
嘉莲街道	莲坂、莲西、莲兴、松柏、长青、莲秀、华福、盈翠、莲花北、莲花五村		莲花北路
鼓浪屿街道	龙头、内厝		永春路
海沧区	辖 2 镇、2 社区、28 村委会		沧虹路
海沧镇	海沧、海发	吴冠、石塘、钟山、东屿、渐美、温厝、囷瑶、海沧、青礁、后井、锦里、贞庵、古楼、新垵、霞阳、祥露	海沧
东孚镇		莲花、东浦、山边、寨后、过坂、东瑶、鼎美、后柯、芸尾、凤山、贞岱、洪塘	莲花
湖里区	辖 5 街道、37 社区		金尚路
湖里街道	湖里、村里、徐厝、濠头、东渡、塘边、后浦、金鼎、南山、康晖、新港、和通、怡景、康乐		湖里街
殿前街道	兴隆、长乐、北站、神山、高殿、马垄		嘉禾路
禾山街道	枋湖、钟宅、围里、坂尚、岭下		枋湖东路
江头街道	江头、吕厝、吕岭、园山、江村、金尚、蔡塘、后埔		台湾街

续表

名称	下辖社区、居委会	下辖村委会	政府驻地
金山街道	高林、五通、后坑、金山		禾东路
集美区	辖4街道、2镇、22社区、32村委会		银江路
集美街道	岑东、岑西、浔江、盛光、银亭		石鼓路
侨英街道	浒井、孙厝、凤林、叶厝、兑山、东安		侨英街
杏林街道	纺织、曾营、宁宝	西亭、杏林、内林、高浦	古林南路
杏滨街道	杏堤、日东、三秀	马銮、西滨、前场、锦园	杏林南路
灌口镇	灌口第一、灌口第二、上头亭、铁山、黄庄	坑内、深青、田头、上塘、双岭、李林、东辉、顶许、三社、井城、陈井、浦林	安仁大道
后溪镇		后溪、新村、前进、溪西、仑上、崎沟、东宅、后垵、岩内、英村、黄地、许庄	中秋街
同安区	辖2街道、6镇、13社区、110村委会		银湖中路
大同街道	城西、同新、西安、三秀、后炉、溪边、凤山、北门、西池	田洋、古庄、朝元、东山、碧岳、东宅、康浔、顶溪头、下溪头	城西路
祥平街道	西溪、陆丰、祥平、祥桥	阳翟、过溪、溪声、凤岗、杜桥、西湖、卿朴、瑶头、西洪塘	阳翟
莲花镇		美埔、莲花、蔗内、内田、上陵、军营、淡溪、西坑、罗溪、尾林、水洋、小坪、澳溪、云埔、云洋、窑市、溪东、后埔村、白交祠	美浦
新民镇		乌涂、后宅、禾山、梧侣、西塘、西山、蔡宅、湖柑、柑岭、溪林、南山、土楼、新塘、后坂、四口圳、洋厝埔、湖安	乌涂
洪塘镇		洪塘、三忠、苏店、新霞、郭山、龙泉、新厝、新学、苏厝、石浔、龙东、龙西、大乡、下墩、塘边、埔后	洪塘
西柯镇		西柯、丙洲、吕厝、浦头、西浦、埭头、官浔、潘涂、美星、后田、下山头、洪塘头	西柯

续表

名称	下辖社区、居委会	下辖村委会	政府驻地
汀溪镇		隘头、路下、褒美、古坑、西源、茬畲、顶村、堤内、半岭、前格、五峰、汪前、造水	隘头
五显镇		垵炉、下峰、布塘、店仔、溪西、竹山、后垄、军村、后塘、上厝、明溪、宋宅、四林、西洋、三秀山	五显宫
翔安区	辖1街道、4镇、9社区、6居委会、99村委会		新兴路
大嶝街道	田墘、山头、蟳窟、嶝崎、双沪、阳塘、北门、东埕、小嶝		田墘
马巷镇	五美、友民、三乡、后亭	五星、琼头、陈新、井头、城场、窗东、蔡浦、山亭、亭洋、郑坂、后莲、曾林、后许、沈井、桐梓、黎垵、内垵、前庵、内官、何厝、洪溪、同美、西炉、赵厝、后滨、西坂、市头、朱坑、舫阳、垵边	巷南路
新圩镇	龙新	新圩、古宅、后埔、金柄、凤路、村尾、乌山、云头、上宅、诗坂、东寮、桂林、庄垵、后亭、马塘、面前埔	新圩
新店镇	新兴	新店、莲河、霞浯、沙美、霄垄、珩厝、茂林、大宅、吕塘、溪尾、祥吴、湖头、东坑、洪前、洪厝、炉前、下许、垵山、东界、钟宅、浦园、西滨、澳头、欧厝、彭厝、前浯、浦边、后村、蔡厝、陈塘、东园、鼓锣、下后滨、刘五店	新兴街
内厝镇		上塘、前垵、后垵、黄厝、许厝、莲塘、莲前、霞美、赵岗、曾厝、官路、美山、新垵、锄山、琼坑	上塘
大帽山农场	——	——	——
莆田市	辖4市辖区、1县、8街道、38镇、8乡、85社区、883村委会		荔城区
城厢区	辖3街道、4镇、16社区、102村委会		荔华东大道
龙桥街道	太平、兴安、北磨、下磨、龙桥	泗华、洋西、延寿	文献西路
凤凰山街道	筱塘、南门、月塘、新塘、南园、龙德井	白洋、朱坑、林桥	莆阳西路

续表

名称	下辖社区、居委会	下辖村委会	政府驻地
霞林街道	沟头、霞林、棠坡	顶墩、下黄、肖厝、坂头、木兰、铁岭、屿上	学园南街
常太镇		常太、松峰、照车、利车、东太、东青、山门、汀洋、候山、坑洋、霞山、渡里、金川、马院、党城、顶坑、过溪、下莒、埔头、溪南、溪北、山坑、南川、洋边、长基、岭下、内东坪、外东坪	常青西路
华亭镇	华亭	樟塘、霞皋、山牌、西沙、后角、万坂、郑庄、濑溪、顶垞、坪坂、兴沙、后枫、云峰、后塘、湖头、前黄、圳头、后山、西湖、油潭、埔柳、前柳、濑厝、宫利、隆兴、五云、涧口、西许、郊溪、郊尾、长岭、南湖、园头、走马亭	亭前东路
灵川镇	何寨	径里、云庄、东进、西墩、桂山、柯朱、硋灶、下尾、青山、太湖、榜头、张边、书峰、山门里	康富西路
东海镇		东海、东沙、大埔、海头、上亭、利角、上图、坪洋、蔡厝、西厝、西黄、蔡亭、东朱	东海东大道
涵江区	辖2街道、9镇、1乡、20社区、179村委会		兴涵路
涵东街道	顶铺、宫下、霞徐、新区、铺尾、后度、塘北、苍然	涵中、卓坡	涵华东路
涵西街道	孝义、前街、青年、保尾、延宁、楼下、群英、商城	涵西、苍林	豆菜巷
三江口镇		芳山、杨芳、鲸山、鳖山、后郭、洋中、高美、哆中、美尾、新浦、塔山、南兴、东清、前明、双霞、东盛、新兴	三江街
白塘镇		集奎、后宫、南埕、洋尾、镇江、镇前、上梧、江尾、周墩、双福、显应、柯塘、东墩、陈桥、安仁、埭里	白塘街
国欢镇		都邠、码头、黄霞、南林、塘西、沁东、沁西、后洋、三股、港利、黄厝、潭尾、新坡、林柄、洞庭	国欢东路

续表

名称	下辖社区、居委会	下辖村委会	政府驻地
梧塘镇	东福、西庄	霞楼、漏头、东南、西林、沁后、松东、九峰、松西、枫林、溪游、新丰、梧梓、后东坡、前东坡	平和路
江口镇	江口	新前、海星、新墩、李厝、前面、五星、东楼、西刘、石东、石西、丰美、丰山、厚峰、囊山、坂梁、刘庄、院里、石狮、园顶、园下、顶坡、上后、莆江、大东、东大、官庄	锦融街
萩芦镇		萩芦、东张、双亭、洪南、崇圣、崇联、崇福、林美、潭井、深固、友谊、南下、利东、官林、梅洋、洪里、樟洋、水办、晏井、枫山	半南东路
白沙镇	白沙	坪盘、澳柄、澳东、龙东、龙西、东泉、狮亭、田厝、广山、宝阳、长兴、洋顶	白沙西路
庄边镇		庄边、前埔、藫湖、梨坑、溪西、滁洋、百俊、泮洋、吉云、风际、岫山、西音、松岭、赤溪、黄龙、黄洋、山溪、大汾、走墘、岐山、上院、尚书桥	庄兴东路
新县镇		新县、文笔、张洋、墘顶、广宫、碧溪、上茅、洋林、仙安、白云、外坑、泗洋、大所、大贤、白鹤	湘溪西路
大洋乡		大洋、瑶山、崇兴、杏山、琼峰、南岭、坂洋、坝头、霞洋、瑞云、车口、院埔、可山、昆山、满长、兔洋、孝池、连峰	首林路
荔城区	辖 2 街道、4 镇、12 社区、118 村委会		胜利北街
镇海街道	镇海、凤山、文献、长寿、英龙、阔口、梅峰	新溪、棣里、古山、步云	镇海南街
拱辰街道	拱辰、畅林	长丰、七步、濠浦、南郊、莘郊、荔浦、陡门、张镇、西洙、东阳	胜利北街
西天尾镇	东星	龙山、吴江、北大、洞湖、后卓、溪白、澄渚、后黄、三山、渭阳、后埔、碗洋、林峰、象峰、下坨、林山	同心西路

续表

名称	下辖社区、居委会	下辖村委会	政府驻地
黄石镇	黄石、常溪	沙坂、水南、澄瀛、井后、和平、清前、横塘、七境、瑶台、凤山、定庄、沙堤、天马、惠上、惠下、屏山、斗南、东山、东源、东埭、金山、徐厝、东甲、遮浪、海滨、江东、华东、华中、华堤、桥兜、下埭、西利、西洪、清中、清后、下江头	东井北街
新度镇		新度、下坂、善乡、东郊、锦墩、渠桥、宝胜、青宅、沟口、郑坂、东坝、杨美、白埕、港利、港西、阳城、樟桥、厝柄、蒲坂、沟尾、龙头、大坂、桂林、东宋、凌厝、下横山、南梧塘、东埔余	城港南大道
北高镇		北高、坑园、院后、呈山、岱峰、汀江、汀峰、江边、高洋、高峰、栏山、福岭、渡岭、吴城、山前、埕头、埕前、前亭、冲沁、东皋、竹庄、美澜、东乡、后积	尚德东路
秀屿区	辖9镇、2乡、10社区、186村委会		为民东路
笏石镇	文明、秀山、坝津、北埔、顶社	珠坑、下郑、西徐、岭美、杨林、刘厝、度田、岐厝、梅山、松林、丙崙、炮厝、温东、篁山、西田、四新、东华、濑塘、来垞、苏塘、大垭、四村	大众路
东庄镇	营边	东红、杜边、石码、西温、塘边、栖梧、锦山、东庄、后江、苏田、马厂、石前、堤头、白山、东沁、大象、前潭、莆头、厝头、苏厝、石头、石尾、秀屿	礼泉西路
忠门镇	西埭、王厝	柳厝、后坑、安柄、沁头、秀华、秀田、秀前、琼山	汉秀路
东埔镇		东埔、何山、东坑、前范、度口、下坑、塔林、乐屿、西山、度下、东吴、吉城、梯亭	西山东路
东峤镇	峤安	魏厝、凌烟、梁厝、前沁、东兴、珠川、先峰、珠江、前江、田柄、渚林、上塘、湖柄、汀塘、许厝、田庄、铁炉、下房、赤岐、百庄、中南、山香、霞东、霞西	东鑫街

续表

名称	下辖社区、居委会	下辖村委会	政府驻地
埭头镇	埭新	石城、东林、淇沪、黄瓜、后郑、樟林、翁厝、石塔、温李、湖东、英田、汀岐、高林、赤石、后温、武盛、潘宅、田边、鹅头、汀港、黄岐、筶杯	天云东路
平海镇		平海、东美、石井、卓东、上店、江堤、山星、赤坡、东湖、溪边、西柯、石塘、北峤、嵌头、上林、鹅下、山后、埭周、清样、高苍	平府路
南日镇		海山、云万、岩下、石盘、山初、万峰、三墩、西高、沙洋、港南、浮叶、后叶、东岱、小日、鳌屿、罗盘、赤山	南海东路
湄洲镇		寨下、宫下、高朱、东蔡、莲池、西亭、北埭、港楼、后巷、下山、汕尾	寨下街
月塘乡		西园、联星、坂尾、月埔、双筶山、前康、岱前、砺山、洋埭、东潘、霞塘	西园
山亭乡		山亭、西埔、东店、山柄、利山、蒋山、港里、莆禧、东仙、文甲、西前、西埔口、东乌垞、西乌垞、新乌垞	山亭
仙游县	辖1街道、12镇、5乡、27社区、298村委会		825大街
鲤城街道	木兰、十字、洪桥、城内、南桥、仙糖、坝垄、龙泉、东门、北宝峰	玉井、来洋、蜚山、万福、金井、白塔	825大街
枫亭镇	霞街、兰友、学士、霞桥、铺头、涸工校	锦湖、秀丰、耕丰、辉煌、麟山、上浒、荷珠、海安、海滨、和平、斗北、建国、东宅、山头、下社、溪南、溪北、九社、沧溪	枫亭西路
榜头镇	上垅、东桥、赤荷、下明、莲垅	泉山、龙腾、灵山、南溪、梧店、后坑、桃源、芹山、坝下、紫泽、溪东、下昆、上昆、紫洋、溪尾、昆仑、云庄、后庄、象塘、后堡、官舍、何麓、岭下、东宫、新郑、仙水、后坂、度顶、象洋、象山、洋山、望厝、光埔、后南溪	九鲤大街

续表

名称	下辖社区、居委会	下辖村委会	政府驻地
郊尾镇	郊尾	西山、后面、堡坑、伍狮、古店、湖宅、梅塘、东湖、后溪、三埔、埕边、后沈、长安、新和、旸谷、染厝、阮庄、塘边、长岭、沙溪	郊尾
度尾镇	度峰、潭边、下洲	砺山、中峰、后埔、圣山、湘溪、洋坂、中岳、帽山、云水、剑山、霞溪、屏山、埔尾、云居、苦竹、东峰	度尾街
鲤南镇	柳坑、湘家	仙安、霞苑、下楼、涵井、大坂、平原、象运、象林、象坂、西埔、温泉、玉田、玉塔、横塘、东山、圣泉	仙安
赖店镇		赖店、象岭、留仙、锦田、坂头、张埔、前埔、新周、溪埔、涂山、罗峰、龙兴、岐山、樟林、山尾、玉墩、玉山、潘硎、林田	赖店
盖尾镇		盖尾、瑞沟、莲井、琼峰、仙华、前连、湖坂、仙潭、仙溪、杉尾、昌山、义店、石马、聚仙、后山、岭头、星庄、后井、东许、斜尾、芹林、盖南、新窑、南宝峰、东井宫	盖尾
园庄镇		园庄、后蔡、土楼、塔兜、大埔、枫林、下山、宫兜、云峰、东石、高峰、泗洋、洋尾、义路、岭北、六户、东坪	园庄街
大济镇		大济、山苓、垄溪、蒲山、蒲峰、坑北、汾洋、尾坂、钏峰、乌石、龙坂、文殊、溪口、古濑、北山、溪车、洋坑、阮里、东井、三会、后林、西南、虎垄	大济东路
龙华镇		灯塔、建华、东方、爱和、团结、新峰、貂峰、红星、红旗、林内、金溪、金沙、金山、金建、东岐、龙西林	灯塔东路
钟山镇		钟山、南兴、西林、新莲、东溪、卓泉、湖亭、鸣和、天珠、郎桥、麦斜、梅洋、香山、南湖、临水、汾山	镇府东路
游洋镇		游洋、梧椿、金石、天马、双峰、石里、龙溪、河星、兴山、石山、霞峰、龙山、沽山、里洋、五星、桥光、鲁头	古邑街

续表

名称	下辖社区、居委会	下辖村委会	政府驻地
西苑乡		西苑、岭峰、广桥、前洋、西墘、半岭、仙山、仙东、仙西、凤顶、凤山、前县、前溪、柳园、白岩、顶东湖	西苑
石苍乡		石苍、济川、高阳、老山、下湖、田坑、五湖、潭头、石阳、隔壁	下社街
社硎乡		社硎、厝洋、沈楼、湖洋、修园、卓林、上埕、田利、田楼、塘西、仙头、白洋、白硎、半岭	下硎街
书峰乡		书峰、锦岭、鲤峰、四黄、西坑、兰石	书峰
象溪乡		象星、黄洋、园宅、北象山、溪边、莱溪、石满、石峰	象星
三明市	辖2区、1市、9县、13街道、57镇、73乡、2民族乡、139社区、13居委会、1732村委会		梅列区
梅列区	辖3街道、1镇、1乡、24社区、22村委会		列西
列东街道	江滨、梅岭、高岩、崇桂、圳尾、东安、东新一路、东新二路、东新三路、东新四路	列东	江滨
列西街道	富华、龙岗、青山、群英、翁墩、小蕉、中台、北山	列西	富华
徐碧街道	重化、乾龙、东乾、碧湖、东新五路	徐碧、洋山、廖源、后洋	徐碧
陈大镇	瑞云	陈墩、大源、棕南、长溪、碧溪、砂蕉、渔溪、台溪	陈墩
洋溪乡		新街、上街、孝坑、连茂、岩兜、羊口仔、饱饭坑、下坑	新街
三元区	辖4街道、2镇、2乡、25社区、51村委会		崇宁路
城关街道	复康、崇宁、凤岗、建新、新亭、新龙、下洋、芙蓉、红印山		新市南路
白沙街道	桥西、群二、群一、白沙、长安、台江、桃源		工业南路
富兴堡街道	富兴、新南、富文、永兴、东霞		富兴

续表

名称	下辖社区、居委会	下辖村委会	政府驻地
荆西街道	荆西、荆东		新建路
莘口镇	杉口	莘口、沙阳、黄砂、曹源、楼源、西际、柳城、高山、龙泉、后溪、炉洋、蓬坑、清溪、中央溪	后池工路
岩前镇	阳岩	岩前、吉口、乌龙、下寨、星桥、欧坑、增坊、眉山、富源、忠山、横坑、白叶坑	岩前
城东乡		城东、城南、白沙、台江、村头、荆东、荆西	城东
中村乡		中村、南坑、居阳、松阳、前村、张坑、米洋、吉峰、焦坑、坑源、顶大、草洋、[illegible]竹、杜水、回瑶、白水、浦头城、大焙坑	中村
明溪县	辖4镇、5乡、7社区、88村委会		雪峰镇
雪峰镇	城东、城西、城南、城北、中山、紫岭	城东、城西	城东
盖洋镇	柳里	盖洋、白叶、白岚、湾内、常坪、衢地、温庄、姜坊、湖上、村头、扬地、桂林、雷西、画桥、林地、大坑、大洋、葫芦形	盖洋
胡坊镇		胡坊、洋地、福西、冯厝、眉溪、奋发、瓦口、柏亨、肖家山、朱南	胡坊
翰仙镇		石珩、瀚溪、坪地、连厝、洋龙、龙湖、岩里、王陂、大焦、花园、小眉溪	石珩
城关乡		罗翠、坪埠、大富、王桥、上坊、狮窠、下汴、余坊、大坪	雪峰
沙溪乡		沙溪、碧州、永溪、瑶奢、六合、梓口坊	沙溪
夏阳乡		夏阳、瓦溪、良村、溪边、新坊、地美、长兴、后洋、杏林、御帘、旦上、岭头、陈坊、下坂、紫云、俞云坂	夏阳
枫溪乡		枫溪、熊地、邓家、小珩、大雅、华山、官坊	枫溪

续表

名称	下辖社区、居委会	下辖村委会	政府驻地
夏坊乡		夏坊、龙坑、鳌坑、高洋、苎畲、新建、李沂、黄地、中溪	夏坊
清流县	辖5镇、10乡、7社区、111村委会		龙津镇
龙津镇	渔沧、凤翔、长兴、翠园	蔬菜、城东、城南	龙津
嵩溪镇	新街	嵩溪、农科、塘背、元山、青山、青溪、阳坊、余坊、时州、黄沙口、伍家坊、罗坡岗	嵩溪
嵩口镇	九龙	嵩口、高坑、马排、围埔、范源、沧龙、梓材、大元、和元、邱礤、高赖、立新	嵩口
灵地镇		灵地、灵和、青甲、杨源、姚坊、大坪、步云	灵地
长校镇	校溪	长校、江坊、留坑、茜坑、沙坪、河排、黄坑、荷坑、下谢、黄石坑	长校
东华乡		南岐、桥下、俞坊、供坊、下窠、拔里、暖水、基头、严坊、大路口	城关
温郊乡		小池、桐坑、梧地、温家山	小池
林畲乡		林畲、舒曹、石忠、曾坊、石下、岭干、向阳、孙坊	林畲
田源乡		田源、田口、廖武、新村	田源
沙芜乡		白塔、上坪、铁石、新矶、洞口	沙芜
赖坊乡		官坊、寨下、陈家、赖安、赖武、南山、东山、姚家	赖坊
邓家乡		邓家、田中、马寨、龙坊甲、吉龙、坊甲、古洋	邓家
余朋乡		余朋、蛟坑、东坑、芹溪、太山	余朋
李家乡		李村、河背、鲜水、长灌、吴家、古坑、罗坑、早禾排	李村
里田乡		里田、田坪、卢水、深渡、洋庄、李坊、廖坊	里田

续表

名称	下辖社区、居委会	下辖村委会	政府驻地
宁化县	辖 4 镇、11 乡、1 民族乡、12 社区、210 村委会		翠江镇
翠江镇	中山、双虹、小溪、红卫、朝阳	双虹、小溪、中山、红卫	中山路
泉上镇	泉上	泉上、罗李、联群、谢新、青瑶、延祥、黄新、泉正、泉永、豪亨、新军	泉上
湖村镇	湖村	湖村、邓坊、陈家、龙头、石下、黎坊、巫坊、城门、彭高、下埠、店上、谌坑	湖村
石壁镇	石壁	红旗、立新、杨边、小吴、大路、溪背、陂下、刘村、隆坡、官坑、石碧、江家、桃金、陈塘、三坑、江口、南田、拱桥、江头、陈家坑、邓坊桥、张家地	新市
城郊乡		高堑、连屋、马源、旧墩、杨禾、上畲、夏家、瓦庄、雷陑、社下、巫高、社背、李七、都寮、马源亭、下巫坊、九柏嵊、茶湖江	下南
城南乡		城南、横锁、鱼龙、青塘、茜上坪、水口、肖家、龙下窠	城南
济村乡		济村、武层、洋地、湖头、罗家、三村、长坊、新田、昆岗、神坛坝、肖家山、龙头、吾家湖	新济
淮土乡		淮阳、桥头、水东、禾坑、吴陂、青平、周坑、团结、竹园、磜下、孙坑、凤山、五星、大王、赤岭、梨树、隘门、仕边、田背、寒谷、罗坑	淮土
方田乡		方田、朱王、岭下、泗溪、大罗、泗坑、南城、村头	方田
安乐乡	安乐	刘坊、夏坊、安乐、谢坊、洋坊、三大、黄庄、罗坊、赖畲、马家围、丁坑口	行宫下
曹坊乡		上曹、下曹、双石、罗溪、黄坊、滑石、三黄、根竹、坪上、宝丰、官地、南坑、曾家背、黄金进	上曹

续表

名称	下辖社区、居委会	下辖村委会	政府驻地
治平畲族乡		邓屋、彭坊、治平、社福、坪埔、泥坑、高地、下坪、高峰、田畲、光亮、湖背角	治平
中沙乡	中沙	中沙、下沙、半溪、廖家、练畲、何屋、武昌、高坪、叶坊、楼家、樟荣、石门、双源	中沙
河龙乡		河龙、前进、大洋、永建、下伊、高阳、明珠、沙坪	河龙
水茜乡	水茜	水茜、安寨、上谢、棠地、张坊、下洋、下付、蕉坑、沿溪、沿口、杨城、石寮、邱山、庙前、儒地	水茜
安远乡	安远	安远、岩前、伍坑、永跃、黄塘、张垣、丰坪、肖坊、营上、马家、割畲、里坑、杜家、井坑、洪围、后溪、增坑、东桥、灵丰山	安远
大田县	辖 8 镇、10 乡、8 社区、263 村委会		均溪镇
均溪镇	白岩、文昌、南街、东门、镇东、仙亭、玉凤、赤岩	红星、玉田、福塘、金岭、宋京、良元、郭村、翰林、温镇、周田、建成、东坑、金山、上华、和丰、后华、华坑、上太、和丰坪、太山崎、大道山、许思坑	均溪
石牌镇		石牌、老厝、上坡、马山、盖山、拱桥、石坑、长溪、小湖、桃山、桃坑、鳌江、三坊、下洋、龙坑、京程	石牌
上京镇		上京、上平、黄城、桂坑、城口、丰田、南坑、溪尾、溪口、三阳、赤水、梅林、隆美、灵川、延京、下溪口	上京
广平镇		广平、五峰、万筹、万宅、元沙、苏桥、铭溪、栋仁、岬头、东景、西园、丰庄、大吉、兴埔	广平
桃源镇		桃源、西安、东坂、桥山、翁厝、前厝、前村、广汤、杨坑、上举、蓝玉、桃林、桃新	桃源

续表

名称	下辖社区、居委会	下辖村委会	政府驻地
太华镇		太华、玉井、群团、华溪、小华、温坑、仕坑、魁城、张地、万湖、西埔、菖坑、甲魁、汤泉、罗丰、池园、德安、高星、黄沙、锦溪、潘车、华山、坑头、大合	太华
建设镇		建设、建爱、建忠、建强、建民、建丰、建乐、建国、和平、元山、大同、香浮	建设
奇韬镇		奇韬、东佳、丁华、西韬、文经、桃东、桃舟、洋地、龙坪、金华、龙溪、永德	奇韬
华兴乡		早兴、张墘、杞溪、柯坑、横坑、昆山、华安、仙峰、京口、洪坑	华兴
屏山乡		屏山、内洋、溪头、玉坪、芹阳、和坑、美阳、瑞美、内山、王坪、杨梅、蒋山、许坑	屏山
吴山乡		吴山、张坑、锦山、科山、程堂、和洋、阳春、东埔、梓溪	吴山
济阳乡		济阳、大墘、大儒、砚坑、高昇、泮林、国庆、芳林、德仁、上丰、三札、济中	济阳
武陵乡		武陵、仕洋、大石、上岩、桃溪、红君、百束、茶山、岬坪	武陵
谢洋乡		谢洋、怀德、坑口、科里、珍山、仕福、上珍、蕉坂、和春、碧山、草垄崎、三角尾	谢洋
文江乡		文江、大中、民主、大文、小文、典坑、朱坂、琼口、大安、桥下、龙门、光明、后洋、温厝、花桥、小芹、山芹、昭文、联盟、白沙	文江
梅山乡		梅山、新楼、郭井、秀岭、沈岭、沈口、雄峰、盖竹、德州、沧州、璞溪、西书、西坑、龙口、岭后、金阳、高泉、长坑、长津、香坪、黎坑、卓坑里	梅山

续表

名称	下辖社区、居委会	下辖村委会	政府驻地
湖美乡		湖上、仁美、西燕、前进、大尤、岬才、后坑、宏才、元安、林兜、汉口、长坂、新厝、后平、高才、旺建	湖美
前坪乡		前坪、黎明、福井、吉坑、黄龙、山川、湖坪、上地、下坑、下地、北坑	前坪
尤溪县	辖8镇、7乡、12社区、249村委会		城关镇
城关镇	东街、西街、水南、北门、沈塔、城东、西门	城关、埔头、石路、下村、新洋、腾洋、星明、园溪、水东	城关
管前镇		管前、东上、南华、真地、东坑、皇山、村尾、林源、鸭墓、建设、马坪、后垄、洪村、洪坑、柳塘、绿柳、九曲、双山、涪溪、西溪口	管前
梅仙镇	九都	梅仙、梅营、坪寨、谢坑、科第、半山、汶潭、通演、南洋、经通、源湖、玉石、小蕉、蕉坑、双峰、东头、冲坪、乾美、丁地、下保、龙云、云林、丈漈	梅仙
西滨镇	鲈江	西洋、后坪、乐洋、演溪、坂兜、刘坂、七里、雍口、华兰、七斗、彭坑、三连、下墩、过溪、双洋、西芹、际后、厚丰、彩城、科竹、彩洋	西洋
洋中镇		洋中、后楼、康林、龙洋、联洋、洋边、水圳、梅峰、际口、际深、桂峰、坪坑、浮洋、上塘、天堂、官洋、王宅	湖头
新阳镇	新兴	高士、中洋、夏阳、坎里、下桥、文山、上井、林尾、池田、登山、宝山、龙益、建新、溪坂、上地、龙上、南芹、瓷厂、葛竹、双鲤、中心、大坋、大建	东街
西城镇	城西	团结、光林、解建、联建、上源、七尺、和平、郑庄、新联、玉池、后洋、东村、涪头、山连、麻洋、北宅、秀村、新坑、文峰、凤元、三山	七口
尤溪口镇	尤墩		尤溪口

续表

名称	下辖社区、居委会	下辖村委会	政府驻地
联合乡		联合、联东、联南、联西、东边、连云、云山、下云、岭头、吉木、惠州、湖洋	塔兜
汤川乡		山岭、溪坪、山兜、岳溪、香林、胡厝、白漈、阳星、溪滨、珠建、珠峰、黄林、汤三、下井、光明、丘山、赤墓	莆田墩
溪尾乡		溪尾、湖山、本洋、莘田、秀峤、长华、九峰、高山、埔宁、大宁、纲纪、枣坑	溪尾
中仙乡		中仙、文井、长门、竹峰、岭下、吉华、剑溪、善邻、东华、西华、华口、上仙、玉溪、华仙、苏峰、安宁、吉安、华阳、双溪口	中仙
台溪乡		台溪、上宅、园兜、西吉、象山、玉涧、漈坑、凤山、洋头、洋尾、莒洋、书京、盖竹、坑美、丁岩、后隔、东山、安阳、山头、福廷坑、桃坑、清溪、大头桥、七官场	台溪
坂面乡		坂面、下川、蒋坑、梧园、大墘、古迹、仁厚、青坑、山面、正山、京口、芹洋、漈头、大坪、华园、肖坂、街面、山岩、永坑、后坑、厚禄坪	坂面
八字桥乡		村头、洪田、洪牌、龙湖、罗岩、黄垄、坑头、后曲、下畲、彭新	村头
沙县	辖2街道、6镇、4乡、8社区、1居委会、171村委会		凤岗街道
凤岗街道	城西、府西、春晖、东门、城北、莲花、石桥	大洲、西门、西山、北门、东山、庙门、西霞、村头、根坑、漈硋、漈口、古县、三姑、垄东、灵元、水美、井后、龙坑、际岩、西郊	城西南路
虬江街道	城南	水南、金泉、墩头、洋坊、长红、官南、茅坪、麦元、曹元、茶丰峡、田坑、田口、肖墩、三峰、安坪、后底、琅口、柱源、镇头	城西南路
青州镇		青州、胜地、涌溪、管前、坂山、异州、洽湖、溪坪、后洋、前山、朱源、澄江楼	青州

续表

名称	下辖社区、居委会	下辖村委会	政府驻地
夏茂镇	夏茂	东街、中街、西街、俞邦、松林、乐厝、李窠、洋元、大布、水头、儒元、上碓、岩坑、罗坑、车溪、岩观、后垄、洋邦、长阜、溪口、新建、瓦溪、梨树、中堡、月邦、坡后、倪居山	夏茂
高砂镇		高砂、椒畔、岭兜、端溪、上坪、阳溪、樟墩、龙慈、龙江、渔珠、冲厚、小洋、柳源、员垱溪	高砂
高桥镇		高桥、安田、官庄、新坡、上里、正地、杉口、上坑、桂岩、新桥、池窠、泉水峡、黄溪坑、官林窠	高桥
富口镇		富口、罗溪、岩地、延溪、洋花坑、池村、白溪、柳坑、荷山、堆积坑、盖竹、山余、郭墩、姜后、白溪口	富口
大洛镇		大洛、官昌、昌荣、后溪、中洋、华口、前村、陈山、文坑、山漈、宝山、张田、罗坑源、高坑洋	大洛
南霞乡		龙泉、洋岭、下洋、东周、龙松、霞村、蒋坡、茶坪、溪源、南坑仔、松树坑	南霞
南阳乡		南阳、竹山、华村、坡科、西坑、大基、本科、大基口、凤坡洋	南阳
郑湖乡		郑湖、杜坑、大炉、箭坑、长村、上洋、郑墩、徐墩、高地、庆洋、岭头	郑湖
湖源乡		圳头、锦街、锦湖、城前、西洋	圳头
将乐县	辖6镇、7乡、5社区、135村委会		古墉镇
古镛镇	百花、龙池、华山	解放、新华、胜利、张公、玉华、梅花、积善、文曲、新路、和平、桃村、山门、洋坊	城关
万安镇		万安、福匡、寺许、正溪、高坊、坊头、良坊、吴厝地	万安
高唐镇		高唐、常口、会石、赖地、邓坊、楼杉、班州、常源、元坪、上坊、陈坊、高山坊	高唐

续表

名称	下辖社区、居委会	下辖村委会	政府驻地
白莲镇		白莲、大王、天许、古楼、大里、小王、三溪、牛岭、墈厚、铜岭、村头	白莲
黄潭镇		黄潭、元埕、祖教、泰村、源俚、洋伯、吴村、上峰、里地、大言、将溪、大坪、谢地、西湖	黄潭
水南镇	金华、银华	乾滩、渡头、溪南、三班、水南、新兴	水南
光明乡		光明、永吉、各布、渠许、界源、曹地、台上、际下、楔俚、山头、上地	光明
漠源乡		漠源、上洋、伍坊、湖管、张源、坡坑、大坊、圭洋	漠源
南口乡		南口、松岭、温坊、井垄、东坑、蛟湖、南胜、舍坑、小拔、大拔、上仰、里坊、陈厝	松岭
万全乡		万全、常安、杏溪、良地、竹舟、阳源、上华、陇源、高坪	万全
安仁乡		安仁、伍宿、石富、福山、半岭、洞前、元洋、余坑、泽坑、上际、蜈蚣鼻	安仁
大源乡		大源、溪源、肖坊、西田、崇善、增源、长甲、山坊、将王坑、廖家地	大源
余坊乡		余坊、余源、隆兴、瓜溪、马嘶、周厝、张都、洋源、朱岭头	余坊
泰宁县	辖 2 镇、7 乡、6 居委会、112 村委会		杉城镇
杉城镇	城东、水东、水西、北洲、炉峰、和平	民主、水南、胜一、胜二、红卫、红光、蔬菜、南会、东石、王石、长兴、梅桥、邱洪、洋川、调村、丰岩、南溪、礤溪、帐干、大坪、吕家坊、八里桥	环城路
朱口镇		朱口、音山、石辋、寨色、王坑、赤坑、擎布、梅林、源色、里家源、洋发、渠高、神下、垇头、黄厝、南坑、游源、龙湖、官田	朱口
新桥乡		新桥、大源、大兴、水源、王明、坑坪、枫源、汾信、岭下	新桥

续表

名称	下辖社区、居委会	下辖村委会	政府驻地
上青乡		上青、川里、永兴、江边、东山、三南、崇磜、三地	上青
大田乡		大田、科坑、金坑、谙下、鱼川、北斗、垒磜	大田
梅口乡		拥坑、麦坑、大洋、水磜、梅口、茅店、茜元、廖元、谢家坪	洋地
下渠乡		下渠、陈元、上渠、渠里、大渠、渠口、大湖、红地、宁路、新田、大坑、王坑	下渠
开善乡		儒坊、余上、肖坑、余源、墩上、洋坑、洋山、池潭、岩坑、余地	儒坊
大龙乡		大布、显口、善溪、双坪、东坑、饶山、里坑、官江、江家岭、龙安、李地、张地、坪上、陈坑、焦溪、角溪	大布
建宁县	辖 4 镇、6 乡、6 居委会、92 村委会		濉城镇
濉城镇	河东、复兴、溪口、新生、水南	水南	濉安巷
里心镇	里心	汪家、里心、滩角、双溪、新墟、戴家、芦田、宁源、大南、上黎、岩上、靖安、花排	里心
溪口镇		溪口、艾阳、桐源、马源、半源、枫源、杨林、溪枫、渠村、杉溪、枧头、高圳、高山	溪口
均口镇		均口、修竹、黄岭、岭腰、蕉坑、官常、半寮、台田、芰坑、龙头、龙源、隆下、洋坑	均口
金溪乡		河东、城关、圳头、大源、斗埕、器村、长吉、水西、高峰	河东
伊家乡		伊家、澜溪、沙洲、陈家、东风、笔架、隘上、双坑	都上
黄坊乡		黄坊、毛坊、仍田、武调、陈岭、将上、安寅、芦岭	黄坊

续表

名称	下辖社区、居委会	下辖村委会	政府驻地
溪源乡		溪源、东溪、大岭、鲇坑、蒋坊、楚尾、桐荣、都团、上坪	溪源
客坊乡		客坊、里源、严田、张溪、湾坊、中畲、水尾、龙溪	客坊
黄埠乡		黄埠、桂阳、陈余、大余、贤河、竹薮、友兰、封头、罗源、山下	黄埠
永安市	辖4街道、7镇、3乡、31社区、1民族乡、228村委会		新安路
燕东街道	忠义、东门、仙泉、林业、新桥洋、双桥、龙翔	东郊、新桥、麻岭	燕东
燕西街道	中山、新安、大溪、北塔	桥西、下渡、青松、罗岩、霞岭、文龙、吉山、大炼、上吉山	燕西
燕南街道	太平、南塔、五四、建南、牛岭、益民、马鞍、巴溪湾	南郊、茅坪、永浆、埔岭、黄历、桂口、吉峰、洛溪	燕南
燕北街道	黄山、后溪洋、鸿燕、江滨、红山	西坑、兴平、飞桥、益口、坂尾、西营	燕北
西洋镇	西洋	岭头、吉岭、新街、旧街、下街、下洋、福庄、葛洲、蚌口、三畲、桂溪、内炉、上螺、下螺、银坑、林田、虎山、西洋坑	西洋
贡川镇	龙凤	观成、岩下、攀龙、集凤、延爽、南坂、红安、龙大、龙岭、井岗、大坂、张荆、洋峰、双峰、新发冲	贡川
安砂镇	安砂	江后、石碧、凉坑、新建、玲珑、曹田、安砂、江坊、青村、水碓、水南、热水、苔茹、小伙、培竹、罗峰、坑口、小江坊、茶仔林	安砂
小陶镇	小陶	小陶、坚村、桐林、长坂、上吉、石丰、牛益、垇头、上坂、中坂、美坂、八一、五爱、寨中、新寨、五一、三星、红星、五星、奇河、苏地、松山、西学、团结、新民、新西、新中、和平、员岭、双竹、吴地、大陶口、下湖口、上湖口	小陶

续表

名称	下辖社区、居委会	下辖村委会	政府驻地
大湖镇	石林	大湖、坑源、岭干、上甲、增田、坂头、益溪、瑶田、冲一、冲二、冲三、冲四、新洋、魏坊、坡下、高增、李坊、百叶车	大湖
曹远镇	岩城	坑边、埔头、上墩、下墩、前坪、鸬鹚、丰海、下早、蔡地、汶一、汶四、虾蛤、张坊、陈坑、上曹、东风、大源、樟林、水尾、富溪源、清水地、吴家坊	坑边
洪田镇	洪田	洪田、生卿、马洪、东坑、湍石、上石、黄龙、忠洛、贵湖、井垄、黄坑、大坑、林山、磜溪、长川、水东、水西、大科、小磜、留山	洪田
槐南乡		大垄、甲坪、洋尾、洋头、槐南、南山、高坪、上罗溪、溪南、皇历、荆山、梧桐洋、大龙逢、小龙逢	槐南
上坪乡		上坪、九龙、甲盛、龙共、共裕、大进、联合、合群、铜盘、荆坪	上坪
罗坊乡		罗坊、吴坊、桥头、左拔、半村、桂仁、掩双、坪坑、岳地、溪源、盘兰	罗坊
青水畲族乡		青水、黄景山、百芑丘、漈头、汀海、沧海、三房、槐甫、罗溪、过坑、龙吴、东井、大垢、早安、丰田、炉垢、新村、柯山、谷坪、龙头、三溪	青水
泉州市	辖4市辖区、3市、5县、28街道、106镇、26乡、1民族乡、352社区、25居委会、2057村委会		鲤城区
鲤城区	辖6街道、77社区		泉州展览城
海滨街道	水门、新门、海清、涂门、东鲁、金山、笋浯		新门街
临江街道	伍堡、溪亭、幸福、隘南、新桥、聚宝、跃进		金洲街
鲤中街道	新峰、升平、升文、通政、和平、东华、东门、清正、清华、百源、西郊、促进		象峰巷

续表

名称	下辖社区、居委会	下辖村委会	政府驻地
开元街道	东北、开元、华新、泉山、新春、梅山、东升、红梅、刺桐、梅峰、双塔、西湖		县后街
浮桥街道	浮桥、石崎、高山、金浦、黄石、东边、岐山、延陵、坂头、新步、后坑、仙景、霞洲、王宫、东浦、田中		兴贤路后
江南街道	锦美、华塑、展城、锦田、仙塘、新塘、上村、树兜、下店、路边、五星、古店、坑头、赤土、玉霞、曾林、火炬、乌石、龙岭、亭店、登峰、金柄、华星		锦美
丰泽区	辖8街道、71社区		津淮路
东湖街道	少林、东凤、铭湖、凤山、东湖、圣湖、仁风、松林		东湖街
丰泽街道	霞淮、前坂、丰泽、迎津、东涂、东美、源淮		津淮街
泉秀街道	泉淮、华丰、成洲、灯星、沉洲、灯洲		田安南路
清源街道	西宝、城口、西门、北门、普明、清源、田边、环山、环清、后茂		普明
华大街道	华大、地质、城东、法花美、新铺、南埔		城东
城东街道	新前、西福、庄任、浔美、霞美、前头、埭头、东星、金屿、凤屿、泉铁		新前
东海街道	法石、大坪、后亭、云山、宝山、北星、后厝、后埔、东梅、金崎、蟳埔、云谷		石头街
北峰街道	北峰、群峰、群山、霞美、群石、招联、招丰、招集、招贤、拒洪、肖厝		送客亭

续表

名称	下辖社区、居委会	下辖村委会	政府驻地
洛江区	辖2街道、3镇、1乡、11社区、74村委会		万荣街
万安街道	万福、桥南、杏宅、琯头、后埭、塘西、院前		凤冠街
双阳街道	阳山、坪山、南山、阳江	新峰、新岭、新南、前埭、前洋、朝阳、新阳	吕埔
罗溪镇		双溪、双合、广桥、钟山、洪四、三村、后溪、柏山、前溪、三合、东方、翁山、垵内、建兴、新东、永生、大路脚	双溪
马甲镇		马甲、二甲、后坂、就南、蔡内、义山、溪林、溪北、西头、梧峰、炉田、新建、新民、前垵、新生、潘内、杏川、永安、祈山、洋坑、梅岭、新庵、彭殊、仰恩	马甲
河市镇		河市、厝斗、新告、市田、南塘、乌关、白洋、溪井、山边、溪山、官洋、蛟南、庄田、岭客、浮桥、霞溪、坛顶、溪头、下堡、梧宅、下炉田	河市街
虹山乡		虹山、松角山、白凤、苏山、前坂	小宗边
泉港区	辖1街道、6镇、4社区、96村委会		山腰街道
山腰街道	锦祥、新宅、荷池、龙山	锦塔、锦联、锦川、锦山、普安、鳶峰、叶厝、埭港、陈庄、菜堂、海滨、钟厝	锦塔
南埔镇		柳厝、南埔、塘头、天湖、天竺、凤翔、仙境、西枫、外厝、施厝、仑头、邱厝、柯厝、先峰、沙格、肖厝、惠屿	柳厝街
界山镇		界山、鸠林、鹅头、河阳、狮东、东张、玉湖、玉山、槐山、大前、东凉、下宋、岭头	界山
后龙镇		后龙、上西、峰前、许厝、涂坑、东山、田里、后田、后墘、割山、柳亭、坑仔底	礁头
峰尾镇		诚峰、郭厝、诚平、前亭、上楼、峥嵘、联岩、奎壁	诚峰

续表

名称	下辖社区、居委会	下辖村委会	政府驻地
前黄镇		前黄、凤南、凤北、凤阳、凤山、凤林、凤安、坑内、古县、后张、三朱、香芹、前烧	前黄
涂岭镇		涂岭、松园、前欧、清美、涂型、芦朴、汶阳、世上、白潼、驿坂、五社、路口、溪西、丘后、樟脚、寨后、黄田、小坝、秀溪、溪头、下炉	涂岭街
惠安县	辖15镇、1民族乡、11社区、284村委会		螺城镇
螺城镇	北关、西北、中新、东南、东关、新霞、霞张、霞园、霞东、前型、南洲	梅山、王孙、溪南	惠兴街
螺阳镇		洋坑、锦水、锦东、梧宅、上坂、蔡厝、锦丰、后田、五音、侨群、溪西、盘龙、下埔、联群、东风、金山、尾透、钱塘、松光、松星、工农、霞光、蒋吴、村下、锦里	溪宅
黄塘镇		黄塘、接待、碧岭、谢厝、后狮、省吟、亭林、埔兜、坝岭、尾园、后店、虎窟、下墓、后郭、前郭、下坂、苏塘、松溪	黄塘街
紫山镇		油田、紫山、蓝田、龙石、尾山、官溪、半岭、光山、南安、后垵、美仁、石马、林口、坝下、顶赤涂	翁后
洛阳镇		洛阳、象浦、西方、曾垵、后亭、后埔、前园、屿头、洛安、万安、下曾、堂头、杏田、梅岭、云庄、下星、陈坝、群山、上田、西塘、上曾、白沙一、白沙二、陈埭头、西吟头	洛阳街
东园镇		东园、锦峰、灵溪、仑山、长新、锦厝、玉坂、溪庄、龙苍、凤浦、上林、后港、下垵、阳光、琅山、秀涂、群青	东园街
张坂镇		张坂、松山、塘园、霞美、玉塘、群力、下宫、上塘、后边、苍霞、门头、苏坑、后曾、莲新、山内、上仑、浮山、玉霞、后见、前见、前头、崇山、群贤、玉埕、黄岭、仑前、后蔡、玉田、玉园、玉山、玉前	张坂

续表

名称	下辖社区、居委会	下辖村委会	政府驻地
崇武镇		西华、前垵、霞西、龙西、溪底、五峰、大岞、港墘、靖江、莲西、海门、潮乐	崇武
山霞镇		山霞、垵固、鹰园、前张、新塘、宜美、田墘、山腰、后洋、大淡、东坑、青山、埭透、东莲、田边、下坑	新街
涂寨镇		涂寨、陈芹、灵山、温厝、上村、曾厝、庄内、新亭、互助、山尾、廖厝、和弄、文峰、胡厝、曲江、东庄、大厅、岩峰、塔上、下谢、古山、南埠、瑞东、东坂、社坝、金相	涂寨街
东岭镇		东岭、石井、潘厝、前林、东埭、湖边、西埔、彭城、荷山、赤石、前厝、涂厝、埔尾、三村、小垞、大垞、许山头、湖埭头	东岭街
东桥镇		东桥、厝斗、香山、西湖、大吴、西坑、珩山、珩海、南湖、散湖、东湖、后建、梅庄、埔殊、燎原、坑尾、竿岭、屿头山	东桥
净峰镇		湖街、松村、城前、杜厝、墩北、墩中、墩南、东洋、洋边、山前、净北、净南、莲峰、五群、前炉、坑黄、厝头、狮头、塘头、上厅、赤土尾	湖街
小岞镇		前群、前峰、前海、后内、螺山、新桥、东山、南赛东、南赛西	西林
辋川镇		辋川、许厝、许埭、下江、小山、梧山、钱埔、庄上、试剑、更新、玉围、坑南、前洋、峰南、峰崎、后许、吹楼、五柳、南星、后坑、社坑、大潘、后任、京山、居仁	中西街
百崎回族乡		白奇、下埭、里春、后海、莲埭	白奇
安溪县	辖 13 镇、11 乡、19 社区、3 居委会、425 村委会		凤城镇
凤城镇	下西、南街、祥云、上西、东北、小东、凤山、东岳、朝阳、先声、北石、凤明、华新、龙湖、祥都	吾都、上山、美法	下西

续表

名称	下辖社区、居委会	下辖村委会	政府驻地
蓬莱镇	蓬莱	联盟、鹤厅、龙溪、吾邦、龙居、温泉、上西、上智、上东、福山、登山、洪福、蓬星、植洋、竹林、彭格、中芹、岭美、岭南、岭东、蓬溪、蓬新、联中、美滨、鹤前、新林、新美、新坂、寮海、磜内	联盟
湖头镇	下东、宗城、四角井	湖一、湖二、湖三、湖四、登贤、半岭、溪美、福寿、前山、汤头、横山、前溪、后溪、埔美、山都、高山、云林、郭埔、许前、东埔、产贤、桥头、竹山、上田、美坂、美溪、半山、下坑、大埔	湖二
官桥镇	官桥	官桥、官郁、仁宅、莲美、仁峰、碧一、碧二、仙都、吾宗、岭头、燎原、恒美、草坂、洪塘、赤岭、驷岭、善坛、内村、新春、石岩、石林、上苑、山珍、马狮、善益、新厅、益林、芹石、莲兜美	官桥
剑斗镇		剑斗、红星、月星、福斗、双洋、东阳、后井、圳下、仙荣、御屏、潮碧、云溪、举口、前炉	洋头
城厢镇	茶都	砖文、雅兴、码头、上营、光德、仙苑、中标、团结、霞宝、同美、勤内、古山、南坪、过溪、员宅、石古、土楼、路英、墩坂、玉田、经兜、经岭、南英、涝港	砖文
金谷镇		金谷、金东、金山、汤内、芸美、华芸、尚芸、景卿、河美、河山、东洋、深洋、洋中、美洋、溪榜、元口、三元、洋内、渊兜、大演、山岭、田头、中都、丽山	金谷
龙门镇		金狮、龙门、山头、龙山、龙美、翠坑、洋坑、桂瑶、桂林、观山、湖山、灸坑、溪坂、溪内、溪瑶、仙地、仙东、仙西、仙凤、和平、白芸、榜头、大生、后坂、山美、光孝、寮山、榜寨、美卿、美顶、美内	金狮

续表

名称	下辖社区、居委会	下辖村委会	政府驻地
虎邱镇		湖坵、湖东、湖西、竹园、芳亭、金榜、仙景、美亭、福井、文美、少坑、林东、高村、石山、双格、罗岩、美庄、双都	湖坵
芦田镇		芦田、鸿都、招坑、内地、红村、朝阳、三洋、云山、石盘、福岭	东山
感德镇		洪佑、潘田、华地、大坂、福德、炉地、岭西、尾厝、洋山、五甲、大格、槐川、槐东、槐植、槐杨、霞云、霞中、霞春、霞庭、岐阳、石门、龙通	洪佑
魁斗镇		魁斗、镇西、贞洋、钟山、尾溪、凤山、奇观、鲁藤、蓬庭、溪东、大岭、佛子格	魁斗
西坪镇	西华	西源、西坪、阳星、内山、尧山、后格、百福、湖岭、尧阳、南岩、留山、平原、赤水、宝潭、珠洋、柏溪、柏叶、龙地、龙坪、宝山、内社、盖竹、赤石、松岩、上尧、大垅格	西原
参内乡		参山、大厝、罗内、坑头、岩前、镇中、镇东、祐水、美塘、员潭、田底	参山
白濑乡		白濑、下镇、长基、寨坂、上格	白濑
湖上乡		湖上、珍地、雪山、横坪、盛富、上路、黄武、格头、沙堤、飞新、飞亚、长林	石岑头
尚卿乡		翰卿、科洋、科山、科名、黄岭、青洋、银坑、中山、灶美、翰苑、新楼、尤俊、福林、灶坑、中兴、后福、园德、徐州	翰卿
大坪乡		大坪、帽山、前洋、香岺、萍洲、福美、双美	石皮脚

续表

名称	下辖社区、居委会	下辖村委会	政府驻地
龙涓乡		下洋、山后、西兴、福昌、福都、福黎、玳堤、黎山、钱塘、宝都、吉山、后田、长塔、举溪、长新、内灶、灶坪、赤片、美岭、山坛、半林、龙房、碧岭、珠塔、石塔、新岭、庄灶、连祠、崎畲、新民、湖陵、芹山、鹤林、培福、安美、举源	下洋
长坑乡		长坑、南阳、衡阳、西溪、小西、青苑、云集、云一、云二、南斗、玉美、玉南、扶地、月眉、山格、华美、下林、文坪、珍田、福春、水缸、珊屏、田中、三村、玉湖、祥泉	下尾
蓝田乡		蓝田、益岭、蓝一、蓝二、尚忠、进德、后清、黄柏、乌土、九磜、内春、乌殊、湖坂、益溪、山内寨	中古井
祥华乡		祥华、福新、河图、和春、祥地、东坑、小道、福洋、珍山、崎坑、白玉、白坂、白珩、美西、美岺、后洋、新寨、旧寨、石狮、郑坑	深美洋
桃舟乡		桃舟、棠棣、康随、南坑、达新、吾培、下格、莲山	中洋
福田乡		丰田、丰都、双垵、尾洋、白桃	场前
永春县	辖 18 镇、4 乡、27 社区、209 村委会		桃城镇
桃城镇	桃城、环翠、桃东、桃溪、化龙、德风、留安、榜头、南星、花石、济川、卧龙、长安、张埔	丰山、洛阳、上沙、姜莲、仑山、外丘、洋上、大坪	东岳
五里街镇	五里街、仰贤、儒林、西安、华岩	大羽、埔头、高垄、吾东、吾边、蒋溪	真武殿
一都镇		仙阳、光山、龙卿、林山、鲁山、仙友、黄田、南阳、黄沙、三岭、玉三、吴殊、美岭、苏合	中坂
下洋镇		下洋、上姚、曲斗、涂山、新坂、大荣、新村、含春、长汀、溪塔	下洋

续表

名称	下辖社区、居委会	下辖村委会	政府驻地
蓬壶镇		壶中、八乡、联星、南幢、美林、高峰、高丽、丽里、孔里、壶南、鹏溪、观山、西昌、美中、美山、军兜、魁都、都溪、汤城、仙岭、魁园、东星	陈坂
达埔镇		岩峰、新溪、洑溪、光烈、金星、东园、洪步、达德、新琼、达中、达理、楚安、建国、蓬莱、钱峰、延寿、溪源、乌石、达山、汉口、狮峰	院前
吾峰镇		吾中、枣岭、吾西、侯龙、择水、吾顶、培民、梅林	桥头铺
石鼓镇	石鼓、社山、桃场、桃星、桃联	卿园、吾江、半岭、马峰、凤美、洑江、大卿、东安	深中洋
岵山镇		茂霞、岭头、龙阁、磻溪、塘溪、铺上、和林、铺下、南石、文溪、北溪	茂霞
东平镇		太平、东山、太山、霞林、冷水、鸿安、文峰、店上、云美	太平街
湖洋镇		锦凤、吴岭、龙山、上坂、溪西、溪东、清白、美莲、桃源、桃美、锦龙、湖城、高坪、玉柱、白云、石厝、蓬莱	溪口
坑仔口镇		玉西、魁斗、诗元、西坪、福地、洋头、杏村、景山	坂中
玉斗镇		玉斗、玉美、竹溪、凤溪、红山、白珩、新珩、云台、炉地	玉斗
锦斗镇		锦溪、卓湖、洪内、长坑、珍卿、云路	五美
东关镇	东华、北硿、龙坑	东关、金城、山城、内碧、南美、东美、溪南、美升、外碧	东关
桂洋镇		桂洋、文太、壶永、岐山、茂春、金沙、库湖、新岭	桂洋
苏坑镇		嵩山、嵩溪、光明、洋坪、嵩安、东坑、熙里	大溪坂
仙夹镇		龙美、夹际、东里、德田、美寨、龙水、龙湖、山后	杜宅垵

续表

名称	下辖社区、居委会	下辖村委会	政府驻地
横口乡		云贵、福中、福德、姜埕、贵德、福联、环峰、横坑、下西坑、上西坑	云贵
呈祥乡		呈祥、西村、东溪	村仔尾
介福乡		紫美、龙津、福东	大草埔
外山乡		墘溪、云峰、草洋、福溪	松溪
德化县	辖10镇、8乡、11社区、191村委会		浔中镇
浔中镇	凤池、富东	浔中、世科、龙翰、石鼓、石山、蒲坂、祖厝、仙境、乐陶、后所、凤洋	富东街
龙浔镇	兴南、德新、龙鹏、金锁、南门、浔东、湖前、园丁	高阳、英山、丁墘、大坂、丁溪、宝美	湖中路
三班镇		泗滨、三班、奎斗、桥内、儒坑、锦山、龙阙、蔡径、岭头、东山洋	泗滨
龙门滩镇		硕儒、霞碧、苏洋、石室、磻坑、碧坑、湖景、内洋、村兜、朱地、大溪、霞山	硕儒
雷峰镇		雷峰、朱紫、蕉溪、潘祠、坂仔、格后、溪美、肖坑、长基、瑞坂、李溪、荐解、双芹、上寨	草埔坪
南埕镇		南埕、西山、高漈、半岭、望洋、枣坑、连山、磻龙、梓垵、前锋、许厝、塔兜	小南埕
水口镇		湖坂、亭坑、丘坂、凤坪、上湖、久住、祥光、八逞、樟镜、村场、淳湖、毛厝、昆坂、梨坑、承泽、榜上	湖坂
赤水镇	赤水	锦洋、戴云、东里、苏坂、猛虎、湖岭、岭边、吉岭、西洋、福全、永嘉、苏岭、铭爱、小铭	赤水街
上涌镇		刘坑、上涌、西溪、云路、黄井、辉阳、后宅、后坂、曾坂、下涌、桂林、下村、中洋、桂格、传豪、东山、门头	刘坑
葛坑镇		葛坑、下玲、邱村、漈头、湖头、富地、大正、龙漈、龙塔、蓝田、水门、大岭	葛坑街

续表

名称	下辖社区、居委会	下辖村委会	政府驻地
杨梅乡		杨梅、白叶、安村、西墘、云溪、上云、和顺	杨梅
汤头乡		汤头、格中、岭脚、汤垵、草村、吉山、福山	洋中
桂阳乡		桂阳、溪洋、王春、彭坑、安章、陈溪、涌溪、梓溪、洪田	官厅洋
盖德乡		盖德、山坪、下寮、上坑、有济、福阳、凤山、三福、林地、吾华、上地、大墘、仙岭、下坑	田当洋
国宝乡		佛岭、国宝、上洋、南斗、祥云、内坂、厚德、格头	佛岭
美湖乡		小湖、美湖、上岸、上漈、洋田、洋坑、阳山、斜山	小湖
大铭乡		大铭、联春、金黄、上徐、琼溪、琼英、琼山	中洋
春美乡		春美、双翰、古春、上春、梁春、新阁、尤床	上春洋
石狮市	辖 2 街道、7 镇、20 社区、1 居委会、101 村委会		湖滨街道
湖滨街道	长福、亲湖、仙迹、金林、曾坑、湖边、林边、玉湖、花园城		长福
凤里街道	龙华、东村、后花、宽仁、仁里、新华、华南、华仓、大仑、五星		龙华
灵秀镇		塘园、钞坑、彭田、仕林、前廊、塔前、港塘、灵狮、灵峰、灵山、华山、茂夏	塘园
宝盖镇	宝源	塘边、塘头、雪上、上浦、玉浦、后垵、松茂、仓后、塘后、前坑、前园、龙穴、杆头、坑东、铺锦、后宅、苏厝、郑厝、山雅	塘边
蚶江镇		蚶江、锦里、大厦、莲塘、溪前、厝仔、石壁、洪窟、锦亭、水头、莲东、莲中、莲西、锦江、石农、石渔、古山、东垵、青莲	蚶江

续表

名称	下辖社区、居委会	下辖村委会	政府驻地
祥芝镇		祥农、大堡、古浮、莲坂、赤湖、祥渔、祥运、后湖、湖西、前山	祥农
鸿山镇		西墩、伍堡、洪厝、莲厝、郭厝、东园、邱下、湖厝、东埔一、东埔二、东埔三	西墩
锦尚镇		锦尚、厝上、东店、杨厝、西港、深埕、谢厝、卢厝、港前、奈厝前	锦尚
永宁镇	永宁	外高、浯沙、金埭、梅林、港边、子英、西岑、前坡、洋厝、西偏、塔石、沙美、下宅、郭坑、沙堤、郭宅、山边、院东、后杆柄、新沙堤	永宁
晋江市	辖 6 街道、13 镇、69 社区、21 居委会、293 村委会		青阳镇
青阳街道	阳光、青华、青新、莲屿、陈村、霞行、曾井、高霞、普照、洪宅垵、象山、锦青		陈村
梅岭街道	桂山、岭山、蔡厝、梅青、许厝、双沟、赤西、沟头、三光天、竹树下、梅山		桂山
西园街道	苏塘、屿头、霞浯、赖厝、烧厝、后间、王厝、砌田、车厝、官前、小桥		苏塘
罗山街道	福埔、罗裳、前沿、缺塘、社店、苏内、苏前、梧桐、山仔、梧垵、下埔、后林、许坑、樟井		福埔
新塘街道	上郭、沙塘、后库、后洋、杏田、杏坂、塘市、南塘、梧林、湖格、荆山		上郭
灵源街道	林口、张前、林格、英塘、小浯塘、曾林、灵水、大山后、大布林、小布林		林口
安海镇	东鲤、兴胜、海东、鸿塔、复兴	西垵、型厝、安东、可慕、西畲、西门、梧山、山兜、桥头、菌柄、上垵、社坛、坝头、赤店、前湖、新店、坑边、窑前、前林、庄头、后蔡、水后、曾埭、西柄、桐林、前埔、庵前、仁寿、外曾、下洪、后林、前蔡、丙厝、梧埭、下山后、西溪寮	东鲤

续表

名称	下辖社区、居委会	下辖村委会	政府驻地
磁灶镇	磁灶	大埔、岭畔、下灶、井边、钱坡、新垵、洋尾、三吴、洋宅、前尾、瑶琼、官田、大宅、太昌、东山、张林、五龙、上厝、锦美、湖头、宅内、苏垵、坝头、下官路	大埔
陈埭镇	四境	梧埭、宫口、桂林、坊脚、江头、溪边、岸兜、鹏头、西坂、湖中、苏厝、大乡、涵口、横坂、涵埭、洋埭、庵上、海尾、仙石、高登、霞村、南霞尾、花厅口、西霞美	四境
东石镇	东石一、东石二、东石三、东石四、东石五	井林、肖下、金瓯、平坑、龙下、水湖、东埕、檗谷、郭岑、埔头、白沙、大房、潘泾、潘山、张厝、光渺、三乡、梅塘、梅峰、洪塘、坑园、清透、柯林、金泽、湖头、许西坑、大白山、塔头刘、塔头孙	东石二
深沪镇	狮峰、港阜、璧山、南春、东垵、后山、金屿	首峰、群峰、华峰、东华、华山、浔光、华梅、坑边、东山、柳山、运伙、科任	狮峰
金井镇	金井	金井、古垵、石圳、福全、溜江、洋下、南江、岩峰、围头、湖厝、塘东、坑口、钞岱、三坑、新市、丙洲、玉山、山峰、山苏、埔宅	金井
池店镇		浯潭、池店、新店、钱头、洋茂、赤塘、霞福、溜石、溪头、古福、东山、大洲、华洲、霞尾、清濛、柴塔、御辇、唐厝、旧埔、茂厝、屿崆、营边、仁春、潘湖	浯潭
内坑镇		柑市、潘厝、山头、湖内、后山、宅内、古山、东宅、下村、土垵、黎山、日厝、葛洲、砌坑、下尾、上方、亭顶、前洪、白垵、加塘、后坑、东村、坑尾、深圳、长埔、内湖、黄塘、内山尾	柑市
龙湖镇		古盈、新峰、后溪、内坑、吾坑、秀山、新街、杆柄、衙口、南浔、锡坑、枫林、后宅、吴厝、湖北、前港、龙园、古湖、溪后、烧灰、石厦、南庄、洪溪、钞厝、檀林、西吴、陈店、埔头、鲁东、曾厝、溪前、龙玉、后坑、瑶厝、埔锦、仓上、石龟、苏坑、埭头、坑尾、杭边、龙埔	古盈

续表

名称	下辖社区、居委会	下辖村委会	政府驻地
永和镇		永和、坂头、山前、英墩、菌边、力争、上宅、古厝、福田、旦厝、割山、玉湖、后埔、杏山、茂亭、马坪、西坑、塘下、巴厝、内厝、周坑、梨星、邵厝、锦岭	永和街
英林镇		英林、三欧、后头、港塔、高湖、嘉排、湖尾、柯坑、埭边、东埔、龙西、陈山、马山、钞井、玉坂、清内、西埔、锦江、沪厝垵、谢厝街	英林
紫帽镇		园坂、湖盘、洋店、塘头、浯垵、霞茂、紫星、紫湖	后厝街
西滨镇	海滨	跃进、思进	跃进
南安市	辖3街道、21镇、2乡、32社区、384村委会		溪美街道
溪美街道	溪美、中山、民主、彭美、崎峰、湖滨、长兴、湖美、白沙崎	宣化、大埔、长富、莲塘、贵峰、镇山	镇府巷
柳城街道	金街、新华、帽山、柳东	象山、露江、霞东、霞西、桑林、杏莲、三堡、上都、下都、祥堂、施坪	金街
美林街道	美林、南美	李东、李西、西美、洋美、梅亭、庄顶、玉叶、珠渊、溪一、溪二、溪州、白沙、坵洋、金枝、松岭、福溪、英山、梧山	美林
省新镇		省身、丹清、南金、新厅、垵后、园内、省东、西埔、檀林、油园、满山红	省身
仑苍镇		仑苍、黄甲、丰富、蔡西、辉煌、联盟、大泳、大宇、园美、蕉坑、后垵	园美渡
东田镇		东田、丰山、美洋、山西、湖山、汤井、彭溪、蓝溪、南坑、岐山、凤巢、盖凤、桃园、西坑、雪峰、格头	欧厝
英都镇		民山、西峰、霞溪、芸林、龙山、荣星、英东、大新、石山、龙江、坂头、坪山、仕林、杏塘、紫山	塘边街

续表

名称	下辖社区、居委会	下辖村委会	政府驻地
翔云镇		翔云、黄田、梅庄、头梅、东山、金安、椒岭、福庭、云山、翔山、沙溪、圳林	山仔尾
金淘镇		金淘、杏山、石林、水阁、深辉、东门、深垵、莲坑、东溪、南丰、占石、时潮、盖溪、中心、朵桥、晨光、钱山、亭川、毓南、文山、艺林、玉园	福泉
诗山镇	诗山	山二、山一、西上、声东、民主、联山、鹏峰、红旗、红星、联星、坊前、前山、鳌峰、凤坡、社一、社二、钱塘、鳌埔山	山二
蓬华镇		蓬岛、路荇、大演、黎明、华美、黎阳、苏厝、山城、新村	半山
码头镇	码头	码头、东大、码四、大坝、宫占、大庭、高盖、康安、杏东、仙美、美岭、新汤、刘林、仙都、坑内、丰美、丰联、高山、南冬、铺前、内柯、金中、诗南、枫树	店口
九都镇		新东、秋阳、和安、新峰、金圭、美星、墩兜、彭林、新民、林坑	亭后崛
乐峰镇		炉山、飞云、炉星、湖内、福山、炉中、厚阳、潭边	炉山
罗东镇		罗东、潭溪、高塘、荆坑、霞山、新明、埔心、山坂、蔡厝、振兴、罗溪、维新	新泉
梅山镇	梅山	竞丰、登埔、灯光、明新、东垵、水口、丰溪、蓉中、新蓝、璞山、埔仔、格内、鼎诚、蓉溪、芸塘、演园、梅峰、诗溪	梅山居委会
洪濑镇	洪西、洪南、洪东、洪北	谯琉、前峰、坝田、溪霞、建洪、集新、西林、三林、福林、东林、杨美、跃进、都心、葵屋、葵山、前瑶、大洋、厝斗	祠口街
洪梅镇	梅新	洪海、山溪、六都、洪溪、新联、新林、梅溪、霞峰、三梅、仁科	杜杉脚

续表

名称	下辖社区、居委会	下辖村委会	政府驻地
康美镇		康美、梅元、集星、园内、赤岭、福铁、兰田、梅星、梅魁、东旭、团结、青山	太兴
丰州镇	丰州	丰州、旭山、桃源、玉湖、环山、溪丰、铺顶、素雅、双溪、西华、后田	燕山
霞美镇		霞美、杏埔、张坑、玉田、金山、山美、长福、四甲、西山、温山、邱钟、四黄、沃柄、仙河、梧坑、埔当	山美
官桥镇	曾庄、蓝桥、金庄、金桥、霞光、立新	竹口、和铺、内都、席里、东星、岭兜、西庄、下洋、塘上、成竹、山林、新圩、九溪、黄山、东头、泗溪、漳里、曙光、盐田、洪岭、周厝、前梧、内厝	后曾庄
水头镇	水头	水头、呈美、邦岑、星辉、文斗、曾岭、新营、大盈、南侨、上林、朴山、西锦、埕边、山前、巷内、劳光、仁福、龙凤、后房、下店、江崎、朴一、朴二、朴三、后坑、肖厝、康店、曾庄	厦盛街
石井镇	石井	苏内、下房、联丰、院下、促进、三乡、院前、后店、杨山、郭前、古山、墙坂、和美、田东、仙景、淗港、溪东、岑兜、奎霞、西福、前坂、溯江、林柄、营前、桥头	石井
眉山乡		大眉、三凌、田内、高田、天山、太山、小眉、前进、山后、观山、观音、南湖、外寨	大眉
向阳乡		向阳、旗星、郭田、杏田、卓厝、坑头、马迹	尾楼
漳州市	辖2市辖区、1市、8县、8街道、88镇、21乡、3民族乡、190社区、34居委会、1662村委会		芗城区
芗城区	辖6街道、4镇、60社区、85村委会		南昌路
东铺头街道	瑞京、新华、嘉禾、南台、县后、西街、北桥、龙江、南昌、金宝、师院、东铺头、水仙花	瑞京	瑞京

续表

名称	下辖社区、居委会	下辖村委会	政府驻地
西桥街道	西桥、北京、延安、旧桥、南山、钟芬、大桥、文庙	南星	厦门路
新桥街道	下沙、红星、新竹、解放、元南、前锋、诗浦、华港、悦华、新城	前锋、诗浦	新浦路
巷口街道	新浦、苍园、东门、民主里、鑫荣、官园、浦头、新峰、新华东、甘棠宫		元光南路
南坑街道	龙通、桃林、红旗、群裕、滕飞、金冠、华元	岱山、农友、坑头、市后	延安北路
通北街道	湖内、芝山、北塔、团结、漳华、金源、和平里、宝珠园、延安北	大同、西洋坪、金湖	大同北路
浦南镇	浦南	浦南、渡东、诗朋、宏道、溪园、蓬莱、园坑、鳌浦、东坑、谢坑、浦林、金沙、后林、福林、浯沧、布坑、松州、双溪、光坪	浦南
天宝镇	天宝	天宝、山美、路边、塔尾、墨溪、田寮、后巷、珠里、茶铺、张坑、凤园、后塘、过塘、大寨、月岭、盘谷、后寨、洪坑、仙都、埔里	天宝
芝山镇		金锋、上墩、林内、康山、甘棠、前山、渡头、上坂、下碑、西院、谢溪头	金锋
石亭镇	庐山园	乌石、寮里、田边、董坑、后园、秋坑、鳌门、南山、洋尾、龙秋、庵山、埔尾、塘边、高坑、仙景、北星、北斗、新厝、蔡坑、丰乐、蔡前、下苍、香坂、下高坑	乌石
龙文区	辖1街道、4镇、16社区、47村委会		蓝田镇
东岳街道	东岳、漳糖、东关、南坑、洋[illegible]、岳口、东园、巷口、市尾	洋[illegible]、古塘、群勇、市尾、塔后	东岳
蓝田镇	鹤鸣	蓝田、梧桥、西坑、蔡坂、小港、湘桥、圳头、东屿	蓝田
步文镇	天亭、浦东、石仑	步文、碧湖、石仓、后坂、田丰、长福、坂上、下洲、土白	步文

续表

名称	下辖社区、居委会	下辖村委会	政府驻地
朝阳镇	朝兴	朝阳、石井、书厅、西洋、打山、恒坑、流岗、孚美、后店、翁建、登科、浦口、科坑、漳滨、六石、桥头、新石洲、旧石洲	朝阳
郭坑镇	新街、铁路	郭坑、洛滨、扶摇、篁卿、院后、汐浦、口社	郭坑
蓝田开发区	——	——	——
云霄县	辖6镇、3乡、15社区、158村委会		云陵镇
云陵镇	汀洋、下港、大园、溪美、塘坪、大路、王府、北园、西园、宝楼、城元、金霞	享堂、塘坪、下城、下坂	文昌宫
陈岱镇		白礁、竹港、峰外、岱东、岱南、岱北、岱山、董塘、石前、礁美、坑内、下曾、双岭、前江、后江、呈安、中江、大山顶	陈岱
东厦镇		东厦、浯田、荷东、荷中、荷西、溪塘、船场、洲渡、佳洲、白塔、埭洋、竹塔、东崎、湖坵、长洋	东坑
莆美镇	绥阳、宝城、宝洋	莆东、莆南、莆北、莆下、前涂、上坑、山美、阳下、佳兜、向北、中柱、高塘、后汤、宝树、大埔、马山、树洞、下径、狮山、三东、前埔、演武亭双溪口、益宝山	莆美
峛屿镇		山前、林坪、顶城、城外、城内、宅坂、半山、南山、油车、人家、宅后、青径	峛屿
火田镇		火田、下楼、郭浦、西林、菜埔、溪口、瑞堂、大坑、东车、乌石、莆中、水头、岳坑、瓦坑、古楼、佳园、后埔、高田、圆峰、白石、新园	火田
下河乡		下河、世坂、上窑、新陂、孙坑、下洞、上河、凤兴、外龙、内龙、后山、石屏、东圩、龙透、陂下、曲溪、金坑、仙石、梅林、三星、新湖、坡兜、七高磜	产田埔

续表

名称	下辖社区、居委会	下辖村委会	政府驻地
马铺乡		马铺、峰头、宝洞、青美、白凤、泮坑、宝石、龙镜、枋林、上洋、石芹、杨美、粗溪、湖洋、桥头、坪水、下庵、新楼、石鼓、礤头、枧河、乌螺、大仑、客寮、杉脚、坑口、大坪、乌石坑	马铺
和平乡		东方、坎顶、莆顶、径仔、安吉、吉坂、大斜、上坂、内洞、桜树、半岭、桥头、通贝	寨仔埔
和平农场	——	——	——
常山华侨经济开发区	——	——	——
漳浦县	辖 17 镇、2 乡、2 民族乡、16 社区、7 居委会、286 村委会		绥安镇
绥安镇	绥东、绥南、绥西、绥北、城西、辕门、东街、南街、北街、城北、朝阳、石斋、油车、南门、逆周、鹿溪	大埔、炉尾、罗山、溪南、京里、查岭、草埔、后港、寨窑、马坑、黄仓、英山、下梧、鹿溪、楼脚、后潭、麦园埔、顶下草	石斋献台
旧镇	旧镇	旧城、城外、浯江、后埭、梅宅、梅竹、甘林、林美、石桥、玉厝、秦溪、郭厝、苑上、山兜、后垄、东厝、上蔡、岩埭、霞屿、埔尾、桥头、白沙、狮头、西埔、狮屿、寨内、山仔、潭仔头	老鹰寨
前亭镇		圩仔、后蔡、大社、刘下、过港、庄厝、文山、洛运、江口、崎沙、田中央、桥仔头、顶埕	圩仔
佛昙镇	佛昙	园东、石埕、岸头、石门、下坑、先锋、下苏、吟兜、港头、新安、人坪、后社、后许、轧内、井尾、东坂、洞野、花林、岱嵩、大白石	坂顶尾
赤湖镇	赤湖镇	北桥、前张、前湖、后湖、保安、西潘、南峰、半石、亭里、山油、月屿、东城、西城	北桥
杜浔镇	杜浔	正阳、路打、湖里、路边、林前、城里、范阳、文卿、林仓、北坂、近城、徐坎、院边、后因、过洋、后姚	正阳

续表

名称	下辖社区、居委会	下辖村委会	政府驻地
霞美镇	霞美	霞美、刘坂、过田、白石、溪仔、后寮、山岭、黄埔、山前、下蔡、董门、巷内、五社、前梧、眉江、北江、塔岭、中社、运头	霞美
官浔镇	官浔	锦江、西北、下炉、洪霞、赵厝、康庄、省炉、春建、溪坂	官浔
石榴镇		石榴、崎溪、板龙、枫林、车本、长兴、龙岭、山城、梅北、温斗、梅西、梅东、东山、胜利、象牙、田寮、玳瑁、下车	石榴
盘陀镇	盘陀	盘陀、和美、仓里、通坑、官陂、割埔、东林、产山、蒲野、上洞、西厝	盘陀
长桥镇		长桥、春光、潭阳、溪内、东升、甘棠、割后、青果、友爱	长桥
马坪镇		马圩、后康、仙都、文安、京野、林埭	马坪
深土镇		山边、埭头、塔底、示埔、大肖、东吾、车鳌、山尾、埭厝、东平、锦东、墩柄、近院、大店、塘头、南境、东庵、深土、庵下吴	山边
六鳌镇		龙美、新厝、大澳、山门、东门、下寮、鳌东、鳌西、店下、营里	鳌中
沙西镇		沙西、河墘、枋林、蓬山、庄前、屿头、下寨、涂楼、高山、高林、庵兜、白衣、北旗、院前	岭顶
古雷镇		古雷、港口、西林、岱仔、古城、西寮、下垵、油澳、杏仔、下窟、半湖、龙田、坡内	东林
大南坂镇		上埔、大畬、膳山、农一、坑内、梧陂、下楼、瓷窑、芳埔、新民、小南坂、金刚山、青年山、刺塘后	大南坂
南浦乡		南浦、龙桥、美林、兴巷、后坑、马苑、大坪	新楼
赤岭畲族乡		赤岭、前园、杨美、山坪、土塔、石坑、石椅、油坑、大墘	赤岭

续表

名称	下辖社区、居委会	下辖村委会	政府驻地
湖西畲族乡		城内、顶坛、丰卿、岭脚、苏溪、后溪、后洞、枫林、山后、赵家城	大陂
赤土乡		赤土、浯源、埔阳、西洋、水头、下坂、下宫、溪东、万安、前坂	赤土
漳浦盐场	——	——	——
诏安县	辖 9 镇、6 乡、14 社区、217 村委会		南诏镇
南诏镇	澹园、西门、城内、东门、东城、南关、东关、东北、北关、光良、文峰、秀峰、边城	五一、梅峰	梅园北
四都镇	四都	东峤、上湖、田美、西峤、石溪、林墘、四都、外埕、马城、城楼、奇材、后港、西梧、东梧、港口、西张、林头、山后、盐仓、东葛头	四都
梅岭镇		林厝、东门、南门、宫口、悬钟、腊洲、下傅、田厝、霞河、高坑、石城、峰岐、寮雅、赤石湾、田中央	林厝
桥东镇		桥头、牙头、林中、西山、内凤、外凤、甲洲、林巷、林家、桥园、溪雅、澳头、西沈、西浒、村东、村中、村西、仙塘、含英、西霞、东霞、洪洲、下寮	桥头
深桥镇		新寨、深桥、凤寮、万田、港头、后林、庄上、西坑、双港、考湖、径尾、郭寮、溪南、上寨、埔上、白厝、新溪、平屿、岸屿、仕江、大美、溪园、樟朗、上营、后岭、下园、后埔、树美、华表、寨口、赤水溪	新寨
太平镇		太平、科下、林塘、文山、麻寮、白叶、新营、榕城、元中、大布、新联、山前、走马、厚径、景坑、雄鸡、新楼、河边、雪里	太平
霞葛镇		坑河、华河、五通、溪东、南陂、天桥、庄溪、嗣下、庵下、溪林	庄尾
官陂镇		下官、龙岗、凤狮、马坑、光坪、大边、官北、新坎、吴坑、光亮、陂龙、新径、彩下、地凹、龙磜、公田、林畲	下官陂

续表

名称	下辖社区、居委会	下辖村委会	政府驻地
秀篆镇		上洋、堀龙、东径、埔坪、彩山、焕塘、北坑、顶安、陈龙、赛坪、河美、礤岭、乾东、石东、隔背、注湖、青龙山	上寨
金星乡		湖内、田朴、蟳寮、院前、黎明、邱城、公子店、新东亭	鹿食坑
西潭乡		桔林、新春、潭光、潭东、新厝、后陈、山河、龙坑、岑头、上陈、军寮、新安、青山、美营、沈寨、福兴、东上营	后溪西
白洋乡		阳山、湖美、塘西、桥安、兰里、麻园、白石、深湖、下径、玉楼、上愠、汀洋、旧宙、搭桥、东山	阳山
建设乡		月港、长埔、马头、坪路、三林、水头、江亩坑、万石溪	进宝山
红星乡		进水、六洞、庙兜、楼仔、圆林、新林、石楼、坪林	东埔
梅洲乡		梅州、梅东、梅南、梅西、梅北、梅溪、梅山	梅州
长泰县	辖4镇、1乡、4社区、3居委会、57村委会		武安镇
武安镇	罗山、登科、外武、文泉	十里、积山、欧山、溪东、鹤亭、珠浦、珠坂、金里、京元、官山、城关	罗山
岩溪镇	上宫、下宫	锦鳞、上蔡、石铭、甘寨、珪前、珪后、霞美、田头、高濑、湖珠、顶山	岩溪
陈巷镇	新店	夫坊、苑山、西湖、美彭、戴墘、古农、石室、雪美、上花、祖地、后坊、山重、新吴、吴田、旺亭	新店
枋洋镇		枋洋、赤岭、尚吉、径仑、内枋、青阳、演柄、科山、林溪、石横、乔美、江都、美宫、上洋	枋洋
坂里乡		石路、新春、坂新、正达、丹岩、高层	坂里
古农农场	——	——	——

续表

名称	下辖社区、居委会	下辖村委会	政府驻地
长泰经济开发区	——	——	——
马洋溪生态旅游区	——	——	——
林墩工业区	——	——	——
东山县	辖 6 镇、15 社区、1 居委会、61 村委会		西埔镇
西埔镇	顶街、下田、苏峰、东埔、中兴、龙舞、白石、码头、桥雅、桂花、公园、演武、文峰、大沃、铜亭	西埔、顶西、宅山、梧龙、冬古、亲营、探石、双东、石埔、坑北、坑内、铜兴、铜钵、湖尾、南埔、金石、顶西坑	西埔
樟塘镇		樟塘、南山、下湖、港西、古港、前马、后马	樟塘
康美镇	龙潭	康美、城垵、西崎、马銮、美山、钱岗、东沈	康美
杏陈镇		埕英、后林、张家、高陈、磁窑、前何、礁头、埔头、径口、大山产	埕英村
陈城镇		陈城、岐下、山东、山南、后崎、白埕、黄山、山口、湖塘、港口、后姚、宫前、沃角	陈城
前楼镇		前楼、岱南、东英、径里、叶厝、顶上、下西坑	东英村
南靖县	辖 11 镇、4 社区、13 居委会、182 村委会		山城镇
山城镇	中山、解放、荆江、江滨	山城、六安、碧候、象溪、溪边、三下、元湖、岩前、张渠、汤坑、翠眉、鸿坪、坑尾、葛山、桥头、钟古、东田、图美、山边、山苑、下戴、雁塔、下碑、下潘、鸿砵、小山城、坎仔头	北仔顶
丰田镇	丰华、东华、桥东	丰田、东方、保林、凤安、红星、五川	丰田
靖城镇	兰陵	靖城、草坂、大房、草前、天口、古湖、径里、沧溪、廊前、武林、游坑、下割、下魏、郑店、田边、珩坑、湖山、沥阳、阡桥、尚寨、湖林、院前、东坂、龙合	靖城

续表

名称	下辖社区、居委会	下辖村委会	政府驻地
龙山镇	龙丰、马山	龙山、竹溪、金溪、东爱、涌口、涌北、梧营、西山、宝斗、坪埔、南蔗、蓬莱、南坪、棠溪、太保、双明、上苑、海仔、平重、圩埔、金杉、奎山、锦山	龙山
金山镇	金峰	金山、新村、北星、上麻、下麻、内庵、大山、下永、后眷、都美、碧溪、马公、荆美、庵后、水美、新内、河墘、东建、荆都	埔顶
和溪镇	和溪	和溪、林中、乐土、林坂、坂场、月星、月明、迎新、迎富、斗米、联桥、英勇、吉春、南桥	和溪
奎洋镇	永美	永溪、霞峰、上洋、店美、东楼、罗坑、后坪、松峰、仙岭、岭头、光祠、奎洋	永溪
梅林镇	梅兴	梅林、长塔、科岭、砾头、双溪、背岭、坎下、官洋、璞山	梅林
书洋镇	书兴	书洋、田中、双峰、赤洲、枫林、储坑、奎坑、高溪、石桥、曲江、南欧、文峰、塔下、下田治、上田治、下版寮、上版寮、上双峰	旧圩
船场镇	船场	船场、梧宅、星光、赤坑、笔峰、鼎寮、高联、龙水、坑头、下岭、张坑、西坑、世禄、甘芳、上汤、集星、下山、冷水坑、十八家	顶埔
南坑镇	南丰	南坑、村中、南高、南塘、村雅、新罗、大岭、高港、葛竹、金竹、竹坑	下圩
平和县	辖10镇、5乡、6社区、10居委会、240村委会		小溪镇
小溪镇	东大、建设、九一七、东风、城东、广宝	新桥、共和、联星、枫埔、豆坪、旧楼、厝丘、古楼、金光、产坑、联光、西林、五村、溪洲、高南、南寨、湖田、内林、岩坂、坑里、玉溪、宝善、旧县	东风街
山格镇	山格	高磜、白楼、山格、新陂、铜中、隆庆、平寨、宝丰、三美、土田、前进、双田、双坑	新兴街

续表

名称	下辖社区、居委会	下辖村委会	政府驻地
文峰镇	龙文	黄井、文美、文洋、前埔、三坪、龙山、龙东、柴船、南虾	铺仔圩
南胜镇	南胜	南胜、义路、云后、前山、法华、龙心、子坑、龙溪、糖厝、欧寮、安石坑	南胜
坂仔镇	绿城	联建、五星、西坑、民主、宝南、和平、东风、仁山、山边、心田、梨洋、东坑、峨嵋、金京洋	坂圩
安厚镇	龙东	安厚、莲塘、白石、龙门、三马、岐山、顶楼、东川、大坑、山口、东寨、汤厝、三龙、美峰、龙头、大径、双马、马三、华美、径内、田径、下新楼	安厚
大溪镇	鸿滨	大芹、大松、下村、新荣、新农、新红、店前、江寨、赤坑、云中、三华、硕卿、庄上、廖安、赤安、宜盆、峰山、石寨、山布、壶嗣、坪塘、大二、溪口、檬林、新光	科里
霞寨镇	兴霞	群英、岩岭、寨里、洋坑、寨北、内坑、联荣、大湖、西安、建设、村东、古隆、墩里、坑内、彭岭、三合、团结、后塘、红楼、高寨、长汀、钟腾、黄庄、高山、官峰、五美	霞寨
九峰镇	东街、西街	九峰、三坑、苏洋、复兴、城东、城西、城中、福坑、眉山、黄田、积垒、下坪、陈彩、福田、新山、下西、振阳、下北、上仓、东富、澄溪、联峰、平等、军溪、福山	石门楼
芦溪镇	东溪	芦丰、树林、连益、连成、连需、蕉路、新村、村坑、东槐、双峰、梨坑、华峰、漳汀、九曲、山岗、秀芦、西新	坝坪
五寨乡		高峰、联盟、前岭、前坪、优美、寨河、新美、候门、新塘	大埔
国强乡		高坑、白叶、乾岭、古爽、泮池、碧岭、延山、三五、凤山、松湖、梅子、白水、新建、岩坑	高坑
崎岭乡		合溪、桂竹、新南、南湖、彭溪、浮坪、诗坑、磜头、崎南、下石、顶寨、溪头、时陂	合溪

续表

名称	下辖社区、居委会	下辖村委会	政府驻地
长乐乡		农家、建三、建南、联三、联胜、葵山、南庭、乐北、秀山	下坪
秀峰乡		秀峰、龙岭、坝头、坪垌、坪东、三联、双塘、文田、南峰、福塘	塔梅坪
华安县	辖6镇、3乡、6社区、91村委会		华丰镇
华丰镇	靖河、大同、新村、平湖	华丰、银河、绵良、湖底、岩坪、草坂、下坂、赤溪、罗溪、高石、下田、半山、良埔、大燕、上雪、芹岭、半岭亭	华丰
丰山镇		后壁沟、湖坪、内角、下尾、寨坂、银塘、芹坂、康山、玉胜、红岩、玉兰、碧溪、龙径、浦西	后壁沟
沙建镇	汰口	汰内、利水、下樟、宝山、庭安、岱山、大樟、大坑、沙建、建美、日新、官古、山溪美	汰内
新圩镇	新航	新圩、官畲、黄枣、华山、天宫、下路、玉山、五岳、高宅、绵治	新圩
高安镇		高安、邦都、平东、半岭、西洋、三洋、坪水	高安
仙都镇		仙都、市后、岭埔、云山、下林、招山、上苑、招坑、中圳、大地、先峰、送坑、高村	上巷
高车乡		前岭、高车、礤头	竹仔岭
马坑乡		马坑、和春、下垅、福田、草仔山、文华	马坑
湖林乡		西陂、岛濑、大坪、前坑、湖林、石井、上田、吉上	西陂
龙海市	辖1街道、11镇、1乡、1民族乡、34社区、238村委会		公园西路
石码街道	紫云、桥口、新华、解放东、九二〇、解放北、解放西、解放南、人民西、紫光、港口、渔业、侨村	蔬菜、高坑、登第、内社	公园西路

续表

名称	下辖社区、居委会	下辖村委会	政府驻地
海澄镇	大埕、城内、溪头	山后、豆巷、玉枕、屿上、黎明、溪北、罗坑、和平、下埭、合浦、内溪、珠浦、河福、上寮、仓头、前厝、崎沟、埭新、内楼	民政路
角美镇	共和、东美、石美、解放、侨兴、团结、霞屿	坂美、课堂、沙洲、东美、吴宅、玉江、流传、恒仓、埔尾、杨厝、蔡店、沙坂、石美、南门、埭头、西边、东山、石厝、社头、田里、铺透、龙江、洪岱、福井、上房、锦宅、桥头、鸿渐、金山、白礁、龙田	共和街
白水镇	白水	白水、方田、崎汾、郊边、楼埭、金鳌、井园、山美、庄林、磁美、山边、下辽、大霞、下田、西凤	白水
浮宫镇	浮宫	浮宫、溪山、山塘、港前、邱厝、霞郭、海山、海平、霞威、埔里、田头、霞圳、后宝、丹宅、美山、际都、霞兴、八坑、渔业	浮宫
程溪镇	程溪圩	白云、下庄、内云、南坑、顶叶、下叶、后安、和山、叶仓、塔潭、东马、粗坑、东楼、上坪、浮山、人家、东头、官园、洋奎、奎坑	程溪
港尾镇	梅市、石坑、大径、店地、白沙、凌波	岛美、深沃、卓岐、古城、省山、梅市、上午、汤头、东坑、石埠、格林、城外、考后、沙坛、浯屿	港尾
九湖镇	荔都	岭兜、林前、木棉、恒春、马岭、蔡坑、田墘、衍护、邹塘、长福、九湖、洋坪、新塘、下庵、蔡坂、新春、林下、庵兜、琪塘、埔美山、大梅溪、小梅溪、田中央	岭兜
颜厝镇		后垄、长边、洪坂、水头、洪塘、下宫、上洋、东珊、田址、宅前、颜厝、丹洲、马洲、巧山、庵前、石牌、路边、上溪、园中、下半林	后垄村
榜山镇		平宁、文苑、上苑、南苑、福河、崇福、洋西、雩林、普边、榜山、田边、芦州、翠林、柯坑、岭口、梧浦、长洲、园仔头、北溪头	平宁

续表

名称	下辖社区、居委会	下辖村委会	政府驻地
紫泥镇		城内、紫泥、溪墘、下楼、南书、锦田、世甲、西良、安山、溪洲、溪虾、新洋、仁和、巽玉、金定	城内
东园镇	东园	东园、南边、东宝、茶斜、埭尾、枫林、新林、过田、凤山、田厝、秋租、厚境、港边、凤鸣	东园
东泗乡		碧浦、虎渡、太江、卓港、东泗、松浦、董浦、松岭、西岭、水浒、清泉、渐山、下浦、溪坂	碧浦
隆教畲族乡		红星、新厝、白塘、关头、镇海、黄坑、径内、新村、白坑、流会	红星
南平市	辖1市辖区、4市、5县、21街道、75镇、45乡、182社区、27居委会、1619村委会		延平区
延平区	辖6街道、13镇、2个乡、63社区、6居委会、239村委会		府前路
梅山街道	自强、中山、中和、东山、文宣、超骧、解放、金山塔		江滨路
黄墩街道	东教、大丰、大沟、马林、大作、星光、五里亭、常坑口	黄墩	菜园里
紫云街道	中华、华光、鼓楼、胜利、前进、三元、文体、剑津、流芳、裕达、恒达、黄金山、三官堂		北门岭
四鹤街道	延福、紫芝、进贤、马坑、昼锦、新建、长沙、西溪、杨中、杨东、西门桥、官沙田、沙溪口、杨西	上洋	人民路
水南街道	铁路、横排、后厂、后谷、合作、茅坪、合坑、九峰、篁路口	八仙、后谷、罗源、东坑、上地、玉地、岭炳洋	横排路
水东街道	东溪、塔下、大洲、南铝、兴达、金鸡山、玉屏山、黄丛岭	塔下、红星	大官路
来舟镇	新建、建设、铁路	王富、东山、蛟湖、游地、宋坍、城门、傍溪	来舟
樟湖镇	樟湖	龙池、坂头、麟经、上坂、中和、中坂、下坂、溪口、新岭、武步、香山、剧头、西塘、高洲	樟湖板

续表

名称	下辖社区、居委会	下辖村委会	政府驻地
夏道镇	夏道、龙果	桥头、小鸠、洋坑、徐洋、文田、吴丹、洋头、罗坑、鸠上、田地、溪头、小坪、篁路、安济、大洲、澄源、山后、夏道、水井窠	夏道
西芹镇	西芹	兴华、洪溪、长建、坑布、跃村、南洲、塘下、泗坑、墘兜、珠地、峰坪、西岩、田垱、吉洋、留墩、高坪、浆甲、坑底、中坪、西芹	西芹
峡阳镇	中兴	德胜、鳌州、前进、将军、新兴、进步、中心、梅照、洋安、小梅、杜溪、陈坍、洛源、葛大、江汜、麦源、浪石、大埂、安窠、蔡源、大翁坑	峡阳
南山镇		吉溪、村尾、际丰、东门、大坝、凤池、后埔、后溪、坑桥、前坑、龙湾、店口、江边、芹山、折竹、江布、桐坑、前村、明洋、岩溪、坑仔源、华兴街、明前街、长春街、中山街	南山
大横镇		大横、溪洋、山源、高桐、上楼、埂埕、茶坑、陈墩、更古、常坑、群仙、大笏、延安、湖尾、博爱、葫芦丘、大仁洲	大横
王台镇		王台、吴坍、姜口、井窠、溪后、新坑、元圩、山尾、罗坍、蕉坑、高埠、九坍、埂头、埂尾、坋垱、际洲、下洋坑、后洋源、上溪口	王台
太平镇	太平	太平、刘家、南溪、九潭、九风、际洋、儒罗、岳溪、杨盾、曾厝、西山、西后、杉岭、葫芦山	太平
塔前镇		塔前、际上、棚下、陇岭、大坪、石城、石伏、大坑、赤坑、西洋、虎山、菖上、坑柄、沙舟坑	塔前
茫荡镇		北山、宝珠、谢地、茂地、仲溪、照口、汶浆、[illegible]竹、依朝、大洋、聪坑、三楼、上际、岩头、百际、盖头、际头、小楠坪、安丰	茫荡
洋后镇		洋后、南新、中洋、大演、坑门、王墘、后坪、大禄、良坑	洋后

续表

名称	下辖社区、居委会	下辖村委会	政府驻地
炉下镇		炉下、龙村、蛇村、田头、官庄、洋洧、下岚、瓦口、斜溪、下井	炉下
巨口乡		慕坑、谷园、岭根、巨口、九龙、横坑、上埔、田溪、村头、半岭、员垱洲	巨口
赤门乡		赤门、东墙、仁岩、三垱、前坪、西马、尤山、双桥、苦竹洋	桥头厝
顺昌县	辖9镇、5乡、13社区、129村委会		双溪镇
双溪街道	建光、中解、和勤、东门、北门、城南、棋盘、金溪	城东、城西、余坊、水南、吉舟、下沙、陈布、井垄、溪兰、余墩、新屯、文新	城南路
建西镇	中心街	路兹、安下、际会、谢屯、南山、慈太、科头、元峰、际滨	中心街
洋口镇	洋口	解建、建民、光明、永福、道吴、麻溪、沙墩、白沙、潘坊、将军、田坪、谢坊、石溪、上凤	洋口
元坑镇	文昌	福峰、秀水、东郊、九村、际下、槎溪、曲村、赖源、蚊溪、谟武、洋坊、宝庄、光地	福峰
埔上镇		埔上、墩头、关墩、大布、土丰、河墩、上元、谢坑、连坑、口前、张墩、坊上	埔上
大历镇	大历	大历、下店、秀吴、立墩、龙头、下坑、前洋、田后	大历口
大干镇	宝山	大干、仙潭、良坊、余富、干山、土垄、武坊、连坊、富文、来布、慈悲、甲头、白石	大干
仁寿镇		仁寿、桂溪、桥下、上白、富石、余塘、塘后、江墩	仁寿
洋墩乡		洋墩、蔡坑、秀溪、洋坑、田溪、郭源、均仓、连墩、江村、路马头	洋墩
郑坊乡		郑坊、峰岭、兴源、倖窠、罗坊、上坊、榜山	郑坊

续表

名称	下辖社区、居委会	下辖村委会	政府驻地
岚下乡		岚下、东坑、黄墩、郭城、夏墩、钱墩、百益、新源、路墩、桃源	岚下
高阳乡		高阳、安浆、大外、花桥、紫竹、李坝、小筒、上村、南亭、大坊、大宫、振科、朱台	叶墩
浦城县	辖2街道、9镇、8乡、10社区、285村委会		南浦镇
南浦街道	仙楼、光明、幸福、梦笔、兴业	解放、民主、和平、跃进、里塘	千里马路
河滨街道	爱民、胜利、建设、水南、莲花	宝山、李梅、北山排	水南路
富岭镇		富岭、元盘、上桥、店亭、圳边、双田、前洋、余塘、高坊、双同、东元、小密、山路、瑞安、里源、殿下、长滩、大庄、富官、合际、靖坑、岩下、泽潭、双坑、浮流、大水口、莲塘坂、马家庄	富岭
石陂镇		石陂、小串、申明、渡头、黄墩、梨岭、塅尾、象口、龙根、余墩、赤岭、村溪、布墩、后塘、徐墩、北林、碓下、梅坑、旧馆、葛墩、南岸、案山下、歧山前	石陂
临江镇		水东、水西、新街、锦城、上际、石壁、七墩、山后、余元、寨下、井栏、源尾、铁炉、樟山、高坑、瓦铺	临江
仙阳镇		仙阳、仙南、管九、下洋、坑沿、太平、樟溪、殿基、三源、巽源、练村、渔梁、小碧、早田、巽岭、阳墩、甫下、柏山、百丈、高洋、上洋、山际、永建	仙阳
水北街镇		水北、上坊、中坊、黄碧、洙溪、双墩、朱墩、罗源、石埠、篷尾、曹村、际岭、岩鼻、桥亭、新桥、翁村、茅洲、陈源、水尾、裴墩、东路、浮桥、下坊、上山桥	水北
永兴镇		前墩、岩岭、银场、虹垂、冠山、大元、永平、炉铺、永兴、庵后、下墩、竹山、连源、珠山、沿洲、龙下、后洋、谦溪、凹头、肖家	永兴

续表

名称	下辖社区、居委会	下辖村委会	政府驻地
忠信镇		忠信、排栅、上同、渔沧、海溪、金风、溪源、外洋、源里、游村、高溪、寨门、雁塘、下庄、际洋、毛洋、坑尾、半源、寺前、村桥、金樟、桃园、虎头山	忠信
莲塘镇		莲塘、山桥、横源、洪山、溪洲、官桥、桐源、西岩、余乐、东山、前源、罗墩、吴东、九秋、悦乐、下沙、东源、颜处、西墈、马西、吕处坞	下莲塘
九牧镇		九牧、蒋坑、渭潭、中墩、中垄、吴墩、杉坊、富源、黄毕、洋墩、黎处	九牧
古楼乡		古楼、前排、上云、叶山、石村、中潭、里山、坑口、大路、大洋、洋溪、岗里	古楼
万安乡		万安、竹源、大游、吴山、村头、连墩、浦潭、王元、后阳、富湖	李拓
山下乡		山下、水门、小溪、王柏、源头、铁场、铁坑、凹后、青山	山下
枫溪乡		枫溪、黄坛、社畲、福禄、岱后、池家、胡推	枫溪
濠村乡		濠村、仓下、毛垅、北坑、樟源、后濠、溪口	濠村
管厝乡		管厝、高源、官田、水坪、流源、上村、登俊、党溪、河源、榆双、流村、珠墩、口窑、溪南、岩步、叶坞、庆元、楮林、里林	管厝
盘亭乡		盘江、庙湾、柳墩、深坑、北山、南山、棠岭、秀里、东峰、均溪、刘田、肖军、下洋坑、上黄处	盘亭
官路乡		官路、河村、李处、花园、高门、东坑、王村、毛处、东洋、姚宅	官路
光泽县	辖3镇、5乡、5社区、85村委会		杭川镇
杭川镇	杭西、杭中、杭东、镇岭、坪山		217路

续表

名称	下辖社区、居委会	下辖村委会	政府驻地
寨里镇		茶富、大青、梅溪、桃林、大洲、桥亭、浆源、儒洲、山房、官桥、桥湾、西溪、太银、百石、山头、小寺洲	寨里
止马镇		止马、岛石、亲睦、仁厚、杉关、排下、水口、虎塘、双坑、白门楼	止马
鸾凤乡		饶坪、油溪、上屯、坪山、君山、高源、崇瑞、双门、中坊、大陂、大羊、黄溪、武林、文昌、十里铺	镇岭路
崇仁乡		崇仁、汉溪、洋塘、儒堂、池湖、金陵、砂坪、大洋坪	崇仁
李坊乡		李坊、百岭、上观、贯庄、长源、管蜜、石城、杨里、增排、后杉	李坊
华桥乡		华桥、官屯、园岱、铁关、古林、增坊、中田、吴屯、石壁窟、大禾山、邓家边、何舟坪	华桥
司前乡		司前、云际、碗厂、岱坪、长庭、庭燎、墩上、台山、新甸、东山、举安、清溪、西口、黄坊	司前
松溪县	辖3镇、6乡、2社区、4居委会、101村委会		松源镇
松源镇	东门、北门、南门、西门、水南	东门、南门、北门、西门、水南、钱园桥	北门
郑墩镇		郑墩、洋墩、黄沙、青山、双源、南坑、新铺、梅口、万前、前进、夙屯、张屯、杉溪、林屯、九龙	郑墩
渭田镇		渭田、吴村、溪尾、源头、株林、杉坑、竹贤、木丘、仙槎、山镇、东边、潘墩、渡头、项溪、上塘、董坑、巨口、角岐、小黄沙	渭田
河东乡	水东	河东、大布、横坴、长江、长巷、岩后	河东
茶平乡		茶平、刘屯、高洋、吴屯、林下、前坑、官路、铁岭、黄屯、吴山头	茶平

续表

名称	下辖社区、居委会	下辖村委会	政府驻地
旧县乡		旧县、洋前、船坑、东厝、游墩、马坪、岩下、六墩、李墩、下段、官村、大黄沙	旧县
溪东乡		溪东、雷畲、朱源、东源、周墩、榉上、古衕、竹洋、西边、西洋	溪东
花桥乡		花桥、车上、长衍、官后、村头、源尾、九蓬、大浦、寺坑、路桥、塘边、招沙甲	花桥
祖墩乡		上店、下店、登山、刘源、溪后、岭完、严地、山源、坑口、溪畔、甫场	上店
政和县	辖5镇、5乡、6社区、1居委会、124村委会		熊山镇
熊山镇	东门、南门、西门、北门、新南庄、元峰庄	解放、胜利、官湖	熊山
东平镇	东平	东平、凤头、西表、界溪、苏地、护田、范屯、碗厂、新口、常坊、金峰、山溪	东平
石屯镇		石屯、工农、长城、西津、洋后、石门、际下、松源、王山口	石屯
铁山镇		铁山、东涧、南涧、凤林、大岭、大红、高林、半洋、江上、向前、张屯、元山、罗家地、李屯洋	铁山
镇前镇		镇前、梨溪、梨洋、洋厝、南坑、里洋、茶溪、宝岩、下圆、际头、半源、角坂、湘源、下庄、连坑、郢地、西溪、蓬岭、何山、横坑头、[illegible]竹洋、齐家洋	镇前
星溪乡		东山、念山、东峰、富美、梅坡、林屯、地坪、宝岱、樟口、九蓬、长际	熊山
外屯乡		外屯、洋屯、溪头、湖屯、稠岭、吴场、下坪、黄坑、车潭	外屯
杨源乡		杨源、大溪、岭头、茶林、富坂、桃洋、翠溪、上庄、坂头、西岩、洞宫、楼下、禾洋、王大厝、钩竹坑	杨源

续表

名称	下辖社区、居委会	下辖村委会	政府驻地
澄源乡		澄源、前山、前村、林山、香溪、富垅、黄坦、黄岭、赤溪、双新、牛途、新康、坑里、上洋、北斗、石壁、路下、下榅洋、上榅洋、大梨溪、星溪头、叶甘地	澄源
岭腰乡		岭腰、长垄、前溪、锦屏、西坑、横坑、高山	岭腰
邵武市	辖 4 街道、12 镇、3 乡、35 社区、134 村委会		新建路
昭阳街道	城丰、大同、登云、新建、华光、公太、行春、五一九、古城路		华光路
通泰街道	西门、五四、北门、熙春、城富、跃进、月山关	长坪	八一七路
水北街道	越王、水北、桥头、水东、车家园、王宝墩、飞机坪、太保路、小西门头		解放中路
晒口街道	碓下、晒口、下沙、云屏、洒溪桥	新丰	晒口
城郊镇		莲塘、朱山、香铺、山口、隔应、高南、台上、芹田、莆明	城郊
水北镇		大乾、龙斗、上坪、王亭、大漠、故县、一都、二都、三都、四都、杨梅岭	水北
下沙镇		屯上、洛田、胡书、分站、下沙	下沙
卫闽镇		卫闽、外石、谢坊、王溪口、陈坊、高坊	卫闽
沿山镇	沿兴	沿山、徐溪、沙坑、三元、古山、百樵、上樵、下樵、里居、红路、周源、下畲、危家窠	沿山
拿口镇	拿口一居、拿口二居	池下、加尚、朱坊、竹前、固住、山下、肖坊、册前、庄上、界竹、扁竹、三峰、南溪	拿口
洪墩镇		洪墩、桥头、王坊、尚读、宜坊、濠坊、水口寨、沙洲上	洪墩

续表

名称	下辖社区、居委会	下辖村委会	政府驻地
大埠岗镇		芜窟、宝积、李源、河源、竹源、加洲、溪上、乌石、铁洋、大埠岗、松树坪	大埠岗
和平镇	禾凤	和平、罗前、坪上、坎头、鹿口、危冲、茶源、坎下、朱源、黎舍	和平
肖家坊镇		坊前、登高、将石、孙家、将上、新厝、琢石、中滲、肖家坊、黄家磜、黄家山	肖家坊
大竹镇		大竹、官墩、谢墩、洋坑、吴坑、龚家排	大竹
吴家塘镇	吴家塘	铁罗、庄坛、坊上、行岭、杨家圩	吴家塘
桂林乡		桂林、蕙林、槎口、下岗、盖竹、余山、横坑、大岭	桂林
张厝乡		张厝、祝岭、山源、九峰、梨村、俞厝墩	张厝
金坑乡		金坑、湖溪、重下、隘上、山隔、下堡、大常、下黄街	金坑
武夷山市	辖3街道、3镇、4乡、11社区、4居委会、115村委会		崇安街道
崇安街道	百花、和平、花桥、温岭、营盘、清献、石雄	城南、城西、清献、村尾、黄墩、崩埂、松凹	环岛西路
新丰街道	下府洲、溪东、余庆、临安	五里、里洋、洋墩	新丰
武夷街道		赤石、角亭、公馆、天心、高苏坂、樟树、柘洋、大布、下梅、溪洲、吴齐、黄柏	高苏坂
星村镇	星村	黎源、黎前、黎新、枫林、巨口、井水、星村、前兰、黄村、曹墩、朝阳、红星、洲头、程墩、桐木	星村
兴田镇	兴田	兴田、枫坡、西郊、黄土、仙店、南岸、南树、城村、大渚、澄浒、澄前、虹桥、双西、南源岭	兴田

续表

名称	下辖社区、居委会	下辖村委会	政府驻地
五夫镇	五夫	翁墩、五一、五夫、典村、溪尾、茅厂、大将、澄溪、古亭、田尾、兴贤	五夫
上梅乡		上梅、下阳、荷墩、厅下、首阳、金竹、岭山、里江、茶景、地尾、翁屯	下屯
吴屯乡	吴屯	排头、街路、吴边、彭屯、小浑、大浑、上村、红园、小际、大际、小寺、旸角、后源、岭根、麻坜、后墘、倪坜	吴边
岚谷乡		岚谷、稍屯、岚头、横墩、客溪、染溪、黄尾、山坳、岭阳、横源、樟村、黎口、后山、古岩、枫溪	岚谷
洋庄乡		坑口、廓前、西际、东村、四渡、三渡、洋庄、浆溪、小浆、大安	洋庄
建瓯市	辖4街道、10镇、4乡、15社区、12居委会、217村委会		七里街
建安街道	仓长、横街、前街	东门、钟楼、东安	中山路
通济街道	南门、陶朱、桥南	东溪、三门、南门	北辛街
瓯宁街道	福宁、西池、莲花	七里街、水西	七里街
芝山街道	青云、梨山、管葡、符山、都御坪、上西河	豪栋、西大、马汶	都御坪
徐墩镇	程宜、万寿	徐墩、叶坊、归宗、东边、北津、桂美、坾头、坾垱、丰乐、下碓、山边、湖塘、九臣、岭头、大潭、长汀	徐墩
吉阳镇	玉屏	吉阳、玉溪、宅墩、曹墩、新桥、胜利、张坑、巧溪、大夫、黄坾、圭历、巨历口	吉阳
房道镇	龙门	房道、九堡、七道、漈村、上痒、尤墩、小竹、潘坑、安宁、吴漈、曹岩、徐地、峡头、连地、南科、西漈、靛墩、埂尾、书坾前、吴大元	房道
南雅镇	四龙	南雅、新建、伊村、新村、小雅、集瑞、杉溪、小康、叶康、皇康、大康、梅村、鲁口、房村、仁墩、黄园、山安、白沙、太平、十字街、白水源	南雅

续表

名称	下辖社区、居委会	下辖村委会	政府驻地
迪口镇		迪口、占村、值源、下房、店村、西坑、郑魏、下庄、杉洋、下溪、可建、凌坑、中田、岩下、坑头、龙北溪、大布林	迪口
小桥镇	南乡	小桥、大丘、西边、富井、高门、百丈、龙峰、洽历、上屯、漈上、霞抱、阳泽、后塘	小桥
玉山镇	玉崙	玉山、敷锡、东山、下洋、洋后、上房、榧村、筹岭、汲溪、岭口、长布、岭后	玉山
东游镇	金街	东游、垱上、东源、溪尾、胡墩、张墩、云头、党城、渡潭、党口、张屯、上范、溪屯、盖林、盛前、河岭、盛地、东漈	东游
东峰镇	东屯、凤山	东峰、南源、大漈、井岐、长溪、坤口、记源、桂林、大房、坪林、霞镇、铜场、杨梅、裴桥、长源、岚下、湍下、东山下、东溪口	东峰
小松镇		小松、中村、李园、定高、湖头、上元、穆墩、渔村、溪头、双坪、台尾、大庙、高历、龚墩	小松
顺阳乡	东兴	溪东、吴林、石呈、江垱、漈下、后房	顺阳
水源乡		水源、横路、桃源、吴墩、钱团、王厝、大源、忠溪、温洋、南山、上坑、良贤	水源
川石乡	凤冠	川石、垱阳、慈口、溪口、营勺、后山、洋屯、后洋、边溪、徐布、后坪、小岭、伏演、外洋	川石
龙村乡		龙村、汴地、下杉溪、吴地、梨坪、擎天岩、龙溪、黄凌、凉墘、大历、仰坑、小东游	龙村
建阳市	辖2街道、8镇、3乡、22社区、190村委会		潭城街道
潭城街道	西市、中南、永安、桥南、西桥、北门、西门、兴建、宝山、黄花山、南阳	城关、桥南、考亭、严墩、周墩、回瑶、溪源、黄墩	西市街

续表

名称	下辖社区、居委会	下辖村委会	政府驻地
童游街道	营前、静园、富林、馒头山、水东	童游、徐墩、七姑、水尾、彭墩、东泽、新岭、南林、赤岸、新村、溪口、水东	童游
将口镇		将口、西岸、芹口、横塘、松柏、山尾、东田、新建、胡巷、回潭、杨香、南台、石维下	将口
徐市镇	徐市	徐市、溪尾、北岸、濠墩、震前、圳头、林墩、范墩、大田、大闸、盖溪、唐科、五峰、条岭、南槎、小黄坑	徐市
莒口镇	莒潭	莒口、湖桥、焦岚、长埂、东山、后山、马伏、石庵、上坊、中坊、茶坊、策口、社洲、东徐、金山、河坝	莒口
麻沙镇	麻沙	麻沙、水南、竹洲、吕屯、华溪、新溪、扁溪、江坊、界首、墩头、交溪、重历、江坝、新坪、七宝、长坪、毛店、永兴、溪头、杜潭、梁墩、留田	麻沙
黄坑镇	黄坑	九峰、新峰、塘头、三峡、新历、鹅峰、桂林、长见、大坡、坳头、苦竹坪	九峰
水吉镇	水吉	民主、市头、和平、建设、郑墩、营头、青田、吴中、玉瑶、池中、后井、南岭、良源、南山、叶中、仑尾、陈地、大梨、双溪、留中、仁山、安口、后巷、七里岚、渡船头、莘溪坪、黄西溪、黄家店	水吉
漳墩镇	漳墩	漳墩、龙安、焦坑、姜地、前溪、松源、杭下、陈源、杭头、椎后、上墘、苏源、桔坑、外屯、沙堤、凤凰、赖屯、竹口、周历、严川、康屯、凤坑、外源、北盂坑	漳墩
小湖镇		小湖、葛墩、大湖、祝中、贵源、塘楼、马坑、东鲁、井后、鸿庇、美溪、下墘、秦溪、尹宅、黄地	小湖
崇雒乡		崇雒、横源、上社、后畲、上洋、右巨	崇雒
书坊乡		书坊、贵溪、花园岭、钱塘、水北、饶坝、松坑	书坊

续表

名称	下辖社区、居委会	下辖村委会	政府驻地
回龙乡		回龙、垄下、浒洲、马岚、均中、白沙、白洋、高门、澄埠、坪州、半天霄、西瓯浦	回龙
龙岩市	辖1区、1市、5县、11街道、58镇、62乡、2民族乡、113社区、1783村委会		新罗区
新罗区	辖9街道、7镇、3乡、42社区、282村委会		东城街道
东城街道	东街、松涛、东门、东风、平寨、东宝、北龙、东新、社兴、东宫下		东宝
南城街道	溪南、登高、清泉、大同、翠屏、新岩、小溪、兴晖、隔后、新陂、后孟、黉前门		溪南
西城街道	西兴、西平、西桥、莲花、苏溪、西安、莲新		莲新
中城街道	虎岭、北关、凤凰、北门、兴门、梅林、中街、西街、上井、青草盂、宝泰		虎岭
西陂街道	华龙	条围、陈陂、西山、排头、大洋、石桥、小洋、赤坑、硿口、紫阳、南石、张白土、黄竹坑、园田塘	条围
曹溪街道		下寮、曹溪、月山、浮蔡、王庄、坑头、石粉、董邦、东山、黄坑、科桃、经杨、中甲、黄洋、水塘、西洋、坪尾、马坑、崎濑	下寮
东肖街道		莱园、隔顶、邦山、洋潭、曲潭、黄邦、溪连、连圣、孟头、联邦、邓厝、龙泉、东窟、后田、榴坑、肖坑、隘头、湖洋寨	莱园
龙门街道	闽西交易城	龙门、谢洋、湖坑、湖一、郭墩、龙潭、连坑、赖坑、五星、石埠、赤水、内坂、湖二、考塘、朝前、洋畲	龙门
铁山街道		洋头、外洋、溪西、洋美、隔口、林邦、富溪、平林、岭后、增坪、陈罗、许岭、李九、陆家地、谢家邦、白岩前、罗厝山、下村坂、火德坑	洋头

续表

名称	下辖社区、居委会	下辖村委会	政府驻地
红坊镇		南阳、下洋、田心、上洋、进贝、东埔、东阳、紫安、赤坑、坎洋、北洋、岭背、平洋、龙星、中联、联合、龙溪邦、倒流水、板子斜	南阳
适中镇		中心、莒舟、新祠、象山、兰田、洋东、颜中、中溪、营坑、保丰、仁和、温庄、坂溪、溪柄、三坑、上屿、下屿、白叶、丰田、颜祠、竹华、霞村	中心
雁石镇		雁江、洋城、岩星、坷溪、益坑、坪洋、新芦、礼邦、民祠、大吉、苏邦、黄庄、东南、楼墩、厦中、北河、上老、红林、后路、梅头、九斗、社尾、坪坑、云山、陈村、北山、四集、坂尾、上营、下营、龙康、赤村、白石盂	雁江
白沙镇		白沙、南卓、罗坪、郭畲、营岐、小吉、官洋、营边、渡头、黄坂、产坑、半岭、罗畲、洋西、大盂、邹山、高洋、樟坑、小溪、珍坑、营斗、孔党、吕凤、田坑、吕洋、岩下、大科、营头、内村、陈地、苏一田	白沙
万安镇		红光、高林、陈洋、西贯、五村、四村、浮竹、松洋、好坑、高厦、同新、环坑、竹贯、梅村、华坑、张陈、西源、涂潭、石城、高池	红光
大池镇		雅金、红斜、北溪、大东、秀东、西洋、南燕、黄美、大山、大和、合甲、竹何、九里洋	雅金
小池镇		汪洋、培斜、南山、兴贵、卓然、山美、赖邦、璜溪、京源、黄斜、儒芦、牛眼石、何家陂	汪洋
江山乡		铜砵、山塘、村美、科山、前村、新田、林祠、上�、下坨、山头、新寨、老寨、福坑、双车、背洋、梅溪	铜砵
岩山乡		芹园、佳山、元青、龙山、丹畲、莱山、玉宝、黄固、山前、刘坑、后埔、里寮、小丁坑	芹园

续表

名称	下辖社区、居委会	下辖村委会	政府驻地
苏坂乡		苏坂、美山、芦林、红邦、东联、合溪、黄地、下村、瓦洋、西楼、岭兜、大坑、黎山、石城头、易家邦、和睦坑	苏坂
长汀县	辖11镇、7乡、6社区、290村委会		汀州镇
汀州镇	水东、西门、南门、营背、东门、中心坝		水东街
大同镇		东关、师福、高坑、黄屋、荣丰、翠峰、东埔、东街、计昇、李岭、红卫、草坪、红湖、印黄、天邻、南里、南寨、新庄、罗坊、红星、新民、七里、利星、光明、建明、新峰、郑坊、七古、镇平、黄麻畲	东关营
古城镇		古城、中都、并头、元坑、苦竹、长塅、下增、溜下、青山、梁坑、南岩、元口、黄陂、黄泥坪、马头山、丁黄、杨梅溪	古城
新桥镇		新桥、潭复、石人、江坊、余陂、叶屋、鸳鸯、茜陂、岗头、任屋、牛岗、湖口、石槽、廖家、罗坑、新店、李家、刘坊、三坑口、樟树下	新桥
馆前镇		汀东、复兴、赤坑、马坪、严坊、陈莲、东庄、义家、南村、珊坑、黄湖、云峰、小洋、坪埔	汀东
童坊镇		童坊、赖屋、青潭、胡岭、长坝、新畲、林田、横坑、别哩、举林、举河、双桥、下坑、肖岭、马罗、大埔、彭坊、红明、龙坊、葛坪、长春、黄坊、禾生、刘陈	后龙山
河田镇		下街、上街、中街、南塘、窑下、朱溪、游坊、芦竹、车寮、刘源、迳背、南塅、蔡坊、根溪、中坊、马坑、伯湖、罗地、露湖、明光、松林、晨光、寒坊、红中、半坑、余地、潘屋、黄坑、上修坊、下修坊、南山下	下街
南山镇		南山、大坪、大田、大坑、谢屋、洋背、朱坊、廖坊、邓坊、桥下、蔡屋、中复、官坊、五杭、塘背、杨谢、南田迳、严婆田、连屋岗、长窠头、黄家庄	南山

续表

名称	下辖社区、居委会	下辖村委会	政府驻地
濯田镇		街上、坝尾、中坊、上庙、下洋、巷头、山田、龙田、横田、安仁、李湖、长高、丰口、左拔、昇平、水头、羊赤、寨头、莲湖、陈屋、路潭、南安、永巫、梅迳、长兰、美西、园当、塍背、湖头、段上、河东、长巫、刘坊、美溪、水口、同睦、刘坑、东山、上塘、刘坑头	街上
四都镇		同仁、荣坑、溪口、上蕉、渔溪、新华、红都、圭田、坪埔、汤屋、红寮、上湖、小金、琉璃、下坪、谢坊、楼子坝、羊牯岭	同仁
涂坊镇		涂坊、迳口、马尾、赖坊、红坊、溪源、河甫、慈坑、邱坑、洋坑、元坑、中华、吴坑、扁岭、罗屋岗	涂坊
策武乡		德联、策田、策星、林田、当坑、高田、红江、陈坊、河梁、李城、李田、南坑、南溪、黄馆	德联
三洲乡		三洲、小潭、曾坊、丘坊、兰坊、桐坝、戴坊、小溪头	三洲
铁长乡		铁长、芦地、张地、洋坊	铁长
庵杰乡		庵杰、涵前、上赤、黄坑、长科	庵杰
宣成乡		寨背、长桥、畲心、下畲、兰田、泮溪、溪源、中畲	寨背
红山乡		腊溪、中坪、苏竹、元岭、童上、红塅、苏陂、山阳、山车、赤土、上坪	腊口
羊牯乡		羊牯、对畔、吉坑、白头、官坑、百坪、百丈、罗坑头、余家地、周家地	羊牯
永定县	辖 10 镇、14 乡、18 社区、261 村委会		凤城镇
凤城镇	南郊、东坊、西北、大州、书院、下坑、长化、大元、金凤、东兴、龙角、仙峰、龙凤		凤城
坎市镇	坎市	秀山、文馆、清溪、新罗、浮山、洽溪	坎市

续表

名称	下辖社区、居委会	下辖村委会	政府驻地
下洋镇		下洋、陈正、东山、西山、北斗、中川、富川、觉川、思贤、东联、沿江、下坪、大瑞、丹竹、上川、初溪、月流、三峡、廖陂、霞村	下洋
湖雷镇		下湖、下寨、湖瑶、桐田、白岽、前坊、罗滩、石坑、淑雅、道仁、竹兰、高石、深渡、罗陂、上湖、上北、上南、增瑞、尺度、荷花、莲塘、溪口、锦溪、象基、潘坑、弼鄱、玉文	下湖
高陂镇	先富街、富园	睦邻、富岭、平在、沾坑、上洋、西陂、北山、和兴、黄田、许佳、曲峰	睦邻
抚市镇		社前、里兴、抚溪、桥河、五联、鹊坪、华丰、龙川、五湖、东安、中湖、基安、溪联、贝溪、协兴、中在、新民	抚市
湖坑镇		湖坑、西片、五黄、新街、六联、洪坑、奥杳、山下、吴屋、楼下、洋多、新南、南中、南江、实佳、吴银	湖坑
培丰镇		大排、孔夫、长流、文东、振东、文溪、上和、丰田、岭东、洪源、东中	大排
龙潭镇		龙潭、铜联、联中、枫林、上西、上寨、虞溪	龙潭
峰市镇	峰市街、锦西	高山、桃泉、河头、俄生、信美、忠信、黄礤、礤头、新坑	峰市
城郊乡		中坑、龙门、东溪、樟牛、古一、兰地、双溪、古二、桃坑、三峰、彩霞、万美、书岭、上下斜	南郊
西溪乡		富家、礼田、罗坑、四联、肖地、硕杰、抚全	富家
金砂乡		西田、上金、赤竹、下金、卓坑、秀山、五坑	西田
仙师乡		仙师、务田、兰岗、九坑、西洋、书华、秀富、大阜、金寨、三坝、石鼓、恩全、锦丰、大岭、华坊、新侨	仙师

续表

名称	下辖社区、居委会	下辖村委会	政府驻地
洪山乡		田梓、尚迳、下径、上山、中村、西联、尚贤、樟罗、抚石	田梓
湖山乡		三来、赛华、里佳、桂坪、漳溪、象湖、杨山、黄坑、桂象	三来洲
岐岭乡		井下、湖河、下山、蒲山、龙湖、丰村、八联、石培、中社、培下、外坑、新村、内坑、竹联	井下
古竹乡		古竹、黄竹烟、坪洋、大德、陂子角、瑶下、溪口吕、蛟塘、田洋	古竹
堂堡乡		村中、河坑、宝溪、三堡、赛智、珠罗、磜下、香溪、下村、蛟塘里	村中
合溪乡		溪南、王社、菜地、天丰、武北、洪教、袍山、汤湖、合调、藕丝、上调吴、下调吴、马子凹	溪南
虎岗乡		虎北、虎东、虎西、龙溪、汉洋、城下	虎北
大溪乡		太联、大溪、坑头、黄龙、联和、莒溪、湖背、三堂	太联
陈东乡		陈东、岩太、石岭、古龙、园东、蕉坑、榕蛟、高丰、城东、共星	陈东
高头乡		高北、高东、高南、梅花石、大岭下	高北
上杭县	辖9镇、11乡、2民族乡、11社区、331村委会		临江镇
临江镇	镇东、英明、镇中、天山、镇南、镇西、东南		镇东
临城镇	城北、城东、城南、城西	石砌、白玉、古石、新塘、玉女、九洲、宫桥、水西、富古、新丰、龙翔、黄竹、土埔、西郊、西南、西陂、六甲、上登、璜岗	城北
中都镇		饶坊、永联、富光、军联、长徐、陈和、田背、罗溪、蛟腾、兴坊、亲睦、由安、睦邻、都康、古基、仙村、复兴、古坊、瑞香、黄店	饶坊

续表

名称	下辖社区、居委会	下辖村委会	政府驻地
兰溪镇		黄潭、沈田、湖里、梅永、觉坊、蓝溪、龙丰、载厚、岩华、白水、冯石、岐滩	厚里岗
稔田镇		镇岐、大湖、化厚、祝田、石牌、大燕、南坑、叶坑、蔡坑、官田、梅镇、长滩、埔头、连四、丰朗、楼岗、枫山、岐坑	镇岐渡上
白砂镇		中洋、梧岗、梧田、塘丰、大田、大金、扶福、樟黄、朋新、岭背、丰源、碧沙、大科、长锦、官洋、茜黄、洋乾、军桥、东塘、嫩洋、上早康、下早康	中洋
古田镇		八甲、模坑、文元、荣屋、五龙、溪背、吴地、新生、赤坑、苎园、石笋、洋稠、大源、竹岭、外洋、上洋、赖坊、金湖、苏家坡、下郭车、上郭车	八甲圩
才溪镇		中兴、才民、溪北、岭和、溪西、溪东、才溪、曾坑、同康、大贵、下王、荣石、陈坑、下才、黄竹	上才中兴
南阳镇		双溪、射山、豪东、矶头、下东、涂坑、南坑、南阳、官余、新联、罗坊、黄坑、茶溪、联义、日新、朱斜、联山、香塔、南岭、马洋洞	沙下坝
蛟洋乡		蛟洋、坪埔、崇头、塘厦、东乾、陈坊、文地、桃源、达理、丘坊、苏坑、梅坝、小和、秋竹、丰年、贵竹、华家、文都、再兴、邹坑、中村、坪上、再嘉、下道湖、杨梅坑	蛟洋
旧县乡		新坊、石院、扁山、福村、河东、龙溪、全坊、坝上、河西、尧甫、兰田、铁场、铁东、石圳、角龙、径美、谷坑、梅溪、水东	大岗尾
湖洋乡		湖洋、碧田、涧头、水埔、上埔、元丰、加庄、福全、寨背、三田、通桥、乃康、岩头、文光、古楼、濑溪、新坊、五坊、龙山、上罗、太平、新山	湖洋排下

续表

名称	下辖社区、居委会	下辖村委会	政府驻地
下都乡		吉安、砂睦、保安、和睦、佛坑、象栏、新寨、豪康、璜溪、三益、五丰	吉安
庐丰畲族乡		丰康、丰济、章金、上坊、中坊、下坊、立英、丰乐、扶洋、铁峰、太古、黄坊、横岗、三坪	丰康
太拔乡		太拔、崇厦、田增、罗坑、丘辉、院田、大坑、彩霞、张芬、梓东、双康、上村、黄家、大地、鲜水坑、寨背山	太拔
溪口乡		大厚、锦坊、当丰、陈屋、云山、石铭、大连、大丰、三溪、双华、大洋坝	大厚
茶地乡		千龙、久泰、大燮、高屋、官山、茶地、调和、下科、樟树、翁基、竹马、上连科、下连科	店前
泮境乡		泮境、彩下、祖加、院康、乌石、定达、元康	泮境
步云乡		上福、金屏、古炉、马坊、兴隆、梨岭、桂和、蛟潭、大斜、云辉	上村
通贤乡		上村、通贤、周源、培才、东里、曹丘、大东、岭头、文坑、秀坑、礤头、障云、汉溪	枫云岗
官庄畲族乡		上濯、下濯、龙牌、龙角、红石、回龙、朱堡、官庄、福泉、贵和、新风、七里、璜头、德康、树人、新民、曾泗、蕉坑	冒峡湖
珊瑚乡		上珊瑚、下珊瑚、下坑、彩坑、华竹	珊瑚
武平县	辖 6 镇、11 乡、3 社区、214 村委会		平川镇
平川镇	河东、河西、南门	城南、七坊、红东、西厢、兴南	城南
中山镇		老城、上岭、上峰、武溪、太平、三联、新城、城中、阳民、龙济、卦坑	老城
岩前镇		灵岩、大布、将军、东峰、迳田、上墩、伏虎、三河、洋坑、宁洋、和安、龙井、双坊、峰贵、澄邦、杨梅	灵岩

续表

名称	下辖社区、居委会	下辖村委会	政府驻地
十方镇		十方、黎明、黎畲、三坊、白土、来福、中和、和平、处明、梅坑、鲜南、丘坑、集贤、叶坑、高梧、彭寨、熊新、乐畲、鲜水	十方
中堡镇		中堡、岭头、下村、芳洋、远富、悦洋、互助、朱坊、田坑、大绩、大坪、罗助、梧地、林坑、朝岭、章丰、新潮、新化、小岭、上济、乌石	中堡
桃溪镇		桃溪、新砾、亭头、田雁、新田、江坑、鲁溪、新贡、湘坑、洋畲、湘里、小澜、新华、新澜、湘溪	桃溪
城厢乡		尧禄、云砾、东云、东岗、园丁文、南通、始通、灵通、凹坑、汾水、长居、金桥、文溪、砾文、下东、上东	七坊
万安乡		下镇、小密、捷文、贤溪、上镇、五里	下镇
东留乡		大明、苏湖、桂坑、背寨、兰畲、龙溪、中坊、大联、永福、新中、小溪、黄坊、封侯、新联、新福、大阳、泥洋、南坊	大明
民主乡		民主、岭下、高书、高横、林荣、坪畲	民主
下坝乡		下坝、大田、大成、石营、园丰、美溪、露冕、福兴、贵扬	下坝
中赤乡		中赤、育平、上赤、壮畲、万营、下营、平沿	中赤
象洞乡		联坊、光采、洋贝、东寨、官坑、沾洋、富岭、新岗、中段、芹砾、太山	联坊
武东乡		陈埔、三峙、张畲、黄埔、新东、教文、美和、六甲、丰田、袁上、东兴、上畲、五坊、川坊、四维、安丰、炉坑、远明、袁田、袁下	陈埔
永平乡		帽村、塔里、中湍、杭背、梁山、瑞湖、田背、恬下、孔下、钩坑、岗背、唐屋、昭信、朝阳、龙归砾	帽村
湘店乡		尧山、湘湖、湘洋、三和、七里、店下	尧山

续表

名称	下辖社区、居委会	下辖村委会	政府驻地
大禾乡		大禾、山头、坪坑、帽布、贤坑、上湖、邓坑、上梧、源头、龙坑、湘村、大砾、大沛	大禾
连城县	辖7镇、10乡、8社区、232村委会		莲峰镇
莲峰镇	东街、南街、西街、北街、栗园、豸峰、莲西	南前、姚坊、朱坊、江坊、李坊、洪山、杨屋、莲花、李彭、赤岭、新兴、李兴、鹧鸪、城西、西康、姚坪、大坪	大桥下
北团镇		山下、柯坊、许坊、罗王、江园、下江、老营、文峰、孙台、上江、溪尾、山龙、富坪、石丰、大张、蕉坑、车上、到湖、张地井	山下
姑田镇	永新	中堡、上堡、下堡、厚洋、郭坑、溪口、城兜、长较、上余、下余、东华、白莲、华垄、大洋地	中堡
朋口镇		朋口、天马、马埔、文坊、上莒、杨地、竹溪、李庄、文地、良增、王城、渔潭、池溪、黄岗、金龙、瑶里、张家营、洋坊尾、林家坪、张屋田、桂花村	朋口
莒溪镇		莒市、莒莲、詹坑、壁洲、小莒、墩坑、墙里、后埔、吴坑、隔口、溪源、乐地、厦庄、陈地、厦地、高地、铁山罗地、坪坑、梅村头、太平寮、池家山	莒市
新泉镇		新泉、良福、良盟、清安、畲部、儒畲、儒陂、莲华、联溪、良坑、乐江、乐联、西村、北村、官庄、新罗、杨梅、林国、温坊	新泉
庙前镇		庙前、丰图、芷红、芷溪、芷星、芷民、坪头、芷联、庙上、吕坊、水北、珠地、江畲、蓝桥、岩背	庙前
揭乐乡		揭乐、魏礤、布地、官峰、吕屋、黄坊、础砾、小朱地、罗坊塅	揭乐
塘前乡		塘前、上琴、水源、迪坑、罗地、张地	塘前
隔川乡		隔川、联益、新营、隔田、松洋、朱余、井坑、竹叶山	隔川

续表

名称	下辖社区、居委会	下辖村委会	政府驻地
四堡乡		雾阁、上枧、双泉、田茶、团结、四桥、中南、黄坑	雾阁
罗坊乡		上罗、邱赖、下罗、岗头、文敷、萧坑、富地、坪上、长坑	上罗
林坊乡		岗尾、李丰、有福、张坊、魏坊、横坑、林联、庐屋、陂桥、上磜、林柩、林塘、塘坵、五磜、大梨	岗尾
文亨乡		文陂、文保、亨明、田心、文岗、黄屋、文楼、龙岗、竹岗、南坑、鲤江、南阳、田头、湖峰、蒋坊、福地、班竹、炉坪、富塘、李屋、福坑、大地	文陂
曲溪乡		曲溪、黄胜、蒲溪、冯地、罗胜、军山、白石、大东溪、木陂	曲溪
赖源乡		上村、下村、黄宗、黄地、郭地、牛家、河祠	下村
宣和乡		中曹、上曹、城溪、科南、洋贝、黄沙、中田、升星、培田、紫林、前进、下曹、新曹	中曹
漳平市	辖2街道、8镇、6乡、25社区、173村委会		菁城街道
菁城街道	菁东、菁西、北郊、铁路、福满、顶郊、富山		菁城
桂林街道	城南、上江、高明、厚福、上桂林、下桂林、南美坪	黄祠、瑞都、山羊隔、石坂坑	上桂林
新桥镇	和睦、麦元	新桥、易坑、西埔、产坑、南丰、秀溪、城口、珍坂、云墩、双溪、仓坂、城门、钱坂、高美、产盂、陈坑、逢湖、白泉、义宅、石码、坂尾、武陵坑、秀岐头	新桥
双洋镇	双洋	城内、城外、东洋、西洋、员当、坑源、温坑、溪口、徐溪、大窑、中村、百种畲	城内

续表

名称	下辖社区、居委会	下辖村委会	政府驻地
永福镇	永福	龙车、福里、李庄、西山、清源、吕坊、后孟、新坑、石洪、洪坑、大坂、秋苑、蓝田、紫阳、封侯、文星、同春、桂洋、佳山、和丰、赤水、陈村、元沙、岭下、适榕、古溪、箭竹坪	永福
溪南镇	南洲	溪南、下林、久鸣、东湖、大山、郎车、官坑、长荣、南柄、上坂、金菊、吾老、前坪、小潭、下河、官林孟	溪南
和平镇		和平、和春、春尾、下垅、安靖、东坑、菁坑	和平
拱桥镇		拱桥、上界、罗山、下界、岩高、高山、隔顶、梧地	拱桥
象湖镇		象湖、下地、土坑、杨美、灶头、长塔、禄前、宽田、半华、科山、龙门、上德安、下德安	象湖
赤水镇	樟东	赤水、田头、香寮、岭兜、大坑、安坑、黄山、罗坑、石寮	赤水
芦芝乡	芦芝、洛阳、大深、东坑口、东郊	华寮、月山、园潭、涵梅	和宅
西园乡		可人头、卓宅、进庄、遂林、基泰、钟秀、西元、丁坂、前洋坪	可人头
南洋乡		南洋、北寮、梧溪、红林、营仓、永兴、党口、暖洲、利田	南洋头
官田乡		官东、豪山、梅营、梧村、下浙、黄坪、坪山、山贝、石门、官西、和坑、桂东	官东
吾祠乡		吾祠、彭溪、内林、彭炉、陈地、厚德、凤山、留地洋、北坑场	后隔洋
灵地乡		灵地、谢畲、谢地、文山、易坪、长垵、京口、西坑、留村、游山头、赤坂场	灵地
宁德市	辖1市辖区、2市、6县、12街道、60镇、44乡、8民族乡、95社区、62居委会、2132村委会		蕉城区

续表

名称	下辖社区、居委会	下辖村委会	政府驻地
蕉城区	辖2街道、10镇、3乡、1民族乡、23社区、3居委会、279村委会		八一五中路
蕉南街道	南漈花园、芦坪、下宅园、海滨、荷园、福山、东湖、桥头下、中南、小场		蕉南
蕉北街道	鹤峰、三元、培英、继光、碧山、崇文、单石碑		蕉北
城南镇	莲峰	古溪、后山、岐头、塔山、福洋、蚶岐、贵岐、坪塔、岭头、叶厝、田中、金蛇头	后山
漳湾镇	漳江	漳湾、王坑、门下、增坂、郑岐、拱屿、溪口、洇头、兰田、下凡、马山、官井、汤湾、后湾、上塘、下塘、乌屿、官沪、雷东、仓西、海鹰、鳌江、南埕、横屿、又加塘	漳湾
七都镇	蛹源	官亭、洇河、黄厝、大厅、三乐、河墘、三屿、漈头、马坂、外洋、小溪、北山、西林、六都、东岐、淡坪、牛埕、黄连坑、西陂塘、渔业	七都
八都镇	居安	八都、云淡、金垂、南冈、下坂、溪池、海星、洋头、闽坑、猴盾、大坪、吴山、福口、韩丹、新楼、漈山、屿头、仁厚、水漈、下汐、岙村、半山、林洋头、红门里	八都
九都镇		扶摇、乌坑、九都、柴坑、贵村、云气、九仙、华镜、赖岭、石墩、坑尾、溪边、洋岸坂	扶摇
霍童镇	洞天	霍童、郑厝、文湖、湖头、石桥、大石、凤桥、小石、兴贤、胜门、外表、柏步、坑头、上洋、梅溪、后洋、桃坑、吴松、溪南、邑坂、东岭、八斗、里后山、枇杷洞	霍童
赤溪镇		赤溪、东牛、油知、桃源、溪园、西坑、夏村、黄田、东边、大兰、芹格、炉田、官岭、牛洞、禅地、宣洋、社洋、班竹、洋林、墩头、岩坪、院前、留洋、小塘、阳谷、松柴岭	赤溪

续表

名称	下辖社区、居委会	下辖村委会	政府驻地
洋中镇		洋中、北洋、东山、上坎、莲下、凤田、青潭、宝岩、前路、莒溪、天湖、山阜、留田、南坪、章后、邑堡、芹屿、林坂、陈洋、藤村、坎下、溪富、溪源、梧洋、利洋、嵋屿、钟洋、九道、田地、井坪、陈洞、际头洋、方家山	洋中
飞鸾镇	鸾港、新瓷	飞鸾、梅田、南山、蒲岭、岚口、梧埕、连顺、上村、下村、亭里、沈洋、新岩、澳坪、澳里、碗窑、骑龙冈、向阳里、陈家洋、南门坞	飞鸾
三都镇	都澳、海上	松岐、港口、新塘、坪冈、玠溪、黄湾、礁溪、象溪、秋竹、西湖、三坪、寒垄、斗帽、仙竹、缢澳、七星、白匏、南澳、礁头、鱼潭、青澳、大湾、城澳街、鸡公山、虾荡尾、城澳里、外渔坛	松岐
金涵畲族乡		金涵、琼堂、上兰、濂坑、井上、亭坪、院后、金峰、高垅、里占、中前、浮坑、菰洋、后溪、上金汎、上茶洋	涵道
洪口乡		洪口、库山、花兰、朝阳、金山、吉垄、吴峰、大道头、上莒洲、下莒洲	洪口
石后乡		石厝、芹后、光荣、当洋、大岭、小岭、定洋、小漈、三望、陈坂、上竹洋、下竹洋、大墓前、林下洋	石厝
虎汎乡		新厝、旧厝、新亭、上堡、梅鹤、文峰、岔路、黄柏、黄家、岩柄、下楼、下洋、南岭、七淀、东元、浮山、中洋里	新厝
东侨开发区		——	——
霞浦县	辖2街道、6镇、3乡、3民族乡、12社区、10居委会、291村委会		松城街道
松城街道	龙津、西关、彩虹、城北、松兴、中乘、俊星、俊贤、万贤、集贤、龙贤、兴贤	青福、墓斗、涌山、马洋、宝清、七宝洋	松城

续表

名称	下辖社区、居委会	下辖村委会	政府驻地
松港街道	东关	东关、古岭下、赤岸、利埕、松农、松渔、北岐、青岐、后岐、塔下、竹下、下村、八斗坝、佳湖、章家衢、江边、桥头、沙头、小沙、大沙、长沙、后港、水坑、利洋、岭头	松港
长春镇		长春、洪江、长门、武曲、传胪、武岐、文岐、埕坞、长溪、法华、赤沙、里城、外城、加竹、闾峡、斗米、积石、大京、小京、祖厝、渔洋里、渔洋埕、秋竹岗、蜘蛛网、亭下溪、下洋城、渔家地	长春
牙城镇	牙城	牙城、前街、洪山、斗门、梅花、一层、文洋、后洋、敖岭、后山、箩伍、枣岭、龙亭、前楼、茶坑、雉溪、渡头、凤门、凤阳、凤楼、凤江、西门、东街头、杨家溪、田家心	牙城
溪南镇	溪南	溪南、左湾、南岸、甘棠、下砚、七星、西安、东安、溪尾、台江、后慕、仙东、芹头、长兴、青山、霞塘、傅竹、长腰、猴屿、关门、南门山、白露坑、岱岐头	溪南
沙江镇	沙江	沙江、古县、涵江、竹江、南屏、小马、梅洋、水潮、厚首、白鹭、围江、大坪、洄头、八堡、龙湾、坡头、炉坑、沙塘街、沙塘里、大墓里	沙江
下浒镇	下浒	下浒、外浒、西岐、前洋、石湖、柏溪、三洲、磺砂、上澳、赤壁、柘洋、延亭、金蟹、留金、四斗、大安、居安、浒水、王家衢、文星明、九斗洋	松柏山
三沙镇	中心、西澳、东澳、五澳	陇头、东山、浮山、单斗、三坪、小皓、蔡洋、古桶、东壁、八斗、二坑、金鸡、花竹、三农、金洋、烽火、古镇、三澳、西澳、东澳、五澳、中心、石头鼻、虞公亭、大路顶、青官司、青官蓝	中心

续表

名称	下辖社区、居委会	下辖村委会	政府驻地
盐田畲族乡	盐田	盐田、中沨、村里、浒屿、姚澳、南塘、洋边、二铺、北洋、里马、上村、西胜、北斗、水升、钓岐、官岭尾、瓦窑头、杨梅岭、王高店、龙凤店、南塘澳、浒屿澳	盐田
水门畲族乡		水门、青岙、墩后、茶岗、高盘、芦阳、大洋、武坪、里洋、半岭、湖里、桥头、承天、长湖、上洋、玉山、百笕、大沨、大平、八斗丘、水井头、小竹湾、七斗岔	水门
崇儒畲族乡		崇儒、溪边、路口、溪坪、新村、丘山、霞坪、坪园、上水、郑洋、保安、石亭、笕下、汴洋、岚下、溪西、岙里、东坡、长坑、樟桥、左岭、濂溪、亭头、东杞洋、洋沙溪、洋尾兰、半路张	崇儒
柏洋乡		柏洋、长岩、林洋、车下、陈墩、谢墩、董墩、洋中、大岭、阮洋、坑口、吴洋、横江、坂头、前宅、西宅、柘头、凤洋、禅洋、塔后、西坑、后垄、洋里、郑家山、周厝坑、南山后、黄土丘、戴家山	柏洋
北壁乡		北壁、武岩、河山、盘前、池澳、会洋、铁炉、东冲、上岐、下岐、四门桥	北壁
海岛乡		宫东、宫西、烟台、里澳、文澳、北礵	大澳
古田县	辖 2 街道、7 镇、5 乡、6 社区、4 居委会、274 村委会		城东街道
城东街道	胜利、文安、文兴	湖滨、新丰、西山、前山、赖厝、上墘、永洋、廷垱、利洋、常坝、极乐、廷元里、旺村洋、罗坑、仕坂、坑里、桃溪、双山	湖滨
城西街道	文河、青云、新秀	吉兆、罗华、前坂、浣中、浣下、局下、官江、枣坪、连墩、罗峰、下洋、巴斗、安洋、长岭、宝溪、曹洋、龙亭、华山、樟上、宝峰、松台、莲桥、沽洋里、苏洋厝	罗华

续表

名称	下辖社区、居委会	下辖村委会	政府驻地
平湖镇		平湖、溪州、赖垱、玉源、新舫、乔洋、玉库、溪坂、钱坂、前进、上进、中院、院坪、后岩、达才、官州、嵩州、富达、招坑、端溪、南岭、唐宦、端上、山头顶、下嵩州、银坑、兰塔、后洋、梅洋	平湖
大桥镇		大桥、沂洋、苍岩、瑞岩、沽洋、洋中、横洋、中村、钱厝、坑头、潘厝、周厝、银场、梅坪、高洋、潮洋、双桥、丘地、兰坦、常洋、澄洋、岭南、门里、张洋、牛峰、横坑、广胜、筹洋、明洋、石步坑、隆德洋、葛藤湾、金坑里、上珍山、下珍山、溪源里	大桥
黄田镇	黄田、江滨	双坑、村里、上溪、汶洋、潮渔、后洋、后坪、松峰、莪洋、凤亭、洋上、香峰、三保、西坑、廷洋、坑前	黄田
鹤塘镇		鹤塘、坑头、郑洋、松竹、双洋、程漈、东漈、苏洋、西洋、路上、灵龟、仙山、后彰、井边、田地、樟厅、南阳、前垅、溪边、佳垄、厚洋、文车岭、上井边	鹤塘
杉洋镇		杉洋、夏庄、远地、梨洋、溪门、白溪、宝桥、松洋、善德、珠洋、浮洋、芹尺、叶洋、东吉、岭里、东双、坂斗、横山、楼下、洪湾、湖里、康宁洋	杉洋
凤都镇		凤都、双珠、洋头、溪头、碗厂、东村、梅洋、石坑、上地、石峰、漈面、村尾、小吉、新建、桃源、上坪、长坑	凤都
水口镇	水口、朝天	湾口、溪岗、汶潭、水潮、岭边、嵩溪	水口
大甲乡		大甲、小甲、山里、邹洋、漈下、前桃、里桃、林峰、宁洋、茶洋、璋地、上书、国本、村溪、[illegible]源	大甲
吉巷乡		吉巷、坂中、高坑、永安、渭洋、前垄、奎楼、石床、昆边、昆山、兰溪、韦端、北垱、先锋、芹溪、梧山、长洋、前山、塔洋、崎坑、薛后、七茶洋、水竹洋、前洋坂	吉巷

续表

名称	下辖社区、居委会	下辖村委会	政府驻地
泮洋乡		泮洋、建兴、炭洋、新华、长湾、芹石、后路、中竹、大墘、淮溪、后山、凤竹、中直、瓦坑、上洋	泮洋
凤埔乡		凤埔、平沙、漈头、苏墩、福全、峦垄、朱垱、官亭、西溪、镇边、东溪、北溪、旧镇	凤埔
卓洋乡		卓洋、林前、秀峰、独峰、文洋、廖厝、半山、吉洋、前洋、京峰、下地、树兜、曹炉、洋塔、庄里、沽洋仔	卓洋
屏南县	辖 4 镇、7 乡、7 社区、149 村委会		古峰镇
古峰镇	佳洋、城东、城北、长坋、古厦		古峰
双溪镇	双溪	墘源、峭顶、前洋、郑山、后峭、宜洋、岩后、樟岭、北村、山头、高安、前溪、上七房、下七房	双溪
黛溪镇		黛溪、南山、官岭、黄来、天峰、垣坑、康里、淦山、往里、泮地、恩洋、后章、北墘、长宦、洋头、忠洋、福善、樟源、谢厝、周厝、玉洋、达善溪	黛溪
长桥镇		长桥、柏源、远丘、后墘、上墘、慈云、官洋、新桥、长新、半圳、岑洋、新乡、高溪、前里坪、里高溪、周佳山、上牛山、下牛山	长桥
屏城乡	溪坪	坑头、南峭、南湾、村头、厦地、后井、后龙、陆地、大碑、里汾溪、前汾溪、上凤溪	解放南路
棠口乡		棠口、龙源、贵溪、山岭、西村、仕洋、洋中、安溪、山棠、旺坑、小章、漈头、孔源、里凤林	棠口
甘棠乡		甘棠、漈下、巴地、坂兜、前院、浙洋、彩虹、瑞云、新田、王林、洋头寨、小梨洋、下山口、前南山、梅花地、下山登、上山登	甘棠
熙岭乡		熙岭、新墘、山墩、大塅、前塘、溪里、井兜、塘后、管洋、岭里、秀溪、三峰、四坪、墘头、前梨洋、龙潭里	熙岭

续表

名称	下辖社区、居委会	下辖村委会	政府驻地
路下乡		路下、富塘、岭头、中秋、五溪、芳院、门里、发竹坑、前凤林、山万里、罗纱洋	路下
寿山乡		寿山、郑洋、东盘、普岭、叠石、太保、降龙、前垅、梨后、上洋、白凌、北山、白玉、硋窑	寿山
岭下乡		岭下、开源、葛畲、谢坑、横坑、罗厝、东峰、富竹、梅溪、上楼、上梨洋	岭下
寿宁县	辖 4 镇、10 乡、7 社区、196 村委会		鳌阳镇
鳌阳镇	升平、北凤、蟾溪、大同、梅溪、鳌东	茗溪、横埕、安章	鳌阳
斜滩镇	斜滩	斜滩、石井、钱塘、水北、新村、王溪、楼上、奖禄、青垄、元潭、厝基、山田、印潭、外洋、香菇山	斜滩
南阳镇		南阳、下房、龟岭、溪南、含头、石鼓、官路、洋边、铁场、洑头、花岭、秀洋、官洋、山坑、东吉洋、院洋、南岔、赤陵洋、下洋仔、含溪	南阳
武曲镇		武曲、甲峰、大韩、象岩、塘洋、承天、梅洋、小溪、桦垄、南岸、白岩、西塘	武曲
犀溪乡		犀溪、武溪、山后、磜坑、西浦、仙峰、甲坑、外山、李家山、赖家洋、大王前、渡家洋	犀溪
大安乡		大安、大熟、溪潭、亭溪、榅洋、泮洋、半岭、水洋、伏际、炭山、村头、菜坑、溪垅、官田场、后西溪、炭岔头	大安
坑底乡		坑底、芎坑、上东、林山、地源、小东、龙溪、地洋、长岭、司前、归洋、大岭、浩溪、龙井、山前、地头、榅当洋、半岭洋、李家洋、陈家坑	坑底
清源乡		清源、双溪、角林、岱旸、旸尾、村尾、竹坪、坪岩、后洋、童洋、外韦、小托、龟洋、三望洋、符家垱、余山冈	姜厝

续表

名称	下辖社区、居委会	下辖村委会	政府驻地
竹管垄乡		旁洋、江岔、刘坪、横山、后洋、竹管垄、坑底林、李家洋、芹菜洋	梧冈亭
芹洋乡		芹洋、茗坑、山头、阜莽、广地、溪源、九岭、尤溪、可观、底洋、山底、下坪碓、发竹坪、上修竹、下修竹、官路洋、葛藤岔	芹洋
托溪乡		托溪、大黍、山口、圈石、磜底、峡头、阔丘、洋尾、坪坑、沙潭、江山、渺洋、溪坪、磜头、黄南州	托溪
平溪乡		平溪、南溪、溪底、亭下、柯洋、岭后、环溪、长溪、湖潭、木场、东溪、屏峰、岭根、岭兜、燕窠、东木洋、东山头、龙头坑	平溪
凤阳乡		凤阳、刘厝、基德、北山、官田、大石、下垱、福后、天香、廷加洋、东岭后、官田洋、上大洋	凤阳
下党乡		下党、碑坑、上党、西山、碑坑山、冈后、葛垄、杨溪头、下屏峰、槽坑	下党
周宁县	辖 6 镇、3 乡、5 社区、2 居委会、141 村委会		狮城镇
狮城镇	东园、中兴、长安、城西、桥南、兴福民族	洋庄、龙潭、安后、洋尾、坂头、虎冈、前坪、陈凤	狮城
咸村镇	咸村	咸村、咸洋、洋中、上坂、下坂、坪坑、云门、富濑、川中、梅山、芹村、光夏、樟源、碧岩、茶广、梧桐、枣岭、梅台、王宿、车盘、樟冈、詹家洋、南门楼、高际头	咸村
浦源镇		浦源、端源、萌源、萌底、上洋、进登、龙亭、半岭、溪坪、东升、官司、西坑、紫云、江源、五源坑、龙住院、吴山底	浦源
七步镇		七步、竹下、溪头、洋头、官洋、宅头、柿洋、郭洋、后洋、龙溪、象运、桐岔、八蒲、岭头、黄家山、坑源底、徐家山、登科地、苏家山、梧柏洋	七步

续表

名称	下辖社区、居委会	下辖村委会	政府驻地
李墩镇		李墩、东山、黄埔、陈厝、际会、际头、芹溪、楼坪、阮洋中、阮家洞	李墩
纯池镇		纯池、祖垄、溪尾、禾溪、桃坑、桃园、前溪、林源、莲地、底源、西山、福山、豪阳、儒源、后溪、向阳、三门桥、廷洋中	纯池
泗桥乡		泗桥、赤岩、周墩、红阳、坂坑、硋窑、溪口、常洋、下楼、洋尾弄、下西坑、杨厝边	泗桥
礼门乡		礼门、仕本、贡川、大碑、芹源、大林、常源、陈峭、秋楼、玉山、溪兜、山头、梨坪、首洞、后垄、梅度、油湾	礼门
玛坑乡		玛坑、赤洋、长峰、下坑、杉洋、宝岭、溪边、东坑、紫竹、首章、孝悌、升阳、沈洋、灵凤山、芹太丘	玛坑
柘荣县	辖 2 镇、7 乡、4 社区、112 村委会		双城镇
双城镇	城北、溪坪、城南、上城	青凤	柳城路
富溪镇		富溪、前宅、北岭、叶山、花坪、岭后、东山、霞洋、东溪、陈上洋、横龙坑	富溪
城郊乡		湄洋、前山、赤岭、下村、际头、南岔、长坑、梨坑、熊透、坑里、仙山、岭边亭、福基冈、靴岭尾、金家洋	上桥路
乍洋乡		乍洋、南洋、长岐、凤里、溪口、前楼、石山、留水、桥岭、柯岭、水碓、五蒲、宝鉴宅	乍洋
东源乡		东源、铁场、太阳、西源、西宅、洋边、山岭、仙后、绸岭、完店、山场、上泥、桃坑、龟洋、兰中、宝聚洋、王家山、鸳鸯头	东源
黄柏乡		黄柏、蒲洋、下坪、软岭、高峰、长冠、上楼、山后、蒲头、上黄柏、沙坑里、陈家山、游家边、菖蒲洋、双冈洋、倒流水	黄柏

续表

名称	下辖社区、居委会	下辖村委会	政府驻地
宅中乡		宅中、赤岩、后垄、坪坑、坑坪、山樟、西坪、蔡山、山竹坑	宅中
楮坪乡		楮坪、坑头、石咸、后楼、仙岭、洋坪、茶湾、湾里、社坪、洪坑、湖头、秀家宅、彭家山、马蹄岩、苏家洋	楮坪
英山乡		英山、王社、半岭、凤洋、官安、上宅、熊状、桦岭、岭头、何家山、冈后坪、李家山、田头洋、石古兰	荣华厝
福安市	辖3街道、11镇、4乡、3民族乡、18社区、27居委会、439村委会		中兴路
城南街道	东风、莲池、官村、南郊、南湖	程家垄	新华路
阳头街道	阳上、阳中、阳春、阳泉、阳和		阳下
城北街道	冠杭、中兴、富春、后垄、前进、东凤、棠发洋、锦阳		后垄
赛岐镇	前进街、和平街、解放街、万寿街、下港街、虹桥、凯旋、三江	店前、赛里、宅里、廉首、大叶、象环、青江、溪里、苏洋、长岐、泥湾、大盘、江兜、宝洋、桃洋、秀洋、大象、泰康、梨园、郭厝坪、下埔、罗江、狮子头、下长岐、小盘	桥头
穆阳镇	东兴街、西城街、石马街、东旭街、百岁街、苏堤街	穆阳、苏堤	东兴街
上白石镇	白石	流尾、沙坑、前洋、坪庄、东峰、佳浆、财洪、曹洋、西园、小洋、坑尾、不老、园潭、上白石、里垄坑、山头境、郑家山、白石坂、南山头、姜家山、松茂林	上白石
潭头镇		潭头、东升、大庄、建柄、泥洋、高岩、东昆、枢洋、柯洋、南岩、棠溪、汾洋、柘头、后洋、太逢、东坑、上坪洋、西坑、坑坪、下洋、半坑、鹅山、富罗坂、渔溪洋、西洋境、千诗亭、东岭洋、祠堂前、后墘垄	潭头
社口镇		社口、溪口、岩下、溪坪、坦洋、上山、利岔、填头、秀峰、龟岭、林柄、山里、潘洋、仙溪、公岐、沙溪、吉洋、岩坑、岭后、大坪、坑里坑、牛山墘、谢岭下、荣岭头	社口

续表

名称	下辖社区、居委会	下辖村委会	政府驻地
晓阳镇		晓阳、墙坪、岭下、龙洋、谷口、南源、首洋、东源、马洋、下南溪	晓阳
溪潭镇	廉明	溪填、城山、溪北、马山、凤林、獭头、獭尾、岔口、双峰、沙岩、西隐、岳秀、岐山、磻溪、下庄、院前、濑洋、仙石、廉村、兰田、王里、洪口、上湾、洋头、瓜溪、西安、芹洋、吉坑、岭头、华岩、前浦、陈家山、张家山、周家山	溪填
甘棠镇	莲城街	东门、西门、南门、北门、上塘、港边、南塘、外塘、港岐、后岐、甘坪、甘江、大留、小留、樟港、加招、南安、北山、厝坪、眉洋、观里、山下、倪下、吴洋、国泽、奎聚、英岐、何厝、小岭、可洋、大车、岭尾、过洋、坑门里、牛柏洋、春雷云、牛家洋、铜坑里、山头庄	甘棠
下白石镇	黄岐	章岭、王坑、外山、凤山、顶头、英平、六屿、小梨、大梨、亨里、白招、塘楼、湖头、远杞、樟澳、秦坎、坪冈、篙尾、东岐、外宅、坑门、楼坪、福屿、渔江、荷屿、章坑、长坑、行洋、塔里、南浦、大获、下赤、福渔、下岐、林门头、斗门头、下白石、通湾洋、畲斗坑、北斗都、金腰带	下白石
溪尾镇	新溪	溪尾、临江、溪邳、下邳、石合、渔岐、仙洋、坎下、林田、湖岭、利洋、坂村、众坑、溪边	溪尾
溪柄镇	兴龙	溪柄、立峰、北山、戾山、田坂、港里、长洋、水田、黄澜、白沙、浦后、楼下、榕头、立新、三村、东坪、茜洋、溪南、坑口、横坑、墩面、仙洋里、龙潭面、采花桥	溪柄
湾坞乡		湾坞、马头、徐江、深安、梅洋、坑源、宝岭、宝林、寒洋、下广、下塘、炉山、半岭、岩下、福岭、池头、白莲、上洋、半屿、龙珠、沙湾、白马、浮溪、渔业	塘楼

续表

名称	下辖社区、居委会	下辖村委会	政府驻地
城阳乡	中泉、秦源、步兜亭、金园	后楼、荷洋、洋面、仙岭、上岙、官洋、马上、占洋、秦溪、中村、留洋、林洋、溪东、瓮窑、岩湖、雁塔、东口、化蛟、铁湖、白坑、赤岭、茶洋、纸坪、日山、马下、堵坪坑、石门院、林家洋、阮家坑、湖塘坂、王湾	城阳
坂中畲族乡	坂中、满春、松潭	湖口、坑下、长汀、南岸、和安、仙岩、大林、许洋、井口、汤洋、铜岩、冠岭、亭兜、林岭、日宅、仙源里、后门坪、彭家洋、江家渡	坂中
范坑乡		范坑、墩头、马冈、半坑、上坪、领先、洋山、蛇头、东洋、咸洋、八斗、竹柄、山岫宅、蒲家山、毛家坪、古岭宅、徐家山	范坑
穆云畲族乡		桂林、洋坪、燕科、虎斗、溪塔、高岭、黄儒、上洋、玉林、双溪、南山、咸福、蟾溪、龟凤、外垄、外洋、外厝、下村、上村、里楼、温岩、燕坑、岭坑、桥溪、贵洋、王楼、梨田、下逢、翁洋、科后、隆坪、中岙、竹州山	穆云
康厝畲族乡		康厝、苏坂、南洋、半山、高台、竹岙、红坪、东山、彭洋、凤洋、洋溪、梧溪、长潭、社洋、宋家、西铭、大坑、福源、施洋、秋岭、湖洋、界竹、赤路、填秦、渡头、冈头、石尖、象地、邮亭、杜家洋、牛岭尾、金斗洋	康厝
松罗乡		松罗、洋西、牛溪、姚澳、满洋、柳溪、古厝、王棣、王家、赤溪、杜坑、山界、南溪、金山、后溪、上后洋、外岭头、小茶洋、大坪里	松罗
赛岐开发区	——	——	——
畲族开发区	——	——	——
湾坞工业集中区	——	——	——
福鼎市	辖 3 街道、10 镇、2 乡、1 民族乡、13 社区、16 居委会、251 村委会		县府路

续表

名称	下辖社区、居委会	下辖村委会	政府驻地
桐山街道	桐北、溪西、桐南、十字街、小路、福全	岔门、岭头、桥头、镇西、菇岭	古城西路
桐城街道	龙山、海口、流美、石湖、春亭、富民	外洋、浮柳、柯岭、岩前、玉塘、丹岐、沙龙、外墩、塔下、八尺门、江边、董江、三门里、五里牌、资国	龙山北路
山前街道	石亭	山前、南阳、灰窑、罾坪、百胜、兰田、南乾、水北、大岚头、梅溪	山前
贯岭镇		贯岭、溪底、茗洋、排头、何坑、透埕、邦福、西山、军营、松洋、文洋、分水关	贯岭
前岐镇	岐阳、福东	前岐、黄仁、熊岭、桥亭、井头、凤桐、薛泉、武垟、大岳、彩澳、西宅、龟岭、薛桥、照澜、双屿、柯湾、小岳、吴家溪、枫树岭	前岐
沙埕镇	沙埕、内澳、外澳	流江、澳口、后港、澳腰、南镇、台峰、水澳、王谷、敏灶、川石、台山、水生、后澳、和平、小白鹭、大白鹭、官城尾、交椅坪、上黄岐	沙埕
店下镇	象山	店下、巽城、阮洋、洋中、溪岩、屿前、马山、岚亭、海田、东岐、溪美、筼筜、石牌、菰北、硋窑、三佛塔	店下
秦屿镇	积石、金麟、康湖、寒碧、玉池	秦屿、吉坑、才堡、冷城、屯头、日澳、孔坪、瓜园、竹下、仙梅、巨口、樟岐、东埕、建国、彭坑、斗门、下尾、蒙湾、东星、洋里、秦海、太阳头、小筼筜、方家山、太姥洋、牛栏冈	秦屿
磻溪镇		磻溪、后坪、仙蒲、大洋、湖林、黄冈、炉屯、金谷、油坑、青坑、蒋阳、吴洋、赤溪、杜家、排洋、朝阳、南广、桑海	磻溪
白琳镇	白琳	高山、棠园、翠郊、东洋、大赖、翁江、康山、藤屿、白岩、沿州、秀洋、外宅、郭阳、玉琳、下炉、岭头坪、旺兴头、樫树岔、坑里洋、牛埕下	白琳

续表

名称	下辖社区、居委会	下辖村委会	政府驻地
点头镇	点头、镇江、文昌	山柘、果洋、马洋、后梁、大峨、上宅、观洋、江美、柏柳、后井、翁溪、过苋、大坪、龙田、岚山、举州、西洋尾、三沙尾	点头
管阳镇		管阳、沈青、天竹、楮楼、西阳、徐陈、缙阳、溪头、乾头、七蒲、茶阳、沿屿、章峰、唐阳、南洄、后溪、西坑、广化、章边、小洋、秀洄、元潭、花亭、缙阳、亭边、大山、金钗溪	管阳
嵛山镇		马祖、鱼鸟、东角、芦竹、灶澳	马祖
硖门畲族乡		硖门、东稼、柏洋、秦石、渔井、瑞云、青湾、斗门头、青屿头	硖门
叠石乡		叠石、苏山、车头、仓边、丹峰、楼下、库口、茭阳、竹阳、里塆、南溪、庙边、马尾、杨梅溪	叠石
佳阳乡		佳阳、后洋、周山、佳山、上庵、安仁、象洋、蕉宕、罗唇、双华、龙头湾、三丘田	佳阳
龙安开发区	龙华	江南、西澳、涵头、玉岐、杨岐、桑场	安洋路
全省合计	辖9设区市、26市辖区、14县级市、45县、166街道、595镇、324乡、18民族乡、1704社区、238居委会、14559村委会		

二、地名管理

（一）地名标志设置

1995年，福州市民政部门在鼓楼、台江、仓山区推进街路巷牌和城区居民住户门牌设置管理工作。

1996年3月，全省地名管理工作座谈会在沙县召开，研究拟定《1996—2000年福建省地名管理工作规划》，提出从1996年起用3年时间完成国道（含高速公路）、省道、县乡道两侧村镇名称标志设置和乡镇政府驻地、村委会驻地名称标志设置，至2000年完成城市市区、县城、乡镇政府驻地的街路巷名称标志设置。5月，为贯彻民政部、交通部、公安部、建设部《关于在国道两侧设置地名标志的通知》，省民政厅以惠安县为试点单位开展国道两侧村镇设标工作，所设村镇名称标志牌以花岗岩为材质，采用横卧长方形样式，标注有村镇名称、汉字拼音字母、署名（包括承制单位和监制单位）和设置年月，所标文字均为红色。7月，省民政厅在惠安召开国道两侧村镇名称标志设置工作现场会，要求全省把国道两侧村镇名称设标工作作为一项中心任务列入地名工作重要议程，以惠安县国道两侧村镇地标为模型尽快将距国道500米内的村镇设标工作开展起来。8月，省民政厅、省交通厅、省公安厅、省建委联合下发《关于开展国道两侧村镇地名标志设置工作的通知》，将国道两侧村镇设标任务分解到所涉及的县（市、区），并提出国道两侧村镇名称标志式样的具体规格。11月，华东地区地名工作交流会在福州举行，江苏、浙江、安徽、江西、山东、福建六省和上海市民政厅、规划局派出代表出席。

1997年4月，全省地名管理工作会议在邵武召开，要求各地理顺地名管理体制，推进城镇街路巷牌的设置和管理工作，协同有关部门做好居民住户门、楼牌设置和维护管理工作。当年，全省共设村镇、街路地名标志近5000块，省内5条国道两侧村镇设统一地名标志牌423块（占应设总量的62%），命名村镇、街路巷名1633条。

1998年，省内5条国道近2000公里沿线村镇名称标志设置全面完成，共设置标准村镇地名标志584块，多以花岗岩为材质。福州、厦门、泉州、漳州等地区开始参照国道两侧村镇地名标志设置技术规范开展辖区内省道、县道、乡镇公路两侧村镇名称标志设置工作。福州市5个城区和莆田市城区居民住户门牌设置和管理工作归民政部门。

1999年2月，省民政厅表彰国（省）道两侧村镇名称标志设置工作先进单位18个、先进个人26名。12月，省民政厅、泉州市民政局、宁德市民政局以及福清市民政局被民政部、交通部、公安部、建设部授予“全国国道地名标志设置工作先进单位”称号。截至当年底，全省共设置省道两侧村镇名称标志806块，设置县、乡（镇）公路两侧村镇地名标志22362块，涉及里程近3000公里。福州市在鼓楼、台江、仓山区300条主次干道上共设置700多面简易但地名指位功能有所增加的街路巷牌，为全省地名设标工作带了头。

2000年12月，《福建省地名管理规定》（1988年省政府颁布）废止。

2001年7月，根据民政部、交通部、国家工商行政管理局、国家质量技术监督局《关于在全国城市设置标准地名标志的通知》，省民政厅联合省交通厅、省工商局和省质量技术监督局制发《关于在全省城市设置标准地名标志的通知》，全面部署城镇街路巷牌和居民住户门牌标准化设置工作，要求进一步理顺地名标志设置与管理体制，在2005年前完全按照国家质量技术监督局1999年发布实施的强制性国家标准（《地名标牌　城乡》）设置城市街路巷地名标志（包括标志牌内容、规格和材质），已设置的但未按国家标准执行的，必须更换重置，经费由各地筹措自行解决，标志牌制作厂家必须报经省民政厅和省质量技术监督局审定。

2002年4月，全省城市标准地名标志设置工作现场会暨业务培训班在仙游县召开，总结推广莆田市城市设标工作经验，并要求把地名标志设置与管理工作列入民政部门为民办实事的一项重要内容，确保按期完成设区市城区、县级市城区和建制镇驻地的设标工作。当年，已经理顺地名管理体制，确定包括居民住户楼门牌在内的地名标志设置与管理归口民政部门的有福州市5个城区、莆田市、龙岩市、厦门市以及其他设区市的部分县（市、区）。

2003年5月，省民政厅印发《福建省标准地名标志制作设置规范》，对街路巷标牌（含楼牌、门牌、单元牌、室牌）规格尺寸、版面内容、制作材料、文字书写、设置方位、安装地点等做出具体规定。全省地名设标工作实现规范化：街路牌平面尺寸（1700mm～1200mm）×（500mm～300mm）（外沿宽度≤25mm，厚度2mm），巷牌平面尺寸450mm×150mm（外沿宽度≤20mm，厚度1.5mm），楼牌平面尺寸900mm×500mm（外沿宽度≤25mm，厚度2mm），门牌平面尺寸150mm×90mm（外沿宽度≤12mm，厚度1mm）；地名标牌上所有文字书写均使用等线黑体字，地名的汉字书写形式使用国家确定的规范汉字，地名汉语拼音按照标准普通话拼写，不标声调，每个字母大写，专名与通名分写，地名中的代码和街巷中的序数词用阿拉伯数字书写，标牌上的邮政编码用阿拉伯数字书写且字号比汉语拼音字号小一号；地名标牌基板、发光和反光材料等使用有资质的生产厂家的产品。11月，应全国地名标准化技术委员会提请，省民政厅要求厦门市民政局开展“全国地名导向系统工程课题”中“电子地名导向设施和完善地名标志导向链子课题”研究试点工作。同年，福州市改革街路牌版面设计，在面向人行道的版面上印刷彩色的福州城区地名图，在面向机动车道的版面上印刷商品广告。厦门市区两级财政拨专项经费2370万元设置楼门牌、灯箱式和立杆式街路牌、小区导向牌。莆田市建立全市城乡门牌号微机管理系统；发放门牌使用证，作为办理居民身份证、户口簿、房屋所有权证、土地使用证、企业法人营业执照、税务登记证、组织机构代码证等各种证件的住址证明；对城区建筑物名称实行注册登记，未注册登记的，城乡规划和建设部门不予发放新建工程规划许可证和施工许可证；民间投资制作街路巷牌的，回报投资方以广告经营权。

2004年2月，全省地名管理和地名标志设置工作现场会在厦门召开，要求全省县级市以上的城区全面启动地名设标工作。与会代表参观厦门市地名标志设置试点及全国地名导向系统新产品试点。5月，厦门市民政局和集美大学理学院合作成立课题组，正式启动“全国地名导向系统工程课题”中“电子地名导向设施和完善地名标志导向链子课题”研究，在厦门市湖里区居民小区开展增强地名导向功能，完善地名标志导向链，方便市民，服务社会的地名标志及相关配套的标志设置试点工作。8月，该研究课题结束，成果定名为“地名标志导向链系统”，具有夜视功能、易于辨识、能定期更改信息显示的特点，在当月底召开的全国地名标准化技术委员会课题汇报会上得到肯定。11月，厦门市思明区运用“地名标志导向链系统”，按照国家标准《地名标牌 城乡》（GB17733.1—1999）有关图文规格和材质方面的要求，在鼓浪屿更换街路巷牌，新款巷牌在版面上增加临近路名和方位指向，并以不同颜色予以区分。同月，省民政厅组织部署全省城市标准地名标志设置检查验收工作。

2005年8月，厦门、莆田市被民政部、交通部、国家工商总局、国家质检总局联合表彰为“全国城市标准地名设置工作先进城市”，全省有5人被表彰为“全国城市标准地名设置

图 5-4　厦门市运用“地名标志导向链系统”设置的街路牌（一面为公益广告，一面为路网图）

工作先进个人”。同年，省民政厅授予宁德市、石狮市、长乐市、永安市、龙海市、武夷山市、龙岩市新罗区“城市标准地名标志设置工作先进城市”称号，授予10人“城市标准地名标志设置工作先进个人”称号。

至2005年6月底，福州、厦门、莆田、龙岩4个设区市全面理顺地名管理体制，其余的处于半理顺或未理顺状态；全省23个城市中有16个城市完成或基本完成标准地名标志设置工作，共设置城市街、路、巷牌14747块、门楼牌2246287面。9月，省民政厅为贯彻民政部关于启动地名公共服务工程的决定，请示省政府在福州、厦门、莆田和永安市开展数字地名公共服务试点工作。

（二）地名命名与更名

1996年11月，省民政厅转发民政部《关于加强城镇建筑物名称管理的通知》，要求把城镇建筑物名称管理列入地名管理工作的重要内容，组织人员对城镇建筑物的命名情况进行调查。

1997年2月，省民政厅组织开展城市大型建筑物专题调查统计工作，调查对象为各市辖区12层（含12层）以上的或建筑面积达8000平方米以上的，各县城10层（含10层）以上的或建筑面积达6000平方米以上的建筑物名称。当年，全省命名村居、街路巷等居民点名称1633条。

1998年，福州、厦门等地民政部门提请同级政府关注城区具有地名意义的建筑物名称名不副实的问题，呼吁引入地名规划工作，由民政部门介入城区新建的居民住宅区、商住大楼、综合性办公大楼、桥梁和其他具有地名功能意义的各种建筑物（群）名称的审查管理并履行审批手续。

2000年，地名规划工作开始在各地施行。厦门市将地名规划纳入城镇建设总体规划中，新规划入网的城镇道路的名称一概由规划部门会同民政、市政部门预先设计确定。福州市建设规划部门在受理开发建设单位建筑项目申请时，要求申请者必须向民政部门办理建筑物名称登记审核手续；市民政局多次协同规划部门对城区内即将建成的街路、巷、桥梁、公园、大型建筑物、大型居民住宅区等人文地理实体名称进行论证审查，并邀请专家、学者、社区居民代表共同论证地名命名更名方案。泉州市民政、城建规划部门联合邀集文史部门专家学者，依据城市地理环境、建设布局和发展历史等，论证、设计市区地名，制定城区部分街路命名（更名）方案，并由市政府公布。莆田市7个公园、5个大型居民住宅区名称先由媒体征询，再由文史学者论证，最后由市政府常务会议审议通过。

2001年，沿海主要城市开始组织力量研究论证建筑物通名量化标准和使用街路通名的条件，强化对城区地名的管理。

2002年，厦门市规定：建筑物高度7层以下的只能称为“楼”，8层至11层的只能称为“大楼”，12层以上的方可称为“大厦”；拥有30％的露天公共空地方可称为“广场”；绿化率占总面积40％以上的方可称为“花园”。福州市规定：总建筑面积在10万平方米以上且具有大于1500平方米露天公共场所的，方可取“广场”之名；总建筑面积在10万平方米以上、经营项目占该产业主导地位的、功能齐全的建筑群或高层建筑，方可取“中心”之名。同年，根据民政部关于第二批全国政区名称用字读音审定工作的通知精神，省民政厅对建阳、福清、闽侯、连江、永泰、德化、云霄等县（市）个别含有生僻字（生僻读音）的政区名称进行调查研讨。

2003年1月，省民政厅初步形成全省政区名称用字读音审定工作意见，共涉及6个政区名称的用字问题，报请省语言文字工作委员会审议，并与相关县（市）民政局进一步商讨。7月，省民政厅向全国地名用字读音审定委员会请示连城县冠豸山名称中“豸”字的读音问题，确认“豸”字为一字多音，用于”冠豸山”时读为“zhài”。12月，全省政区名称用字读音审定工作结束，共复查审定202个政区名称（其中生僻字5个、次生僻字114个、多音字75个、方言读音字8个）。省民政厅致函全国地名用字读音审定委员会，提出建阳市迴龙乡的“迴”字、福清市上迳镇的“迳”字和连江县苔箓镇的“箓”字，其字体和读音均宜保持现状，不作改变；永泰县葛岭镇中“葛”字不读“gě”而宜读“gé”、云霄县埖屿镇中“埖”字不读“lì”而宜读“liè”，闽侯县中的“侯”字不读“hóu”而宜读“hòu”。同年，全省各地开始参照厦门、福州有关城市建筑物通名量化标准，加强对城市地名的监管。

2004年7月，全国地名用字读音审定委员会派专家组一行3人到连城县考证冠豸山的读音问题。12月，省民政厅、省教育厅、省语言文字工作委员会联合就连城县冠豸山名称中“豸”字的定音问题请示民政部，请求国家有关部门将“豸（zhài）”字读音列为正式读音，收编到现行语言工具书中。

（三）地名普查与书刊编辑

1980年，按照中国地名委员会部署，全省开展地名普查。

1981年，全省开展海洋地理实体名称普查。

1983年，全省地名普查工作结束，收集到地名5万多条。同年，中国地名委员会部署编纂《中华人民共和国地名词典》工作，福建省地名委员会办公室成立《中华人民共和国地名词典》福建分卷编纂班子，傅祖德任主编。该分卷主体目录有市、地区、县地名，自然地名，水利和电力设施、交通，名胜古迹，纪念地，地域名，简名和旧名。

1988年，省地名委员会办公室和省地名学会依据海域地名普查资料组织编纂《福建省海域地名志》，黄心亮任主编。

1990年，省地名委员会办公室创办《福建地名》（双月刊），内部发行，设置主要栏目有政策法规、工作探讨、地名论坛、地名与文化、地名故事等。

1992年底，《福建省海域地名志》编纂完成，印制成册，收集福建省海洋地理实体名称5617个，80余万字，基本上将福建省海域的海、峡、港、湾、岛、礁、沙、滩、岬角、河口、水道、渔场、自然保护区等海域地名上图入志，定为机密资料，主要供县团级以上党政机关和海洋、航运、渔业、科技等部门使用。

1993年，《中华人民共和国地名词典》福建分卷初稿完成，约53万字。

1994年，《福建省海域地名志》获省科委颁发的职务著作奖。同年，根据民政部行政区划和地名管理司安排，省民政厅指派人员参与编纂《中国古今地名大词典》（上海辞书出版社主导编修），编写其中福建省的词目。

1995年2月，《中华人民共和国地名词典》福建分卷由商务印书馆出版发行，共收录地名4166条。其中省名1条；市、地区、县地名（含城市地片、街巷以及企事业单位名）2717条；自然地名（含山地、丘陵、关隘、平原、三角洲、盆地、河流、峡谷、湖泊、海、海湾、海峡、岛、礁、半岛、沙洲、洞、泉、瀑布、自然保护区）743条；水利和电力设施（含水利枢纽、水库、防洪堤、海堤、渠道、渡槽、倒虹吸管、隧洞、闸、陂、灌区、抽水站、泵站、电站、电厂）269条；交通（含铁路、公路、航道、桥梁、车站、港口、渡口、机场）119条；纪念地（含根据地）62条；名胜古迹（含国家重点风景名胜区、名胜、古建筑、古墓葬、古遗址）181条；地域名5条；简名2条；旧名（含县辖镇以上旧政区名）67条。

1996年，《中国古今地名大词典》福建省词目完稿，收列福建省、市、县、建制镇、重要集镇，以及山、河、湖、海、交通、水利、名胜古迹等自然地名和人文地名350多条，约23万字，交上海辞书出版社。

1998年，《福建省地名全册》开始编纂，收录全省政区、居民地、交通设施、自然地理实体、名胜古迹、纪念地名称等。

1999年，《福建省地名全册》出版发行，分上、中、下三册，约400万字，汇录全省各类地名，包括全省政区、居民地名称，城镇街、路、巷名称，交通地名，自然地理实体名称，名胜古迹、纪念地名称，具有地名功能的大型建筑物和企事业单位名称，旧地名、地域名等，共达20多万条，配有各地套色政区地名图。

2003年1月，省民政厅会同省测绘局依据国务院和省政府审批的省、县级陆地行政区域界线勘界文件和标准的行政区域名称，筹划编制1∶50万单开张《福建省行政区划图》，预算经费22.8万元。6月，政区图印制计划改为印制1∶55万双开张图并加印1∶70万丝涤图，预算经费35万元。同年，为贯彻国家海洋局、民政部和总参谋部联合下发的《无居民海岛保护与利用管理规定》，省海洋与渔业局、省民政厅、省军区司令部联合制定《无居民海岛调查工作实施意见》，在沿海5个设区市开展以无居民海岛为主的沿海岛屿的调查摸底工作，内容涉及海岛名称、行政隶属、地理位置、岛屿特征、自然环境和资源概况等。

2004年5月，《福建省行政区划图》印制1∶55万平装版1500份、1∶55万精装版3000份、1∶70万丝涤版500份，由省地图出版社出版发行。6月，举行地图出版发行仪式，新华社、中央电视台及省内多家媒体参与报道。

图5-5　2004年6月，省民政厅、省测绘局和省地图出版社在福州联合举行《福建省行政区划图》出版发行发布会

2005年10月，全省基本完成沿海岛屿的调查摸底工作，调查岛屿共计1462个，并完成无居民海岛基本情况的资料采集。全省共有无居民海岛1264个（不含金门县），其中已命名1066个，未命名198个。12月，为进一步贯彻《无居民海岛保护与利用管理规定》，省民政厅在福清市开展海岛普查和命名更名试点工作，主要任务是对福清市行政区域内所有岛屿进行实地勘察和图上详细核对；对没有正式名称、实地有名称但地图上无名称注记、地图上无名称实地也没有名称的海岛进行命名；对不规范的，或重名同音、错字错音错位、一岛多名的，或名称与实际不一致的海岛名称，进行规范和更名。

第四节　勘界与界线管理

一、勘界

1996年5月，根据国务院关于1996年起开始勘定省县两级行政区域界线的决定，省政府成立福建省勘界工作领导小组，下设办公室（下称“省勘界办”）。同月，省勘界工作领导小组举行第一次全体会议，研究确定全省勘界工作步骤，明确省勘界办工作职责。6月，省政府召开全省勘界工作会议，传达全国勘界工作会议精神，动员部署全省勘界工作具体方案，要求地（市）和县级政府设立相应机构，按照“勘定习惯线，确定法定线，处理争议线”的原则，采取“分级负责、分批实施、先易后难、试点先行”的方法开展勘界工作。县际界线（设区市之间的县际界线和设区市内的县际界线）勘定任务由省勘界工作领导小组下达，毗邻县（市、区）组织实施；乡际界线勘定任务由省勘界工作领导小组下达，县（市、区）组织实施。工作步骤和程序为制定方案、调查摸底、实地勘察、协商定界、处理争议、埋设界桩、测绘界线、起草协议、汇总资料、检查验收、签订协议、上报成果、审批协议和资料归档等。

（一）省际界线勘定

1996年8月，福建、广东两省勘界工作领导小组在广东省潮州市召开闽粤联合勘界第一次联席会议，签订《广东省与福建省联合勘定行政区域界线实施方案》。9月，国务院勘界工作领导小组办公室（简称“国勘办”）批复同意该方案，闽粤边界线联合勘定工作正式启动。同月，浙闽赣三省交会点勘定会议在江西省广丰县召开，经协商达成共识，确定浙闽赣三省边界交会点（下称“三交点”），三省勘界办主任联合签订《浙江、福建、江西三省联合勘定边界线交会点协议》，并于当日联合上报国勘办；闽粤线龙岩—梅州段、漳州—潮州段联合勘界会议分别在广东省蕉岭县和福建省诏安县召开。10月，闽赣粤三省交会点勘定会议在广东省平远县召开，确定三交点。同月，通过协商，闽粤线上杭—蕉岭段全线贯通，梅州—龙岩段和漳州—潮州段协商定界事宜亦取得进展。11月，闽粤线武平—蕉岭段、饶平—诏安段基本划定。12月，闽粤两省联合勘界第二次会议联席会议在漳州市召开，对业已贯通的武平—平远、上杭—蕉岭、平和—饶平、武平—蕉岭、诏安—饶平5段毗邻县边界线进行认定，国勘办、林业部有关人员到会指导协调。

1997年1月，闽粤两省联合勘界第三次联席会议在广州市召开，商定闽粤线界桩定位、制作、埋设、测绘等问题，并对未贯通地段进行实地调查和协商定界。3月，闽粤两省联合实地踏勘闽粤线诏安—饶平争议段和武平—蕉岭争议段。5月，闽赣两省联合勘界第一次联席会议在福州市召开，签订《福建省与江西省联合勘定行政区域界线实施方案》，上报国勘办并得到批复，闽赣边界线联合勘定工作正式启动。12月，闽粤两省勘界办在广州市举行协商定界会议，对武平—蕉岭段、诏安—饶平段未贯通地界进行协商并最终划定。至此，闽粤两省边界线全线贯通（勘定完毕）。同年，武平、浦城、武夷山、光泽、邵武和江西省会昌、广丰、上饶、贵溪、资溪、黎川等毗邻县（市）共实施3轮实地协商定界工作。

1998年1月，闽赣两省实施第四轮协商定界工作，分别在江西鹰潭市和福建省建宁县召开协商定界会议，协商确定闽赣线尚未核定的18段行政区域界线。4月，闽赣两省联合勘界第二次联席会议在江西省南昌市召开，研究确定闽赣线未核定地段定界原则和核界进度安排，并协商安排勘界测绘、界桩制作和埋设、资料汇总等后续工作，国勘办派员到会指导。同月，闽赣两省分别在江西省南昌市和福建省宁化县召开协商定界会议，实施第五轮、第六轮协商定界工作，共贯通24段边界线。5月，闽浙两省联合勘界第一次联席会议在杭州市召开，签订《浙江省与福建省联合勘定行政区域界线实施方案》，正式启动浙闽边界线联合勘定工作。5月下旬至6月上旬，浙闽线第一次协商定界东片会议、西片会议先后在浙江省苍南县和福建省浦城县召开。6月初，闽粤两省边界线勘定协议书签字仪式在福州市西湖宾馆举行，闽粤两省政府分管副省长共同签署《福建省人民政府与广东省人民政府联合勘定行政区域界线协议书》。7月，国务院批准该协议书生效。勘界后闽粤线全长401.051公里，包括三交点和陆海分界点在内共设界桩点41个，实际埋设界桩46个（其中单立界桩33个，双立界桩13个），标绘协议书附图原图84幅。

1999年1月，浙闽线第二次协商定界会议（东片）在福鼎市召开，协商贯通福建省寿宁县、福鼎市与浙江省毗邻县（景宁县、庆元县、泰顺县、苍南县）的边界线8段51.6公里。3月，闽赣两省勘界办在邵武市检查验收闽赣线勘界测绘成果资料。6月，浙闽线第三次协商定界会议在杭州举行，核定浦城县、政和县、福鼎市与浙江省毗邻县（遂昌县、龙泉市、庆元县、泰顺县、苍南县）边界线5段34.21公里。7月，浙闽线第四次协商定界会议在福州市举行，协商贯通松溪县、寿宁县、福鼎市与浙江省毗邻县（庆元县、苍南县）边界线6段23.61公里。8月，闽赣两省勘界办先后在南昌市、井冈山市和福州市汇总勘界资料、起草修订两省联合勘界协议书。10月，浙闽线第五次协商定界会议在浙江省瑞安市举行，核定边界线9段41.2公里，至此浙闽两省行政区域边界线全部划定。

2000年3月，闽赣线第七轮协商定界会议在江西省石城县举行，调处解决僵持近两年的宁化—石城海螺岭（东华山）地段争议问题，民政部、国土资源部、国家林业局派员到会指导协调，对该地段中涉及的矿产资源、山林权属问题提出协调意见。至此，闽赣两省全长975公里、涉及两省7个设区（市）20个县（市）的边界线全部划定，共埋设界桩32个。12月，浙闽两省勘界办在浙江省余杭市召开会议，协商边界线测绘问题，决定由江苏省测绘局工程院承担测绘工作，费用两省分摊。

2001年4月，浙闽两省勘界办在云南省昆明市举行会议，商议安排两省勘界后续工作。同月，浙闽线勘界资料汇总工作在浙江省舟山市进行。5月，闽赣两省政府签署《福建省人民政府与江西省人民政府联合勘定行政区域界线协议书》（当年10月国务院批准该协议书生效）。勘界后闽赣线全长975公里，共埋设界桩32个（不含三交点），标绘协议书附图原图140幅。6月，浙闽两省边界线勘定协议书签字仪式在福州（福建会堂）举行，闽浙两省政府分管副省长共同签署《浙江省人民政府与福建省人民政府联合勘定行政区域界线协议书》（当年9月国务院批准该协议书生效）。勘界后浙闽线全长670.8公里，包括三交点和陆海分界点在内共设界桩点26个，实际埋设界桩28个。至此，闽粤、闽赣、浙闽三条省级界线勘定完毕，总长2046.9公里，共埋设省级界桩106个（含闽赣粤、浙闽赣三交点界桩2个），全省陆地行政区域面积较勘界工作开展前扩大45.136平方公里（2002年1月省勘界办量算）。

图5-6 2001年6月11日，浙闽两省边界线勘定协议书签字仪式在福州（福建会堂）举行

表 5-10　**闽粤赣三省边界三交点、起止点设置情况表**

三　交　点		
边界线名称	三交点位置	确定时间
福建—江西—广东	福建省武平县民主乡坪畲村 江西省寻乌县项山乡大中村 广东省平远县差干镇新岭管理区	1996-10-24
浙江—福建—江西	浙江省江山市廿十八都镇林丰村 福建省浦城县盘亭乡上黄处村 江西省广丰县十都乡田边村	1996-09-06
起　止　点		
边界线名称	起止点位置	确定时间
福建—广东	福建省诏安县桥东镇西霞村 广东省饶平县大埕镇上东管理区	1997-06-10
浙江—福建	浙江省苍南县沿埔镇沙岭村 福建省福鼎市沙埕镇和平村	1999-07-30

（二）县乡际界线勘定

1996 年 7 月至 9 月，各设区市政府和地区行署相继成立勘界工作领导小组。9 月起，各地陆续召开会议、落实编制、制定方案，拟定规划、培训考察、部署工作，泉州、漳州、三明、南平等地布置试点工作。同月，莆田市城厢区与涵江区联合勘界实施方案率先获省勘界办批复。12 月，省勘界办印发《福建省县级行政区域界线勘界测绘技术规定》，对县际边界线界桩的埋设与测定（包括界桩的类型、材质、位置、编号与书写、界桩点坐标与高程）、边界线的标绘（包括地形图比例尺选择、边界线界桩点地物的测量、清绘各类要素的颜色要求）、边界协议书附图的绘制、边界线走向和界桩位置说明的编写以及勘界工作成果整理等方面作出统一规定。同月，省勘界办制定《福建省勘定县级行政区域界线总体规划》，提出勘界工作指导思想、原则、方法、任务、实施步骤、经费渠道以及牵头单位职责等。

1997 年 2 月，省勘界办组织验收莆田市城厢区与涵江区边界线勘定成果，全省第一个县际勘界成果由此产生。4 月，省勘界工作领导小组召开第二次全体会议，除安排省际界线勘定工作外，重点研究部署省内县际界线勘定任务。7 月，省勘界办与省测绘局联合举办勘界测绘业务培训班，全省测绘技术单位共 61 人参训。8 月，福州市在马尾区核定晋安—台江、晋安—马尾、马尾—连江、马尾—长乐等多条县际界线，取得一次会议勘定多条界线的成效。12 月，省政府在福州召开全省第二次勘界工作会议，总结交流工作经验，部署 1998 年度全省勘界工作，表彰 1996—1997 年度全省勘界工作先进单位（全省 15 个）和先进个人

（全省23名）。当年，全省已贯通10条（总长368公里）相邻地（市）间的县际界线255公里，已勘定64条（总长2747公里）地（市）内的县际界线2179公里。各地工作经费实行分级负责制：勘定相邻地（市）间的县际界线，由省财政负担，按每公里2000元下拨，不足部分由所在地（市）补贴；勘定地（市）内的县际界线，由本地（市）、县（市、区）财政负担。

1998年4月，福州市、莆田市、泉州市勘界办在永泰县举行“永泰—仙游—德化”三县边界线交会点协商定界会议，确定三交点，并由此解决边界线资源纠纷。6月至7月，省勘界办先后在泉州和龙岩举办全省勘界档案业务培训班，各地勘界工作人员共100多人参训。8月，省勘界办印发《关于开展“勘界突击月”活动的通知》，确定每年9月、10月为勘界任务“攻坚突击月”。同月，龙岩市勘界办被省勘界办通报表扬为全省勘界工作力度最大、进度最快、完成任务量最多的单位。10月，连江—马尾行政区域界线协议书首获省政府批准。

1999年3月，全省地（市）勘界工作会议在福州召开，龙岩市、三明市、厦门市、莆田市、福州市和宁德地区作工作经验介绍。4月，全省勘界成果质量培训班在福州举办。5月，省勘界办印发《关于勘界测绘有关问题的补充通知》《关于县级界线勘界成果资料规范化要求的通知》，对勘界测绘、勘界成果资料整理提出统一规范的要求。11月，省政府下发《关于抓紧做好勘界工作维护边界地区稳定的通知》，要求各级政府明确责任，加强领导，从讲政治的高度，把勘界工作和保持边界地区稳定问题摆上议事日程，建立岗位目标责任制，及时研究解决勘界中的边界争议问题，确保2000年前完成国务院确定的勘界工作任务。当年，全省划定县界数占总量的76%，尚有55条长达1000多公里的县际界线未划定，其中绝大部分属于历史遗留下来的争议地段。

2000年4月，省政府办公厅下发《关于按时完成全面勘界工作任务的紧急通知》，要求尚未完成勘界任务的市县两级政府建立明确责任制，主要领导亲自督促检查，下大力气解决遗留边界争议问题，对于无视上级政府决定挑起事端的坚决予以查处。同月，省政府下发《关于调整省勘界工作领导小组的通知》，调整省勘界工作领导小组组长及成员；省政府召开全省勘界工作会议，向九设区市下达勘界工作目标管理责任书，要求各地在当年年底前全面解决遗留县界线争议问题。6月，省政府下发《关于开展乡（镇）级行政区域界线勘定工作的通知》，要求参照省际、县际边界线勘定工作的原则和方法，由县（市、区）政府组织实施乡级行政区域界线勘定工作。全省乡际界线勘定工作由此启动，乡镇一级组建勘界工作机构，落实人员和经费。当年底，全省尚有8条相邻市间的县界（长530公里）存在遗留的争议问题。同年，莆田市成为省内第一个全面按时完成县级行政区域界线勘定工作的设区市。

2001年1月，省政府批转省勘界工作领导小组办公室《关于遗留市间县界线争议处理意见》，提出：设区市政府对市间县界线争议拥有协调处理权；在毗邻县级政府无法达成协议的情况下，设区市勘界工作机构可受政府领导委托组织协调处理市间县界线争议。4月，省政府办公厅发出《关于加强全省行政区域界线管理工作的通知》，对勘定后的行政区域界线位置、走向、界桩的管理以及“飞地”“插花地”的权益问题作出规定。6月，莆田市率先完成乡级行政区域界线勘定任务。8月，莆田市涵江区和城厢区乡际界线勘界成果通过省级验收。9月，全省8条历史遗留的县界争议线划定其中4条。12月，省长习近平对勘界工作作出批示，要求三明、南平、宁德、福州四市限时完成勘界收尾任务。同月，尤溪、闽清、延平、罗源、蕉城、顺昌、建瓯7个县（区）政府领导和勘界办公室负责人在福州市举行协商会议，最终划定尤溪—闽清、延平—尤溪、罗源—蕉城、顺昌—建瓯4条历史遗留的县界争议线。至此，全省县际界线勘定全部结束，共188条（其中设区市间县际界线54条、设区市内县际界线134条），总长9970公里。

2002年7月，省政府发布《关于省内县级行政区域界线的通告》，要求绘制地图中行政区域界线的，一律以省行政区域界线详图为准。7月，省人事厅和省民政厅联合表彰“1996—2001年度全省勘界工作先进集体”27个、“1996—2001年度全省勘界工作先进工作者”95人（全省勘界先进工作者享受地市级劳动模范和先进工作者待遇）。8月，省政府和民政部领导在福州召开的福建省第十六次民政会上为以上荣誉获得者颁奖。

2003年，莆田、厦门两市因行政区划调整，增划4条县际界线，增加3个三交点（含起止点）。至此，全省县际界线全面划定，共192条，总长10157.83公里，三交点（含起止点）146个。

2004年7月，省政府批准龙岩市7县（市、区）乡级行政区域界线协议书，成为全省第一批乡级行政区域界线勘定成果。

2005年，基本完成8个设区市的乡级行政区域界线勘定协议书的上报和审批。同年底，除莆田市部分乡镇外，全省乡级行政区域界线勘定完毕，共1782条，总长度22248.46公里。

表5-11　　**2003年福建省县际界线情况表**

单位：公里、个

界线名称	界线长度	界桩数量（双面型）	界线名称	界线长度	界桩数量（双面型）
延平—闽清	4.9	0	福安—寿宁	84.1	2
长汀—宁化	55.8	2	福安—周宁	50.68	2
长汀—清流	13.6	0	屏南—周宁	27.06	0
清流—连城	61.73	5	安溪—长泰	54.07	1
连城—永安	86.78	3	安溪—华安	77.29	1
新罗—永安	7.75	0	延平—尤溪	121.7	0
漳平—永安	105.56	4	延平—沙县	99.05	2
漳平—大田	71.07	2	顺昌—沙县	37.75	1

续表

界线名称	界线长度	界桩数量（双面型）	界线名称	界线长度	界桩数量（双面型）
同安—安溪	55.11	1	顺昌—将乐	71.17	3
同安—南安	16.4	2	邵武—将乐	31.5	1
翔安—南安	68.69	2	泰宁—邵武	67.3	2
海沧—龙海	25.22	2	邵武—建宁	0.1	0
海沧—长泰	10.91	0	仓山—晋安	5.37	0
集美—长泰	15.52	0	马尾—晋安	26.98	9
同安—长泰	20.72	1	连江—罗源	78.89	3
闽清—尤溪	62.38	0	马尾—长乐	27.7	0
永泰—尤溪	48.1	1	闽侯—长乐	24.4	0
泉港—仙游	31.65	10	闽侯—永泰	76.73	2
仙游—德化	44.85	2	闽侯—罗源	29.35	0
仙游—永春	36.18	3	集美—同安	40.87	3
仙游—南安	7.18	5	海沧—集美	22.73	7
洛江—仙游	54.83	6	城厢—仙游	91.49	7
延平—古田	89.47	2	涵江—仙游	20.7	1
古田—建瓯	33.76	2	云霄—平和	102.11	2
屏南—建瓯	75.37	2	龙文—龙海	22.87	1
屏南—政和	38.3	1	漳浦—龙海	140.26	4
周宁—政和	16.11	2	芗城—华安	30.35	1
寿宁—政和	74.98	0	长泰—华安	55.12	1
永泰—德化	45.26	0	长泰—龙海	10.8	1
涵江—永泰	44.37	1	南靖—龙海	19.41	2
涵江—福清	81.22	5	丰泽—洛江	19.51	4
仙游—永泰	64.15	1	永春—德化	89.01	2
永春—大田	67.8	2	石狮—晋江	36.83	35
大田—德化	87.68	2	洛江—惠安	33.94	18
德化—尤溪	86.29	2	将乐—泰宁	106.06	14
永定—平和	48.87	1	明溪—泰宁	29.58	1

续表

界线名称	界线长度	界桩数量（双面型）	界线名称	界线长度	界桩数量（双面型）
永定—南靖	45.6	1	明溪—将乐	103.62	2
新罗—南靖	44.66	2	泰宁—建宁	96.68	6
漳平—南靖	32.23	2	梅列—明溪	20.88	1
漳平—华安	69.98	4	三元—明溪	53.02	1
鼓楼—台江	6.48	4	福鼎—柘荣	58.87	4
鼓楼—仓山	4.7	0	福安—霞浦	52.83	3
鼓楼—晋安	11.01	1	顺昌—邵武	71.7	2
台江—仓山	10.98	2	松溪—建阳	19.84	2
鲤城—丰泽	14.41	0	光泽—武夷山	14.71	1
丰泽—南安	11.44	4	光泽—建阳	23.8	0
洛江—泉港	5.2	0	浦城—松溪	69.96	2
鲤城—晋江	18.02	7	邵武—建阳	83.5	4
梅列—三元	71.54	2	建瓯—建阳	116.22	4
明溪—永安	30.71	1	政和—建阳	51.27	1
三元—沙县	27.3	0	新罗—永定	81.41	2
三元—大田	13.89	0	新罗—上杭	91.85	2
明溪—宁化	86.23	1	永定—上杭	114.7	6
浦城—建阳	44.33	2	长汀—武平	100.21	2
松溪—政和	53.4	3	上杭—武平	110.5	2
延平—建瓯	110.59	5	晋安—罗源	10.02	1
蕉城—福安	46.54	2	晋安—连江	75.49	4
蕉城—古田	51.26	2	长乐—福清	43.64	3
蕉城—周宁	57.3	1	闽侯—福清	36.08	0
台江—晋安	7.37	1	闽侯—闽清	113.02	2
仓山—马尾	5.5	0	晋江—南安	54.37	12
仓山—长乐	4.2	0	安溪—永春	101.6	8
仓山—闽侯	32.94	4	永春—南安	80.37	6
马尾—连江	30.7	6	云霄—诏安	67.39	1

续表

界线名称	界线长度	界桩数量（双面型）	界线名称	界线长度	界桩数量（双面型）
晋安—闽侯	61.02	3	平和—龙海	27.55	0
鼓楼—闽侯	4.38	4	漳浦—平和	45.92	1
永泰—福清	28.59	2	明溪—沙县	36.24	1
闽清—永泰	95.33	2	清流—永安	76.55	1
思明—湖里	20.31	2	清流—宁化	129.03	2
同安—翔安	45.67	0	宁化—建宁	57.16	2
鲤城—南安	9.7	2	大田—永安	105.37	2
安溪—南安	92.1	8	明溪—建宁	38.07	1
丰泽—晋江	8.97	2	大田—尤溪	101.45	1
洛江—南安	48.56	7	大田—沙县	23.7	0
泉港—惠安	27.72	17	沙县—将乐	21.85	1
城厢—涵江	15.4	1	武夷山—建阳	154.64	6
城厢—荔城	52.55	5	浦城—武夷山	100.31	4
城厢—秀屿	9.24	2	政和—建瓯	55.09	2
涵江—荔城	48.85	4	延平—顺昌	60.14	2
荔城—秀屿	38.8	2	顺昌—建瓯	103.01	2
三元—永安	89.4	2	顺昌—建阳	28.5	1
明溪—清流	49.48	1	光泽—邵武	71.7	2
尤溪—沙县	73.33	1	新罗—连城	75.79	4
梅列—沙县	72.6	2	长汀—连城	86.56	4
芗城—龙文	25.32	0	新罗—漳平	135.79	6
芗城—南靖	38.76	2	长汀—上杭	52.92	2
云霄—漳浦	31.74	2	上杭—连城	113.9	4
诏安—平和	27.8	1	古田—屏南	94.77	2
南靖—平和	80.96	1	寿宁—周宁	54.34	1
芗城—龙海	11.9	0	蕉城—屏南	45.86	2
龙文—长泰	16.94	0	蕉城—罗源	66.24	1
南靖—华安	75.75	2	漳平—安溪	44.67	2

续表

界线名称	界线长度	界桩数量（双面型）	界线名称	界线长度	界桩数量（双面型）
芗城—长泰	3.77	0	漳平—永春	14.7	0
福鼎—霞浦	57	8	闽侯—古田	33.13	2
霞浦—柘荣	27.6	2	罗源—古田	51.22	2
福安—柘荣	46.41	2	闽清—古田	112.83	2

注：全省县际界线合计192条（平潭县、东山县、金门县未统计在内），总长度10042.4公里，共设双面型界桩502个。

表5-12　　**2003年福建省内毗邻市间县际界线三交点（起止点）情况表**

单位：个

序号	界线名称	设置界桩	所处位置	确定时间
1	新罗—漳平—南靖	1	新罗区适中镇颜中村 漳平市永福镇古溪村 南靖县和溪镇乐土村	1999-03-25
2	新罗—漳平—永安	1	新罗区白沙镇吕凤村 漳平市赤水镇石寮村 永安市小陶镇吴地村	1998-10-24
3	延平—顺昌—沙县	1	延平区王台镇高埠村 顺昌县洋口镇石溪村 沙县高桥镇桂岩村	1997-11-28
4	蕉城—罗源—古田	1	蕉城区洋中镇九道村 罗源县中房镇显柄村 古田县大甲乡毗源村	1997-07-25
5	新罗—永定—南靖	1	新罗区适中镇仁和村 永定县龙潭镇铜联村 南靖县梅林乡长塔村	1998-08-19
6	延平—闽清—尤溪	1	延平区樟湖镇高州村 闽清县雄江镇安岭村 尤溪县洋中镇王宅村	1998-04-28
7	延平—闽清—古田	1	延平区樟湖镇高州村 闽清县雄江镇西山村 古田县水口镇汶潭村	1998-04-21

续表

序号	界线名称	设置界桩	所处位置	确定时间
8	延平—尤溪—沙县	1	延平区塔前镇石城村 尤溪县梅仙镇文漈村 沙县郑湖乡长村村	2000-01-26
9	新罗—连城—永安	1	新罗区白沙镇吕凤村 连城县赖源乡河祠村 永安市小陶镇吴地村	1998-05-31
10	延平—古田—建瓯	1	延平区洋后镇大禄村 古田县凤都镇小禄村 建瓯市迪口镇中田村	1999-05-19
11	漳平—安溪—永春	1	漳平市象湖镇半华村 安溪县桃舟乡南坑村 永春县一都镇鲁山村	2001-11-28
12	漳平—安溪—华安	1	漳平市芦芝乡涵梅村 安溪县福田乡丰田村 华安县湖林乡大坪村	2001-11-28
13	漳平—大田—永春	3/1	漳平市象湖镇长塔村 大田县谢洋乡仕福村 永春县一都镇光山村	1998-11-26
14	漳平—大田—永安	1	漳平市新桥镇城口村 大田县赤头坂伐木场 永安市西洋镇岭头村	1998-10-24
15	漳平—南靖—华安	1	漳平市永福镇清源村 南靖县和溪镇月明村 华安县马坑乡马坑村	1999-03-25
16	洛江—泉港—仙游	3/1	洛江区马甲镇炉田村 泉港区涂岭镇黄田村 仙游县园庄镇东坪村	1997-05-17
17	洛江—仙游—南安	1	洛江区虹山乡白凤村 仙游县龙华镇金山村 南安市向阳乡卓厝村	2000-06-24
18	杏林—长泰—龙海	1	杏林区天竺山林场 长泰县亭下林场 龙海市角美镇铺透村	1997-09-03

续表

序号	界线名称	设置界桩	所处位置	确定时间
19	杏林—集美—长泰	1	杏林区天竺山林场 集美区灌口镇田头村 长泰县陈巷镇山重村	1997-09-03
20	集美—同安—长泰	1	集美区坂头林场 同安区莲花镇内田村 长泰县枋洋镇林溪村	1997-09-03
21	同安—安溪—长泰	1	同安区莲花镇西坑村 安溪县大坪乡双美村 长泰县枋洋镇青阳村	1998-10-22
22	同安—安溪—南安	1	同安区汀溪镇汪前村 安溪县龙门镇龙美村 南安市翔云镇沙溪村	2001-05-10
23	莆田—仙游—永泰	1	莆田县庄边镇山溪村 仙游县游洋镇里洋村 永泰县赤锡乡念后村	1999-12-17
24	闽侯—罗源—古田	3/1	闽侯县廷坪乡池坑村 罗源县霍口乡塘下村 古田县鹤塘镇佳垄村	1998-10-22
25	闽侯—闽清—古田	1	闽侯县廷坪乡马厝村 闽清县下祝乡邹洋村 古田县大桥镇葛藤湾村	1997-07-15
26	莆田—永泰—福清	1	莆田县大洋乡崇兴村 永泰县岭路乡七斗村 福清市一都镇后溪村	1998-08-27
27	顺昌—沙县—将乐	1	顺昌县郑坊乡俸窠村 沙县夏茂镇瓦溪村 将乐县漠源乡伍坊村	1999-03-18
28	顺昌—将乐—邵武	3/1	顺昌县大干镇慈悲村 将乐县安仁乡蜈蚣鼻村 邵武市张厝乡九峰村	1997-10-24
29	长汀—清流—宁化	1	长汀县馆前镇陈莲村 清流县里田乡廖坊村 宁化县曹坊乡罗溪村	1998-07-03

续表

序号	界线名称	设置界桩	所处位置	确定时间
30	长汀—清流—连城	1	长汀县馆前镇珊坑村 清流县长校乡茜坑村 连城县四堡乡马屋村	1998-07-03
31	仙游—永泰—德化	3/1	仙游县凤山乡柳园村 永泰县洑口乡紫山村 德化县水口镇昆坂村	1999-04-26
32	仙游—永春—德化	1	仙游县度尾镇苦竹村 永春县湖洋镇蓬莱村 德化县龙门滩镇大溪村	1997-10-08
33	仙游—永春—南安	1	仙游县龙华镇金山村 永春县外山乡云峰村 南安市向阳乡卓厝村	1998-05-27
34	永定—南靖—平和	1	永定县湖坑镇实佳村 南靖县书洋镇下坂寮村 平和县芦溪镇连新村	1998-07-11
35	清流—连城—永安	1	清流县赖坊乡官坊村 连城县塘前乡罗地村 永安市罗坊乡盘兰村	1998-12-28
36	闽清—永泰—尤溪	1	闽清县后佳乡福里村 永泰县长庆镇福斗村 尤溪县汤川乡珠建村	1998-10-14
37	安溪—长泰—华安	1	安溪县龙涓乡崎畲村 长泰县坂里乡高层村 华安县新圩乡玉山村	1999-10-26
38	永春—大田—德化	1	永春县下洋乡上姚村 大田县济阳乡高升村 德化县美湖乡阳山村	2001-09-28
39	大田—德化—尤溪	1	大田县湖美乡高才村 德化县春美乡尤床村 尤溪县坂面乡厚禄村	2001-09-28
40	永泰—德化—尤溪	1	永泰县盖洋乡石塘村 德化县水口镇淳湖村 尤溪县中仙乡华仙村	2001-06-26

续表

序号	界线名称	设置界桩	所处位置	确定时间
41	古田—屏南—建瓯	1	古田县凤埔乡旧镇村 屏南县牛场 建瓯市玉山镇岭后村	1999-06-01
42	屏南—政和—周宁	1	屏南县双溪镇宜洋村 政和县杨源乡西岩村 周宁县礼门乡陈峭村	2000-05-17
43	将乐—泰宁—邵武	1	将乐县大源乡山坊村 泰宁县龙湖镇凹头村 邵武市大埠岗镇松树坪村	1999-07-28
44	屏南—政和—建瓯	3/1	屏南县岭下乡葛畲村 政和县杨源乡富坂村 建瓯市水源乡南山村	2000-06-15
45	寿宁—政和—周宁	1	寿宁县平溪乡亭下村 政和县澄源乡新康村 周宁县纯池乡溪源头村	1999-06-10
46	泰宁—建宁—邵武	1	泰宁县新桥乡大源村 建宁县溪源乡桐荣村 邵武市桂林乡盖竹村	1999-09-19
47	蕉城—罗源 （东止点）	1	蕉城区三都镇沙澳村 罗源县鉴江镇井水村	1998-09-18
48	杏林—龙海 （南止点）	堤岸刻“十”	杏林区海沧镇青礁村 龙海市角美镇白礁村	1997-09-23
49	泉港—仙游 （东止点）	1	泉港区界山镇鸠林村 仙游县枫亭镇锦湖村	1997-06-05
50	莆田—福清 （南止点）	2/1	莆田县江口镇新墩村 福清市新厝镇东澳村	1998-12-28
51	同安—南安 （南止点）	1	同安区新店镇莲河村 南安市石井镇洵江村	1999-12-16
52	长汀—宁化 （西起点）	0	长汀县铁长乡洋坊村 宁化县治平乡高峰村	1999-03-18

续表

序号	界线名称	设置界桩	所处位置	确定时间
53	永定—平和 （西起点）	0	永定县湖山乡杨山村 平和县长乐乡芦家村	1999-03-25
54	政和—寿宁 （北起点）	1	政和县澄源乡新康村 寿宁县下党乡杨溪头村	1999-06-10
55	建宁—邵武 （西起点）	0	建宁县溪源乡桐荣村 邵武市桂林乡盖竹村	1999-07-15

二、界线管理与勘界成果应用

2001年4月，省政府办公厅下发《关于加强全省行政区域界线管理工作的通知》，要求加强对已勘定行政区域界线的管理，尽快让全省行政区域界线管理走上法制化的轨道，切实维持界线两侧50米内地形地貌的现状，严禁界线两侧10米内新建永久性建筑物或挖沙、取土、采石。同年，各地为维护勘界工作成果，便于日后界线管理，开始对勘界成果资料进行分类、立卷、归档工作。全年全省共整理省县两级行政区域勘界文书档案、勘界测绘档案和勘界协议书附图档案3000多卷。

2002年7月，省勘界办召开各设区市勘界办主任会议，决定编纂《福建勘界纪实》一书。9月，《福建勘界纪实》改称为《丰碑——八闽勘界纪实》。10月，《丰碑——八闽勘界纪实》由中国社会出版社出版，重点记述福建省省、县两级行政区域界线勘定工作主要过程、先进事迹、边界争议实例、工作理论思考和省县两级行政区域界线统计表。同年，省勘界办公室编辑《福建省省县两级边界协议书汇编》，收录191份省县两级界线勘界协议书及其批复文件。

2003年2月，省勘界办公室根据民政部要求开始设置县级行政区域界线信息管理系统，组织编制《福建省县级行政区域界线详图集》。9月，依照民政部《关于开展省级行政区域界线联合检查加强行政区域界线管理工作的通知》，福建省民政厅和广东省民政厅联合成立闽粤边界线联合检查工作组，建立联席会议制度。同月，闽粤两省民政厅联合制定《福建省与广东省行政区域界线联合检查工作实施方案》，明确粤闽两省边界线联合检查的总体要求、范围、内容、职责分工、方法、具体实施步骤和时间安排等。10月，闽粤两省民政厅在广东梅州联合召开闽粤线联检工作第一次联席会议，进一步动员和部署联检工作，并进行相关业务培训。此后，联检以县际线段为单位组织实施，按先内业后外业的程序进行。内业主要是对照协议书中的内容和界桩登记表，逐段核对边界线走向及其两侧地物地貌、界桩及其方位物等的变化情况；外业主要是逐个检查界桩及其方位物，发现异常情况的现场记录，同时清除界桩周围的杂草、遮挡物，用红漆重新描绘界桩上的文字，拍摄照片。11月，闽粤线联检工作告毕，共修补 3 个被损毁界桩，纠正 3 个界桩记录上的错误。同月，两省在龙岩市召开闽粤线联检工作第二次联席会议，对联检成果进行验收和汇总，认为闽粤线自勘定之后界线走向、界桩及其方位物、界线上地物地貌以及跨边界线生产建设情况无异常情况。同年，全省完成 16 条县际界线联检试点工作。

2004 年 1 月，广东省政府和福建省政府联合上报国务院《关于广东省与福建省陆地行政区域界线联合检查工作情况的报告》。5 月，《福建省县级行政区域界线详图集》编制完成，以每个设区市编为 1 个分册（每条县际界线为 1 个单元），共 9 个分册 906 幅自由分幅带状地形图，由省政府以通告形式予以公布。同月，“福建省县级行政区域界线信息管理系统”通过专家验收，具有县界信息检索、数据维护、界线管理辅助决策等功能，拥有全省 192 条县际界线的矢量化地形图数据和相关勘界资料数据，数据总量达 130G。年底，全省完成联检的县际界线 94 条；经省发改委批准，“福建省县级行政区域界线信息管理系统”转设为“福建省县级勘界基础数据库系统”，被列为“数字福建”重点建设项目，规划总投资 576 万元，建设内容包括县际界线协议书及附图数据库、勘界信息共享服务系统和软硬件设备建设三大部分。

2005 年 8 月，福建省民政厅和江西省民政厅联合在三明召开闽赣线联合检查工作第一次联席会议，商议闽赣线联检任务和计划，培训相关业务，闽赣线毗邻各市县民政局 70 多人参会。11 月，江西省民政厅与福建省民政厅联合在江西省上饶市召开闽赣线联合检查工作第二次联席会议，研究部署闽赣线联检具体工作，闽赣线毗邻 7 个设区市、20 个县（市）民政局 70 多人参会。当年，全省完成 50 条县界和闽赣界线的联检。

至 2005 年底，完成闽粤线及省内部分县界第一轮界线联检工作。

第五节　殡葬管理

一、殡葬改革

1995 年 11 月，华东地区殡改工作经验交流会在福州举行，主要研讨经营性公墓建设及丧葬用品用具经营管理经验，参会的有华东地区六省一市民政厅（局）分管厅（局）长和业务处长共 20 人。

1996 年 6 月，针对国道省道沿线、铁路沿线、主要河道沿线、经济开发区、旅游风景区（简称“三沿两区”）乱建坟墓问题，省委、省政府在福州召开专项治理工作会议，部署乱建坟墓治理工作，省委书记贾庆林，省委副书记何少川、习近平等出席会议。会后，省委办公厅、省政府办公厅下发《关于开展专项治理乱建坟墓、庙宇工作的通知》，具体部署清坟工作。一些地（市）、县（市、区）党政一把手亲自动员部署清墓工作。各地普遍层层签订责任书，对乱建坟墓治理工作实行目标管理，对影响观瞻的以水泥、石材等建筑材料建造起来的建筑性坟墓予以重点清理整治，分别对其进行迁移、深埋、遮盖绿化、拆除墓墙削平坟头等处理。11月26日，省委、省政府在福安召开全省专项治理乱建坟墓工作会议，省委书记贾庆林、省长陈明义、省委副书记何少川、副省长童万亨出席会议。会议总结各地专项治理乱建坟墓工作，推广福安、福清市经验，并对专项治理乱建坟墓工作进行再动员再部署。当年，全省共清理“三沿两区”坟墓5.4万座，全省遗体火化率19%。

1997年6月，省民政厅在民政部召开的第三次全国殡葬工作会议上介绍专项治理乱建坟墓工作经验。9月，省民政厅转发民政部《关于宣传贯彻〈殡葬管理条例〉的通知》，要求各地结合实际情况，充分利用各种新闻媒体，做好宣传工作，引导群众破除封建迷信，扩大火葬区，推进殡葬改革。11月，福州市人大常委会制定出台《福州市殡葬管理办法》，对殡葬行为实行依法管理。当年，全省共火化遗体38269具，火化率23%，火葬区总人口新增217万人，已建城区公益性公墓36处、乡村公益性公墓2720处。厦门市率先实现火葬普及，全市火化率98%以上。福州市首次组织骨灰撒海活动，参加撒海的有4具骨灰。石狮市建成殡仪馆并在全市推行火葬。至当年末，全省“三沿两区”共清理坟墓103440座（其中迁移坟墓55164座、平坟头深埋或植树绿化遮盖48276座），恢复山（林）地105公顷，植树20万株，昔日国道省道两侧的青山“白点”基本消失。全省有红白理事会5030个，其中城市1320个，农村3710个。

1998年3月，省政府在福州举行全省殡葬工作会议，传达第三次全国殡葬工作会议精神，回顾总结专项治理乱建坟墓工作和殡葬改革工作，要求贯彻执行国务院1997年颁布的《殡葬管理条例》，实现2000年全省火化率达40%以上。省委书记贾庆林、省长陈明义参加会议并讲话，各地市分管领导表态发言。会上，省政府表彰23个专项治理乱建坟墓工作先进单位和35个先进个人。7月，省政府颁布《福建省1998—2000年殡葬改革规划》和《福建省第一批火葬区规划》，要求至2000年全省遗体火化区覆盖人口2431万（占全省总人口75.7%），火化区面积76047平方公里，火化率40%以上，新建殡仪馆31所，新建殡仪服务站12个，经营性公墓和骨灰楼80处。省文明委将移风易俗、推行火葬列入城市及县城精神文明建设考评内容。各地政府将殡葬管理纳入地方社会发展及精神文明建设的总体规划中，将之作为评选精神文明先进县、先进乡镇（街道）、先进村（居）的条件之一。12月，省殡葬协会举行年会，决定从1999年起，定每年4月27日为全省殡葬职工活动日。当年，省民政厅先后6次联合新闻单位检查321、104、205、319、316国道及部分省道沿线坟墓治理工作，全省火化率30.1%。漳州、泉州、南平三市采取强硬措施扩大火葬区，火化率分别比上年度上升15.7%、12.2%、8.9%。泉州市肖厝经济开发区移棺搬迁4000多首，搬走近万个骨头缸。建瓯市在火化区内共析出27.3公顷山地作为村民公益墓地；实行火化的，所在村委会给予300～500元补助；违规土葬的，强制挖坟予以火化，所有费用由死者所在村（居）委会承担；对违规土葬事前举报的给予奖励800元，事后举报的奖励600元。但是，专项治理工作过后一些地方又开始乱建坟墓，或复原已深埋的坟墓，324国道福清、仙游、云霄常山农场和诏安等路段，104 国道连江、罗源路段，316 国道南平樟湖镇段，省道峡漳路段，外福铁路闽侯、闽清路段等，出现比较严重的乱建坟墓“回潮”现象。同年，龙海市实施城乡整体推进，火化区域划定一步到位，实行全境火化，发布移风易俗、丧事简办的具体规定，并对边远山区和少数民族乡的火化者给予优惠照顾（减半收取殡仪车的运输费，免除物价部门规定的殡仪人员在非上班时段接运、火化遗体时可以附加对丧属收取的加班补贴费，减免特困户、五保户、无名尸和非正常死亡者的火化费用）。

表 5-13　　**1997—1998 年福建省各设区市遗体火化情况表**

单位：具、%

地市	1997 年火化率	1998 年遗体火化情况		
		火化率指标	火化量	火化率
福州市	37.8	40	12423	40.6
厦门市	98.0	98	7271	98.0
漳州市	11.5	22	6405	27.5
泉州市	15.5	30	9555	27.7
莆田市	6.9	17	1124	7.3
三明市	14.3	21	2030	16.0
南平市	26.6	35	5301	33.3
龙岩市	26.8	35	4486	28.4
宁德地区	5.1	15	1256	7.5
全　省	23.0	30	49851	30.1

1999 年 3 月，省政府办公厅下发《关于加快殡葬改革的通知》，要求把殡葬改革纳入目标管理，强化领导责任；加快殡仪馆建设进度，允许财政困难的地区在掌握经营权、管理权的前提下走社会化建设殡仪馆的路子；简化殡仪馆建设立项、土地征用等方面的审批手续，依法减免有关税费；尚未推行火葬的乡村，要建立集体公墓，实现遗体埋葬公墓化；组织力量在当年清明节前后对“回潮”的坟墓进行再清理。同月，省民政厅下发《关于在清明节期间开展文明祭祀活动的通知》，要求各地利用清明节有利时机，大力宣传殡葬改革，倡导殡葬新风。4 月至 5 月，沿海各地普遍召开会议研究部署乱建坟墓专项治理和整体殡葬改革工作。莆田市召开全市殡葬改革动员大会，宣布当年 4 月起全市推行火葬。市政府与各县（区）签订莆田市殡葬改革工作责任书。仙游县政府召开县六套班子主要领导、各乡镇党委书记、乡镇长、分管乡镇长 200 多人参加的全县殡葬工作会议，要求全县上下将殡改工作列

入党政工作重要议事日程。福州市政府颁布《福州市殡葬管理实施细则》，扩大实行火葬的区域，规定城区丧葬活动方式和殡葬用品用具生产经营渠道等。沿海各地对“回潮”复原的坟墓进行重新深埋或予以绿化。宁德地区共治理坟墓3621座，占应治理总数59.4%。福州市政府办公厅转发市民政局《关于进一步加强殡葬改革工作意见的通知》，要求禁止乱葬滥埋，平毁公路沿线新建的、清理复原的坟墓，并在禁坟区设立禁坟标志。6月，省民政厅下发《关于对经营性公墓实行年检验收制度的通知》，要求各设区市民政局从当年开始，对全省经营性公墓（骨灰楼）实行年检。同月，全省公墓管理工作会议在泉州召开，要求取缔在国家禁止建墓区内兴建的非法公墓，所占用的土地由土地管理部门依法处理；对建在荒山瘠地、埋葬数量少的非法公墓，由当地政府责令建墓单位将所葬骨灰迁至合法公墓内；对埋葬数量大，一时难以迁葬的，责令其停止出售墓穴，在限期内搞好绿化美化，或提供山地绿化费，待墓穴使用期限届满后迁出骨灰，填改墓穴，恢复地貌；对当地确实需要，又不违背公墓建设规划的非法公墓，限期补办审批手续；对在1997年7月之前未经批准建立的非法公墓，按《殡葬管理条例》规定处理；对越权批建的经营性骨灰楼（堂），责令其做好自查自纠工作，确需保留的，向省民政厅作出说明后重新办理报批手续。7月，泉州市出台《殡葬管理暂行规定》，对火葬区域、尸体停放时间、丧葬活动方式和骨灰楼馆建设等作出具体规定。8月，省民政厅人事处、社会事务处和省殡葬协会联合在晋江举办殡葬技术工作升级考核培训班，参训者92名，来自各殡仪馆（站）、公墓、烈士陵园等。12月，省殡葬协会在厦门同安举行年会，省殡葬协会理事、团体会员代表共80多人参加会议。当年，全省共火化遗体66872具，火化率38.7%。全省22个殡仪馆全部盈利。厦门市火化率98%，南平市火化率48.5%，福州市火化率42.9%。长泰、南安、惠安县因未设殡仪馆，送遗体3250具至泉州、晋江、漳州殡仪馆火化。福州市有82具先人骨灰被撒向大海，其中有一具骨灰保存了28年之久。同年3月，省民政厅发布《关于全省统一使用火化证、安放证、安葬证的通知》。同年4月1日起，全省使用统一印制的火化证、安放证和安葬证。此三证由省民政厅、民政部监制，由省殡葬协会代为下发。

2000年3月，省长习近平在省民政厅上报省政府的《关于全省殡葬改革情况的报告》中批示：要采取有效措施，加快殡葬改革步伐。同月，省政府办公厅就制止乱建坟墓回潮问题下发紧急通知，要求清明期间组织巡逻检查，防止突击建坟或复原已治理坟墓的现象；因地制宜多种形式宣传丧葬习俗改革，引导文明祭祀；再度清理“三沿两区”乱建坟墓问题；在高速公路建成通车之地组织清理暴露的坟墓。6月，省政府召开殡葬改革专题会议，针对乱建坟墓问题提出整改意见，并研究寺庙焚化问题和殡改工作在文明城市考评中的分值安排。同月，漳州市民政局和芗城区民政局联合组织“回归大自然”骨灰撒海活动，有40具遗体骨灰被撒向大海。当年，全省30个殡仪馆共火化遗体81447具，实际遗体火化率达44.5%，首次达到全国平均水平。火化率居全省前3名的依次为厦门、南平、莆田，宁德市火化率为7.2%，排名最后。宁化县克服资金短缺和民众阻挠等问题，建成公园式殡仪馆，并实行全境火化。同年，省文明办开展文明城市文明县城（区）评选活动，省民政厅提出其中殡葬改革项目的评分标准。

2001 年 2 月，省民政厅表彰 15 个殡葬改革先进单位和 31 个殡葬改革先进个人。5 月，《人民日报·情况汇编》（内参）反映福建省一些地方乱建坟墓之风盛行问题，国务院总理朱镕基对之批示：这不是小事。省委、省政府主要领导也对此事作了批示。同月，省民政厅组派人员对福州市及其所属县（市）殡改工作进行重点检查督办；福州市委决定在文明单位考评中实行殡葬改革的“一票否决”。5 月 31 日，省政府颁布《福建省 2001—2005 年殡葬改革规划》和《福建省第二批火葬区规则》，提出全省殡葬改革总体目标：全省遗体火化率每年平均提高 5 个百分点，至 2005 年底全省火化区覆盖人口 3187 万人，火葬区面积达到全省总面积的 90％以上，新建殡仪馆 29 所，火化率达 70％。同月，省长习近平来省民政厅调研时批评个别打不开殡葬改革局面的县市，要求其认真予以整改。6 月，省民政厅下发《关于贯彻落实中央和省领导关于殡葬改革问题的批示和讲话的通知》，要求各地民政部门立即向当地党政领导专题汇报中央和省领导关于殡葬改革问题的批示和讲话精神，根据省政府殡改规划制定本地殡改规划；下大气力限时纠正“三沿两区”及市县城区四周、高速公路沿线违规建坟的“回潮”现象；加快殡仪馆建设步伐，完善骨灰管理措施，防止骨灰外流造成“二重葬”。各地由此开展清理整治活动，共整治 1000 余人次骨灰装棺土葬的“二重葬”现象，并开展舆论宣传和行为劝导：在城市，引导居民把骨灰存放在殡仪馆的骨灰堂（墙、塔）或安葬在公墓内；在农村，引导村民将骨灰存放在乡村自行修建的骨灰堂（室）内。9 月，省民政厅在南安举办殡葬技术工作暨防腐整容培训班，66 个申报高、中、初级技术等级的各殡仪馆、公墓的职工和 29 个殡仪工作一线职工参加培训。10 月，省民政厅下发《关于查处国道沿线“回潮”坟墓的紧急通知》。11 月，省民政厅在厦门召开国际运尸服务管理工作会议，各设区民政局分管领导，各殡葬管理处、殡仪馆、殡仪服务站负责人和福州海关、省检疫检验局、省民航局等部门负责人参会。会议宣布福建省殡葬协会与厦门市殡葬管理处（为中国殡葬协会国际运尸网络服务中心指定承运人）合作成立福建省八闽殡仪服务中心，服务中心设在省殡葬协会，下设福州和厦门 2 个办事处，承担福建省内国际运尸业务。福建省由此正式开展国际运送遗体服务，结束以往通过上海转道运送的历史。12 月，省民政厅转发民政部《关于加强公墓管理的紧急通知》，要求纠正在葬区内超标准建大墓的现象，合理确定墓穴及骨灰存放格位的价格，办理好民政部门批准的经营性骨灰楼土地征用手续。当年，全省共火化遗体 96873 具，火化率 51.4％；厦门、漳州、泉州市火化率列全省前 3 名，三明、漳州、泉州、龙岩 4 个市火化率比增提高 10 个百分点。全省新投入使用的殡仪馆有漳浦、永定、南安、霞浦、尤溪 5 所。龙海、漳浦、宁化、长泰等县（市）实行骨灰集中管理，控制骨灰外流。南安市为防止骨灰“二重葬”建立死人火化档案，记录死人年龄、原居住地、死亡时间、火化时间、骨灰去向等，由市镇村各执一份，以备定期或不定期地跟踪检查骨灰去向。沙县县委、县政府下发《关于党员干部及机关事业单位工作人员必须带头执行殡葬管理有关规定的通知》，要求党员、干部及机关事业单位的工作人员带头执行殡改规定，并提出具体惩处措施。同年6月，省民政厅、省殡葬协会、省新闻学会联合编纂《福建殡葬改革》大型画册。

2002年3月，省民政厅下发《关于清明节期间广泛开展殡葬法规宣传活动的通知》，要求清明节期间利用各种宣传媒介，采取多种有效形式，加强对殡葬法规的宣传力度，倡导文明祭祀活动。8月，省政府常务会议审议通过《福建省殡葬管理办法》（该办法2002年10月1日起施行），共6章31条，对殡葬管理机构、殡葬活动管理、殡葬设施管理、丧事活动、丧葬用品管理、惩处措施等方面作出规定，首次从法律的角度把建设殡葬设施、提高火化率、制止乱埋乱葬、移风易俗等列为精神文明建设内容。9月，省民政厅下发《关于宣传贯彻〈福建省殡葬管理办法〉的通知》，要求加大宣传力度，加大骨灰管理力度，把好骨灰去向关。各地开展《福建省殡葬管理办法》的宣传活动，在城市，发挥街道和社区居委会作用，设立宣传栏，张贴发放宣传资料，引导社区居民树立正确的丧葬观；在农村，发挥基层群众自治组织和红白事理事会的作用，引导村民破除封建迷信的丧葬陋俗。福州市民政部门会同宣传、公安、工商、林业、土地等部门在三山陵园举行骨灰花葬活动，继续扩大骨灰撒海活动，并在重点地段（山头）加强对祭祀活动的监管，把殡葬改革、移风易俗引向深入。当年，全省经营性公墓48个。全年全省遗体火化113206具，火化率59.7%，火化率居前三名设区市依次为厦门（98%）、漳州（77.2%）、龙岩（69.3%）、南平（69.3%）。同年，民政部认定泉州市殡仪馆、晋江市殡仪馆为国家二级殡仪馆。

2003年，福州市治理违规修坟1万多座，并实行骨灰有序流动，消除骨灰“二重葬”现象。三明市组织清坟工作组进村入户劝导，发送自迁坟墓通知书，并在主要地段设置永久性禁坟牌，全市共自迁坟墓9515座，强制迁坟58座。莆田市城厢区政府领导率民政、公安、国土、环保、林业、文明办等部门对辖区内的“活人墓”实施爆破，强行摧毁20座100多穴“活人墓”。龙岩市新罗区改革单一的骨灰寄存方式，开发骨灰壁葬服务项目，建成骨灰壁葬廊，共有格位1840个，以1200元和1600元价格出售。永安市将殡改工作列入创建文明单位考评内容，由民政部门在文明单位评选之前向精神文明办公室提出取消文明单位参评资格的建议名单，实行一票否决制。沙县一丧户依照故者生前遗嘱将亲人骨灰撒入沙溪河。8月，省文明办、省民政厅、省国土资源厅、省林业厅联合发布《关于实行移风易俗进一步做好殡葬改革工作意见》，在资金、土地等方面为殡葬改革提出优惠政策。12月，莆田市城厢区一次性爆破“活人墓”20座，100穴，有效遏制当地村民顶风违规乱建坟墓的势头。当年，全省火化遗体125578具，火化率65.8%，厦门、南平、漳州、龙岩、泉州、三明市全部完成省政府下达的火化率指标（厦门市火化率达98.1%，南平市达80.6%，漳州、龙岩市接近80%，泉州、三明市70%左右），火化率未过50%的有宁德、福州、莆田市。

2004年2月，省政府办公厅转发由省文明办、省民政厅、省国土资源厅、省林业厅联合制定的《关于实行移风易俗进一步做好殡葬改革工作的意见》，强调各职能部门的职责分工，

图 5-7　2003 年 4 月，省民政厅举办非典型肺炎遗体处理培训班

提出建立政府投入与社会投入相结合的殡葬事业资金筹措机制，提出建造殡葬设施所需土地林地的优惠政策：以民政部门为主兴建的殡仪馆设施（含业务区用房、殡仪区用房、遗体处置用房和火化区用房），其用地符合土地利用总体规划和村镇建设规划的，以行政划拨方式提供土地；用地在城区（镇区）范围外的，免收新增建设用地有偿使用费；符合省政府殡葬改革规划和土地利用总体规划，由民政部门为主兴办的非营利性公墓、骨灰楼，以行政划拨方式提供土地；经营性的公墓、骨灰楼，以招标拍卖或挂牌出让方式提供土地；兴建殡仪馆和经营性公墓，其林地补偿费、林木补偿费、安置补助费按相关规定优惠并由县级林业单位统筹协调直接对林权单位和个人进行补偿，森林植被恢复费由省、市、县林业部门在各自安排使用异地植被恢复费时给予支持。3 月，省政府召开全省殡葬改革工作电视电话会议，要求继续扩大火葬区，提高火化率，巩固“三沿两区”乱埋乱葬问题的治理成果，落实好省政府下达的殡仪馆建设任务，参加会议的有省市县各级政府分管领导，各级民政、宣传、文明办、国土、林业、公安、卫生、工商、环保、民族宗教、老龄办等部门和单位的负责人。当年，全省各地殡改力度进一步加大，南平市将提高火化率、专项治理乱埋乱葬、农村公益性公墓建设和殡仪馆建设等任务全面纳入殡改责任书，市政府特批专款用于奖励在殡改工作中表现突出的先进单位和先进个人；莆田市福山殡仪馆推出火葬费减免承诺，对重点优抚对象、城乡低保对象、老区“五老”人员、见义勇为（或因公牺牲）人员、荣立二等功以上的或获得省部级以上荣誉称号（劳动模范、先进工作者等）的人员，免收火化费；厦门市全市

图 5-8　2004 年 3 月，省政府召开全省殡葬改革工作电视电话会议

实行文明丧葬“三禁止”，禁止雇请中西乐队吹吹打打，禁止在住宅生活区守灵治丧，禁止在医院太平间设灵堂治丧；三明市精心制定清坟方案，落实迁坟补偿政策，全市共清理坟墓 6760 座；漳州市把周边未建殡仪馆的县全部纳入火化区；泉州市加强骨灰去向管理，领取骨灰须凭骨灰去向的有效证明；龙岩市加大力度推进乡村公益性骨灰堂（公墓）建设，共建 1252 个，占全省总数的 35%；福州市一年内建成 3 个殡仪馆，城区公墓规范化建设走在全省前列。全年全省清理整治“三沿两区”坟墓近 1 万座，6000 所佛教寺院中有 130 所设有殡葬业务。省民政厅下拨资金 40 万元扶持经济欠发达、财政困难的县修建殡葬服务设施。

2005 年 4 月，全省民政系统根据民政部《关于进一步做好清明节期间群众祭奠活动管理工作的通知》要求，结合保持共产党员先进性教育活动，开展殡改“宣传月”活动，主题为“推行文明殡葬，构建和谐社会”。1 月至 6 月，全省共火化遗体 74928 具，火化率 78.6%，高出省政府下达任务指标 8.6 个百分点；厦门、南平、泉州、漳州四市火化率分别达 98.8%、92.6%、91.6%、90.0%；福州、泉州、漳州、南平四市火化率同比增长 13.1%、9.5%、7.6%、7.5%。7 月，连江县出台佛教徒遗体焚化和骨灰存放规定，对佛教徒死亡后遗体焚化、骨灰存放地点以及办理程序、日常管理和检查监督等作出具体规定。9 月，随着安溪县 13 个乡镇推行火葬，泉州市成为全省第一个实现全境火葬的设区市。当年，全省遗体火化率 83.1%。

表 5-14　　**1995—2005 年福建省遗体火化量及火化率情况表**

单位：具、%

年份	1995	1996	1997	1998	1999	2000	2001	2002	2003	2004	2005
火化量	30255	32280	38269	49851	66872	81447	96873	113206	125578	136019	159276
火化率	17.6	19	23	30.1	38.7	44.5	51.4	59.7	65.8	71.6	83.1

表 5-15　　**1995—2005 年福建省财政殡葬事业经费支出情况表**

单位：万元

年份	1995	1996	1997	1998	1999	2000	2001	2002	2003	2004	2005
经费	90	100	110	170	350	370	320	170	242	250	250

表 5-16　　**2000 年福建省各设区市遗体火化率情况表**

单位：具、%

地区	火化量	火化率	火化率比上年度增减	全省排名
厦门市	7572	98	0	1
南平市	9105	53.8	+5.3	2
莆田市	7994	48.6	+9.5	3
泉州市	17213	46.7	+7.4	4
漳州市	11244	45.1	+4.1	5
龙岩市	7166	45	+10.1	6
福州市	13475	41.3	−1.6	7
三明市	3406	22.9	+4.4	8
宁德市	1272	7.2	−0.6	9
其　他	3000	—	—	—
全　省	81447	44.5	+5.8	

注："其他"指寺庙焚化，下同。

表 5-17

2001 年福建省各设区市遗体火化率情况表

单位：具、%

地区	火化量	实际火化率	火化率比上年度增减	省政府下达当年火化率指标	实际火化率超越指标
厦门市	7830	98.0	0	98	0
漳州市	15644	61.0	+15.9	55	↑6
泉州市	22719	60.9	+14.2	50	↑10.9
龙岩市	9645	59.2	+14.2	50	↑9.2
南平市	9392	54.2	+0.4	60	↓5.8
莆田市	7503	44.0	−4.6	60	↓16
福州市	14052	41.8	+0.5	60	↓18.2
三明市	6131	40.3	+17.4	40	↑0.3
宁德市	1957	10.6	+3.4	40	↓29.4
其　他	2000	—	—	—	—
全　省	96873	51.4	+6.9	50	↑1.4

注："↑"为超指标完成任务量，"↓"为欠指标完成任务量，下同。

表 5-18

2002 年福建省各设区遗体火化率情况表

单位：具、%

地区	火化量	火化率	火化率比上年度增减	省政府下达当年火化率指标	实际火化率超越指标	全省排名
厦门市	8070	98		98	0	1
漳州市	19948	77.2	+16.2	60	↑17.2	2
龙岩市	11294	69.3	+10.1	55	↑14.3	3
南平市	12016	69.3	+15.1	65	↑4.3	4
泉州市	25053	65.6	+4.7	60	↑5.6	5
三明市	8018	52.9	+12.6	50	↑2.9	6
莆田市	7268	43.9	−0.1	70	↓26.1	7
福州市	15097	43.4	+1.6	70	↓26.6	8
宁德市	4942	27.4	+16.8	50	↓22.6	9
其　他	1500	—	—	—	—	—
全　省	113206	59.7	+8.3	55	↑4.7	—

表 5-19　　**2003 年福建省设各区市遗体火化率情况表**

单位：具、%

地区	火化量	实际火化率	火化率比上年度增减	省政府下达当年火化率指标	实际火化率超越指标	全省排名
厦门市	8104	98.1	+0.1	98	↑0.1	1
南平市	14364	80.6	+13.3	70	↑12.6	2
漳州市	20529	79.5	+2.3	70	↑9.5	3
龙岩市	12808	78.6	+9.3	65	↑13.6	4
泉州市	27055	72.2	+6.6	70	↑2.2	5
三明市	10277	67.5	+14.6	60	↑7.5	6
莆田市	8419	49.1	+5.2	80	↓30.9	7
福州市	15984	46.0	+2.6	80	↓34	8
宁德市	6038	32.6	+5.2	60	↓27.4	9
其　他	2000	—	—	—	—	—
全　省	125578	65.8	+6.1	60	↑5.8	—

表 5-20　　**2004 年福建省各设区市遗体火化率情况表**

单位：具、%

地区	火化量	实际火化率	火化率比上年度增减	省政府下达当年火化率指标	实际火化率超越指标	全省排名
厦门市	8580	98.8	+0.7	98	↑0.8	1
南平市	14801	85.1	+2.5	75	↑10.1	2
漳州市	21289	82.4	+2.9	80	↑2.4	3
泉州市	30757	82.1	+9.9	80	↑2.1	4
龙岩市	13303	81.6	+3.0	75	↑6.6	5
三明市	11978	78.7	+11.2	70	↑8.7	6
莆田市	9305	54.2	+5.2	85	↓30.8	7
福州市	17394	51.4	+5.4	85	↓33.6	8
宁德市	6612	35.7	+3.1	70	↓34.3	9
其　他	2000	—	—	—	—	—
全　省	136019	71.6	+5.8	65	↑6.6	—

表 5-21　　**2005 年福建省设区市遗体火化率情况表**

单位：具、%

设区市	火化量	火化率	省政府下达当年指标	实际火化率超越指标	全省排名
厦门市	8932	99.4	98	↑1.4	1
泉州市	36809	97.5	90	↑7.5	2
南平市	16163	93.1	80	↑13.1	3
漳州市	23375	90.4	90	↑0.4	4
龙岩市	14208	87.0	80	↑7.0	5
三明市	12747	83.6	80	↑3.6	6
福州市	27501	80.0	90	↓10.0	7
莆田市	12128	70.8	90	↓19.2	8
宁德市	7413	39.9	80	↓40.1	9
全　省	159276	83.1	70	↑13.1	—

图 5-9　2005 年，福州市开展殡葬改革移风易俗宣传月活动

二、殡葬基础设施建设

（一）殡仪馆建设

1996年2月，省民政厅下发《关于统一全省殡葬事业单位名称的通知》，要求全省殡葬事业单位统一称谓。地（市）的统称为殡葬管理处，县（市、区）的统称殡葬管理所。

1997年，石狮、建瓯市殡仪馆建成投入使用。同年，省民政厅批复同意福安市、南安市和泉州市肖厝建设殡仪馆，永定县和清流县成立殡仪服务站。武夷山、福安、南安、惠安、福清、连江、政和、上杭、连城、东山、肖厝经济开发区等地将殡仪馆建设列入当地城市建设规划或政府办实事项目，已完成殡仪馆选址工作或已开始动工建设。长乐、龙海、晋江等市扩大火葬范围。

1998年，福安、肖厝、政和、上杭、连城5个殡仪馆建设被列入年度省委省政府为民办实事项目，省财政安排专项资金补助，省民政厅拨专项补助经费100万元。

1999年，东山、霞浦、武夷山、宁化、泰宁、漳浦、诏安、惠安、漳平县殡仪馆建设被列入年度省委省政府为民办实事项目，省财政补助200万元。12月，省五套班子秘书长工作协调会提出规划建设一个规模较大环境较好的省一级殡仪馆。同年，省民政厅批复同意南靖县建设殡仪馆。

2000年，福清、闽侯、平潭、南靖、南安、沙县、尤溪7个殡仪馆建设被列入年度省委省政府为民办实事项目。2月，省委、省政府殡改专题会议要求规划新建一所殡仪馆。9月，诏安、惠安、肖厝、宁化4个新建殡仪馆投入使用，三明、建阳、龙岩市新罗区殡仪馆被民政部确定为国家三级殡仪馆，厦门市殡仪馆被民政部确定为国家二级殡仪馆。同年，省民政厅批复同意安溪县建立南山宫殡仪馆，德化县建立殡仪馆，长泰县建立殡仪馆。

2001年，省委、省政府把在福州新建一所殡仪馆列为年度为民办实事项目。省民政厅为项目建设单位，会同福州市政府联合选址，初定福州市晋安区新店镇斗顶村附近地块作为新馆址，项目起名福州莲花峰殡仪馆，占地200亩，匡算工程总造价8000万元。同年，漳浦、永定、南安、霞浦、尤溪5个殡仪馆投入使用。福州加大殡葬事业资金投入，依照国家等级标准筹划改建殡仪馆。泉州、漳州、莆田、南平、龙岩、三明等地对殡葬设施建设实行一次规划、分步实施，并把遗体火化间作为殡葬设施建设和改造的重点，引入先进设备，提高火化文明程度。

2002年，省民政厅批复同意泉州市殡仪馆迁建。

2003年，罗源、闽侯、安溪、建宁、沙县、将乐、武夷山、古田等县（市）建成殡仪馆并投入使用，泉州、莆田、连城殡仪馆完成旧馆改造。截至当年底，全省已建成殡仪馆48所（投入使用的47所），完成省政府规划建设总量的72.7%。

2004年，建阳、漳州殡仪馆完成旧馆迁建，罗源、闽清、德化、松溪、连江殡仪馆建成并开业，福清殡仪馆试营业，大田、周宁2个殡仪馆主体工程基本完工，平潭、光泽殡仪馆开工建设，顺昌、永泰县殡仪馆立项。至当年末全省有52所殡仪馆投入使用，乡村公益性骨灰堂3574个。

2005年，大田、周宁殡仪馆建成并投入使用。同年底，全省投入使用的殡仪馆有54所，另有4所在建。

表5-22　**2005年福建省殡仪馆建设情况表**

设区市	开业使用殡仪馆	在建殡仪馆	已立项未动工殡仪馆
福州市	福州、长乐、闽侯、罗源、闽清、福清、连江	平潭、永泰	
厦门市	厦门		
漳州市	漳州、云霄、漳浦、诏安、东山、长泰、龙海		南靖、平和、华安
泉州市	泉州、石狮、晋江、泉港、惠安、南安、安溪、德化		永春
莆田市	莆田、仙游		
三明市	三明、永安、宁化、泰宁、尤溪、建宁、沙县、将乐、大田		清流
南平市	南平、建阳、建瓯、邵武、浦城、政和、武夷山、松溪	光泽、顺昌	
宁德市	蕉城、福鼎、霞浦、古田、福安、周宁		屏南、寿宁
龙岩市	新罗、长汀、连城、上杭、永定、漳平		武平
合计(所)	54	4	8

（二）公墓建设

20世纪90年代中期起，各地贯彻民政部《公墓管理暂行办法》，探索推行两种形式公墓：在城镇，建立经营性公墓，对城镇居民骨灰安葬实行有偿服务；在农村，建立公益性公墓，为乡村居民提供骨灰或遗体安葬服务。公墓建设多选用荒山瘠地，规划和设计趋于园林化、艺术化。骨灰公墓单穴、双穴不超过1平方米，遗体墓穴单穴不超过4平方米，双穴不超过6平方米。

1995年9月，省民政厅、省土地管理局转发民政部、国家土地管理局《关于清理整顿非法经营性公墓的通知》，提出经营性公墓必须由县级以上（含县级）殡葬管理部门直接兴办或参与兴办；建设县级以上经营性公墓必须报省民政厅审批；与外商合资合作兴建公墓，必须经省民政厅审核同意后报民政部审批。同年，民政部批复同意厦门市建立厦门鹤憩陵园，漳州市建立福建巨辉慈御陵园；省民政厅批复同意福州市在郊区新店镇益凤村后山建立三山陵园，闽侯县与深圳蛇口皇天实业投资有限公司合作在竹岐乡橄榄山建立皇天华人永久陵园。同年起，全省建立经营性公墓年检验收制度，年检内容包括墓穴用地、基础设施建设、绿化美化、文明优质服务等。

1996年，各地县级以上城市公墓实行统一称谓，统称为××公墓或××陵园。9月，民政部批复同意福州市建立福建莲花峰万寿园，石狮市建立石狮市永久墓园。同年，省民政厅批复同意莆田市城厢区建立东风公墓区，浦城县在城郊仪丛山、岩头山建立仪丛山公墓，福安市在程家龙村前洋山建立龟龙山公墓，漳州市在芗城区石亭镇霞苍村二凤山建立双凤山公墓（面积20公顷），龙岩市在城郊西陂镇园田塘村建立白鹤陵园（面积20公顷），三明市在三元区城东乡城南村新纹山建立富兴陵园（面积6公顷），南平市在大龙山建立卧龙山公墓（第一期工程面积0.7公顷），大田县在均溪镇红星村建立后龙山公墓（面积10.2公顷），永安市在麻岭茶场建立笔架山陵园（4.9公顷）。

1997年10月，民政部批复同意泉州市在鲤城区皇迹山建立泉州皇迹山陵园，莆田市在莆田县华亭镇濑溪村山亭山建立莆田福宝陵园。同年，省民政厅批复同意上杭县在临城镇土埔村红岭子建立红岭子公墓（10公顷），闽侯县在上街镇浦口村后山建立上街仙境怡园中心（2公顷），永定县在凤城镇槚子岐建立槚子岐公墓（20公顷），建阳市在童游镇童游村徐厝山建立长安公墓（4.6公顷），武夷山市在鸭母洲建立妙安陵园（11.5公顷），福州市晋安区殡葬管理所与民政部民福公益服务公司福建分公司在鼓山镇园中村后山建立圣泉公墓（6.5公顷），福州市在文林山陵园西侧建立文林山墓园（0.7公顷），邵武市在马头山建立永宁公墓（2.2公顷），泉州市肖厝管委会与肖厝净心山庄建设开发有限公司合作建立肖厝永久墓园。

1999年5月，省民政厅公布全省38家合法的经营性公墓（含纳骨设施）名单，其中内资兴建的公墓31个，中外合资（作）兴建的公墓7个，分别为福建莲花峰万寿园、厦门中华永久墓园、厦门鹤憩陵园、泉州皇迹山陵园、石狮永久墓园、莆田福宝陵园（纳骨楼）、福建巨辉慈御陵园。6月，省民政厅下发《关于对经营性公墓实行年度检查验收制度的通知》，全省经营性公墓年检活动由此开始实行，年检主要内容为公墓建设整体规划、基础设施、美化绿化、经营管理、文明优质服务、队伍建设等。同年，省民政厅批复同意晋江市建立仙灵山永久陵园，福州市马尾区在亭江镇闽安村田螺里建立安福陵园，诏安县在月眉山建立月眉山公墓，顺昌县在水南镇井垄村下坑山建立双龙陵园，建瓯市在市郊太平岭山建立太平岭公墓，将乐县在县城西郊下瑶三里牌建立三里牌陵园，霞浦县在松城镇西关村建立穴山里公墓，云霄县在下河乡新坡村建立石龙山公墓，惠安县在黄塘镇建立永久墓园；厦门安乐永久墓园对外营业。

2000年4月，省民政厅公布经营性公墓年检情况，全省经检查合格的公墓有38个，其中福州市7个、厦门市3个、漳州市5个、莆田市1个、南平市8个、三明市5个、龙岩市4个、宁德地区3个。同年，省民政厅批复同意尤溪县建立文笔山陵园，宁德市建立麒麟山陵园，漳州市建立长垅山陵园，松溪县在城关路奇庵建立卧龙津公墓；福州市马尾区安福陵园正式营业，厦门市鹤憩陵园对外营业。

2001年12月，省民政厅转发民政部《关于加强公墓管理的紧急通知》，要求完善公墓经营管理机制，凭死亡证明或火化证明出售墓穴或格位，不许公墓内建家族坟、宗族坟和活人坟，不得私自转让、买卖墓穴等。同年，民政部批复同意莆田福宝陵园营业；省民政厅批复同意漳浦县建立瑞安陵园，周宁县建立城关地区公墓，平潭县建立东海陵园，龙海市在九湖镇大帽山建立骨灰公墓，东山县在西埔镇和康美镇建立龙凤山公墓。截至是年底，全省已开业经营性公墓（骨灰楼）48个。

2002年，全省开展经营性公墓（骨灰楼）年检活动，评出2001年度较好的公墓22个，一般的公墓21个，差的公墓5个。4月，省民政厅下发《关于对全省经营性公墓实行年检制度的补充通知》，对经营性公墓墓穴面积、墓区绿化、管理费用、骨灰存放格位、年检时间等方面提出具体要求。同年，省民政厅批复同意南安市在官桥镇岭兜村山地兴建梅花岭陵园，福州市妙峰山陵园变更为经营性公墓，漳州市龙文区福寿宫骨灰堂开业，莆田市城厢区东风公墓二区建设地点变更。2003年8月，省民政厅公布全省2002年度经营性公墓（骨灰楼）年检情况：示范性公墓6个，合格公墓20个，基本合格公墓16个，不合格公墓6个。同年，龙海、建宁、将乐、长乐、周宁、南安、平潭、泉州丰泽等地相继创建经营性公墓。省民政厅批复同意福清市在音西镇、龙田镇和高山镇兴建状元埔陵园（由3个分区构成，总面积41.3公顷），泉州市在丰泽区北峰镇招丰村兴建宏福陵园（面积22.5公顷），柘荣县在山顶岚兴建长湾山公墓龙山二区（面积4公顷），屏南县在中原里岗兴建中原里公墓（面积30.7公顷），福鼎市在桐山街道岭头村北山亭兴建北山亭骨灰陵园（面积3.7公顷），泰宁县在杉城镇兴建龙凤山陵园（面积2公顷），建宁县在濉城镇水南村核桃峰兴建核桃峰陵园（面积1.2公顷），寿宁县在清源乡仙麟山兴建仙麟山公墓（面积13.3公顷），将乐县在南塘山烟山兴建天阁陵园（面积1.6公顷），漳州市在芗城区芝山镇长岭埔兴建长福陵园（面积20公顷），平潭县东海陵园对外营业，长乐鹤上陵园更名为长乐松鹤陵园。

2004年，省民政厅批复同意长乐市松鹤陵园开业，仙游县在大济镇龙坂村双髻山兴建福仙陵园（面积13.3公顷），莆田市城厢区东风公墓二区更名为莆田市城厢区福山陵园。

2005年3月，全省参与年检的经营性公墓55个，省民政厅抽检31个有整改任务的民营或合作经营的经营性公墓规范化建设情况（内容包括墓穴面积控制、墓区绿化面积、骨灰处理多样化、公墓管护费建账、土地征用手续、经营管理等），评出全省合格公墓34个，需要整改的公墓17个，不合格公墓4个（见表5-23）。同年，省民政厅批复同意厦门市在杏林区龙寿山墓园（面积2.6公顷）对外开展经营性活动；闽清县在梅溪镇建兴村风岭兴建梅山陵园（面积6.6公顷），莆田市秀屿区在月塘乡坂尾村与联星村交界处兴建福海陵园（面积6.7公顷），漳州市芗城区扩建双凤山公墓（面积6.7公顷），光泽县在鸾凤乡文昌村九龙峰西南侧兴建天宁仙园（陵园，面积4.8公顷），连江县在陀市林场山岗工区兴建山岗陵园（13公顷），建宁县在核桃峰陵园左侧荒山地进行二期工程建设（面积3公顷），莆田市涵江区在萩芦镇晏井村坑圳山兴建福寿陵园（面积13.7公顷）。同年6月，省民政厅责令福州圣泉陵园、莆田福宝陵园、大田县后龙山公墓、柘荣县长湾山公墓停业整改。

截至2005年末，全省共有公益性骨灰楼堂（公墓）4339个，其中乡村公益性骨灰楼堂（公墓）3680个。

表5-23　**2004年福建省经营性公墓年检情况表**

评检结果	经营性公墓名单
合格公墓（共34个）	福州三山陵园、福建莲花峰万寿园、福州皇天华人永久陵园、福州安福陵园、福州妙峰山陵园、平潭东海陵园、厦门中华永久墓园、宁德麒麟山陵园、霞浦县穴山里公墓、古田县凤梅亭陵园、莆田市城厢区东风公墓、泉州皇迹山陵园、石狮市永久墓园、泉州市肖厝永久墓园、惠安万安陵园、德化县鹤仙山陵园、泉州市宏福陵园、漳州市双凤山公墓、诏安县月眉山公墓、龙海大帽山陵园、龙岩市新罗区白鹤陵园、长汀县松鹤陵园、永定县欓子岐公墓、宁化县西山陵园、永安市笔架山陵园、沙县大罗山公墓、建宁县水南核桃峰陵园、将乐县天阁陵园、南平市卧龙山公墓、建瓯市太平岭公墓、建阳市长安公墓、邵武市永宁公墓、浦城县仪丛山公墓、武夷山市妙安陵园
需整改的公墓（共17个）	罗源县华清陵园、闽侯上街仙境怡园中心、长乐松鹤陵园、厦门薛岭山陵园、厦门安乐永久公墓、福安市龟龙山公墓、周宁县猫智丘公墓、南安市梅花岭陵园、安溪县南山宫陵园、东山县龙凤山公墓、云霄县石龙山公墓、上杭县红岭子公墓、三明富兴陵园、尤溪县文笔山陵园、政和县九龟龙公墓、顺昌县双龙陵园、松溪县卧龙津公墓
不合格公墓（共4个）	福州圣泉陵园、莆田福宝陵园、大田县后龙山公墓、柘荣县长湾山公墓

表5-24　**2005年福建省经营性公墓情况表**

地区名称	经营性公墓名称
福州市（11个）	福州三山陵园、福州皇天华人永久陵园、福建莲花峰万寿园、福州妙峰山陵园、福州安福陵园、福州圣泉陵园、福清市状元埔陵园、闽侯县上街仙境怡园中心、长乐松鹤陵园、平潭县东海陵园、罗源县华清陵园
厦门市（4个）	厦门安乐永久墓园、厦门中华永久墓园、厦门薛岭山陵园、厦门龙寿山陵园
莆田市（2个）	莆田福宝陵园、莆田市城厢区东风公墓
泉州市（8个）	泉州皇迹山陵园、泉州宏福陵园、泉州市肖厝永久墓园、石狮市永久墓园、惠安县万安陵园、南安市梅花岭陵园、安溪县南山宫陵园、德化县鹤仙山陵园
漳州市（6个）	漳州市双凤山公墓、龙海市大帽山陵园、云霄县石龙山公墓、诏安县月眉山公墓、华安县匏勺山公墓、东山县龙凤山公墓

续表

地区名称	经营性公墓名称
三明市（8个）	三明富兴陵园、永安市笔架山陵园、沙县大罗山公墓、将乐县天阁陵园、大田县后龙山公墓、尤溪县文笔山陵园、建宁县水南核桃峰陵园、宁化县西山陵园
南平市（9个）	南平卧龙山公墓、邵武市永宁公墓、建阳市长安公墓、武夷山市妙安陵园、建瓯市太平岭公墓、顺昌县双龙陵园、浦城县仪丛山公墓、松溪县卧龙津静园、政和县九龟龙公墓
龙岩市（4个）	龙岩市新罗区白鹤陵园、永定县榄子岐公墓、上杭县红岭子公墓、长汀县松鹤陵园
宁德市（6个）	宁德麒麟山陵园、福安市龟龙山公墓、霞浦县穴山里公墓、周宁县猫智丘公墓、柘荣县长湾山公墓、古田县凤梅亭陵园

第六章　村民自治和城市社区建设

全省村（居）委会换届选举每三年举行一次。省人大常委会于1996年、2000年、2005年3次修订村民自治的地方性法规。2001年，省委、省政府把社区建设列入议事日程，社区建设在各个城市全方位展开。各地整合社区，优化社区布局，建立健全居务管理制度，同时加大财政投入，拓展社区服务项目建设，改善社区基础设施和工作条件。

第一节　村民自治

一、村委会建设与选举

1984年，执行中共中央、国务院《关于实行政社分开建立乡政府的通知》，全省全面开展政社分开建乡工作，在原人民公社基础上建立乡人民政府，在原生产大队基础上建立村民委员会（简称“村委会”）。乡一级政权建设日常工作由民政部门办理。全省870个人民公社改设为1065个乡政府和18个少数民族乡政府，建制镇的数量由建乡政府之前的63个增至209个。全省建立村委会13866个，村民小组160413个。村委会设主任1人，副主任1～3人，委员若干人，多在乡镇干部主持下由村民代表推选产生，有的由乡镇直接指定或任命。村民小组设组长1人，有的增设副组长1～2人，多由村委会指定，也有的由村民小组会议推选产生。

表6-1　　**1985年福建省乡镇村委会数量分布表**

单位：个

地区	镇	乡（含少数民族乡）	区公所（乡镇级）	农村办事处（乡镇级）	村委会	村民小组
福州市	33	119			2333	31554
厦门市	4	16			290	2929
三明市	24	256	8	7	1535	14695
莆田市	10	33			877	11900
泉州市	34	91			2111	27822

续表

地区	镇	乡 （含少数民族乡）	区公所 （乡镇级）	农村办事处 （乡镇级）	村委会	村民小组
漳州市	23	85			1627	20033
建阳地区	28	99			1556	14464
宁德地区	34	284	13		1859	22369
龙岩地区	19	99			1678	18247
全省	209	1082	21	7	13866	164013

1986年初，省委下发《关于认真搞好村级整党工作的意见》，提出在搞好村级党组织建设的同时，搞好村委会建设。7月，省委整党工作领导小组转发省民政厅党组《关于在农村整党中加强村民委员会建设的意见》，要求在农村整党工作中推进村委会制度建设。8月，省民政厅下发《关于加强村民委员会建设若干问题的通知》，要求各地民政部门结合农村整党工作适时开展村委会换届选举工作；村委会选举要体现直接、无记名、差额的原则，村委会成员候选人要在村民审议工作和评议干部的基础上酝酿产生，以5～9人为宜，最后以选举结果为准。当年底，三明、龙岩等地开始尝试村委会改选换届。由于大多数乡镇干部不熟悉换届选举工作流程，全省村委会改选换届前后历时一年多，至1987年底仍有占总数67.2%的村委会没有完成换届选举。

1988年6月，《中华人民共和国村民委员会组织法（试行）》施行。7月，省政府办公厅转发省民政厅《关于中华人民共和国村民委员会组织法（试行）和福建省实施办法贯彻意见的报告》，要求各地加强领导，依法开展村民自治工作，加强村委会组织建设。9月，第七届省人大常委会第四次会议审议通过《福建省实施〈中华人民共和国村民委员会组织法（试行）〉办法》。该办法主要补充规定村委会选举制度：村委会主任、副主任和委员，由有选举权的村民采用差额选举和无记名投票的方法直接选举产生；全体村民过半数参加的选举有效，候选人获得全体村民过半数选票方可当选；村委会成员候选人由村民5人以上联名提名，经酝酿协商根据较多数村民意见确定，比应选人数多1～3人；可以通过召开选举大会，也可以通过设立投票站进行选举。

1989年，省政府部署村委会换届工作，省、地两级民政部门分别开展村委会选举试点工作，举办选举培训班，部分县（市、区）组派工作指导组进村宣传发动，并建立选举工作联络员制度。当年，全省换届选举的村委会数量不及总量的三分之一，各地村民参选率低，选举程序不严，选举形式不一，多由乡镇、村党支部或村“两委”（村党支部和村委会）提名村委会成员候选人，有的采取户派代表选举（或推选）方式，有的采取村民代表选举（或推选）方式，有的采取先选委员再由委员推选村委会主任和副主任的方式。福州市鼓山镇前屿村村民质疑本村财务收支问题，集体罢选。

1990年12月，第七届省人大常委会第十九次会议审议通过《福建省村民委员会选举办法》，对村委会选举工作步骤和选举程序、村委会成员补选和罢免、村民代表名额配置等问题作出具体规定（此为全国第一部规范村民委员会选举的地方性法规）。该选举办法对选举实效性问题进行了规定：全体村民或户代表过半数参加投票的选举有效，候选人获得全体村民或户代表过半数选票方可当选。对选民登记问题规定为：凡具有选民资格村民都在居住地村委会进行选民登记。选举日前10日因婚姻、家庭等关系住进本村具有选民资格的，不论其户口是否在本村均给予登记；村办企业和其他经济实体中雇用的非本村人员不予登记。对选举方式问题规定为：设候选人，由村民5人以上联名提名，经村民小组会或村民代表会议等酝酿协商后依多数人意愿正式确定；实行差额选举，主任、副主任候选人数比应选名额多1名，委员候选人数比应选名额多1～3名；无记名投票，具有选民资格村民或每户派1名代表参加无记名投票，村委会规模大的或村落分散的可以召开户代表会议，务工在外的可以书面委托投票。

1991年，省政府在建瓯召开会议部署村委会选举工作。省民政厅在建阳县开展村委会选举试点工作。县乡两级设立村委会选举指导组，由党委、人大、政府分管领导任正、副组长，并设选举工作办公室，负责选举宣传发动、培训选举工作骨干等具体工作。村委会设选举领导小组，负责审查选民资格、公布选民名单、组织候选人提名、确定正式候选人名单、组织投票选举和公布选举结果等事项。各地自选日期召开村委会选举大会，有一次性选村委会主任、副主任、委员，也有先选主任、副主任，后再选委员；有全体村民参加投票，也有由户派代表参加投票。同意候选人的在其姓名上方空格内画“○”，不同意的画“×”，另选他人的直接填写其姓名并在姓名上方空格内画“○”。投票结束当日在中心会场开箱计票，投票结果经确认有效后于当日或次日公布，并报乡镇政府和县（市、区）民政局备案，由县（市、区）民政局颁发全省统一印制的村委会主任、副主任和委员当选证书。此届选举，关注支持的村民多了，一些村委会采取村民代表投票表决方式确定村委会成员正式候选人。仙游县榜头镇新郑村一村民接到村委会选举通知后乘飞机从北京赶回老家参加投票。明溪县夏阳乡地美村主任、副主任和委员3个职位得票数最多的均非正式候选人，但仍被宣布选举有效。当年，全省有11913个（占总数84.9%）村委会完成换届。

1992年7月16日至23日，美国、英国、印度尼西亚、孟加拉等国政治学研究学者共5人到尤溪、明溪、宁化和厦门湖里区，走访6个乡镇9个村委会，与当地村民与乡村干部座谈、查阅村委会选举文字档案，并观看村委会选举现场录像。

1993年9月，第八届省人大常委会第五次会议审议通过《福建省实施〈中华人民共和国村民委员会组织法（试行）〉办法》和《福建省村民委员会选举办法》：村委会成员3～7人，具体名额由村民会议或村民代表会议讨论决定；外出2年以上村民在选举日前2日未能回村参加选举又未委托其他村民代其行使选举权的，不计算在本届选民数内；村委会成员初步候选人由村民小组会议，或村民代表会议，或村民会议协商，依多数人意愿确定正式候选人；

主任、副主任候选人数分别比应选名额多一人，委员候选人数比应选名额多1～3人，提名人数等于或少于应选名额的可实行等额选举，正式候选人名单确定后于选举日前2日按姓氏笔画顺序公布；投票选举时召开选举大会，也可设立若干投票站，对老弱病残者设流动票箱登门接受投票；村委会成员由18周岁以上村民采用差额和无记名投票的方法直接选举产生；得票数相等不能确定当选人时，应重新投票，候选人或另选人获得全体选民过半数选票方可当选；当选人数不足的可按未当选人得票高低顺序确定候选人另行选举，以再次投票时得票多的当选，但得票数不得少于全体选民三分之一；村委会成员出缺时可另行补选，候选人依多数村民意愿确定，获全体选民或户代表过半数选票的当选；村委会成员在任期内被依法追究刑事责任、计划外超生或连续一年以上不参加村委会工作的，经县级有关部门确认，由村民会议或村民代表会议决定免除其相应职务。10月，省民政厅下发《关于做好1994年度村民委员会换届选举准备工作的通知》，要求调查摸底村委会情况。

1994年初，省政府下发文件部署村委会换届选举工作。全省县乡两级成立村委会选举工作指导组，由政府分管领导任组长，县一级设指导组办公室，由民政局局长任主任。3月，省民政厅依照新修订的法规在莆田县和建阳市进行试点工作，在建阳市召开村委会选举现场观摩会议，发放《村民委员会选举工作指南》3万多册，并制订发放宣传提纲、标语口号、选举公告、初步候选人提名表式样供全省参照使用。全省村委会换届选举工作随之全面展开。6月，莆田市城厢区城南乡屿上村村民集体上访省人大常委会，反映当地乡村干部在村委会选举过程中弄虚作假、徇私枉法。根据省人大常委会领导批示，省民政厅会同莆田市人大常委会农经委和民政局赴莆田进行调查核实，认可村民举报意见，责成当地民政部门组织该村重新选举。10月，霞浦县长春镇武岐村一个正在服刑的犯人被推荐为村委会主任候选人，继而被投票选为村委会主任，村民不服上诉，霞浦县村委会选举指导组经调查核实后，引导该村召开村民代表会议罢免当选者。各地改变选举工作主要流程和方式，开始实行直接选举，选举日设立中心会场或设投票站，并安排流动票箱以照顾老弱病残者，有选举权村民到场无记名投票，务工外出者委托他人代行投票；有一次性选举主任副主任委员，也有先选举主任副主任后选举委员；写票时，同意候选人的在其姓名上方空格内画“√”，不同意的画“×”，另选他人的直接填写其姓名并在姓名上方空格内画“√”；选民登记多采取设立登记站和登记员入户登记相结合的方法。当年，福鼎县组织、民政、农业、共青团、妇联、村建办等部门抽调干部进驻乡镇，摸排研究软弱涣散村村委会换届选举问题，有26个长期悬而未换的村委会换届成功。寿宁县组织部和民政局联合提出村委会候选人任职条件要求。厦门市湖里区禾山镇给每一农户发一封公开信，写明村干部任职条件和选举流程等。龙海市实行“两对”（对户口簿、对人头）、“三查”（登记员自查、选民小组互查、选举领导小组核查），保证选民登记做到“不错不重不漏”。古田县有61%村委会通过村民代表无记名投票表决正式候选人。泰宁县大布乡江家岭村主任、副主任和委员3个职位得票最多的都不属于正式候选人，村选举领导小组审定后当场宣布选举结果有效。南安市龙巷镇有1.2万外出经商村民在村委会选举期间回村参加投票。龙岩市苏坂乡美山村有 1000 多名外出经商村民于选举日动用车辆（含租用车辆）共 100 多辆赶回村部参加投票。11 月底，全省村委会选举工作基本结束，换届率达 99.7%，选举一次成功率达 81%，村主任正式候选人当选率 97.6%，共提出初步候选人 5.4 万名（为应选人数 3.8 倍），有近 50%村委会通过村民代表投票确定正式候选人，有 4.6%的村主任是从非正式候选人中产生的。同年 5 月 16 日至 26 日，美国国际共和研究所一行 4 人来到龙岩市新罗铁山镇和厦门市湖里区高殿村考察村委会选举。

村委会选举初步候选人提名表（式样）

\-\-\-\-\-\-\-\-\-\-\-\-\-村民委员会　　　　　　　　　　\-\-\-\-年\-\-\-月\-\-\-日

候选人姓名		拟提职务	
性别		出生年月	
文化程度		是否党员	
主要表现			
提名者签名			
备注：1、主任应选人数 1 人，副主任应选　人，委员会应选　人； 2、所提候选人人数不得多于应选人数，多于应选人数的提名无效； 3、选民 5 人以上联名提名有效，少于 5 人提名无效；			

（注：此为 1994 年村委会选举初步候选人提名表式样，由福建省民政厅制作）

图 6-1　1994 年村委会选举初步候选人提名表式样（由福建省民政厅制作，下同）影印件

村委会选举选民委托投票凭证（式样）

选民姓名	
被委托人姓名	
委托理由	
村选举领导小组（或村委会）意见	----年--月--日（盖章）
备注：此证由委托投票的选民填写，经村选举领导小组（村民委员会）盖章有效。被委托人凭证领取选票代写代投。	

图 6-2　1994 年村委会选举选民委托投票凭证式样影印件

表 6-2　**1994 年村委会换届选举县级验收评分表**

______地（市）__________县（市、区）

序号	验收内容	分数	评分办法	得分
1	县成立指导组，抽调有关部门人员组成办公室，并由民政局局长担任办公室主任	2 分	由民政部门独家组成办公室的扣 1 分，不是由民政局局长或县委、县政府办公室领导任主任的扣 1 分	
2	县委或县政府主持召开选举工作会议，乡镇主要领导参加	2 分	由县民政局召开会议的扣 1 分，参加对象不是乡镇主要领导的扣 1 分	
3	县政府制定选举工作方案或意见	1 分	无工作方案或意见的扣 1 分	
4	县财政有专项选举工作经费	2 分	县财政没有下拨专项经费的扣 1 分	

续表

序号	验收内容	分数	评分办法	得分
5	举办全县选举骨干培训班，乡镇领导或民政办主任参加培训	2分	以会代训的扣1分	
6	编印选举工作简报	1分	没有简报的扣1分	
7	采取全体选民直接选举方式	2分	变相户代表方式不得分	
8	村委会主任、副主任和委员均采取差额选举办法产生	3分	共有三个层次，每一层次如实行等额选举扣1分	
9	全县村委会全部进行选举	4分	少1个村扣1分，少4个村不得分	
10	对每次选举缺额的村，组织第二次选举	2分	少1个村扣0.5分	
11	全县村委会主任当选率100%	2分	缺1个村主任扣0.5分	
12	全县村委会按确定的选举日组织选举	2分	有1个村推迟或提前选举，没有报告的扣2分，虽有报告但理由不充分的扣1分	
13	当选村委会主任全部在职在位	2分	验收前有1个调离的扣1分，有2个调离的扣2分	
14	村民代表依法改选，村民代表会议组成人员明确，全县村民代表平均数达到法定要求	4分	平均数未达到要求的扣2分，100户以上的村有1个村没有村民代表的扣2分，有2个村没有的扣4分	
15	村民小组长依法改选	2分	没有全部改选的扣1分，不安排改选的扣2分	
16	下属工作委员会和民主制度健全	2分	下属委员会和民主制度不健全的不得分	
17	100%完成村委会主任培训任务	3分	仅完成90%～99%的扣1分，80%～89%的扣2分，没有培训的不得分	
18	以县或乡为单位举行村委会成员当选证书颁发仪式	2分	没有全部颁发或没有选举仪式的各扣1分	
19	村委会干部档案齐全	1分	无村委会成员花名册或主任登记表的各扣0.5分	
20	选举资料归档	3分	无选举结果报告单的扣2分，缺其他任何一项的扣1分	
21	全部正确处理群众来信来访	3分	没有处理完毕的扣1分，处理不当的扣3分	
22	选举公告及各类表格由县统一印制	1分	除选票外其他表格没有统一印制的扣1分	

续表

序号	验收内容	分数	评分办法	得分
23	组织验收总结	1分	不组织验收的扣0.5分，没有书面总结或召开总结会议的扣0.5分	

表6-3　**1994年村委会换届选举乡级验收评分表**

______县（市、区）__________乡镇

序号	验收内容	分数	评分办法	得分
1	成立乡指导组，民政办人员参加指导组工作	1分	未成立指导组的扣0.5分，无民政办人员参加扣1分	
2	制定选举工作方案或意见	1分	无方案或意见的扣1分	
3	培训村选举骨干	2分	以会代训的扣1分	
4	选举资料归档	2分	缺少一项扣1.5分	
5	按确定的选举日组织选举	2分	更改选举不报告的扣2分，有报告但理由不充分的扣1分	
6	第一次选举缺额的村组织第二次选举	1分	不组织第二次选举的扣1分	
7	换届选举完成率100%	2分	少一个村扣2分	
8	培训村委会其他成员率100%	2分	完成90%～99%的扣0.5分，完成80%～89%的扣1分，完成70%～79%的扣1.5分，完成70%以下的不得分	
9	全部正确处理群众来信来访	1分	未全部处理的扣1分，处理不当的扣0.5分	
10	组织验收总结	1分	未组织验收的扣0.5分，没有书面总结或召开总结会议的扣0.5分	

表6-4　**1994年村委会换届选举村级验收评分表**

__________县（市、区）______乡镇__________村委会

序号	验收内容	分数	评分办法	得分
1	依法公布选举日，按规定的选举日组织选举	1分	不公布选举日的扣1分，更改选举日的不报告或理由不充分的扣0.5分	
2	准确进行选民登记并公告	1分	未公布或不按时公布的扣0.5分，登记不准确的扣0.5分	

续表

序号	验收内容	分数	评分办法	得分
3	依法提名并公布初步候选人	3分	非选民联名提名扣3分，不公布或不按时公布的扣3分	
4	正式候选人经酝酿协商从初步候选人中产生，依法公布正式候选人名单	3分	非初步候选人定为正式候选人的扣3分，非经酝酿协商扣2分，不公布或不按时公布的扣3分	
5	主任、副主任、委员全部直接选举产生	3分	不按选举办法规定而等额选举的扣3分	
6	依法委托投票	1分	委托人数超过3人的扣1分，不办理委托手续的扣0.5分	
7	设立中心会场	2分	不设中心会场的扣2分，中心会场不设投票箱的扣1分	
8	流动票箱规范，在中心会场检查后使用，并由3名工作人员负责，集中中心会场开箱	3分	投票前不在中心会场检验票箱的扣2分，不在中心会场开票的扣3分，携带流动票箱人员不足3人的扣2分	
9	选举结果由监票计票唱票人签名	1分	无签名的扣1分	
10	准确计票	1分	计票方式不对的扣1分，计票有误的扣0.5分	
11	当场公布选举结果	1分	不当场公布的扣1分	
12	参选率达95%以上	1分	不足95%的扣1分	
13	整理保存有关选举资料	1分	无资料的扣1分，资料不全的扣0.5分	
14	配齐新一届村委会成员	1分	缺额的扣1分	
15	依法选举产生村民代表，村民代表会议组成人员健全	2分	未改选村民代表的扣2分，票数不足的扣1.5分	
16	依法改选村民小组长	1分	未改选的扣1分，缺额的扣0.5分	
17	修订村规民约	1分	未修订的扣1分	
18	村民代表会议制度、村务财务公开制度、村民评议村干部制度健全	2分	缺一项制度的扣1分	
19	村民代表在选举中作用好	1分	不发挥村民代表作用的扣1分	
20	正确处理来信来访	1分	有错误不纠正的扣1分	

1995年5月9日至12日，美国亚洲基金会一行2人来到厦门市思明区、漳州市芗城区和福州市台江区考察村委会选举和村民自治情况。

1996年上半年，省民政厅组派调查组到各地调查村委会建设情况，了解农村民众对选举工作的意见，并在平潭县召开村委会选举工作座谈会，总结历次选举经验，分析存在问题，研讨《福建省村民委员会选举办法》修订意见。7月，寿宁县和厦门湖里区3个乡镇27个村开展村委会选举试点工作；全省选举骨干培训班在厦门举行，参训者135人现场观摩湖里区禾山镇村委会选举。随后，省民政厅总结试点经验，编印《村民委员会选举规程》一书，修改村委会选举宣传提纲和标语口号供各地参照使用。11月，省人大常委会再次修订选举办法。对村委会选举有效性认定问题规定为：全体选民过半数参加投票，选举有效；候选人或另选人获得参加投票选民过半数选票即可当选。对另行选举规定为：全体选民过半数参加投票，另行选举有效，以得票数多的当选，但得票数不得少于参加投票的选民的三分之一。

1997年2月，省政府召开村（居）委会换届选举工作会议，全省农村进行第六次村委会选举。省民政厅下发通知，要求各地在选举前对乡村干部和村民进行问卷调查，摸清农村干部和村民思想动态，掌握选举工作重点和难点。该通知还提出候选人资格条件，属于下列情形之一的不能被列为候选人：选举前三年内本人违反计划生育政策的；村主干、计生专干在上届任期内未完成本村计划生育任务的；选举前三年内受过劳教以上，包括免予起诉的处分的；选举前三年内有经济问题，包括已结案的；因经济或其他问题正在被司法机关立案审查的；县级公安部门确定的治安重点对象；长期外出，本人认为不可能回村承担村干部工作的，作为取消初步候选人资格的基本依据。3月，各地开始村委会换届选举。选举方法方式主要有以下变化：实行村财任期审计，审计结果在村民代表会议上通报，在村务公开栏上张榜公布；实行候选人资格审查；引入竞争机制，施行候选人治村演说竞选（或分发竞选书面材料）；增设投票站并强化有关设施配置；设选举观察员；实行一人一票，对长期外出选民取消委托投票，改为邮递选票，由村选举领导小组寄给附有候选人名单的选票，由其填写后寄回；选票格式由省民政厅统一设计，村主任、副主任、委员选票由三种不同颜色纸张印制，每种选票中的正式候选人姓名按姓氏笔画顺序或预选中得票多少顺序排列；同意的在候选人姓名方格内直接盖上一个“○”，不同意的不作任何记号，另选他人的在其姓名空格内写上另选人姓名，不作任何符号。同年，龙海市通过村财审计，清退追回各种借款、欠款1306.27万元，查处13个村违纪村干部30人。福清市三山镇有35个村搭起竞选“擂台”，施行候选人竞争上岗。仙游县有564人经资格审查后被取消村委会成员候选人资格，一些村委会派工作人员携投票箱到外出务工者集合之处组织投票活动。同年，省民政厅表彰古田县、宁化县、厦门市湖里区、仙游县、南靖县、连江县、霞浦县、尤溪县、龙岩市新罗区、南平市延平区、泉州市丰泽区为村民自治模范县（区），并表彰村委会换届选举工作先进县（市、区）11个、先进乡镇9个。同年3月8日至12日，应国务院新闻办公室五洲传播中心邀请，美国卡特中心代表团一行6人观摩考察古田县官江村、赖厝村的村委会选举活动和西溪村村民代表会议讨论表决村务的实况。同年5月19日，美国共和党国际学会代表团考察厦门市思明区滨海街道和龙岩市新罗区大池乡村委会选举活动，采访当地选民与当选者，历时7天。

村委会成员初步候选人提名公告

根据有关法律法规规定，选民联名提名初步候选人应在统一式样的提名表上填写被提名的选民姓名，拟提职务，并逐个署名。提名办法可由村民小组组织，村民五人以上联名提出，每个村民小组提名单不得少于一张。五人以上选民也可自行联名提出。提名时间从___月___日___时开始至___月___日___时结束，在规定时间内提名有效。

__________村民委员会选举领导小组

___年___月___日

图 6-3　1997 年村委会成员初步候选人提名公告式样影印件

给外出选民的一封信（式样）

__________**同志：**

您是我村选民。接________乡（镇）村民委员会选举指导小组通知，我村_____年度村民委员会换届选举投票时间定于________年_____月_____日进行，_____时开箱计票。请您务于开箱前回村参加投票，如因故无法回村，可采取邮递选票方式进行，开箱计票前接到"邮递选票"的有效，逾期无效。您寄回的信件（选票）将由村选举领导小组封存到选举日开箱计票时由计票人员折封计票。此次选举，村委会主任应选人数______人；副主任应选人数______人；委员应选人数_____名。

具体人选按您的意愿填写，填写后请寄____________________换届选举领导小组收，邮编_____________

__________**村民委员会选举领导小组**

年　　月　　日

邮递选票

主任候选人		副主任候选人			委员候选人					

（注：主任、副主任、委员人选均按规定数额填写，多于规定数额无效，等于或少于有效）

图 6-4　1997 年各地寄给外出选民信函式样影印件

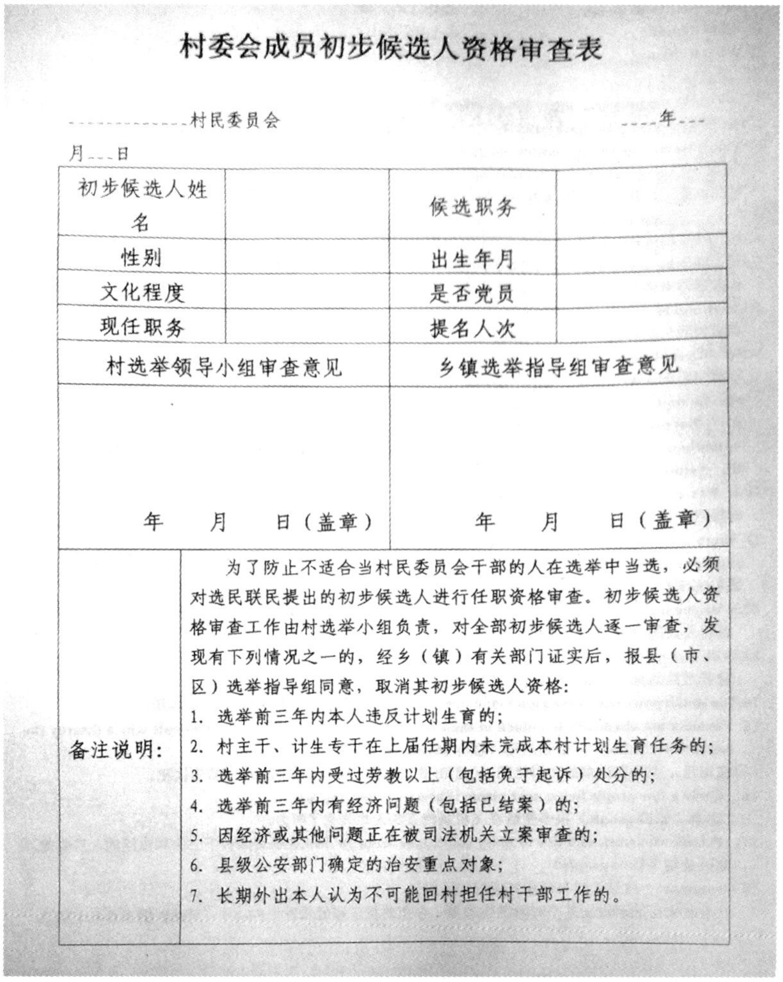

村委会成员初步候选人资格审查表

--------------村民委员会　　　　　　　　　　　　　　　　　　　----年---月---日

初步候选人姓名		候选职务	
性别		出生年月	
文化程度		是否党员	
现任职务		提名人次	
村选举领导小组审查意见		乡镇选举指导组审查意见	
年　月　日(盖章)		年　月　日(盖章)	
备注说明:	为了防止不适合当村民委员会干部的人在选举中当选,必须对选民联民提出的初步候选人进行任职资格审查。初步候选人资格审查工作由村选举小组负责,对全部初步候选人逐一审查,发现有下列情况之一的,经乡(镇)有关部门证实后,报县(市、区)选举指导组同意,取消其初步候选人资格: 1. 选举前三年内本人违反计划生育的; 2. 村主干、计生专干在上届任期内未完成本村计划生育任务的; 3. 选举前三年内受过劳教以上(包括免于起诉)处分的; 4. 选举前三年内有经济问题(包括已结案)的; 5. 因经济或其他问题正在被司法机关立案审查的; 6. 县级公安部门确定的治安重点对象; 7. 长期外出本人认为不可能回村担任村干部工作的。		

图 6-5　1997 年村委会成员初步候选人资格审查表式样影印件

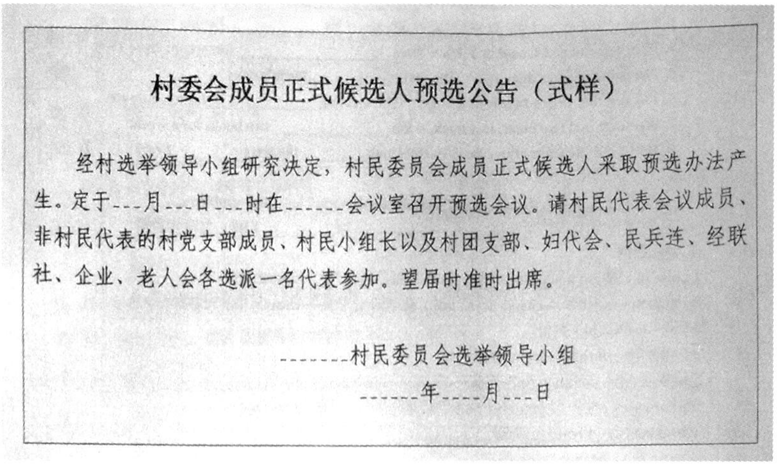

村委会成员正式候选人预选公告(式样)

经村选举领导小组研究决定,村民委员会成员正式候选人采取预选办法产生。定于---月---日---时在------会议室召开预选会议。请村民代表会议成员、非村民代表的村党支部成员、村民小组长以及村团支部、妇代会、民兵连、经联社、企业、老人会各选派一名代表参加。望届时准时出席。

-------村民委员会选举领导小组

------年----月---日

图 6-6　1997 年村委会成员正式候选人预选公告式样影印件

表 6-5　　**1997 年村委会换届选举县乡两级验收评分表**

验收项目	验收内容	标准分数	评分办法	得分
选举准备10 分	1. 村财任期审计面 100%	5 分	每少 10%扣 1 分，50%以下不得分	
	2. 县乡分别举办选举骨干培训班	3 分	缺联络员参加扣 1 分，缺乡镇领导参加扣 1 分，以会代训扣 1 分	
	3. 县乡组织换届选举试点工作	2 分	抓 1 个试点乡得满分，只抓 1 个村扣 1 分，乡镇未抓试点不得分	
组织机构9 分	1. 县选举办抽有关部门人员组成，单独的办公地点、电话，民政局局长任选举办主任	3 分	少前两项各扣 1 分，少第三项扣 2 分	
	2. 乡镇民政办参与选举指导组工作	1 分	没有的不得分	
	3. 县乡有专项选举经费	3 分	经费不落实不得分	
	4. 乡村有选举联络员	2 分	发现 1 个乡无县联络员或 1 个村无乡镇联络员各扣 1 分	
宣传发动4 分	1. 县乡印发宣传材料	2 分	没有的不得分	
	2. 县乡编印选举工作简报	2 分	没有的不得分	
实施选举50 分	1. 换届选举完成率 100%	6 分	每少 1 个百分点扣 1 分	
	2. 主任、副主任、委员当选率分别达 100%	5 分	主任当选率 100%得 3 分，少 1 个村主任扣 1 分，少 1 个副主任或委员各扣 1 分	
	3. 平均每一村民小组有一组以上初步候选人提名名单	2 分	平均达不到的不得分	
	4. 采取办法产生正式候选人	3 分	没有预选或初步候选人未全部参加预选不得分	
	5. 主任、副主任、委员分别实行差额选举	3 分	主任等额选举扣 2 分，副主任或委员等额选举扣 1 分	
	6. 平均每个自然村设立一个以上投票站	4 分	95%～99%扣 1 分，90%～94%扣 2 分，90%以下不得分	
	7. 实行秘密划票	4 分	发现投票站不设秘密划票间不得分	
	8. 实行一人一票	3 分	代票者或搞委托的不得分	

续表

验收项目	验收内容	标准分数	评分办法	得分
实施选举50分	9. 制作放大票样方便文盲写票	2分	占比50%的扣1分	
	10. 投票站投票人数占参选数的80%以上	3分	70%～79%扣1分，60%～69%扣2分，60%以下不得分	
	11. 村民代表和村民小组长经推选产生	3分	未经推选的不得分	
	12. 村民代表人数分布符合法定要求	2分	未符合的不得分	
	13. 县制定初步候选人资格审查标准	3分	未制定的不得分	
	14. 取消候选人资格由县指导组批准	3分	由乡镇批准的不得分	
	15. 主任全部从正式候选人中产生	2分	95%以下扣1分	
	16. 按指定选举日组织选举	2分	无突发事件而推迟选举的不得分	
总结验收16分	1. 县乡分别召开选举总结会议，并有书面总结	2分	少1项扣1分	
	2. 统计报表齐全	2分	报表不齐、数字不准各扣1分	
	3. 选举资料立档完整	2分	不完整扣1分	
	4. 县乡组织选举验收	4分	县级无抽查的不得分，乡镇少验收1个村委会扣1分	
	5. 县乡组织当选证书颁发仪式	2分	没有的不得分	
	6. 来信来访登记并处理	2分	无登记、处理不及时不得分	
	7. 违法选举纠正处理	2分	群众上访问题未解决不得分	
建章立制与培训工作12分	1. 制定村民自治章程或村务规范化管理章程	4分	80%以上满分，每少5个百分点扣1分，55%以下不得分	
	2. 修订村规民约	2分	无修订的不得分	
	3. 村设有固定村务公开栏	3分	80%以上满分，每少1个百分点扣1分	
	4. 县乡举办村主任、副主任和委员培训班	3分	参训率95%～99%扣1分，90%～94%扣2分	

表 6-6　**1997 年村委会换届选举村级验收评分表**

__________县（市、区）______乡镇__________村委会

验收项目	验收内容	标准分数	评分办法	得分
组织机构建设8分	1. 换届选举领导小组有村民代表参加	2 分	无村民代表参加不得分	
	2. 村财审计并公布	2 分	无审计不得分，未公布扣 1 分	
	3. 分阶段培训选举工作人员	2 分	仅一次培训扣 1 分	
	4. 制定选举日程安排表	2 分	无安排不得分	
投票选举66分	1. 选民登记不重、不漏、不错	2 分	出现重、漏、错各扣 1 分	
	2. 每一村民小组有一组以上的初步候选人提名名单	3 分	有一小组无提名名单扣 1 分	
	3. 未经审查不得取消初步候选人资格	3 分	出现者不得分	
	4. 经资格审查合格的初步候选人均参加预选	4 分	发现少 1 人不得分	
	5. 规定对象参加预选会议	2 分	达不到规定要求扣 1 分	
	6. 所有村主任初步候选人参加竞选演说	3 分	发现未举行竞选演说的不得分	
	7. 预选采取秘密划票	2 分	无设定秘密划票间不得分	
	8. 按差额要求安排预选名单	2 分	没有依照此要求不得分	
	9. 选举公告按法定程序公布	2 分	推迟公布或不公布不得分	
	10. 每个自然村设立 1 个以上投票站	6 分	缺 1 个扣 1 分，缺 2 个扣 2 分	
	11. 所有投票站均设立秘密划票处	4 分	少设 1 个不得分	
	12. 选举工作人员、观察员佩戴标志	2 分	未按要求的不得分	
	13. 选民参选率达 90%以上	3 分	每少 1 个百分点扣 0.5 分	
	14. 外出选民参选率达 50%以上	2 分	50%以上不得分	

续表

验收项目	验收内容	标准分数	评分办法	得分
投票选举66分	15. 设立选举观察员	2分	无设立观察员不得分	
	16. 制作放大票样方便文盲写票	2分	无放大票样不得分	
	17. 在流动票箱投票人数占参选数5%以内	3分	超过5%的不得分	
	18. 选举报告单有“三票”人员和观察员签字	2分	缺1人签字扣1分，缺2人签字扣1分	
	19. 按规定数额选齐村委会成员	3分	缺主任扣2分，缺副主任或委员扣1分	
	20. 投票站投票时间达5小时以上	2分	5小时以下的不得分	
	21. 无效票不超过参选人数3%	3分	超过3%的不得分	
	22. 选举结果当日开箱计票，当日宣布，次日公布	3分	不按规定开箱计票公布结果不得分	
	23. 选举一次成功	2分	2次以上的扣1分	
	24. 村民小组长和村民代表经村民推选	2分	由村委会指定的不得分	
	25. 村民代表达法定人数且分布合理	2分	数量和分布未达要求的各扣1分	
建章立制25分	1. 制定村民自治章程或村务规范化管理章程	5分	无制定章程不得分	
	2. 修订村规民约并分发到户	3分	无修订不得分，未发到户的扣1分	
	3. 制定任期目标和年度工作计划	2分	无任期目标和年度计划各扣1分	
	4. 召开新一届第一次村民代表会议	3分	没有召开的不得分	
	5. 设有固定村务、财务公开栏	3分	没有的不得分	
	6. 成立村民理财小组	3分	没有的不得分	
	7. 备有单独的村民代表会议记录本	2分	没有的不得分	
	8. 建立村规民约执约队	2分	没有的不得分	
	9. 选举档案齐全	2分	不齐全的不得分	

表 6-7　　**1989—1997 年福建省村委会选举工作基本情况表**

单位：个、期、万元、%、人、岁

选举年度		1989	1991	1994	1997
选举试点	省试点村数	15	24	27	27
	地县乡试点村数	192	206	471	474
培训骨干	省级培训	82	96	124	125
	地县乡村培训	15072	115394	27781	257894
县乡指导组数量		369	1024	1036	1049
村领导小组数量		4186	12525	14386	14739
选举联络员数量		12953	46824	31621	40539
地（市）以下财政下拨经费		37	117	730	1176
村民参选率		8.1	97.3	97.9	90.1
当年选举完成率		32.8	98.4	98.6	99.9
选举村委会主任人数		4611	11913	14750	14750
平均年龄		44	39.3	36.2	38.6
初中以上文化程度比例		45.8	74.4	87.9	93
党员比例		38.9	51.2	71.9	76.2
女性比例		0.9	1.6	1.9	2
连选连任比例		63	60	47.8	40.3
属于正式候选人比例		97.3	98.1	97.6	97
属于非正式候选人比例		2.7	1.9	2.4	3
等额选举比例		26.8	9.8	10.1	28.8
属于计生政策违法者比例		0.96	0.9	0.2	0.26
属于正在服刑者比例		0.01	0.03	0.007	0.02
属于缓刑者比例		7.6	6.8	6.4	2.2
兼任经联社主任比例		90	87	56.8	40.3

1998 年 6 月，美国卡特中心代表团一行 4 人到厦门市湖里区禾山镇和仙游县榜头、赖店镇，以召开乡村干部群众座谈会和查阅档案资料形式，考察了解村委会选举情况，为期一周。

1999 年 1 月，省委组织部、省委宣传部、省民政厅、省司法厅、省政府法制局联合下发《关于学习宣传和贯彻〈中华人民共和国村民委员会组织法〉的意见》，提出在全省确定 800

个村委会作为开展贯彻实施村委会组织法示范点，要求完善村委会直接选举制度，研究解决好村委会与村党支部、与乡镇政府之间关系问题。随后，省民政厅会同省人大常委会农村经济委员会和省政府法制局，先后6次派人员赴9县14个乡镇26个村就修订法规问题进行调研，起草《福建省实施〈中华人民共和国村民委员会组织法〉办法》草案和《福建省村民委员会选举办法》修订草案。8月，省民政厅下发《关于认真抓好贯彻实施〈村委会组织法〉示范点工作的通知》，提出示范工作的标准和要求。

2000年3月，省民政厅在永安市黄历街道桂口村进行村委会选举试点工作，并在永安举办全省村委会选举骨干培训班，参训者110名。同月，省人大常委会抽调民政、农办、农业等部门36名厅、处、科级干部组成9个调研小组，赴福清、平潭、同安、南靖、诏安、南安、安溪、莆田、仙游、大田、永安、上杭、永定、宁德、周宁、建瓯、浦城17个县（市）34个乡镇102个村，调研村民自治和村财管理问题，历时7天。此次调研活动共召开村“两委”成员、退休干部、村民小组长、人大代表、村民代表和村民合计2480人参加的座谈会221场，走访538户，发放2785份问卷，征得修改意见623条。4月，省人大常委会副主任童万亨带省人大常委会农村经济委员会、省民政厅、省农业厅有关人员前往吉林、黑龙江、内蒙古三省区考察村民自治工作。5月，省人大常委会再次对两个法规草案进行审议修订。6月，为施行村委会选举数据规范化和数据传输网络化，民政部基层政权和社区建设司在福州举办全国首期村委会选举信息系统培训班，主要培训内容为村委会选举信息采集、信息处理、信息交换、信息查询、信息统计、信息汇总分析等，参加培训的有省民政厅基层政权处和各地市县区民政局基层政权科工作人员。同月，永安市黄历街道永浆村首次实施村委会“海选”，村民依照村委会成员职位和职数，提名村委会主任、副主任和委员，被提名者达到全体选民过半数即提名当选有效，不再进行投票选举。7月，省人大常委会第三次审议后通过《福建省实施〈中华人民共和国村民委员会组织法〉办法》和《福建省村民委员会选举办法》，村委会选举制度出现以下改变：（1）设村民选举委员会，由村民代表会议或各村民小组推选产生，由5～7人组成，负责主持村委会选举工作。（2）凡具有选民资格的村民可在户籍地参与选民登记，也可在居住地（但必须尽村民义务的）参与选民登记，但不得重复登记，因故离开本县（市）接到通知后没有回村参加选举的不计算在本届选民数内。（3）村委会成员候选人可由选民单独或联合方式提名，选举日的15日以前公布被提名者名单，人数超过正式候选人数的以秘密划票方式进行预选，全体选民过半数或三分之二以上户代表或村民代表投票，预选有效。（4）取消委托投票，实行一人一证一票，限制流动票箱投票人数。（5）设立选举现场秘密划票处。（6）当选人数少于应选名额的，15日内另行选举，全体选民过半数投票另行选举有效，以得票数多的当选。（7）村委会成员缺额的2个月内补选，候选人由村民代表提出，全体选民过半数投票补选有效，候选人或另选人获过半数选票即可当选。（8）本村五分之一以上有选举权的村民联名要求罢免村委会成员的，村委会应在1个月内召开村民会议进行投票表决。8月，省政府下发《关于严格依法组织好村委会换届选举工作的紧急通知》，要求发扬民主，依法组织选举工作。8月3日，美国卡特中心民主项目代表团一行8人，在民政部、外交部有关人员陪同下到仙游县赖店镇象岭村和留仙村观摩村委会选举投票站现场。8月16日，省民政厅在福州召开全省村（居）委会换届选举工作会议暨地市民政局局长座谈会，省领导参会，要求县乡建立领导包村（片）责任制度，发扬民主，依法选举。9月，省民政厅在福州举办村委会选举工作培训班，印发《村委会选举工作手册》。10月16日，美国国际共和研究所一行6人到厦门湖里区禾山镇后埔村考察村委会换届选举。当年，各地建立分级培训（选举业务）制度，加强宣传发动，加大村财审计力度，健全选举指导机构，强化经费保障。泉州市丰泽区印发《致全体选民一封公开信》3万份，建阳市连续4天在晚间黄金时段播出民主选举专题节目。莆田县抽调110名专业审计人员配合各乡镇开展村财离任审计，泰宁县杉城镇在村财离任审计中查出3起经济案件（追回集体资金2.8万元）。龙海市石码镇内社村有32个在湖南经商村民乘坐飞机回村参加投票选举，罗源县鉴江镇东湾村有80多个外出务工村民在村委会选举日雇用6部中巴车集体返村，福州市仓山区、晋安区一些村民为参加村委会选举专程乘飞机回村。平和县抽调退居二线老干部组成村委会换届选举督查组，霞浦县抽调21个处、科级干部担任换届选举挂乡巡视员。晋江市财政一次下拨30万元选举经费，上杭、永定等县财政拨付选举经费10万元。当年底，全省共选出村委会主任14590个（其中女主任225个），换届率98.3%，选民参选率87%，外出选民回村参选数占外出选民总数的17.3%；全省共筹措工作经费6479万元，其中市县两级财政拨出417万元，乡级财政拨出1387万，村财付出4675万元；全省有70%村委会开展村财任期审计，查出问题村191个。

表6-8　**2000年福建省各设区市村委会换届情况表**

单位：个、%

市别	村委会总数	村委会换届数	占比
福州	2427	2352	96.9
厦门	298	287	96.3
莆田	903	880	97.5
泉州	2250	2205	98.0
漳州	1665	1638	98.4
三明	1731	1721	99.4
南平	1617	1601	99.0
宁德	2161	2141	99.0
龙岩	1785	1765	98.9
全省合计	14837	14590	98.3

注：此表数据截至2001年1月。

2001年5月，省长习近平来省民政厅调研时强调，要按照民主建设的要求搞好村民委员会选举，尊重民意，同时要注意基层民主建设中的一些问题，如坏人掌权问题、选举中一些作弊问题、贿选问题。6月，全国人大内务司法委员会主任委员侯宗宾和全国人大财经委员会副主任委员贾志杰率执法检查组赴福州、宁德、南平、三明市4个设区市和连江、蕉城、建阳、永安四县（市）4个乡镇检查村委会选举工作情况，历时10天。调查认为：福建省配套法规的制订确保了村委会组织法的贯彻落实，选举程序的规范化推进保障了民主选举的健康发展，村“两委”关系协调为实现村民自治提供了组织保证；存在问题是一些乡镇干部民主意识有待提高，有些地方存在宗族帮派势力干扰村委会选举的现象，有些地方在村民自我管理、教育和服务方面尚存欠缺。7月，省民政厅表彰2000年度村委会换届选举工作先进县（市、区）9个，先进乡（镇）21个。同月，全省首期女村委会主任培训班在福州举办，45人参训。

图6-7 2000年10月，美国国际共和研究所代表到厦门湖里区禾山镇考察村委会换届选举

2003年3月，省委、省政府下发《关于做好2003年村级组织换届选举工作的通知》，要求在村委会选举过程中确保村民的推选权、选举权、提名权、投票权和罢免权；要求村委会主任中党员占一定比例，通过法定程序尽量做到村“两委”成员交叉任职；要求根据自然村落分布、人口数量、经济发展状况和工作需要，本着精干高效原则，科学设定村干部职数：原则上1000人以下的村安排3～5人，1001～3000人的村安排5～7人，3001～5000人的村安排7～9人，人口超过5000人、自然村落分散、经济比较发达的村可适当增加1～2人，最

图 6-8 2001 年 7 月，省民政厅表彰 2000 年度村（居）委会换届选举先进单位和个人

多不超过 11 人。同月，省政府召开村委会换届选举电视电话会议，动员部署全省村委会换届选举工作。省民政厅下发《关于 2003 年村委会换届选举若干问题的指导意见》，就选民登记、投票方式、候选人资格、候选人现场竞选演说、流动票箱使用、选举无效处理程序等问题提出新的规范性意见，并增设候选人资格审查环节和提名与选举相结合的“海选”程序规定等。同期，省民政厅在闽清县举行试点工作，举办选举骨干培训班，参训者 180 多名。4 月，各地选举活动基本展开。各设区市、县（市、区）下发文件通知，召开会议部署工作，并成立由党委副书记担任组长，民政、公安、计生等有关部门领导组成的各级村级换届选举领导小组或村委会选举指导组。各地的工作程序普遍是先改选村民代表，后选举村民选举委员会、登记选民、提名候选人，再进行村委会投票选举。村民选举委员会成员由村民会议、村民代表会议或有选举权的村民以无记名投票、秘密划票方式直接选举产生。对具有农业户籍、户籍关系挂在本村但不居住本村的选民，在选民登记起止时间内不回村登记的不计算在本届选民数内；本村村民中因征地农转非后已安排工作的，不参与选民登记；居住在本村的离退休人员、各种农转非人员及上岸居住渔民等有争议的选民名单，由村民代表会议讨论决定。选举前两年内本人提前生育（婚前生育、未满间隔期生育、虽符合再生育条件但未经审批生育、未达法定婚龄怀孕生育），选举前五年内本人多生育或者婚外生育的，正在服刑的，或正在劳动教养的，或被司法机关逮捕的在押的，属于上一届村委会成员但连续六个月以上擅自不参加村委会工作的人员，取消被选举资格，若当选则其当选职务自行终止。流动票箱投票对象由村民选举委员会在调查核实基础上提出，经村民代表会议认定并公布。唱票、计

票、监票人选由村民选举委员会提出，村民代表会议讨论决定，并张榜公布。每个代写人只能代写一张选票，多者无效。福州、厦门、漳州、三明等地尝试着将提名与选举相结合进行“海选”（选举现场没有预备候选人名单，村民凭自身意愿投票提名，提名结果确定选举结果）。“海选”时设若干投票站，选民采用无记名投票、秘密划票方式依照候选人职位数等额提名，被提名者获得参加提名者过半数选票的即可当选；未获得过半数选票的，以得票多少顺序差额确定正式候选人，另行组织选举。7月，省民政厅下发《关于加强村委会换届选举“重点村”、“难点村”工作的通知》，要求以县（市、区）为单位，在调研摸排基础上确定本地村委会选举难以进行的“重点村”和“难点村”，登记造册，指定专人负责，查找症结，一村一策，逐村突破。福州市各县（市、区）确定重点村227个，采用五套班子成员和乡镇主要领导挂点包村责任制。莆田市将全市重、难点村的成因情况逐一造册，呈送各县（区）五套班子领导。县（区）再将各村分解给各挂点领导和各科局，实行领导责任制、科局责任制。11月，全省排查确定1490个重、难点村中有1450个完成选举任务。12月，省政府办公厅下发《关于加大力度确保村委会换届选举工作圆满完成的通知》。截至当年底，全省应换届14806个村委会，其中14733个完成换届选举，完成率99.5%；全省共有1593.9万人参加选民登记，有215万人参加提名候选人，被提名者13.5万人，平均每村9.1人。龙岩市参与提名选民21.3万人，共提名主任初步候选人16829名，平均每村9.4人。厦门市同安区莲花村一位90多岁老人执意在亲人搀扶下到现场投下1票。南安市共有281个妇女当选村委会成员。

表6-9　　**2000年和2003年福建省村委会换届选举部分指标统计表**

单位：个、%、岁

年份	村委会总数	当年换届数	占比	村主任基本情况		
				连选连任占比	初中以上文化程度占比	平均年龄
2000年	14830	14754	99.49	48	87	37.1
2003年	14592	14572	99.86	51.77	91.94	39.84

2004年1月，省民政厅表彰2003年度村委会换届选举工作先进单位9个县（市、区）18个乡（镇），先进个人30人。

2005年7月，省人大常委会副主任曾喜祥率省人大常委会内务司法委员会、省民政厅有关人员前往黑龙江、吉林、辽宁三省考察村民自治工作。11月，第十届省人大常委会第二十次会议审议通过实施办法和选举办法，更改和增加村委会选举过程中的相关做法：(1)村民选举委员会成员候选人由村民或村民代表单独或联合提出，采取秘密划票、无记名投票方式由村民会议或者村民代表会议推选产生，推选时预备2～3名候补成员。过半数有选举权村

图 6-9　2003 年，闽清县云龙乡台埔村委会选举现场秘密划票处

图 6-10　2003 年，福州市晋安区宦溪镇宦溪村委会选举投票站

民或者三分之二以上村民代表参加投票，推选有效；候选人或另选人按应选名额以得票数多的当选。村民选举委员会成员在选举期间无故三次不参加村民选举委员会会议的，其职务自行终止。村民选举委员会成员缺额的，从候补成员中依次递补。（2）县（市、区）、乡、民

族乡、镇指导村委会选举工作的经费列入同级财政预算。村委会的选举费用由政府予以补助，补助经费列入县（市、区）、乡、民族乡、镇财政预算。(3) 计算选民年龄时间以选举日为准，村民出生日期以居民身份证为准，无居民身份证的以户籍登记为准。(4) 户籍不在本村但在本村居住具有选民资格的人员，可由本人提出申请，经村民会议或者村民代表会议同意，予以登记。(5) 选民登记工作应当在5日内完成。对选民名单有异议的，应在名单公布后3日内向村民选举委员会提出，村民选举委员会应在村民提出后2日内作出调整或者解释。(6) 正式村委会成员候选人中妇女应当有适当的名额。(7) 村民委员会选举可以采用确定候选人的选举方式；条件成熟的地方也可以采用不确定候选人的选举方式。采用不确定候选人方式选举的，全体选民过半数参加选举，选举有效；被选人获得参加选举的选民的过半数选票，始得当选；被选人得票数未过半数的，可按规定差额数以得票数多的作为正式候选人，组织另行选举。(8) 村民联名提出罢免村委会成员要求的，应提出罢免理由，被提出罢免的有权提出申辩意见；村民委员会在接到罢免要求1个月内应召开有选举权村民参加的村民会议进行投票表决，村民委员会不按规定期限召集村民会议表决罢免要求的，由乡镇政府在1个月内主持召集；有选举权村民过半数通过，罢免有效；罢免无效的，1年内以同样理由对同一对象再次提出罢免要求的，不予采纳。

二、村务管理

1988年8月，厦门市民政局借鉴乡人民代表大会制和外省一些做法，在禾山乡（今为禾山镇）高殿村开展建立村民代表会议制度试点工作。该村以村民小组为单位采用举手表决方式推选村民代表70人，于8月29日在村部开会1天，听取村委会当年上半年工作及财务收支情况报告，审议《高殿村村民代表会议议事规则（试行）》。

同年9月，福建省实施办法提出村委会职责和村民代表会议职责等方面内容，为村务民主管理提供法律依据。

1989年2月，湖里区禾山乡第十届人民代表大会第二次会议讨论通过以《高殿村村民代表会议议事规则（试行）》为样本的《禾山乡村委会村民代表会议议事规则（试行）》草案，作为各村使用的范本。4月，湖里区民政局下发文件通知，要求全区村委会参照高殿村做法建立村民代表会议制度。5月，禾山乡政府下发《关于建立村民代表会议制度的意见》，成立禾山乡村民代表会议领导小组，下设办公室，并要求各村也要成立相应工作机构。禾山乡随即展开全乡范围内村民代表会议制度推广工作，人口在300人以上的村推选3名村民代表，300～500人的推选5名，500人以上的推选7名，全乡11个村委会共有村民代表483名。3月，宁化县民政局为探索村民自治工作经验在泉上乡豪亨村、安乐乡夏坊村开展村民自治示范活动。示范活动从建章立制入手，制定村委会工作细则、村委会干部守则和村规民约等，建立村委会下属的治保调解、文教卫生等工作委员会，让村委会工作有章可循，有人办事。11月，省政府召开全省村委会工作会议，提出“依法治村，完善民主制度，强化自治

高殿村村民代表会议议事规则（试行）

（1988 年 8 月 29 日第一次村民代表会议通过）

一、根据《村委会组织法》的有关精神，为便于召集和及时讨论决定本村一些重大事项，设立村民代表会议。

二、村民代表会议对村委会提交村民会议决议的重大事项和在执行村民会议决议过程中遇到的突出问题进行讨论、决策和质询、监督（法律另有规定的除外）。

三、村民代表会议的代表按村民小组进行选举，由本小组村民直接推选产生。村民代表任期与村委会相同。村民代表要以自身的模范作用支持、监督村委会和村民小组长落实村民会议的决议和村民代表会议的决定。

四、村民代表会议由村委会召集和支持。有五分之一以上的代表提议，应当召集村民代表会议。

五、村民代表会议每季度或每半年召开一次，遇到特殊情况，可临时召集。

村民代表会议休会后，村民代表以村民小组为单位活动，参与涉及本小组村民利益的较大事项的讨论决定，协助小组长开展工作。小组会由村民小组长召集。

六、村民代表会议的主要任务：

1、讨论村委会提交村民会议讨论的重大事项；

2、讨论决定村委会在执行会议决议过程中遇到的突出问题；

3、监督检查村委会和村民小组的日常工作和执行村民会议决议的情况；

4、宣传党和国家的政策、法令，贯彻村民会议的决议；

5、其他需要村民代表会议讨论决定的事项。

6、村民代表会议的决定以全体代表的过半数通过。

图 6-11　《高殿村村民代表会议议事规则（试行）》影印件

功能”和“示范引路、分批达标、全面普及”的工作目标和工作策略，要求各地一手抓村民自治示范村创建活动，一手抓软弱涣散村整治。12 月，三明市民政部门引导尤溪县中仙乡安宁村每 10～15 户推选 1 名办事较公道、参政议政意识和能力较强的村民作为代表，组建村民代表议事会，凡涉及村民利益的事，先由村“两委”提出议案，交村民代表议事会讨论决定。同年，各市、县、区建立基层政权建设领导小组，负责基层政权和自治组织管理工作的协调监督，多由当地党委副书记任组长，县人大、政府、政协各1名副职和民政局长任副组长。

1990年初，宁化县被民政部基层政权建设司确定为全国村民自治示范活动试点县（全国共3个试点县），全县有66个村委会开展村民自治示范活动。各示范村建立健全村委会下属机构；制定村规民约和村干部廉政勤政制度，设置村务公开栏；由每一村民小组推选3～5名群众基础较好、办事较公道、议事能力较强的村民组成村民代表会议，负责审议村委会工作，审核1000元以上财务开支，讨论决定与村民利益相关的其他重大公共事务。宁化县基层政权建设工作领导小组印发《乡镇人民政府指导村委会工作规则》《宁化县村民委员会工作细则》等指导村委会工作的文件。4月，省民政厅下发《关于开展创建村民自治示范村活动的意见》，提出村民自治示范村建设的10条标准：（1）村委会班子依法民主选举产生，下属工作委员会健全，有工作职责和规章制度，村民小组能发挥作用；（2）村干部团结，工作协调，执行政策，遵纪守法，廉洁奉公，办事公道，有强烈的革命事业心和责任感，公仆意识和群众观念强，敢于同违法行为和不良倾向做斗争，关心群众疾苦，热心为村民服务；（3）民主管理村务，重大问题坚持民主决策，定期召开村民会议或村民代表会议，对村委会工作和村委会干部实施评议，提出表扬、批评和建议；（4）村规民约由村民讨论制定，内容符合各项方针政策，切合实际，针对性强，执行情况好；（5）村委会与其他村级组织关系协调，维护党支部核心领导地位，发挥共青团、妇联、民兵等组织作用，共同做好各项工作；（6）村民依法履行公民义务，积极协助政府工作，全面或超额完成计划生育、粮食征订购、征兵、纳税等各项任务；（7）发展村办企业，壮大集体经济，村财收入逐年增加，村民生活逐年提高；（8）搞好公共事务，兴办公益事业，解决群众急、难问题；（9）社会治安稳定，调解民间纠纷不出村，无“黄源”和“六害”；（10）开展社会主义精神文明建设和学雷锋活动，坚持移风易俗，树立良好社会风尚，环境卫生整洁，村容村貌好，“五好家庭”占全村总户数50％以上。各地由基层政权建设领导小组统一协调，把创建村民自治示范村活动与农村两个文明建设结合起来。每个县选择工作基础较好的10个村（区选择3个村），多采取挂点包干的办法，开展村民自治示范活动。厦门、三明、宁德、龙岩、莆田等地在开展村民自治示范活动中，实行村干部任期目标责任制，建立健全村委会下属工作委员会及其工作职责；实行“两公开一监督”（村务公开、村财务公开、接受村民群众监督），召开村民会议或村民代表会议评议村委会工作和村委会干部；发动村民讨论制定村规民约。11月，全省村民自治示范活动现场会在宁化县召开。会议强调把发展农村基层民主作为村民自治示范活动的中心内容，发展农村基层直接民主；要发挥村委会自我管理作用，管好各项村务，推进村民自治；要把经济建设作为村委会主要任务来抓，增强自治组织凝聚力。会议要求全省各地遵循“示范引路，逐步推广，成熟一个搞一个，成熟一批搞一批”的方针，逐年扩大示范面。12月，福建省选举办法对村民代表名额配置问题作出具体规定：村民代表由村民小组推选，人数占本村总人口5％。

中沙乡武昌村村规民约

为促进我村社会治安持续稳定，促进“两个文明”建设，保障各项生产和人民生活秩序的正常进行，制定颁布村规民约。

第一条　坚决执行中沙乡人民政府1987年公布的《乡规民约》，维护安定团结，维护国家、集体、个人的合法权益。

第二条　制止辱骂、殴打他人或相互殴打、酗酒闹事、损害公共和群众财务、群众赌博、封建迷信、在河流中毒电炸鱼、盗伐树木偷挖坑，杜绝火警、火灾。

第三条　严格遵守国家土地管理法，以免损害农作物和其他作物。

第四条　加强对禽、畜管理，以免损害农作物和其他作物。

第五条　维护村内环境整洁和卫生，一切有害于环境整洁和卫生的行为，均予以批评和制止。

第六条　保护珍贵树种，对破坏珍贵树行为予以严厉批评或处罚。

第七条　有下列情形之一者，一律按违法规约予以处罚，严重的、拒绝处罚的送交政法部门处理：

1、辱骂、殴打他人或相互酗酒闹事的，一次处以5-10元罚款，并酌情支付医药费。

2、聚众赌博的一次处以5-300元罚款。

3、引起火警、火灾者，一次处以5-200元罚款，并责令赔偿。

4、在河流中毒、电、炸鱼的一次处以15-150元罚款。

5、偷摸、盗窃他人财物的，除追回赃物外，处以5-300元罚款。

6、毁坏河边林木（竹）的每株（根）处以30元以下罚款。河岸禁止开荒，经劝阻不执行的，处以50元以下罚款。

7、乱砍、滥伐林木（竹）、偷挖竹，每株处以10-20元罚款。

8、禽、畜损害他人农作物或其他实物，根据损坏程度，按被损害物的2-3倍价赔偿，并处以20元以下罚款。

9、堆放、抛倒杂物在公共场地（所）或有碍于交通的搭盖，一律责令清除，经劝阻不执行的，处以5-20元罚款，同时予以清除。

10、破坏珍贵树种，每株处以20-120元罚款。

11、损害公共、个人财物照价赔偿。

12、损坏水利设施、机械按前款（第七套十一款）处理，并处以20元罚款。

第八条　虐待老人、妇女、儿童处以20-100元罚款。、

第九条　主动坦白、真诚认真，并能检举他人违法事实，可以从轻或免于处罚；屡教不改，嫁祸他人，抗拒、逃避处罚的应加重处罚；见义勇为，大胆揭发违法行为并与之作斗争的有功人员呈报乡人民政府给予表扬和奖励。

第十条　本村规民约由村党支部纪检委会、村委治保委员、调解委员、土地管理员、林业股东会会长5人小组具体执行。

外村公民在本村内违犯本规约的，按本规约处理。

图6-12　1990年宁化县中沙乡武昌村村规民约影印件

1991年9月，省政府下发《福建省村民委员会建设达标纲要》，主要要求：（1）提高村干部整体素质。3年内村委会正、副主任平均年龄达45周岁以下，文化程度达到高中水平；村委会每半年向村民会议或村民代表会议作一次工作报告，听取村民意见和要求；保证村主干（村党支部书记、村委会主任、村经联社主任）生活待遇略高于当地人均水平；建立村干

部退养基金会，逐步实行退养与养老保险制度；每年有计划地从符合条件的村干部中选拔录用国家干部。(2) 保障村民参与村务管理和监督民主权利。村民会议或村民代表会议每年至少召开两次，凡涉及村民利益的大事必须经过村民会议讨论决定；村委会建立村务公开栏，每月公布1次村财务收支情况；凡涉及生产、人口生育指标、宅基地分配、救济救灾款发放、农业税和特产税减免等事项，都要将方案和具体数字公布于众；选择有代表性的村民组成村民评议小组，制定评议规则，定期或不定期对村委会工作和干部实施评议监督。(3) 健全村委会下属的人民调解、治安保卫、公共卫生等委员会，制定村规民约，发挥村民自我管理作用，完成国家交办各项任务。同年，各地结合村委会换届选举，进行村民代表改选和村委会建章立制工作，强化村委会工作职责，规模大或村落分散的村委会基本上建立起村民代表会议制度。三明、漳州、宁德等地区选择条件比较成熟的县和乡镇作为村民自治示范活动试点单位，从建章立制入手，探索村民自我教育、自我管理、自我服务、自我监督的村务民主管理办法。

1992年，省民政厅根据农村开会难的实际情况提出村民代表名额配置方案：总人口在1000人以下的村，代表人数不少于30人；1000～5000人的村，不少于总人口的3%；5000人以上的村，不少于150人。各地以此为据，落实村民代表人数，推进村民代表会议制度的建立健全。同年6月，古田县松吉乡制定村级基础工作规范化管理规定，内容涉及土地承包、山地使用、村办集体企业承包、财务开支管理、村民义务、社会治安等方面。9月，古田县凤埔乡西溪村由村民代表会议审议通过《凤埔乡西溪村村民自治章程》，共5章61条，内容涉及村委会、村民代表会议、村民小组的权利和义务，森林、土地、村办企业、村财管理权限和规则，以及社会治安、村容村貌管理等方面。

1993年7月，省民政厅制发《福建省村民自治标准》，强调和完善村民自治示范建设标准。9月，福建省实施办法规定：村民代表会议由村民代表、居住在本村的各级人民代表和村民委员会成员组成，由村委会召集，至少每三个月举行一次，特殊情况或有三分之一以上村民代表会议成员提议，可临时召集。村民代表由村民按一定的户数或村民小组推选产生，1000户以上的村不少于35人，1000户以下的村不少于25人。100户以下且居住集中的村，可以不设村民代表会议。村民代表会议向村民会议负责，所作决定必须由村民代表会议全体成员过半数通过，其主要职责是讨论决定完成国家任务的措施，讨论决定村建规划和宅基地安排方案，讨论决定新建重大生产项目、建设工程和村重大财务开支。当年底，全省开展村民自治示范村验收活动。验收结果显示，全省村委会基本上达到“组织健全、制度完善、生产发展、生活提高、工作有人负责、任务能够完成”的要求。同年，古田县民政局引导各村委会制定村务“十公开”制度：财务收支项目公开、村办企业和森林规划承包公开、农业贷款发放公开、计划生育工作公开、救灾救济扶贫款物发放公开、基建工程承包公开、生产资料分配公开、建房用地审批公开、村干部补贴工资公开、集体提留收缴和使用情况公开。

凤埔乡西溪村村民自治章程

（1992年9月28日第六次村民代表大会通过）

第一章　总则

第一条　为贯彻实施《村民委员会组织法》，加强我村民主政治建设，保证村民实现自我管理、自我教育、自我服务的功能，调动村民当家作主，促进两个文明建设，特制定本章程。

第二条　本村实行村民自治是在党的现行政策和国家法律规定范围内，在党支部的领导下，由村民委员会具体组织管理本村的政治、经济、教科文卫体及其他社会事务。

第三条　本章程是在广泛征集本村村民意见的基础上制定的，是全体村民的行为规范，无论干部、党员、群众，在章程面前人人平等，都必须严格遵守。

第四条　本章程由村民委员会具体组织实施，村民会议或村民代表大会监督执行。

第二章　村民组织

第一节　村民代表大会

第五条　村民代表会由村民代表组成，村民代表由村民小组会议选举产生，每个小组选举产生4名。村民代表必须是热爱党、热爱社会主义，具有一定的政治觉悟，有参政议政能力，作风正派，办事公道，在群众中有一定威望的村民。

村民代表每届任期3年，可连选连任。村民小组会议有权撤换和补选本组村民代表。

第六条　村民代表会议由村委会负责召集和主持，至少每季度召开一次，有重大问题需要或由三分之一以上代表提议可临时决定召开会议。

第七条　议事内容：

1、听取和审议村委会工作报告。

2、全年工农业生产计划及主要措施。

3、村镇建设规划的制定和宅基地安排。

4、各种经济责任制的完善和各种经济合同的修订。

5、审议全年收支预算和决算，500元以上的非生产性开支和1000元以上的生产性开支。

6、村规民约的制定和修改。

7、人口出生计划的落实。

8、救灾救济款物的分配。

9、评议村委会干部。

10、其他关系到村民利益的重大事情。

第二节　村民委员会

第八条　村民委员会是在国家法律规定的范围内，受乡镇政府的指导和党支部领导，是村民自我管理、自我教育、自我服务的群众性自治组织。

第九条　村委会机构设置

（一）村民委员会由5人组成，设主任1人、副主任1人、委员3人。每届任期三年，成员由村民直接选举产生，可以连选连任。

（二）村委会下设社会福利、文教卫生、治安保卫、人民调解四个工作委员会。

第十条　村民委员会职责

（一）教育、组织村民认真贯彻执行党的路线、方针、政策，遵守国家的法规。

（二）向村民会议或村民代表会议负责并报告工作。

图6-13　1992年古田县凤埔乡西溪村村民自治章程影印件

（三）制定本村经济和社会发展年度计划及三年规划，依照村民代表会议负责组织实施。

（四）依法办理本村的公共事务和公益事业，调解民事纠纷，协助政府搞好社会治安，及时向上级人民政府反映村民的意见、要求和建议。

（五）管理本村集体所有的土地和其他财产，教育村民合理利用自然资源，保护和完善生态环境。

（六）组织村民完成乡政府布置的各项工作任务。

（七）组织村民发展经济，做好本村生产的产前、产中、产后的服务和协调工作。

（八）维护村民的合法权利，教育引导村民履行公民的应尽义务。

（九）做好优抚、救灾救济、五保供养等社会保障工作，开展移风易俗等“六倡导、六反对”活动。

（十）带领村民开展社会主义精神文明建设。

第十一条　四个委员会职责

（一）社会福利委员会的职责是搞好本村的救灾救济、拥军优属、五保供养等社会保障工作。

（二）文教、卫生委员会的职责是带领村民学科学、学文化、组织开展尊师重教活动，贯彻计生政策，加强村容村貌管理。

（三）治安保卫委员会的职责是发动和依靠村民搞好本村社会治安秩序，协助公安部门做好治安保卫工作，监督村规民约的执行。

（四）人民调解委员会的职责是：开展法制宣传教育，调解民间各类一般性纠纷，协助政法部门做好司法行政工作。

第三节　村民小组

第十二条　村民小组是在党支部、村民委员会领导下，村民开展群众性自治活动的基层组织，是村民委员会联系村民的桥梁和纽带。

第十三条　本村按便于自治管理和村民居住区相对集中划分为8个村民小组，每小组设组长1名，由本组村民民主选举产生。

第十四条　村民小组长的条件与村民代表条件相同。

第十五条　村民小组长的职责。

（一）负责组织召开村民小组会议，学习宣传贯彻上级指示和党支部、村委会的有关决定。

（二）根据村的中心工作，向本小组布置任务，组织实施，抓好检查落实。

（三）向党支部、村委会反映本组村民意见、要求和建议。

（四）组织本组村民发展生产。

（五）协助村委会维护本村的社会治安，积极推进两个文明建设。

第十六条　村民小组长的权利

（一）可列席参加村委会成员扩大会议，参与本村一些村务政务重要事情的讨论。

（二）对本组村民宅基地、计划生育指标、农资、救灾救济款物的分配进行初审。

（三）小组长对本村两委工作中存在的问题，有权提出批评、建议，甚至可直接向上级党委政府反映。

（四）小组有权直接调解在本组发生的各类一般民事纠纷，协调本组的生产服务工作。

第四节　村　民

第十七条　凡户口在本村的村民享有以下权利：

2

（一）依照《宪法》的规定，享有公民应当享有的一切权利。

（二）参加村务活动，提出有关村务的建议和批评，对村干部和村务进行监督。

（三）有参加村民会议，讨论决定村务、财务重大问题的权利。

（四）享受本村兴办的各项公共事业和公益事业的权利。

第十八条　村内村民都有以下义务：

（一）依照《宪法》规定村民应当履行的一切义务。遵守乡规民约，执行村民代表会议和村民委员会的决议和决定。

1、必须按照乡政府的规定时限完成征购粮、水费粮和教育附加费粮的入库，违者扣发肥料供应证或调整责任田。

2、积极履行公民义务，报名应征参加兵役登记和民兵组织活动。

3、在本村实行小学初等义务教育，一律不准小学生辍学，违者给予批评教育，限期返校。

4、必须完成乡村规定的义务工和劳动积累工。

（二）团结互助，尊老爱幼，维护集团利益，自觉开展移风易俗争创文敏村、文明户活动。

第五节　村干部

第十九条　村干部是村民的公仆，必须树立全心全意为村民服务的思想，立足本职工作，要求做
到：

（一）认真贯彻执行党的路线、方针、政策，坚持“一个中心，两个基本点”，在政治上同党中央保持一致。

（二）廉洁勤政，不吃请、不受礼、不以权谋私。

（三）坚持实事求是，发扬民主作风，尊重村民意见，做耐心细致的思想工作。

第三章　经济管理

第一节　森林资源管理

第二十条　必须在1992年底完成本村的造林绿化、消灭荒山任务。村民个人或集体承包造林的，承包后种植的林木按合同规定履行。

第二十一条　全体村民应切实做好森林火灾预防工作，禁止烧林和林中用火，炼山预先到乡林业站办理炼山许可证。

第二十二条　全体村民都有责任向村委会报告火警，有扑火能力的，有责任积极参加本村或邻村

森林火灾的扑救工作。

第二十三条　村民与村民之间，村民与村集体之间发生的森林权争议，由村调解或县、乡人民政府处理。在纠纷解决之前，任何一方不得砍伐。

第二十四条　村民采伐森林必须持采伐许可证，按许可证规定进行采伐。村民有特殊情况需要松杉木，数量在0.3立方米以下的，可在村委会办理砍伐手续。1992¯1993年禁止村民砍伐毛竹，有申请也不予审批。

第二十五条　村民搭盖香菇房的木材，超出审批数量的按办理手续所交金额的三倍罚款。

第二十六条　村民乱砍滥伐已经发现，属于首次的，没收所砍林木，并处以每立方米120元罚款，第二次、第三次的，除没收所砍林木外，处以每立方米240元、360元罚款，

数额较大的移交林政部门处理。

第二节　土地管理

第二十七条　村民可以承包统一规划的荒山及田缘地带、鱼塘，进行农、林、牧、副、渔生产。

第二十八条　对于村民代笔大会或村委会研究允许的临时搭盖，按有关规定收取临时搭盖费。

第三十条　村民申请宅基地，首先由村民所在小组的小组长签署意见，村委会提出规划安排方案，经村民代表大会讨论通过，并报县、乡人民政府审批。

第三十一条　本村耕地按以前制定的农业生产责任制合同进行管理。村委会、村民小组应做好农业生产的产前、产中、产后服务，及时做好化肥、农药的分配及农业技术的推广工作。

第三节　造林种果承包合同管理

第三十二条　要明确山场的面积，种植种类。

第三十三条　承包山场造林的承包期为30~45年，承包种果的承包期不超过40年。

第三十四条　实行土地有偿使用，承包造林的，收益按2:8分成，集体2成，承包者8成；承包种果的，3年后承包者按每年每株0.3元上缴村集体。

第四节　村办企业管理

第三十五条　鼓励村民个人或集股办企业。村集体继续以股份形式入股联办乡竹木制品厂，大力发展村级集体经济。

第三十六条　村办企业承包和集体场地出租，采取公开投票方式进行，提前10天贴出通知，招标承包。

第三十七条　村集体油茶基地，采用集体管理，管理所需经费由村财开支，收入归集体所有。

第五节　村集体财务管理

第三十八条　村财政收支每年年初要定出预算为案，经村民代表大会讨论通过。

第三十九条　500元以上的非生产性开支及1000元以上的生产性开支需经过村民代表大会讨论决定。

第四十条　坚持村主任一支笔审批、会计管账、出纳管钱制度，杜绝多头收款现象，会计结账要与出纳核对。

第四十一条　村集体财产和和资金不得随意借出或挪用。

第四十二条　实行财务公开制度，每年公布两次，年中、年终各公布一次，专项投资要专项公布。

第四十三条　实行财务监督制度，在每次财务公布之前，由村财务监督小组对财务收支情况进行审核。

第四章　村务政务管理

第一节　社会治安管理

第四十四条　全体村民人人都要守法，遵守社会公德，维护社会治安，积极同一切违法犯罪行为做斗争。

第四十五条　村民之间团结有爱，和睦相处，不打架斗殴，违者情节轻的，双方先交50元

押金，由村治保委员会进行解决，情节重的，交司法部门处理。

第四十六条　严禁赌博，违者没收赌具、赌资，并处以罚款。

4

第四十七条 反对封建迷信，对利用封建迷信招摇撞骗者，没收其非法所得，并视情节轻重予以经济处罚。

第四十八条 严禁传阅播放黄色书刊及淫秽录像，违者责令检讨并处以罚款，情节严重的，交司法部门处理。

第四十九条 禁止小偷小摸行为，经发现令其退还原物，并处以违法所得 2~3 倍罚款。

第二节 村容村貌管理

第五十条 人人讲卫生，公共场所不准乱写乱画，保持街道庭院整洁，房前屋后实行卫生区包干，垃圾要倒入固定的垃圾堆里。

第五十一条 实行圈猪，违者罚款 20 元。

第五十二条 街道公路两旁不准擅自搭盖，不准占路摆摊设点。

第五十三条 凡村办黑板报、宣传栏、公开栏等，任何人不得涂改撕毁，违者批评教育，并处以 10~30 元罚款。

第五十四条 全体村民必须服从村镇建设规划，积极集资出力改善村容村貌。

第三节 计划生育

第五十五条 坚决贯彻执行计划生育的基本国策，执行《福建省计划生育条例》，控制人口增长，提高人口素质。

第五十六条 结婚必须依法办理结婚登记，双方亲自到乡政府领取《结婚证》。违者按凤政（1991）044 号、（1992）23 号文件规定处理。同时大力提倡晚婚晚育。

第五十七条 1992 年 1 月 1 日起实行领准生证生育，违者按凤政字（1992）23 号文件规定处理。

第五十八条 弃婴、溺婴是犯罪行为，必须依法追究其责任。

第五章 附则

第六十条 本《章程》自村民代表会议通过之日起执行。

第六十一条 本《章程》由村民委员会负责解释。

1994 年 1 月，省民政厅在古田县召开全省第二轮村民自治示范活动工作会议，研究制订 1994—2000 年福建省村委会建设规划和全省第二轮村民自治示范建设标准。2 月，省民政厅下发《关于开展第二轮村民自治示范活动的意见》，全省围绕“四个民主”（民主选举、民主决策、民主管理和民主监督）建设，开展第二轮村民自治示范活动。

表 6-10 **1990—1994 年福建省村民自治示范建设成果表**

单位：个、%

年份	示范村数	占村委会总数比重	示范合格村数	占示范村总数比重
1990	718	5	150	20.9
1991	2919	20	1978	54.4
1992	5934	40.6	2570	26.8
1993	1812	12.4	3871	33.7
1994	2453	16.8	3911	28.2
合计	13836	94.8	12480	88.9

1995年4月，南靖县民政局引导靖城镇草坂村进行村务规范化管理，依据法律法规将原来零散单项的制度综合起来交村民讨论，制定《靖城镇草坂村委会村务管理章程》。南靖县委、县政府肯定草坂村委会村务规范化管理的做法，联合发文要求全县村委会都要制定民主管理制度，实行村务公开、民主管理；同时发布《南靖县村级合作经济组织财务管理若干规定》《南靖县村级干部廉洁自律若干规定》《南靖县农村村干部工资（补贴）管理规定》等文件。县民政局将《靖城镇草坂村委会村务管理章程》印发全县各村，要求各村结合本地实际，发动村民讨论制定本村的村民自治章程。

同年8月，省民政厅会同省人大常委会政策研究室、省委办公厅政改处在连江县开展村务管理规范化试点工作。试点工作方向和内容是村委会实行以法建制，以制管村，制定村民自治章程，把村务管理纳入制度化规范化轨道，强化村委会管理职能和村民自治功能。

1996年5月，省民政厅为贯彻落实《中共中央关于加强农村基层组织建设的通知》精神，下发《关于开展村务管理规范化工作的通知》，提出在全省有计划有步骤地推进村务管理规范化建设，并要求各地参照省民政厅拟定的《福建省村委会村务管理章程（样本）》组织村民制定村务管理章程。该章程（样本）13章81条，内容涉及村民会议和村民代表会议管理、村干部管理、村民小组管理、公共事务公益事业管理、集体经济管理、计划生育管理、社会治安管理、土地（山林、滩涂）矿产管理、行政事务管理、社会团体管理、财务管理等。同年底，全省有41个县（市、区）48个村开展村务民主管理试点工作。

1997年，省委组织部和省民政厅共同引导农村基层建立健全以村务公开、财务公开和接受村民监督为主要内容的“两公开、一监督”的村务民主监督机制，内容包括建立村委会向村民代表会议报告工作制度、村民评议干部制度、村务公开制度、村廉政监督员制度。古田县政府以制度形式明确各有关部门在推进村务民主监督方面应承担和履行的职责，发布《村务公开、民主管理监督工作有关部门职责》，其中县纪委监察局4条、组织部9条、民政局9条、农业局4条、财政局4条。县民政局就进一步规范村务公开、民主管理工作请示县政府，要求村务管理做到“十规范”：规范组织、规范时间、规范内容、规范阵地、规范形式、规范程序、规范制度、规范簿册、规范监督、规范档案。3月，厦门市湖里审计师事务所对湖里区高殿村进行财务收支情况审计调查，在审计该村村财收入、支出、银行存款余额和账面固定资产后，提出若干建议和要求。同年6月，省民政厅下发《关于进一步开展村务公开民主管理工作的通知》，要求从制度建设入手加强村务公开民主管理工作，并将工作重点放在财务公开上。同年12月，省民政厅表彰福建省1997年度村（居）委会换届选举工作先进县（市、区）11个，福建省1997年度村委会换届选举工作先进乡（镇）9个，福建省1997年度居委会换届选举工作先进街道办事处10个。截至当年底，全省有7561个村委会开展第二轮村民自治示范活动，有90%的村委会制定村民自治章程或村务规范化管理章程。

1998年1月，省委组织部、省委农村工作领导小组办公室、省民政厅、省财政厅联合下发《关于村级干部补贴管理的若干规定》，确定在岗的村党支部书记、村委会主任和村经济合作社主任（兼任的只按 1 人计算）的薪资由固定补贴、人口补贴、年限补贴和奖励补贴 4 个部分组成：固定补贴为每人每月不低于 150 元；人口补贴依据人口数量而定（人口在 500 人以下的村每人每月补贴 50 元，人口在 501～1000 人的每人每月补贴 60 元，人口在 1001～2000 人的每人每月补贴 80 元，人口在 2001～3000 人的每人每月补贴 100 元，人口在 3001～4000 人的每人每月补贴 120 元，人口在 4001 人以上的每人每月补贴 150 元）；年限补贴直接与任职年限挂钩（从其当选的第二个月起算，每年补贴 6 元，间断任职的，不予累计计算）；奖励补贴由村民代表会议讨论确定并报乡镇党委政府审批。补贴经费由省、地、县、乡、村共同承担，固定补贴由县、乡两级按 1∶1 拨付，人口补贴、年限补贴和奖励补贴由村集体经济支付。3 月，省民政厅下发《关于开展乡镇政府规范化建设试点工作的意见》，并在古田县召开会议推广该县“村务公开十规范”做法。

表 6-11　　**1995—1998 年福建省村民自治示范建设成果表**

单位：个、%

年份	示范村数	占村委会总数比重	示范合格村数	占示范村总数比重
1995	1982	12	1262	33.6
1996	3506	23.7	2018	27.8
1997	771	5.2	1707	21.3
1998	3172	21.4	—	—
合　计	9431	75.6	4987	51.6

1999 年，福州市政法部门会同市人大法制委员会明确村级工作人员的司法定性：村（居）委会正、副主任（正、副支部书记）发生职务犯罪，参照国家工作人员的性质进行定罪处理；村（居）委会财产属劳动群众集体所有，属于公共财产，贪污、挪用村（居）委会财产的，由检察机关分别以贪污罪、挪用公款罪处置；村（居）委会主要工作人员索贿、受贿的，由检察机关以受贿罪处置；村（居）委会一般工作人员贪污、挪用集体财产的，由公安机关以职务侵占罪、挪用资金罪处置。

2000 年，各地农村结合村委会换届选举同步改选村民代表，建立健全村务日常民主制度，设立村务公开栏，成立民主理财小组或村务监督小组，设立民主箱、意见箱等。村民代表以村民小组为单位推选或者直接选举产生，600 户以上的村不少于 45 人，300 户以上不足 600 户的村不少于 35 人，100 户以上不足 300 户的村不少于 25 人。全省 90%的村建立村民代表会议制度，80%的村委会设立村务公开栏，50%的村委会设立村务监督小组，50%以上的村委会设立民主理财小组，有 60%的村委会达到第二轮示范标准。厦门、漳州等地部分村委会制定村民代表议事规则和村委会向村民代表会议报告工作制度，开展村民代表评议村委会工作活动。同年，惠安县委、县政府决定村委会职数内的干部基本生活补贴由县财政全额承担：村委会主任每人每月550元，副主任、委员每人每月450元（包括养老保险和离任补贴）。

2003年，各地结合村委会换届选举进行村民代表换届活动，并推进村级民主管理制度建设。全省有98%以上的村委会完成换届选举；有90%以上的村建立村民代表会议制度，制定村民自治章程，设置村务公开栏和民主箱、意见箱等；90%以上的村委会设立村务公开栏，80%的村委会设立村务监督小组，70%以上的村委会设立民主理财小组，50%以上的村委会实行村委会向村民代表会议报告制度。一些地方还通过广播、电视、民主听证会、入户报告单等形式，进行村务公开。福州市仓山区万里村设置村务公开电子系统，村部大厅设立电脑触摸屏，村民可随时从中了解村里重大事项的运作情况。同年，南平市大多数县（市）为从源头上规范农村村集体财务管理，遏制乱开滥支行为，将村集体会计工作委托给乡镇农村经济经营管理站代理。

2004年2月，司法部、民政部组派民主法治示范村专项检查组来闽检查民主法治示范村创建工作，历时5天，实地考察福州、泉州、厦门的5个村委会。9月，省委办公厅、省政府办公厅转发《中共中央办公厅、国务院办公厅关于健全和完善村务公开和民主管理制度的意见》，要求依照中央文件加强组织领导，加强分类指导，加强监督检查，推动村务公开规范化，落实村民知情权；推动决策程序科学化，落实村民决策权；推动民主管理制度化，落实村民参与权；推动监督制约经常化，落实村民监督权。同年，省监察、农业、民政等部门多次组织人员调研南平市村集体财务管理经验，肯定村集体会计委托代理制度的意义和适用性。

图6-14　2004年，永定县堂堡乡下村村民代表评审低保对象会议现场

图 6-15　2005 年，晋江市永和镇英墩村村民代表会议现场

2005 年 4 月，为实现村级财务管理程序化和制度化，省委组织部、省农业厅、省民政厅联合制发《福建省村集体会计委托代理制度暂行规定》，倡导各地在遵守“村集体自愿，村集体资产所有权、资金使用权、财务审批不变，村集体基本核算单位不变”的原则下，由乡镇负责代理村集体会计业务；乡镇设立会计代理服务机构，村委会不再单独设置会计岗位，只设报账员 1 名，负责村集体出纳和报账工作。该暂行规定还要求乡镇会计代理服务机构的代理会计和村报账员必须持有会计从业资格证或农村财会任用证；村集体现金由报账员专人保管，村集体在开户银行预留的财务负责人印章由农村会计代理服务中心负责保管，现金和银行转账支票由报账员负责保管。全省当年有 30％以上的村委会推行村集体会计委托代理制度。同年，大田县实施民情“四制”，以加强村务管理：民情收集制，各村每月确定一天为村务民主公开日和民意征集日，由乡镇驻村干部收集社情民意；民主听证制，村级重大事项决策前一律实行民主听证；民情协调制，定期召开由信访、司法、土地、公安等部门参与的民情协调联席会议，化解村民之间矛盾纠纷；民情办结制，组建民事代办员队伍，限时代理并跟踪管理村级难点问题。

同期，全省村务公开也存在着一些地方村务公开流于形式，应付了事，公开内容不够完整全面，公布内容不够具体，公开程序不求规范，有的甚至缺乏真实性，凭加工润色，可信度较低；有的只注重村务公开栏外观的形式设计，缺乏真实内容，也不注重收集反馈意见；有的公开栏设置地点不合理，或设在村“两委”的办公室里，或设在偏僻角落，达不到公开目的；部分村民参与意识薄弱，尤其偏远地区，受宣传媒介、生活水平、文化水平限制，村民对村务公开工作不太在意等问题。

第二节 城市社区建设

一、居民委员会选举

1997年，全省开展居委会换届选举工作，先选居民代表，后由居民代表选举产生居委会成员，选举方式以无记名投票为主，一些居委会在选举之前公布候选人名单。三明、福州、厦门等地开始尝试通过就地选聘的渠道，让一些有能力有知识的中青年人参与居委会工作，改变居委会干部队伍“老大妈”“老大爷”居多的状况。全省共培训居委会干部6000人，占应培训人数的63%。当年，全省1857个居委会有1788个完成换届选举。

1999年10月，三明市列东街道举行居委会主任助理招聘活动，134人（其中大专以上学历的44人，中专57人，高中33人；30岁以下的85人）报名，笔试后进入面试者27人（其中本科学历2人，大专16人，中专8人，高中1人），最后经体检和考核，录取9人（其中大专以上学历的7人，中专2人；属于下岗职工的6人），平均年龄28.2岁。

2000年初，省民政厅部署居委会换届选举工作。2月，三明市梅列区民政局在省民政厅支持和帮助下通过当地媒体发布选聘居委会候选成员的公告，应聘者160多名，有下岗职工、复退军人、待业青年和大学应届毕业生。经综合知识笔试，按成绩从高分到低分择优确定面试入围者，最后按笔试和面试综合成绩名次取高分者30多名作为居委会成员候选者，经居民代表投票表决后进入居委会班子。3月，省民政厅下发《关于采取公开招聘方式推荐居委会成员候选人的实施意见》，要求各设区市要有一半的居委会在换届选举中面向社会公开选聘候选人。5月，福州市鼓楼区在居委会成员候选人招聘中实行六公开：公开总职数、公开招聘条件、公开招聘办法、公开招聘程序、公开选举、公开监督。11月，全省居委会换届选举基本完成，有316名企业下岗职工、街道分流人员、大中专毕业生、复退军人和待业青年当选居委会主任，占全省居委会主任总数的15.15%。各地居委会换届后进一步建立健全居务规范化管理、民主管理制度，有80%的居委会制定居民自治章程，设立固定的居务公开栏和居民意见箱。

2002年，全省全面开始整合城市社区。2003年，全省本应举行的每三年一届的居委会换届选举工作因社区整合尚未完成而暂停。2004年、2005年亦因社区整合尚未全部完成，全省没有部署居委会换届选举工作。

二、社区建设

1995年4月，省民政厅等16个厅局联合制发《关于加快发展我省社区服务业的意见》，提出要适应市场经济需要，走社区服务社会化的道路，构建社会共同参与、各种经济成分并

表 6-12

1997 年、2000 年福建省居委会换届选举情况表

单位：个、%、岁

地区	1997 年						2000 年					
	居委会总数	完成换届数	占比	居委会主任基本情况			居委会总数	完成换届数	占比	居委会主任基本情况		
				连选连任比率	初中以上文化程度比率	平均年龄				连选连任比率	初中以上文化程度比率	平均年龄
福州市	630	630	100	98.2	68.7	42.1	667	667	100	96.5	69.3	39.5
厦门市	320	320	100	96.5	72.3	41.5	318	318	100	94.3	70.2	39.9
漳州市	213	213	100	92.3	65.2	41.4	239	239	100	90.5	66.8	39.3
泉州市	195	195	100	90.2	62.5	41.5	235	235	100	91.2	62.9	39.1
三明市	165	165	100	85.6	68.5	42.9	202	202	100	86.2	67.5	39.9
莆田市	57	57	100	87.3	64.3	42.9	64	64	100	86.7	60.2	41.7
南平市	199	199	100	84.6	66.7	39.8	182	182	100	83.5	68.5	38.7
龙岩市	98	98	100	82.5	64.8	43.0	133	133	100	86.5	65.2	42.0
宁德地区	100	100	100	83.6	62.1	39.3	114	114	100	81.6	63.4	40.0
合计	1977	1977	100	89.0	66.1	41.6	2154	2154	100	88.6	66.0	40.0

存、服务门类齐全，服务质量和管理水平较高的社区服务网络；要求每个地、市、县、区、街道和县政府驻地镇均须建立1所有一定规模的社区服务中心，每个街道和县政府驻地镇建1所老年公寓（托老所）、1所以上托幼机构和1所青少年辅导站，提出社区服务业在计划立项、财政补贴、设施建设规划、土地划拨、房屋租购、减免税费以及用工、分配制度等方面的优惠扶持政策，并要求各地开展扶老护少、助残帮困、拥军优属等社区共建活动，加强社区医疗保健、治安防范、文化娱乐、家政服务等方面设施建设。当年，全省各地把增设服务设施、发展社区服务业作为居委会工作新的增长点。各地城镇居委会除开展精神文明建设、办理本居住区公共事务、调解民间纠纷、协助维护社会治安以及公共卫生、计划生育、优抚救济、青少年教育等工作之外，开始兴办便民利民服务网点，探索社区服务工作，主要服务对象为老年人、残疾人和优抚对象。厦门、福州等地拨付社区专项资金或以减免税费形式，扶持社区服务业发展。许多街道、居委会为满足老年人、残疾人、优抚对象和少年儿童等群体的特殊需要，自筹资金，增设便民利民服务设施。当年底，省民政厅组织开展居委会规范化建设达标验收活动，全省1662个居委会总体达标率为65.2%，其中达到一级的有189个（占11.4%），二级的401个（占24.1%），三级的493个（占29.7%）；全省有福利性质的街区服务网点5000多个，涉及医疗保健、家政服务、劳务介绍和文化娱乐等。

1996年，全省各地执行民政部制发的《全国社区服务示范城区标准》，多数区（市）、街道办事处把社区服务列入工作目标管理，制定社区服务发展规划，筹办具有福利性和公益性的社区服务中心或社区服务站。福州、厦门、泉州等地开始加大社会福利有奖募捐公益金（自留部分）对社区服务业的投入，并建立社区服务志愿者组织。当年，全省有15%的街道设立社区服务中心或社区服务站，设置的服务项目主要有托老托幼、助残康复、拥军优属、扶贫济困、婚姻殡葬、劳务介绍、文体娱乐等；有25%的区、街道、居委会分别建立社区服务志愿者组织，登记注册的社区服务志愿者达1万多人。同年，各地继续开展居委会规范化建设活动。

1997年，省委、省政府把社区服务中心建设列入为民办实事项目，省民政厅资助100万元扶持12个社区服务中心建设，全省所有居委会建有社区服务站，有社区服务设施7.6万个，有街道级以上社区服务中心（站）127个（其中市级2个、区级38个、街道级87个），有1419个居委会组建社区志愿者组织。同年2月，省政府表彰全省24个街道办事处为“街道之星”，53个居委会为“模范居委会”，19个街道办事处主任为“优秀街道办事处主任”，51个居委会主任为“优秀居委会主任”。同年，省民政厅组织开展居委会规范化建设达标升级活动，全省有76%的居委会参与这项活动。

1998年，省直机构改革，省民政厅基层政权建设处改名为省民政厅基层政权和社区建设处，增加“指导社区服务管理工作，推进社区建设”职能，社区服务由此转换为社区建设。同年，民政部将厦门市思明区列为全国社区服务示范城区；省民政厅将厦门市思明区、开元区、湖里区和福州市鼓楼区、台江区列为福建省社区服务示范城区。三明市政府发布《关于促进下岗职工再就业若干规定》：社区服务业吸纳下岗职工的，可享受免收工商开业登记费、所得税、社会性缴费、社会事业发展费、教育附加费、城市维护费、岗前培训费等方面的优惠；街居增补人员时优先选聘下岗职工，推荐符合条件的下岗职工作为人选参加居委会换届选举。当年，省民政厅下拨100万元专项经费扶持各地社区服务中心建设，共资助创建20个区（市、县）和街道两级社区服务中心。

1999年，民政部将厦门市开元区列为国家级社区建设试验区，省民政厅将福州市台江区和厦门市湖里区列为省级社区建设试验区。当年，省民政厅下拨100万元扶持各地社区服务中心建设，每个社区服务中心补助开办经费5万元。

2000年，省民政厅下拨100万元扶持20个区（市、县）和街道两级社区服务中心建设，每个社区服务中心补助5万元。全省共有便民利民的社区网点2900个，初步形成以街道为主体，居委会为依托，以老弱病残优、社会贫困户为主要服务对象的社区服务体系。同年1月，厦门市思明区提高居委会干部月生活补贴：主任、副主任分别增加120元、100元，月生活补贴费分别达750元、700元；退养的主任月增加100元，月生活退养费达465元。

2001年初，省委书记宋德福提出“城市抓社区，农村抓乡镇”。3月起，省委、省政府各部门开始着手调查研究社区问题，并根据《中共中央办公厅、国务院办公厅转发〈民政部关于在全国推进城市社区建设的意见〉的通知》精神，规划制定本部门在社区建设中的任务，明确各自职责；市县两级党委、政府也围绕社区建设研究制定目标任务和工作措施。同时，社区建设进入各级党委政府议事日程，福州、泉州、莆田等市把社区建设列入市委全委会议的议程。4月，省民政厅和福州市民政局联合召开福建省暨福州市社区建设报告会，邀请民政部基层政权和社区建设司负责人介绍省外社区建设情况，传授社区建设工作思路和相关知识。5月，福州市台江区鳌峰街道亚峰居委会经整合后成立鳌峰街道亚峰社区居民委员会，并建立社区成员代表大会、社区议事监督委员会，制定《社区自治章程》。7月，中共福建省委六届十三次全会讨论审议由省委办公厅组织编写的《福建省城市社区建设纲要（试行）》。9月，省精神文明建设指导委员会发布《关于创建文明社区工作的实施意见》，要求深化社区教育，活跃社区文化，优化社区环境，维护社区秩序。10月，省委、省政府联合发布《福建省城市社区建设纲要（试行）》，共6章25条，规定街道办事处、社区居委会组织机构设置和工作职责权限，提出城市社区服务、社区经济、社区治安、社区党建、社区工作队伍建设等目标和工作任务，以及未来5年内的工作计划。同月，莆田市委发布贯彻落实《福建省城市社区建设纲要（试行）》实施意见。11月19日，省民政厅下发《福建省民政厅关于开展城市社区建设示范活动的意见》，提出社区建设示范区（市）标准、示范街道标准、示范社区标准，要求选择有一定工作基础的区（市）、街道和社区开展社区建设示范活动，点面结合，分类推进。11月21日，省民政厅下发《关于做好城市社区整合和自治组织建设工作的意见》和《福建省城市社区自治组织选举工作规定（试行）》，要求各地按照便于服务管理、便于居民自治、便于社区发展的原则，考虑社区资源配置、历史习惯、人文风俗等因素，开展社区整合工作（即对原居民委员会的区域范围进行重新划分），并依照规定选举产生社区居民委员会。11月至12月，省公安、建设、计生等部门依照《城市社区建设纲要》要求，结合各自职能，制定贯彻实施意见；三明、福州、泉州、南平、宁德、漳州市委、市政府下发贯彻《城市社区建设纲要》实施意见；厦门市委全委扩大会议审议通过关于推进城市社区建设实施意见。当年，全省整合347个居委会，有100多个城中村改为城市社区，整合后的居委会统一改称为“××社区居民委员会”。福州市鼓楼区161个居委会和15个村委会整合为71个社区居委会。厦门市开元区144个居委会整合为99个社区居委会，鼓浪屿区11个居委会整合为6个社区居委会。各地在社区整合过程中同步调整设置社区党组织，设置社区成员代表会议制度，由社区代表民主选举社区居民委员会和社区议事监督委员会，同时建立社区党建联席会、社区党员联谊会等党建制度，建立健全社区事务民主管理和居务公开等规章制度。

同年，中央文明办、民政部联合命名福州市台江区鳌峰街道亚峰社区、厦门市湖里区禾山镇吕岭社区、泉州市鲤城区海滨街道金山社区、邵武市通泰街道熙春社区为全国文明社区示范点。省计委安排500万元专项资金扶持区、街、社区发展社区服务业。省民政厅下拨150万元扶持各地社区服务中心建设。省卫生厅联合省民政厅开展示范性社区卫生服务机构建设活动。厦门市思明区组织居（村）委会正、副主任进行身体检查，费用由财政承担。厦门市鼓浪屿区成立行政事务受理服务中心，将涉及劳动、计生、卫生、建设、民政、司法、

图6-16　2001年4月，厦门市鼓浪屿区成立社区行政事务受理服务中心

公安等行业的35个行政审批项目迁入服务中心，实行敞开式办公、一次性受理、一门式服务。厦门市鼓浪屿区开展“公职人员为社区建设义务献时”活动。漳州市芗城区东铺头街道推行社情民意访谈会，为社区居民参与社区事务管理搭建交流对话的平台。同年6月，省妇女联合会、省委宣传部、省民政厅等10个单位联合决定在全省城市中开展“巾帼优质服务进社区”活动，并在福州市屏西社区举行“巾帼优质服务进社区”活动启动仪式。7月，省民政厅表彰2000年度居委会换届选举工作先进市（区）9个，先进街道办事处4个。

2002年1月，福州、厦门两市开展警务建设试点工作，在社区开设警务室，一区（社区）一警（警务室），并按常住人口每1000户（或实有人口3000人）配1名民警的标准配置社区民警数量；省委组织部发布《关于加强和改进街道社区党的建设工作的意见》，提出街道和社区党组织主要职责和设置要求，强调社区党组织要成为社区建设的主导力量；省民政厅等16个厅局联合下发《福建省加快发展社区服务业的意见》，提出未来5年内社区服务业发展目标和主要任务，要求每个设区市、区（市、县）、街道都要有1所上规模上档次多功能的社区服务中心和老年公寓（托老所）、1所以上的托幼机构（含残疾人收托所），所有社区居委会均要建立社区服务站（含有基本医疗、卫生康复、文体娱乐和计划生育技术服务等10个以上服务项目），街道办事处和社区居委会均要组建一支相对稳定的、人数占居民总数8%以上的社区服务志愿者队伍。同期，省综治、计划、司法、文化、卫生、教育、体育、劳动、环保、工商等部门相继出台社区建设具体实施意见或配套文件。4月，省长习近平赴福鼎市调研社区建设工作，提出要以社区为载体，加强精神文明建设和社会治安综合治理，要健全服务设施，完善社区功能。5月，省科技厅牵头，联合省委宣传部、省科协围绕“科技创造未来”主题，举办福建省科技服务进100个社区大型活动，组织医疗、地震、轻工、食品等专业100名专家到福州市杨桥、金城、屏西、宁化等10个社区开展科技咨询服务，并为社区赠送一批科技图书、资料和宣传用品。7月，省委、省政府设立社区建设联席会议，由省委副书记卢展工任总召集人，省委宣传部部长、组织部部长、政法委书记、副省长等省领导任召集人，组织、宣传、统战、综治、计划、财政、公安、司法、教育、科技、卫生、文化、人事、劳动、计生、工商、税务、建设、环保、体育、物价、工会、团委、妇联、科协等32个省直单位的负责人任会议成员。联席会议办公室设在省民政厅，由民政厅厅长兼任办公室主任。12月22日，省委、省政府召开全省社区建设工作会议，省委书记宋德福作会议主报告，提出要按照中共十六大提出的“完善城市居民自治，建设管理有序、文明祥和的新型社区”的要求，以居民自治为基础，以服务群众为主题，以文明创建为载体，以安全稳定为目标，以党的建设为龙头，加强领导，精心组织，努力开拓社区建设新局面。民政部常务副部长李学举专程到会并讲话，提出在新型社区建设总体框架下扩大社区民主，建设自治型社区；理顺管理体制，建设管理型社区；坚持以人为本，建设服务型社区；活跃文化生活，建设文明型社区；完备基础设施，建设物化型社区；整治社区环境，建设安居型社区。会上，有28个省直单位和12个市县街道单位交流工作经验和工作计划；省委组织部部长宣读《中共福建省委组织部、中共福建省委文明办、省民政厅、省综治办关于命名福建省社区建设示范区、街道的决定》，命名福州市仓山区、厦门市思明区、泉州市丰泽区、漳州市芗城区、南平市延平区为福建省社区建设示范区，命名18个街道为福建省社区建设示范街道。会上，省委书记宋德福建议在社区设立日常生活用品捐助点，以方便社区居民日常捐赠。当年，省民政厅下拨150万元资助各地社区服务中心。全省有80%的社区居委会改善办公用房，设立社区警务室499个（达到已整合社区的67%，福州市社区警长兼任社区党支部副书记或社区居委会副主任），有127个街道和已整合的865个社区建立劳动保障工作机构（劳动站）。福州、厦门、泉州等地加大对社区财政投入，增加社区居委会工作经费，对社区居委会成员给予财政性生活补贴；社区居委会主任、副主任和专职委员任期内享受医疗、养老、失业等社会保险；居委会辖区调整后退离的居委会主任、副主任和专职委员，根据工作年限（在居委会）享受退养补贴和医疗保险。全省社区居委会干部月生活补贴平均300多元，由岗位补贴、固定补贴、人口补贴、年限补贴和奖励补贴构成。享受补贴的有社区居委会党支部书记及委员、居委会主任及委员、民兵营长、共青团支部书记、妇联主任等。泉州市驻社区单位（包括机关、团体、部门、企事业单位）内部设施（体育馆、球操场、健身房等体育场所和设施，图书馆、阅览室、陈列馆、礼堂、多功能厅、培训教育、会议室等教育文化娱乐设施，食堂等生活服务设施，医疗室、健康咨询等卫生设施）向所在社区开放，为当地居民服务。漳州市芗城区东铺头街道推行居务重大事项票决制，把与居民生产生活相关的大事和居民普遍关注的事项纳入票决范围，让居民代表和相关人员参与投票表决。

同年，民政部命名福州市为全国社区建设示范市；福州市鼓楼区、台江区、晋安区、马尾区，厦门市开元区、湖里区，泉州市鲤城区为全国社区建设示范区。同年3月、5月、8月、12月，省民政厅先后会同省卫生厅、省残联、省关心下一代工作委员会（简称“省关工委”）、省教育厅、团省委、省妇联、省科协、省劳动和社会保障厅、省委组织部、省广播电视大学等联合发布《关于进一步开展社区残疾人康复服务活动的意见》《关于加强城市社区关心下一代工作的意见》《关于建立街（居）社会保障工作网络的实施意见》《关于组织社区工作者参加岗位培训及开放教育大专学历教育的通知》。

表6-13　**2002年福建省社区服务机构和服务设施情况表**

单位：个

地区	社区服务中心	城镇社区服务设施数
福州市	113	504
厦门市	4	574
莆田市	13	158
三明市	37	537

续表

地区	社区服务中心	城镇社区服务设施数
泉州市	58	120
漳州市	45	579
南平市	25	61
龙岩市	17	118
宁德市	18	61
全省合计	330	2712

2003年2月，省委组织部、省民政厅、省广播电视大学联合下发《关于组织社区工作者参加岗位培训及开放教育大专学历教育的通知》，决定从2003年春季起，委托福建广播电视大学开办以社区工作者为主要对象的岗位培训和行政管理（社区服务与管理）开放教育大专学历班，并要求各地根据持证上岗制度要求，将社区管理岗位培训作为社区工作者业务培训的一项重要内容，有计划地组织和安排人员参加业务培训，3年内基本完成培训任务。4月，省民政厅下发《关于在社区居委会开展民主评议活动的通知》，要求各地召开由社区成员代表、社区议事监督委员会成员、驻社区各级人大代表和政协委员以及部分社区居民参加的社区民主评议会议，对社区居委会成员和街道相关部门以及城市管理部门派驻社区的工作站室人员进行民主评议。8月，省委办公厅下发《关于印发〈福建省城市社区建设纲要（试行）〉督查落实方案的通知》，要求各有关单位按照社区建设纲要提出的目标任务开展督查活动。10月，省民政厅联合省文明办转发民政部、中央文明办《关于开展“万家社区图书室援建和万家社区读书活动”的通知》，印发《福建省万家社区图书室援建和万家社区读书活动实施方案》，组建福建省万家社区图书室援建和万家社区读书活动组委会（组委会办公室设在省民政厅基层政权和社区建设处），确定全省300个社区作为援建对象，向每个社区赠送法律、文化、卫生、科技和经典名著等7个类别的图书。各受援社区建立图书室，组织社区居民或驻社区的中小学校学生、社区幼儿园开展经典诵读、读书敬老、文艺表演、知识竞赛、演讲比赛和青少年心理讲座等活动。12月，省社区建设联席会议第三次全体会议在福州召开，提出社区建设要坚持以人为本，围绕完善基础设施、拓展服务功能、提高居民素质等方面下功夫；以社区服务为拓展全面性社区建设的突破口和推动力，使其成为社区经济新的增长点；全面推动警备进社区，健全社会治安防范体系，构建社会稳定“第一道防线”。同月，民政部表彰社区志愿者先进单位和先进个人，全省有10个单位和25个个人分获“全国社区志愿者先进单位”和“全国社区志愿者先进个人”称号。同年，各地街道一级行政办公经费和社区居委会成员财政性生活补贴列入区（市、县）级财政预算，社区服务管理的事业专项经费按“费随事转”原则随着事权的委托或转移由相关部门拨付给社区。省民政厅从福利彩票公

益金中拨500万元帮助100个社区创建老年人休闲活动场所，拨150万元帮助区（市）、街道创建或完善社区服务中心。各地普遍开展科教、文体、法律、卫生进社区活动（简称“四进社区”）：举办科普讲座、科普报告、科普培训、科学知识竞赛、科普咨询、科普书刊展售和科普视频展映等，向社区居民宣传科学生活观念，普及科学生活知识；利用社区各类文体活动中心、图书室、影剧院、文化宫、俱乐部、体育场（馆）、健身站（点）等文体设施，组织社区居民开展歌咏、摄影、书画、演讲、曲艺、体操、舞蹈、健身等群众性文体活动；成立治安巡逻队，设立暂住人口管理站，健全治保会和调解会，设立社区法律咨询服务窗口，建立法律工作者与社区居委会挂钩联系制度（每一个律师或公证员至少联系一个社区），为社区居民提供法律援助；动员各类卫生机构、卫生人员和驻社区卫生志愿者，开展卫生常识宣传咨询，为社区居民进行健康检查和常见疾病治疗。福州市为消除都市里的村庄，出台城中村改制工作意见。分布于鼓楼、台江、仓山、晋安、马尾区（共93个，总人口约7.6万）的城中村相继撤销村委会，在原村委会辖区同步组建社区居委会，或将村民融入居住地社区居委会；原村委会经济合作社或保留或改建为股份公司，集体资产和集体积累仍归村经济合作社全体成员（或股份公司全体股东）所有和享用，集体土地划归经济合作社或股份公司管理；改制后5年内执行农村人口的生育政策；原村民中法定劳动年龄内的无业人员纳入辖区内社区劳动保障工作机构管理，接受就业援助。同年2月、4月，省民政厅先后会同省妇联、省教育厅、省文明办、省关工委，省公安厅联合发布《关于贯彻实施〈福建省社区家庭教育工作指南〉的通知》《转发公安部民政部关于进一步加强城市社区消防工作的通知》。至同年底，全省建有首批示范性社区卫生服务中心32个、示范性社区卫生服务站47个。

2004年2月，为推动万家社区图书室援建和万家社区读书活动深入开展，省民政厅、省委文明办、省广播电视局联合组织发动福建省万家社区文明建设知识竞赛活动。同月，省红十字会、省民政厅转发《中国红十字会总会、民政部关于开展社区红十字服务工作和开展全国社区红十字服务示范活动意见的通知》，部署全省社区红十字服务示范活动。3月，为贯彻卫生部、民政部、国家中医药管理局关于创建全国卫生服务示范区的要求，省卫生厅、省民政厅下发《关于开展创建全国社区卫生服务示范区活动的通知》，要求从实际出发，制定科学合理有序的创建工作方案和具体措施，深化社区卫生改革和建设，促进社区卫生服务全面发展。4月，省民政厅、省档案局联合印发《福建省关于加强社区档案管理工作的意见》，发布《福建省社区居民委员会档案管理暂行办法》《福建省社区居民委员会文件材料归档范围及保管期限表》《福建省社区居民委员会档案管理合格标准》，并要求将社区整合中被撤销的居委会的档案移交街镇保管，或者移交给合并后的社区居委会代管。同月，爱尔兰驻华大使带领欧盟各国驻华大使组成的使节团一行28人，考察厦门市湖里区禾山镇金尚社区办公场所、活动场所、社区卫生服务中心、菜市、幼儿园等社区基础设施建设情况。同月底，省红十字会、省民政厅联合发布《关于开展社区红十字服务示范活动的实施意见》，要求设区市、县级市和市辖区开展社区红十字服务示范活动，探索深化社区红十字服务工作的有效途径。

6月，省劳动和社会保障厅、省民政厅、省地税局联合下发通知，对城市社区专职工作人员参加城镇企业职工基本养老保险作出规定：社区居委会主任、副主任、委员以及社区党支部专职书记、副书记，以居委会为单位向地税部门办理基本养老登记手续，按本人领取生活补贴总额的26％缴纳基本养老保险费，其中单位缴纳18％，参保个人缴纳8％。生活补贴低于当地职工最低工资标准的，以当地职工最低工资标准为基数缴费。社区专职工作人员任职期满后不再连任的，属于灵活就业的，按灵活就业人员接续养老保险关系；被企业录用的，由录用企业负责为其接续基本养老保险关系。同月下旬，全省社区文明建设知识竞赛活动成功举办，南平市代表队获一等奖，福州市代表队获二等奖，三明市代表队获三等奖，宁德市和泉州市代表队获优胜奖，漳州市、龙岩市和莆田市代表队获纪念奖。厦门市在新闻媒体上向社会公开征集社区标志设计方案，以增强民众的社区意识；厦门市思明区开展社区工作者执业资格认定和专业技术职称评定试点工作。10月，省委、省政府在福州召开全省社区建设经验交流会，要求结合海峡西岸经济区建设，深化社区服务，完善社区自治，激活创建载体，拓展社区功能。会上，省委、省政府命名表彰50个社区建设示范社区和100名优秀社区工作者，有23个省社区建设联席会议成员单位和20个市、县、街道、社区单位在会上交流（或书面交流）工作经验。同月上旬，省财政厅、省民政厅下拨240万元补助60个社区服务中心。同月下旬，省卫生厅、省民政厅组织人员对福州市台江区和厦门市思明区申报创建全国社区卫生服务示范区活动进行评估。11月，厦门市湖里区金山街道金山社区实行社区服务与社区自治分开、政府埋单服务与社区职责任务分开的体制改革，居委会内设一居民服务中心，其负责人员先由社区居民单独提名、10人以上联合提名和选民自荐提名等方式推荐，后经社区常住居民（含居住社区满一年以上的无当地户籍的居民）和驻本社区的单位代表4524人投票选举产生；美国国际共和研究所中国项目专家和中国社科院政治学研究所有关人士到场考察。同月，中共中央政治局常委、第十届全国人大常委会委员长吴邦国视察厦门市思明区瑞景社区。

当年，各地将社区居委会办公用房问题提上议事日程，规划部门在编制城区规划时同步规划社区居委会设置，在以公开招标、拍卖、挂牌等方式出让国有土地使用权过程中明确向预期受让人提出配套建设社区用房的规划和建设要求，并要求房地产开发单位在申报房地产开发项目时将社区用房设计方案随同一并报批。厦门市将社区党支部办公室、社区居委会办公室、社区群团组织办公室、社区警务室、社区高校教室、社区服务站、低保服务站、社会捐助接收站、劳动和社会保障服务站、计生服务站、社区卫生服务站、社区活动中心作为公益性社区服务设施进行规划建设：已经建造的，其建筑面积不少于500平方米，通过扩建、改建、购置、置换等方式所产生费用，按照“事权财权相统一”的原则，由各区政府在年度预算中安排解决；位于新开发（或旧城区改造）城区而尚未建造的，其建筑面积要求不少于600平方米，社区用房建设费用纳入整个居住区的建设成本，由开发商承担。该市还成立社区用房建设工作小组负责社区用房建设的商品化协调，社区用房建筑面积标准按250平方米/

每千户（套）规划建设。

同年，各地普遍建立健全社区民主管理制度，实行居务公开，并开始深入探索社区管理新模式新机制。福州、厦门市开始在社区实行“权随责走，费随事转，事费配套”做法，对社区居委会协助承担的综治、计生、卫生、民政、宣传、文体、教育等工作，依照具体工作量由区街两级拨补相应工作经费。福州市仓山区各街道设立社区居委会会计代理服务中心，社区居委会预算内财政资金和预算外资金，在资金所有权不变、财务自主权不变、支出审批权不变的前提下，由街道会计代理服务中心统一代理居委会会计财务。漳州、泉州等地设立社区事务民主听证制度，社区成立领导机构，规定听证流程，涉及社区事务的重大事项、社区居民或社区成员代表联名要求听证的，由居民代表、党员代表、社区“两委”班子成员和当事单位代表参与，举行民主听证会，公开质询，按少数服从多数的原则形成表决意见。福州市5个城区按照专业化标准打造社区防范队伍，组建社区保安巡逻队，持证上岗人员1858人。龙岩市建立健全社区治安防范网络，建立社区治安中心户长制度，设8000多名中心户长，覆盖28万户社区居民。福州市鼓楼区建立社区工作人员薪资激励机制，区财政专项列支奖励经费，对被评为达标社区的社区书记、主任、社区党组织专职副书记，每月浮动工资150元；副书记、副主任、委员每月浮动工资100元；对获得市级以上综合荣誉称号的社区建设先进集体和先进个人，给予一次性2000～8000元不等的奖励；对工作年限长、贡献大的社区干部，由区财政列支其医保经费。石狮市社区党支部书记、社区居委会主任生活补贴提高到每人每月700元，副主任每人每月550元，委员每人每月500元，书记主任一肩挑的每人每月800元，其他交叉任职的享受所任最高职务的补贴标准。各地还普遍设立社区居民服务中心（办事大厅），集中受理计生、民政救济、劳动保障、税务代征等社会事务，并开发家政、娱乐餐饮、休闲美容、中介咨询、幼儿托管、图书阅览等便民利民服务项目，并进一步明确社区职能职责，扩展社区服务功能，拓展信息网络服务，强化社区治安管理。厦门市思明区采用政企合作新运作模式，在社区服务中心成立社区服务电子网络中心，辖区内的企业和居民可通过社区服务网站、热线和网点，获得更多的电子政务、公共服务、社区商务、劳动就业、婚介家政等方面的服务。思明区鼓浪屿街道开通社区心理健康教育网站，设有社区心理健康教育简报、在线心理咨询服务、阳光社区、志愿者信息等栏目。漳州市有85个社区与176个驻社区单位开展资源共享，提供330个资源共享项目。厦门市组织5家医院40多名心内科、儿科、妇产科、外科的专家、教授和专科医生到10多个社区医疗机构兼职，技术扶持社区医疗，让社区居民分享优质卫生人力资源。省民政厅下拨300万元资助各地社区服务中心建设。

截至当年底，全省整合成立1601个社区居委会，346个城中村中有261个改制为城市社区，建立1600多个行政服务大厅或社区服务中心（站），5万多个服务网点，1255个社区卫生服务站，74万份家庭健康档案，各类灵活就业人员近20万人，每个社区居委会办公用房平均138平方米。同年，全省组织第二期“万家社区图书室援建和万家社区读书活动”。

图 6-17 2004 年 10 月 10 日，全省社区建设经验交流会在福州召开

2005 年 3 月，贯彻公安部、中央综治委、民政部《关于印发〈加强城市社区消防工作的意见〉的通知》，省公安厅、省综治委、省民政厅联合印发《福建省社区消防建设指导意见》，要求街道办事处成立消防安全领导小组，社区成立消防安全委员会并建立消防督导（巡查）队，将社区消防建设和管理纳入辖区社会治安综合治理体系，实行社区消防安全责任制。4 月，中央文明办、民政部、新闻出版总署、国家广电总局联合表彰“万家社区图书室援建和万家社区读书活动”先进单位和先进个人，福建省有 12 个单位和 4 个个人榜上有名，福州市台江区、厦门市思明区被卫生部、民政部、国家中医药管理局命名为第一批全国社区服务示范区。5 月，省民政厅、省文明办、省广播电视局联合转发民政部、中央文明办、新闻出版总署、国家广电总局《关于印发“第三期万家社区图书室援建和万家社区读书活动”实施方案的通知》，安排全省 996 个社区参与图书室援建和社区读书活动，其中安排福州市社区 233 个、宁德市 148 个、莆田市 26 个、泉州市 191 个、漳州市 154 个、龙岩市 55 个、三明市 65 个、南平市 124 个；各地活动形式和内容有社区图书室援建（包括建立社区流动图书馆）、以未成年人教育为重点的社区读书活动和社区文明风采展示（包括书画摄影比赛、以“和谐社区中的感人故事”和“社区托起明天太阳”为主题的征文及演讲、社区建设成就和社区文明风采展览展播等）；每个社区活动经费 4600 元，由设区市、区（市、县）、乡镇政府和街道办事处承担 2000 元，其余经费由主办单位、共驻共建单位和个人、社会团体及企业赞助。8 月，省民政厅、省文明办、省广播电视局转发民政部、中央文明办、新闻出版总署、国家广电总局《关于印发“第三期万家社区图书室援建和万家社区读书活动”实施方案的通知》，安排援建全省农村图书室 280 个，其中福州市 50 个、宁德市 35 个、莆田市 15 个、泉州市 40 个、漳州市 35 个、龙岩市 35 个、三明市 35 个、南平市 35 个。每个农村图

书室接受援赠图书近300种，所需经费3000元，其中1200元由设区市、县（市、区）、乡（镇）政府承担。11月，省委、省政府在厦门召开福建省建设海峡西岸和谐社区工作会议，提出坚持以科学发展观为统领，以构建和谐社会为目标，以落实《海峡西岸经济区建设纲要》为主线，拓展服务项目建设、教育阵地建设、基层组织及民主建设、治安建设、环境建设等，建设居民自治、管理有序、服务完善、治安良好、环境优美、文明祥和的海峡西岸和谐社区。省领导和民政部副部长姜力出席会议并讲话，省委组织部、省委政法委、省民政厅作专题发言，福州市、泉州市鲤城区、厦门市湖里区金山社区交流工作经验。与会代表讨论修改省民政厅草拟的《中共福建省委办公厅、福建省人民政府办公厅关于推进海峡西岸和谐社区建设工作的意见》（讨论稿），并参观厦门市振兴、金山、金尚和前埔南社区。同月，福州市鼓楼区作为全省社区居委会换届选举工作试点在南街街道三坊社区举行居民户代表参加的社区居委会成员选举大会，常住居民1654户中有1573户代表参加选举投票。同年，全省各地社区建设强调社区服务项目多样化、服务网络立体化、服务手段现代化、服务方式人性化，推行建设以提高居民文明素质为主题的学习型社区；合理分布便民利民服务网点的便民社区；培养环保理念改善居住环境的绿色社区；以社区医疗卫生服务站为主、其他医疗卫生机构为辅的卫生社区；以警务室为依托实行群防群治的平安社区；以扶持自主创业为重点兼带就业咨询和服务的温暖社区；各级财政采取分类补助、分级负担的办法，给予全省每个社区居委会8000～10000元的办公经费补助。全省有社区居委会1885个，有社区服务中心128个（其中县区级59个，街道级69个），老年公寓和社区服务站1728个，社区劳动保障工作站近2000个，社区工会组织1161个，老年协会1.3万个，社区警务室1100个，民政部门援建的社区图书室2000多个，文化部门建设的文化信息网基层工作站80个（初步建成覆盖9个设区市的省市县三级文化信息共享资源服务网络）。全省有60%的街道和40%的社区居委会开展社区卫生服务，覆盖人口400多万，经设区市卫生局认可的社区卫生服务中心72所、社区卫生服务站423所（其中214所社区卫生服务站通过公开招标确定，居民步行10～15分钟就能享受到社区卫生服务），有495家社区卫生服务机构建立60岁以上老年人健康档案20.9万份，建立家庭病床7040张，签订家庭保健合同2.7万多份。全省共建绿色社区（小区）467个，其中省级绿色社区11个、市级绿色社区79个、区级绿色社区84个；有109个以青年人为实践者、以社区服务和社区文化为着力点的“青年文明”社区示范点。除厦门市以外，全省每个社区居委会办公经费由省市区三级财政给予8000～10000元不等的补助。福州市提出进一步健全社区工作准入制度，政府部门不能转嫁自身所承担的职能给社区，不以行政命令方式向社区派任务下指标，有关政府社会服务性职能向社区居委会转移时，赋予社区相应的权力并通过购买服务的方式拨付社区相应工作经费；政府部门原则上不召开社区居委会干部会议，各街道办事处原则上每周召开一次社区居委会干部例会；解除名目繁多的社区代管代收任务和检查评比活动，取消代收报刊征订、垃圾收运费等，政府职能部门需要检查评比的内容纳入社区建设活动中去；精减材料报表（各部门需要时向街道办事处调用有关

表 6-14

2000—2005 年福建省社区整合情况表

单位：个

市别	2000 年		2001 年		2002 年		2003 年		2004 年		2005 年	
	整合居委会数	成立社区居委会数	整合居委会数	成立社区居委会数	整合居委会数	成立社区居委会数	整合居委会数	成立社区居委会数	整合居委会数	成立社区居委会数	整合居委会数	成立社区居委会数
福州	5	3	409	199	538	262	596	348	628	376	667	402
厦门	8	5	218	140	299	163	302	135	318	177	318	177
漳州	0	0	3	1	115	69	239	217	239	218	239	218
泉州	0	0	13	6	111	60	166	201	235	266	235	266
三明	0	0	0	0	63	36	181	133	202	153	202	153
莆田	0	0	0	0	35	42	64	87	64	87	64	87
南平	0	0	0	0	112	90	144	137	182	151	182	151
龙岩	0	0	1	1	9	6	133	108	133	108	133	108
宁德	0	0	0	0	16	14	76	75	114	87	114	87
全省合计	13	8	644	347	1298	742	1901	1441	2115	1623	2154	1649

统计表，一般不再向社区直接索要)，严格印章使用管理(凡不需要社区居委会出具的证明、盖章，社区居委会不再受理)；清理政府部门分设在社区的分支机构和牌匾，社区统一悬挂社区党组织、社区居委会和社区议事监督委员会牌匾，区级职能部门分设机构的牌匾不再悬挂。福州市仓山区发动各街道开展社区建设竞赛活动，竞赛内容为：评社区党建，比居民认同感；评经济发展，比社区繁荣感；评社区服务，比生活方便感；评市民教育，比积极向上感；评文体活动，比居民参与感；评综合治理，比社区安全感；评环境建设，比生活舒适感；评计生工作，比服务优质感。厦门市推行“三个五”活动：新迁居民家庭必访，“两劳”释放人员必访，生病住院居民家庭必访，下岗待业人员必访，关心支持小区建设的人员必访；每月户籍变动情况必问，遇到共建单位领导必问，碰到社区统战对象必问，70岁以上老人情况必问，再就业上岗人员情况必问；下岗待业情况必记，困难家庭情况必记，解难的设想和措施必记，居民互助服务必记，走访家庭情况必记。厦门市开元区投入125万元创建社区服务中心，占地660平方米，设有社区事务受理中心、文化智能中心、体能健身中心和法律援助中心等四大功能模块，实行“一门式”办公，集中劳动就业、社会救助、计生办证、房产税征收、生产联社财务管理等社区服务项目。同年6月，泉州市鲤城区推行社区工作者基本养老保险和基本医疗保险。同年11月，三明市出台文件规定：政府部门自身应完成的工作不得硬性摊派到社区，社区居委会对职责以外的各种摊派有权拒绝，需要由社区居委会完成或协助完成的工作必须由各相关部门按照权利与义务、劳动与报酬对等的原则根据交办工作量大小、难易程度、人员多少和时间长短确定经费标准，与社区居委会签订委托协议书，明确双方的权利和义务。

第七章　革命老区建设

1995年，全省各地级市相继成立老区建设促进会，带动各地老区扶建工作进入一个新阶段。

1999年，省委、省政府下大力气推进老区扶建工作，先是把老区村通路、通水、通电、通广播电视和通电话的“五通工程”列入为民办实事项目；接着把老区贫困村划为省级扶贫开发重点村，由省直单位挂钩帮扶，每年安排专项扶持资金；继而又推出农村水利“六千”工程（建设千万农民饮水工程、千座水库保安工程、千万方山地水利工程、千万亩农田节水灌溉工程、千里河道清水工程和千万亩水土流失治理工程）。

第一节　革命老区分布

表7-1　**2005年福建省各设区市老区乡村情况表**

单位：个、万人

地区	乡（镇）数			村（居）数		人口数	
	总数	老区乡数	老区分布乡数	总数	老区村数	总数	老区人口数
福州市	191	40	70	2869	658	594.14	129.96
厦门市	35	7	7	520	110	134.36	26.12
漳州市	120	43	53	1885	744	451.96	154.41
泉州市	157	56	59	2457	951	657.08	237.37
三明市	149	73	30	1900	880	267.10	135.87
南平市	140	55	33	1806	631	304.59	89.60
莆田市	54	27	23	967	498	300.86	144.55
龙岩市	134	134	0	1900	1887	287.38	286.78
宁德市	127	110	14	2293	1882	324.69	238.08
全省	1107	545	289	16597	8241	3322.16	1442.74

表 7-2　**2005 年福建省老区乡村名表**

设区市名称	县（市、区）名称	老区乡镇（街道）名称	老区建制村（居）名称
福州市	仓山	螺洲	吴厝、洲尾、店前
		城门	白云、前锦、鳌里
	马尾	亭江	长安、鳌溪、白眉
		马尾	魁岐
		琅岐	上岐
	晋安	宦溪	牛项、湖中、湖山、垄头、峨嵋、山溪、创新、中心、民义、建立、增楼、胜利、洲洋、鹅鼻
		日溪	日溪、梓山、党洋、铁坑、井后、汶石、点洋、万洋
		寿山	上寮、芹石、芙蓉
		新店	鹅峰
	闽侯	大湖	大湖、箬洋、马垅、仙山、大池、碾坑、岭头、东姚、墙坪、东乾、坂头、茶坪、六锦、珍山、双溪
		祥谦	山前、三溪口、山后、兰圃、辅翼、禄家、枕峰、琯前、肖家道
		廷坪	盘岭、后溪、西山
		洋里	张际、梧溪、刘地、长基
		白沙	井下
		荆溪	关中、六垱、关东、桃田、仁洲
		上街	溪源宫
		南屿	龙泉、茂田、南前、五都
		南通	廷宅、瓜山、古城、建南
		青口	东台、西台、付筑、梅岭、青林、联光、青圃、前洋、吉山
		江洋（农场）	江洋、角洋、武竹
	连江	凤城	玉山
		敖江	长汀、白沙、岱云、浦下、山亭、石头、幕浦、杉塘、青塘
		江南	梅洋、连沙、横槎、已古、魁岐、镜路、花坞、连登、儒洋、连兴
		浦口	浦江、浦东、浦乐、浦旗、浦丰、浦升、浦兴、塔头、益砌、蔗尾、松坞、山坑、中麻、官岭
		东湖	东湖、祠台、飞石、岩下、洋门、西庄、湖坪、东塘、天竹、牛栏坪
		潘渡	潘渡、塘坂、坡西、东雁、仁山、贵安、兰山、溪利、陀市、高岳、朱步

续表

设区市名称	县（市、区）名称	老区乡镇（街道）名称	老区建制村（居）名称
福州市	连江	晓澳	长沙、百胜、道沃、晓峰、晓江、晓兴、赤湾
		丹阳	丹阳、坂顶、旺庄、坑口、溪尾、山边、文朱、新洋、东平、松岭、东山、花园、虎山、朱山、山兜、上周、桂林、街道
		长龙	建庄、洪峰、真茹、下洋、岚下、丘祠、苏山
		小沧	小沧、东风、樟后
		蓼沿	蓼沿、赤石、利畲、朱公、周溪、义洋、兰水、蒲边、大沧、四定、首占
		苔菉	苔菉、东洛、上塘、琇王邦、北茭
		黄岐	海新
		安凯	安海、郭婆、飞红、镇安、奇达、沙沃、同心、黄家洞
		坑园	坑园、屿头、下屿、前屿、颜岐、象纬、红下、下园
		下宫	新辉、江湾、松皋、上宫、大洋、下宫、初芦、厦一、可门
		筱埕	蛤沙、蛎坞、东坪、南山、大埕、逻遛、埕口、定海、官坞、凤贵
		官坂	官坂、下濂、塘边、梅里、合山、北营、梅阳、白鹤、莺头、塘口、洋尾、辋川、东头、东沃、浮泉、石丘
		马鼻	横厝、玉井、墙兜、南门、东湾、浮曦、贵丰、龙峰、文丰、合丰、村前、辰山、墩里、拱头、半田下
		透堡	馆读、北街、西门、南街、陇柄、塘里、尖墩、龙头
		东岱	东岱、洪塘、山堂、蝉步、龙山、关头、湖里、洋西
	罗源	琯头	山兜、竹岐、兰田、东边、下岐、寨洋、官岐、东岸、塘下、壶江、川石、定安
		白塔	白塔、塔里、南洋、应德、赤岭、石鳖、九溪、小云、大项、百丈、梅洋、长基、凤坂、旺岩、钟下
		松山	北山、巽屿、外洋、剩头、上杭、竹里、八井、岐后、树柄、泥田、白水、刘洋、南岐、前房、吕洞、迹头、上土港、下土港
		西兰	蒋山、院前、后路、官洋、垱厝、西兰、许洋、洋坪、石壁下、寿桥、岭头、下漈、破石、甘厝、上洋、坑里、礌石
		中房	下湖、王沙、叠石、满盾、岭兜、沙坂、林家、中房、乾溪、大洋、上宅、大园、吉礤、洋里、寨头、显柄、松洋、柏山、深坑、溪门、东山、厚富、港里
		洪洋	车溪、洋中、大目、后洋、樟溪、盾后、禄洋、秋岭、厝坪、穴里、王认

续表

设区市名称	县（市、区）名称	老区乡镇（街道）名称	老区建制村（居）名称
福州市	罗源	碧里	廪头、廪尾、溪边、牛坑、梅花、新澳、西洋
		霍口	黄鹤、徐坪、塘下、王廷洋、山垄墘、长柄丘、霍口、佳湖、仙洋、西峰、岐峰、船头、东宅、川边、冈尾、福湖、石坪洋、东园亭、大王里
		飞竹	飞竹、陶洋、马洋、丰余、斌溪、大湖、洋头、仓前、西禄、梧桐、蛤蟆石、官路下、刘洋
		起步	沈厝、兰田、桂林、港头、蒋店、杭山、党林、高洋、田中、曹垅、潮格、上长治、庭洋坂、黄家墘、水口洋
		凤山	苏区、陈厝、南门外
		鉴江	鉴江、东湾
	闽清	塔庄	莲宅、林洞
		坂东	洪安
		金沙	上演、墘面
		桔林	伴岭
	永泰	岭路	岭路、凤落、潭后、庄边、叶洋、云山、寨下
		大洋	青峰
		清凉	渔溪、村尾、芹洋、山田
		葛岭	溪南、赤壁
		城峰	力生
		嵩口	赤水
		梧桐	潼关、丘演、后溪
		红星	红星、礼柄、雁门
		盘谷	新丰
		塘前	官烈
		洑口	梧村、吉坑、紫山
		赤锡	白叶
	平潭	屿头	田下、后垱、屿北
		大练	渔限、东礁
		苏澳	民主、先进、看澳、友谊、五一、苏澳
		平原	江楼、当盛

续表

设区市名称	县（市、区）名称	老区乡镇（街道）名称	老区建制村（居）名称
福州市	平潭	中楼	大坪、中楼、韩厝、盐田、南楼
		岚城	霞屿、中湖
		沃前	上井、龙北、前进
		北厝	湖南、天山、大厝基
		敖东	大福、东昆
		白青	国彩
		流水	裕藩、西楼、山边、东美、下厝场
	福清	一都	王坑、东山、后溪、普礼、善山
		镜洋	镜洋、磨石、齐云、波兰、上店、东升、红星、西边、梨洋、墩头
		南岭	西溪、上岭、梨洞、吉岚
		沙埔	西叶、文场、西岭、沙埔、太武、青屿、江南、和联、牛峰、西山、东陈
		音西	云中洋、文楼、龙溪、珠山、音西
		龙田	南西亭、树下、玉瑶、北庄、西华、三村
		江镜	江镜、酒店、南霄、南华、前华、南城、城坂、柏陈、谢塘、吴塘、玉仑、玉桂
		新厝	硋灶
		东张	香山、岭下、双溪、金芝
		江阴	下垄、小麦
		高山	后安、北垞
		城头	大厝、东垣、港西、溪边、彭洋、南田、南冲
		渔溪	联华、双墩、南屿、建新
		三山	楼下、嘉儒、东埔
		东瀚	陈庄
		港头	东元、玉田、沁塘、汕头、高东、占阳
		宏路	跃进、观音埔、小南洋
		海口	斗垣、北店、塘头、海口、东阁、岭兜果林场
		上迳	南湾、梧岗
		阳下	阳下、北山、梨庄、溁头、上亭、玉岭、新局

续表

设区市名称	县（市、区）名称	老区乡镇（街道）名称	老区建制村（居）名称
福州市	长乐	江田	南阳、长林、游溪、溪湄、友爱、江田、下沙、桥里、港西、石门、下珍、三溪、克明、邦上
		罗联	马厝、大坪
		玉田	玉田、大溪、西埔、桃源、西社
		松下	午山、前连、首祉、大祉、榕岭、垅下、山前、松下
		金峰	塘下
		营前	黄石、下洋、东屿
		文武砂	东海、东岱
		古槐	中街、龙田、青山、仙桥
		潭头	克凤、菊潭、沙堤
		漳港	龙峰
		文岭	东吴、郑朱
厦门市	海沧	海沧	新垵、古楼、囷瑶
		东孚	鼎美
	集美	后溪	前进、崎沟
	翔安	马巷	窗东、蔡埔、后莲、山亭、亭洋、朱坑、市头、西坂、洪溪、同美、赵厝、西炉、后滨、内官、何厝、沈井、黎安、郑坂、井头、城场、垵边
		新圩	后埔、金柄、凤路、乌山、云头、新圩、诗坂、东寮、桂林、马塘
		新店	莲河、霞浯、沙美、霄拢、珩厝、东园、茂林、大宅、吕塘、溪尾、祥吴、湖头、东坑、新店、洪前、洪厝、下许、铵山、刘五店、东界、鼓锣、浦园、西滨、澳头、欧厝、彭厝、前浯、浦边、后村、蔡厝、陈塘
		内厝	前垵、黄厝、许厝、莲塘、上塘、新垵、后田、曾厝、美山、官路、锄山
		大嶝	嶝崎、小嶝、双沪、北门、田墘、山头、东埕
		大帽山（农场）	埔顶
	同安	汀溪	褒美、路下、古坑、半岭、五峰、汪前、造水
		洪塘	新厝、新学、塘边、下墩、龙泉、龙东、龙西、埔后、苏店、新霞
		西柯	西柯、后田、潘涂
		五显	布塘、明溪、后塘
		新民	后宅
		大同（街道）	东宅

续表

设区市名称	县（市、区）名称	老区乡镇（街道）名称	老区建制村（居）名称
漳州市	芗城	石亭	乌石、塘边、高坑、埔尾、下苍、蔡坑、北星、仙景、北斗、秋坑、龙秋、丰乐、新厝、庵山
		天宝	仙都、大寨、凤园、珠里、山美
		浦南	浯沧、浦林
		芝山	林内、康山
	龙文	步文	下洲
	云霄	和平	通贝、桥头、桜树、半岭、内洞、大斜、上坂、吉坂、径仔、莆顶、坎顶、东方、半坑、田坎、河塘、后坪、宜谷径、田仔苏、金山、征山、甘埔、河溪、新楼、牛尾、茶山、安吉
		下河	龙透、梅林、七高礤、三星、仙石、金坑、曲溪、坡下、东圩、坡兜、石屏、后山、下洞、内龙、凤兴、孙坑、新坡、新湖、世坂
		马铺	坪水、下庵、湖洋、宝石、宝洞、峰头、龙镜、马铺、客寮、桥头、上洋、粗溪、乌螺、枧河、礤头、石芹、杉脚、白凤、半坑、青美、枋林、石古、大坪、坑口、大伦
		火田	古楼、瓦坑、圆峰、白石、佳园、高田、后埔、岳坑、水头、莆中、火田、新园
		莆美	狮山、三东、马山、大埔、益宝山、树洞、阳下、演武亭、上坑、前埔、宝树
		东厦	荷东、荷中、荷西
		陈岱	竹港、程安、贝云
		云陵	下城
	漳浦	石榴	石榴、下车、温斗、长兴、田寮、东山、玳瑁、攀龙、崎溪、象牙、龙岭、山城、东本、胜利、芳林
		霞美	运头、眉田、五社、黄埔、巷内、过田、溪仔、白石、刘坂、塔岭、山岭
		盘陀	割埔、官陂、通坑、盘陀、和美、西厝、东林、产山、仓里、上洞、蒲野
		长桥	割后、青果、东升、潭阳、甘棠、友爱、溪内、春光、长桥
		南浦	美林、南浦、大坪、兴巷、马苑、龙桥、后坑
		赤岭	东坑（农场）、石坑、土塔、石椅、赤岭、前园、油坑、扬美、山平、大墘
		杜浔	徐坎、过洋、路边、后因、近城、院边
		沙西	枋林、院前、逢山、高山、沙西

续表

设区市名称	县（市、区）名称	老区乡镇（街道）名称	老区建制村（居）名称
漳州市	漳浦	官浔	春建、溪坂、省炉、康庄
		湖西	后洞
		绥安	后港、溪南、京里、马坑、查岭
		旧镇	梅竹、梅宅
		佛昙	东坂
		马坪	京野、林埭、后康、马圩、湖山场
		前亭	刘下、文山、顶埕、洛运、田中央
		赤土	前坂、浯源、下宫
		大南坂	下楼、瓷窑、刺塘后、梧陂、坑内
		中西（林场）	中西、掷石
		石古（农场）	下林、石古、顶楼
		长桥（农场）	倒桥
	诏安	官陂	公田、林斜、龙磜、地凹、新径、陂龙、官北、光坪、凤狮、龙岗、马坑、吴坑、彩霞
		霞葛	庄溪、五通、南陂、司下、坑河、华河、庵下、天桥、溪林
		秀篆	石东、注湖、上洋、彩山、磜岭、乾东、东径、埔坪、隔背
		太平	元中、麻寮、文山、大布、山前、景坑、雄鸡、厚径、走马、河边、雪里
		红星（含农场）	进水、五洞、六洞、朱厝、芹山、坪林、石楼、圆林、新林、楼仔、庙兜、西埔、许寮、下河、东埔（北蔗）
		建设	万石溪、长埔、马头、月港、水头、三林、坪路、赤田
		白洋	搭桥、旧宙、白石、深湖、下径、玉楼、阳山、上愊、汀洋、湖美
		西潭	新春、龙坑、上陈、军寮、新安、青山、岑头、山河、东上营
		金星	湖内、蚂寮
		闽粤边界旅游边贸	后岭
		深桥	树美、后埔、赤水溪、白厝
		四都	石溪
		南诏	梅峰
		梅洲	梅溪
		桥东	内凤、外凤、西山、仙塘、含英、下寮

续表

设区市名称	县（市、区）名称	老区乡镇（街道）名称	老区建制村（居）名称
漳州市	长泰	武安	珠浦
		陈巷	上花、美彭、祖地、后坊、山重、新吴、吴田、苑山、西湖、古农、夫坊、旺亭
		岩溪	田头、高濑、湖珠、顶山、石铭、甘寨、珪前、珪后
		枋洋	科山、乔美、林溪、江都、美宫、演柄、石横、赤岭、上洋、青阳、尚吉、径仑、枋洋、内枋
		坂里	高层、阳泉场、丹岩
		古农（农场）	石古、白石、龙东
		兴泰工业区	十里
	南靖	南坑	大岭、北坑、葛竹、新罗、村雅、南塘、南高、南坑
		梅林	科岭、磜头、双溪、梅林、坎下、长塔
		书洋	上坂、上双峰、双峰、上田、下坂、书洋、枫林、高溪、南欧
		和溪	月明、坂场、月星、乐土
		船场	集星、梧宅、星光、上汤、西坑
		山城	象溪、小山城、碧侯、溪边、六安、汤坑
		靖城	沥阳、草前、径里、大房、草坂
		龙山	双明、太保、平重、南坪
		金山	新村、下永、荆都
		奎洋	仙岭、岭头、上洋、店美、东楼
		丰田	保林
	平和	长乐	秀山、乐北、农家、联三、联胜、建南、葵山、南庭、建三
		芦溪	秀芦、西新、山岗、九曲、连城、连益、连新、树林、漳汀、村坑、蕉路、芦丰、双峰、梨坑、东槐、新村、东溪
		霞寨	群英、寨北、内坑、联荣、大湖、西安、村东、古隆、坑内、高寨、长汀、钟腾、高山、黄庄、官峰、五美、兴霞
		秀峰	坝头、坪东、文田、秀峰、秀峰（居委会）
		九峰	三坑、复兴、东富、澄溪、积垒、下坪、陈彩、福田、平等、军溪、福山、新山、下西、上仓、联峰、东街
		小溪	新桥、豆坪、厝丘、旧楼、金光、五村、溪州、高南、南寨、坑里、旧县、玉溪、产坑、东大、城东
		山格	白楼、平寨、宝丰、双坑、隆中、前进、土田、山格、山格（居委会）

续表

设区市名称	县（市、区）名称	老区乡镇（街道）名称	老区建制村（居）名称
漳州市	平和	文峰	龙文、前埔、三坪、龙山、龙东、柴船、文美、南虾、文洋、黄井
		南胜	南胜、义路、云后、前山、龙溪、龙心、法华、欧寮、子坑、糖厝、安石坑、南胜（居委会）
		五寨	新美、新塘、高峰、联盟、前岭、埔坪、优美、寨河、候门
		坂仔	五星、联建、民主、西坑、宝南、仁山、山边、东坑、梨洋、峨嵋、金京洋、和平、绿城
		国强	白叶、乾岭、洋池、古爽、碧岭、高坑、延山、三五、凤山、松湖、梅仔、新建、岩坑、白水
		崎岭	桂竹、南湖、合溪、诗坑、下石、顶寨、溪头、时坡、彭溪、崎南
		安厚	莲塘、安厚、白石、龙门、岐山、顶楼、三马、马三、大径、龙头、美峰、三龙、田径、华美、径内、东寨、山口、大坑、东川、双马、龙东
		大溪	大芹、大松、下村、新荣、豪林、店前、江寨、赤坑、庄上、硕卿、三华、云中、廖安、赤安、新红、石寨、宜盆、峰山、后时、山布、大二、新农、鸿滨
		农场	安厚、五寨
	华安	丰山	玉兰、碧溪
		沙建	上樟、沙建、庭安、建美、大坑、岱山、山溪尾
		新圩	玉山、华山、官畲、新圩
		华丰	大燕、良埔、芹岭、上雪、岩坪、半山、下田
		湖林	岛濑、吉土、西陂、大坪、湖林、前坑、石井、上田
		高安	邦都、平东、西洋、高安、三洋、半岭、坪水
		马坑	文华、下垅、福田
	龙海	程溪	白云、洋奎、下庄、内云、南坑、人家、官园、上坪、后安、粗坑、东马、叶仑、下叶、东楼、塔潭、浮山、顶叶、东头、和山、奎坑
		九湖	邹塘、小梅溪、新春、洋坪、马岭、院后、蔡坑、田中央、大梅溪、埔美山、庵兜、田墘、木棉、琪塘、长福
		颜厝	巧山、庵前、石牌、后垄、上溪、园中、路边、东珊、田址、洪塘、上洋、下半林、宅前
		东泗	溪板、清泉、渐山、卓港、虎渡、水浒、西岭、碧浦
		白水	山边、金鳌、白水、山美、大霞、磁美、庄林、井园
		港尾	梅市、省山、浯屿

续表

设区市名称	县（市、区）名称	老区乡镇（街道）名称	老区建制村（居）名称
漳州市	龙海	海澄	前厝、山后、和平、仓头、内溪、珠浦、罗坑、城内、溪头、大埕
		东园	东宝、凤山
		角美	田里、福井、石厝
		紫泥	巽玉
		隆教	新厝、镇海、白塘
		浮宫	美山
		石码	解放东、解放北、解放西、新华、九二〇、紫云、解放南、桥口、人民西、紫光、港口、侨村
		双弟（农场）	寨仔、洲仔、许碑
		榜山	田边、柯坑、芦州
	常山（开发区）	常山开发区（常山华侨农场）	海峰（杜塘）、观阳（官洋）、梧园（浯园）、白竹、楼仔岭（坪岭）、埔径、柘林（蔗林）
泉州市	鲤城	江南	龙岭
	洛江	马甲	后坂、西头、蔡内、新建、彭殊、洋坑、永安、杏川、潘内、马甲、义山
		河市	岭客、蚊南
	泉港	涂岭	涂岭、松园、小坝、前瓯、涂型、樟脚、寨后、路口、五社、邱后、溪西、芦朴、世上、汶阳、清美、溪头、下炉、白潼、秀溪、黄田、驿坂
		前黄	三朱、前黄、后张、古县
		山腰	普安、鸢峰、钟厝、海滨、埭港
		后龙	土坑、东山、后垅、后田、割山、上西
		南埔	先锋、凤翔
		界山	鹅头
	惠安	螺城	东关、中新、梅山、王孙
		螺阳	蒋吴、锦水、锦东、东风、霞光
		涂寨	瑞东、新亭、大厅、曲江、胡厝
		辋川	五柳、南星、峰崎、峰南、后许、许厝
		山霞	后洋、大淡、山霞、新塘、田垅、宜美、下坑
		东园	玉坂、上林、群青
		崇武	港墘、大岞、五峰
		东岭	前林、湖埭头、东埭、西埔、彭城、荷山

续表

设区市名称	县（市、区）名称	老区乡镇（街道）名称	老区建制村（居）名称
泉州市	惠安	张坂	前见、苏坑
		洛阳	梅岭
		黄塘	松溪
		东桥	东桥
		净峰	城前
	安溪	凤城	下西、上西、先声、东北、小东、南街、祥都、吾都、美法、上山、祥云
		城厢	雅兴、码头、勤内、上营、同美、光德、仙苑、中标、团结、霞宝、土楼、石古、南坪、古山、砖文、员宅、过溪、涝港、墩坂、经兜、经岭、南英、玉田
		参内	镇中、镇东、祜水、美塘、大厝、参山、员潭、罗内、坑头、岩前、田底
		魁斗	镇西、贞洋、钟山、佛仔格、凤山、尾溪、魁斗、奇观、溪东、鲁藤、蓬庭
		蓬莱	鹤厅、龙溪、吾帮、龙居、温泉、上西、上智、上东、福山、登山、鸿福、蓬星、植洋、岭美、岭南、彭格、中芹、竹林、蓬溪、联中、美滨、鹤前、联盟、蓬新、新林、新美、岭东、新坂、寮海、礤内
		金谷	金谷、金东、金山、汤内、华芸、芸美、尚芸、河山、河美、美洋、东洋、深洋、洋中、溪榜、元口、三元、洋内、丽山、渊兜、田头、中都、山岭、大演、景坑
		湖头	下东、宗成、四角井、湖一、湖二、湖三、湖四、大埔、溪美、福寿、前山、汤头、横山、前溪、后溪、埔美、山都、云林、郭埔、许前、东埔、产贤、桥头、竹山、上田、登贤、美坂、美溪、半山
		白濑	白濑、上格、下镇
		湖上	雪山、湖上、盛富、上路、沙堤、飞新
		剑斗	前炉、双洋、东阳、剑斗、御坪、潮碧、云溪、举口
		盛德	石门、龙通、大格、槐川、槐东、槐植、槐杨、霞云、霞中、霞春、霞庭、岐阳、潘田、华地、大阪、福德、炉地、岭西、尾厝、洪佑、洋山、五甲
		桃舟	桃舟、莲山、康随、下格、南坑、南坑、棠棣、吾培、达新
		福田	双垵、尾洋、丰都、白桃、丰田
		长坑	南洋、衡阳、西溪、小西、云集、云一、云二、南斗、玉美、扶地、月眉、山格、水缸、长坑、华美、下林、文坪、珍田、福春、珊屏、田中、玉湖、三村、祥泉

续表

设区市名称	县（市、区）名称	老区乡镇（街道）名称	老区建制村（居）名称
泉州市	安溪	祥华	福新、和春、河图、祥地、祥华、东坑、小道、福洋、珍山、崎坑、后洋、石狮、旧寨、郑坑、美西、新寨、美岺、白玉、白坂、白珩
		蓝田	益溪、益岭、蓝一、蓝二、蓝田、尚忠、进德、后清、黄柏、乌土、九礤
		官桥	官桥、官郁、莲美、莲兜美、仁峰、碧一、碧二、仙都、吾宗、岭头、燎原、恒美、草坂、洪塘、赤岭、驷岭、善坛、新春、石岩、石林、上苑、山珍、马狮、善益、新厅、益林、内村
		龙门	龙门、龙山、龙美、翠坑、金狮、洋坑、桂瑶、桂林、观山、湖山、炎坑、溪坂、溪内、溪瑶、仙地、仙东、仙西、仙凤、和平、白芸、榜头、大生、后坂、山美、光孝、寮山、榜寨、美卿、美顶、美内、山头
		虎邱	湖坵、湖东、湖西、芳亭、竹园、金榜、美亭、仙景、福井、少坑、林东、高村、石山、双格、罗岩、双都
		大坪	大坪、萍州、前洋、香岺、福美
		西坪	西坪、阳星、内山、尧山、后格、百福、胡岭、尧阳、南岩、上尧、松岩、留山、平原、赤水、宝潭、珠洋、柏溪、柏叶、龙地、龙坪、西原、宝山、大垅格、内社、盖竹、赤石
		芦田	芦田、鸿都、招坑、内地、红村、朝阳、三洋、云山、石盘、福岭
		尚卿	青洋、银坑、黄岭、科洋、科山、中兴、园德、后福、中山、灶坑、灶美、翰卿、翰苑、新楼、龙俊、福林
		龙涓	下洋、山后、西兴、福昌、福都、福黎、培福、玳堤、黎山、钱塘、宝都、吉山、后田、长塔、举源、举溪、安美、长新、内灶、灶坪、赤片、美岭、山坛、芹山、鹤林、半林、龙房、碧岭、珠塔、石塔、湖陵、新岭、新民、庄灶、连祠、崎畲
	永春	横口	福中、福联、环峰、上西坑、下西坑
		坑仔口	玉西、诗元、魁斗、西坪、福地、洋头、杏村、景山
		玉斗	玉斗、玉美、炉地、新珩、云台、白珩、红山、凤溪、竹溪
		桂洋	桂洋、文太、壶永、岐山、茂春、金沙、库湖、新岭
		锦斗	锦溪、洪内、长坑、珍卿、云路、卓湖
		苏坑	光明、洋坪、嵩山、嵩安
		蓬壶	观山、仙岭、壶南、鹏溪、丽里、军兜、美中、美山、西昌、美林、八乡、联星、南幢、高峰
		达埔	岩峰、东园、新溪、洑溪、光烈、金星、达中、达理、楚安、乌石、达山、溪源、延寿、汉口、狮峰、洪步、达德

续表

设区市名称	县（市、区）名称	老区乡镇（街道）名称	老区建制村（居）名称
泉州市	永春	石鼓	东安、大卿、桃场、桃星、吾江、马峰、凤美
		介福	龙津、福东
		吾峰	吾中、吾西、吾顶、侯龙、培民、梅林、枣岭、择水
		仙夹	龙湖、山后、夹际、龙水、德田
		湖洋	湖城、桃源、蓬莱、溪东、溪西、石厝、高坪、龙山、锦凤、桃美、东山、太山、冷水、鸿安、霞林
		东平	东山、太山、冷水、鸿安、霞林
		一都	黄沙
		下洋	涂山
		五里（街道）	儒林、埔头
		桃城	化龙、洛阳、济川、花石
		岵山	文溪、北溪、龙阁、岭头
		外山	云峰
	德化	龙浔	丁墘、大坂、宝美、英山、丁溪、高阳、园丁新村、德新、浔东、龙鹏、湖前、金锁、兴南、南门
		浔中	浔中、后所、乐陶、凤洋、龙岸、石鼓、仙境、石山、土坂、世科、祖厝、凤池、富东
		三班	三班、泗滨、东山、桥内、锦山、龙阙、岭头、蔡径、奎斗、儒坑
		盖德	盖德、下寮、下坑、上坑、山坪、福阳、林地、凤山、三福、吾华、大墘、上地、仙岭、有济
		龙门滩	大溪、霞碧、苏洋、湖景、内洋、碧坑、村兜、硕儒、石室、磻坑、霞山、朱地
		雷峰	雷峰、蕉溪、格后、肖坑、朱紫、坂仔、长基、潘祠、李溪、荐解、双芹、上寨、瑞坂、溪美
		南埕	高漈、西山、前锋、半岭、南埕、塔兜、枣坑、连山、蟠龙、梓桉、许厝、望洋
		水口	昆坂、毛厝、梨坑、丘坑、亭坑、凤坪、久住、承泽、湖坂、上湖、村场、淳湖、祥光、八逞、樟镜、榜上
		葛坑	葛坑、下玲、邱村、泝头、湖头、富地、大正、龙塔、蓝田、水门、大岭、龙漈
		国宝	厚德、祥云、南斗、国宝
		上涌	上涌、下涌、曾坂、刘坑、桂格、桂林

续表

设区市名称	县（市、区）名称	老区乡镇（街道）名称	老区建制村（居）名称
泉州市	德化	桂阳	洪田、桂阳
		春美	尤床、新阁
	石狮	宝盖	杆头
		永宁	子英、沙美、前坡
		锦尚	卢厝、深埕
	晋江	内坑	砌坑、白垵、后山、长埔、东宅、宅内、湖内、吕厝、亭顶、前洪、葛洲、东村、下村
		安海	社坛、上垵、型厝、安东、西垵、兴胜、复兴、海东、鸿塔、前埔、可慕、桥头
		东石	塔头刘、坑园、潘径
		金井	塘东、钞岱、埔宅
		深沪	坑边、科任
		龙湖	烧灰、龙园、衙口、吾坑
		永和	山前、英墩、茂亭
		罗山	樟井
		灵源	林口
		池店	池店、屿崆
		紫帽	霞茂
		磁灶	苏垵、宅内、上厝、官田
		英林	西埔、港塔
	南安	溪美	莲塘、彭美、崎峰、镇山
		柳城	上都、下都、西坪、帽山、象山、霞东、双林、霞西、祥堂、露江
		美林	金枝、玉叶、洋美
		东田	汤井、湖山
		仑苍	园美、联盟
		英都	英东、大新、石山、良山、西峰、坂头、紫山、霞溪
		翔云	翔云、福庭、云山、头梅、梅庄、翔山、东山、椒岭、金安、圳林
		金淘	深安、占石、深辉（柴水井）、水阁（内坑）、盖溪（大安）
		眉山	三凌、高田、天山、太山

续表

设区市名称	县（市、区）名称	老区乡镇（街道）名称	老区建制村（居）名称
泉州市	南安	诗山	西上、红旗、红星、社二、联山、钱塘、民主、凤坡（田仔）、吾丰（嚷内、降内）、前山（周厝、报恩、后山）、鳌埔山（坑园、小余、英桥）、联星（顶杏塘）
		蓬华	蕗荇、大演、山城、黎明、黎阳、苏厝、新村、蓬岛、华美
		码头	诗南、金中、高山
		向阳	卓厝、郭田
		罗东	霞山、潭溪
		乐峰	炉中
		洪濑	西林、杨美、葵星、厝斗、东林、福林、都心、前瑶、大洋、三林、跃进
		丰州	西华、环山、铺顶、后田（大坑）
		霞美	金山、沃柄、四甲（锦堂）、霞美（霞光）
		官桥	黄山、东头、泗溪、成竹、山林、周厝、新圩、岭兜、下洋、内都、和铺（石湖口、溪乾）、九溪、曙光、漳里
		石井	西福、苏内、林柄、田东、仙景、古山、杨山、院前、埔坂、浯港、溪东、岑兜、淘江、前坂、石井、桥头
		水头	埕边、文斗、曾岭、龙凤、康店、仁福（溪南、土顶尾）
三明市	梅列	陈大	碧溪
	明溪（为中央苏区县）	雪峰	城东、城东（居委会）、城西、城西（居委会）、城南、城北、中山、紫岭
		夏坊	夏坊、龙坑、中溪、李沂、苎畲、鳖坑、高洋、新建、黄地
		盖洋	盖洋、常坪、白岚、湾内、姜坊、白叶、衢地、温庄、杨地、葫芦形、大洋、雷西、村头、湖上、大坑、林地、画桥、桂林、柳里
		城关	上坊、坪埠、王桥、罗翠、狮窠、余坊、下汴、大坪、大富
		枫溪	枫溪、小珩、邓家、华山、官坊、大雅、熊地
		夏阳	夏阳、下坂、杏村、御帘、长兴、陈坊、旦上、紫云、后洋、良村、瓦溪、新坊、地美、岭头、溪边、俞云坂
		沙溪	沙溪、梓口坊
		瀚仙	龙湖、岩里、洋龙、大焦、小眉溪
		胡坊	胡坊
	清流（为中央苏区县）	龙津	城东、城南、蔬菜、渔沧、长兴、凤翔、翠园
		东华	大路口、横溪、严坊、南岐、桥下、供坊、俞坊、下窠、拔里、基头、暖水

续表

设区市名称	县（市、区）名称	老区乡镇（街道）名称	老区建制村（居）名称
三明市	清流（为中央苏区县）	嵩口	嵩口、马排、围埔、范元、沧龙、梓材、大元、和元、邱磜、高赖、高坑、立新、九龙
		林畲	林畲、舒曹、增坊、石下、石忠、岭官、孙坊、向阳
		里田	里田、田坪、洋庄、李坊、廖坊、深渡、卢水
		沙芜	白塔、上坪、铁石、新矶、洞口
		长校	长校、留坑、江坊、茜坑、下谢、沙坪、河排、黄石坑、荷坑、黄坑、校溪
		嵩溪	嵩溪、农科、黄沙口、塘背、元山、青溪、阳坊、余坊、时州、伍家坊、罗坡岗、青山、新街
		田源	田源、田口、廖武、新村
		余明	余明
		灵地	邓家
		赖坊	赖坊
	宁化（为中央苏区县）	翠江	中山、中山（居委会）、红卫、红卫（居委会）、双虹、双虹（居委会）、小溪、小溪（居委会）、朝阳
		城郊	高堑、连屋、马元亭、马源、旧墩、下巫坊、杨禾、上畲、九柏嵊、夏家、瓦庄、茶湖岗、雷陑、社下、都寮、李七、社背、巫高
		城南	上坪、城南、鱼龙、水口、横锁、肖家、龙下窠、青塘、茜坑
		泉上	泉上、泉上（居委会）、罗李、联群、谢新、青瑶、延祥、黄新、泉正、泉永、豪亨、新军
		湖村	邓坊、陈家、龙头、石下、黎坊、巫坊、城门、彭高、下埠、店上、谌坑、湖村、湖村（居委会）
		石壁	红旗、立新、杨边、小吴、大路、溪背、陂下、陈家、刘村、隆陂、官坑、江家、桃金、陈塘、三坑、邓坊、张家地、江口、南田、江头、拱桥、石碧、石壁（居委会）
		方田	方田、朱王、岭下、泗溪、大罗、南城、泗坑、村头
		淮土	淮阳、桥头、水东、禾坑、吴陂、青平、周坑、罗坑、团结、竹园、寨下、凤山、孙坑、五星、梨树、赤岭、大王、仕边、隘门、寒谷、田背
		济村	济村、神坛坝、武层、肖家、洋地、湖头、罗家、三村、龙头、长坊、新田、昆岗、吾家湖
		河龙	河龙、前进、大洋、永建、下伊、高阳、明珠、沙坪
		安乐	刘坊、夏坊、马家围、谢坊、洋坊、三大、黄庄、丁坑口、罗坊、赖畲、安乐、安乐（居委会）

续表

设区市名称	县（市、区）名称	老区乡镇（街道）名称	老区建制村（居）名称
三明市	宁化（为中央苏区县）	曹坊	上曹、下曹、双石、罗溪、黄坊、滑石、三黄、根竹、黄金进、官地、坪上、宝丰、南坑、曾家背、曹坊
		治平畲族	邓屋、彭坊、治平、湖背角、社福、坪埔、泥坑、高地、下坪、高峰、田畲、光亮
		中沙	中沙、中沙（居委会）、下沙、半溪、廖家、练畲、何屋、武昌、高坪、叶坊、楼家、樟荣、石门、双元
		水茜	水茜、水茜（居委会）、安寨、上谢、棠地、张坊、下洋、下付、蕉坑、沿溪、沿口、杨城、石寮、邱山、庙前、儒地
		安远	安远、安远（居委会）、岩前、伍坊、永跃、黄塘、张垣、丰坪、硝坊、营上、马家、割畲、杜家、井坑、洪围、里坑、后溪、增坑、灵丰山、东桥
	大田	武陵	桃溪、百束、武陵、红君、茶山、岬坪、上岩
		桃源	西安、蓝玉、上举、杨坑、广汤、前厝、桥山、桃源、桂洋
		太华	汤泉、罗丰、高星、池园、德安、大合、万湖、群团、潘车、坑头、华山、菖坑、甲魁
		石牌	京程、拱桥、石坑、盖山、下洋、龙坑、老厝、马山、桃山、上坡
		谢洋	科里、和春、碧山、仕福、坑口、谢洋、怀德
		上京	丰田、桂坑、梅林
		均溪	福塘
		华兴	张墘
		吴山	梓溪
		广平	铭溪
	尤溪	联合	连云、下云、云山、东边、联西、联合、岭头、吉木
		洋中	王宅、际深
		西滨	西芹、七里
		汤川	香林、山兜、山岭
		中仙	竹峰
	沙县	凤岗（街道）	大洲、西门、西山、北门、东山、灵元、庙门、府前、城西、西郊、城东、东门、西霞、根坑、村头、漈硋、古县、石桥
		虬江	洋坊、金泉、水南、城南、琅口、茅坪、曹元、柱源、镇头、后底、茶丰峡、麦元、田口、肖墩、田坑
		南霞	洋岭、下洋、龙泉、南坑仔、松树坑、霞村、茶坪、溪源

续表

设区市名称	县（市、区）名称	老区乡镇（街道）名称	老区建制村（居）名称
三明市	沙县	青州	青州、涌溪、管前、胜地、溪坪、异州、洽湖、前山、坂山、澄江楼、后洋
		高砂	高砂、樟墩、上坪、龙慈、渔珠、冲厚、柳源、椒畔、岭兜
		郑湖	箭坑、长村、上洋、郑墩、庆洋、岭头、徐墩、高地
		高桥	高桥、安田、官庄、新坡、黄溪坑、上里、正地、杉口、官林窠、上坑、桂岩、池窠、新桥
		富口	富口、岩地、白溪口、延溪、罗溪、姜后、柳坑、洋花坑、白溪、荷山、堆积坑、郭墩、盖竹、山余、池村
		夏茂	夏茂、东街、中街、西街、乐厝、儒元、上碓、长阜、倪居山、瓦溪、洋元、李窠、大布、岩坑、车溪、松林、新建、俞邦、溪口、后垄、岩观、洋邦、水头、罗坑、梨树、月邦、中堡
	将乐	古镛	新路、积善、张公、和平、桃村、梅花、玉华、山门、洋坊、文曲、胜利、解放、新华
		光明	光明、台上、曹地、渠许、界源、山头、各布、际下、永吉、褉俚、上地
		漠源	漠源、伍坊、坡坑、湖管、上洋、大坊
		南口	蛟湖、南胜、东坑、井垅、南口、舍坑、上仰、陈厝
		万安	万安、正溪、坊头、寺许、高坊、吴厝地、福匡、良坊、孙坊
		安仁	安仁、余坑、泽坊、半岭、福山、石富、伍宿、蜈蚣鼻、上际、洞前
		大源	大源、长甲、增源、山坊、蒋王坑、西田、肖坊、溪源、廖家地、崇善
		余坊	余坊、瓜溪、余源、隆兴、洋源、马嘶、周厝、张都、朱岭头
		高唐	高唐、邓坊、常口、会石、赖地、陈坊
		水南	乾滩、渡头、溪南、三班、水南、新兴
		白莲	白莲、大里、小王、铜岭、村头
		黄潭	黄潭、泰村、将溪、祖教、西湖、谢地
		万全	阳源、上华、高坪、陇源
	泰宁（为中央苏区县）	杉城	民主、水南、胜一、胜二、红卫、红光、南会、吕家坊、八里桥、东石、王石、长兴、梅桥
		下渠	下渠、宁路、陈元、上渠、渠里、大渠、渠口、大湖、红地、新田、大坑、王坑
		开善	儒坊、余上、余元、肖坑、墩上、洋坑、池潭、洋山、岩坑、余地

续表

设区市名称	县（市、区）名称	老区乡镇（街道）名称	老区建制村（居）名称
三明市	泰宁（为中央苏区县）	朱口	音山、朱口、石辋、寨色、王坑、赤坑、梅林、源色、里家源、擎布、游源、龙湖、南坑、官田、洋发、渠高、神下、黄厝、垇头
		新桥	大源、大兴、水源、王明、枫源、新桥、坑坪、汾信、岭下
		梅口	谢家坪、拥坑、麦坑、大洋、水磜、梅口、茅店、茜元、廖元
		大田	大田、料坊、金坑、谙下、鱼川、北斗、垒磜
		大龙	大布、显口、善溪、双坪、东坑、饶山、里坑、官江、江家岭、李地、张地、龙安、坪上、陈坑、角溪、焦溪
		上青	川里、永兴、江边、东山、上青、三南、崇磜、三地
	建宁（为中央苏区县）	濉溪	城关、河东、长吉、水西、圳头、大源、高峰、斗埕、器村、水南、复兴、新生、河东、水南（居委会）
		溪口	艾阳、桐源、马源、半源、枫源、杨林、溪枫、渠村、杉溪、高圳、枧头、溪口、高山
		里心	里心、汪家、滩角、双溪、新墟、戴家、芦田、宁源、大南、上黎、岩上、靖安、花排、里心（居委会）
		均口	均口、岭腰、蕉坑、官常、修竹、龙源、黄岭、隆下、龙头、洋坑、半寮、芰坑、台田
		伊家	伊家、澜溪、沙洲、陈家、双坑、东风、隘上、笔架
		黄坊	黄坊、毛坊、仍田、武调、陈岭、将上、安寅、芦岭
		溪源	溪源、蒋坊、楚尾、鲇坑、上坪、大岭、东溪、都团、桐荣
		客坊	客坊、里源、严田、张溪、湾坊、中畲、水尾、龙溪
		黄埠	封头、陈余、贤河、罗源、黄埠、友兰、竹薮、大余、桂阳、山下
	永安	小陶	吴地
		洪田	东坑、长川
		青水	丰田、槐甫
		西洋	桂溪、内炉、上螺、葛洲、蚌口、下螺
		槐南	大龙逢
		安砂	茶仔林、水碓、小江坊、凉坑、江后、江坊、安砂、石碧、热水、水南、青村、玲珑、苔茹、曹田、培竹
南平市	延平	南山	吉溪、村尾、际丰、东门、江布、江边、芹山、桐坑、岩溪、明洋、店口、龙湾、前坑、后埔、坑桥、拆竹、前村、后溪、坑仔源
		塔前	莒上、石伏、石城、际上、坑柄、虎山

续表

设区市名称	县（市、区）名称	老区乡镇（街道）名称	老区建制村（居）名称
南平市	延平	大横	陈墩、更古、茶坑、高桐、山源、上楼、常坑、群仙、溪洋、埂埕
		夏道	安济、澄源、山后
		巨口	半岭、上埔、田溪、村头、横坑
		洋后	后坪、大禄、良坑
		茫荡	三楼、上际
		樟湖	溪口
		赤门	西马
		水东（街道）	红星
	顺昌	大干	大干
		元坑	谟武
		洋口	永福、解建、光明、建民
		际会	谢屯
		岚下	钱墩、夏墩
		水南	井垄
	浦城	枫溪	枫溪、黄坛、杜畲、福禄、岱后、池家、胡推
		水北街镇	双墩、新桥、罗源、洙溪、岩鼻、东路、际岭、篷尾、上山桥、瓮村、桥亭、石埠、水尾、朱墩
		古楼	坑口、石村、岗里、中潭、古楼、里山、大路
		管厝	流村、河源、珠墩、叶坞、庆元、上村、管厝、党溪、榆双、楮林、里林
		濠村	濠村、樟源、北坑、后濠
		石陂	梅坑
		永兴	肖家、凹头
		富岭	双同
		忠信	坑尾、毛洋、寨门、溪源、海溪
		九牧	中垄
		盘亭	刘田、均溪
	光泽	司前	清溪、西口、岱坪、黄坊、台山、墩上、东山、新甸、举安
		寨里	大青、大洲、山房、太银、梅溪、茶富、官桥、小寺洲、桥亭、西溪、桃林、浆源、山头、儒洲、桥湾、百石

续表

设区市名称	县（市、区）名称	老区乡镇（街道）名称	老区建制村（居）名称
南平市	光泽	华桥	华桥、官屯、吴屯、石壁窟、邓家边、大禾山、何舟坪、园岱、铁关、古林、牛田、增坊
		李坊	长源、贯庄、上观、百岭、李坊、杨里、增排、后杉、管蜜、石城
		鸾凤	饶坪、油溪、上屯、君山、坪山、武林、崇瑞、中坊、高源、双门、黄溪、大陂、大羊、文昌、十里铺
		止马	白门楼、止马、杉关、亲睦、排下、仁厚、双坑、虎塘、岛石、水口
		崇仁	汉溪、洋塘、儒堂、共青、崇仁、金陵、砂坪、大洋坪
		杭川	坪山、杭西、杭东、杭中、镇岭
	松溪	松源	水南
		渭田	源头、溪尾、吴村、株林、杉坑、小黄沙、角岐、木丘、仙槎、山镇、渡头、项溪、渭田
		花桥	车上、长衍、大浦、源尾、招沙甲、寺坑、九蓬、路桥、塘边
		祖墩	刘源、山源、溪后、严地、甫场
		茶平	吴屯、高洋、吴山头
		河东	长巷
		溪东	溪东、西洋、周墩、竹洋、榉上、朱源、东源
		旧县	大黄沙、船坑、东厝、游墩、岩下、六墩、李墩、洋前
		郑墩	新铺、南坑、夙屯、梅口、双源、洋墩、张屯、杉溪、前进、万前、青山、黄沙、九龙
	政和	东平	东平、凤头、西表、界溪、苏地、碗厂、护田、范屯、新口、金峰、常垆、山溪
		镇前	宝岩、茶溪、洋厝、南坑、里洋、梨洋、下园、半源、际头、西溪、角坂、何山、横坑头
		杨源	洞宫、坂头、上庄、西岩、岭头、翠溪、杨源、大溪、富坂、茶林、楼下、王大厝、[illegible]坑、禾洋
		澄源	林山、黄坦、上洋、黄岭、坑里、新康、赤溪、牛途、双新、香溪、北斗、石壁、上榅洋、下榅洋、大梨溪、路下
		外屯	黄坑、下坪、稠岭、吴场、湖屯、洋屯、外屯、溪头
		岭腰	锦屏、岭腰、横坑、高山、前溪、西坑、长垄
		铁山	大岭、高林、半洋、江上、向前、张屯、罗家地
		星溪	东山、念山、梅坡、林屯、地坪、宝岱、樟口、九蓬、长际
		石屯	际下、长城

续表

设区市名称	县（市、区）名称	老区乡镇（街道）名称	老区建制村（居）名称
南平市	邵武	桂林	桂林、槎口、下岚、盖竹、横坑、余山、大岭
		下沙	洛田、下沙、屯上、胡书
		昭阳（街道）	公太、华光、新建、登云、古城、大同、城丰、行春、五一九
		通泰（街道）	北门、西门、五四、跃进、月山关、熙春、城富、长坪
		金坑	金坑、湖溪、重下、隘下、山隔
		水北（街道）	水北、越王、车家园、王宝墩、小西门头、飞机坪、桥头、太保路、水东
		水北	大乾、龙斗、杨梅岭、大漠、上坪、一都、二都、三都、四都
		卫闽	王溪口
		洪墩	水口寨、桥头
		城郊	香铺、台上
	武夷山	崇安（街道）	城南、城西、清献、松凹、崩埂、村尾、黄墩、营盘、和平、清献(居委会)、花桥、石雄、百花、温岭
		新丰（街道）	五里、里洋、洋墩、溪东、临安、余庆桥、下府洲
		武夷（街道）	赤石、大布、角亭、天心、公馆、下梅、溪洲、吴齐、黄柏、樟树、柘洋、高苏坂
		星村	黎源、黎前、黎新、枫林、巨口、井水、星村、前兰、黄村、曹墩、朝阳、红星、洲头、程墩、桐木
		兴田	兴田、枫坡、西郊、黄土、仙店、南岸、南树、城村、大渚、澄浒、澄前、虹桥、双西、南源岭
		上梅	上梅、下阳、荷墩、厅下、首阳、金竹、岭山、里江、茶景、地尾、翁屯
		吴屯	排头、街路、吴边、彭屯、大浑、上村、红园、小际、小浑、大际、小寺、旸角、后源、岭根、后垅、麻坜、倪坜
		五夫	翁墩、典村、溪尾、茅厂、大将、田尾、澄溪、古亭
		岚谷	岚谷、稍屯、岚头、横墩、客溪、染溪、黄尾、山坳、岭阳、横源、樟村、黎口、后山、古岩、枫溪
		洋庄	坑口、廓前、西际、东村、四渡、三渡、洋庄、浆溪、小浆、大安
	建瓯	迪口	值源、占村、下房、店村、西坑、龙北溪、郑魏、大布林、下庄、坑头、杉洋、下溪、可建、凌坑、中田、岩下
		川石	垱阳、溪口、慈口、后山、营勺、后洋、外洋、徐布、后坪、小岭
		水源	桃源、吴墩、王厝、温洋、上坑、良贤、南山、横路

续表

设区市名称	县（市、区）名称	老区乡镇（街道）名称	老区建制村（居）名称
南平市	建瓯	龙村	汴地、下杉溪、吴地、大历、小东游、梨坪、擎天岩、龙溪
		东游	盛前、河岭、盛地、东漈
		玉山	岭口、岭后
	建阳	书坊	贵溪、花园岭、饶坝、水北、松坑
		黄坑	九峰、新峰、塘头、三峡、苦竹坪、新历、鹅峰、桂林、长见、大坡、坳头
		麻沙	麻沙、吕屯、华溪、重历、长坪、毛店、永兴、杜潭、溪头、界首、交溪、墩头、留田
		将口	石维下、回潭、杨香、胡巷、南台、将口、山尾、横塘、松柏
		漳墩	漳墩、竹口、龙安、焦坑、姜地、杭头、堆后、苏源、周历、上墈、康屯、凤凰、北孟坑、沙堤、严川、外屯
		莒口	焦岚、社洲、东徐、金山
		徐市	南槎、条岭、五峰、唐科
		小湖	秦溪、美溪、黄地
		水吉	陈地
莆田市	城厢	常太	松峰、利车、照车、东太、东青、山门、汀洋、常太、侯山、坑洋、霞山、渡里、金川、马院、党城、顶坑、内东坪、外东坪、过溪、下莒、埔头、溪南、溪北、南川、洋边、长基、岭下
		灵川	何寨、径里、云庄、东进、柯朱、硋灶、太湖、榜头、西墩、书峰、张边、青山
		东海	蔡亭、西厝、蔡厝、西黄、坪洋、东海
		华亭	樟塘、埔柳、长岭
		龙桥（街道）	延寿
		霞林（街道）	坂头
	涵江	萩芦	崇福、崇联、崇圣、林美、深固、友谊、利东、官林、洪里、梅洋、水办、晏井、枫山、樟洋
		白沙	坪盘、澳柄、澳东、龙东、龙西、东泉、狮亭、田厝、广山、洋顶、长兴、白沙
		庄边	庄边、滁洋、溪西、百俊、泮洋、前埔、萍湖、梨坑、吉云、凤际、岫山、松岭、尚书桥、赤溪、黄龙、黄洋、山溪、走墈、大汾、岐山、上院
		大洋	大洋、瑶山、崇兴、琼峰、坂洋、坝头、兔洋、南岭、瑞云、车口、院埔、可山、昆山、满长、孝池、霞洋、莲峰、杏山

续表

设区市名称	县（市、区）名称	老区乡镇（街道）名称	老区建制村（居）名称
莆田市	涵江	国欢	林柄
		江口	江口、新前、海星、新墩、五星、东楼、石东、丰美、丰山、坂梁、院里、石狮、园顶、大东、东大、官庄
		新县	文笔、张洋、广宫、墘顶、巩溪、大贤、大所、上茅、仙安、白云、泗洋、新县、白鹤、外坑
		梧唐	东福、前东坡、新丰、枫林、沁后、九峰、松东、西庄
		白塘	埭里、后宫、镇前、镇江、洋尾
	荔城	新度	下坂、善乡、东郊、锦墩、渠桥、宝胜、青垞、沟口、下横山、扬美、新度、阳城、桂林、沟尾、东宋、东埔余、南梧塘
		西天尾	龙山、吴江、北大、洞湖、后卓、溪白、澄渚、碗洋、后埔、林峰、东星、象峰、下垞、林山
		黄石	沙坂、黄石、水南、澄瀛、横塘、七镜、瑶台、沙堤、惠下、东山、江东、桥兜、下埭、下江头、西洪、清中、清后、清前、定庄、惠上、常溪、海滨、华东、华堤、东埭
		北高	院后、埕山、北高、岱峰、东乡、汀江、汀峰、江边、高洋、福岭、渡岭、吴城、山前、埕头、埕前、前亭、竹庄、美澜、高峰、后积
		振辰（街道）	濠浦、七步、畅林、莘郊、荔浦、西洙、长丰
		镇海（街道）	镇海
	秀屿	东峤	珠江、先锋、前江、上塘、许厝、魏厝、凌烟、前沁、东兴、珠川、赤岐、霞东、霞西、中南、山香、百庄
		笏石	珠坑、下郑、北埔、坝津、西徐、岭美、杨林、度田、岐厝、梅山、松林、丙崙、温东、篁山、西田、四新、东华、秀山、来塘、来宅、苏塘、大坵、刘厝
		埭头	黄瓜、武盛、后温、埭新
		南日	山初、万峰、岩下、鳌屿、西高
		东庄	东红、芳店、栖梧、石码、塘边、西温、堤头、大象
		月塘	联星、坂尾、月埔、双箬山、前康、砺山、洋埭、东潘、岱前、西园、霞塘
		平海	平海、石井、上店、山星、西柯、石塘、江堤、赤坡、东湖、埭周、山后、清洋、高苍
	北岸（管委会）	山亭	西埔、山柄、山亭、东乌宅、西乌宅、新乌宅
		忠门	后坑、柳厝、安柄、沁头、王厝、秀田、秀华、秀前、琼山、忠门
		东埔	东埔、何山、下坑、东吴、度口、吉城、梯亭

续表

设区市名称	县（市、区）名称	老区乡镇（街道）名称	老区建制村（居）名称
莆田市	湄洲岛（管委会）	湄洲	寨下、西亭、汕尾
	仙游	石苍	济川、高阳、老山、霞湖、石苍、五湖、潭头、石阳、田坑
		社硎	社硎、湖洋、仙头、修园、卓林、白硎、塘西、田利
		赖店	罗峰、锦田、龙兴、新周、玉山、岐山、玉墩
		游洋	游洋、梧椿、金石、天马、双峰、石里、龙溪、兴山、霞峰、鲁头、石山、里洋、桥光
		郊尾	宝坑、旸谷、塘边、伍狮
		西苑	顶东湖、白岩、凤顶、凤山、仙东、仙西、仙山、广桥、半岭、西苑、前县、前溪、柳园
		度尾	潭边、圣山、下洲、洋坂、中岳、霞溪、云水、后埔、埔尾、帽山、云居、度峰
		钟山	朗桥、麦斜、钟山、卓泉、湖亭、南湖、临水、新莲、梅洋、东溪、鸣和、天珠、西林、香山
		象溪	黄洋、园宅、溪边、菜溪、石满、象星、石峰
		大济	阮里、垄溪、溪车、洋坑、尾坂、汾阳、乌石、北山、三会、溪口、大济、文殊、古濑、虎垄、蒲峰
		龙华	东岐、金山、金沙、金建、金溪、红旗、东方、建华、团结、灯塔、爰和
		鲤城（街道）	洪桥、十字、城内、北宝峰、南桥、木兰
		鲤南	仙安、圣泉、玉塔、平原、象运、周庄农场、大坂、柳坑
		盖尾	芹林、昌山、义店、石马、东井宫、后山、杉尾
		榜头	后庄、洋山、何乐、仙水、南溪、下昆、昆仑、云庄、坝下、象山、梧店、后南溪、岭下、紫泽、后坑、下明、紫洋、后坂
		枫亭	学士、铺头、锦湖、秀丰、耕丰、辉煌、东宅、山头、下社、建国、溪南、九社、和平、溪北、兰友、磷山
		园庄	后蔡、高峰、土楼、枫林、霞山、六户、东坪、义路、岭北、园庄、东石、泗洋
		书峰	书峰、锦峰、百松、兰石
龙岩市	新罗（为中央苏区县）	西陂	陈陂、条围、西山、排头、石桥、大洋、小洋、张白土、黄竹坑、赤坑、硿口、紫阳、南石、园田塘、华龙
		曹溪	曹溪、西洋、水塘、下寮、坪尾、经杨月山、浮蔡、坑头、王庄、崎濑、马坑、黄洋、石粉、董邦、东山、黄坑、中甲、科桃

续表

设区市名称	县（市、区）名称	老区乡镇（街道）名称	老区建制村（居）名称
龙岩市	新罗（为中央苏区县）	东肖	肖坑、隘头、曲潭、菜园、后田、榴坑、联邦、黄邦、溪连、连圣、洋潭、东窟、隔顶、湖洋寨、邦山、盂头、龙泉、邓厝
		适中	三坑、莒舟、新祠、霞村、颜祠、竹华、丰田、象山、兰田、洋东、溪柄、颜中、中心、中溪、营坑、保丰、仁和、上屿、下屿、白叶、温庄、坂溪
		红坊	下洋、田心、上洋、进贝、东埔、龙溪邦、东阳、倒流水、赤坑、平洋、北洋、坎洋、岭背、联合、中联、龙星、板子斜、南阳、紫安
		龙门	谢洋、石埠、龙门、湖一、湖坑、内坂、郭墩、湖二、赖坑、考塘、龙潭、五星、赤水、朝前、洋畲、连坑
		小池	培斜、南山、兴贵、山美、卓洋、汪洋、璜溪、赖邦、京源、牛眠石、何家坡、黄斜、儒芦
		大池	红斜、北溪、九里洋、大东、秀东、西洋、雅金、竹何、合甲、大山、南燕、黄美、大和
		江山	山塘、铜钵、村美、科山、前村、新田、林祠、上垵、下垵、山头、新寨、老寨、背洋、双车、福坑、梅溪
		铁山	洋头、溪西、外洋、洋美、隔口、林邦、平林、富溪、岭后、增坪、许岭、火德坑、罗厝山、陈罗、下村坂、白岩前、谢家邦、陆家地、李九
		雁石	苏邦、大吉、新芦、坷溪、益坑、岩星、白石盂、坪洋、坪坑、黄庄、四集、雁江、礼邦、洋城、东南、楼墩、厦中、北河、北山、梅头、红林、社尾、九斗、下营、上营、陈村、上老、坂尾、云山、赤村、龙康、民祠、后路
		岩山	芹园、佳山、莱山、丹畲、元青、后埔、刘坑、龙山、山前、黄固、里寮、小丁坑、玉宝
		白沙	白沙、南卓、岩下、大科、罗坪、郭畲、营岐、小吉、邹山、高洋、大盂、洋西、罗畲、内村、樟坑、小溪、苏一田、珍坑、孔党、吕凤、陈地、吕洋、营斗、渡头、官洋、营边、营头、黄坂、产坑、半岭、田坑
		苏坂	石城头、红邦、芦林、黄地、美山、苏坂、易家邦、东联、合溪、下村、瓦洋、西楼、岭兜、大坑、黎山、和睦坑
		万安	浮竹、高林、高池、陈洋、涂潭、石城、竹贯、环坑、华坑、红光、梅村、同新、西源、松洋、五村、四村、好坑、西贯、张陈、高厦
		东城（街道）	东门、东风、东宝、松涛、平寨、北龙、社兴、东新、东街、东宫下、永兴
		南城（街道）	溪南、隔后、后门前、新陂、后盂、登高、清泉、小溪、新岩、翠屏、大同、兴晖、莲东

续表

设区市名称	县（市、区）名称	老区乡镇（街道）名称	老区建制村（居）名称
龙岩市	新罗（为中央苏区县）	西城（街道）	西安、苏溪、西平、西兴、西桥、莲花、莲新
		中城（街道）	青草盂、凤凰、北关、梅林、北门、岩心、团结、兴门、虎岭、中街、西街
	长汀（为中央苏区县）	汀州	水东、东门、南门、营背、中心坝、西门
		大同	师福、高坑、黄屋、荣丰、翠峰、东埔、东街、计昇、李岭、红卫、草坪、红湖、印黄、东关、南里、南寨、新庄、罗坊、红星、新民、七里、利星、光明、建明、新峰、郑坊、七古、镇平、天邻、黄麻畲
		新桥	三坑口、潭复、刘坊、石人、江坊、余陂、叶屋、鸳鸯、新桥、茜陂、岗头、任屋、牛岗、湖口、石槽、廖家、罗坑、樟树下、新店、李家
		馆前	汀东、复兴、赤坑、马坪、坪埔、严坊、小洋、陈莲、东庄、珊坑、云峰、义家、南材、黄湖
		南山	大坪、南田迳、南山、严婆田、大田、大坑、谢屋、洋背、朱坊、廖坊、连屋岗、邓坊、桥下、黄家庄、蔡屋、中复、长窠头、官坊、五杭、塘背、杨谢
		古城	中都、古城、井头、元坑、苦竹、长塅、下增、溜下、青山、黄泥坪、梁坑、马头山、南岩、杨梅溪、元口、黄陂、丁黄
		四都	楼子坝、荣坑、溪口、上蕉、渔溪、新华、红都、同仁、羊牯岭、圭田、坪埔、汤屋、红寮、上湖、小金、谢坊、琉璃、下坪
		铁长	铁长、芦地、张地、洋坊
		庵杰	庵杰、涵前、黄坑、长科、上赤
		红山	腊溪、中坪、苏竹、元岭、童上、红塅、苏陂、山阳、山车、赤土、上坪
		策武	策田、策星、林田、当坑、高田、红江、德联、陈坊、河梁、李城、李田、南坑、南溪、黄馆
		童坊	胡岭、赖屋、红星、童坊、长坝、长春、黄坊、新畲、禾生、林田、横坑、拔哩、举林、举河、马罗、肖岭、下坑、双桥大埔、刘陈、彭坊、红明、龙坊、葛坪
		河田	上街、中街、下街、南塘、窑下、朱溪、明光、松林、游坊、晨光、寒坊、芦竹、车寮、刘源、红中、南山下、半坑、迳背、南塅、蔡坊、上修坊、下修坊、根溪、中坊、潘屋、马坑、余地、伯湖、罗地、露湖、黄坑
		涂坊	迳口、马屋、赖坊、红坊、溪源、扁岭、河甫、吴坑、慈坑、邱坑、洋坑、罗屋岗、元坑、中华

续表

设区市名称	县（市、区）名称	老区乡镇（街道）名称	老区建制村（居）名称
龙岩市	长汀（为中央苏区县）	濯田	街上、坝尾、中坊、上庙、下洋、巷头、山田、龙田、横田、安仁、长高、李湖、丰口、左拔、长巫、昇平、段上、水头、羊赤、同睦、寨头、刘坑、东山、湖头、刘坑头、塍背、莲湖、陈屋、路潭、南安、水口、河东、刘坊、永巫、梅迳、长兰、上塘、美溪、美西、园当
		三洲	三洲、兰坊、小潭、丘坊、戴坊、曾坊、小溪头、桐坝
		宣成	长桥、畲心、中畲、寨背、下畲、兰田、泮溪、溪源
		羊牯	羊牯、对畔、白头、罗坑头、吉坑、官坑、余家地、周家地、百坪、百丈
	永定（为中央苏区县）	凤城	东坊、南郊、西北、大洲、下坑、书院、大元、长化、龙角、仙峰、东兴、金凤、龙凤
		城郊	中坑、东溪、龙门、上下斜、樟牛、兰地、古一、双溪、古二、桃坑、三峰、万美、彩霞、书岭
		西溪	礼田、罗坑、富家、四联、肖地、硕杰、抚全
		堂堡	河坑、村中、下村、蛟塘里、宝溪、三堡、赛智、珠罗、寨下、香溪
		合溪	王社、菜地、藕丝、天丰、武北、溪南、袍山、洪教、合调、上调吴、下调吴、汤湖、马子凹
		湖坑	湖坑、西片、五黄、新街、六联、洪坑、奥杳、山下、吴屋、楼下、洋多、新南、南中、南江、实佳、吴银
		大溪	大溪、太联、联和、莒溪、湖背、三堂、坑头、黄龙
		陈东	岩太、古龙、园东、陈东、石岭、蕉坑、榕蛟、高丰、城东、共星
		古竹	黄竹烟、坪洋、大德、陂子角、古竹、瑶下、溪口吕、蛟塘、田洋
		湖山	赛华、里佳、桂坪、三来、樟溪、桂象、象湖、杨山、黄坑
		高头	高东、高北、大岭下、梅花石、高南
		岐岭	湖河、下山、井下、蒲山、龙湖、丰村、八联、石培、中社、培上、外坑、新村、内坑、竹联
		下洋	陈正、东山、西山、北斗、下洋、下坪、三联、大瑞、丹竹、中川、富川、觉川、思贤、东联、沿江、霞村、廖陂、上川、初溪、月流
		金砂	上金、赤竹、西田、下金、卓坑、秀山、五坑
		培丰	上和、岭东、丰田、振东、东中、孔夫、长流、洪源、大排、文溪、文东
		坎市	浴溪、清溪、新罗、浮山、秀山、文馆、坎市街、镇矿
		虎岗	虎东、虎西、虎北、城下、龙溪、汉洋
		龙潭	上寨、上西、枫林、龙潭、虞溪、铜联、联中、林场

续表

设区市名称	县（市、区）名称	老区乡镇（街道）名称	老区建制村（居）名称
龙岩市	永定（为中央苏区县）	洪山	尚贤、上径、下径、上山、田梓、樟罗、中村、抚石、西联
		峰市	高山、桃泉、俄山、河头、信美、忠信、寨头、黄寨、新坑、锦西
		湖雷	下湖、下寨、桐田、湖瑶、淑雅、罗滩、前坊、罗陂、深度、莲塘、溪口、锦溪、象基、弼鄱、潘坑、玉文、石坑、道仁、竹兰、高石、白崇、上湖、上南、上北、增瑞、尺度、荷花
		高陂	富岭、平在、增坑、曲丰、睦邻、上洋、西陂、北山、和兴、黄田、许佳、先富街、富园
		仙师	仙师、务田、大岭、兰岗、九坑、西洋、书华、秀富、大阜、金寨、三坝、新侨、恩全、石鼓、锦丰、华坊
		抚市	中在、新民、社前、五联、抚溪、桥河、里兴、协兴、龙川、华丰、鹊坪、五湖、东安、中湖、基安、溪联、贝溪
	上杭（为中央苏区县）	下都	保安、和睦、砂睦、象栏、佛坑、吉安、五丰、新寨、豪康、璜溪、三益
		临江	镇东、镇中、英明、天山、镇南、镇西东南
		通贤	上村、通贤、培才、周源、曹丘、东里、大东、岭头、文坑、秀坑、磜头、障云、汉溪
		临城	石砌、白玉、古石、九洲、玉女、新塘、宫桥、水西、富古、城东、城北、城西、西陂、西郊、西南、城南、土埔、黄竹、龙翔、璜岗、六甲、上登、新丰、同康
		湖洋	碧田、涧头、上埔、水埔、元丰、加庄、福全、寨背、三田、通桥、岩头、乃康、湖洋、文光、古楼、濑溪、新坊、五坊、龙山、上罗、太平、新山
		中都	永联、富光、长徐、军联、陈和、田背、罗溪、蛟腾、兴坊、饶坊、亲睦、由安、古坊、睦邻、都康、古基、瑞香、黄店、仙村、复兴
		庐丰	章金、上坊、中坊、下坊、立英、丰康、丰乐、丰济、扶洋、铁峰、太古、黄坊、横岗、三坪
		蓝溪	黄潭、沈田、湖里、岐滩、梅永、觉坊、蓝溪、龙丰、载厚、岩华、白水、冯石
		稔田	大湖、化厚、祝田、石牌、大燕、南坑、叶坑、蔡坑、官田、梅镇、长滩、埔头、连四、丰朗、枫山、镇岐、岐坑
		茶地	千龙、久泰、大燮、高屋、官山、茶地、调和、下科、樟树、翁基、竹马、上连科、下连科
		溪口	云山、石铭、锦坊、当丰、陈屋、大洋坝、三溪、双华、大丰、大厚、大连

续表

设区市名称	县（市、区）名称	老区乡镇（街道）名称	老区建制村（居）名称
龙岩市	上杭（为中央苏区县）	太拔	崇厦、田增、罗坑、太拔、丘辉、院田、大坑、彩霞、张芬、双康、梓东、鲜水坑、寨背山、大地、上村、黄家
		泮镜	彩下、泮镜、祖加、院康、乌石、定达、元康
		白砂	中洋、梧岗、梧田、塘丰、大田、大金、扶福、朋新、樟黄、岭背、大科、长锦、丰源、上早康、下早康、碧沙、官洋、茜黄、洋乾、嫩洋、东塘、军桥
		蛟洋	蛟洋、塘厦、丘坊、华家、再兴、中村、坪上、再嘉、邹坑、文都、苏康、丰年、贵竹、秋竹、小和、梅坝、坪埔、下道湖、崇头、东乾、陈坊、文地、杨梅坑、达理、桃源
		古田	苏家坡、下郭车、上郭车、模坑、文元、荣屋、赖坊、上洋、五龙、溪背、八甲、竹岭、金湖、吴地、外洋、新生、赤坑、苎园、石笋、洋稠、大源
		步云	上福、金屏、古炉、马坊、兴隆、梨岭、桂和、蛟潭、大斜、云辉
		旧县	新坊、石院、扁山、福村、河东、龙溪、全坊、坝上、河西、尧埔、兰田、铁场、铁东、石圳、角龙、径美、谷坑、梅溪、水东
		才溪	才民、溪北、岭和、中兴、溪东、溪西、下才、才溪、曾坑、黄竹、大贵、下王、陈坑、荣石
		南阳	双溪、射山、豪东、砚头、下车、马洋洞、涂坑、南阳、南坑、官余、新联、罗坊、黄坑、茶溪、联义、朱斜、日新、香塔、南岭、联山
		官庄	上濯、下濯、蕉坑、龙牌、龙角、红石、回龙、朱堡、官庄、福泉、贵和、新风、七里、璜头、德康、树人、新民、曾泗
		珊瑚	华竹、上珊瑚、下珊瑚、彩坑、下坑
	武平	平川	七坊、红东、西厢、兴南、城南、河西、河东、南门
		城厢	南通、灵通、始通、上东、下东、凹坑、长居、汾水、金桥、文溪、磜文、园丁文、尧禄、东岗、东云、云磜
		万安	小密、捷文、贤溪、上镇、下镇、五里
		东留	桂坑、兰畲、背寨、龙溪、中坊、大联、永福、新中、小溪、苏湖、大明、黄坊、封侯、新联、新福、大阳、南坊、泥洋
		中堡	岭头、下村、悦洋、芳洋、上济、小岭、远富、乌石、朱坊、中堡、田坑、大绩、大坪、罗助、互助、梧地、朝岭、林坑、章丰、新湖、新化
		永平	帽村、昭信、龙归磜、恬下、钩坑、瑞湖、中湍、杭背、岗背、田背、梁山、孔下、朝阳、塔里、唐屋
		桃溪	桃溪、新磜、亭头、田雁、新田、江坑、鲁溪、江坑、新贡、湘溪、湘坑、洋畲、湘里、小兰、新华、新兰

续表

设区市名称	县（市、区）名称	老区乡镇（街道）名称	老区建制村（居）名称
龙岩市	武平	中山	三联、龙济、卦坑、阳民、太平、新城、城中、老城、上峰、武溪、上岭
		民主	民主、岭下、高书、高横、林荣、坪畲
		下坝	贵扬、福兴、露冕、下坝、大田、大成、石营、园丰、美溪
		中赤	中赤、上赤、壮畲、万营、下营、平沿、育平
		岩前	灵岩、大布、将军、东峰、迳田、上墩、伏虎、三河、宁洋、和安、洋坑、龙井、双坊、峰贵、杨梅、澄邦
		象洞	光采、洋贝、东寨、官坑、沾洋、联坊、富岭、新岗、中段、芹礤、太山
		十方	乐畲、彭寨、熊新、高梧、黎畲、黎明、十方、三坊、白土、来福、中和、和平、处明、梅坑、叶坑、丘坑、鲜南、鲜水、集贤
		武东	安丰、丰田、五坊、川坊、三峙、炉坑、袁田、上畲、远明、四维、黄埔、陈埔、东兴、张畲、六甲、美和、新东、教文、袁上、袁下
		湘店	尧山、三和、七里、店下、湘洋、湘湖
		大禾	大禾、湘村、源头、龙坑、邓坑、上梧、上湖、贤坑、帽布、坪坑、山头、大沛、大寨
	连城（为中央苏区县）	莲峰	李彭、大坪、洪山、杨屋、南前、李坊、江坊、姚坊、城西、西康、鹧鸪、姚坪、朱坊、莲花、新兴、李兴、赤岭、东街、南街、西街、北街、豸峰、栗园、莲西
		北团	柯坊、许坊、罗王、江园、下江、老营、文峰、孙台、上江、山下、溪尾、山龙、富坪、石丰、张地井、大张、到湖、蕉坑、车上
		姑田	上余、下余、厚洋、上堡、华垄、溪口、东华、中堡、下堡、大洋地、郭坑、城兜、长较、白莲、永新
		朋口	朋口、王城、良增、天马、张家营、马埔、洋坊尾、文坊、上莒、杨地、竹溪、李庄、文地、林家坪、金龙、鱼潭、张屋田、黄岗、池溪、桂花、瑶理
		庙前	庙前、庙上、吕坊、水北、珠地、江畲、蓝桥、岩背、芷联、坪头、芷民、芷星、芷溪、芷红、丰图
		新泉	新泉、官庄、良福、良盟、清安、畲部、西村、北村、洋梅、新罗、温坊、林国、乐江、乐联、良坑、联溪、儒陂、儒畲、莲华
		莒溪	太平寮、池家山、莒市、莒莲、小莒、墩坑、后埔、乐地、厦庄、高地、坪坑、陈地、厦地、梅村头、詹坑、壁洲、墙里、吴坑、铁山罗地、隔口、溪源
		揭乐	揭乐、哒砾、吕屋、小朱地、罗坊塅、魏礤、官峰、布地、黄坊

续表

设区市名称	县（市、区）名称	老区乡镇（街道）名称	老区建制村（居）名称
龙岩市	连城（为中央苏区县）	林坊	岗尾、大梨、林柩、林塘、林联、塘坵、陂桥、庐屋、上磜、五磜、张坊、横坑、李丰、魏坊、有福
		隔川	隔田、隔川、联益、朱余、竹叶山、新营、松洋、井坑
		塘前	塘前、上琴、水源、迪坑、罗地、张地
		文亨	文陂、文保、班竹、福地、亨明、田心、黄屋、文岗、文楼、龙岗、竹岗、炉坪、富塘、南坑、鲤江、南阳、田头、湖峰、蒋坊、李屋、福坑、大地
		罗坊	邱赖、下罗、上罗、岗头、文敷、萧坑、坪上、富地、长坑
		四堡	中南、四桥、雾阁、田茶、双泉、上枧、团结、黄坑
		曲溪	曲溪、罗胜、黄胜、冯地、蒲溪、木陂、大东溪、军山、白石
		赖源	下村、上村、黄宗、黄地、郭地、牛家、河祠
		宣和	中曹、新曹、下曹、上曹、城溪、前进、紫林、培田、升星、科南、洋贝、黄沙、中田
	漳平	菁城	菁东、菁西、福满、顶郊、铁路、富山、北郊
		桂林（街道）	高明、上桂林、下桂林、厚福、南美坪、黄祠、瑞都、石坂坑、山羊隔、小芹菜、上江、城南
		和平	和平、和春、春尾、下垅、安靖、东坑、菁坑
		芦芝	东坑口、芦芝、华寮、月山、园潭、涵梅、大深、洛阳、东郊
		西园	卓宅、进庄、遂林、基泰、钟秀、可人头、西园、丁坂、前洋坪
		南洋	北寮、梧溪、红林、营仑、永兴、南洋、党口、利田、暖洲
		拱桥	上界、罗山、下界、拱桥、岩高、高山、隔顶、梧地
		永福	福里、李庄、西山、清源、吕坊、后盂、新坑、龙车、石洪、洪坑、大坂、秋苑、蓝田、紫阳、封侯、文星、同春、桂洋、箭竹坪、佳山、和丰、颖水、陈村、元沙、岭下、适榕、古溪、永福
		官田	豪山、梅营、梧村、下浙、黄坪、坪山、官东、山贝、石门、官西、和坑、桂东
		溪南	溪南、下河、下林、久鸣、东湖、大山、郎车、官坑、长荣、南柄、上坂、吾老、金菊、前坪、小潭、官林盂、尖祠、南洲
		象湖	象湖、下地、土坑、杨美、宽田、半华、灶头、上德安、下德安、长塔、科山、禄前、龙门
		新桥	新桥、易坑、西埔、产坑、南丰、秀溪、城口、珍坂、云墩、双溪、武陵坑、仓坂、城门、钱坂、高美、产盂、陈坑、逢湖、坂尾、秀岐头、白泉、义宅、石码、大罗山、麦园、和睦

续表

设区市名称	县（市、区）名称	老区乡镇（街道）名称	老区建制村（居）名称
龙岩市	漳平	吾祠	吾祠、留地洋、彭溪、内林、彭炉、陈地、厚德、北坑场、凤山
		灵地	灵地、留春、游山头、谢畲、谢地、文山、易坪、长垵、京口、西坑、赤坂场
		双洋	城内、城外、东洋、西洋、员当、坑源、温坑、百种畲、溪口、徐溪、大窑、中村、城厢
		赤水	赤水、田头、香寮、岭兜、大坑、安坑、黄山、罗坑、石寮、樟东
宁德市	蕉城	霍童	霍童、郑厝、文湖、湖头、石桥、大石、凤桥、八斗、小石、东岭、兴贤、胜门、枇杷洞、外表、柏步、坑头、上洋、梅溪、后洋、桃坑、里后山、吴松、溪南、邑坂
		赤溪	赤溪、东牛、油知、桃源、溪园、西坑、夏村、黄田、小塘、东边、大兰、芹格、炉田、官岭、牛洞、禅地、松柴岭、宣洋、社洋、班竹、洋林、墩头、岩坪、院前、留洋、阳谷
		洪口	库山、大道头、洪口、花兰、朝阳、上莒洲、下莒洲、金山、吴峰、吉垄
		九都	扶摇、乌坑、九都、柴坑、洋岸坂、贵村、云气、九仙、华镜、赖岭、石墩、坑尾、溪边
		八都	云淡、金垂、南冈、八都、下坂、溪池、福口、洋头、闽坑、猴盾、大坪、吴山、漈山、林洋头、韩丹、红门里、新楼、半山、屿头、仁厚、水漈、下汐、岙村、海星、居安
		七都	官亭、涢河、黄厝、大厅、三乐、河墘、三屿、漈头、马坂、外洋、小溪、北山、西林、六都、黄连坑、东岐、淡坪、牛埕
		虎浿	新厝、旧厝、七淀、中洋里、东元、新亭、上堡、梅鹤、南岭、文峰、浮山、岔路、黄柏、黄家、岩柄、下楼、下洋
		洋中	北洋、凤田、青潭、宝岩、田地、前路、莒溪、天湖、山阜、留田、南坪、际头洋、章后、邑堡、芹屿、林坂、陈洋、藤村、坎下、溪富、溪源、梧洋、方家山、利洋、岬屿、钟洋、九道、洋中、东山、上坎、莲下
		石后	石厝、陈坂、芹后、光荣、当洋、大岭、小岭、定洋、上竹洋、下竹洋、小漈、大墓前、三望、林下洋
		金涵	金涵、琼堂、上兰、濂坑、井上、亭坪、上金浿、院后、金峰、高墘、里占、中前、浮坪、上茶洋、菰洋、后溪
		漳湾	漳湾、王坑、门下、增坂、郑岐、南埕、拱屿、溪口、浿头、兰田、下凡、马山、官井、汤湾、后湾、上塘、下塘、鸟屿、官沪、雷东、仓西、海鹰、横屿、鳌江、漳江
		飞鸾	南山、蒲岭、骑龙冈、向阳里、岚口、陈家洋、梧埕、连顺、上村、下村、亭里、沈洋、新岩、澳坪、澳里、碗窑、南门坞、新瓷、鸾港

续表

设区市名称	县（市、区）名称	老区乡镇（街道）名称	老区建制村（居）名称
宁德市	蕉城	城南	后山、福洋、蚶岐、金蛇头、坪塔、岭头、叶厝、田中、塔山、古溪
		三都	松岐、西湖、三坪、寒垄、鸡公山、斗帽、缊澳、仙竹、七星、白匏、新塘
	霞浦	柏洋	柏洋、长岩、林洋、车下、郑家山、陈墩、谢墩、董墩、洋中、柘头、南山后、凤洋、禅洋、戴家山、黄土丘、塔后、西坑、大岭、阮洋、坑口、周厝坑、吴洋、横江、坂头、前宅、西宅、后垄、洋里
		牙城	文洋、后洋、敖岭、后山、箩伍、左岭、东街头、田家心、龙亭、前楼、杨家溪、茶坑、雉溪、渡头、牙城、梅花、凤江、凤门
		水门	水门、青岙、墩后、茶岗、高盘、芦阳、大洋、武坪、里洋、半岭、湖里、桥头、承天、八斗丘、水井头、小竹湾、长湖、上洋、玉山、百笕、大涺、大平、七斗岔
		崇儒	崇儒、溪边、洋尾兰、路口、溪坪、半路张、新村、丘山、霞坪、坪园、上水、郑洋、保安、石亭、笕下、亭头、汴洋、岚下、东杞洋、濂溪、溪西、东坡、岙里、樟桥、左岭、洋沙溪、长坑
		盐田	盐田、村里、中涺、官岭尾、南塘、瓦窑头、姚澳、浒屿、浒屿澳、南塘澳、水升、西胜、里马、上村、王高店、龙凤店、杨梅岭、北洋、洋边、二埔、北斗、钓岐
		海岛	宫东、宫西、烟台、里澳、文澳、北礵
		松城	兴贤、万贤、中乘、俊星、西关、龙津、彩虹、松兴、龙贤、城北、集贤、俊贤
		沙江	龙湾、芦坑、坡头、八堡、坝头、大坪
		松港	江边、岭头、佳湖、下村、八斗坝、章家衙、松农、松渔、赤岸、竹下、水坑、利洋、塔下、北岐、利埕、东关、东兴
		长春	赤沙、武岐、洪江、斗米、蜘蛛网、大京、长溪、长春、闾峡、积石、里城、外城、小京、加竹、长门
		三沙	陇头、东山、浮山、单斗、三坪、小皓、西澳、东澳、五澳、中心、古镇、古桶、石头鼻、虞公亭、东壁、二坑、三农、烽火
		下浒	石湖、柏溪、居安、延亭、下浒、赤壁、大安、柘洋、前洋、西岐、外浒
		北壁	北壁、河山、铁炉、四门桥、池澳
		溪南	傅竹、青山、霞塘
	古田	大甲	璋地、前桃、山里、上书、毗源、林峰、宁洋、村溪、小甲、国本、茶洋、里桃、林场、大甲
		杉洋	岭里、洪湾、湖里、白溪、康宁洋、横山、楼下、溪门、松洋、东吉、东双、珠洋、善德、浮洋、芹尺、叶洋、梨洋、杉洋、坂斗、宝桥

续表

设区市名称	县（市、区）名称	老区乡镇（街道）名称	老区建制村（居）名称
宁德市	古田	鹤塘	佳垄、上井边、程漈、东漈、文车岭、松竹、坑头、溪边、苏洋、后彰、南阳、井边、路上、仙山、双洋、前垅
		卓洋	前洋、树兜、半山、下地、吉洋、独峰、京峰、曹炉、洋塔、廖厝、秀峰、沽洋仔
		大桥	澄洋、隆德洋、广胜、筹洋、丘地、明洋、常洋、张洋、牛峰、葛藤湾、双桥、兰坦、下珍山、梅坪、高洋、中村、钱厝、岭南
		平湖	达才、中院、院坪、后岩、后洋、端溪、平湖、乔洋、玉源、钱坂、南岭、新舫、端上、前进、上进、赖垱、溪州、唐宦、山头顶、下嵩州、梅洋
		凤都	东村、漈面、新建、碗厂、石峰、石坑、上地、双珠、小吉、村尾、上坪、凤都、梅洋、洋头、林场、长坑、桃源
		凤埔	北溪、东溪、旧镇、凤埔、镇边、官亭、福全、漈头、苏墩、峦垄、朱墩、平沙
		城西（街道）	莲桥、沽洋里、前坂、罗华、官江、苏洋厝、樟上、华山、浣下、局下、松台、枣坪、安洋、曹洋、浣中、连墩、罗峰、下洋、龙亭、巴斗、宝溪、宝峰、长岭
		黄田	后坪、潮渔、洋上、后洋、西坑、汶洋、上溪
		水口	朝天桥
		吉巷	水竹洋、梧山、芹溪、前垄、塔洋、崎坑、七茶洋
		城东（街道）	利洋、常坝、上垅、廷元里、前山、旺村洋、廷垱、坑里、桃溪、双山、仕坂、罗坑
		泮洋	泮洋、大垅、后山、中直、瓦坑、淮溪、凤竹、上洋
	屏南	古峰	长坋、古厦
		屏城	南峭、溪坪、后龙、上凤溪、厦地、陆地、前汾溪、里汾溪、后井、村头、南湾、大碑、坑头
		棠口	棠口、西村、贵溪、洋中、里凤林、安溪、山棠、小章、旺坑、漈头、山岭
		岭下	岭下、开源、横坑、梅溪、罗厝、上梨洋、富竹、东峰、上楼
		双溪	双溪、垅源、峭顶、上七房、下七房、前洋、郑山、后峭、宜洋、岩后、章岭、北村、山头、高安、前溪
		路下	路下、前凤林、罗纱洋、发竹坑、富塘、五溪、芳院、山万里、门里、中秋、岭头
		长桥	长桥、长新、新桥、上牛山、下牛山、半圳、新乡、高溪、岑洋、柏源、上垅、慈云、后垅、前里坪、官洋、里高溪、远丘、周佳山

续表

设区市名称	县（市、区）名称	老区乡镇（街道）名称	老区建制村（居）名称
宁德市	屏南	甘棠	甘棠、前南山、王林、梅花地、新田、瑞云、上山登、下山登、下山口、彩虹、浙洋、巴地、洋头寨、漈下、前院、坂兜、小梨洋
		熙岭	熙岭、秀溪、管洋、岭里、井兜、大垅、溪里、前塘、新墘、山墩、前梨洋、塘后、三峰、四坪、龙潭里、墘头
		寿山	寿山、降龙、白玉、梨后、北山、白凌、前墘、东盘、郑洋、普岭、硋窑、太保、上洋
		黛溪	黛溪、达善溪、后章、泮地、忠洋、樟源、福善、北墘、洋头、往里、淦山、康里、垣坑、周厝、官岭、黄来、天峰、玉洋、谢厝、南山
	寿宁	鳌阳	鳌东、蟾溪、梅溪、安章、茗溪、横埕、大同
		坑底	地源、芎坑、司前、地头、归洋、长岭、大岭、榅当洋、坑底、山前、龙溪、龙井、李家洋、小东、地洋、半岭洋、浩溪、上东、山前
		大安	大安、大熟、伏际、菜坑、溪潭、后西溪、泮洋、村头、溪墘、红场、半岭、水洋、亭溪、炭岔头、温洋
		犀溪	赖家洋、西浦、渡家洋、甲坑、大王前、礤坑、山后、李家山、外山、仙锋、武溪
		下党	上党、下党、西山、碑坑、杨溪头、下屏峰、葛垄、槽坑、冈后
		平溪	岭兜、柯洋、岭后、燕窠、湖潭、东山头、长溪、岭根、屏峰、木场、南溪、亭下、龙头坑、东木洋、东溪、溪底、平溪、环溪
		武曲	塘西、大韩、梅洋、桦垄、白岩、小溪、象岩、西塘、武曲、南岸、甲峰、承天
		南阳	南阳、官洋、含溪、秀洋、花岭、东吉洋、洇头、铁场、赤陵洋、南岔、下房、龟岭、洋边、溪南、含头、官路、石鼓、下洋仔、山坑、院洋
		斜滩	斜滩、山田、奖禄、王溪、楼下、水北、外洋、新村、青垄、元潭、印潭、香菇山、石井、厝基、钱塘
		竹管垅	旁洋、刘坪、芹菜洋、竹管垄、坑底林、李家洋、后洋、江岔、横山
		清源	外韦、旸尾、坪岩、符家垱、角林、三望洋、童洋、龟洋、余山冈、竹坪、日洋铺、村尾、岱旸、后洋、小托、清源
		托溪	渺洋、山口、圈石、溪坪、礤头、峡头、阔丘、沙潭、江山、大史、礤底、托溪、洋尾、黄南州、坪坑
		芹洋	芹洋、上修竹、底洋、广地、可观、山头
		凤阳	下垱、北山、东岭后、上大洋、廷家洋

续表

设区市名称	县（市、区）名称	老区乡镇（街道）名称	老区建制村（居）名称
宁德市	周宁	咸村	车盘、樟冈、咸村、洋中、富濑、梅山、光夏、高际头、咸洋、上坂、坪坑、下坂、詹家洋、云门、川中、芹村、樟源、碧岩、南门楼、茶广、梧桐、枣岭、梅台、王宿
		玛坑	首章、升阳、沈洋、紫竹、东坑、玛坑、杉洋、宝岭、芹太丘、下坑、长峰、赤洋、灵凤山、孝悌
		泗桥	泗桥、赤岩、洋尾弄、周墩、下西坑、坂坑、下楼、硋窑、常洋、杨厝边、溪口
		纯池	纯池、祖垄、溪尾、桃坑、前溪、林源、莲地、桃园、底源、西山、福山、豪阳
		浦源	萌源、萌底、上洋、半岭、江源、龙住院、五源坑、进登、溪坪、东升、官司、西坑、紫云、吴山底
		狮城	长安、东园、前坪、安后、虎冈、龙潭、洋尾、陈凤、坂头
		李墩	东山、李墩、陈厝、黄埔、际会、阮洋中、阮家洞、际头、芹溪
		七步	竹下、八蒲、登科地、溪头、柿洋、坑源底、宅头、郭洋、徐家山、官洋、梧柏洋、苏家山、岭头、桐岔、后洋、象运、龙溪、黄家山
		礼门	礼门、仕本、贡川、大碑、芹源、大林、常源、陈峭、秋楼、玉山、溪山、山头、梨坪、首洞、后垄、梅度、油湾
	柘荣	乍洋	长岐、溪口、凤里、前楼、桥岭、留水、南洋、乍洋、宝鉴宅、柯岭、水碓、五蒲
		城郊	岭边亭、湄洋、福基冈、前山、赤岭、下村、靴岭尾、金家洋、际头、南岔、长坑、梨坑、熊透、坑里、仙山
		双城	溪坪、城南、城北、上城、青凤
		东源	宝聚洋、铁场、太阳、西源、西宅、洋边、东源、山岭、仙后、兰中、绸岭、王家山、鸳鸯头、完店、山场、上泥、桃坑、龟洋
		宅中	宅中、赤岩、后垄、坪坑、坑坪、山竹坑、山樟、西坪、蔡山
		富溪	霞洋、富溪、前宅、岭后、叶山、陈上洋、花坪、北岭、横龙坑、东山、东溪
		黄柏	黄柏、上黄柏、沙坑里、蒲洋、下坪、软岭、高峰、长冠、游家边、川木洋、蒲头、双冈洋、倒流水、上楼、陈家山、山后
		楮坪	楮坪、仙岭、洋坪、彭家山、湾里、马蹄岩、湖头、坑头、苏家洋、石咸、后楼、秀家宅、洪坑、社坪
		英山	英山、王社、何家山、冈后坪、半岭、李家山、凤洋、田头洋、官安、上宅、熊状、桦岭、岭头、石古兰

续表

设区市名称	县（市、区）名称	老区乡镇（街道）名称	老区建制村（居）名称
宁德市	福安	城南（街道）	南郊、南湖、程家垄、官村
		城北（街道）	东风、棠发洋、后垄、前进
		阳头（街道）	阳中、阳上、阳泉、阳春
		赛岐	店前、郭厝坪、宝洋、秀洋、桃洋、大象、泰康、象环、青江、溪里、苏洋、长岐、下长岐、泥湾、大盘、小盘、江兜、大叶、廉首、狮子头、宅里、前进街、和平街、解放街、万寿街、下港街、赛里
		穆阳	穆阳、苏堤、中兴、西城街、石马街、东旭街、百岁街、苏堤街
		上白石	白石、流尾、前洋、沙坑、园潭、不老、里垄坑、坪庄、山头境、郑家山、东峰、佳浆、白石坂、财洪、南山头、松茂林、曹洋、西园、小洋、坑尾、姜家山
		潭头	潭头、富罗坑、东升、泥洋、高岩、大庄、建柄、渔溪洋、西洋境、棠溪、东昆、枢洋、柯洋、南岩、千诗亭、东岭洋、汾洋、祠堂前、柘头、后洋、峨山、上坪洋、太逢、东坑、坑坪、下洋、半坑、后湾坑
		社口	社口、大坪、岩下、秀峰、林炳、龟岭、公岐、山里、坑里坑、坦洋、仙溪、岭后、上山、填头、吉洋、溪坪、荣岭头、谢岭下、潘洋、岩坑、沙溪、利岔、牛山湾
		晓阳	晓阳、谷口、龙洋、墙坪、马洋、南源、首洋、南溪、东源、岭下
		溪潭	溪填、城山、溪北、马山、双峰、凤林、濑头、濑尾、濑洋、岔口、前浦、仙石、廉村、兰田、王里、洪口、上湾、洋头、沙岩、陈家山、张家山、岳秀、岐山、磻溪、下庄、院前、西安、瓜溪、芹洋、吉坑、岭头、华岩、周家山、西隐
		甘棠	西门、东门、南门、北门、上塘、港边、南塘、大车、甘江、外塘、后岐、港岐、国泽、春雷云、牛家洋、奎聚、英岐、牛柏洋、厝坪、山下、倪下、吴洋、观里、眉洋、何厝、铜坑里、山头庄、小岭、可洋、岭尾、过洋
		下白石	下白石、林门头、章岭、王坑、外山、凤山、顶头、英平、六屿、小梨、牛门头、大梨、通湾洋、亨里、白招、塘楼、湖头、远杞、樟澳、秦坎、坪冈、濑尾、本斗坑、北斗都、东岐、外宅、楼坪、福屿、福渔、渔江、荷屿、章坑、长坑、行洋、塔里、大获、南浦、下赤、金腰带、下岐
		溪尾	溪尾、溪边、众坑、渔岐、坎下、林洋、仙洋、利洋、溪邳、坂村、下邳、湖岭、石合、临江
		溪柄	溪柄、立峰、北山、仙洋里、衣山、田坂、长洋、港里、龙潭面、水田、黄澜、浦后、白沙、楼下、榕头、斗面、东坪、山下、三村、溪南、茜洋、采花桥、坑口、横坑

续表

设区市名称	县（市、区）名称	老区乡镇（街道）名称	老区建制村（居）名称
宁德市	福安	城阳	后楼、荷洋、洋面、堵坪坑、仙岭、上沃、官洋、马上、占洋、秦溪、石门院、中村、林洋、溪东、雁塔、林家洋、阮家洋、东口、铁湖、白坑、赤岭、茶洋、纸坪、日山、马下、瓮窑、湖塘坂、化蛟、留洋
		坂中	仙源里、坑下、长汀、南岸、和安、仙岩、大林、许洋、后门坪、井口、彭家洋、湖口、铜岩、冠岭、亭兜、林岭、日宅、江家渡、坂中
		范坑	墩头、竹柄、范坑、马冈、上坪、领先、半坑、山岫宅、蛇头、毛家坪、八斗、古岭宅、洋山、咸洋、东洋、蒲家山
		穆云	桂林、洋坪、燕科、虎头、溪塔、高岭、黄儒、上洋、玉林、双溪、南山、咸福、占溪、龟凤、竹州山、外洋、外垄、外厝、下村、上村、里楼、温岩、燕坑、岭坑、桥溪、贵洋、王楼、梨田、下逢、翁洋、中沃、科后、隆坪
		康厝	康厝、牛岭尾、苏坂、南洋、半山、高台、红坪、竹沃、东山、彭洋、洋溪、梧溪、长潭、金斗洋、凤洋、社洋、宋家、西铭、大坑、福源、秋岭、施洋、杜家洋、湖洋、界竹、赤路、冈头、渡头、填秦、象地、石尖
		湾坞	宝林、寒洋、岩下、白莲、池头、龙珠、湾坞、梅洋、坑源、福岭、渔业、白马、沙湾、宝岭、下塘、下广、半岭、浮溪、深安、徐江、上洋、半屿、炉山、马头
		松罗	松罗、洋西、牛落洋、上后洋、媱澳、外岭头、满洋、柳溪、茶洋、古厝、王棣、大坪里、赤溪、杜坑、后溪、山界、南溪、金山、王家
		赛岐（开发区）	罗江、南安、小留、大留、樟港、加招、北山、坑门里
	福鼎	桐城（街道）	塔下、江边、八尺门、董江、资国、外墩、丹岐、沙龙、三门里、柯岭、外洋、浮柳、岩前
		山前（街道）	兰田、大岚头、南阳
		桐山	十字街、镇西、桥头、岭头、菇岭、岔门
		贯岭	贯岭、松洋、文洋、西山、军营、邦福、分关、茗洋、溪底、透埕、排头、何坑
		叠石	叠石、竹阳、库口、楼下、马尾、苏山、车头、仓边、丹峰、茭阳、里塆、杨梅溪
		前岐	福东、岐阳、前岐、照澜、柯湾、双屿、薛峭、彩澳、小岳、大岳、薛家、桥亭、黄仁、熊岭、井头、凤桐、武垟、西宅、龟岭、吴家溪、枫树岭
		佳阳	佳阳、象洋、三丘田、安仁、蕉宕、罗唇、双华、后洋、佳山、周三、上庵、龙头湾
		店下	象山、店下、寺前、溪美、菰北、石牌、筼筜、岚亭、硋窑、三佛塔、马山、巽城、洋中、溪岩、阮洋

续表

设区市名称	县（市、区）名称	老区乡镇（街道）名称	老区建制村（居）名称
宁德市	福鼎	龙安（开发区）	杨岐、桑杨、西岙、江南
		秦屿	东埕、秦海、樟岐、小筼筜、日澳、屯头、斗门、吉坑、太阳头、彭坑、冷城、才堡、下尾、瓜园、太姥洋、竹下、仙梅、孔坪、方家山、牛栏冈
		硖门	斗门头、柏洋、瑞云、东稼、秦石、青屿头、硖门
		磻溪	磻溪、黄冈、金谷、炉屯、蒋阳、杜家、吴洋、青坑、大洋、仙蒲、后坪、南广、桑海、湖林
		白琳	白琳、玉琳、康山、东阳、大赖、翠郊、棠园、牛埕下、岭头坪、高山、郭阳、外宅、坑里洋、秀洋、梗树岔、旺兴头、藤屿、翁江、白岩、沿洲、下炉
		点头	点头、龙田、观洋、三沙溪、大峨、上宅、柏柳、过笕、翁溪、举州、大坪、江美、山柘、西洋尾、果洋、后梁、后井
		管阳	管阳、章边、茶阳、钰阳、广化、七蒲、西坑、乾头、元潭、溪头、楮楼、西阳、徐陈、缙阳、天竹、沈青、沿屿、南涧、后溪、唐阳、金溪、花亭、小洋、秀涧
		沙埕	后港、台峰、小白鹭、水澳、王谷、敏灶、川石、文椅坪
		嵛山	马祖、鱼鸟、东角、灶澳、芦竹

第二节　基础设施建设与扶贫开发

1996年10月，省老区办组织人员分别到龙岩、宁德、南平、三明、福州、泉州6地（市）11个县（市）15个乡镇24个村委会，重点走访调查183户老区贫困户。当月，省长办公会议研究确定，由省财政拨1000万元用于汀江水土流失治理。

1997年，省委副书记习近平牵头组织相关部门调研闽东老区贫困村民住房问题并形成调研报告。省委、省政府据此提出花3年时间解决闽东老区茅草房（农民居住的以茅草为顶、泥土为地的房屋）问题和连家船民上岸定居问题。

1998年，闽东茅草房改造工程和连家船民上岸定居工程被列为“造福工程”的重要组成部分开始实施。6月，省委决定由省委副书记习近平分管革命老区建设工作。8月，省委副书记习近平专门听取省老区办工作汇报，提出：饮水思源，勿忘老区，老区工作非常重要，要统一认识，加强领导；要从各方面继续向老区倾斜，各级财政要随着收入的增长而逐年增加对老区的投入；要进一步落实革命“五老”人员的待遇；要在老区建设上坚持“两手抓”，既要重点把握老区基点村的建设，又要把老区基础设施建设、文化教育等事业搞好。10月19日至23日，省委副书记习近平带领老区、农业、水利等部门负责人前往武夷山、建阳、建瓯和南平市延平区等地调研老区扶建和当年洪灾后的重建工作。11 月 15 日，省委、省政府召开全省老区工作会议，省委副书记习近平出席会议并讲话，要求各级党委政府一把手都要重视老区工作，确定一位领导分管老区工作，真正把老区工作列入议事日程，加大扶持力度，举全社会之力支援老区建设。会议要求各职能部门齐抓共管，形成合力，加大对老区财力和物力上的扶持；并提出老区自身要挖掘潜力，寻找发展突破口，发展开发性生产。12 月 3 日至 15 日，省委副书记习近平率省老区办和省直有关部门负责人前往福州市调研老区扶建工作，先后走访罗源、福清、晋安、永泰等县（市、区）老区基点村。同年，省老区办在平和县坂仔镇西坑村召开全省老区建设现场会，宣传推广该村改变“以粮为纲”思路，致力开发性生产、发展村级经济、建设老区新村的经验；省级老区配套扶建资金达 550 万元。

1999 年，省委、省政府开始关注闽西老区长汀水土流失问题。1 月 4 日至 6 日，省委副书记习近平前往宁德、福安、寿宁等县（市）调研老区工作。1 月 9 日至 12 日，省委副书记习近平赴闽西老区武平、上杭、长汀和龙岩市新罗区走访慰问老红军、军烈属、革命“五老”人员和特困群众，提出我们不能忘了老区人民对革命的贡献，一定要把老区的事办得更好。6 月 7 日至 12 日，省委副书记习近平率省老区办和省直有关部门负责人赴宁德、周宁、福安、屏南县（市、区）等地调研少数民族和老区扶持工作情况。7 月 5 日至 6 日，省委副书记习近平率省老区办等相关部门负责人赴三明市泰宁县新桥乡汾信村、岭下村（“三讲”省级领导挂点村）调研。7 月，省委、省政府下发《贯彻落实〈中共中央、国务院关于进一步加强扶贫开发工作的决定〉的实施意见》，决定分期两年解决老区和少数民族建制村“五通”问题（通路、通电、通安全卫生饮用水、通电话、通广播电视）。全省每年安排 2 万户老区村民通电，每户补助 500 元；省级财政每年安排 1500 万元补助老区和少数民族村解决安全卫生饮用水问题，对老区村铺设公路的给予每公里 3.5 万元补助；农民年人均纯收入低于 2000 元的老区村免征农业税、农业特产税；优先考虑老区和少数民族地区承接国家“星火计划”科技项目。全年全省“五通”工程建设投入资金 3.48 亿元。11 月 4 日至 7 日，省委副书记、代省长习近平率省老区办和省直相关部门负责人赴宁德、福安、寿宁县调研老区“五通”工程建设情况。11 月 27 日，省委副书记、代省长习近平率包括省老区办在内的省直部门负责人赴长汀县调研水土保持工作和中央苏区县扶建工作。同年 6 月至 11 月，省级各套班子 19 位领导人带领 40 多个厅局负责人，到 21 个老区县，35 个老区乡镇，61 个革命基点村现场调研，进行基础设施建设的调查研究和现场办公，现场帮扶解决老区路、电、饮水、学校等建设项目 61 个，涉及项目资金 511 万元。12 月 26 日至 29 日，省委副书记、代省长习近平率省老区办和省直相关部门负责人赴龙岩市慰问老区群众，先后走访慰问邓子恢、陈丕显、张鼎丞、刘亚楼、杨成武、王直、熊兆仁、邓六金、魏金水、伍洪祥等家乡群众及其亲人。

同年 7 月 1 日起，全省全面调整革命“五老”人员生活定期补助标准，省级下达补助经费 1040 万元。

2000 年，省委、省政府将“五通”工程和长汀百万亩水土流失综合治理列为为民办实事项目，后者省财政每年扶持1000万元。3月，省政府办公厅转发省发展计划委员会《关于搞好挂钩帮扶工作，促进经济欠发达地区发展的建议》，跟踪国家扶贫政策的新动向，争取把福建省老区、原中央苏区等经济欠发达县列入“十五”新的扶贫重点，享受国家支援经济欠发达地区的扶持政策；从选准主导农产品、抓好基地优化、提高科技水平、突出市场开拓的角度，加强对经济欠发达地区的挂钩帮扶工作，推进经济欠发达地区的结构调整；在诏安、福鼎、武平、浦城、宁化建立省级边界经济贸易开发试验区。12月26日，省长习近平率省老区办和省直相关部门负责人赴上杭县等中央苏区县调研，并瞻仰古田会议旧址。当年，各级各有关部门共投入老区“五通”工程建设资金6.46亿元（其中省级投入1.12亿元），其中修建公路3.16亿元、安全卫生饮用水工程7000多万元、通电工程3900多万元、通信设施1.75亿元、广播电视设施4600万元；全省有607个老区村开通简易公路，1430个老区村安装自来水，660个老区村通电话，1385个老区村架设电视网线。至当年底，全省“造福工程”搬迁20万人，其中连家船民18466人。同年，中央加大老区扶建资金投入，下拨福建老区建设资金6600万元（其中3000万元由国家发改委安排以工代赈资金，主要用于县乡村道路、乡村人畜饮水工程、小型基本农田和小型水利建设），支持福建老区8000万元扶贫贴息贷款。同年起，每年增加省级老区发展配套资金50万元。长汀百万亩水土流失综合治理被列入省委和省政府为民办实事项目，省财政每年扶持1000万元。

2001年，中央下拨福建老区建设资金6600万元不变。1月5日和1月7日至8日，省长习近平率省直相关部门负责人赴宁德市、龙岩市征求老区群众对省政府工作报告的意见。5月11日至13日，省长习近平率省老区办及省直有关部门负责人赴漳州市平和县和泉州市调研老区工作。5月22日，省长习近平听取省老区办工作情况汇报，并就发展老区扶建工作提出意见。6月7日至10日，省长习近平和副省长汪毅夫赴周宁、福安调研老区和少数民族地区经济发展问题。6月28日，省长习近平率省老区办及省直相关部门负责人赴周宁县调研革命“五老”人员生活待遇及老区发展问题。同月，省委、省政府提交国务院扶贫开发领导小组《关于继续扶持革命老区和原中央苏区经济发展的请示》，请求中央继续将福建省原中央苏区和闽东北、闽西南革命老区列为重点扶持地区，每年继续安排6600万元中央扶贫资金（支援不发达地区发展资金和以工代赈资金）用于革命老区和原中央苏区扶贫开发。8月15日至16日，省长习近平率省老区办及省直有关部门负责人赴莆田、仙游调研老区工作。8月22日，省长习近平率省老区办及省直有关部门负责人赴福州北峰老区基点村调研。9月18日，省长习近平率省老区办及省直有关部门负责人赴厦门调研先进带动后进从而扶助老区发展问题。11月4日至7日，省长习近平率省老区办及省直有关部门负责人赴宁德调研老区与少数民族地区“五通”工程建设问题。11月11日至14日，省长习近平率省老区办及省直有关部门负责人赴龙岩市新罗区和长汀、上杭、永定等地调研老区发展问题。12月10日，省委、省政府在上杭县举行纪念古田会议70周年大会，省委书记陈明义和省长习近平先后在会上回顾革命老区的历史功绩，强调革命老区扶建工作的重要性和必要性。当年，全省老区

“五通”建设共投资6440万元，其中通路投入1615万元，通水投入1423万元，通电投入1248万元，通电话投入840万元，通广播电视投入1314万元；全省新增88个老区村完成通路工程，374个老区村通自来水，337个自然村通广播电视，62个老区村通电话，233个自然村通电。同年，全省提高革命“五老”人员生活补助标准，省级补助经费共335万元。

2002年初，省委、省政府发布《关于实施〈中国农村扶贫开发纲要（2001—2010年）〉的意见》，提出继续实行党政机关和企事业单位挂钩扶贫的工作办法，在全省范围内扶助一批重点贫困村。4月，省财政厅、省老区办联合下达2002年革命“五老”人员生活补助经费1375万元。5月，省委办公厅、省政府办公厅发布《关于做好省级扶贫开发工作重点村挂钩帮扶的通知》，提出由106个省直单位挂钩帮扶全省207个人均年收入1500元以下的建制村(其中属于老区村189个，占比91%)，并明确其任务对接。9月，省财政厅、省老区办联合下达2002年度支援老区不发达地区发展资金1872万元，其中切块资金1777万元，专项资金95万元。12月，省财政厅、省老区办联合下达第三、四批支援老区不发达地区发展资金共1038万元。当年，省委、省政府决定原则上保留省市两级老区工作机构，老区扶建配套资金2002年至2005年每年再增加50万元；省农行和省信用社分别负责4000万元、6000万元老区扶建小额贷款，省财政负责贴息部分的补贴；省交通厅组织制定全省农村公路发展规划，按山区四级公路标准安排实施，资金由交通部门纳入年度补助计划；“造福搬迁工程”确定任务1万户；全省确定实施10个农业现代化试点县和30个农业现代化示范园区，专项安排扶持贫困地区科技兴农资金750万元；207个重点扶贫开发村由各省直单位指定1名分管领导负责，1个处（室）承担挂靠，1名处级干部作为联络员具体落实挂钩帮扶工作，规划从2002年至2005年每年筹措扶持资金4050万元，帮扶发展种养业及其加工业，引进推广农业新品种新技术，推进基础设施建设，改善生产生活条件。同年，中央财政对福建所属的10个中央苏区县实行专项财政转移支付，并继续安排6600万元扶贫资金；省老区办安排专项资金500万元帮助200个老区村安装自来水管道和通电话。同年底，全省老区“五通”工程建设基本完成。

表7-3 **1995—2005年福建省财政扶贫资金安排情况表**

单位：万元

年份	中央资金	省级资金	合计	累计
1995	1615	500	2115	2115
1996	1615	500	2115	4230
1997	1615	500	2115	6345
1998	—	—	2419	8764
1999	—	—	3300	12064

续表

年份	中央资金	省级资金	合计	累计
2000	2110	550	2660	14724
2001	2965	600	3565	18289
2002	3000	650	3650	21939
2003	3000	700	3700	25639
2004	3000	750	3750	29389
2005	3000	800	3800	33189

表 7-4　　**2002 年省级扶贫开发重点村与省直单位挂钩对接情况表**

<table>
<tr><th>设区市名称</th><th>县（市、区）名称</th><th>乡（镇）名称</th><th>省级扶贫开发重点村名称</th><th>挂钩帮扶单位名称</th></tr>
<tr><td rowspan="22">龙岩
（45 个村）</td><td rowspan="4">新罗</td><td>江山乡</td><td>新田村</td><td rowspan="2">省统计局</td></tr>
<tr><td>白沙镇</td><td>半岭村</td></tr>
<tr><td>苏坂乡</td><td>西楼村</td><td rowspan="2">省药监局</td></tr>
<tr><td>苏坂乡</td><td>石城村</td></tr>
<tr><td rowspan="6">漳平</td><td>桂林（街道）</td><td>山羊村</td><td rowspan="2">省审计厅</td></tr>
<tr><td>溪南镇</td><td>长荣村</td></tr>
<tr><td>永福镇</td><td>岭下村</td><td rowspan="2">省人事厅</td></tr>
<tr><td>吾祠乡</td><td>北坑村</td></tr>
<tr><td>灵地乡</td><td>长垵村</td><td rowspan="2">省物资（集团）有限责任公司</td></tr>
<tr><td>双洋镇</td><td>坑源村</td></tr>
<tr><td rowspan="6">永定</td><td>合溪乡</td><td>采地村</td><td rowspan="2">省教育厅</td></tr>
<tr><td>峰市镇</td><td>信美村</td></tr>
<tr><td>大溪乡</td><td>黄龙村</td><td>省科协</td></tr>
<tr><td>陈东乡</td><td>岩太村</td><td rowspan="3">福州海关</td></tr>
<tr><td>湖坑镇</td><td>新南村</td></tr>
<tr><td>金砂乡</td><td>上金村</td></tr>
<tr><td rowspan="4">上杭</td><td>珊瑚乡</td><td>彩坑村</td><td rowspan="3">省财政厅</td></tr>
<tr><td>南阳镇</td><td>南岭村</td></tr>
<tr><td>通贤乡</td><td>秀坑村</td></tr>
<tr><td>蛟洋乡</td><td>桃源村</td><td>福建日报社</td></tr>
</table>

续表

设区市名称	县（市、区）名称	乡（镇）名称	省级扶贫开发重点村名称	挂钩帮扶单位名称
龙岩（45个村）	上杭	溪口乡	云山村	省委宣传部
		泮境乡	乌石村	
		官庄畲族乡	曾泗村	
	武平	武东乡	袁上村	工商银行福建省分行
		武东乡	教文村	
		中堡乡	新化村	团省委
		桃溪镇	新华村	省老区办
		民主乡	坪畲村	省地方铁路开发总公司
		中赤乡	平沿村	省粮食局
		大禾乡	坪坑村	
	长汀	南山镇	大坑村	省财政厅
		童坊镇	拔村	
		四都镇	红寮村	建设银行福建省分行
		羊牯乡	百坪村	
		古城镇	长塅村	省地方铁路开发总公司
		策武乡	李城村	
		濯田镇	梅迳村	省委办公厅（省委政研室）
		大同镇	天邻村	
	连城	四堡乡	中南村	中国银行福建省分行
		北团镇	罗王村	
		宣和乡	中田村	省直党工委
		朋口镇	文地村	省广播电台
		莒溪镇	莒市村	省移动通信有限公司
		塘前乡	迪坑村	
		林坊乡	上寨村	省煤炭工业（集团）有限责任公司
宁德（45个村）	蕉城	洪口乡	吴峰村	人行福州中心支行
		石后乡	大墓前村	
		洋中镇	芹屿村	省电信公司
		洋中镇	九道村	

续表

设区市名称	县（市、区）名称	乡（镇）名称	省级扶贫开发重点村名称	挂钩帮扶单位名称
宁德（45个村）	蕉城	城南镇	田中村	省国家安全厅
		赤溪镇	岩坪村	
	古田	大甲乡	林峰村	省法院
		大甲乡	毗源村	
		杉洋镇	湖里村	省计生委
	屏南	双溪镇	下七房村	省地税局
		熙岭乡	溪里村	
		岭下乡	上楼村	
		寿山乡	普岭村	省信息产业厅
	福安	城阳乡	后楼村	省质量技术监督局
		穆云畲族乡	高岭村	
		坂中畲族乡	仙岩村	省民族宗教厅
		坂中畲族乡	井口村	省人防办
		上白石镇	西园村	
		康厝畲族乡	福源村	省高速公路有限责任公司
		松罗乡	大坪里	福建出入境检验检疫局
		范坑乡	领先村	
		潭头镇	半坑村	
	霞浦	柏洋乡	黄土丘村	福建兴业银行
		北壁乡	铁炉村	
		盐田畲族乡	龙凤店村	省民政厅
		下浒镇	文星明村	
		水门畲族乡	茶岗村	省民族宗教厅
	福鼎	管阳镇	章峰村	省交通厅
		店下镇	马山村	省石油化工（集团）有限责任公司
		叠石乡	南溪村	
		磻溪镇	大洋村	
		硖门畲族乡	秦石村	省电视台
	柘荣	城郊乡	熊透村	省委农办

续表

设区市名称	县（市、区）名称	乡（镇）名称	省级扶贫开发重点村名称	挂钩帮扶单位名称
宁德（45个村）	柘荣	乍洋乡	凤里村	省科技厅
		宅中乡	坑坪村	
	周宁	咸村镇	樟冈村	省供销社
		礼门乡	后垄村	省计委
		泗桥乡	下西坑村	
		纯池镇	后溪村	
		玛坑乡	东坑村	省委统战部
	寿宁	托溪乡	渺洋村	省交通厅
		托溪乡	大史村	
		下党乡	上党村	省委组织部
		清源乡	角林村	
		平溪乡	燕窠村	
南平（30个村）	邵武	和平镇	坪上村	中国人寿保险公司福建省分公司
	武夷山	五夫镇	溪尾村	省旅游局
		五夫镇	典村村	省体育局（省体协）
		城东乡	洋墩村	
		吴屯乡	倪埖村	省广电局
		岚谷乡	古岩村	
	建瓯	川石乡	后洋村	省国税局
	建阳	小湖镇	马坑村	福建农林大学
		小湖镇	塘楼村	省文化厅
	浦城	枫溪乡	池家村	省新闻出版局
		枫溪乡	杜畲村	
		枫溪乡	黄坛村	省总工会
	光泽	华桥乡	何舟坪村	省移民开发局
		司前乡	东山村	
	松溪	花桥乡	车上村	省人大办公厅
		花桥乡	长衔村	
		花桥乡	招沙甲村	中国人民保险公司福建省分公司

续表

设区市名称	县（市、区）名称	乡（镇）名称	省级扶贫开发重点村名称	挂钩帮扶单位名称
南平（30个村）	松溪	祖墩镇	甫场村	省建设厅
		郑墩镇	青山村	
	政和	星溪乡	东山村	省政府办公厅
		星溪乡	念山村	
		星溪乡	樟口村	
		澄源乡	北斗村	省汽车工业（集团）公司
		澄源乡	赤溪村	
		铁山镇	元山村	省计委
		铁山镇	向前村	
		铁山镇	李屯洋村	
		外屯乡	黄坑村	省国税局
		外屯乡	稠岭村	
		外屯乡	下坪村	
三明（32个村）	大田	华兴乡	横坑村	省侨办
		屏山乡	和坑村	
		武陵乡	武陵村	省林业厅
		武陵乡	百束村	
		武陵乡	桃溪村	
		石牌镇	龙坑村	省老区办
		均溪镇	翰林村	
		湖美乡	长坂村	
		桃源镇	东坂村	省外办
		济阳乡	德仁村	
	宁化	淮土乡	大王村	省经贸委
		城郊乡	巫高村	
		治平畲族乡	坪埔村	省烟草公司
		石壁镇	江口村	
		安远乡	灵丰山村	省老区办
		水茜乡	下付村	

续表

设区市名称	县（市、区）名称	乡（镇）名称	省级扶贫开发重点村名称	挂钩帮扶单位名称
三明（32个村）	宁化	方田乡	泗坑村	省水利厅
		曹坊乡	南坑村	
	泰宁	下渠乡	王坑村	省农业厅
		龙湖镇	南坑村	
		上青乡	川里村	
		开善乡	余源村	农业银行福建省分行
	建宁	伊家乡	隘上村	省政协办公厅
		均口镇	台田村	
		客坊乡	里元村	农业银行福建省分行
	尤溪	梅仙镇	蕉坑村	省环保局
		联合乡	连云村	
		溪尾乡	本洋村	省妇联
	将乐	光明乡	界源村	省发展研究中心
		黄潭镇	上峰村	省三钢（集团）有限责任公司
	清流	李家乡	吴家村	省经贸委
		嵩溪镇	青山村	福州大学
漳州（20个村）	平和	秀峰乡	南峰村	省工商局
		长乐乡	乐北村	
		芦溪镇	村坑村	省残联
		九峰镇	军溪村	省委纪检委办公厅
		大溪镇	云中村	
		大溪镇	三华村	
		安厚镇	径内村	省委农办
		国强乡	白水村	
	华安	高安镇	坪水村	省外经贸厅
		仙都镇	岭铺村	
		马坑乡	下坑村	省电力有限公司
		新圩镇	五岳村	
		湖林乡	吉土村	

续表

设区市名称	县（市、区）名称	乡（镇）名称	省级扶贫开发重点村名称	挂钩帮扶单位名称
漳州（20个村）	诏安	秀篆镇	青龙山村	省邮政局
		秀篆镇	陈龙村	省公安厅
		秀篆镇	埔坪村	
		官陂镇	公田村	福建医科大学
		官陂镇	龙磜村	福建建工（集团）总公司
	云霄	马铺乡	泮坑村	厦门大学
		下河乡	梅林村	厦门航空公司
福州（15个村）	永泰	岭路乡	七斗村	福建中旅集团公司
		赤锡乡	寿山村	
		东洋乡	茂楼村	省国土资源厅
		霞拔乡	南坪村	
	平潭	大练乡	围东村	省劳动与社会保障厅
		屿头乡	乐屿村	
		岚城乡	流东村	省海洋与渔业局
	罗源	飞竹镇	安后村	
		霍口乡	石坪洋村	福建师大
	闽表	下祝乡	邹洋村	省卫生厅
		上莲乡	上丰村	
	连江	筱埕镇	南山村	省台办
		潘渡乡	东雁村	
	闽侯	大湖乡	六锦村	省检察院
		小箬乡	尚锦村	
泉州（10个村）	安溪	福田乡	白桃村	省财政厅
		剑斗镇	红星村	省机关事务管理局
		桃舟乡	康随村	
		芦田镇	红村村	省物价局
		龙涓乡	珠塔村	
		尚卿乡	银坑村	省改革开放办
	永春	坑仔口镇	景山村	中国联合通信福建分公司

续表

设区市名称	县（市、区）名称	乡（镇）名称	省级扶贫开发重点村名称	挂钩帮扶单位名称
泉州（10个村）	永春	桂洋镇	库湖村	
	德化	南埕镇	连山村	福建炼油化工有限公司
		盖德乡	福阳村	省口岸海防办
莆田（10个村）	仙游	石苍乡	济川村	省农科院
		石苍乡	高阳村	
		西苑乡	仙西村	省委政法委
		西苑乡	仙山村	
		西苑乡	柳园村	武警福建省边防总队
		社硎乡	田利村	省档案局
	莆田	新县镇	泗洋村	农业发展银行福建省分行
		庄边镇	上院村	
		平海镇	上林村	省司法厅
		白沙镇	洋顶村	
合计	46县（市、区）	178乡（镇）	207村	省直106个单位

2003年10月，省委、省政府发布《关于拓宽山海协作通道，加快欠发达地区发展的若干意见》，要求继续做好省直部门与省级扶贫开发重点村的挂钩扶持，加大沿海地区对欠发达地区的对口帮扶力度；确定沿海14个经济较发达的县（市、区）对口帮扶14个经济欠发达县，即福清市—寿宁县、长乐市—周宁县、福州市马尾区—屏南县、福州市晋安区—柘荣县、晋江市—松溪县、惠安县—政和县、南安市—光泽县、石狮市—长汀县、泉州市泉港区—连城县、厦门市思明区—武平县、厦门市同安区—上杭县、厦门市湖里区—大田县、厦门市海沧区—宁化县、厦门市集美区—建宁县。各地开始组织欠发达市县与沿海市县劳动部门结对子，沿海对口市县每年帮助安排一定数量的欠发达地区劳动力到沿海企业就业。至当年底，全省（1.5万个建制村中）有8000多个建制村（其中70%以上为老区村）通达公路未硬化，其中2100多个建制村通简易路或不通公路。当月，省委、省政府下发《关于加快县域经济发展的若干意见》，提出省级每年安排一定专项资金用于欠发达县土地开发整理，安排一定比例省级支农资金用于扶持欠发达县农业产业化龙头企业和农业综合开发，提高欠发达县污水垃圾处理的省级专项补助额度，培育欠发达县边贸市场，强化经济较发达县的对口帮扶，继续支持老区通信、道路等基础设施建设。12月，省政府召开全省农村公路建设工作会议，决定启动“年万里农村路网工程”，由省交通厅主办，省计委、省财政厅、省国土资源

厅、省审计厅、省监察厅和各市县（区）政府协办，规划总投资140亿元，分7年实施（每年为农村铺设5000公里以上的水泥混凝土路面，至2010年建成农村等级水泥公路4万公里，让所有建制村至少有一条硬化公路通往乡镇或主干道），省级补助资金按县道三级路30万～70万元/公里、乡村道四级路7万～16万元/公里标准拨付，欠发达老区县享受资金倾斜补助。同年，中央财政安排5200万元补助福建老区"五通"工程建设。当年，省老区办在1992年编印全省老区乡村名册的基础上，重新核编《福建省老区乡村名册》，增加福建省革命斗争历史简介和部分革命根据地图表。

2004年2月，省委、省政府发布年度为民办实事工作项目的通知，把实施"年万里农村路网工程"和水利建设"六千"工程分别列为为民办实事项目。水利建设"六千"工程，由省水利厅总协调，省水利厅、省计委、省财政厅、省民族宗教厅、省农业厅、省林业厅、省农业综合开发办公室和当地政府为主办单位，省委农办、省科技厅、省国土资源厅、省建设厅、省交通厅、省环境保护局、省老区办、团省委、省农业科学院、福建农林大学协办，分5年实施，规划总投资55亿元，目标是建设千万农民饮水工程、千座水库保安工程、千万方山地水利工程、千万亩农田节水灌溉工程、千里河道清水工程和千万亩水土流失治理工程。3月，省委办公厅、省政府办公厅发布《关于实行省级领导挂钩帮扶20个经济欠发达县制度的通知》，确定松溪、政和、光泽、建宁、宁化、大田、武平、上杭、长汀、连城、寿宁、周宁、屏南、柘荣、平潭、永泰、仙游、安溪、华安、平和20个经济欠发达县（其中有16个为老区县，有75%的建制村属于老区村）各由1名省级领导和2～3个省直单位挂钩挂点，207个省级扶贫开发重点村继续由省直部门帮扶。各设区市党委政府也采取相应措施，由主要领导干部挂钩省定帮扶的老区重点村。7月，省委从省直部门抽调207名党员干部下派到省级帮扶的扶贫开发重点村担任村党支部第一书记（任期3年），帮助老区村制定发展规划、落实扶建项目资金、提供信息技术服务。市县两级也参照省里做法，共选派4100名党员干部进驻3900多个贫困村（其中70%为老区村）任职。同月，省民政厅与霞浦县盐田乡龙凤店村、下浒镇文星明村，福安市上白石镇坑尾村、康厝乡大坑村建立挂钩帮扶关系，派出4名机关干部担任挂钩村党支部第一书记，投入资金160万元帮助当地村民铺路架桥、修建饮水工程和老年文体活动设施。9月，省政府办公厅发布《关于进一步加强农村低保工作的通知》，规定：革命"五老"人员按省有关文件规定所获取的定期生活补助应视为"荣誉津贴"，在农村低保户家庭经济收入核算核对时不列为计算项目；革命"五老"人员遗孀应与农村重点优抚对象的遗孀及其他特困人员同等对待，符合低保条件的，一视同仁纳入低保。12月，省老区办下发《关于试行老区扶建资金公告制的通知》，决定从2005年起试行老区扶建资金项目公告公示制度，要求：（1）省老区办公告公示中央和省级安排的老区扶建资金（即支援不发达地区资金）项目（具体为按历年基数分配各设区市的指标资金1800万元，207个省级扶贫开发重点村捆绑资金250万元，科技扶贫资金200万元，饮水工程项目配套资金300万元，长汀水土保持专项配套资金10万元，补助各地申报的老区村基础设施建设项目资金 1100 万元)；(2) 各市县区老区办公告公示省级专项扶建补助资金项目以及由本级财政预算安排由老区部门使用管理的配套资金项目；(3) 公告公示内容包括项目名称、资金数量、来源、用途、效益目标等；(4) 公告公示渠道包括媒体(报刊、广播、电视)、网站、政(村)务公开栏等；(5) 各市县区资金项目在申报前必须进行公示，公示时间不少于 7 天；(6) 各市县指标资金项目和申请补助项目在收到审批下达通知文件后 10 个工作日内予以公告。当年，全省在“年万里农村路网工程”中共硬化农村道路 5000 公里，改善 15 个乡镇、1000 个建制村通村公路，其中老区村受益面达 63%；在水利建设“六千”工程中共建设 50 个乡镇供水工程和 1400 个村级供水工程，除险加固水库 150 座(节水灌溉 3.3 万多公顷)，建设 20 座小型水库(总库容 1000 万立方米)，4000 个山地水利水池(总容积 20 万立方米)，清淤河道 100 公里，治理水土流失面积 115 万亩(其中，封禁 70 万亩、流域水土流失治理 45 万亩)，其中有 68%工程量处于各老区县老区乡镇中。龙岩市完成老区村道路硬化 167 公里，新开道路 67 公里，拓宽维修道路 33.9 公里，建造人饮工程项目 22 个，水利设施项目 22 个。三明市完成 363 个老区村道路硬化，62 个老区村饮水工程项目，市财政投入 6000 万元，配套补助每公里道路硬化 5 万元，每个村饮水工程 0.5 万元。福州市完成老区村路网 93 条，总长 195 公里，通水 40 多个村，市财政补助 620 万元。莆田市完成 100 多个老区村道路硬化，修建饮水工程 100 多处。南平市硬化老区村道路 424 公里。宁德市硬化 131 个老区村道路，完成饮水工程 119 个。各级各部门领导干部到挂钩村帮助研究制定经济社会发展规划，商讨建设项目和资金问题，并利用自身资源和力量为挂钩帮扶村提供信息服务，推广实用技术，引进人才资金，组织劳务输出等。同年，中央财政全年安排 6500 万元扶持福建老区建设“五通”工程和其他社会事业，省老区办安排扶建配套资金 3340 万元，下拨资金实行专户管理、封闭运行。

2005 年，各级各部门安排扶持老区乡村农业综合开发、农田水利、科技示范项目等专项资金 8000 多万元，安排红色旅游设施建设专项资金 2500 万元，安排老区乡村饮水工程 7200 万元、道路维修 1700 多万元、学校修建 3500 万元、卫生院建设 2000 万元。省直单位为省级扶贫开发重点村投入 3000 多万元，其中省老区办安排资金 260 万元帮助大田、宁化、武平 3 个县 5 个扶贫开发重点村完成路面硬化 25.5 公里，通广播电视 1036 户，通电 1789 户，通电话 626 户。当年底，连城机场开通飞往深圳和厦门的航班，龙岩至厦门高速公路通车。

1998 年至 2005 年，省老区办共安排省级扶建经费 6000 多万元，用于科技示范、修路修桥、渠坝饮水、学校和卫生设施建设，以及开发性生产项目和劳动力转移培训等；省发改委投入资金 8105 万元，扶持老区乡村农业综合开发、道路建设、农田水利、饮水工程、学校、卫生、通信建设、环境保持及沼气等科技扶持示范项目；省教育厅投入资金 2135 万元用于老区乡村中小学危房改造；省交通厅为老区乡村新增水泥路 3900 多公里，投入资金达 20 亿元；省农办下拨扶贫开发重点村 6730.2 万元，“造福工程”补助资金 1530 万元，“阳光工程”培训资金 1122.3 万元；水利部门完成老区村饮水安全工程 726 个(投入资金 2541 万元，受益人口 103.3 万人），完成水库保安工程 73 座，节水灌溉工程 1.7 万公顷，河道清水工程 52.2 公里，水土流失治理工程 10.7 万公顷。全省各级共筹措下达扶贫开发重点村建设资金 1.05 亿元，其中安排使用在 179 个老区村的资金达 9031 万元，占 86%。1998 年至 2002 年，习近平在担任省委副书记、省长期间先后 23 次到老区调研，6 次专门听取老区工作汇报。

表 7-5　**1995 年福建省老区县（市、区）部分经济指标表**

县（市、区）名	地区生产总值（亿元）	人均地区生产总值（元）	地方财政收入（万元）	地方财政支出（万元）	城镇在岗职工平均工资收入（元）	农民人均纯收入（元）	农民人均生活消费支出（元）	规模以上工业总产值（亿元）	规模以上工业利税总额（万元）
福清	90.81	8935	29167	27837	5929	2866	1503	80.04	32152
连江	39.05	6657	9351	11967	5039	2390	1512	3.94	3908
罗源	14.00	5835	4212	9743	5340	1922	1419	8.27	12581
翔安	6.42	3328	5017	1895	4716	2353	1538	2.97	13350
城厢	70.85	5387	31531	33639	4876	2574	1573	39.22	18654
涵江	—	—	—	—	—	—	—	—	—
荔城	—	—	—	—	—	—	—	—	—
秀屿	—	—	—	—	—	—	—	—	—
仙游	33.49	3698	11051	14007	4464	1909	1678	22.98	38730
明溪	6.62	5587	3510	4488	4852	2008	1959	3.04	2681
清流	7.17	4992	4445	5957	5082	1915	1506	2.63	3400
宁化	11.47	3368	4271	7081	4184	1919	1575	2.28	1567
沙县	15.57	6722	5986	6839	5663	2029	2106	11.35	8102
将乐	9.52	5711	5254	6321	5098	1908	2152	4.34	6981
泰宁	8.63	6921	2941	4880	5221	1968	1591	2.97	8886
建宁	6.85	4676	2323	4164	4518	1989	1844	1.58	1663
泉港	14.85	6538	6225	7530	4765	2723	1329	11.34	2175
南安	98.05	7322	16700	26042	5168	2812	1755	25.44	33308
安溪	26.24	2709	8957	129895	4716	1634	1592	5.60	4734
永春	21.56	4174	9413	11803	4858	2122	1575	5.20	8390
德化	12.28	4171	6375	9205	4508	1836	1627	2.91	6053
龙海	44.27	5098	15315	16088	4689	2394	2639	20.06	5065

续表

县(市、区)名	地区生产总值(亿元)	人均地区生产总值(元)	地方财政收入(万元)	地方财政支出(万元)	城镇在岗职工平均工资收入(元)	农民人均纯收入(元)	农民人均生活消费支出(元)	规模以上工业总产值(亿元)	规模以上工业利税总额(万元)
云霄	18.03	4627	7579	10162	4189	2060	2005	10.18	7077
漳浦	34.86	4534	10312	13791	3876	2301	2226	11.56	6982
诏安	21.55	4181	8853	11234	3735	2121	1595	4.41	2827
长泰	13.39	7181	4479	6045	3860	2316	2399	6.31	1308
平和	14.72	2836	4653	8296	3837	1447	1909	5.62	3030
邵武	21.41	7180	9708	9580	4305	2004	1798	11.21	9457
武夷山	8.94	4389	5713	8267	4073	1876	1950	2.57	2811
建阳	18.30	5489	7176	8199	3818	1885	1916	9.29	4996
光泽	7.56	5126	3690	5057	4108	1681	1580	3.33	3054
松溪	5.71	3683	2342	4846	4209	1605	1822	1.65	887
政和	6.70	3316	2711	5061	4314	1549	1589	2.18	2008
新罗	41.97	9636	27354	26340	5628	2328	1662	23.46	74548
漳平	18.30	6422	6875	10132	5489	1906	1891	6.71	10939
长汀	12.47	2712	4856	9783	3671	1331	1696	2.62	2463
永定	15.43	3291	6504	11872	4835	1601	1513	5.78	9045
上杭	16.92	3659	5305	10917	4367	1539	1906	4.33	3932
武平	10.87	3023	5549	9424	4552	1526	1458	3.26	4816
连城	11.57	3614	4966	8928	4279	1570	1715	3.15	6176
蕉城	18.94	4868	8632	11485	4423	1828	1524	3.50	2157
福安	23.19	4162	11536	17381	4096	1863	1453	14.38	9112
福鼎	19.52	3699	12542	16688	3518	1821	1532	7.78	9476
霞浦	19.60	4063	8155	10554	4122	1832	1530	4.10	3647
古田	15.03	3640	7333	10358	4964	1917	1817	2.63	7255
屏南	5.91	3368	2446	4194	4512	1757	1540	1.33	2305
寿宁	9.29	4022	2441	5592	4427	1822	1382	1.70	2241
周宁	4.74	2914	2056	4675	4946	1489	1402	2.60	3109
柘荣	3.96	4233	1657	4450	4168	1735	1613	1.10	2435

表 7-6　**2000 年福建省老区县（市、区）部分经济指标表**

县（市、区）名	地区生产总值（亿元）	人均地区生产总值（元）	地方财政收入（万元）	地方财政支出（万元）	城镇在岗职工平均工资收入（元）	农民人均纯收入（元）	农民人均生活消费支出（元）	规模以上工业总产值（亿元）	规模以上工业利税总额（万元）
福清	196.59	16453	49178	45619	9267	4719	4375	199.08	91560
连江	70.77	11351	20063	22226	9197	3819	2664	5.37	6782
罗源	31.55	12415	9377	16044	9859	3392	3106	8.46	14761
翔安	11.54	5746	5548	2047	8392	3263	3128	4.09	43200
城厢	123.52	7927	45563	67628	9587	3742	2644	58.08	47658
涵江	—	—	—	—	—	—	—	—	—
荔城	—	—	—	—	—	—	—	—	—
秀屿	—	—	—	—	—	—	—	—	—
仙游	45.00	4548	16628	25080	8014	2948	1998	14.91	7378
明溪	9.25	7980	3328	6790	8330	3159	1889	2.23	2113
清流	8.76	6014	3458	7071	8469	3142	1850	2.05	1496
宁化	15.00	4347	5918	12040	7376	2723	1884	1.40	801
沙县	25.07	10546	11416	13625	9257	3292	2401	20.72	26090
将乐	15.76	9329	6262	8446	8999	3173	1439	4.54	7272
泰宁	13.93	11042	4728	7751	8148	3173	2338	5.62	9705
建宁	10.57	7155	2723	7804	8615	2952	1636	2.38	1741
泉港	29.78	11731	15575	15063	8375	3862	2368	25.63	67891
南安	183.17	12408	38459	40593	9262	4335	2425	49.74	37613
安溪	77.48	7401	22628	31058	9275	3345	2566	23.56	17607
永春	55.56	9843	20470	23334	8756	35665	2387	10.39	13153
德化	34.52	11423	16065	19145	8765	3381	2973	15.79	19077
龙海	94.08	11887	33092	29891	8802	3656	3258	51.05	8120
云霄	32.54	7998	16904	19322	7823	3499	1573	2.20	745
漳浦	67.10	8393	26038	29767	6644	3520	2727	24.04	4758
诏安	43.50	7704	14672	17756	7133	3298	1935	3.93	527
长泰	24.87	13102	9267	10325	7057	3617	2755	9.18	2916
平和	34.24	6318	18075	24222	7576	3236	2335	2.93	982
邵武	32.31	10734	14984	16302	7467	2905	2389	15.18	6923

续表

县（市、区）名	地区生产总值（亿元）	人均地区生产总值（元）	地方财政收入（万元）	地方财政支出（万元）	城镇在岗职工平均工资收入（元）	农民人均纯收入（元）	农民人均生活消费支出（元）	规模以上工业总产值（亿元）	规模以上工业利税总额（万元）
武夷山	17.35	8109	8684	12149	7978	2950	2419	1.71	798
建阳	22.95	6762	9172	11667	7095	2685	2003	5.15	3750
光泽	9.42	6110	3554	7356	7317	2477	1869	8.16	4170
松溪	9.34	5920	3052	7653	8218	2065	1622	0.66	1151
政和	7.64	3521	2666	7842	7150	2297	2103	1.15	48
新罗	81.20	17417	57948	76513	11067	3934	2532	68.60	197493
漳平	29.63	10839	11118	13608	9282	3093	2014	9.94	14588
长汀	20.85	4296	5634	16296	7312	2486	1841	3.38	3606
永定	30.99	6676	11789	21049	8702	3127	2457	6.06	7030
上杭	25.12	5233	10236	18976	8256	2702	2389	5.66	10246
武平	19.36	5331	7079	15591	8289	2733	2121	3.58	1807
连城	19.53	5937	5278	14235	7236	2741	2016	3.71	3025
蕉城	37.97	9157	21878	39013	9047	2853	1652	3.04	2164
福安	45.52	7587	15734	25449	8785	3035	2611	21.86	20574
福鼎	36.88	6596	15376	21548	8807	2854	2286	9.83	13284
霞浦	34.01	6667	8501	16597	8365	2964	1475	2.20	1542
古田	26.19	6117	8912	17727	8475	2950	2066	4.30	8258
屏南	9.74	5367	3365	9838	8472	2635	1524	1.45	2843
寿宁	12.35	4899	2888	10452	8139	2714	1724	1.02	1525
周宁	8.78	4591	3011	8646	8668	2696	1767	0.86	820
柘荣	7.29	7251	2210	7264	8761	2713	1419	2.35	1018

表 7-7　**2005 年福建省老区县（市、区）部分经济指标表**

县（市）名	地区生产总值（亿元）	人均地区生产总值（元）	地方财政收入（万元）	地方财政支出（万元）	城镇在岗职工平均工资（元）	农民人均纯收入（元）	农民人均生活消费支出（元）	规模以上工业总产值（亿元）	规模以上工业利税总额（万元）
福清	263.96	96210	96210	107178	16106	6369	4148	509.53	176223
连江	86.57	27895	27895	37881	14057	4912	3457	37.02	9903

续表

县（市）名	地区生产总值（亿元）	人均地区生产总值（元）	地方财政收入（万元）	地方财政支出（万元）	城镇在岗职工平均工资（元）	农民人均纯收入（元）	农民人均生活消费支出（元）	规模以上工业总产值（亿元）	规模以上工业利税总额（万元）
罗源	41.06	11639	11639	24047	13817	4438	3710	27.18	18289
翔安	36.99	13547	13547	44469	17175	5081	4703	57	277800
城厢	59.10	16661	16661	20468	13932	4821	3090	35.72	16752
涵江	100.93	21120	21120	25786	1378	4608	3061	156.89	125977
荔城	58.14	18665	18665	23308	1157	4742	3459	66.39	38100
秀屿	64.18	18581	18581	29400	1175	4606	3378	66.29	69678
仙游	68.38	18492	18492	37854	11825	3829	2804	43.11	22664
明溪	13.96	3839	3839	12582	15452	4218	2509	5.86	4711
清流	13.80	4460	4460	13189	13733	4171	2644	7.92	6846
宁化	21.86	7609	7609	22116	14430	3673	2361	6.05	2167
沙县	42.45	17817	17817	23046	15669	4597	3548	43.84	29498
将乐	22.15	9698	9698	15798	13957	4068	2383	11.83	11488
泰宁	20.58	4776	4776	13495	14337	4150	2933	7.79	11757
建宁	15.49	3101	3101	12883	13995	3750	2684	6.60	8657
泉港	66.89	37058	37058	27386	16745	5704	3961	195.30	66196
南安	215.55	72083	72083	90273	15057	5904	3834	235.80	207593
安溪	136.33	48048	48048	70821	14280	5156	4039	106.25	66584
永春	9.89	36579	36579	49520	14389	5202	3143	51.40	47380
德化	51.26	25317	25317	36076	14822	4777	4115	49.57	54869
龙海	155.38	61654	61654	55969	15144	4693	3963	267.17	310659
云霄	31.13	9160	9160	23081	10559	4573	2588	10.29	3330
漳浦	71.16	16206	16206	34321	9880	4649	3277	26.65	10325
诏安	44.23	9021	9021	21003	10124	4426	3523	19.12	9819
长泰	26.66	8017	8017	14600	11571	4578	3809	24.62	6607
平和	42.60	8550	8550	24430	10808	4453	2470	8.23	8930
邵武	49.74	19463	19463	25195	14194	4502	3599	38.37	23453
武夷山	30.18	12084	12084	22373	12884	4516	3195	6.65	3561

续表

县(市)名	地区生产总值(亿元)	人均地区生产总值(元)	地方财政收入(万元)	地方财政支出(万元)	城镇在岗职工平均工资(元)	农民人均纯收入(元)	农民人均生活消费支出(元)	规模以上工业总产值(亿元)	规模以上工业利税总额(万元)
建阳	34.28	10222	10222	19828	12558	4015	2967	20.91	20421
光泽	15.82	5272	5272	13571	12093	3545	2392	20.49	10634
松溪	11.53	4291	4291	12200	13267	3067	2741	2.76	1401
政和	11.74	3550	3550	13750	12567	3300	2230	3.06	2164
新罗	157.67	127281	12781	140667	18798	5662	4181	193.05	462635
漳平	39.06	14913	14913	23086	15990	4189	2601	20.71	33435
长汀	29.84	9221	9221	28600	12073	3369	2762	11.63	5947
永定	54.95	20839	20839	36242	15856	4476	3233	26.34	45283
上杭	45.32	18942	18942	41042	16033	3789	3389	26.21	107082
武平	28.89	8500	8500	23808	14509	3905	2978	8.62	5821
连城	29.90	8601	8601	23102	12267	3759	3050	11.02	11302
蕉城	57.12	38493	38493	71375	17187	3829	2374	17.61	17522
福安	75.98	23351	23351	41252	14729	3995	3084	72.97	41480
福鼎	60.01	23095	23095	39644	15879	3937	2830	37.97	49642
霞浦	51.12	12353	12353	29757	12574	4078	2420	11.42	10888
古田	40.28	11781	11781	25372	14595	4215	2454	16.34	22425
屏南	16.21	4162	4162	13705	13237	3523	2367	6.66	6753
寿宁	17.73	3648	3648	15173	13332	3532	2486	9.13	6067
周宁	13.43	6513	6513	13757	13783	3564	2446	6.92	22156
柘荣	11.72	3090	3090	11224	14137	3551	2175	8.27	3395

第三节　教育扶持与科技推动

一、教育扶持

20世纪80年代中期起，省老区办委托福州大学、福建师范大学、福建农林大学举办老区预科班，每年招收数十名革命“五老”人员、老红军（系指1937年7月6日之前参加革命工作）和中华人民共和国成立前牺牲的烈士直系后代的高考生。

2000年起，老区预科班每年招收50名，其中福建农林大学招收理工类考生25名，福建师范大学招收文史类考生25名。革命“五老”人员、老红军和中华人民共和国成立前牺牲的烈士直系后代，均可在参加当年普通高校招生统一考试之后，填报老区预科班志愿。每年老区预科班招生计划实行全省统招，招生录取工作安排在本科三批之后，按考生填报的志愿从高分到低分择优录取，生源不足时在本科三批控制分数线下几十分不等以内择优录取有该校志愿的考生。预科班学制一年，期满经考试合格者转入本科有关专业学习，享受当年国家统一招收学生的待遇，考试不合格者，退回原籍。

2002年，福建农林大学函授班面向全省老区招收学员6000多人，举办各类技术培训班520期，受训人员达37026人次。同年起，省老区办每年安排科技示范项目20个，投放资金200万元，支持老区发展以种植业、养殖业、加工业为主的具有一定科技含量和经济社会效益的特色产业，并帮助老区进行农业科技培训与推广、劳务输出与市场拓展。

2003年，省慈善总会拨款10万元资助山区老区家庭生活困难的革命“五老”人员和老红军的直系后代在校大学本科生100人，每人1000元。

2005年9月，省老区办、省老促会、尚德教育基金会联合在连江县尚德中学创办老区宏志班，以全额资助方式在全省15个老区市县区（福鼎、福安、古田、蕉城、长汀、上杭、连城、武平、松溪、武夷山、建瓯、政和、宁化、建宁、大田）招收学习成绩较好但家境困难的16名应届初中毕业生，免费为之提供高中学习期间学费和食宿费用（所免费用年人均

图7-1　2005年，省老区办领导走访慰问连江县尚德中学老区宏志班学生

6000元左右)。当月,福州市老区办、福州市第一技工学校、福建省海峡职业技术人才服务中心联合创办老区承志班(设在福州市第一技工学校内),设电子技术班和电气维修班,每班招收革命“五老”人员直系后代50名,学制2年,学费减半,每人由福州市老区办一次性补助1000元。

截至2005年,福建农林大学、福建师范大学老区预科班共招收老区学生1735名,全省各教育机构面向老区招收农林大学函授学员9500多人。

二、科技推动

2003年,省老区、农业和科协等部门联合实施老区科技项目示范推动计划。省老区办下达资金,将老区县中有一定影响、信誉和市场前景的,能够起带动示范辐射作用的实体项目培植为科技示范项目。全省共设老区科技示范项目20个,主要涉及种植业、养殖业和加工业。全省老区系统举办果树、毛竹、食用菌、烤烟、反季节蔬菜、中药材、家禽、家畜养殖等各类实用技术培训班601期,受训6.3万人次。全省确立5个部级农业科技示范场项目,即福清市农业科技示范场(市经作园艺场)、龙海市浮宫镇农业科技示范场(农机化)、寿宁县清源乡农业科技示范场、政和县石屯镇农业科技示范场和云霄县绿洋农业科技示范场(畜牧)。

2004年初,省农办、省财政厅、省劳动和社会保障厅、省教育厅、省科技厅、省建设厅确定全省范围内22个县为全国“阳光工程”示范县,其中大部分为老区县,使老区县在农村劳动力转移培训“阳光工程”中获益受惠。3月,中科协、省科协、省关工委、省老区办联合在龙岩、三明两市10个原中央苏区县组织“科普专家中央苏区行”大型活动,中国科学院人造卫星设计空间科学专家、载人航天应用系统专家、天文学家、植物学家、微生物学家、地质学家、鸟类研究专家、农业专家、磁悬浮工程专家、南北极考察队长和5名省内有关专家宣讲航天、航空、材料、生物、天文、信息、超导、地震、环保等学科以及磁悬浮列车、南北极考察相关知识,历时12天,共举行巡回报告会88场,听众共约3.5万人(多为大中小学学生)。当年,全省各地老区结合“阳光工程”,实施“科技兴乡”“科技兴村”战略,开展“科技下乡”和农民科技文化培训活动,鼓励农民进城务工,并建立各种激励机制促进富余劳动力转移。全省老区系统共举办各类实用技术(包括果树、毛竹、食用菌、蔬菜、中药材栽培和家禽、家畜、水产养殖等)培训班1530期,培训15万多人次,其中老区农民参加福建农林大学函授班培训达6500多人次。南平市老区办与妇联、劳动部门联合举办“春蕾”班,为老区贫困家庭的女孩免费培训劳动技能。福建农林大学选派7名农林专家组成闽西科技服务团分赴龙岩市各老区县(市、区)开展为期两年的科技服务工作,帮助解决老区发展中的科技难题。龙岩市大力实施贫困人口技能培训计划,举办各类实用技术培训班400期,参与培训3.2万人次;组织实施22个科技扶贫示范项目,扶持20个农业产业化龙头项目,中央和省扶贫贴息贷款1.01亿元;有190个贫困村新植果林248.33公顷,垦复毛竹1360.67公顷，新植毛竹113.33公顷，发展烤烟、反季节蔬菜、食用菌等种植业项目25个，养殖业项目13个，农副产品加工项目2个，兴办水电站等项目8个。当年全市农民人均纯收入3769元。永定县转移农村劳动力10.13万人，占全县农村劳动力的45%，实现劳务收入7.2亿元，农村人均劳务收入1946元，占农民人均现金收入45%以上。南平市为44个扶贫开发重点村（其中大部分为老区村）各指派1个党支部书记、1个科技特派员，确定1个扶持部门，指定1个乡镇领导抓落实，筹措扶持资金677万元，共扶持项目85个。武夷山、光泽、建阳、邵武、松溪、政和等各县市引进优良新品种，加强良种繁育与种苗栽培，建立绿茶基地、中草药种植园区，发展食用笋和反季节蔬菜等，推动老区农业结构调整。宁德市古田县采取5户联保和带资金、带技术等扶持方式，扶持老区基点村群众种植白木耳、反季节西红柿等，年每户增收4000～6000元，高者达1万多元。三明市宁化、清流、沙县创建4个茶叶和花卉科技示范基地，开发订单农业，探索老区经济建设新模式。

2005年10月，为解决山区和欠发达地区人才引进难、留不住的问题，省委办公厅、省政府办公厅发布《贯彻落实中央办公厅、国务院办公厅〈关于引导和鼓励高校毕业生面向基层就业的意见〉的通知》，要求发挥市场导向作用，建立和形成高校毕业生面向基层特别是欠发达地区就业的长效机制和激励机制，提出：(1) 自2006年起连续5年全省每年招募300名高校毕业生到农村开展支教、支农、支医和扶贫工作，服务期1～2年；服务期间计算工龄，并由省财政安排专项经费给予每人每月不低于600元的生活补贴，每人每年200元的交通补贴和每人每年300元人身意外伤害、住院医疗商业保险费；服务期间表现特别优秀的，原单位可直接录用；服务期满后报考国家公务员的，笔试成绩给予加分；服务期满参加县属事业单位公开招考的，给予加分并优先录用；服务期满3年报考硕士研究生的，初试总分加10分。(2) 自2006年起每年根据中央下达的周转编制情况，采取先进后出办法为欠发达地区的乡（镇）下达一定数量周转编制，用于接收安排选调生和招录高校毕业生。全省各欠发达的老区县由此全面建立健全人才引入机制：(1) 到基层就业的高校毕业生，可根据本人意愿将户口迁往家庭所在地或就业地设区市的城区，市县区人才中介机构、公共职业介绍服务机构免费代理人事劳动保障服务。(2) 到乡镇担任教师、医护、农技人员的高校毕业生，工作满5年以上的，其在校期间的国家助学贷款本息由省、市、县（区）财政按3∶4∶3比例代为偿还，偿还上限为1万元。(3) 到基层单位工作的选调生，在国家工资制度允许的范围内享受工资提前转正定级和高定工资标准待遇。当月，省老区办制定并下发《老区科技示范项目管理办法（试行）》，对科技示范项目管理提出规范化的要求：(1) 科技示范项目应能够推动当地经济发展，项目实施者必须掌握一定的科技知识；(2) 项目实施者应在力所能及范围内低偿或无偿为需要服务的周边农户提供与项目相关的服务；(3) 申请示范项目，申报者应提交可行性研究报告，经县级老区办、设区市老区办调研和选择后，由省老区办审定确认并下达资金；(4) 项目资金实行专款专用，不得挪作他用；(5) 有条件的地方可考虑将扶持示范项目资金用于贴息贷款，让更多资金投入示范项目。

当年，全省共有老区科技示范项目61个；全国“阳光工程”示范县扩展到31个，其中老区县29个（占94%），重点老区县17个（占55%）。龙岩、宁德、南平、三明市有24个老区县实施劳动力劳动技能培训工作，共培训3.85万人。长汀县通过“阳光工程”培训农村劳动力达14万人，占全县农村人口33%，农民工人均年收入7680元。

表7-8　　2000年福建省老区县（市、区）部分公益事业指标表

单位:%、张、人

县（市、区）	广播人口综合覆盖率	有线电视入户率	医院、卫生院病床数	卫生技术人员数
福清	100.0	23.90	2053	2168
连江	100.0	42.17	681	1026
罗源	94.5	18.64	509	591
翔安	93.0	31.45	335	218
城厢	100.0	42.59	1860	1026
涵江	95.0	20.94	—	—
荔城	93.6	44.30	—	—
秀屿	87.7	20.18	—	—
仙游	95.4	39.16	1370	1452
明溪	93.5	32.50	253	330
清流	93.0	21.37	279	354
宁化	95.0	18.34	1042	774
沙县	82.2	23.90	555	737
将乐	88.2	41.43	475	427
泰宁	99.6	50.29	506	376
建宁	88.1	20.81	275	305
泉港	98.0	13.24	285	200
南安	99.8	12.44	2507	2017
安溪	88.0	18.48	1346	1184
永春	97.7	42.42	965	952
德化	97.6	22.95	733	512
龙海	98.8	12.58	1970	1665
云霄	98.0	20.00	1375	906

续表

县（市、区）	广播人口综合覆盖率	有线电视入户率	医院、卫生院病床数	卫生技术人员数
漳浦	100.0	13.68	1767	1068
诏安	96.4	17.18	987	875
长泰	100.0	27.37	594	437
平和	88.8	7.95	1107	946
邵武	94.7	28.28	1176	1319
武夷山	96.3	36.30	726	667
建阳	95.4	35.15	986	1033
光泽	91.7	22.84	444	462
松溪	91.0	38.81	540	442
政和	92.0	37.38	465	510
新罗	96.0	46.28	2753	2621
漳平	93.0	10.53	749	737
长汀	92.5	27.72	856	909
永定	92.6	20.51	1253	1077
上杭	93.1	24.55	1058	989
武平	99.1	27.00	1054	646
连城	92.9	52.50	923	720
蕉城	92.8	18.69	1098	1266
福安	98.0	37.37	1303	1452
福鼎	82.0	18.46	1077	1181
霞浦	86.0	21.80	612	1059
古田	100.0	50.00	786	811
屏南	85.4	24.01	386	487
寿宁	87.0	17.92	347	480
周宁	95.0	37.72	449	439
柘荣	89.0	32.98	241	267

表 7-9　　**2005 年福建省老区县（市、区）部分公益事业指标表**

单位:%、张、人

县（市、区）	广播人口综合覆盖率	有线电视入户率	医院、卫生院病床数	卫生技术人员数
福清	100.0	54.08	1830	2040
连江	100.0	46.24	639	999
罗源	92.6	41.45	528	541
翔安	98.1	51.08	499	375
城厢	98.2	58.25	126	212
涵江	98.8	48.54	1145	965
荔城	98.0	40.10	410	679
秀屿	97.8	21.39	524	602
仙游	97.8	40.02	1266	1245
明溪	94.0	39.82	277	291
清流	96.8	24.44	270	319
宁化	95.0	35.55	855	743
沙县	98.7	49.29	465	593
将乐	90.1	50.28	432	522
泰宁	99.9	47.50	317	385
建宁	89.0	36.17	329	302
泉港	98.5	42.61	642	376
南安	99.8	24.78	2157	2363
安溪	89.8	32.39	1410	1219
永春	98.5	46.05	872	830
德化	97.6	28.22	619	589
龙海	98.8	32.82	1880	1580
云霄	99.1	34.53	870	731
漳浦	100.0	39.31	1135	988
诏安	97.2	17.01	613	621
长泰	99.9	39.52	534	556
平和	91.3	8.47	1060	800

续表

县（市、区）	广播人口综合覆盖率	有线电视入户率	医院、卫生院病床数	卫生技术人员数
邵武	98.1	31.50	1110	1332
武夷山	97.4	46.19	553	637
建阳	96.0	49.25	976	933
光泽	97.7	45.12	461	348
松溪	91.2	43.01	365	399
政和	93.6	41.01	507	498
新罗	98.3	76.94	2738	3334
漳平	98.1	36.93	480	598
长汀	98.2	28.01	828	902
永定	94.5	21.28	1093	992
上杭	96.9	31.51	888	1026
武平	93.5	33.50	681	608
连城	93.1	23.09	560	708
蕉城	92.5	23.90	1228	1446
福安	98.0	43.64	1048	1685
福鼎	98.4	42.50	961	1172
霞浦	88.0	48.94	620	1040
古田	98.1	49.22	647	1012
屏南	87.0	28.31	361	844
寿宁	87.5	28.89	389	503
周宁	95.0	39.33	293	536
柘荣	91.1	50.66	355	492

第四节　老区建设促进工作

一、机构设置

1994年1月28日，为促进革命老区扶建工作，经省委同意，成立省老区建设促进会（下称“省老促会”），归省革命老区根据地建设委员会主管，不同岗位离退下来的老将军、老干部担任会长、副会长，其主要职责为宣传老区、调研老区，筹措扶贫资金，为老区发展各项事业牵线搭桥。

1995 年，全省九地市和闽西、闽北、闽东 29 个老区县（市、区）成立老区建设促进会。

1999 年 5 月，经省委同意省老促会换届。

2004 年 10 月 29 日，省老促会成立 10 周年纪念大会在省老干部活动中心召开，省委代理书记、省长卢展工出席并致辞。

表 7-10　　**福建省老区建设促进会第一届组成人员名表（1994 年）**

老促会理事会职务	姓名	原单位及职务	附注
会长	伍洪祥	省委书记处书记，第四届省政协主席	
常务副会长	许集美	第五、六届省政协副主席	
副会长	熊兆仁	福州军区副参谋长，开国少将	
	左丰美	第四、五届省政协副主席	
	钟大湖	省军区副政委（正军级）	
	张 翼	省顾委委员、秘书长	
	洪海	省人大常委会党组成员、秘书长	
	吕居永	省人大常委会委员、农经委主任	
	邱建平	省人大常委会委员、省建委主任	
	黄维泉	省商业厅厅长	
	张 连	省顾委常委	1994 年 9 月增补
	林志群	省顾委委员	1994 年 9 月增补
	李青藻	省委党校常务副校长	1994 年 9 月增补
	蔡学仁	省老区办主任，省民政厅副厅长	1999 年 3 月增补
	吴连田	省老区办主任，省民政厅党组成员	1999 年 3 月增补
秘书长	吕居永（兼）		

表 7-11　　**福建省老区建设促进会第二届组成人员名表（1999 年）**

老促会理事会职务	姓名	原单位及职务	附注
会长	伍洪祥	省委书记处书记，第四届省政协主席	2005 年 9 月病故
常务副会长	许集美	第五、六届省政协副主席	2005 年 3 月改为执行会长

续表

老促会理事会职务	姓名	原单位及职务	附注
副会长	熊兆仁	福州军区副参谋长，开国少将	
	左丰美	第四、五届省政协副主席	
	郑义正	省人大常委会副主任	
	陈增光	省政协副主席	
	张 翼	省顾委委员、秘书长	
	张 连	省顾委常委	
	林志群	省顾委委员	
	王烈评	省纪委副书记	
	谢毕真	省新闻出版局副局长，老红军	
	吕居永	省人大常委会委员、农经委主任	
	邱建平	省人大常委会委员、省建委主任	
	黄维泉	省商业厅厅长	
	李青藻	省委党校常务副校长	
	蔡学仁	省老区办主任，省民政厅副厅长	
	唐文光	省委老干部局局长	1999 年 11 月增补
	吴连田	省老区办主任，省民政厅党组成员	
	罗万荷	省老区办主任，省民政厅党组成员	2005 年 3 月增补
秘书长	吕居永（兼）		
常务副秘书长	吴连田（兼）		

二、老区扶建促进工作

1995 年 10 月，省老促会组织人员赴闽东、闽西、闽北、闽中 18 个县市区 38 个乡镇 67 个村委会调查经济和社会发展情况，历时 1 个多月，走访农户 503 家。

1996 年 1 月，省老促会提交省委、省政府《关于闽东革命“五老”现状调查报告》，指出闽东地区革命“五老”人员 20％已脱贫，80％仍处于生活困难状态；建议宣传老区，关心照顾革命“五老”人员，提高其定期补助标准，革命“五老”人员亡故后由其遗孀享受其定期补助至终年。2 月，省老促会提交省委、省政府调研报告《关于进一步加强老区扶贫扶建工作的报告》，提出革命老区贫困面达 10％以上，人均收入与沿海地区相差 1000 多元，多数老区乡镇是“空壳”。3 月，中央纪委办公厅刊登省老促会《闽东革命“五老”晚景应予关心》一文，国务院副总理邹家华在该文上作指示。当月，人民日报《情况汇编》第112期发表《闽东革命“五老”晚景凄惨亟待提高定补标准和实施优待政策》一文，省委书记贾庆林在该文上作批示：请民政厅商有关部门研究并提出意见。省委办公厅下发文件，提出革命“五老”人员定补标准以及各级财政资金分担的比例。4月，省老促会致函省领导贾庆林和陈明义，建议保留龙岩、宁德、南平、三明市老区办公室机构，并参照省里做法让其与扶贫办合署办公，改称为“老区建设扶贫办”；保留46个老区县（上杭、长汀、永定、新罗、连城、武平、漳平、福安、福鼎、蕉城、周宁、寿宁、屏南、柘荣、古田、霞浦、武夷山、政和、松溪、建阳、建瓯、邵武、浦城、光泽、宁化、清流、明溪、建宁、泰宁、将乐、沙县、连江、罗源、福清、平和、诏安、云霄、漳浦、南靖、安溪、永春、南安、德化、晋江、荔城、仙游）老区办机构。当月，贾庆林批示：请机构改革办公室研究，认真考虑老同志的建议。7月，全省地（市）老促会会长会议在福州召开，省委书记贾庆林到会接见与会代表。

同年下半年，省老促会为配合建党75周年和红军长征胜利60周年，与省电视台联合摄制6集电视专题片《情系红土地》（《奉献》《关怀》《拼搏》《生机》《牵挂》《希望》）；省电视广告总公司职工捐资40万元，长乐湖南镇闽鹏村一企业主捐资10万元，资助老区发展教育事业；省电视台为长汀县羊牯小学和福安市立峰小学各建1座教学楼定名为“思源楼”。

1997年3月，省委副书记习近平出席全省老促会会长座谈会，提出要增强做好老区建设工作的使命感，动员社会各界支持老促会工作，发挥老促会作用。当年，省老促会为老区办学筹措资金130万元，并认捐11万元；漳州市科华电子有限公司捐资100多万元，设立“科华老区育才奖学金”。

1998年4月，香港中国星火基金会、香港希望之友教育基金会、香港警察中国武术会资助龙岩、三明老区100万元港币，修建2所学校。9月，香港集友银行在厦门举行“集友教育基金——大学助学金”暨“希望工程”颁赠仪式：确定连续5年每年提供50万元人民币资助100名来自老区的家境贫困品学兼优学生（其中厦门大学、集美大学、福州大学各30名，集美中学10名，每人每年5000元）；捐助武平县“希望工程”小学20万元、平和县“希望工程”小学14万元以改善办学条件；捐助省老促会15万元。当月，省老促会、省有线电视公共频道联合开设电视“扶持老区广告”栏目，内容以反映各老区县市优势资源、项目和产品为主。当年，《老区与扶贫》（省革命老区根据地建设委员会和省老促会联合创办，创刊于1987年）更名为《福建老区通讯》，福建省委原书记项南题写刊名。

2001年5月，《福建老区通讯》更名为《红土地》，全国人大常委会原副委员长彭冲题写刊名，张廷发、孔石泉、饶守坤、向守志等中顾委委员和将军参与题词。6月，省老促会10人联名致信国务院，提出把闽西南、闽东北连片革命老区列入国家扶贫重点。11月，国务院副总理温家宝委托国务院扶贫工作小组负责人来闽，对省老促会当年6月信件提出的问题进行解释，称中央将继续扶持福建重点扶贫项目，每年6600万元以工代赈资金继续保留，自2002年起恢复小额贷款，年贷款金8000万元。当月，省老促会被省委、省政府授予“扶贫开发工作先进集体”称号。

2002 年 5 月，黄仲咸基金发放工作会议在厦门举行，省老促会和各设区市老促会的相关负责人出席。此次会议确认由黄仲咸基金捐赠老区品学兼优的在读高中贫困学生 20 万元（每人 500 元）。同年，部分闽籍部队老将军提议，将原计划为纪念宣传福建籍开国将军而编印出版的《闽西将军风采》扩展改编为《八闽开国将军》（丛书）。同年 7 月，福建省闽西老区建设促进会等组织成立《八闽开国将军》（丛书）编委会和编写组，由中国人民解放军南京军区第二老干部服务处负责人牵头组织 50 多位党史、军史学者和作家，收集撰写福建籍 1955 年至 1965 年授衔的中国人民解放军高级将领的生平事迹。

2003 年 9 月，省老促会玉田（古田）分会经省民政厅社团办批准，在福州外贸大酒店举行成立大会和第一次会员大会。11 月，省老促会、省老科技工作者协会联合发出《关于组织老科技工作者开展科技帮助老区活动的通知》，提出组织全省农业、林业、水产、工业、交通、矿业、卫生等老科技工作者组成专家组到革命老区开展科技帮助活动。当月，2004 年度黄仲咸基金发放工作会在厦门举行，基金捐款 250 万元资助老区贫困生 5000 人以完成高中（中专）阶段学业。12 月，由老促会组织编纂《情系红土地——福建老区工作手册》正式出版，全书共 25 万多字，照片、图表 400 多张，共 8 篇。

2004 年 2 月至 3 月，福建电视台一套“党的建设”栏目播出记录省老促会促进老区建设的《情难忘，愿未了》三集电视片。5 月，省老促会和玉田分会负责人 2 次带领福州市第二、三医院 11 名医师组成的医疗队，赴古田县大甲、杉洋、鹤塘、卓洋等老区乡镇义诊 760 人次（其中革命“五老”人员 63 人次、疑难病患者 83 人次），健康咨询 250 人次，免费发放药品 26 种 3000 多元；登门看望 16 户革命“五老”人员和老区特困户，每人发给慰问金 300 元，共 4800 元。10 月，省老促会成立十周年纪念大会在省老干部活动中心召开，省委代理书记、省长卢展工出席并致辞，把老同志身体力行，践行“四千”（走千山万水，说千言万语，想千方百计，历千辛万苦）精神和对事业的追求概括为：平静之中的满腔热血，平凡之中的伟大追求，平常之中的极强烈责任感。12 月，省老促会组建 6 个慰问组，赴 9 个设区市 27 个县 59 个老区乡镇 84 个老区建制村和 2 个光荣院慰问革命“五老”人员 448 人，历时 1 周。

2005 年 1 月，中国老区建设促进会一行 8 人赴三明市中央苏区考察宁化、清流、明溪、建宁、泰宁县，慰问革命“五老”人员后代。3 月，省老促会发布《关于在全省老区学习并促进落实省委〈关于开展向张仁和同志学习活动的决定〉的通知》，要求认真学习为建设老区而献身的宁化县石壁镇石壁村党支部书记张仁和艰苦奋斗先进事迹。5 月，省老促会致函省委书记卢展工，建议为解决革命“五老”人员大病救助问题建立救助基金，由省、市两级老区工作机构承担基金管理和运作。当月，省老促会致函省政府领导，建议采取分类分批分期办法资助全省 8000 多个老区村修建水泥路；与远达教育集团福建分部联合签订《扶持老区贫困学生免费入学合作协议书》，议定招收老区初中毕业生或相当初中文化程度贫困学生进行中职技术人才为期 3 年的培训，受训者免交学杂费，并由学校发给每人每月生活补助费

200元（当年，实际招生293名）。7月，《八闽开国将军》（丛书）由中央文献出版社出版，共6卷8册，300多万字，收录83位1955年至1965年间授衔的中国人民解放军闽籍将军（其中上将3位、中将9位、少将71位）的传记。全书以“战功”为主线，主要记述各位闽籍将军在土地革命战争时期、全民族抗日战争时期、全国解放战争时期及抗美援朝时期的事迹，内附2000多张历史图片。中共中央政治局原常委、中央军委原副主席刘华清上将为之作序，中央军委原副主席迟浩田上将、张震上将等为之题词。10月，《八闽开国将军》（丛书）在福建会堂举行首发式，部分闽籍军队、地方老同志和省领导出席首发式。

同年，黄仲咸教育基金会捐赠300万元资助6000名高中（中专）贫困生。省老促会全年共募集捐款247万元帮助老区修建中小学20所（其中大丰文化基金会捐献187万元资助14所，省老促会出资60万元资助6所）；募集捐款65.5万元帮助505名贫困生上大学（其中由大丰文化基金会出资60.5万元资助467人，省老促会出资5万元资助38名）；筹措资金187万元帮助老区村公路硬化。

1995年至2005年，由省老促会动员有关部门和社会力量为老区贫困乡村筹措的教育资金达3170万元，修建中小学112所。

第八章 机构与队伍

省民政厅于1995年、2000年较大幅度调整内设机构，2004年清理整顿直属事业单位，2005年改革直属单位管理制度。1996年至2005年，先后有省勘界办、省老区办、省老龄办挂靠在省民政厅。

第一节 机构设置

一、内设机构

1995年5月3日，省政府办公厅发布《福建省民政厅职能配置、内设机构和人员编制方案的通知》，省民政厅增加农村社会养老保险、边界勘界和儿童收养的行政职能，并调整内设处室的设置：从原民政处分离出行政区划职能，与原地名办公室职能合并，成立区划地名处；复员退伍军人安置办公室和军队离休退休干部安置办公室合并，成立复员退伍军人安置办公室（军队离休退休干部安置办公室），对外挂两个牌子；城市社会福利处更名为社会福利处；农村救济处更名为救灾救济处；人事处更名为人事教育处；民政处更名为社会事务处。机构改革后，省民政厅设办公室、人事教育处、计划财务处、优抚处、救灾救济处、社会福利处、复员退伍军人安置办公室（军队离休退休干部安置办公室）、农村社会养老保险办公室、基层政权建设处、区划地名处、社会事务处、社会团体管理办公室（对外挂福建省社会社团登记办公室）等12个职能处（室）和机关党委、纪检监察室。全厅机关行政编制82名，其中厅长1名，副厅长4名，纪检组长（副厅级）1名，处级领导职数29名（机关党委专职副书记1名，纪检组副组长兼监察室主任1名，监察室副主任1名）；机关后勤服务人员核事业编制10名；省双拥工作领导小组办公室挂靠省民政厅，行政编制5名。同年12月，省纪律检查委员会驻民政厅纪检组、省监察厅驻民政厅监察室正式入驻。

1998年，省民政厅基层政权建设处增加“指导社区服务管理工作，推进社区建设”职能，改名为省民政厅基层政权和社区建设处。

2000年初，省委、省政府下发省级党政机构改革实施意见，保留福建省民政厅为主管全省有关社会行政事务的省政府组成部门，正厅级。8月7日，省委办公厅、省政府办公厅印发《福建省民政厅职能配置、内设机构和人员编制规定》的通知，省民政厅调整部分行政职能并随之进行机构改革：将农村社会养老保险职能移交省劳动和社会保障厅管理，划入省勘界办职能，新增民办非企业单位登记管理工作、城乡居民最低生活保障工作和社区建设与社区服务管理工作；分离社会团体登记管理办公室中民办非企业单位登记管理职能，增设民办非企业单位登记管理办公室，对外挂“福建省民办非企业单位登记管理办公室”牌子；合并复员退伍军人安置办公室和军队离休退休干部安置办公室，成立复员退伍军人和军队离休退休干部安置办公室，对外挂“福建省复员退伍军人和军队离休退休干部安置办公室”牌子；合并社会福利处与社会事务处，成立社会福利和社会事务处；城乡居民最低生活保障职能植入救灾救济处。机构改革后，省民政厅设11个职能处（室），机关行政编制56名，其中厅长1名、副厅长4名，纪检组长（副厅级）1名，处级领导职数20名（正处级12名，含机关党委专职副书记1名，副处级8名），机关工勤人员编制8名。

2004年3月，省委机构编制委员会办公室批复省民政厅，同意在省民政厅救灾救济处增挂“城乡居民最低生活保障工作处”牌子，增加机关事业编制2名，处级领导职数1名。城乡居民最低生活保障工作处的主要职责为拟制全省城乡居民最低生活保障工作发展规划，组织实施并督促市县抓好规划的落实；组织调查研究，了解掌握全省低保对象变化情况，拟定全省性最低生活保障工作相关政策法规；指导市县做好低保对象的申请受理、调查核实、审批、建档和保障资金发放等工作；分配、管理中央补助资金和省级最低生活保障调剂金，建立并管理全省低保信息网络和种类报表资料。6月，省民政厅合并社会团体登记管理办公室与民办非企业单位登记管理办公室，设立民间组织管理处；撤销社会福利和社会事务处，分设社会福利处和社会事务处。

2005年9月，省民政厅民间组织管理处更名为福建省民政厅民间组织管理局。12月，省委机构编制委员会办公室批复同意省民政厅城乡居民最低生活保障工作处从救灾救济处中分离出来单独设置，不增加行政编制和领导职数，所需人员编制由省民政厅在原有机关行政总编制内调剂解决。截至同年底，全厅内设机构机关行政编制56名，机关事业编制2名，机关工勤人员编制8名。

二、直属机构

（一）省民政学校

1998年，省民政学校成立福建省民政成人中专学校，并在省退伍军人福安培训学校设立分校，开设二年制成人班和三年制普通班，设置专业有社会事务管理、计算机信息管理、电脑财会、经贸英语、保险会计。学校以培养中等专业技能和劳动技能为目标，招收省内民政系统干部职工、村（居）委会工作人员和部分初中毕业生。

2000年，福建省民政成人中专学校停止招生。截至2002年，该校累计毕业生467人。

2002年，福建省民政学校与长沙民政职业技术学院建立“中高连读”合作关系。省民政学校中专学生毕业后，可免试保送到长沙民政职业技术学院就读二年大专课程，并可获得该院颁发的大专学历文凭。同年11月，省民政学校设长沙民政职业技术学院福州函授站。12月，成立陕西师范大学网络教育学院福建省民政学校学习中心，下设招生部、教务部、技术部。

2003年春季，陕西师范大学网络教育学院福建省民政学校学习中心设高中起点本科、高中起点专科、专科起点本科3种学制，设有汉语言文学、英语、计算机科学与技术、数学与应用数学、教育技术学、法律、小学教育等专业，共招收学员近百名。同年，长沙民政职业技术学院福州函授站正式开课，设社会工作专业，录取新生30名，学制3年；并设福州、泉州、厦门3个面授教学辅导点，规定每学期集中授课辅导7～10天。

2004年2月，福建省民政学校整体搬迁至福州市仓山区城门镇。新校区占地面积约10.7公顷，建筑面积2.8万多平方米，有语音室、多媒体教室、图书馆、电子阅览室、闭路监控系统、远程教育系统、财会模拟实验室、琴房、舞蹈室、田径场、室内体育室等教学设备和文体设施，专兼职教师100多人，在校学生2000多人。中专部开设社会公共事务、现代殡仪技术与管理、社区康复、法律事务、计算机网络技术、计算机及外设维修、电子电器维修、电脑美术设计、电脑动漫制作、音像与媒体制作技术、电脑会计、电子商务、市场营销、物流管理、商务外语、旅游服务与管理、空港服务、幼儿教育等专业；大专部开设计算机图形/图像制作、网络系统管理、商务英语（空港服务方向）等专业。10月，省民政学校组织43名学员赴长沙参加全国成人高校招生统一考试，43名学员全部被长沙民政职业技术学院录取。

（二）其他直属机构

1995年，增设农村社会养老保险办公室。同年，民政学校撤并内设机构，撤并后设办公室、教导处、培训部，学校中层干部实行聘任制，副校长以上干部仍由省民政厅考核任免。

1999年9月，成立福建省军队离退休干部接待服务中心，为民政厅直属副处级事业单位，核定事业编制13名。

2000年，省勘界办划入省民政厅，为民政厅直属正处级事业单位，核定事业编制12名；福建省民政学校增挂福建省乡村干部培训中心牌子，承担部分乡村干部培训工作。

2001年5月，省民政厅开始部署直属事业单位的改革。9月，省民政厅批准省民福发展总公司（含福建省民政扶贫经济开发服务部和3个下属集体企业：福建省民福贸易公司、福建省民福缝纫机械公司、福建省民福发展总公司砂石加工厂）实施人员分流裁员解除劳动关系的改革方案：辞退全部临时工；分流和解除固定工（集体正式工）和集体合同工，解除其劳动关系或终止其劳动合同；离法定退休年限5年之内的人员办理内退手续。10月，福建省老年人活动服务中心成立，为民政厅直属正处级事业单位，核定事业编制5名。同年，各厅属安置农场实行以人事分配制度为主要内容的改革，建立和实行全员聘用、按劳取酬、企业化管理制度，场长由省民政厅聘任，副场长由场长提名经省民政厅考核后聘任；其他所有工作岗位实行双向选择，竞争上岗，择优聘用；未受聘人员内部消化为主，多渠道分流；实行待岗制度，待岗期半年，半年内执行当地最低工资标准，待岗期满仍未调离农场也未受聘者按当地城镇最低生活保障标准按月发给生活费。截至当年底，南靖草坂农场作为改革试点先行完成改革，安溪湖头茶场、建阳竹洲农场、建宁塔下农场进入改革阶段。

2002年6月，设福建省老龄事业服务中心，核定事业编制7名，为民政厅直属副处级事业单位。

2003年8月，执行国务院《城市生活无着的流浪乞讨人员救助管理办法》，省收容遣送总站更名为福建省救助管理总站，仍为民政厅直属副处级事业单位。同年，省民政厅改革下属单位管理办法，下发《关于在厅属单位实施人事管理、财务管理和综合考评三项的暂行规定和办法》，明确厅属单位机构编制、人员工资、单位资产、财务预算、收入支出、专用基金、人事档案、出差出访、干部培训、专业技术等级管理等问题，提出厅属单位管理效益综合考评的主要方法、步骤和标准；对4个安置农场实施带田带树转岗分流；合并民福公司和福利厂并实施人员分流；省假肢中心实行按岗设人、按责管人、按劳分配；其他厅属各单位也施行用人制度和分配制度改革，实行全员聘任制、事业标准工资挂挡的岗位工资制。

2004年11月，省委机构编制委员会办公室批复省民政厅直属事业单位清理整顿方案：决定保留省民政厅直属事业单位7个（福建省救助管理总站、福建省荣誉军人康复医院、福建省老年人活动服务中心、福建省福利彩票发行中心、福建省老龄事业服务中心、福建省武夷山军队离退休干部休养所、福建省军队离退休干部接待服务中心），更名6个（福建省退伍军人福安培训学校更名为福建省退伍军人福安培训中心，福建省建宁塔下农场更名为福建省建宁安置管理站，福建省安溪湖头茶场更名为福建省安溪安置管理站，福建省建阳竹洲农场更名为福建省建阳安置管理站，福建省南靖草坂农场更名为福建省南靖安置管理站，福建省地名档案资料库更名为福建省勘界和地名档案管理中心），新设立2个（福建省军用饮食供应站、福建省假肢矫形器产品检验所），撤销1个（福建省勘界领导小组办公室，原核定的福建省勘界领导小组办公室12名事业编制予以核销），转制为企业3个（福建省民政工业公司转制为企业，原核定的福建省民政工业公司5名事业编制予以核销；福建省假肢中心转制为企业，原核定的福建省假肢中心120名事业编制予以核销；福州八一服务社转制为企业，原核定的福州八一服务社118名事业编制予以核销）。福建省建宁安置管理站对外加挂“福建省儿童救护保护中心”的牌子，省救助管理总站由副处级事业单位升格为正处级事业单位，省荣誉军人康复医院由正科级事业单位升格为副处级事业单位。厅直属事业单位事业编制由584名核减为306名。

2005年11月，撤销省勘界办，设福建省勘界和地名档案管理中心（机构规格相当于正处级，核定事业编制12名），为省民政厅直属机构。同年，省民政厅改革直属单位管理制度，八一服务社、省民政工业公司、省假肢中心转制为企业；省荣誉军人康复医院、省假肢中心、省军用饮食供应站、建宁安置管理站、安溪安置管理站、建阳安置管理站和南靖安置管理站全部实施人员聘用制度。

截至2005年底，厅直属单位在编在岗人员317名，其中专业技术人员83名，有高级职称的5名、中级职称的29名。

三、挂靠机构

（一）省老区办

1995年6月，省老区办与省委脱贫致富办公室合署办公，归省政府办公厅主管。

1997年底，省老区办与省扶贫办分设，人员管理归省民政厅党组。

2000年8月5日，省委办公厅、省政府办公厅下发《福建省革命老根据地建设委员会办公室职能配置、内设机构和人员编制规定的通知》，保留福建省革命老根据地建设委员会办公室（简称“省老区办”），为副厅级单位，归省民政厅管理，内设秘书处、生产建设处、计财处，机关行政编制16名，其中主任（副厅级）1名，副主任（正处级）2名，处级领导职数3名，机关工勤人员核定事业编制2名，原由省民政厅代发的革命“五老”定期补助经费的职能划归省老区办管理。其主要职能是：分期分批扶持革命老区生产建设，重点扶持过去对革命贡献大、牺牲重、红旗不倒的革命基点村，改变其贫困落后面貌；反映革命老区群众的意见和要求，向党委政府提出加强革命老区经济建设和文化、教育、卫生等建设事业的建议，协调有关部门搞好革命老区两个文明建设；管好用好扶持老区建设专项资金，发挥老区扶建资金的经济效益和社会效益；落实革命“五老”人员生活待遇，定期发放其生活补助金；培养革命后代（指老区中华人民共和国成立前牺牲的烈士、老红军、革命“五老”人员的后代），提高老区人口素质；宣传老区革命精神，弘扬和继承老区革命传统。

2002年6月，省委调整省革命老根据地建设委员会成员：伍洪祥任名誉主任，熊兆仁任名誉副主任，王直、黄扆禹、许集美、李德安、苏华、张翼、张连、林志群、吕居永、李青藻、蔡学仁任顾问，陈芸（副省长）任主任，叶顺煌（省委办公厅副主任）、黄琪玉（省政府副秘书长）、马新岚（省委组织部副部长）、黄炳泰（省民政厅厅长）、马潞生（省财政厅厅长）、吴连田（省老区办主任）、刘群心（省发展计划委员会副主任）任副主任，吴连田兼任办公室主任。

(二)省老龄办

1989年1月17日,省委组织部批准成立福建省老龄工作委员会。8月,经省编制委员会批复,省老龄工作委员会挂靠省委老干部局,委员会下设办公室(享受处级待遇),核定事业编制8名。

1991年2月,省编制委员会发布《关于各级老龄委享受待遇的通知》,省、地、市、县老龄工作委员会享受同级工青妇部门的待遇。

1998年4月,省委机构编制委员会办公室批复成立省老年杂志社,为省老龄委直属事业单位,规格为副处级,核定事业编制5名,经费自给。

2000年10月,省政府发布《关于组建新一届福建省老龄工作委员会的通知》,重组省老龄委,作为省政府主管老龄工作的议事协调机构,办公室设在省民政厅。

2001年11月10日,省委机构编制委员会办公室批复:省老龄委为省政府议事协调机构,下设办公室,办公室设在省民政厅,不定级别;省老龄办内设综合处、调研处,均为正处级,核定事业编制13名,其中机关事业编制12名,工勤人员事业编制1名;省老龄办主任由省民政厅厅长兼任,副主任2名(其中1名常务副主任,驻会专职工作,副厅级),处级领导职数4名(其中正处级2名,副处级2名)。当年,省老龄办在原工作机构的基础上整建制转移到省民政厅。同年底,漳州、三明、宁德、福州、厦门、龙岩、南平市和33个县(市、区)组建新一届老龄工作委员会及其办公室,并参照省里的做法改变其隶属关系。

(三)省勘界办

1996年5月21日,成立福建省勘界工作领导小组,作为主管全省勘界工作的议事协调机构。副省长童万亨任组长,省政府一名副秘书长和省民政厅厅长任副组长,小组成员有省民委、科委、省公安厅、财政厅、民政厅、地矿厅、水利厅、农业厅、林业厅、水产厅、土地局、测绘局和省政府法制办等13个部门的负责人。在省民政厅设负责日常工作的办公室,主任由省民政厅副厅长陈新秀兼任。7月16日,省编制委员会批复同意省勘界办为事业单位,挂靠省民政厅,内设综合处、定界处、调解处,核定人员编制12名。2000年,省勘界办划入省民政厅,为民政厅直属正处级事业单位。

(四)省双拥办

2000年8月,省委办公厅、省政府办公厅发布有关机构改革的通知,省双拥办挂靠省民政厅,机关事业编制7名,其中处级领导职数2名(正处级1名,副处级1名)。

至2005年,省民政厅挂靠单位有省老龄办、省老区办、省双拥办。

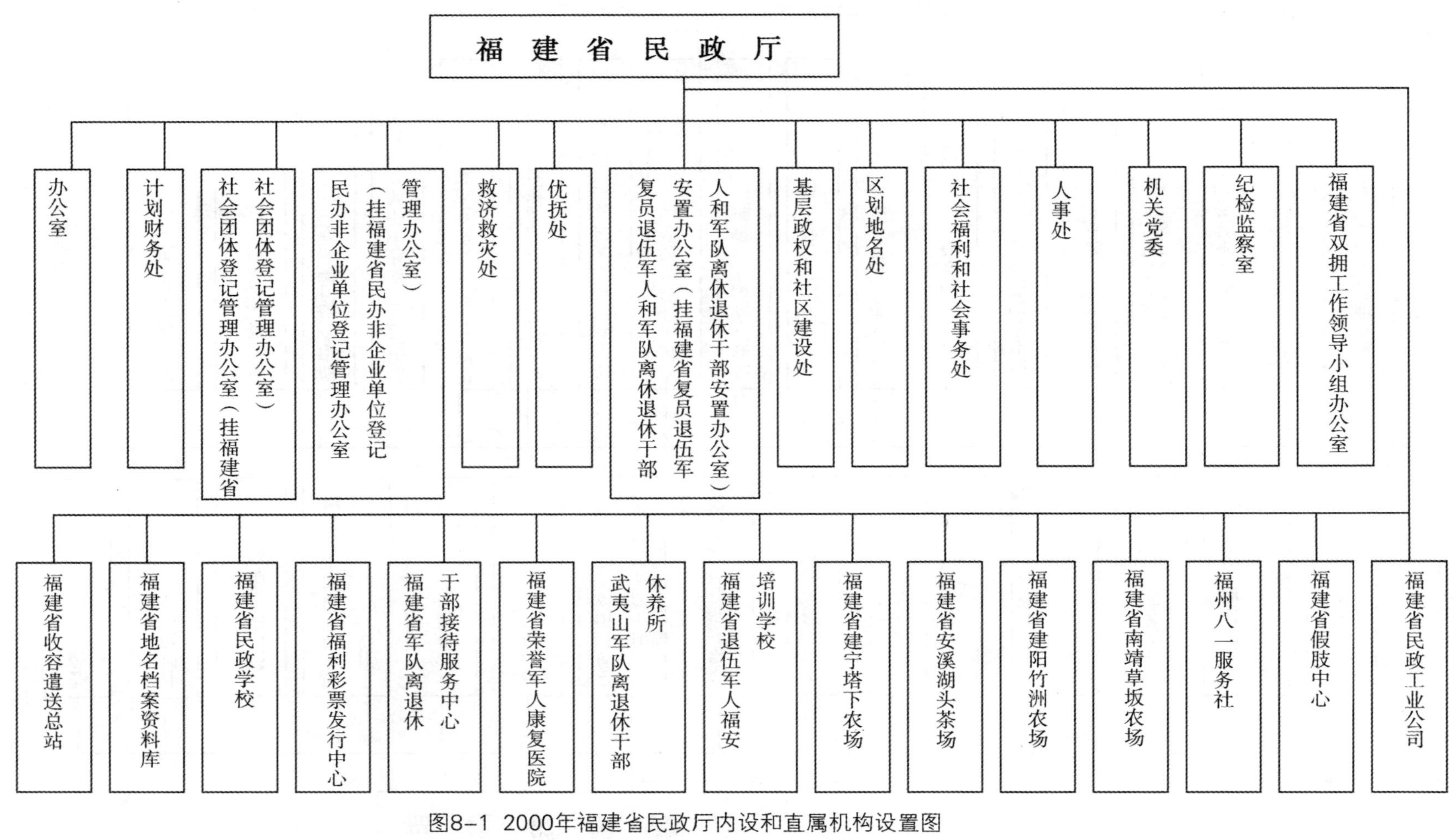

图8-1 2000年福建省民政厅内设和直属机构设置图

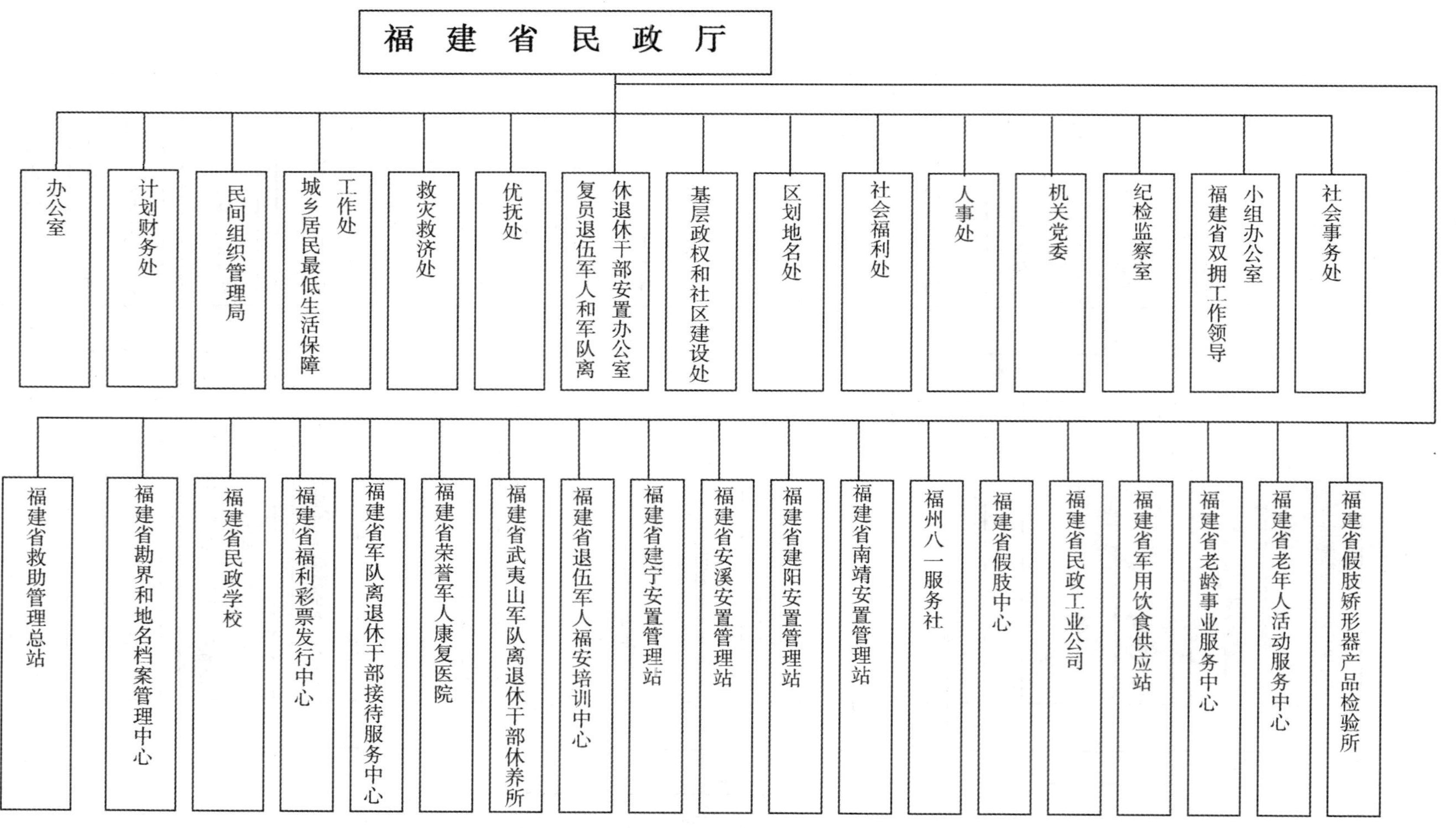

图8-2 2005年福建省民政厅内设和直属机构设置图

表 8-1　　**1995 年福建省民政厅内设机构职能表**

机构名称	机构职能
办公室	协助厅领导处理政务和机关日常工作；参与制定全省民政工作的政策法规；参与厅综合性文件和领导讲话稿起草工作；负责全省民政工作会议和地、市民政局长会议的筹备及会务工作；负责文秘、信息、简报、保密、档案、信访、保卫和机关办公自动化工作；负责机关行政、后勤工作；协调机关各处室的工作；负责民政理论研究和宣传工作；办理领导批办事项。
计划财务处	负责全省民政计划财务工作；研究制定并监督执行计划财务规章制度；管理民政事业经费，并检查监督其使用情况；负责全省民政统计工作；主管厅属单位的基建投资、物资计划。
人事教育处	负责厅机关及厅属企事业单位厅管干部的考核、任免、调配、奖惩及机构设置、人员编制、劳动工资的管理；拟订全省民政干部教育发展规划并组织实施；指导全省民政系统干部队伍建设；负责全省民政干部、职工的培训、表彰工作；负责厅属单位的科技工作和专业技术职称评聘工作；管理省民政学校、民政干校。
优抚处	负责全省拥军优属工作和现役军人、革命伤残人员、复员退伍军人、参战民兵民工、烈军属等优抚对象的抚恤、定补、优待及国家工作人员伤亡抚恤工作；制定抚恤优待的地方性法规，完善抚恤优待制度；审批、褒扬革命烈士；指导优抚事业单位和烈士纪念物管理工作；指导全省扶持优抚对象发展生产和退休、退职职工的管理工作。
救灾救济处	主管农村救灾工作，组织了解、检查并上报灾情；分配、管理并监督使用救灾款物；接收、分配国际援助及社会捐助的救灾款物；组织指导灾民开展生产自救、重建家园；组织开展农村救灾合作保险试点，指导农村扶贫工作和民政生产基地建设，指导敬老院建设及五保统筹供养工作。
社会福利处	制定社会福利发展规划、有关政策法规并组织实施；督促落实国家对福利生产的扶持保护政策；指导有劳动能力的残疾人就业，指导全省福利生产及其技术改造和质量管理；主管假肢科研与生产；负责城市福利事业单位管理与建设；指导收容遣送站、安置农场和直属福利企业的工作；负责 60 年代精简退职职工 40％救灾工作。
复员退伍军人安置办公室（军队离休退休干部安置办公室）	负责退伍义务兵、转业志愿兵和复员干部的接收安置；指导全省退伍军人两用人才的开发使用；指导军供站和省军地两用人才培训学校的管理工作；负责军队（含武警部队）离退休干部、无军籍退休退职职工的接收安置和服务管理工作；落实军队离退休干部的政治和生活待遇；指导移交地方管理的军队离退休干部休养所的建设、管理和生产经营活动。
农村社会养老保险办公室	负责全省农村（含乡镇企业）社会养老保险工作。制定农村社会养老保险发展规划并组织实施，逐步建立、完善农村养老保险制度和管理体系，指导并督促县、乡、村建立健全社会养老保险财务管理制度和档案资料，指导、监督养老资金的投放使用和保值增值。

续表

机构名称	机构职能
基层政权建设处	负责城乡基层政权和群众自治组织建设的日常工作；负责乡镇长和村（居）委会主任培训，指导村（居）委会主任培训，指导村（居）委会换届选举，负责村委会组织法和居委会组织法的贯彻落实，指导推进村（居）民自治活动，指导先进乡镇和村（居）委会的表彰活动；指导全省社区服务工作。
区划地名处	研究制订全省行政区划和设市预测规划；承办地、市、县、乡（镇）区划的划分、设立、撤销、更名和界线变更的审核、报批；组织地、市际边界勘界工作；调解地、市际边界争议，向省政府提出仲裁建议，指导各地边界争议的调处事务；主管全省地名管理工作，指导地名更名、命名，推广使用标准地名，指导各地制定、修订地方性地名管理法规；管理地名档案资料；编辑出版政区图和地名图书。
社会事务处	负责《中华人民共和国婚姻法》《中华人民共和国收养法》《婚姻登记办法》的贯彻实施，指导全省婚姻登记管理和儿童收养登记工作；办理涉外、涉港澳台婚姻登记和儿童收养登记；指导妇女儿童权益保护工作；负责全省殡葬管理，指导各殡葬事业单位的工作，指导、推行婚丧习俗改革。
社会团体管理办公室	负责全省性社团的审批、登记，并依法进行管理；指导地方性社团的管理工作，协助审批、登记、管理涉外社团；负责社团行政复议工作；指导社团发展第三产业，发挥社团的积极作用。

表 8-2　**2000 年福建省民政厅内设机构及挂靠单位职能表**

机构名称	机构职能
办公室	协助厅领导处理政务和机关日常工作；参与制定全省民政工作的政策法规；参与厅综合性文件和领导讲话稿起草工作；负责全省民政工作会议和地、市民政局长会议的筹备及会务工作；负责文秘、信息、简报、保密、档案、信访、保卫和机关办公自动化工作；负责机关行政、后勤工作；协调机关各处室的工作；负责民政理论研究和法制、宣传工作；办理领导批办事项。
计划财务处	负责全省民政计划财务工作；研究制定并监督执行计划财务规章制度；管理民政事业经费，检查监督民政经费使用情况；负责厅属单位内部审计工作；负责全省民政统计工作；主管厅属单位的国有资产管理和基建工作；负责厅机关行政经费的预决算和日常管理工作。
社会团体登记管理办公室	负责全省性社团的审批、登记和年度检查工作；监督社团活动，查处违法社团和未经登记而以社团名义开展活动的非法社团；指导、监督各地社团登记管理工作；协助审批、登记、管理涉外社团；负责社团行政复议工作；发挥社团的积极作用。

续表

机构名称	机构职能
民办非企业单位登记管理办公室	负责省级业务主管单位审查同意的民办非企业单位的登记和年度检查工作；研究提出并监督执行有关收费和财务管理办法；查处民办非企业单位的违法行为和未经登记的民办非企业单位；指导、监督各地民办非企业单位登记管理工作。
救灾救济处	主管全省农村救灾工作，组织了解、检查并上报灾情；分配、管理并监督使用救灾款物；组织指导灾民开展生产自救、重建家园；接收、分配国际援助及社会捐助的救灾款物；审批全省性社会募捐义演；建立、实施全省城乡居民最低生活保障制度；指导各地规范开展城乡居民最低生活保障工作，督促各地严格审批程序，确保符合最低生活保障条件的对象及时得到救助；积极协调与相关部门的关系，做好三条保障线的衔接，研究制定相关优惠政策；及时提出省级城乡居民最低生活保障“调剂金”的分配方案，并对各地的使用情况进行监督检查；主管城乡社会救济工作；指导农村扶贫工作和敬老院建设及五保统筹供养工作。
优抚处	负责全省拥军优属工作和现役军人、革命伤残人员、复员退伍军人、参战民兵民工、烈军属等抚恤、定补、优待工作和因公致残的国家机关工作人员、人民警察、参战民兵民工等人员的评残工作；制定抚恤优待的地方性法规，完善抚恤优待制度；审批、褒扬革命烈士；指导优抚事业单位和烈士纪念物管理工作；指导扶持优抚对象发展生产和退休、退职职工管理工作。
复员退伍军人和军队离休退休干部安置办公室	负责退伍义务兵、转业志愿兵和复员干部的接收安置；指导全省退伍军人两用人才的开发使用；指导军供站、军休干部接待服务中心和省军地两用人才培训学校的管理工作；负责军队（含武警部队）离退休干部、无军籍退休退职职工的接收安置和服务管理工作；落实军队离退休干部的政治和生活待遇；指导移交地方管理的军队离退休干部休养所的建设、管理和生产经营活动。
基层政权和社区建设处	研究提出加强和改进基层政权建设的意见和建议；指导村民委员会民主选举、民主决策、民主管理和民主监督工作，推动村务公开和基层民主政治建设；指导城市居民委员会建设；组织指导基层自治组织和社区组织干部的培训工作；指导村（居）委会的表彰活动；开展社区建设的总体研究，拟定发展规划和指导纲要；向地方党委、政府提出社区建设总体发展的建议和意见；指导全省社区服务管理工作，推动社区建设；负责《中华人民共和国婚姻法》《婚姻登记办法》的贯彻实施；主管全省（含涉外和涉港、澳、台、侨）婚姻登记管理和婚姻服务机构审批、管理工作；办理涉外婚姻登记工作；推进婚姻习俗改革。
区划地名处	研究制订全省行政区域划分、调整和城镇发展规划，开展设市预测；承办地、市、县、乡（镇）、街道区划的调整、设立、撤销、更名和界线变更及政府驻地迁移的审核、报批；主管全省地名管理工作，指导各地地名更名、命名，推广使用标准地名，规范地名设置管理；指导各地制定、修订地方性地名管理法规；管理地名档案资料；编辑出版政区图和地名图书。

续表

机构名称	机构职能
社会福利和社会事务处	制定社会福利发展规划和相关政策法规并组织实施；督促落实国家对福利生产的扶持保护政策；指导全省福利生产及其技术改造和质量管理；指导假肢科研与生产；负责城市福利事业单位管理与建设；指导安置农场、直属福利企事业单位工作；负责全省殡葬管理，指导各殡仪事业单位的工作；推行丧葬习俗改革；指导全省儿童收养登记管理工作；办理涉外儿童收养登记；指导全省收容遣送站工作。
人事处	负责厅机关及厅属企事业单位厅管干部的考核、任免、调配、奖惩及机构设置、人员编制、劳动工资的管理；拟订全省民政干部教育发展规划并组织实施；组织开展全省民政干部培训，指导全省民政系统干部队伍建设；负责全省民政系统先进集体、先进个人的表彰工作；组织全省民政行业工人技术等级考核；承办厅计划生育领导小组日常工作；承办厅机关和直属单位工作人员出国（境）的审核、报批；负责厅属单位的科技工作和专业技术职称评聘工作；指导省民政学校、民政干校工作。
省双拥工作领导小组办公室（挂靠）	协同有关部门研究制定全省性双拥政策、规定和规划；组织协调全省性双拥工作，指导各地开展创建双拥模范城（县）活动；协调部队参加抢险救灾、地方重点工程、社会公益事业建设；协同有关部门处理军地历史遗留问题和重大军民矛盾纠纷；配合有关部门做好新入闽部队的“安居”工作，协助部队解决战备、训练、生活等方面的实际困难；开展双拥宣传和理论研究，总结推广双拥工作经验；承办省委、省政府及全国双拥办交办的其他工作事项。
省老区办（挂靠）	协调做好革命老区扶建工作，管好用好扶持老区建设专项资金，宣传老区革命精神，做好革命“五老”优待工作。
省老龄办（挂靠）	贯彻落实党和国家有关老龄工作方针政策，宣传贯彻老龄工作法律法规；推动和协调有关部门实施老龄事业发展规划，兴办老年福利事业；开展老龄科学研究，指导、督促和检查全省老龄工作；做好老年思想政治工作，抓好老年教育，推动开展有利于老年人身心健康各种活动，办好全省性老年报刊，维护老年人合法权益。

表 8-3　**2000 年省老区办内设机构及其职能表**

机构名称	机构职能
秘书处	协助领导处理政务和协调各处工作；负责人事、劳动工资、福利劳保和离退休老干部管理；负责机关文秘、收发、档案管理、机关行政财务、后勤事务工作；负责老区预科班和老区农村实用技术培训；接待处理来信来访；负责联系和协调组织慰问老区活动；负责老区宣传工作，办好《福建老区通读》；负责管理全省老区电脑网络中心。

续表

机构名称	机构职能
生产建设处	协调有关部门支持老区基础设施建设；落实与反馈省领导、省老建委老同志交办的老区生产、建设项目；调查论证省办直接扶持生产、建设项目；检查指导各地扶持老区生产建设项目的选择、实施和管理工作；建立老区建设与发展项目库；负责年度扶建项目成果的总结上报。
计财处	拟定老区扶建资金的分配计划和安排意见；会同财政部门下达支援老区建设发展资金；检查、审计、监督各地老区扶建资金的使用和管理；负责革命“五老”人员定期生活补助经费和管理；负责汇总上报全省老区资金使用、管理的统计报表。

表 8-4　　**2000 年省民政厅机关各处室人员编制和领导职数情况表**

单位：名

处室名称	行政编制	领导职数	工勤人员
厅领导（含纪检组长）	6		
办公室	7	2	7
人事处	4	1	
计划财务处	4	2	
社团登记管理办公室	5	3	
民办非企业单位登记管理办公室	5	2	
救灾救济处	5	2	
优抚处	4	1	
基层政权和社区建设处	5	2	
复员退伍军人和军队离退休干部安置办公室	5	2	1
社会福利和社会事务处	5	2	
机关党委	1	1	
省双拥办	7	2	
纪检监察室	4	1	
合计	67	23	8

注：全厅内设机构编制 56 名，省双拥办编制 7 名，纪检监察室编制 4 名。

表 8-5 **2005 年福建省民政厅直属事业单位基本情况表**

单位	主要职责	机构规格	核定编制	人员结构	经费来源
福建省救助管理总站	承担社会盲流人员接收、安置、救助、教育、管理等工作	正处级	5 名	行政管理人员 1 名，专业技术人员 3 名，后勤工作人员 1 名	由财政核拨
福建省勘界和地名档案管理中心	负责勘界、地名档案资料的收集、整理、保管并提供利用服务，参与省、县际边界纠纷协调工作，参与出版省行政区域界线图	正处级	12 名	行政管理人员 2 名，专业技术人员 8 名，后勤工作人员 2 名	由财政核拨
福建省军用饮食供应站	保障平时部队的饮食、军供，为部队及复退军人的过往提供服务	正处级	20 名	行政管理人员 2 名，专业技术人员 16 名，后勤工作人员 2 名	由财政核拨
福建省老年人活动服务中心	为全省老年人提供养老、教学、健身、康复、娱乐等服务	正处级	5 名	行政管理人员 1 名，专业技术人员 3 名，后勤工作人员 1 名	经费自给
福建省福利彩票发行中心	负责全省社会福利彩票发行、销售和管理工作	正处级	16 名	行政管理人员 2 名，专业技术人员 12 名，后勤工作人员 2 名	经费自给
福建省假肢矫形器产品检验所	受法律法规授权，依据国家标准对假肢矫形器产品及标准件进行检测评估，提供检测数据；参与假肢矫形器标准的起草、制定，以及假肢矫形器产品检验方法的研究	正处级	8 名	行政管理人员 2 名，专业技术人员 5 名，后勤工作人员 1 名	由财政核拨
福建省民政学校	承担中等职业教育、民政系统干部培训、民政行业职业技能培训和职业鉴定	正处级	46 名	—	由财政核拨
福建省老龄事业服务中心	对全省老年人福利设施建设提供服务，对老年人“老有所为”提供咨询服务，承担老龄事业日常服务工作	副处级	7 名	行政管理人员 1 名，专业技术人员 5 名，后勤工作人员 1 名	经费自给

续表

单位	主要职责	机构规格	核定编制	人员结构	经费来源
福建省荣誉军人康复医院	接收本省籍特、一等革命伤残军人，并为休养、康复提供医疗服务	副处级	72 名	行政管理人员 7 名，专业技术人员 58 名，后勤工作人员 7 名	由财政核拨
福建省武夷山军队离退休干部休养所	为军队离退休干部休养提供服务	正科级	8 名	行政管理人员 2 名，专业技术人员 5 名，后勤工作人员 1 名	由财政核拨
福建省军队离退休干部接待服务中心	接待省内外军队离退休干部并提供日常服务	副处级	13 名	行政管理人员 2 名，专业技术人员 9 名，后勤工作人员 2 名	由财政核拨
福建省退伍军人福安培训中心	承担退伍军人的业务、技能培训	副处级	8 名	行政管理人员 2 名，专业技术人员 5 名，后勤工作人员 1 名	由财政核拨补助
福建省建宁安置管理站	承担接受、安置、救助、教育社会盲流人员、孤残老人以及流浪、孤残儿童	正科级	20 名	行政管理人员 3 名，专业技术人员 15 名，后勤工作人员 2 名。核定领导职数 2 名	由财政核拨
福建省安溪安置管理站	承担接收、安置、教育社会盲流人员和孤残老人	正科级	15 名	行政管理人员 2 名，专业技术人员 11 名，后勤工作人员 2 名	由财政核拨
福建省建阳安置管理站	承担接收、安置、教育社会盲流人员和孤残老人	正科级	45 名	行政管理人员 5 名，专业技术人员 35 名，后勤工作人员 5 名	由财政核拨
福建省南靖安置管理站	承担接收、安置、教育社会盲流人员和孤残老人	正科级	14 名	行政管理人员 2 名，专业技术人员 10 名，后勤工作人员 2 名	由财政核拨

表 8-6　**1995—2005 年福建省民政厅负责人名表**

姓名	性别	职务	任职时间
董启清	男	党组书记、厅长	1994 年 10 月—2000 年 3 月
兰杰北	男	党组成员、副厅长	1989 年 2 月—1995 年 12 月

续表

姓名	性别	职务	任职时间
陈新秀	男	副厅长	1994 年 1 月—1997 年 12 月
兰致和	男	党组成员、副厅长	1994 年 11 月—2004 年 8 月
高雪玉	女	党组成员、省纪委驻省民政厅纪检组组长	1995 年 12 月—
江华先	男	党组成员、副厅长	1995 年 12 月—
石增兴	男	党组成员、副厅长	1997 年 12 月—2000 年 3 月
鄢一忠	男	党组成员、副厅长	1997 年 12 月—2005 年 6 月
吴连田	男	党组成员、省老区办主任	1998 年 2 月—2004 年 5 月
黄炳泰	男	党组书记、厅长	2000 年 4 月—
林培新	男	党组成员、副厅长	2000 年 4 月—
陈进暖	男	党组成员、副厅长	2003 年 5 月—
周扬基	男	党组成员、副厅长	2004 年 5 月—
周　瑛	女	党组成员、副厅长	2004 年 5 月—
罗万荷	男	党组成员、省老区办主任	2004 年 5 月—

表 8-7　**1995—2005 年福建省双拥工作领导小组组长名表**

姓名	单位及职务	任职时间
林开钦	省委副书记	1995 年 1 月—1996 年 6 月
习近平	省委副书记	1996 年 7 月—1999 年 10 月
石兆彬	省委副书记	1999 年 10 月—2000 年 7 月
赵学敏	省委副书记	2000 年 7 月—2001 年 2 月
卢展工	省委副书记	2001 年 2 月—2003 年 7 月
王三运	省委副书记	2003 年 7 月—2005 年 12 月

表 8-8　**1989—2005 年福建省老龄工作委员会及其办公室负责人名表**

机构名称	职务	姓名	任职时间
福建省老龄工作委员会	主任	李敏唐	1989 年 10 月—1993 年 12 月
		胡　宏	1994 年 1 月—2000 年 10 月
		张家坤	2000 年 10 月—2003 年 4 月
		陈　芸	2003 年 4 月—

续表

机构名称	职务	姓名	任职时间
福建省老龄工作委员会	名誉主任	贾久民	1989 年 10 月—1996 年 2 月
		程　序	1994 年 1 月—1998 年 9 月
	专职副主任	温秀山	1994 年 1 月—1999 年 11 月
	常务副主任	胡洛余	1989 年 10 月—2000 年 10 月
		丘广钟	2000 年 10 月—2002 年 4 月
		陈　芸	2002 年 4 月—2003 年 4 月
	副主任	陈金灿	1989 年 10 月—2000 年 10 月
		李宗时	1989 年 10 月—2000 年 10 月
		陈元海	1994 年 1 月—2000 年 10 月
		张联方	1994 年 1 月—2000 年 10 月
		陈桂宗	1994 年 1 月—2000 年 10 月
		黄诗筠	1994 年 1 月—2000 年 10 月
		黄永盛	1989 年 10 月—2000 年 10 月
		章振乾	1989 年 10 月—2000 年 10 月
		应　稚	1989 年 10 月—2000 年 10 月
		董启清	1994 年 1 月—2000 年 10 月
		黄炳泰	2000 年 10 月—
		黄琪玉	2000 年 10 月—
		王克益	2000 年 10 月—
		刘贤儒	2000 年 10 月—2002 年 4 月
		马新岚	2002 年 4 月—
福建省老龄工作委员会办公室	主任	黄炳泰	2000 年 11 月—
	常务副主任	李宗明	2000 年 11 月—2004 年 5 月
		周扬基	2004 年 5 月—

第二节　队伍建设

一、教育培训

1997 年，省民政厅举办两期民政局长业务培训班，有 110 名 1995 年以后任职的地县两级民政局局长参加培训。

1998 年，省民政厅举办第三期民政局长业务培训班，参训者多为新上任的县（市、区）民政局局长。

2001 年 11 月，省民政厅在东山县召开全省民政系统队伍建设和教育培训工作会议，提出民政队伍教育培训的主要任务：抓好党性党风教育和思想道德教育，提高干部理论水平和思想政治素质；抓好专业技能培训，提升干部工作能力和创新能力；提升干部学历层次，改善干部文化和专业结构。

图 8-3　2001 年 6 月，省民政厅举办纪念建党 80 周年知识竞赛

2003 年 3 月，省民政厅下发《关于干部教育培训的五年计划实施方案》，决定对全省民政系统 2056 个县以上民政机关干部和 2100 个乡镇（街道）民政助理员分 3 年实施行政执法知识全员轮训。3 月 25 日至 4 月 8 日，省民政厅与民政部培训中心联合在北京民政干部管理学院举办福建省民政局长培训班，全省机构改革后新上任的部分市、县（区）民政局局长和厅机关、省老区办、省老龄办部分处室负责人共 53 人参加培训，民政部部长李学举出席培训班开学典礼并与参训人员进行座谈交流。7 月 13 日至 20 日，省民政厅在武夷山举办同年第二期福建省民政局长培训班，参训的有 46 个市县两级民政局局长，培训内容涉及城乡社

会救助体系建设、社区建设、村民自治、社会福利社会化以及如何当好市县两级民政局长等。9 月，省民政厅组织编印《民政业务培训教材》，内容涉及本厅各处室近 30 项业务工作，约 60 万字，发至县级民政部门。11 月 5 日至 10 日，省民政厅举办处级以上干部理论读书班，厅机关及直属单位副处级以上干部共 40 人参与。

图 8-4　2003 年 3 月，福建省民政厅和民政部培训中心联合举办福建省民政局长培训班

图 8-5　2003 年 4 月 4 日，省民政厅组织机关青年干部到省革命历史纪念馆参观学习

2004年，全省民政系统实行分级培训负责制，即民政厅负责培训设区市民政局正副局长、科（处）长、县区民政局局长及新任副局长、民政厅机关处级以下干部和厅直属单位负责人；设区市民政局负责培训县（市、区）民政局副局长、股长、本级副科级以下（含副科级）干部和局属单位负责人；县级民政局负责培训本局一般干部和乡镇（街道）从事民政工作的人员。5月1日至4日，省民政厅组织厅机关及省勘界办、省福彩中心等35岁以下青年干部共23人赴井冈山进行以“携手红色之旅，追寻伟人足迹”为主题的学习考察活动。

2005年3月，省民政厅举行民政系统先进模范事迹报告会，邀请仙游县福利院院长、浦城县殡仪馆馆长等5人在会上做先进事迹报告。当年，省民政厅组织干部职工观看牛玉儒、郑培民、谷文昌、郑忠华、周国知等先进事迹录像片，通过典型案例进行警示教育，并先后举办全省经营性公墓规范化管理培训班、全省城市居民最低生活保障信息系统培训班、全省救助管理培训班、福利院院长光荣院院长培训班、民间组织会计培训班共12期。同年，省民政厅举办民政局长培训班，参训者多为新上任的县（市、区）民政局局长。

1995年至2005年，省民政厅有100多人次参加省委党校、省直机关工委党校、省行政学院学习；有200多人次参加电脑软件应用培训班学习；有近200人次到境外考察学习社会工作、社会福利、社区建设、殡葬改革、救灾救济、优抚安置、社团管理、福利彩票运营、慈善事业管理、老龄工作等。在此期间，省民政学校先后举办救助管理工作培训班、婚姻登记培训班、社团登记培训班、殡葬管理培训班、区划地名管理培训班、村委会主任培训班、民政行业技术工人等级培训班、陵园主任岗位培训班、光荣院院长培训班，培训婚姻登记员1800人，社团登记管理工作人员234人，救助管理人员210人，地名和区划管理人员53人，殡葬管理人员55人，村委会主任、光荣院院长、陵园主任和民政行业技术工人等1300人；全省民政系统有338名在职干部职工通过自学、函授，参加统一考试，获省民政学校颁发大专证书。2005年底，省民政厅机关本部（包括省勘界和地名档案管理中心、省救助管理总站、省军队离退休干部接待服务中心）干部大专以上文化程度97人，占干部总数的93%。

二、行风建设

1995年3月，省民政厅和省人事厅联合发布《关于表彰全省民政工作先进单位和先进工作者的决定》，表彰42个先进单位和67个先进工作者。

同月，省民政厅下发《关于表彰1994年社会福利有奖募捐工作先进单位和先进个人的决定》，表彰17个先进单位和32个先进个人。

1996年，全省民政系统开展“敬业爱岗为民树形象”活动，要求干部职工从本职岗位出发，内强政治业务素质，外树人民公仆形象，改进工作作风，提高服务质量。同年，各地民政部门对婚姻登记中收取农村社会养老保险费和其他搭车收费情况进行自查自纠。

1997 年 2 月，省民政厅下文要求坚决制止和纠正借婚姻登记强制收取农村社会养老保险费行为。3 月，省民政厅组派人员分赴福州、莆田、泉州、漳州、南平等市 14 个县（市、区）24 个乡镇调查，走访 74 对新婚夫妇了解婚姻登记收费情况。8 月，全省民政系统开展学习济南民政局为民解难服务、漳州“110”活动，加强基层窗口文明建设。同年，全省民政部门被列为民主评议行风重点部门。省民政厅在《福建日报》上发布《关于制止婚姻登记搭车乱收费的通告》。各级婚姻登记机关向社会公开婚姻登记条件、程序和收费标准；县以上民政部门设立婚姻登记搭车收费举报电话、举报信箱。

1998 年初，全省民政系统开展基层窗口单位行风测评活动，省民政厅组织人员赴九地市进行抽检。3 月，按照省委政法委的部署和要求，全省民政系统开展教育整顿活动，主要查找系统内部薄弱环节，建立和完善规章制度，历时 4 个月。各地民政部门针对容易发生消极腐败的部位和窗口岗位提出 4 个“是否”和“有无”，即是否牢固树立全心全意为人民服务的宗旨和切实为民解难的群众观念，有无做到能办的事马上办；是否坚持依法办事，有无执法不严和乱收费乱罚款问题；是否自觉遵守廉政准则，有无在公务活动中接受礼品、礼金，以及参加对公正执行公务有影响的宴请，参加用公款支付的营业性歌舞厅、夜总会等高消费娱乐活动；是否自觉遵守各项规章制度，有无违背职业道德、职业纪律行为。各级民政局在整改活动中建立健全规章制度，同时要求每个干部联系个人实际情况，找差距、摆问题、查原因，写出自查自纠的书面报告。6 月，省民政厅下发《关于坚决制止殡仪职工在殡仪服务中收受“红包”的通知》，各地认真贯彻执行，自查自纠。12 月，省民政厅下发《关于在全省民政系统推行政务公开的公告》，并在《福建日报》上刊登该公告，提出民政系统公开的政务项目和措施要求。同年，漳州市民政局建立漳州“110”社会联动殡仪服务台，设立服务监督台、义务监督员和举报电话，公开遗体火化办事程序及收费项目、收费标准，规定收受“红包”者第一次处以十倍罚款，第二次在有线电视台公开检查，第三次坚决给予辞退处理。厦门市殡仪管理处规定：收受“红包”的第一次扣当月奖金、下岗 3 个月，第二次下岗半年，第三次开除。长汀县殡仪馆与本单位干部职工签订《拒收红包责任书》。龙海市殡仪馆每月考核测评一次，奖优罚劣。建瓯市殡仪馆实行公开服务承诺，发放《敬告丧属书》，制作客户意见反馈单，并制定《岗位文明用语》。

1999 年 1 月，全省民政系统全面推行政务公开活动，公开内容涉及城乡居民最低生活保障、自然灾害救助、农村五保供养、捐赠款物管理、城市“三无”和其他困难对象救助、优抚对象优待抚恤、基层政权建设、社区建设、复退军人和军队离退休干部安置、婚姻登记管理、殡葬管理、收养登记管理、民间组织管理、行政区划管理、地名管理、福利企业管理。省市县三级民政部门成立政务公开监督小组，聘请政务公开监督员，设立投诉电话和意见箱。5 月，全省民政系统开展争创人民满意民政单位和争当人民满意民政干部活动，省市县民政部门成立“双争”活动领导小组。10月，省民政厅召开全省民政系统基层窗口行业作风整顿工作座谈会，总结婚姻登记、殡葬管理窗口建设的经验；强调行风建设要与“三讲”（讲学习、讲政治、讲正气）教育相结合，与经常性的党的宗旨教育、职业道德教育、行政执法教育、反腐倡廉教育相结合，与民政政务公开活动相结合，与争创人民满意民政单位和争当人民满意民政干部活动相结合。12月，全省民政系统参与省监察厅组织的基层窗口作风整顿活动，提出任何单位不得再向农民征收优待金和其他优抚费用，不得硬性划定优抚经费在乡统筹费中的比例，严禁把社会统筹来的优抚经费用于优待军烈属以外的其他方面；办理结婚登记只准收取工本费，严禁搭车收取其他任何费用；发放救灾款物坚持公开合理的原则，接受群众监督；严禁殡仪职工收受“红包”；预算外收入的，全面实行“收支两条线”管理，做到管事与管钱分离，计划指标与资金划缴两条线运行；强化行政事业性收费票据管理，做到“票款分离”。同年底，省民政厅组织人民满意民政单位和个人评选表彰活动，表彰20个人民满意民政单位和99名人民满意民政干部。

2000年初，省民政厅把基层窗口单位的行风建设检查工作纳入年度工作计划，制定全省民政系统基层文明窗口单位创建标准。2月省民政厅下发《关于加强民政法制建设，全面推进依法行政的实施意见》，要求全省民政系统建立民政机关工作人员经常性学法制度，执法人员每年至少参加40小时的法律知识学习；民政部门行政方式逐步实现从主要依靠政策、计划和行政命令管理向依法行政、规范管理转变；依据法律规范民政执法活动中的行政处罚、行政强制、行政确认、行政登记、行政给付等具体行政行为，完善民政执法的实体性规则和程序性规则；建立健全行政复议工作机构，规范行政复议的申请、受理、审查、决定等工作程序，将行政复议活动经费列入本机关正常的行政经费。3月，全省民政系统开展基层窗口行业作风整顿“回头看”活动，重点检查整顿殡仪馆（站、公墓）、婚姻登记室、社会福利院、SOS儿童村、收容遣送站、敬老院、光荣院、革命烈士陵园、军队离退休干部休养所、军供站等，历时1个月。9月21日至27日，民政部纪检组长张印忠率全国民政系统建设检查组来闽，先后到福州、莆田、泉州、漳州、厦门等五市八县（市、区）检查福利院、敬老院、殡仪馆、收容遣送站、军休所、革命烈士陵园、婚姻登记室、乡镇民政办等基层窗口单位。11月，省民政厅聘请5个机关效能建设监督员，并明确监督员职责。同月，省民政厅向机关全体党员领导干部配偶发放“争当廉内助”倡议书，倡议讲政治讲正气，增强廉政责任感，帮助配偶共守廉政关口。同年，为贯彻落实中央政法委《关于进一步加强政法干部队伍建设的决定》精神，各级民政部门开展“三基”（强化基础建设，落实基本工作制度，苦练基本功）和“五好”（建设一个好班子，带出一支好队伍，完善一套好制度，建立一个好机制，塑造一个好形象）教育活动。同年底，省民政厅对9个设区市民政基层窗口单位开展行风检查测评活动。

表 8-9　　**2000年福建省民政系统基层文明窗口单位创建标准表**

项目建设	创建标准
一、殡仪馆（站、公墓）	1. 领导重视，班子团结，认真贯彻执行党和国家的路线方针政策，职责明确，分工协作，廉洁奉公，把精神文明建设列入殡葬管理工作的重要内容，实行目标管理。
	2. 设施齐全，设备良好，馆容馆貌整洁美观，环境幽雅卫生。
	3. 各项规章制度健全，公布上墙，建立完善的内部制约和外部监督机制，无刁难丧属、收受“红包”行为。
	4. 依法办事，民主监督，文明服务，管理规范。
	5. 实行馆务公开，承诺服务，爱岗敬业，工作人员亮牌上岗，讲文明、讲礼貌，服务热情周到，服务项目齐全，群众满意。
	6. 获县级以上文明单位。
二、社会福利院	1. 领导重视，班子团结，认真贯彻执行党和国家的路线方针政策，职责明确，分工协作，廉洁奉公，把精神文明建设列入院工作的重要内容，实行目标管理。
	2. 坚持办院宗旨，完成当地政府安排的“三无”对象的收养任务。建立院务管理委员会，实行院务公开，民主管理。
	3. 实行承诺服务，管理规范，各项规章制度健全，公布上墙，接受服务对象及社会各界的监督。
	4. 各类设施和服务项目达到省二级福利院标准。积极创造条件向社会开放，逐步实现服务对象公众化。
	5. 工作人员恪守职业道德，持证亮牌上岗，服务热情周到。院容院貌美观、整洁、卫生。
	6. 获地市级以上文明单位。
三、收容遣送站	1. 领导班子团结，勤政廉政，认真贯彻执行党和国家的路线方针政策，把精神文明建设列入收容遣送工作的重要内容，实行目标管理，社会反映好，群众满意。
	2. 依法行政，文明执法，工作人员亮牌上岗，忠于职守，管理规范。优质服务，办事效率高。
	3. 实行站务公开，各项规章制度健全，公布上墙，自觉接受服务对象及社会各界的监督。
	4. 认真完成政府交办的收容遣送任务及“110”社会联动救助任务。收容遣送完全，无重大责任事故。
	5. 设施齐全，设备维护保养好，站容站貌整洁卫生，环境优美。
	6. 获地市级以上文明单位或省级系统先进单位。

续表

项目建设	创建标准
四、敬老院	1. 领导班子团结，认真贯彻执行党和国家的路线方针政策，职责明确，分工协作，廉洁奉公，把精神文明建设列入院工作的重要内容，实行目标管理。
	2. 实行院务公开，承诺服务，民主管理。工作人员爱岗敬业，亮牌上岗，服务耐心细致，热情周到。各项规章制度健全，公布上墙，落实好，院民满意。
	3. 院民生活所需实物和经费由乡镇统筹供给，其标准不低于当地村民平均生活水平并随当地群众生活水平提高而同步提高。
	4. 五保对象在15人以上，工作人员与五保对象的比例不低于1∶5。院舍布局合理，食堂、卫生室、活动室、浴室等基础设施齐全。住房坚固，物品齐备，院容院貌整洁美观，绿地覆盖面积占生活空地的30%以上。
	5. 有自办或联办经济实体，年利润在万元以上或达到院人均纯收入300元以上。坚持勤俭办院，民主理财，财务手续完备，开支合理，定时公布。
	6. 获县级以上文明单位或地市以上民政系统先进单位。
五、光荣院	1. 领导班子团结，认真贯彻执行党和国家的路线方针政策，职责明确，分工协作，廉洁奉公，把精神文明建设列入院工作的重要内容，实行目标管理。
	2. 实行院务公开，承诺服务，民主管理，工作人员亮牌上岗，文明服务，院民满意。
	3. 地方财政供给的经费有保障，服务设施逐年改善，无危房。环境整洁，美观。
	4. 各项规章制度健全，公布上墙，接受群众监督。院民衣着、卧具勤洗勤换。文化娱乐设施齐全，有计划地开展娱乐健身活动。
	5. 积极开展以副补院活动，项目适宜，管理规范，效益好，财务账目清楚，经费开支合理。
	6. 获县级以上文明单位。
六、革命烈士陵园	1. 领导班子团结，认真贯彻执行党和国家的路线方针政策，职责明确，分工协作，廉洁奉公，勇于创新，把精神文明建设列入陵园建设重要内容，实行目标管理。
	2. 贯彻执行民政部和上级有关陵园建设的方针、政策，陵园建设纳入当地经济社会发展总体计划和城乡建设规划，按规划逐年有新进展。
	3. 坚持“褒烈育人”宗旨，烈士纪念、褒扬设施保护好，维修及时，陈列展示内容充实，教育作用发挥好，注重文物搜集、保护，坚持共建共育活动，社会效益明显。
	4. 重视园容园貌规划建设，环境优美，整洁卫生，秩序良好。陵园周边（界域内）无违章建筑和不协调的经营活动。
	5. 实行园务公开，承诺服务，各项规章制度健全，公布上墙，工作人员亮牌上岗，服务规范。以副补园活动开展好，效益明显。
	6. 获地市级以上文明单位。

续表

项目建设	创建标准
七、军队离退休干部休养所	1. 领导重视，班子团结，认真贯彻执行党和国家的路线方针政策，两委组织健全，职责明确，分工协作，廉洁奉公，勇于创新，把精神文明建设列入工作的重要内容，实行目标管理。
	2. 认真落实军休干部政治、生活待遇，定期传达文件，工资待遇落实，组织体检，建立档案，急病用车有保障。开展文体活动，参与社会公益活动。
	3. 各项规章制度健全，公布上墙，责任落实。所容所貌美观，绿化环境，清洁卫生，保证安全。
	4. 实行政务公开，承诺服务，民主管理，遵纪守法，严格财经制度，做好工休人员的政治思想工作，坚持走访慰问军休干部，工作人员亮牌上岗，热情服务，文明办事。
	5. 各项经费到位，生产经营有效益。项目投资好，资金按时回收，人均年创收 1500 元以上。
	6. 获县级以上文明单位。
八、军供站	1. 领导班子团结，认真贯彻执行党和国家的路线方针政策，坚持“为部队服务，为国防建设服务”办站宗旨，职责明确，分工协作，廉洁奉公，把精神文明建设列入军供工作的重要内容，实行目标管理，优质、快速、准确、安全、保密地完成各项军供任务。
	2. 认真贯彻落实民政部、总后勤部《军供站正规化建设规定》，遵守国家有关环境、卫生、检疫、消防安全的要求，搞好平战结合，综合利用，社会效益好。
	3. 爱岗敬业，遵守纪律，履行岗位职责，实行 24 小时值班供应制，军供质量高，应急保障能力强。
	4. 实行站务公开，承诺服务，民主管理，各项规章制度健全，公布上墙，工作人员亮牌上岗，文明服务，主动热情，管理规范。
	5. 站容站貌整洁美观，绿化环境，秩序良好。
	6. 获县级以上文明单位。
	1. 领导重视，认真贯彻执行党和国家的路线方针政策，职责明确，把精神文明建设列入婚姻登记工作的重要内容，实行目标管理。
	2. 实行政务公开，承诺服务，各项规章制度健全，办事程序、登记条件、收费标准、登记员守则等公布上墙，自觉接受社会监督。
九、婚姻登记室	3. 依法行政，文明执法，管理规范，严格执行国家规定的收费标准，无搭车收费现象。
	4. 采取得力措施，有效治理早婚等各种违法婚姻现象。婚姻登记合格率达到 100%。婚姻档案齐全，专人保管。
	5. 婚姻登记人员爱岗敬业，廉洁奉公，亮牌上岗，说话和气，办事热情，文明服务，登记室环境整洁、美观。
	6. 获县级以上文明单位或地市以上民政系统先进单位。

2001年初，省民政厅成立直属单位改革工作领导小组，制发《关于清理整顿厅属事业单位机构编制的意见》，组织实施直属单位制度改革：改革单一委任制，推行领导干部聘用制和岗位管理制度；改革经营管理制度，实行企业化管理，建立并完善国有资产保值增值管理制度；实行法人代表负责制和责任追究制度，实行经济责任审计制度。3月，省民政厅在莆田召开全省民政系统基层窗口单位行风建设座谈会，传达民政部相关会议精神，总结交流全省民政系统基层窗口单位行风建设经验和问题，提出要从讲政治、促发展、保稳定高度进一步加强对行风建设的领导，落实行风建设责任制，突出重点，抓好殡仪服务、收容遣送、社会福利和收养（福利院、光荣院、敬老院）、卫生事业（精神卫生病院、福康医院、慈康医院、荣康医院）、婚姻登记等重点窗口单位的行风教育整顿。5月，全省民政系统开展民主评议行风活动，以召开座谈会、设投诉点、发放征求意见表（测评表）等形式，并通过广播、电视、报纸等新闻媒体，发动社会民众查找民政部门问题。7月，在厦门召开全省民政系统民主评议行风工作会议，提出加强领导，进一步落实行风评议责任制。12月，在福州召开全省民政系统民主评议行风大会，面对面评议9个设区市民政部门行风建设工作情况，省纪委、省行风评议办公室、省民政厅行风评议代表、各设区市民政局局长、纪检组长和省民政厅机关各处室负责人参会，9个设区市民政局局长作行风整改的表态发言。同年，福州市殡仪馆和涉外婚姻登记处开展“七个一”建设（一个廉政监督台、一个举报箱、一张办事程序图、一份办事指南、一个咨询窗口、一个收费公开栏、一个干净整洁办公环境）。涉外婚姻登记办证时间由两个半月缩短到半个月，涉台办证由2个月缩短到5个工作日。厦门市殡葬

图8-6　2001年3月20日，省民政厅领导在莆田市民政局窗口单位检查行风建设

图 8-7　2001 年 12 月，全省民政系统民主评议行风大会在福州召开

图 8-8　2001 年，福州市民政局在五一广场举办向社会各界征求行风意见活动

管理处和殡仪服务站调整殡葬职工待遇，市收容遣送站规范简化收容遣送手续。湖里区民政局会同卫生、计生部门，将婚前教育、婚检及婚姻登记结合在一起，实行“一条龙”服务。三明市涉外婚姻登记室印发《涉外婚姻登记须知》和服务态度反馈单给当事人，实行一次性告知制和材料审核限时制。漳州市基层窗口单位实行“两有”（有举报电话、有举报箱），

“三挂”（挂牌上岗、挂牌办公、挂牌收费），“八上墙”（政策依据上墙、岗位职责上墙、收费标准上墙、服务项目上墙、服务程序上墙、服务内容上墙、服务标准上墙、服务时限上墙）。南平市公开殡葬行业服务价格明细表，实行 24 小时遗体接运、遗体火化、公墓订购、骨灰安葬等服务。

2002 年 7 月，省人事厅、省民政厅联合表彰福建省民政系统先进工作者 79 人、福建省民政系统劳动模范 13 人。同月，省民政厅表彰 17 个县（市、区）民政局为民政工作先进单位。11 月，省民政厅在福州召开全省民政系统民主评议行风工作会议，与会代表参观福州市儿童福利院、福州市涉外婚姻登记处、福州市白龙军休所、福州市精神病人疗养院。

2003 年 5 月，全省民政系统开展 2002 年度救灾款和救灾捐赠物管理使用情况专项执法监察活动，历时一个半月，主要以召开座谈会听取汇报、查阅批文和会计资料、核查款物领取人名单及签字等原始凭证、走访入户查问等形式，检查救灾款物接收手续是否完备，账目是否清楚，内部监督制度是否健全，救灾款物发放是否符合规定，有无拖欠、截留、挪用、挤占和私分等问题，并检查救灾款物管理使用是否做到来源公开、数量公开、分配方案公开。6 月，召开全省民政系统民主评议行风工作座谈会，要求加强领导，进一步落实工作责任；加强教育，筑牢思想道德防线；突出重点，创造性地开展工作。8 月，省民政厅组织行风评议代表和特邀监察员分 3 个检查组，赴 9 个设区市 24 个县（市、区）53 个基层窗口单位开展民政系统行风评议活动，共召开座谈会 34 场，发放调查问卷（表）500 多份，暗访行政相对人 150 多个。11 月，民政部在福州召开全国部分省（市、区）民主评议行风工作研讨会，民政部党组成员、纪检组长张印忠出席会议并讲话，福建省民政厅在会上做题为《广开言路听民意，纠建并举树新风》的研讨性发言，与会人员参观福州市涉外婚姻登记处、第一社会福利院、精神病人疗养院等窗口单位。

图 8-9　2003 年 11 月，民政部在福州市召开部分省（市、区）民主评议行风工作研讨会

2004年6月，根据民政部《关于对殡葬服务机构、救助管理站、乡镇民政办（所）进行民主评议行风的通知》和省政府、省纪委纠风工作会议的部署要求，省民政厅制定下发民主评议政风行风工作方案，对全省殡仪服务机构、社会救助管理站和县级民政局城乡低保工作开展民主评议行风活动，主要评议行风建设责任制落实、依法行政和制度建设、政务公开和服务承诺履行、廉政守纪以及工作作风和服务质量情况。全省52个殡仪馆、12个社会救助站和84个县级民政局参与评议活动，历时1个月，经历动员、自查、抽查、评议总结4个阶段，采取听汇报、看原始记录、查看窗口现场、现场发放现场填写现场回收调查表、召开被评议单位工作人员和民政服务对象代表座谈会民主评议和明察暗访民政服务对象等方式方法进行评议评审，总体合格率达80%以上。

2005年初，省民政厅继续将政风行风评议活动纳入年度工作计划，与业务工作同部署。8月，省民政厅组织行评代表和特邀监察员分4个检查组赴各地，以听取汇报、召开座谈会、考察窗口现场、检查原始资料、走访低保户、发放调查问卷和明察暗访等方式方法，检查9个设区市26个县民政局73个基层窗口单位行风建设情况，共走访低保户174户，发放问卷900多份，历时近1个月，共收集200多条意见，主要涉及殡仪服务、婚姻登记、城乡低保等方面问题。

附　　录

一、大事年表

1995 年

1 月 9 日至 11 日　全省地市民政局长会议在福州召开，会议传达全国民政厅局长会议精神，总结 1994 年工作，部署 1995 年工作任务。副省长童万亨出席会议并讲话。

1 月　民政部确定厦门市湖里区禾山镇为全国农村最低生活保障工作试点单位之一。

1 月　省委、省政府和省军区第四次命名省级双拥模范城（县）10 个、省级双拥模范乡（镇）19 个、省级拥军优属模范企业 9 个。

2 月　《中华人民共和国地名词典》福建分卷出版发行，共收录省内地名 4167 条。

4 月 12 日至 14 日　全省第十五次民政会议在福州梅峰宾馆举行，参会的有各地、市、县、区分管民政工作的政府领导和民政局局长，省长陈明义和民政部部长多吉才让出席会议并讲话。会议总结过去 6 年全省民政工作，研究部署未来 5 年全省民政工作目标和任务。

4 月 13 日至 15 日　民政部部长多吉才让先后到泉州市鲤城区和福州市鼓楼区调研居委会换届选举、居委会干部来源、工资补贴、居民会议、居委会达标升级活动以及党支部和居委会之间关系等问题。

4 月　省政府在福州举行第十五次全省民政会议，研究部署全省民政工作任务和措施，省长陈明义出席会议并讲话。在会上，表彰了 42 个民政工作先进单位和 67 名先进工作者。

4 月　省民政厅等 16 个单位联合制发《关于加快发展我省社区服务业的意见》，对社区服务业提出扶持政策。

5 月　省民政厅按照省政府批准的“三定”方案进行机构改革，增设农村社会养老保险办公室、省纪委驻厅纪检组、省监察厅驻厅监察室；复原退伍军人安置办公室同军队离休退休干部安置办公室合并（对外仍挂两个牌子），城市社会福利处更名为社会福利处，农村救济处更名为救灾救济处，民政处更名为社会事务处，地名办公室更名为区划地名处，人事处更名为人事教育处。

6 月　省老区办与省委脱贫致富办公室合署办公，归省政府办公厅主管。

6 月 10 日至 13 日　应中国国际减灾十年委员会邀请，全国人大常委、澳门中华总商会副会长、澳门大丰银行总经理何厚铧率团一行 29 人考察闽北灾区。

9 月 5 日　省委常委会听取民政工作汇报并研究决定在全省城市逐步推行居民最低生活保障制度，省委书记贾庆林主持会议。

10 月 13 日　国务院批准撤销福鼎县，设立福鼎市（县级）。

10 月 27 日　国务院批准福州市调整 5 个市辖区行政区域，郊区更名为晋安区。

10 月　省老区建设促进会会长伍洪祥组织有关人员赴闽东、闽西、闽北、闽中 18 个县市区 38 个乡镇 67 个村委会调查经济和社会发展情况，历时 1 个多月。

11 月中旬　华东地区（六省一市）殡改工作经验交流会在福建举行。与会代表参观福州三山陵园、石狮永久墓园、厦门中华永久墓园和泉州、晋江、厦门等市殡仪馆。

11 月　福建省优待金社会统筹工作会议在莆田市召开。会议确定从 1996 年起推行优待金以县、市（区）为单位社会统筹，建立省、地、县三级拥军优属基金。

12 月 20 日至 30 日　福建省退役士兵安置暨军供站工作会议在厦门召开。会议传达贯彻全国安置会议精神，总结 1995 年退伍安置和军供站工作，部署新年度工作任务。

1996 年

3 月　中央纪委办公厅在一内刊发表省老促会《闽东革命“五老”晚景应予关心》一文，中共中央政治局委员、国务院副总理邹家华在该文上作指示；人民日报《情况汇编》第 112 期发表《闽东革命“五老”晚景凄惨亟待提高定补标准和实施优待政策》一文，省委书记贾庆林在该文上作批示：请民政厅商有关部门研究并提出意见。随后，省委办公厅下发文件，提出革命“五老”人员定补标准以及各级财政资金分担的比例。

4 月 21 日　省政府批准撤销惠安县肖厝镇，设立后龙、山腰、南埔、涂岭、埭港 5 个镇，成立泉州市肖厝经济开发管理委员会，为泉州市政府派出正县级行政机构。

4 月　全省 23 个城市民政局设立捐赠接收工作站，发动城市居民捐赠闲置不用的衣被，共募集衣被 50 多万件。

4 月　省民政厅确定福清市、莆田县、泉州市鲤城区、南靖县、永定县、沙县、邵武市、福安市、厦门市湖里区为农村社会保障试点县市，开展农村低保试点工作。

5 月 31 日　国务院批准设立漳州市龙文区（县级）。

5 月　省勘界工作领导小组成立，作为主管全省勘界工作的议事机构。下设办公室，设在省民政厅。

5 月　省计划生育委员会、省计划生育工作协会、省民政厅联合下发通知，要求引导农村独生子女父母、二女结扎夫妇本着自愿的原则参加由民政部门承办的养老保险。

6 月 19 日　全省专项治理乱建坟墓、寺庙暨公路绿化会议在榕召开，省委书记贾庆林、副书记何少川、副书记习近平到会讲话。各地由此开展“三沿两区”乱建坟墓专项治理工作。

6月19日　省政府召开全省勘界工作会议，动员部署全省勘界工作。省领导出席并讲话。

8月21日　福建、广东两省勘界工作领导小组在广东省潮州市召开闽粤联合勘界第一次联席会议，签订《广东省与福建省联合勘定行政区域界线实施方案》，闽粤边界线勘定工作由此正式启动。

8月　民政部批准莆田市政府与国际SOS儿童村组织合作，在莆田市建立“中国莆田SOS儿童村”，负责收养和教育来自福建、浙江、江苏、广东四省失去父母且亲友无力抚养、身体健康、肢体健全、智力正常的孤儿。

8月　受9610号台风影响，龙岩地区出现特大暴雨，永定、长汀、上杭、武平等县受灾，死亡242人，失踪284人。灾情发生后，全省民众及境外侨胞共捐款3300万元，捐赠衣被205万件。

10月14日　省政府决定从1996年10月1日起提高在乡退伍红军老战士、红军失散人员和革命“五老”人员生活定补标准。

11月20日　国务院批准撤销龙岩地区和县级龙岩市，分别设立地级龙岩市和县级新罗区；撤销厦门市同安县，设立厦门市同安区。

11月29日　省人大常委会修订《福建省实施〈中华人民共和国村民委员会组织法（试行）〉办法》和《福建省村民委员会选举办法》，对村委会选举有效性认定问题作出新规定。

11月　省人大常委会颁布《福建省拥军优属若干规定》。

同年　省民政厅捐赠宁夏回族自治区民政厅帮扶款50万元。

1997年

1月　省委、省政府和省军区命名第五届省级双拥模范城（县）25个、省级双拥模范乡（镇、街道）36个、省级拥军优属模范企业12个。

2月18日　省政府在福州召开全省村（居）委会换届选举工作会议暨城市基层先进单位和个人表彰会议，部署村（居）委会换届选举工作，表彰24个“街道之星”、53个优秀居委会、19位优秀街道办事处主任、51位优秀居委会主任。

3月8日至12日　应国务院新闻办公室五洲传播中心邀请，美国卡特中心代表团一行6人观摩考察古田县官江村、赖厝村的村委会选举活动和西溪村村民代表会议讨论表决村务的实况。

5月7日至8日　闽赣两省联合勘定闽赣线第一次联席会议在福州召开，签订《福建省与江西省联合勘定行政区域界线实施方案》，正式启动闽赣边界勘定工作。

5月19日　美国共和党国际学会代表团考察厦门市思明区滨海街道和龙岩市新罗区大池乡村委会选举活动，历时7天。

5月　省政府召开清理整顿社会团体工作会议，全省由此开展清理整顿社团工作。

6 月 3 日　国务院批准泉州市鲤城区析出部分行政区域，设立丰泽区和洛江区。

8 月　省民政厅印发《福建省农村社会养老保险基本方案（试行）》。省民政厅修订《福建省老年农民（50 周岁以上）社会养老保险暂行办法》《福建省农村义务兵社会保险暂行办法》《福建省农村少年儿童社会养老保险暂行办法》《福建省残疾人社会养老保险暂行办法》。

8 月　全省民政系统开展学习济南民政局为民解难服务、漳州“110”活动，加强基层窗口文明建设。

10 月　全省沿海城市以“扶贫济困送温暖”为主题开展募捐御寒衣被活动，共募集衣被近 200 万件、现金 285.98 万元。

10 月　省委机构编制委员会办公室、省人事厅、省劳动厅、省民政厅联合发布《关于冻结全省机关事业、社会劳动、农村社会保险机构编制的通知》。

12 月 8 日至 9 日　省政府在福州召开全省第二次勘界工作会议，总结交流工作经验，部署 1998 年度全省勘界工作，表彰 1996—1997 年度勘界工作先进单位和先进个人。

12 月 10 日至 13 日　福建、广东两省召开协商定界会议，闽粤边界线全长 401.2 公里全线划定。

12 月　省政府下发《关于在全省建立和实施城市居民最低生活保障制度的通知》，要求全面建立和实施城市低保制度，全省提前一年实现国务院确定的目标。

12 月　省老区办与省扶贫办分设，省老区办人员归省民政厅党组管理；中国莆田 SOS 儿童村动工开建，资金主要来源于国际 SOS 儿童村组织。

同年　全省民政部门被福建省机关效能建设领导小组列为民主评议行风重点部门。

1998 年

1 月　全省民政系统开展基层窗口单位行风测评活动，省民政厅组织人员赴九地市进行抽检。

2 月　省委副书记习近平率省直有关部门负责人考察大田、宁化、清流、建宁等地“造福工程”和脱贫工作，赞扬宁化县下赖村 73 户因灾倒房的灾民在民政部门资助下重建新村：民政部门办了好事，使群众安居乐业。

3 月 24 日至 25 日　省政府在福州召开全省殡葬工作会议，要求至 2000 年全省火化率达 40%以上，各地市分管副市长（副专员）、民政局局长，38 个殡葬改革重点县（市）分管领导、民政局局长，省直有关单位负责人共 120 多人参会。

4 月　全省开展扶贫济困送温暖捐助月活动，共募集衣被、毛毯、毛衣等 72.78 万件，现金 260.75 万元。

5 月 13 日　闽浙两省联合勘界第一次联席会议在杭州召开，签订《浙江省与福建省联合勘定行政区域界线实施方案》，闽浙边界线勘定工作正式启动。

5 月　省民政厅组织全省民政系统开展统计执法检查，历时 4 个月，重点检查优抚定补和社会救济人数。

6月4日　闽粤两省政府签署《福建省人民政府与广东省人民政府联合勘定行政区域界线协议书》(同年7月16日，经国务院批准，该协议书生效)。

6月11日至22日　闽北地区连降特大暴雨引发闽江流域洪涝灾害，民政厅紧急下拨救灾款800多万元，送800顶救灾帐篷和500顶军用帐篷，并通过南京军区某部派出的直升机向被洪水围困成“孤岛”的建瓯市区及周边乡镇空运2吨食品(饼干和方便面)、数吨饮用水和7000条毛巾被。

7月　全省开展救灾募捐活动，共募集捐款5600万元，其中省直195个单位参与募捐活动，共募集现金1600万元。

7月24日　省政府发布《福建省1998—2000年殡葬改革规划》和《福建省第一批火葬区规划》，要求至2000年全省遗体火化区覆盖人口占全省总人口75.7%，火化区面积76047平方公里，火化率40%以上。

8月　长江流域发生洪涝灾害，驻闽部队派出1.6万余名官兵赴江西九江抗洪抢险。全省各地响应中央号召开展援助长江流域洪涝灾区募捐活动，各级民政部门设立捐赠接收机构(捐赠中心)，公布联系电话、接收地点和捐赠账户。

8月　福建省企业和外资单位在中央电视台举办的2场赈灾义演活动中共捐赠款物2780.1万元(其中通过中华慈善总会代转1621.9万元，通过民政部代转1158.2万元)。当月底，全省共募集捐赠款物20148.317万元。

10月19日至23日　省委副书记习近平率省老区办和相关部门负责人赴南平市武夷山、建阳、建瓯、延平等地调研当年洪涝灾区灾后重建工作。

10月　省委常委会决定自1998年1月1日起提高全省在乡老复员军人定补标准，所需经费由省、地、县财政按4∶3∶3比例分担。

11月　省委、省政府召开全省老区工作会议，要求各职能部门齐抓共管，老区自身要挖掘潜力，寻找发展突破口，发展开发性生产。

11月　全省开始民办非企业单位登记工作。

12月3日至15日　省委副书记习近平率省老区办和省直相关部门负责人赴福州市罗源、福清、晋安、永泰等地调研老区扶建工作。

12月25日至26日　省政府在福州召开全省拥军优抚安置工作会议，省长贺国强、省委副书记习近平等出席会议并讲话，会议要求改革优待金统筹办法，逐步建立优抚对象抚恤补助标准与人民生活水平同步提高的自然增长机制。

12月26日　省政府召开加强民间组织管理、维护社会稳定工作会议，省委省政府领导、省直机关有关部门领导、各地市县区政府分管领导和民政局局长共250人参加会议。

12月　省委、省政府决定拨给参加抗洪救灾部队1000万元专款用于解决部队因检查身体、治疗疾病等急需解决的医疗器械和药品短缺等问题，对参加闽江和长江流域抗洪抢险的义务兵给予增发优待金或发放奖金。

同年　实施“110”社会救助联动工作被列入省委省政府年度为民办实事项目，公安“110”报警服务平台参与城市收容遣送工作。

同年　各地对百岁以上老年人给予每人每月100元长寿营养补贴和定期免费体检、巡诊等优待。

同年　省民政厅下达100万元资助闽东地区连家船民上岸定居。

1999年

1月30日　省双拥办和福州市双拥办联合在福州五一广场举行“爱心献功臣”义演活动，省委副书记习近平和省政府、省军区、福州市领导以及社会各界人士1万多人参加。

1月　全省民政系统开始推行政务公开，实行承诺服务。各级民政部门公布16个为民服务项目的服务对象、办事依据、工作程序、办理时限等，接受群众和社会各界的监督；各地民政部门会同工商、公安部门开展婚姻介绍服务机构清理整顿活动。

2月8日　省委副书记习近平代表省委、省政府走访慰问省民政厅，并就双拥、老区、救灾、优抚、殡葬改革、基层政权建设、最低生活保障等工作提出希望和要求。

2月　中共中央政治局常委、全国人大常委会委员长李鹏率全国人大内司委、财经委、科教文卫委、法律委、法工委等负责人考察闽东老区，走访慰问老党员、老红军、老游击队员、老苏区干部代表。

3月5日　省民政厅、省财政厅联合发出《关于建立优抚对象抚恤补助标准自然增长机制的通知》，确定优抚对象抚恤补助标准的年增长幅度至少不低于当地上年度人均收入的增长幅度。

3月10日至11日　省民政厅在福州表彰1996—1998年度民政工作先进地市4个（龙岩、三明、泉州、厦门）、先进县（市、区）10个（福清、台江、湖里、城厢、南安、南靖、霞浦、浦城、永安、新罗），同时表彰全省勘界工作先进单位和个人、国道设标工作先进单位和个人。

3月　经省政府批准，省民政厅、省财政厅联合发布《关于建立优抚对象抚恤补助标准自然增长机制的通知》，全省由此全面启动优抚对象抚恤补助标准自然增长机制。

4月23日　省民政厅、省双拥办和福建电视台共同组织“爱心献功臣”募捐义演晚会，社会各界现场认捐总额达800万元。

5月22日　全省民政系统近1500名干部职工参加由省民政厅和省法制局联合组织的行政执法资格统一考试。试卷分民政业务卷和综合卷。约70%参试者考试合格。

5月　全省民政系统开展争创人民满意民政单位和争当人民满意民政干部活动。

6月7日至12日　省委副书记习近平率省老区办和省直相关部门负责人赴宁德、周宁、福安、屏南等地调研少数民族扶持工作和老区“五通”工程建设情况。

6月12日　省老龄办在福州五一广场举行庆祝国际老年人年暨迎澳门回归大型签名宣传活动。

6月　中共中央政治局常委、国家副主席、中央军委副主席胡锦涛视察闽西老区，在省委书记陈明义陪同下到上杭、长汀、连城等地看望老区村民。

6月　外国人在闽收养子女的统一由省民政厅登记，厦门市民政局不再办理外国人在闽收养登记。

6月至11月　省级各套班子领导人带领40多个厅局负责人，分别到21个老区县，35个老区乡镇，61个革命基点村进行基础设施建设的调查研究和现场办公。

7月5日至6日　省委副书记习近平率省直相关部门负责人赴三明市泰宁县新桥乡汾信村、岭下村（为“三讲”省级领导挂点村）调研。

7月30日　省社会福利有奖募捐委员会办公室在全省范围内发行“八闽风采”即开传统结合型彩票。

8月　各级民政部门依照国务院《社会团体登记管理条例》第三十九条规定，开始对社会团体进行重新登记，并依照中央有关通知精神加强对气功类社团的管理。

9月　福建省军队离退休干部接待服务中心成立，为民政厅直属副处级事业单位。

10月8日　9914号台风登陆龙海市，全省死亡、失踪72人。灾情发生后，省民政厅紧急下拨救灾款500多万元。11月9日至10日，省政府在莆田召开全省重建灾民住房工作会议，安排部署遭受9914号台风正面袭击的沿海地区灾后重建工作，各地市分管领导、民政局局长、部分重灾县（市、区）民政局局长出席会议。

10月18日　闽浙两省联合勘界第五次协商定界会议在浙江省瑞安市举行，闽浙边界线全线贯通。

11月4日至7日　省委副书记、代省长习近平率省老区办和省直相关部门负责人赴宁德市蕉城、福安、寿宁等地调研老区“五通”工程建设。

11月14日　国务院批准撤销宁德地区，设立地级宁德市，原县级宁德市改设蕉城区。

11月26日至28日　全国城市居民最低生活保障工作会议在泉州举行，各省市自治区、计划单列市和新疆建设兵团民政局领导和业务处处长参加会议，民政部副部长范宝俊到会并讲话，会议代表参观考察泉州鲤城区、丰泽区低保工作。

11月27日　省委副书记、代省长习近平率省直相关部门负责人赴长汀县调研水土保持工作并调研中央苏区县扶建工作。

11月　中央电视台在《新闻30分》栏目中报道福建省城市低保工作。

12月26日至29日　省委副书记、代省长习近平率省老区办和省直相关部门负责人赴龙岩市武平、长汀、上杭、永定等中央苏区县调研，并走访慰问邓子恢、陈丕显、张鼎丞、刘亚楼、杨成武、王直、熊兆仁、邓六金、魏金水、伍洪祥等家乡群众及其亲人。

12月　中共中央政治局候补委员、中组部部长曾庆红到闽西老区考察。

12 月　民政部、总政治部授予福建省泉州市、厦门市、福州市、漳州市、三明市、莆田市、晋江市、福鼎市、长乐市、石狮市、长汀县“全国双拥模范城（县）”称号。

12 月　全省民政系统参与省监察厅组织的基层窗口作风整顿活动。

同年　省委、省政府下发贯彻落实中共中央国务院关于进一步加强扶贫开发工作决定的实施意见，决定把老区“五通”工程列入为民办实事项目；省民政厅拨款 75 万元对口扶持霞浦县盐田畲族乡建设船民新村（帮助 66 户特困连家船民上岸定居），建造船民子弟小学教学楼和教师宿舍楼、洋边畲族村完小教学楼和盐田乡敬老院。

同年　基金会监管职责由人民银行移交民政部门，人民银行不再审批和管理基金会。

2000 年

1 月 16 日　厦门市开元区被民政部列为全国社区建设实验区，成为全国 25 个社区建设实验区之一。

1 月 28 日　省委、省政府和省军区在福建会堂举行全省双拥模范城（县）命名表彰大会，省领导陈明义、习近平、袁启彤、游德馨和驻闽部队领导陆凤彬、陈明端等和省直各部门、各地市领导、各界人士 1400 多人出席会议。会上，省委、省政府命名 32 个单位为双拥模范城（县）；福建省双拥工作领导小组表彰“爱心献功臣行动”先进单位 57 个，先进个人 80 名。

1 月　省委书记陈明义到莆田市湄洲湾北岸、莆田县、城厢区、仙游县等地考察灾后灾民重建住房工作。

2 月 23 日至 24 日　全省地市民政局长会议在福州举行，总结回顾过往一年全省民政工作，研究部署新一年工作目标和任务，并表彰福州市儿童福利院等 20 个人民满意民政单位和 99 个人民满意民政干部。省领导出席并讲话。

2 月　三明市梅列区民政局在省民政厅支持和帮助下开展居委会成员候选人选聘工作，通过综合知识笔试和面试向社会公开招录居委会成员候选人。

3 月 9 日　经省委机构编制委员会办公室批复，福建省社会福利有奖募捐委员会办公室更名为“福建省福利彩票发行中心”，为“独立核算、自收自支”正处级事业单位。

3 月中旬　省人大常委会组织村民自治和村财管理百村调研活动，民政、农业、农办等部门参与，共调研 17 个县（市）34 个乡镇 102 个村。

3 月 18 日　中国莆田 SOS 儿童村举行开村典礼，国际 SOS 儿童村主席海尔姆特·库廷、民政部副部长杨衍银等参加开村典礼，并为儿童村揭牌。

3 月 21 日至 23 日　福建、江西两省召开联合勘界第 7 次协商定界会议，商议解决闽赣线最后一段遗留问题，至此闽赣两省全长 975 公里、涉及两省 7 个地（市）21 个县（市）的边界线全部划定。

3 月下旬　全省民政系统开展基层窗口行业作风整顿“回头看”活动，重点检查整顿殡仪馆（站、公墓）、婚姻登记室、社会福利院、SOS 儿童村、收容遣送站、敬老院、光荣院、革命烈士陵园、军队离退休干部休养所、军供站等，历时 1 个月。

3 月　福建省民间组织管理工作领导小组成立，由省委、省政府分管领导任组长、副组长，宣传、民政、公安、安全、工商、教育、卫生、体育、财政、审计、编办、人行等部门为成员单位。

3 月　省长习近平批示：要采取有效措施，加快殡葬改革步伐。随之，省政府办公厅就制止乱建坟墓回潮问题下发紧急通知，要求再度清理“三沿两区”乱建坟墓问题。

4 月 12 日　国务院批准设立泉港区，以泉州市肖厝经济开发管理委员会管辖区域为泉港区行政区域。

4 月 24 日　省政府下发《关于调整省勘界工作领导小组的通知》，调整省勘界工作领导小组组长及成员。

4 月 29 日至 30 日　省政府召开全省勘界工作会议，向 9 个设区市下达勘界工作目标管理责任书，要求各地在当年底前全面解决遗留县界线争议问题。

5 月 19 日　省委、省政府在福州召开全省加强民间组织管理工作会议，要求从维护社会政治安定稳定的高度引导管理好民间组织，调控民间组织的结构和总量，严禁民间组织之间建立垂直领导或变相垂直领导关系和组织网络系统，建立完善民间组织自律机制。

5 月 22 日　省长习近平、省委副书记卢展工考察省福彩中心。

6 月　省政府召开殡葬改革专题会议，提出乱建坟墓问题整改意见，省委组织部、省文明办、省财政厅、省国土资源厅等部门负责人参加会议。

7 月 28 日　省九届人大常委会第二十次会议三审通过《福建省实施〈中华人民共和国村民委员会组织法〉办法》和《福建省村民委员会选举办法》（修订案），对选民登记、村委会成员候选人提名、委托投票、另行选举、补选以及村委会成员罢免等问题作出新规定。

7 月　省监察厅、财政厅、劳动保障厅和民政厅联合组织“四项资金”（国有企业下岗职工基本生活保障资金、失业保险基金、基本养老保险基金和城市居民最低生活保障资金）专项检查活动。

8 月 3 日　美国卡特中心代表团一行 8 人在民政部、外交部有关人员陪同下观摩考察仙游县赖店镇象岭村和留仙村村委会选举投票情况。

8 月 7 日　省民政厅调整部分职能并改革内设机构：分离社会团体登记管理办公室中民办非企业单位登记管理职能，增设民办非企业单位登记管理办公室（核定事业编制 5 名），对外挂“福建省民办非企业单位登记管理办公室”牌子；合并复员退伍军人安置办公室和军队离休退休干部安置办公室，成立复员退伍军人和军队离休退休干部安置办公室，对外挂“福建省复员退伍军人和军队离休退休干部安置办公室”牌子；合并社会福利处与社会事务处，成立社会福利和社会事务处；基层政权处增加社区建设与社区服务管理等职能并更名为基层政权与社区建设处；救灾救济处增加城乡居民最低生活保障职能；划入省勘界工作领导小组办公室任务完成后的职能；划出农村社会养老保险职能移交给省劳动和社会保障厅。

9月1日 由中国福利彩票发行中心主导发行的“中华风采”福利彩票在省内上市。

9月21日至27日 民政部纪检组长张印忠率全国民政系统建设检查组来闽，先后到福州、莆田、泉州、漳州、厦门等五市八县（市、区）检查福利院、敬老院、殡仪馆、收容遣送站、军休所、烈士陵园、婚姻登记室、乡镇民政办等基层窗口单位。省委常委、省纪委书记梁绮萍陪同其在福州考察。

9月28日 省政府在武平县召开全省恢复生产重建家园工作会议，研究部署受台风“碧利斯”袭击的灾区灾后重建工作，省民政厅、农业厅、水利厅和海洋与渔业局领导，各地市民政局、农业局、水利局、水产局领导以及24个重灾县（市、区）民政局局长参加会议，与会代表参观武平县东留乡黄坊村、万安乡贤溪村和平川镇七坊村集中建房的现场。

9月 省民政厅开展副处级领导职位竞争上岗活动，分笔试、面试和群众测评3个环节进行。

9月 省政府召开老龄工作专题会议，决定自2000年开始，由省政府每年拨专款慰问全省百岁老人，每年发给每位百岁寿星500元，并以省政府名义发给百岁老人慰问信。

10月 省委、省政府组建新一届省老龄工作委员会，作为省政府主管老龄工作的议事协调机构。省老龄工作委员会下设办公室，设在省民政厅。

11月3日 省委副书记、省长习近平率省民政厅、省老区办和相关部门负责人赴龙岩市棉花滩库区调研并指导灾后重建与恢复生产工作。

11月15日 全省民政局长培训班在福建行政学院培训中心开班，为期15天，市县两级民政局局长和机关部分处室负责人共70余人参加培训。

11月29日 省政府在福州召开全省老龄工作暨社会福利社会化工作会议，省老龄工作委员会成员单位代表出席会议，省委组织部、宣传部等9个单位在会上发言。

11月 省政府在福州召开全省老龄工作暨社会福利社会化工作会议，讨论省委、省政府关于贯彻落实《中共中央、国务院关于加强老龄工作的决定》的实施意见，研究如何应对人口老龄化的挑战，加快社会福利社会化进程。

12月7日 省政府下发《关于印发加快实现社会福利社会化实施意见的通知》，提出建立政府投入与社会投入相结合的社会福利资金筹措机制。

12月26日 省委副书记、省长习近平率相关部门负责人调研闽西革命老区，并瞻仰古田会议旧址。

12月 省双拥工作领导小组在福州召开大会表彰141个双拥工作先进单位、200个双拥工作先进个人和32个先进双拥办公室。

同年 省老区办挂靠省民政厅，规格为副厅级；省双拥工作领导小组办公室挂靠省民政厅，核定机关事业编制7名；省勘界工作领导小组办公室划入省民政厅，为民政厅直属正处级事业单位，核定事业编制12名；省农村社会保险公司移交省劳动和社会保障厅管辖；省福彩中心成立“刮刮彩”电脑彩票发行总部，建立承销商和承销机构席位制度。

同年　省民政厅资助重庆市万州区165万元兴建万州天城社区服务中心，并资助西藏林芝地区易贡乡灾区50万元。

2001年

1月5日　省委副书记、省长习近平率相关部门负责人赴闽东革命老区调研并征求老区干部群众对2000年省政府工作的意见。1月7日至8日，省委副书记、省长习近平率相关部门负责人赴闽西革命老区调研并征求老区干部群众对2000年省政府工作的意见。

1月9日　全省电脑福利彩票销售系统开通，“35选7”（彩票游戏玩法）上市。

1月　省政府办公厅发布《关于印发福建省老龄工作委员会成员单位职责的通知》，提出省老龄办主要工作职责。

1月　省福彩中心在福州举行“福彩爱心救助工程”系列活动，用福彩公益金资助特殊困难急需救助的贫困家庭。

2月14日至15日　全省民政工作会议在福州召开，传达全国民政厅（局）长会议精神，总结2000年全省民政工作，部署2001年全省民政工作目标和任务。省领导出席并讲话。会上宣布了省民政厅表彰的殡葬改革工作15个先进集体和15名先进个人名单。

2月　中国福利彩票“31选7”在福建上市。

3月　省政府下发《关于开展民办非企业单位复查登记工作的通知》，全省开始民办非企业单位复查登记工作。

3月　省委、省政府各部门按照省委书记宋德福提出的“城市抓社区，农村抓乡镇”的要求，开始着手调查研究社区问题，并根据《中共中央办公厅、国务院办公厅转发〈民政部关于在全国推进城市社区建设的意见〉的通知》精神，规划制定本部门在社区建设中的职责和任务。

4月　全省开展扶贫济困送温暖募捐活动，共募集衣被约100万件，募款420万元。福州、厦门、莆田、泉州、漳州市和省直机关募集90多万件衣被共14个车皮运往宁夏固原地区。

4月　省委、省政府下发贯彻《中共中央、国务院关于加强老龄工作的决定》的实施意见，要求鼓励和引导社会力量兴办老年福利事业，建立国家、社会、家庭、个人相结合的养老保障机制，让老年人享受社会发展成果。

5月11日至13日　省委副书记、省长习近平率省直相关部门负责人赴漳州市平和县和泉州市老区县调研革命老区扶建工作。

5月22日　省长习近平到省民政厅调研，走访省民政厅部分机关处室和省老区办、省老龄办、省福利彩票中心，对城乡低保、救灾工作、民间组织管理、殡葬改革、双拥工作、村委会选举、社区服务、老区扶建、老龄工作、彩票福利金使用等方面提出要求。

5 月 29 日　省委书记宋德福、省长习近平等到福州市儿童福利院看望孤残儿童，并赠送洗衣机、空调、食品、文具、图书等礼物。

5 月 31 日　省政府颁布《福建省 2001—2005 年殡葬改革规划》和《福建省第二批火葬区规则》，提出全省殡葬改革总体目标：全省遗体火化率每年平均提高 5 个百分点，至 2005 年底全省火化区覆盖 3187 万人，火葬区面积达到全省总面积的 90%以上，火化率达 70%。

5 月　人民日报《情况汇编》反映福建省一些地方乱建坟墓之风盛行问题，国务院总理朱镕基对之批示：这不是小事。省委书记宋德福随之批示：按总理批示精神，重视过问此事。

5 月　闽赣两省政府签署《福建省人民政府与江西省人民政府联合勘定行政区域界线协议书》（当年 10 月国务院批准该协议书生效）。

5 月　福州市台江区鳌峰街道亚峰居委会经整合后成立鳌峰街道亚峰社区居民委员会，并建立社区成员代表大会、社区议事监督委员会，制定《社区自治章程》。

5 月　《福建老区通讯》更名为《红土地》，全国人大常委会原副委员长彭冲题写刊名，张廷发、孔石泉、饶守坤、向守志等中顾委委员和将军参与题词。

5 月　全省民政系统开展民主评议行风活动，以召开座谈会、设投诉点、发放征求意见表（测评表）等形式，并通过广播、电视、报纸等新闻媒体，发动社会民众查找民政部门问题。

5 月　省民政厅与西藏自治区林芝地区民政局建立对口帮扶关系，派出 1 名正处级干部前往挂职（挂职时长三年）。

6 月 5 日至 15 日　全国人大内务司法委员会主任委员侯宗宾和全国人大财经委员会副主任委员贾志杰率执法检查组到连江、蕉城、建阳、永安 4 个县（市）4 个乡镇检查村委会选举工作情况，历时 10 天。

6 月 7 日至 10 日　省委副书记、省长习近平和副省长汪毅夫及省直相关部门负责人赴闽东革命老区周宁、福安等地调研老区和少数民族经济发展问题。

6 月 11 日　浙闽两省边界线勘定协议书签订仪式在福州（福建会堂）举行，闽浙两省政府签署《浙江省人民政府与福建省人民政府联合勘定行政区域界线协议书》（当年 9 月国务院批准该协议书生效）。至此，闽浙赣三条省级界线勘定完毕。

6 月 28 日　省委副书记、省长习近平率省直相关部门负责人赴周宁县调研革命老区“五老”人员生活待遇及老区经济发展问题。

6 月　闽西北地区持续强降雨引发闽江上游流域出现洪涝，沿海地区遭强台风“飞燕”突然袭击，省级下拨救灾款 12539 万元（其中中央拨款 6760 万元），市县两级动用救灾预备金 5100 万元，全省募集救灾捐款 2000 多万元。

7 月 9 日　省政府发布《福建省城市居民最低生活保障实施办法》。

7 月　全省实施“社区老年福利服务星光计划”。省民政厅成立“星光计划”项目领导小组，确定第一批资助示范老年福利服务项目520个，其中省级示范点20个、市级100个、县（区）级300个、乡镇敬老院100个。

8月14日　省委、省政府下发《福建省乡镇工作纲要（试行）》。

8月　省体育局、省老龄办、省文明办、省财政厅、省委老干部局联合下发《关于进一步加强我省老年人体育工作的意见》，提出每年在省内不同地点举行“亿万老年人健身活动”展示仪式，宣传和动员老年人参加体育健身活动。

8月15日至16日　省委副书记、省长习近平率省老区办和省直相关部门负责人赴莆田市仙游县调研革命老区扶建工作。

8月22日　省委副书记、省长习近平调研福州市晋安区老区基点村经济发展问题。

9月18日　省委副书记、省长习近平率省民政厅和省直相关部门负责人赴厦门市调研民政工作。

9月　省委、省政府颁发《关于加强经常性社会捐助工作的实施意见》，全省经常性社会捐助工作全面启动。

9月　全省国内婚姻介绍服务机构资格审批权限由省民政厅下放到各设区市民政局。

9月　电脑福利彩票销售系统升级为双游戏准热线系统，“新36选7”上市。

9月　民政部副部长罗平飞来闽调研，参观省福彩中心办公大楼及其设施设备，并与省民政厅部分处以上干部座谈。

9月　省民政厅派员考察慰问西藏自治区林芝地区，并为筹建林芝地区社区服务中心大楼捐资30万元。

10月9日　省委、省政府联合发布《福建省城市社区建设纲要（试行）》，规定街道办事处、社区居委会组织机构设置和工作职责权限，提出城市社区服务、社区经济、社区治安、社区党建、社区工作队伍建设等目标和工作任务，以及未来5年的发展规划。

10月17日　省民政厅在福州设立全省第一个经常性社会捐助接收工作点。

11月4日至7日　省委副书记、省长习近平率省老区办和省直相关部门负责人赴宁德市调研老区与少数民族地区“五通”工程建设情况。

11月5日　中国福利彩票发行中心总顾问徐瑞新一行5人来闽调研福利彩票发行管理。

11月6日　全省民办非企业单位登记管理座谈会在福州召开，由此开始教育类民办非企业单位复查登记工作。

11月11日至14日　省委副书记、省长习近平率省老区办和省直相关部门负责人赴龙岩市新罗、长汀、上杭、永定等地调研老区扶建工作。

11月　全省社团重新登记工作完成。全省原有社团9014个，经清理整顿，依法重新登记5561个，合并403个，注销1587个，撤销144个，不予登记1319个。

11月　省民政厅在厦门召开国际运尸服务管理工作会议，宣布福建省正式开展国际运送遗体（尸体/棺柩/骸骨/骨灰）服务工作。至此，福建省实现国际遗体运送不再通过上海转道。

11月　省民政厅、财政厅、劳动和社会保障厅联合下发《关于贯彻〈福建省城市居民最低生活保障实施办法〉的通知》，省民政厅还会同省总工会联合下发《关于做好贫困职工最低生活保障工作的通知》。

12月　省民政厅转发民政部《关于加强公墓管理的紧急通知》，要求完善公墓经营管理机制，凭死亡证明或火化证明出售墓穴或格位。

同年　全省根据中央部署和省委省政府要求，对气功类社团进行专项治理整顿。各级民政部门会同公安、卫生、体育等部门，在街道和社区居委会配合下，排查分布在城乡基层的各类气功组织活动情况。

同年　省政府部署水口电站库区挂钩帮扶工作，省民政厅挂钩帮扶南平市延平区炉下镇，拨款12万元修建炉下镇斜溪敬老院和斜溪文化中心。

同年　省民政厅成立直属单位改革工作领导小组，组织实施直属单位制度改革。

2002年

1月8日　全省设区市民政局长会议在福州（福建省邮电枢纽大楼）召开，吸取民政部部长多吉才让在全国民政厅（局）长电视电话会议上的讲话，并围绕该讲话讨论研究2002年全省民政工作改革和发展的思路和策略，省民政厅厅长黄炳泰布置工作的讲话以书面形式发给与会人员。会议组织与会人员参观福州市社区建设和“星光计划”实施情况。

1月17日至20日　民政部部长多吉才让考察福州、泉州市5个县区20多个街道、社区和村委会，调研城市低保、冬令救济、社区建设、优抚安置、福利彩票等工作，并应福建新闻媒体要求在福州举行记者座谈会。

1月　省民政厅等16个部门联合下发《关于加快发展社区服务业的意见》，提出引入市场机制，推动老年人社会福利事业多元化发展。

2月1日　国务院函复省政府，同意莆田市调整行政区划：撤销莆田县建制，整合原莆田县、城厢区和涵江区的行政区域，设立莆田市荔城、城厢、涵江、秀屿4个区。

2月25日　省委副书记卢展工到省民政厅调研，并先后走访鼓楼区老年公寓、福州市儿童福利院和省假肢中心。

3月1日　省委常委、省委政法委书记鲍绍坤到省民政厅调研工作。

4月　全省范围内开展扶贫济困送温暖活动，共募集7成新以上御寒外衣、棉衣、绒衣、毛衣、毛毯、棉被109万件，捐款702.69万元。大部分捐款安排支援宁夏、重庆万州和西藏林芝地区。省直单位和福州、厦门、莆田、泉州、漳州、龙岩募集衣物105万件（共15个车皮）运往宁夏银川、固原地区；宁德、三明、南平三市募集衣物和捐款用于支援本地贫困户。

4月　全省电脑福利彩票开设小盘游戏玩法“21选5”。

5月　省委办公厅、省政府办公厅发布《关于做好省级扶贫开发工作重点村挂钩帮扶的通知》，安排106个省直单位挂钩帮扶全省207个人均年收入1500元以下的建制村（其中属于老区村189个，占比91%）。

5月　省福彩中心推出“22选5”，随后又推出“29选4+1”，调整“31选7”“36选7”设奖方案。

6月1日　省政府下发《关于调整乡镇行政区划的意见》，提出调整乡镇行政区划的必要性、参照标准和工作步骤等，要求在确保社会稳定的前提下，稳妥有序地重组乡镇行政区域，撤并规模小、经济实力弱、基础设施差的乡镇，科学合理地调整乡镇规模和布局。各地由此开始乡镇调整撤并工作。

6月3日　省委调整省革命老根据地建设委员会成员：伍洪祥任名誉主任，陈芸（副省长）兼任主任。

6月　闽西北地区大范围强降雨，过程雨量200毫米，局部达500毫米，富屯溪、沙溪水位超过警戒1.7米，将乐、顺昌、建宁、邵武、泰宁、宁化、明溪、延平等县（区）受灾严重。16日，国务院总理朱镕基批示：当务之急是紧急救援和转移被洪水围困的群众，务请组织力量，全力以赴。17日，国务院派民政部副部长杨衍银率工作组到福建考察灾情（考察顺昌县和将乐县）。22日至23日，中共中央政治局委员、国务院副总理、国家防汛抗旱指挥部总指挥温家宝在省委书记宋德福、省长习近平陪同下来到建宁县考察指导救灾工作，转达党中央国务院对福建灾区的关怀。同月，民政部、省民政厅下拨紧急救灾款物合计3000多万元。

6月　省委、省政府在龙岩市长汀县召开纪念福建省苏维埃政府成立70周年大会，省委书记宋德福在会上作了《弘扬苏区精神，加快福建发展》的讲话。

6月　设福建省老龄事业服务中心，为民政厅直属副处级事业单位。

7月30日　省双拥办发行大型画册《八闽涌动双拥潮》，南京军区司令员梁光烈、南京军区政委雷鸣球分别为该画册作了“情系长城”和“鱼水情深，固我长城”的题词；省委书记宋德福、省长习近平分别作题为“弘扬传统，与时俱进，再创双拥新境界”和“发扬传统，再接再厉，争取福建双拥更大光荣”的序言。

7月　省委、省政府和省军区命名第七届省级双拥模范城（县）48个，其中福州市7个，厦门市6个，泉州市8个，漳州市7个，莆田市3个，三明市5个，龙岩市4个，南平市4个，宁德市4个。

8月7日　省政府在福州召开福建省第十六次民政会议，省委书记宋德福、省长习近平等出席会议并讲话。会议总结了1995年第十五次全省民政会议之后全省民政工作的成绩和经验，要求与时俱进，努力形成政府主导、部门协作、社会参与的民政工作机制，将全省民政工作进一步向前推进。民政部副部长姜力出席会议开幕式并讲话，并于会议期间前往省民政厅和福州市调研社团管理和社区建设工作。

8月22日　省慈善总会成立，并在福州举行第一次会员代表大会，省长习近平、中华慈善总会会长范宝俊出席并致辞。会议审议通过《福建省慈善总会章程（草案）》，选举产生第一届理事会。

8月　省政府颁布《福建省殡葬管理办法》。

8月　全省依照国务院《关于暂停撤乡设镇工作的通知》冻结乡改镇工作。

9月　省政府颁发《福建省优待老年人若干规定》，提出老年人在医疗保健、文体娱乐、交通出行、法律援助等方面的优待措施。

9月　省财政厅、省民政厅联合下发《关于调整精简退职职工生活救济费标准的通知》，从2002年7月1日起提高20世纪60年代精简退职职工的生活救济费标准：非农业人口每人每月由原来的65元提高为110元，农业人口每人每月由原来的55元提高到100元。

10月30日　代省长卢展工到省民政厅调研民政工作，就城市低保、自然灾害救助、社区建设、村民自治、殡葬改革、优抚安置、双拥、勘界、福利彩票工作，以及干部队伍建设等提出要求。

11月5日　全省民政系统首届运动会在福州举行，副省长兼省政府秘书长陈芸宣布运动会开幕。运动会以“增强干部职工体质，提高民政队伍凝聚力，弘扬团结拼搏精神，展示民政人风采，喜迎十六大”为主题，共有厅机关、厅直属单位、老区系统、老龄系统及9个设区市民政局组成的13支代表队近200个运动员参加，比赛有男女乒乓球、男女羽毛球、男女游泳、男女保龄球、中国象棋、扑克、射击等11个项目。

11月　省民政干部学校与长沙民政职业技术学院签署联合举办成人大专教育函授班协议，省民政干部学校设长沙民政职业技术学院福州函授站。同年，福建省民政学校与长沙民政职业技术学院建立“中高连读”合作关系，省民政学校中专学生毕业后，可免试保送到长沙民政职业技术学院就读两年大专课程，并可获得该院颁发的大专学历文凭。

12月22日　省委、省政府在福州召开全省社区建设工作会议，省委书记宋德福作会议主报告，民政部常务副部长李学举专程到会并讲话，有28个省直单位和12个市县街道单位交流工作经验和工作计划。与会代表参观福州市福屿社区、宁化社区、亚峰社区、三华社区、金城社区、天元社区、河南社区、中山社区和台江、鼓楼区市民服务中心。

12月24日　省民政厅首次用自建的集数据、语言、视频为一体的信息网络收看全国民政信息化建设视频表彰会的现场转播，实现福建民政局域网与全国民政广域网的对接。福建省民政厅因此被民政部授予全国民政信息化建设组织奖。

12月　成立陕西师范大学网络教育学院福建省民政学校学习中心，下设招生部、教务部、技术部。

同年　实施“星光计划”被列为省委省政府当年为民办实事项目，全省共实施示范项目500个。

同年　省委政法委下发《关于进一步重视和加强对因公牺牲、致残政法干警及家属子女抚恤工作的通知》，全省启动政法系统优抚工程。

同年　各级民政部门调整社团管理工作方向，不再批准设立业务宽泛、分类过细、交叉重复的社会团体，鼓励发展行业性、慈善类社会团体和基层民间组织。

同年　中央财政对福建所属的10个中央苏区县实行专项财政转移支付。

2003年

2月23日　福建省老年人活动服务中心在福州市马尾区举行奠基仪式。该服务中心征地12.07公顷，规划建设项目有老年大学、公寓楼、康复中心、办公楼、接待站和附属设施篮球场、排球场、网球场、门球场等。

2月　省人大常委会副主任曾喜祥到省民政厅调研立法工作。

3月17日　省政府召开2003年全省村民委员会换届选举工作电视电话会议，部署全省村委会换届选举工作。

3月25日至4月8日　省民政厅与民政部培训中心联合在民政干部管理学院举办全省民政局长培训班，部分市、县、区新任民政局长和厅机关、省老区办、省老龄办部分处室负责人共53人参加培训。民政部部长李学举在培训班开学典礼上致辞，并与参训人员进行座谈交流。

3月30日　省民政学校与福建教育学院签订联合办学协议书，福建教育学院在省民政学校设立福建教育学院（民政学校）教学分院。

3月　省委、省政府下发《关于做好2003年村级组织换届选举工作的通知》，要求在村委会选举过程中确保村民的推选权、选举权、提名权、投票权和罢免权。

4月26日　国务院批准厦门市行政区划调整：撤销厦门市鼓浪屿区和开元区，将其行政区域划归思明区管辖；杏林区更名为海沧区，杏林街道办事处和杏林镇划归集美区管辖；设立厦门市翔安区，辖新店、新圩、马巷、内厝、大嶝5个镇和大帽山农场。

5月30日　省长卢展工等到福州市儿童福利院慰问孤残儿童。

5月　省民政厅印发《福建省标准地名标志制作设置规范》，对街路巷标牌（含楼牌、门牌、单元牌、室牌）规格尺寸、版面内容、制作材料、文字书写、设置方位、安装地点等做出具体规定。

5月　全省民政系统开展救灾款和救灾捐赠物管理使用情况专项执法监察活动，历时1个半月。

5月　福州市儿童福利院与美国浩德组织国际儿童服务中心合作实施公益项目，由双方共同出资在省内率先启动儿童家庭寄养工作。

6月16日　厦门市思明区首次举行社区工作者资格考试。5名大学本科和50名大专学历人员通过考试被聘为社区工作者，其月薪由基本工资、岗位工资组成，分1400元、1200元、1100元（均不含奖金，另有社保和医保）3个级别。

6月23日　省政府办公厅批转省民政厅、省财政厅制定的《福建省自然灾害救济补助资金使用管理暂行办法》，对救灾资金使用范围，灾情报告、评估与核定，救灾资金申请、审批和拨付等进行规范。

7月　省老龄办与省委宣传部、省教育厅、团省委、省妇联联合组建福建省青少年敬老爱老助老主题教育活动组委会，举行敬老爱老助老主题教育活动启动仪式，开展征文演讲比赛，评选推荐“孝亲敬老之星”和“中华孝亲敬老楷模”。

8月　执行国务院《城市生活无着的流浪乞讨人员救助管理办法》，省收容遣送总站更名为福建省救助管理总站，各地收容遣送站亦同时更名为救助管理站。

9月15日　中共中央组织部和民政部在北京召开全国优秀社区工作者表彰会议，福建省有14名社区工作者获表彰。

10月16日　全省民政系统第二届运动会在福州梅峰宾馆举行，设有中国象棋、扑克、射击、保龄球、乒乓球、羽毛球、游泳等14个比赛项目，共有10支代表队147个运动员参赛。

10月　省民政厅制发《福建省自然灾害救助应急预案》。

10月　全省开展万家社区图书室援建和万家社区读书活动。

11月27日至28日　民政部在福州召开部分省（区、市）民政基层窗口单位民主评议行风工作研讨会，有15个省（市）民政厅（局）纪检组长、监察室主任参加会议，福建省民政厅在会上作经验介绍。

11月　省司法厅、省老龄办联合举办“为实现公平和正义——法律援助在中国”大型公益活动，倡议加强老年人法律援助服务。

12月　省民政厅启动扶残助行工程，为省内部分残疾人赠送轮椅1027部、腋拐3000副，安装假肢、矫形器1000个。

同年　福利彩票市场推出“五子登科”和“幸运扑克”即开票，上市全国联销的“双色球”彩票游戏玩法。

同年　省海洋与渔业局、省民政厅、省军区司令部联合在沿海5个设区市开展无居民海岛调查摸底工作。

同年　各地街道一级行政办公经费和社区居委会成员财政性生活补贴列入区（市、县）级财政预算，社区服务管理的事业专项经费按“费随事转”原则随着事权的委托或转移由相关部门拨付给社区；各地普遍开展科教、文体、法律、卫生进社区活动。

2004年

1月8日　第十届省人大常委会第二次会议上，省长卢展工在政府工作报告中提出：全面建立和实施农村居民最低生活保障制度，将家庭年人均收入低于1000元的农村贫困人口全部纳入保障范围；推进以大病统筹为主的农村合作医疗试点工作。

1月20日　省政府召开省长办公会议，决定给省民政厅增加低保工作人员编制。

1月　省老区办举行纪念省老区建设促进会成立10周年会议，省委书记卢展工到会并讲话，提出要把老区工作放在心上，抓在手上。

1月　福州市在鼓楼、台江、仓山、晋安四城区施行城区特困居民医疗救助。

1月　厦门市开始实施城镇退役士兵自谋职业的安置办法。

1月　福州永辉超市集团公司在鼓楼区东泰路开设慈善超市，开业当天有1500多个低保对象凭相关证件每人免费领取价值50元的生活日用品。

2月3日　省政府下发《关于全面建立和实施农村居民最低生活保障制度的通知》，决定从2004年1月1日起，全面启动农村低保制度，将全省农村年人均收入低于1000元的农村贫困人口全部纳入低保范围（农村五保对象全部进入低保，由省级财政以省定低保标准施以每人每年1000元全额保障）。

2月10日　省政府在福州召开全省农村居民最低生活保障工作会议，宣布从2004年1月起对农村家庭人均收入在1000元以下的70.6万贫困人口全面实施低保救助，全省每年预算安排资金3.4亿元，其中省级财政每年安排2.1亿元补助财政困难县（市）支付低保金。

2月15日　省政府办公厅转发由省文明办、民政厅、国土资源厅、林业厅四个厅办联合制定的《关于实行移风易俗进一步做好殡葬改革工作的意见》，提出建立政府投入与社会投入相结合的殡葬事业资金筹措机制，鼓励支持各种社会力量同政府联合兴建殡葬设施。

2月19日　司法部、民政部组派民主法治示范村专项检查组来闽检查民主法治示范村创建工作，历时5天，实地调查考察福州、泉州、厦门市5个村委会。

2月　福建省民政学校整体搬迁至福州市仓山区城门镇。

3月25日　中国科学技术协会、省科协主办，省关工委、省老区办联合在龙岩、三明两市10个中央苏区县组织“科普专家中央苏区行”大型活动，由15位科学家和专家学者宣讲航天、航空、材料、生物、天文、信息、超导、地震、环保等学科以及磁悬浮列车、南北极考察相关知识，历时12天。

3月31日　由福建省和福州市老龄办、宣传部、省教育厅（局）、妇联、团省（市）委及福州市关工委联合举办的福建省暨福州市青少年敬老爱老助老主题教育活动启动仪式在福州举行，民政部副部长、全国老龄办常务副主任李宝库和副省长陈芸出席仪式。

3月　省委办公厅、省政府办公厅发布《关于实行省级领导挂钩帮扶20个经济欠发达县制度的通知》，确定20个经济欠发达县（其中有16个为老区县，有75%的建制村属于老区村）各由1名省级领导和2～3个省直单位挂钩挂点。

3月　省委编办批复省民政厅同意在省民政厅救灾救济处增挂“城乡居民最低生活保障工作处”牌子。

4月5日　省老龄办发布《福建省老年人优待证管理暂行规定》，规定本省年满60周岁及以上的老年人可自愿申领使用福建省老年人优待证。

4 月　福建省和福州市两级老龄办、宣传部、教育厅（局）、妇联、团委在福州联合举行福建省暨福州市青少年敬老爱老助老主题教育活动启动仪式，倡导青少年读敬老书、做敬老事、写敬老文，弘扬敬老爱老传统美德，积极参加敬老爱老助老的社会实践。

4 月　爱尔兰驻华大使率欧盟各国驻华大使组成的使节团一行 28 人，观摩考察厦门市湖里区禾山镇金尚社区办公场所、活动场所、社区卫生服务中心、菜市、幼儿园等社区基础设施建设情况。

5 月　民政部启动残疾孤儿手术康复明天计划，福建省立医院、福建省医科大学附属协和医院、福州市儿童医院、厦门市中山医院、莆田市第一医院、泉州市第一医院、漳州市医院、三明市第一医院、龙岩市第一医院、南平市第一医院和宁德市第一医院被确定为“明天计划”手术定点医院。

5 月　省民政厅继续与西藏自治区林芝地区的对口帮扶关系，续派一名处级干部到西藏林芝地区民政局挂职（挂职三年）。

6 月 2 日　省十届人大常委会第九次会议审议通过《厦门市最低生活保障办法》。

6 月 17 日　民政部在福州召开部分省市自治区民政厅（局）长会议，民政部副部长陈杰昌和内蒙古、辽宁、江苏、浙江、山东、湖北、四川、陕西、江西、福建 10 个省民政厅厅长出席会议。会上，重点讨论城乡社会求助体系建设问题。

6 月　中共中央政治局常委、书记处书记、国家副主席曾庆红在省委代理书记、省长卢展工陪同下到闽西老区调研。

6 月　省民政厅合并社会团体登记管理办公室与民办非企业单位登记管理办公室，设立民间组织管理处；撤销社会福利和社会事务处，分设社会福利处和社会事务处。

6 月　全省民政系统开展民主评议行风活动，主要评议殡仪服务、社会救助管理和城乡低保工作。

6 月　三明市社会福利院儿童部改设三明市儿童福利院。

7 月　遵照省委部署，省民政厅与霞浦县盐田乡龙凤店村、下浒镇文星明村，福安市上白石镇坑尾村、康厝乡大坑村 4 个省级帮扶的扶贫开发重点村建立挂钩帮扶关系，派出 4 名干部分别担任 4 个村村党支部第一书记（任期 3 年）。

7 月　民政部、公安部、劳动保障部、工商总局、税务总局、中国人民解放军总参谋部、总政治部、总装备部等组成的全国深化退役士兵安置改革协调小组来闽，考察调研宁德、泉州、厦门等地退役士兵安置工作，历时 3 天。

8 月　台风“艾利”在福清、石狮、龙海等地 4 次登陆，8 次上岸，穿越福建沿海 6 个设区市，带来风暴和海潮引发洪涝灾害，48 个县（市、区）受灾，死亡 2 人。省民政厅调拨救灾帐篷 2800 顶、衣被 200 万件，又联合省财政厅下拨 500 万元用于紧急转移安置过程中灾民吃住医。

8月　省老促会会长伍洪祥率部分离退休省级领导到省民政厅调研农村低保工作。

8月　福州市儿童福利院与美国宾夕法尼亚生活希望领养机构共同出资在福州市儿童福利院内建一座儿童楼，成立福州儿童希望之家，接收22名智力正常的弃婴和弃童，对之进行家庭式照料。

9月　全省设区市民政局长座谈会在福鼎市召开，分析评估当年上半年民政工作发展态势，研究部署下半年工作措施。

9月　全省民政系统第三届运动会在厦门举行，设有中国象棋、扑克（80分）、乒乓球、羽毛球、游泳、跳绳、保龄球、射击等8个比赛项目。省委常委、省委政法委书记鲍绍坤宣布运动会开幕。

9月　越南南定省人民委员会代表团一行10人赴福建研修考察培训，并同福建省民政厅进行工作交流。

10月10日　全省社区建设经验交流会在榕举行，有23个省社区建设联席会议成员单位和20个市、县、街道、社区单位在会上交流（或书面交流）工作经验，有关省领导、省社区建设联席会议各成员单位负责人、各设区市及其城区分管负责人、部分街道党工委和社区居委会负责人近170人出席会议。会上，省委、省政府命名表彰50个示范社区和100名优秀社区工作者。

10月25日　关怀两岸婚姻家庭座谈会在福州召开，参会的有中国社会工作协会、台湾参访团（一行12人）、福建省民政厅、福建省台湾事务办公室和广西壮族自治区民政厅代表。与会代表交流研讨海峡两岸婚姻制度、涉台婚姻原因及人员结构、婚姻当事人权益保护、婚姻中介及广告、婚证文本格式、涉婚探望居留和有关基金运作等问题。

10月29日　省老促会成立10周年纪念大会在省老干部活动中心召开，省委代理书记、省长卢展工出席并致辞。

10月　全省开展“扶贫济困送温暖”募捐活动，募集60多万件衣物分别由福州、厦门运往四川。

11月12日　省委机构编制委员会办公室批复省民政厅直属事业单位清理整顿方案：决定保留省民政厅直属事业单位7个，更名6个，新设立2个，撤销1个，转制为企业3个；福建省建宁安置管理站对外加挂“福建省儿童救护保护中心”的牌子，省救助管理总站由副处级事业单位升格为正处级事业单位，编制不变，省荣誉军人康复医院由正科级事业单位升格为副处级事业单位。

11月17日　中共中央政治局常委、全国人大常委会委员长吴邦国视察厦门市思明区瑞景社区。

11月22日至23日　全省科技拥军科技助民工作经验交流会在厦门召开。省委、总政治部群工办、全国双拥办、南京军区有关领导，全省设区市双拥办和省直有关部门代表出席会议。会上，省双拥工作领导小组表彰20个“科技拥军”和10个“科技助民”先进单位。

11月　省委办公厅、省政府办公厅联合发布《关于进一步加强老年教育工作的意见》，提出把老年教育事业纳入国民经济和社会发展总体规划，引导和鼓励社会各方力量广开办学渠道，多层次多渠道多形式发展社区和农村老年教育。

12月　省老区办制定下发《关于试行老区扶建资金项目公告公示制的通知》，要求建立和推行老区扶贫资金项目公告公示制度，并对公示制度作出具体规定。

同年　全省民政数据采集点和覆盖面从乡镇（街道）延伸到村委会（社区居委会），省本级、所有设区市和县（市、区）均完成资料录入、整理、加工和报表的微机化处理及电子传输工作，信息量达12万条，民政电子统计台账规范化建设获民政部二等奖表彰。

同年　电脑福利彩票销售系统增设12588手机投注功能，穗彩准热线系统升级为全热线系统。

同年　省民政厅与光泽县建立经济欠发达县挂钩帮扶关系，投入帮扶资金100万元；拨付13万元资助霞浦县盐田乡龙凤店村和下浒镇文星明村，并为之捐赠衣物3000件，确定援助项目5个涉及金额335万元。

2005年

1月4日　省慈善总会、省红十字会、福州市慈善总会、福州市红十字会联合在福州五一广场举行“汇聚人道力量，彰显八闽爱心”大型现场募捐活动。省委书记卢展工、省政协主席陈明义等11位省领导和省直机关、福州市直机关干部，福州市各高校学生和社会各界人士共1万多人参加捐赠活动。截至当天上午12时，捐赠活动现场共收到捐款和认捐136万元。

1月8日　中国老区建设促进会一行8人赴三明市中央苏区考察宁化、清流、明溪、建宁、泰宁县，慰问革命“五老”人员后代。

1月　中国福利彩票3D登陆福建。

2月19日　全国救灾救济工作会议在福州召开，各省（市、自治区）分管厅长、救灾救济处处长和民政部、财政部相关人员参会，民政部副部长贾治邦和福建省副省长陈芸出席会议并讲话。

2月　民政部副部长贾治邦出席全国救灾工作会议后走访福州晋安区、马尾区和武夷山市的农村低保对象，为每位走访对象送500元慰问金。

3月20日　省福彩中心联合福建电视台、东南快报在福州举办“春风伴我行——新学期大型公益活动”，省福彩中心为福州市500多名农民工子女赠送书包。

3月　全省民政工作会议在福州举行，副省长陈芸在会上提出要进一步构建社会救助体系，着力解决城乡困难群众生产生活问题；积极培育和引导民间组织健康发展，重视发挥民间组织服务经济社会发展的作用；全面推进社区建设和村民自治，夯实构建和谐社会基础；开拓老龄和老区工作新局面，统筹推进老龄、老区和民政事业协调发展。省内主要媒体报道了会议情况。

3月　省民政厅根据省委书记卢展工批示，拨7万元专款资助宁化县石壁村党支部书记遗属，以帮助解决其家庭生活困难和子女上学问题。

4月11日　省政府召开专题会议，听取民政、财政、卫生、劳动保障等部门关于开展城乡医疗救助试点工作的意见汇报，提出开展城乡医疗救助工作的试点单位名单、救助对象范围和资金筹集方案等。

4月26日　经国家财政部批准，“中福在线”视频彩票在福建省正式开通。省福彩中心大楼设置“中福在线”销售厅，对外发行“中福在线”即开型电子视频彩票，有“幸运扑克”“多级扑克”“四花选五”“幸运五彩”“开心一刻”“四游夺彩”等6种玩法。

4月26日　省政府成立以分管副省长为组长的福建省城乡医疗救助试点工作协调小组，负责指导和协调城乡医疗救助试点工作。

4月29日　省政府批转省民政厅、卫生厅、财政厅联合制定的《福建省农村困难家庭医疗救助试行办法》，决定从2005年起先在罗源县、厦门市同安区、长泰县、安溪县、永安市、莆田市荔城区、武夷山市、龙岩市新罗区、柘荣县开展农村困难家庭医疗救助试点。

4月　全省民政系统开展殡葬改革宣传月活动，主题为“推行文明殡葬，构建和谐社会”。

4月　省委组织部、省农业厅、省民政厅联合制发《福建省村集体会计委托代理制度暂行规定》，倡导各地在遵守“村集体自愿，村集体资产所有权、资金使用权、财务审批不变，村集体基本核算单位不变”的原则下，由乡镇代理村集体会计业务。

5月7日　省老年人活动服务中心在福州马尾举行开业庆典仪式。民政部领导、部分省领导、省直有关部门和福州市有关部门负责人、部分离退休老干部代表以及台湾、香港有关人士共500多人参加庆典仪式。福建省老年人活动服务中心设有268个房间502张床位，配置图书室、影视厅、书画室、棋牌室、茶艺居、健身房、紧急呼叫系统等休闲娱乐设施。

5月15日　省政府批转省民政厅、卫生厅、劳动保障厅、财政厅联合制定的《福建省城市医疗救助试行办法》，决定从2005年起在福州市鼓楼区、台江区、仓山区、晋安区、马尾区，厦门市思明区、湖里区、海沧区、集美区、同安区、翔安区，泉州市鲤城区、丰泽区、泉港区，晋江市和沙县开展建立城市贫困家庭医疗救助制度的试点工作（至2008年底全省普遍建立城市医疗救助制度）。

5月19日　省政府在榕召开全省城乡医疗救助试点工作会议。各设区市分管副市长、民政局、财政局、卫生局分管局长，各试点县（市、区）政府分管领导和民政、财政、卫生部门负责人近160人参加会议。

5 月 30 日　省长黄小晶慰问福州市儿童福利院，并代表省委省政府送 5 万元慰问金。

6 月 25 日至 26 日　国务院副总理回良玉、水利部部长汪恕诚、民政部部长李学举等抵达福建，实地考察闽江流域洪水灾情。

6 月 29 日　中国莆田 SOS 儿童村举行开村 5 周年庆祝活动，国际 SOS 儿童村主席海尔姆特·库廷、秘书长皮赫乐、常务董事威斯劳兹一行，由民政部相关人员陪同出席庆祝活动并致辞祝贺。

7 月 29 日　省委、省政府和省军区在榕召开全省拥军优属拥政爱民工作会议，省长黄小晶主持会议，省委书记卢展工、省军区司令员张鹤田，部分省领导、驻闽部队领导和各市县区领导以及各级双拥机构负责人出席会议。会上，省委、省政府和省军区联合表彰 55 个双拥模范城（县）、72 个爱国拥军模范单位、29 个拥政爱民模范单位、45 个爱国拥军模范和 23 个拥政爱民模范。

7 月　省人大常委会组织内司委和省民政厅有关人员前往东北三省调研村民自治法律修订情况。

7 月　由福建省闽西老区建设促进会等组织编纂的《八闽开国将军》（丛书）由中央文献出版社出版，共 6 卷 8 册，收录 83 位 1955—1965 年间授衔的中国人民解放军闽籍将军（其中上将 3 位、中将 9 位、少将 71 位）的传记。中共中央政治局原常委、中央军委原副主席刘华清上将为之作序，中央军委原副主席迟浩田上将、张震上将等为之题词。

8 月 6 日　省军区和省民政厅联合召开全省军队离退休干部移交安置工作军地协调会。驻闽部队海军、空军、南京军区司令部、联勤部系统和武警系统师以上单位政治部门的负责人和干部部门工作人员以及各设区市民政局分管领导出席会议。

8 月 16 日至 17 日　国务院救灾工作调研组一行 4 人到福鼎、福安市开展调研工作。

8 月　省委组织部、省委宣传部、省委统战部、省老干部局、省民政厅等部门联合组织抗战胜利 60 周年纪念活动，给抗战老战士、老同志或其遗属以及其他重点优抚对象颁发抗战胜利 60 周年纪念章，并发放慰问金、慰问品。

8 月　省民政厅组织行风评议代表和特邀监察员分 4 个检查组赴 9 个设区市 26 个县民政局 73 个基层窗口单位检查行风建设情况。

9 月 21 日　全国民政宣传工作座谈会在厦门召开，研究如何发挥民政宣传作用，扩大影响，树立形象，引导舆论，接受监督问题。

9 月　省老区办、省老促会、尚德教育基金会联合在连江县尚德中学创办老区宏志班，以全额资助方式在全省 15 个老区市县区招收学习成绩较好但家境困难的 16 名应届初中毕业生；福州市老区办、福州市第一技工学校、福建省海峡职业技术人才服务中心联合创办老区承志班（设在福州市第一技工学校内），设电子技术班和电气维修班，每班招收革命“五老”人员直系后代 50 名。

10月2日　台风“龙王”登陆晋江围头，全省有60个县（市、区）出现大到暴雨，局部特大暴雨，因灾死亡和失踪共117人。省民政厅紧急调拨救灾衣被和帐篷5000多件运往灾区；防汛指挥部紧急协调驻闽部队（含民兵预备役官兵）出动兵力10万人次参与救灾工作。

10月12日至14日　全省民政系统第四届运动会在漳州举行，设乒乓球、羽毛球、保龄球、游泳、扑克牌、中国象棋、射击、美式台球、拔河等13个比赛项目，9个设区市和省民政厅共10个代表队172名运动员参加比赛。

10月　全省基本完成沿海（除金门县外）无居民海岛的名称、行政隶属、地理位置、岛屿特征、自然环境、资源概况的调查统计和资料收集工作。

10月　世界银行专家一行4人到福安市甘棠镇调研农村低保工作。

11月16日　第十届省人大常委会第二十次会议审议通过《福建省实施〈中华人民共和国村民委员会组织法〉办法（修正案）》和《福建省村民委员会选举办法（修正案）》草案，更改和增加有关村民选举委员会成员候选人提名、村委会选举工作经费、选民登记、女性村委会成员候选人份额、投票选举方式等方面的规定。

11月29日至30日　福建省建设海峡西岸和谐社区工作会议在厦门举行，部分省领导，省社区建设联席会议成员单位负责人，各设区市委市政府分管领导，各设区市委组织部、市民政局、市社区办负责人等共153人参加会议。会上，省委领导作主报告，民政部副部长姜力发表讲话，省委组织部、省委政法委、省民政厅作专题发言，福州市、泉州市鲤城区、厦门市湖里区金山社区交流工作经验。与会代表讨论修改《中共福建省委办公厅、福建省人民政府办公厅关于推进海峡西岸和谐社区建设工作的意见》（讨论稿），并参观厦门市振兴、金山、金尚和前埔南社区。

11月　省民政厅撤销福建省勘界工作领导小组办公室，设福建省勘界和地名档案管理中心。

12月　省政府批转省民政厅等部门《关于福建省重点优抚对象和革命“五老”人员医疗补助办法》，决定从2006年起将全省重点优抚对象（包括重残疾军人、“三属”人员、“两红”人员）和革命“五老”人员纳入城乡困难家庭医疗救助范围，其医疗救助资金由省市县三级财政共同分担。

同年　根据国家海洋局、民政部、总参谋部要求，福清市开展海岛普查和命名更名试点工作。

同年　省民政厅改革下属单位管理制度，八一服务社、省民福发展总公司、假肢中心转制为企业；省荣誉军人康复医院、省假肢中心、省军用饮食供应站、建宁安置管理站、安溪安置管理站、建阳安置管理站和南靖安置管理站全部实施人员聘用制度。

二、福建省民政系统获省部级表彰的先进单位和先进个人名表

1995—2005年福建省民政系统获省级表彰的先进单位名表

获奖年份	获奖单位	荣誉称号	授奖机关
1997	福州市鼓楼区温泉街道	街道之星	福建省人民政府
	福州市鼓楼区鼓东街道		
	福州市鼓楼区水部街道		
	福州市台江区瀛洲街道		
	福州市台江区新港街道		
	厦门市思明区夏港街道		
	厦门市思明区思明街道		
	厦门市开元区梧村街道		
	厦门市湖里区湖里街道		
	漳州市芗城区东铺头街道		
	泉州市鲤城区鲤中街道		
	泉州市鲤城区开元街道		
	泉州市鲤城区临江街道		
	莆田市城厢区荔城街道		
	莆田市涵江区临江街道		
	三明市梅列区列东街道		
	三明市梅列区列西街道		
	三明市三元区城关街道		
	永安市燕北街道		
	南平市延平区紫云街道		
	邵武市昭阳街道		
	宁德市蕉北街道		
	福安市城北街道		
	龙岩市中城街道		

续表

获奖年份	获奖单位	荣誉称号	授奖机关
1997	福州市鼓楼区东街街道军门居委会	福建省模范居委会	福建省人民政府
	福州市鼓楼区南街街道杨桥居委会		
	福州市鼓楼区鼓东街道庆城居委会		
	福州市鼓楼区鼓东街道七星居委会		
	福州市鼓楼区华大街道屏山居委会		
	福州市鼓楼区安泰街道马道居委会		
	福州市鼓楼区水部街道闽都居委会		
	福州市台江区瀛洲街道建海居委会		
	福州市台江区后洲街道桶街居委会		
	福州市台江区新港街道中三居委会		
	福州市台江区帮洲街道宫前居委会		
	福州市台江区茶亭街道永辉居委会		
	福州市台江区洋中街道达道居委会		
	福州市晋安区象园街道菊园居委会		
	厦门市鼓浪屿区延平居委会		
	厦门市思明区夏港街道鸿山居委会		
	厦门市思明区思明街道升平居委会		
	厦门市开元区筼筜街道振兴居委会		
	厦门市开元区莲前街道盈翠里居委会		
	厦门市同安区大同镇三秀居委会		
	漳州市芗城区新桥街道红星居委会		
	漳州市芗城区巷口街道苍园居委会		
	云霄县云陵镇塘平街居委会		
	东山县铜陵镇顶街居委会		
	龙海市石码镇紫云居委会		
	泉州市鲤城区鲤中街道西郊居委会		
	泉州市鲤城区鲤中街道百源居委会		

续表

获奖年份	获奖单位	荣誉称号	授奖机关
1997	泉州市鲤城区开元街道刺桐居委会	福建省模范居委会	福建省人民政府
	泉州市鲤城区临江街道聚宝居委会		
	泉州市鲤城区泉秀街道华丰居委会		
	莆田市城厢区荔城街道梅峰居委会		
	莆田市城厢区荔城街道英龙居委会		
	莆田市城厢区荔城街道梅山居委会		
	莆田县江口镇江口居委会、仙游县鲤城镇洪桥街居委会		
	三明市梅列区列东街道圳尾居委会		
	三明市梅列区列东街道江滨居委会		
	三明市梅列区列东街道东新五路居委会		
	三明市三元区城关街道新泉居委会		
	三明市三元区白沙街道群二居委会		
	三明市三元区富兴堡街道东霞居委会		
	永安市燕北街道北门居委会		
	南平市延平区四鹤街道紫芝居委会		
	南平市延平区梅山街道文宣居委会		
	邵武市通泰街道城裕居委会		
	建阳市潭城街道桥南街居委会		
	福安市城南街道东风居委会		
	福鼎市桐山镇十字街居委会		
	霞浦县松城镇中乘居委会		
	古田县新城街道青云居委会		
	龙岩市西城街道西安居委会		
	长汀县汀州镇水东居委会		
	上杭县临城镇天山居委会		
1998	福建省民政厅救灾救济处	福建省抗洪救灾先进集体	中共福建省委、福建省人民政府、福建省军区
	南平市民政局		
	松溪县民政局		

续表

获奖年份	获奖单位	荣誉称号	授奖机关
1998	福州市殡葬管理处	福建省专项治理乱建坟墓工作先进集体	福建省人民政府
	福清市民政局		
	长乐市民政局		
	惠安县民政局		
	晋江市民政局		
	永安市民政局		
	邵武市人民政府		
	武夷山市人民政府		
	建瓯市人民政府		
	上杭县人民政府		
	福安市人民政府		
	霞浦县人民政府		
	福鼎市秦屿镇人民政府		
	宁德市八都镇人民政府		
	龙岩市新罗区白沙镇人民政府		
	武平县城厢乡人民政府		
	莆田市湄洲湾北岸管委会忠门镇人民政府		
	东山县西埔镇人民政府		
	石狮市灵秀镇人民政府		
	莆田市化亭镇人民政府		
	仙游县郊尾镇人民政府		
	厦门市殡葬管理处		
	福建省民政厅社会事务处		
2004	福州市鼓楼区东街街道军门社区	福建省社区建设示范社区	中共福建省委、福建省人民政府
	福州市鼓楼区鼓东街道庆城社区		
	福州市鼓楼区南街街道杨桥社区		
	福州市台江区宁化街道宁化社区		

续表

获奖年份	获奖单位	荣誉称号	授奖机关
2004	福州市台江区鳌峰街道亚峰社区	福建省社区建设示范社区	中共福建省委、福建省人民政府
	福州市台江区瀛洲街道建海社区		
	福州市台江区上海街道凤凰社区		
	福州市仓山区金山街道金洲社区		
	福州市仓山区三叉街道村东社区		
	福州市晋安区象园街道连辉社区		
	福州市晋安区岳峰镇三华社区		
	福州市马尾区马尾镇船政社区		
	厦门市思明区嘉莲街道莲花五村社区		
	厦门市思明区莲前街道瑞景社区		
	厦门市思明区思明街道镇邦社区		
	厦门市湖里区湖里街道康乐社区		
	厦门市湖里区金山街道金山社区		
	厦门市集美区集美街道银亭社区		
	厦门市同安区大同街道三秀社区		
	漳州市芗城区通北街道湖内社区		
	漳州市芗城区新桥街道诗浦社区		
	漳州市芗城区南坑街道华元社区		
	龙海市石码镇解放北社区		
	漳浦县绥安镇绥北社区		
	云霄县云陵镇汀洋社区		
	泉州市鲤城区鲤中街道东华社区		
	泉州市鲤城区开元街道东升社区		
	泉州市丰泽区东湖街道圣湖社区		
	泉州市丰泽区泉秀街道华丰社区		
	泉州市洛江区万安街道万福社区		
	石狮市湖滨街道玉湖社区		

续表

获奖年份	获奖单位	荣誉称号	授奖机关
2004	南安市溪美街道白沙崎社区	福建省社区建设示范社区	中共福建省委、福建省人民政府
	三明市梅列区列东街道圳尾社区		
	三明市梅列区列西街道青山社区		
	三明市三元区城关街道红印山社区		
	三明市三元区白沙街道群二社区		
	永安市燕南街道龙岭社区		
	莆田市城厢区龙桥街道太平社区		
	荔城区镇海街道长寿社区		
	南平市延平区梅山街道文宣社区		
	南平市延平区紫山街道前进社区		
	邵武市水北街道飞机坪社区		
	武夷山市崇安街道银盘社区		
	建瓯市通济街道桥南社区		
	龙岩市新罗区东城街道北龙社区		
	漳平市菁城街道菁东社区		
	长汀县汀州镇中心坝社区		
	宁德市蕉城区蕉北街道鹤峰社区		
	福鼎市桐城街道富民社区		
	福安市城北街道前进社区		

1995—2005年福建省民政系统获省级表彰的先进个人名表

获奖年份	姓名	单位及职务	荣誉称号	授奖机关
1997	叶声	福州市鼓楼区安泰街道办事处主任	优秀街道办事处主任	福建省人民政府
	王南枝	福州市鼓楼区鼓东街道办事处主任		
	杨久松	福州市台江区茶亭街道办事处主任		
	刘春华	福州市台江区后洲街道办事处主任		
	王嘉鹏	厦门市思明区文安街道办事处主任		

续表

获奖年份	姓名	单位及职务	荣誉称号	授奖机关
1997	方金球	厦门市开元区公园街道办事处主任	优秀街道办事处主任	福建省人民政府
	林文良	厦门市开元区筼筜街道办事处主任		
	庄溪榕	漳州市芗城区东浦头街道办事处主任		
	戴东海	漳州市芗城区巷口街道办事处主任		
	庄建宁	泉州市鲤城区鲤中街道办事处主任		
	王依群	泉州市鲤城区临江街道办事处主任		
	许文贵	泉州市鲤城区泉秀街道办事处主任		
	梁黎生	莆田市涵江区涵东街道办事处主任		
	张丽娟	三明市梅列区列东街道办事处主任		
	王小坚	三明市三元区城关街道办事处主任		
	庄美英	南平市延平区四鹤街道办事处主任		
	陈春荣	福安市阳头街道办事处主任		
	谢加荣	龙岩市西城街道办事处主任		
	卢淑萍	龙岩市中城街道办事处主任		
	林　丹	福州市鼓楼区东街街道军门居委会主任	优秀居委会主任	福建省人民政府
	王雪娇	福州市鼓楼区南街街道杨桥居委会主任		
	张宝玉	福州市鼓楼区华大街道屏山居委会主任		
	郑巧汀	福州市鼓楼区鼓东街道七星居委会主任		
	肖雪贞	福州市鼓楼区安泰街道马道居委会主任		
	陈明珠	福州市鼓楼区鼓东街道树兜居委会主任		
	詹淑贞	福州市鼓楼区鼓西街道后曹居委会主任		
	邵明玉	福州市台江区瀛洲街道建海居委会主任		
	唐金钗	福州市台江区义洲街道太平居委会主任		
	梁思扬	福州市台江区上海新村街道第五居委会主任		
	冯珍	福州市台江区鳌峰街道振兴居委会主任		
	彭清源	福州市台江区宁化街道福机居委会主任		
	陈世雄	福州市台江区洋中街道岭中居委会主任		

续表

获奖年份	姓名	单位及职务	荣誉称号	授奖机关
1997	陈秀华	福州市晋安区茶园街道洋四居委会主任	优秀居委会主任	福建省人民政府
	吴秀莹	厦门市思明区镇海居委会主任		
	林宝珠	厦门市开元区厦禾街道双莲池居委会主任		
	马雅意	各地社区居委会主任		
	简小平			
	庄清涛			
	张美珍			
	陈玉婵			
	邹美蓉			
	周国赐			
	翁舜吟			
	林福进			
	赵碧容			
	颜淑卿			
	吴珊江			
	杨彬彬			
	蔡建派			
	李其忠			
	张景松			
	黄玉英			
	林胜德			
	黄淑安			
	陈水金			
	李水燕			
	郑雪艳			
	李庆馨			
	傅阿姐			

续表

获奖年份	姓名	单位及职务	荣誉称号	授奖机关
1997	傅义平	各地社区居委会主任	优秀居委会主任	福建省人民政府
	高道华			
	范瑶青			
	黄则锦			
	谢秋慈			
	游月清			
	雷金水			
	胡玉莲			
	陈乃川			
	罗春耕			
1998	杨鲁军	福建省民政厅救灾救济处处长	福建省抗洪救灾先进工作者	中共福建省委、福建省人民政府、福建省军区
	翁建国	福建省民政厅救灾救济处主任科员		
	陈声汉	南平市民政局救济科科长		
	陈性美	福清市民政局局长	理乱建坟墓工作先进个人	福建省人民政府
	陈连弟	长乐市民政局局长		
	张茂松	福州市马尾区民政局副局长		
	陈如光	福州市殡葬管理处副处长		
	杨柳丝	厦门市鼓浪屿区民政局局长		
	曾清印	厦门市殡葬管理处副处长		
	李福章	东山县民政局干部		
	黄仲芳	诏安县桥东镇党委副书记		
	方连海	云霄县火田镇社会事务办公室主任		
	潘韵琴	泉州市民政局副局长		
	邱华谋	晋江市副市长		
	洪玉龙	惠安县民政局局长		
	黄新胜	南安市官桥镇镇长		
	范志豪	莆田市民政局局长		
	谢国良	莆田县副县长		

续表

获奖年份	姓名	单位及职务	荣誉称号	授奖机关
1998	彭丽清	莆田市湄洲湾北岸社会事业局局长	理乱建坟墓工作先进个人	福建省人民政府
	林元富	莆田县民政局副局长		
	叶秋萍	明溪县城关乡民政办主任		
	刘佳红	永安市燕西街道办事处民政办主任		
	潘世华	沙县高砂镇民政办主任		
	陈锡静	大田县民政局书记		
	吴国泰	邵武市民政局局长		
	吴继源	武夷山市民政局局长		
	张亨涛	建瓯市民政局局长		
	张苏华	武夷山市良种场场长		
	邓剑波	龙岩市民政局副局长		
	罗凤群	上杭县副县长		
	沈汉龙	永定县湖雷镇纪委书记		
	徐桂春	福安市委书记		
	林旭荣	柘荣县委书记		
	叶荣云	福鼎市委副书记、市人大常委会主任		
	王津	福安市甘棠镇党委书记		
	朱怀棣	福建省民政厅社会事务处主任科员		
2004	俞昌林	福州市民政局副局长	福建省优秀社区工作者	中共福建省委、福建省人民政府
	陈　标	福州市物价局科员		
	赵钟钦	福州市公安局洋中派出所科员		
	张榕生	福州市普惠物业管理公司总经理		
	陈　辉	福州市鼓楼区委宣传部副部长		
	林　丹	福州市鼓楼区东街街道军门社区党总支书记		
	黄永凡	福州市鼓楼区温泉街道河东社区党总支书记		
	刘鲁萍	福州市鼓楼区五凤街道天元社区党支部书记		

续表

获奖年份	姓名	单位及职务	荣誉称号	授奖机关
2004	林碧钦	福州市鼓楼区鼓东街道中山社区居委会主任	福建省优秀社区工作者	中共福建省委、福建省人民政府
	任凤珠	福州市鼓楼区安泰街道乌山社区党支部书记		
	石　云	福州市台江区发展计划局局长		
	朱　云	福州市台江区卫生局局长		
	张秀钦	福州市台江区司法局基层科副科长		
	王宝姝	福州市台江区苍霞街道河下社区党支部书记		
	高爱玉	福州市台江区新港街道十三桥社区党支部书记		
	姜子金	福州市台江区后洲街道中亭街东社区党总支书记		
	萨　灵	福州市仓山区临江街道菖蒲社区党支部书记		
	林雪玉	福州市仓山区东升街道东兴社区居委会主任		
	黄　玲	福州市晋安区财政局局长		
	李燕月	福州市晋安区王庄街道华美社区党总支书记		
	危　博	福州市晋安区新店镇金城社区党支部书记		
	周绪明	福州市马尾区罗星街道马限社区党支部书记		
	戴　咏	福清市融城街道团委副书记		
	邹文杰	厦门市计划生育委员会副处长		
	阮剑权	厦门市公安局莲前派出所警长		
	李得章	厦门市住房物业管理公司副总经理		
	张泽夫	厦门市思明区民政局局长		
	钟希华	厦门市思明区卫生局助理调研员		
	王　磊	厦门市思明区文化馆馆长		
	郝　平	厦门市思明区嘉莲街道党工委副书记		

续表

获奖年份	姓名	单位及职务	荣誉称号	授奖机关
2004	陈添友	厦门市思明区梧村街道办事处主任	福建省优秀社区工作者	中共福建省委、福建省人民政府
	方红霞	厦门市思明区梧村街道文屏社区党总支书记		
	陈慧芳	厦门市思明区公园街道深田社区党总支书记		
	张秀琪	厦门市思明区鹭江街道禾祥西社区居委会主任		
	程素香	厦门市思明区中华街道仁安社区党支部书记		
	罗仔琴	厦门市思明区筼筜街道育秀社区党支部书记		
	姜秋月	厦门市思明区厦港街道下沃社区党总支书记		
	柳惠萍	厦门市思明区嘉莲街道盈翠社区党总支书记		
	盛运昌	厦门市湖里区金山街道金山社区党总支书记		
	简小平	厦门市湖里区湖里街道和通社区党支部书记		
	陈宏舟	厦门市湖里区殿前街道马垅社区党总支书记		
	林丽玲	厦门市集美区杏林街道宁宝社区党支部书记		
	姜鲁春	漳州市芗城区委宣传部副部长		
	陈丽真	漳州市芗城区东铺头街道龙江社区党支部书记		
	李豫福	漳州市芗城区巷口街道苍园社区居委会主任		
	邹美容	漳州市芗城区西桥街道延安社区居委会主任		
	刘颜群	东山县铜陵镇桂花社区党支部书记		
	朱美华	平和县小溪镇建设社区党支部书记		
	李瑞卿	华安县华丰镇平源社区党支部书记		
	陈建兴	泉州市科技局科长		

续表

获奖年份	姓名	单位及职务	荣誉称号	授奖机关
2004	余惠西	泉州市财政局副局长	福建省优秀社区工作者	中共福建省委、福建省人民政府
	陈碧云	泉州市环境保护局局长		
	蔡锡钦	泉州市鲤城区委编办主任		
	杨碧星	泉州市鲤城区海滨街道文化站站长		
	郑杏颜	泉州市鲤城区临江街道溪亭社区党支部书记		
	洪红霞	泉州市鲤城区海滨街道水门社区党支部书记		
	吴和婷	泉州市鲤城区鲤中街道东华社区党支部书记		
	张文琼	泉州市鲤城区海滨街道金山社区妇女联合会主席		
	赵　萍	泉州市丰泽区司法局副局长		
	庄伟彪	泉州市丰泽区人事局局长		
	朱海滨	泉州市丰泽区工商局局长		
	梁劲松	泉州市丰泽区东湖街道文体站站长		
	杨婷婷	泉州市丰泽区丰泽街道丰泽社区党支部书记		
	许丽琳	泉州市丰泽区丰泽街道东美社区计生委主任		
	李振明	泉州市丰泽区丰泽街道东美社区党支部书记		
	庄占彬	泉州市泉港区山腰街道锦祥社区党支部书记		
	吴章建	石狮市凤里街道华南社区党支部书记		
	蔡友章	石狮市凤里街道华南社区新华片老年协会会长		
	陈世界	南安市柳城街道金街社区党支部书记		
	潘爱琼	德化县龙浔镇南门社区党支部书记		
	李奕森	莆田市科技局科长		
	林晋居	莆田市城厢区龙桥街道党工委宣传统战委员		

续表

获奖年份	姓名	单位及职务	荣誉称号	授奖机关
2004	黄乌治	莆田市城厢区凤凰山街道月塘社区党支部书记	福建省优秀社区工作者	中共福建省委、福建省人民政府
	陈金峰	莆田市涵江区涵东街道铺尾社区党总支书记		
	毛明锦	仙游县鲤城街道洪桥社区党委副书记		
	黄取土	三明市梅列区综治办主任		
	赖明红	三明市梅列区列东街道梅岭社区党支部书记		
	饶悌亮	三明市三元区委宣传部副部长		
	邓燕香	三明市三元区富兴堡街道永兴社区党支部书记		
	洪丽清	三明市三元区富兴堡街道东霞社区居委会主任		
	杨品生	永安市委组织部副部长		
	刘两传	永安市地方税务局副局长		
	邓上富	永安市燕北街道党工委宣传统战委员		
	黄烘姬	永安市燕东街道林业新村社区居委会主任		
	张巧珠	尤溪县城关镇城东社区居委会主任		
	黄梅玉	沙县凤岗街道莲花社区党支部书记		
	吕晓花	南平铝业公司党委副书记		
	周丽萍	南平市延平区紫支街道三官堂社区党总支书记		
	戴秀兰	南平市延平区四鹤街道紫芝社区党支部书记		
	魏丽英	邵武市水北街道飞机坪社区党总支书记		
	李雅娟	建瓯市瓯宁街道福宁社区居委会主任		
	余庆明	建阳市潭城街道黄华山社区党支部书记		
	刘龙彬	龙岩市新罗区残联理事长		
	章联生	龙岩市新罗区西城街道西安社区党支部书记		

续表

获奖年份	姓名	单位及职务	荣誉称号	授奖机关
2004	戴贵煌	永定县工商局副主任科员	福建省优秀社区工作者	中共福建省委、福建省人民政府
	王文金	永定县凤城镇金凤社区党支部书记		
	郭兆雄	上杭县临江镇镇东社区党支部书记		
	游雪贞	福鼎市桐山街道桐南社区党支部书记		
	陈俊飞	宁德市蕉城区城南镇莲峰社区党支部书记		
	李秀娥	福安市阳头街道阳春社区居委会主任		

1995—2005 年福建省民政系统获部级表彰的先进单位名表

获奖年份	获奖单位	荣誉称号	授奖机关
1995	宁化县泉上镇敬老院 福鼎市秦屿镇敬老院 武平县桃溪乡敬老院	全国先进敬老院	民政部
1996	福建省福利彩票发行中心	中国福利彩票发行工作年度人均销量三等奖、资金结算三等奖	中国社会福利有奖募捐委员会
	古田县 宁化县	全国村民自治模范县	民政部
	福州市鼓楼区鼓东街道 厦门市思明区厦港街道 莆田市城厢区荔城街道 三明市梅列区列东街道	中国街道之星	民政部
	福州市郊区洪山镇 泉州市鲤城区鲤中街道	全国最佳街道	民政部
	厦门市湖里区禾山镇 漳州市芗城区芝山镇 莆田县江口镇 永安市曹远镇	中国乡镇之星	民政部

续表

获奖年份	获奖单位	荣誉称号	授奖机关
1996	福州市鼓楼区鼓西街道杨桥居委会 福州市台江区瀛洲街道建海居委会 莆田市城厢区荔城街道梅峰居委会 三明市梅列区列东街道圳尾居委会	全国模范居委会	民政部
	福州市郊区仓山镇先锋村村委会 永春县达埔镇汉口村村委会 尤溪县洋中镇后楼村村委会 建瓯市芝城镇西大村村委会 福安市城南街道办事处南郊村村委会 龙岩市曹溪镇马坑村村委会 上杭县临城镇城北村村委会	全国模范村民委员会	民政部
1997	福州市铜盘军休所 厦门市莲坂军休所 长汀县汀州镇 莆田县民政局 三明钢铁厂 龙海市程溪镇 邵武市城郊镇 驻闽某集团军舟桥团	全国军队离退休干部安置工作先进单位	民政部、总政治部
	福州市、厦门市、泉州市、漳州市、三明市、莆田县、福鼎市、平潭县、晋江市	全国双拥模范城（县）	民政部、总政治部
1998	厦门市湖里区、龙岩市新罗区、莆田市涵江区、福清市、南靖县、	第二次全国民政工作先进县（市、区）	民政部
	闽侯县祥谦镇、平和县坂仔镇、惠安县螺阳镇、永安市大湖镇、建瓯市吉林镇、福安市甘棠镇、厦门市开元区筼筜街道、厦门市同安区大同镇	第二次全国民政工作全优乡镇	民政部
	古田县、厦门市湖里区、宁化县、仙游县、南靖县	全国村民自治模范县（区）	民政部
	福建省福利彩票发行中心	赈灾募集特别贡献二等奖、中国福利彩票发行年度人均销量三等奖	中国社会福利有奖募捐委员会

续表

获奖年份	获奖单位	荣誉称号	授奖机关
1999	福建省福利彩票发行中心	中国福利彩票发行工作年度人均销量三等奖	中国社会福利有奖募捐委员会
	福建省民政厅 福州市民政局 南平市民政局 诏安县民政局 厦门市民政局	全国民政系统抗洪救灾先进集体	民政部
	厦门市民政局 漳州市民政局	全国民政信访工作先进单位	民政部
	福清市、长乐市、闽侯县、闽清县、连江县、福州市鼓楼区、福州市台江区、福州市晋安区、福州市马尾区、厦门市、厦门市思明区、厦门市杏林区、厦门市湖里区、厦门市集美区、厦门市鼓浪屿区、厦门市开元区、厦门市同安区、泉州市、晋江市、石狮市、惠安县、泉州市鲤城区、泉州市丰泽区、南安市、永春县、洛江区、安溪县、德化县、肖厝经济开发区、漳州市、南靖县、东山县、漳州市芗城区、龙海市、长泰县、云霄县、华安县、漳浦县、平和县、漳州市龙文区、诏安县、莆田市城厢区、莆田市湄洲湾北岸经济开发区、莆田市涵江区、莆田县、三明市、永安市、将乐县、沙县、三明市三元区、三明市梅列区、尤溪县、大田县、明溪县、清流县、宁化县、建宁县、泰宁县、长汀县、永定县、龙岩市新罗区、连城县、宁德市、福鼎市、周宁县、南平市延平区、邵武市	“爱心献功臣行动”先进县（市、区）	民政部、 全国双拥工作领导小组办公室
	漳州市民政局 福建省星光造纸集团公司 闽清县白樟镇 福鼎市贯岭镇 龙岩市新罗区民政局 厦门市思明区民政局	“爱心献功臣行动”先进单位	民政部、 全国双拥工作领导小组办公室
	福建省民政厅 宁德地区民政局 泉州市民政局 福清市民政局	全国国道地名标志设置工作先进单位	民政部、 交通部、 公安部、 建设部

续表

获奖年份	获奖单位	荣誉称号	授奖机关
1999	福建省军用饮食供应站 泉州市军供站	全国军供工作正规化建设先进单位	民政部、 总后勤部
2000	福州市、厦门市、泉州市、漳州市、莆田市、三明市、晋江市、福鼎市、长乐市、石狮市、长汀县	全国双拥模范城（县）	民政部、 总政治部
2001	省福利彩票发行中心	年度中国福利彩票发行工作销售总量二等奖、人均销量三等奖	民政部
	福州市台江区鳌峰街道亚峰社区 厦门市湖里区禾山镇吕岭社区 泉州市鲤城区海滨街道金山社区 邵武市通泰街道熙春社区	全国文明社区示范点	中央文明办、 民政部
2002	福州市鼓楼区、厦门市湖里区、莆田县、南安市、漳州市芗城区、泰宁县、龙岩市新罗区、邵武市、霞浦县	全国民政工作先进县（市、区）	民政部
	福州市	全国社区建设示范市	民政部
	福州市鼓楼区、福州市台江区、福州市晋安区、福州市马尾区、厦门市开元区、厦门市湖里区、泉州市鲤城区	全国社区建设示范区	民政部
	省福利彩票发行中心	年度中国福利彩票发行工作销售总量二等奖、人均销量三等奖、即开票销量三等奖	民政部
	福州市儿童福利院	全国残疾人康复工作先进单位	中国残疾人联合会
2003	省福利彩票发行中心	年度中国福利彩票发行工作销售总量鼓励奖、即开票销量二等奖	民政部
	闽清县、莆田市荔城区、晋江市、南靖县、邵武市、宁化县、龙岩市新罗区、古田县	全国村民自治模范县（市、区）	民政部
2004	福州市、厦门市、泉州市、漳州市、莆田县、三明市、龙岩市、南平市、宁德市、晋江市、福清市、永安市、石狮市、东山县	全国双拥模范城（县）	民政部、 总政治部

续表

获奖年份	获奖单位	荣誉称号	授奖机关
2004	福州市鼓楼区鼓东街道、南安县女企业家拥军协会、诏安县桥东镇、省民政厅、省支前办	全国爱国拥军模范单位	民政部、总政治部
	省福利彩票发行中心	年度中国福利彩票发行工作销售总量鼓励奖	民政部
	三明市勘界工作领导小组办公室 浦城县勘界工作领导小组办公室	全国勘界工作先进集体	民政部、人事部
	省民政厅办公室	全国民政政务信息工作先进单位	民政部
	省民政厅计财处	2003 年度民政事业统计工作先进单位	民政部
	厦门市民政局 龙岩市新罗区民政局 福建省民政厅办公室	全国民政信息信访工作先进单位	民政部
	福建省鼓楼区洪山镇福屿社区老年活动中心 永安市燕南街道龙岭社区老年活动中心 泉州市鲤城区海滨街道金山社区老年活动中心 厦门市湖里区老人活动中心	全国“星光老年之家”先进单位	民政部
	福州市民政局婚姻登记处 厦门市社会福利中心 漳浦县殡仪馆 泉州市仁凤军队离休退休干部休养所 仙游县福利院 武夷山市兴田镇民政办公室 福安市民政局婚姻登记处	全国民政基层单位行风建设先进集体	民政部
	福州市鼓楼区民政局婚姻登记机关 厦门市思明区民政局婚姻登记机关 泉州市鲤城区民政局婚姻登记机关 漳州市芗城区民政局婚姻登记机关 龙岩市新罗区民政局婚姻登记机关 古田县民政局婚姻登记机关 大田县民政局婚姻登记机关	全国先进婚姻登记机关	民政部

续表

获奖年份	获奖单位	荣誉称号	授奖机关
2004	福建省煤炭工业协会 福建省经济社团联合会 福建省经济与企业家联合会 福建省税务学会 福建省医学会 福建华南女子职业学院 福建省运盛青年基金会 福州市港口协会 厦门市对外经贸企业协会 厦门市建筑行业协会 泉州市泉台民间交流协会 漳州市烹饪学会 龙岩市会计协会 宁德市渔业协会 莆田市集邮协会 建瓯市行业协会	全国先进民间组织	民政部
	福州军供站 前场军供站 泉州军供站	军供工作正规化建设先进单位	民政部、 总后勤部
	泉州市民政局	全国军队离退休干部安置建房服务工作先进单位	民政部、 总政治部、 总后勤部
	厦门市镇海路军休所	全国军队离退休干部安置工作先进单位	民政部、 总政治部
	连江县浦口镇塔头村 宁德市蕉城区霍童镇霍童村 厦门市同安区大同街道东山村 莆田市城厢区华亭镇后塘村 泉州市丰泽区东海街道云谷村 漳州市芗城区芝山镇前山村 龙岩市新罗区西陂镇石桥村 三明市三元区莘口镇西际村 浦城县南浦镇跃进村	全国民主法治示范村	司法部、 民政部
2005	省福利彩票发行中心	年度中国福利彩票发行工作销售总量三等奖、销售进步三等奖	民政部

续表

获奖年份	获奖单位	荣誉称号	授奖机关
200	厦门市 莆田市	全国城市标准地名标志设置工作先进城市	民政部、 交通部、 国家工商总局、 国家质检总局
	南平市延平区四鹤街道杨西社区 莆田市城厢区凤凰山街道南园社区 永安市燕南街道 泉州市鲤城区民政局 福州市民政局 厦门市湖里区民政局 厦门市社区办 福州市鼓楼区南街街道杨桥社区 福州市台江区鳌峰街道亚峰社区 泉州市丰泽区泉秀街道华丰社区 厦门市湖里区江头街道金尚社区 厦门市思明区鼓浪屿街道内厝社区	万家社区图书室援建和万家社区读书活动先进单位	中央文明办、 民政部、 新闻出版总署、 国家广电总局
	福州市台江区 厦门市思明区	全国社区卫生服务示范区（第一批）	卫生部、 民政部、 国家中医药管理局
	福州市天元社区、福州市锦江社区、厦门市龙头社区、厦门市瑞景社区、泉州市圣湖社区、漳州市华元社区、南平市南铝社区、杨中社区	全国绿色社区创建活动先进社区	国家环境保护总局
	厦门市思明区、泉州市丰泽区、晋江市、建瓯市、长乐市、福鼎市	全国老龄工作先进县（市、区）	全国老龄工作委员会

1995—2005 年福建省民政系统获部级表彰的先进个人名表

获奖年份	姓名	单位及职务	荣誉称号	授奖机关
1995	郑如娟	厦门市思明区厦港街道下澳居委会主任	全国优秀居民委员会主任	民政部
	杜慧菊	厦门市开元区盈翠里居委会主任		
	林阿才	漳州市芗城区东园居委会主任		
	杨秀英	南平市延平区三元居委会主任		

续表

获奖年份	姓名	单位及职务	荣誉称号	授奖机关
1996	杨德兴	福清市音西镇音西村委会主任	全国优秀村委会主任	民政部
	经进丁	惠安县崇武镇潮乐村委会主任		
	吴　骞	南靖县龙山镇龙山村委会主任		
	陈端旺	建阳市小湖镇下墘村委会主任		
	翁章国	宁德市城南镇塔山村委会主任		
	吴新齐	古田县湖滨乡新丰村委会主任		
	刘东亮	永定县高陂镇睦邻村委会主任		
	张述兴	福州市福清军休所	全国军休服务管理工作先进个人	民政部、总政治部
	鲍剑琴	厦门市莲坂军休所		
1997	许解放	晋江市个体修车户	拥军优属、拥政爱民模范个人	民政部、总政治部
	施能柏	平潭县委书记、县长		
	卓锦绵	厦门市民政局副局长、双拥办主任		
	韩奎玉	厦门市鼓浪屿区武装部政委		
	杨庆斌	驻闽某集团军工兵团团长		
1999	兰致和	福建省民政厅副厅长	全国民政系统抗洪救灾先进个人	民政部
	黄家端	福建省民政厅干部		
	扬昌明	厦门市民政局副局长		
	李金梁	南平市民政局局长		
	林国灯	龙岩市民政局副局长		
	袁洪斌	漳州市民政局科长		
	林彬彬	泉州市民政局科长		
	陈志皓	宁德地区民政局科长		
	熊繁英	建阳市民政局局长		
	吴国泰	邵武市民政局局长		
	倪守银	福鼎市民政局局长		
	梁兰娥	泰宁县民政局局长		
	阮振喜	闽清县民政局局长		

续表

获奖年份	姓名	单位及职务	荣誉称号	授奖机关
1999	王敷勋	政和县民政局局长	全国民政系统抗洪救灾先进个人	民政部
	黄准海	莆田市民政局干部		
	倪举峰	福建省民政厅助理调研员	全国民政信访工作先进个人	民政部
	卢国伟	龙岩市民政局办公室主任		
	陈海涛	泉州市民政局办公室主任		
	林继锋	福清市东瀚镇民政助理员		
	卢源水	莆田县民政局科员		
	吴云珠	建瓯市芝兰山街道办事处民政办主任		
	王山井	惠安县崇武友志石材有限公司董事长兼总经理	“爱心献功臣行动”先进个人	民政部、全国双拥工作领导小组办公室
	林瑞云	莆田县电力公司经理		
	王　旭	宁化县民政局副局长		
2002	杨进成	厦门市社会福利中心主任	全国民政系统先进工作者	人事部、民政部
	吴碧玉（女）	福建省荣誉军人康复医院副院长		
	李金梁	南平市民政局局长		
	张清亮	宁化县民政局局长		
	李文有	莆田市城厢区民政局局长		
	叶红弟	福州市马尾区民政局局长		
	杨进成	厦门市社会福利中心主任	“孺子牛”奖	民政部
2003	林　丹（女）	福州市鼓楼区东街街道军门社区党总支书记、居委会主任	全国优秀社区工作者	中央组织部、民政部
	冯　珍（女）	福州市台江区鳌峰街道亚峰社区党总支书记、居委会主任		
	占桂美（女）	福州市晋安区象园街道连辉社区党支部书记、居委会主任		
	盛运昌	厦门市湖里区禾山镇金山社区党支部书记		
	林美玉（女）	厦门市开元区筼筜街道屿后社区党支部书记		
	姜秋月（女）	厦门市思明区厦港街道下沃社区党总支书记、居委会主任		

续表

获奖年份	姓名	单位及职务	荣誉称号	授奖机关
2003	郭亦畅	福鼎市桐城街道富民社区党支部副书记、居委会主任	全国优秀社区工作者	中央组织部、民政部
	许金星	莆田市涵江区涵西街道涵西社区党总支书记		
	吴秋婷（女）	泉州市鲤城区鲤中街道东华社区党支部副书记、居委会主任		
	卢小玲（女）	泉州市丰泽区东湖街道铭湖社区党支部书记、居委会主任		
	林玉盆（女）	漳州市芗城区东铺头街道西街社区党支部书记、居委会主任		
	蔡志明	三明市梅列区列东街道江滨社区居委会主任		
	翁棉旭	龙岩市新罗区中城街道北门社区居委会主任		
	叶春兰（女）	南平市延平区四鹤街道杨西社区党支部书记		
2004	姜君英	厦门市思明区香莲里社区居民	全国爱国拥军模范个人	民政部、总政治部
	林代安	福清市高山镇东进村农民	全国爱国拥军模范个人	民政部、总政治部
	陈章福	中国人民解放军73311部队副政治委员	全国拥政爱民模范个人	民政部、总政治部
	徐尚玉	福州市五凤军休所	全国军休服务管理工作先进个人	民政部、总政治部
	陈德华	厦门市镇海路军休所		
	陈开银	三明市军休所	全国军队离退休干部安置建房服务工作先进个人	民政部、总政治部、总后勤部
	邓剑波	龙岩市勘界办公室主任	全国勘界工作一等功人员	民政部、人事部
	陈国圣	莆田市勘界办公室主任		
	余玉银	永春县勘界办公室主任		
	郑俊峰	厦门市勘界办公室技术员		
	潘孝明	霞浦县长春镇民政办主任	全国民政信息信访工作先进个人	民政部
	邹恩钦	邵武市民政局救灾救济股股长		
	蔡金助	泉州市民政局办公室副主任		
	廖建萍	莆田市民政局信访干部		
	林国灯	龙岩市民政局副局长		

续表

获奖年份	姓名	单位及职务	荣誉称号	授奖机关
2004	张志明	福建省民政厅计财处主任科员	2003年度民政事业统计工作先进个人	民政部
2004	林艳琴	福州市晋安区民政局副局长	全国实施星光计划”先进个人	民政部
2004	李长青	南平市民政局福利事务科科长	全国实施星光计划”先进个人	民政部
2004	李保强	漳州市民政局福利事务科科长	全国实施星光计划”先进个人	民政部
2004	庄美珍	厦门市思明区民政局社会事务科副科长	全国实施星光计划”先进个人	民政部
2004	张 英（女）	福州市民政局婚姻登记机关登记员	全国优秀婚姻登记员	民政部
2004	田海榕（女）	厦门市民政局婚姻登记机关登记员	全国优秀婚姻登记员	民政部
2004	林树炉	厦门市同安区莲花镇婚姻登记员	全国优秀婚姻登记员	民政部
2004	陈国雄	莆田市荔城区民政局婚姻登记机关登记员	全国优秀婚姻登记员	民政部
2004	许党惠（女）	泉州市民政局婚姻登记机关登记员	全国优秀婚姻登记员	民政部
2004	林建炉	漳州市民政局婚姻登记机关登记员	全国优秀婚姻登记员	民政部
2004	陈菊秀（女）	尤溪县民政局婚姻登记机关登记员	全国优秀婚姻登记员	民政部
2004	廖淑琴（女）	南平市民政局婚姻登记机关登记员	全国优秀婚姻登记员	民政部
2004	杨孝明	福建省民政厅退伍军人和军队离退休干部安置办公室调研员	先进军队离退休干部	民政部、总政治部、总后勤部
2004	徐尚玉	福州市军队离退休干部华林休养所所长	先进军队离退休干部	民政部、总政治部、总后勤部
2004	陈开银	三明市军队离休退休干部休养所所长	先进军队离退休干部	民政部、总政治部、总后勤部
2004	陈德华	厦门市军队离休退休干部镇海路休养所所长	先进军队离退休干部	民政部、总政治部、总后勤部
2005	林中英	厦门市民政局区划地名办主任	全国标准地名标志设置工作先进个人	民政部、交通部、国家工商总局、国家质检总局
2005	艾玉河	泉州市民政局区划地名科科长	全国标准地名标志设置工作先进个人	民政部、交通部、国家工商总局、国家质检总局
2005	廖振瑞	莆田市民政局区划地名科负责人	全国标准地名标志设置工作先进个人	民政部、交通部、国家工商总局、国家质检总局
2005	郑新锋	永安市民政局副局长	全国标准地名标志设置工作先进个人	民政部、交通部、国家工商总局、国家质检总局
2005	董挺松	福鼎市民政局副局长	全国标准地名标志设置工作先进个人	民政部、交通部、国家工商总局、国家质检总局

三、重要文献

福建省实施《中华人民共和国村民委员会组织法（试行）》办法

（1988年9月2日福建省第七届人民代表大会常务委员会第四次会议通过）

第一条　为了充分发挥村民委员会的作用，逐步做到村民群众自己的事情由群众自己依法办理，根据《中华人民共和国村民委员会组织法（试行）》第二十条规定，结合我省实际情况，制定本实施办法。

第二条　村民委员会是村民自我管理、自我教育、自我服务的基层群众性自治组织。

第三条　乡、民族乡、镇的人民政府对村民委员会的工作给予指导、支持和帮助。村民委员会协助乡、民族乡、镇的人民政府开展工作。

村民委员会应当尊重和维护各种形式的经济组织依照法律规定独立进行经济活动的自主权。

第四条　村民自治的主体是村民群众，在遵守宪法、法律和法规的原则下，村民会议具有本村最高决策的权力，其主要职权：

一、审议决定本村的发展规划和年度计划；

二、听取并审议村民委员会的工作报告和财务收支情况报告；

三、审议决定村规民约，但不得与宪法、法律和法规相抵触；

四、选举和罢免村民委员会的成员；

五、审议决定涉及全村村民利益的其他事项。

第五条　村民会议每年至少举行两次，大村或居住分散的村可以分片召开。有1/5以上的村民提议，应当召集村民会议。

村民会议的决定，由18周岁以上的村民过半数通过，或者由户的代表的过半数通过。

村民委员会根据工作需要，可以召开村民代表会议和村民小组长联席会议，但不能代行村民会议的职权。

第六条　村民委员会向村民会议负责，其主要职责：

一、召集和主持村民会议，并报告工作；

二、执行村民会议的决定、决议；

三、办理本村的公共事务和公益事业，如办学、修桥铺路、举办社会福利、整顿村容、搞好公共卫生、改善饮水条件等；

四、依法调解民间纠纷，搞好村民团结、民族团结、家庭和睦，代表本村处理与邻村的各种纠纷，促进村际团结；

五、协助人民政府搞好社会治安，维护良好的社会秩序、生产秩序和生活秩序；

六、向人民政府反映村民的意见、要求和提出建议；

七、教育村民合理利用自然资源，保护和改善生态环境；

八、巩固壮大集体经济，支持和组织村民发展各种形式的经济组织，承担本村生产的服务和协调工作，促进农村生产建设和社会主义商品经济的发展，依法管理本村属于村农民集体所有的土地、滩涂、水面、山林、水利设施和其他财产；

九、宣传宪法、法律、法规和国家的政策，教育和推动村民履行依法应尽的义务，实行义务教育、计划生育、服兵役、纳税，维护村民的合法权利和利益；

十、开展多种形式的社会主义精神文明建设活动，普及文化科学知识，组织健康的文化娱乐体育活动，提高村民思想道德素质和科学文化水平，移风易俗，树立社会主义新风尚。

第七条　村民委员会决定问题的时候，采取少数服从多数的原则。

村民委员会进行工作，应当坚持群众路线，充分发扬民主，认真听取不同的意见，不得强迫命令，不得打击报复。

第八条　村民委员会根据村民居住状况、历史习惯、人口多少、经济情况，按照便于群众自治的原则设立。

现行的村民委员会建制一般不再变动，需要调整的，应当充分尊重群众意愿并依法办理。

第九条　村民委员会由主任、副主任和委员共三至七人组成。村民委员会组成人员多少，根据人口、地域、工作任务和经济条件等实际情况，由村民会议讨论决定。

村民委员会成员，由本村能够带头遵纪守法，办事公道，热心为村民服务，勇于开拓创业的人担任。村民委员会成员中，妇女应当有适当的名额，多民族居住的村应当有人数较少的民族的成员，侨区应当有归侨侨眷的成员。

第十条　村民委员会主任、副主任和委员，由村民采用差额选举和无记名投票的方法直接选举产生。村民委员会每届任期三年，其成员可以连选连任。

村民委员会的换届选举由村民委员会主持，受乡、民族乡、镇人民政府指导。本村年满18周岁以上的村民除依照法律被剥夺政治权利的人以外，都有选举权和被选举权。村民委员会成员候选人，由村民五人以上联名提名。所提候选人经过反复酝酿协商，根据较多数村民意见确定正式候选人。正式候选人数，应当比应选人数多一至三人。村民委员会的选举可以召开选举大会，也可以设立投票站进行。全体村民过半数参加的选举有效，候选人获得全体村民过半数选票始得当选。

村民委员会成员受村民监督，村民会议过半数通过有权撤换村民委员会成员。村民委员会主任、副主任和成员出缺时，由村民会议依法补选。村民委员会主任出缺时，可以由村民委员会从副主任中推选一人代理，直至选出新的主任为止。

第十一条　村民委员会成员不脱离生产，对于坚持常年工作的给予固定补贴，其他的实行适当的误工补贴。

村民委员会成员中享受补贴的人数、标准和办法，按照村的规模大小、成员职别、工作实绩、经济条件，经村民会议审议决定，报乡、民族乡、镇人民政府备案。经费来源，除国家财政补贴外，由乡村自有资金开支。

第十二条　村民委员会根据需要设人民调解、治安保卫、公共卫生、社会福利、经济建设等委员会，侨区可以设归侨侨眷委员会，林区可以设护林防火委员会。

村民委员会下属委员会的成员由村民委员会决定，村民委员会成员可以兼任下属委员会的成员。

人口少的村的村民委员会可以不设下属委员会，由村民委员会成员分工负责有关工作。

第十三条　村民委员会可以分设若干村民小组，现行的村民小组一般不再变动。村民小组会议推选小组长，也可以根据工作需要推选村民代表若干人。村民小组长和村民代表的任期与村民委员会相同，可以连选连任。

第十四条　村民委员会办理有益于本村村民的公共事务和公益事业所需的费用，经村民会议讨论决定，可以向本村经济组织或村民筹集，但不得巧立名目，随意摊派。

乡、民族乡、镇人民政府也可以从乡镇统筹费用中给予适当补助。

收支账目应当按期公布，接受村民和本村经济组织的监督。

第十五条　《中华人民共和国村民委员会组织法（试行）》和本实施办法，由各级人民政府组织实施，民政部门负责日常工作。

县级人民政府应当根据当地实际情况，制定规划，积极创造条件，经过试点，用三年或者稍长一些时间，分期分批办好村民委员会，实现村民自治。

第十六条　本实施办法的应用解释权属福建省民政厅。

第十七条　本实施办法自公布之日起施行。

福建省《退伍义务兵安置条例》实施细则

（1988年11月28日闽政〔1988〕64号发布）

第一条　根据国务院《退伍义务兵安置条例》第十八条，结合我省的实际情况，制定本实施细则。

第二条　本实施细则所称退伍义务兵是指中国人民解放军和中国人民武装警察部队符合下列条件的人员：

（一）服现役期满（包括超期服役），经部队团或相当团级以上机关批准退出现役的；

（二）服现役期未满，因下列原因之一，经部队师以上机关批准提前退出现役的：

（1）因战、因公、因病致残，部队发给革命伤残军人抚恤证的；

（2）经驻军团级以上医院证明，患病基本治愈，但不适宜在部队继续服现役以及精神病患者经治疗半年未愈的；

（3）部队编制员额缩减，需要退出现役的；

（4）因遭受严重天灾人祸，父母等家庭主要成员伤亡病残造成家庭经济严重困难，本人成为唯一劳动力，非其退出现役回家不能维持家庭正常生活，经家庭所在地的县、市、市辖区民政、武装两部门的证明，需要退出现役的；

（5）因国家建设需要，部队成建制转业到地方参加经济建设的。

第三条　退伍义务兵安置工作必须贯彻从哪里来，回哪里去的原则和妥善安置、各得其所的方针，由入伍所在地的县、市、市辖区负责接收安置。各地应根据实际情况，为其提供必要的劳动场所。

第四条　退伍义务兵安置工作，在各级人民政府领导下进行。

（一）县以上各级人民政府应建立退伍军人安置领导小组，下设退伍军人安置办公室，负责办理退伍义务兵安置的日常工作。退伍军人安置办公室设在民政部门，配备专职人员，其编制由各地自定。

（二）在义务兵大批退伍时，可临时从武装、公安、劳动、粮食、交通、卫生等部门抽调人员，充实办公室力量，协助做好接待、中转和安置工作。

（三）乡、镇、街道的安置工作，由民政助理和武装部承办。

（四）退伍义务兵接待、转运和安置所需经费，农村义务兵退伍后，其生产、生活困难和修建房困难补助经费以及两用人才开发培训经费，由各级民政、安置部门编报年度预算，同级财政部门根据实际需要，给予核拨经费，单独列支。

第五条　接收退伍义务兵的时间，按照国务院、中央军委当年的规定执行。因执行任务或气候、地理原因，经国防部批准提前或者推迟退伍的，可相应提前或推迟接收。

因刑事犯罪被判处有期徒刑，宣告缓期执行，考验期满后不宜继续留队服现役的；被处劳动教养，期满解除劳教后，不宜留队服现役的；图谋行凶、自杀或搞其他破坏活动，继续留队确有现实危险的，经师（旅）以上机关批准，作提前退出现役处理，原征集地退伍军人安置办公室给予办理接收手续。

第六条　义务兵退伍期间，各车站、港口、码头要保证优先购票、优先托运行李、优先乘坐车船、优先中转换乘，确保运送安全。各军供站、接待站要认真做好接待转运工作，提供食宿。

退伍义务兵回到原征集地时，各县（市、区）、乡、镇人民政府和基层单位要采取召开欢迎会、座谈会和走访等形式热情接待，形成“当兵光荣，退伍也光荣”的良好风气；并对他们进行形势、法纪和安置政策等宣传教育，听取他们的意见和要求，帮助他们解决生产、生活中的实际困难。

第七条　退伍义务兵回到原征集地三十天内，持退伍证和部队介绍信到县、市（区）兵役机关办理预备役登记，然后向退伍军人安置办公室报到，凭县、市（区）安置办公室介绍信办理落户手续。无特殊原因超过三个月不报到的，不享受退伍军人的待遇。凡部队未寄送完整档案以及本人自带档案的，安置办公室不予受理。

第八条　退伍义务兵原是农业户口的，按下列规定安置：

（一）凡符合下列情况之一者，给予安排工作，同时转为城镇户口、供应商品粮：

（1）在服役期间荣立二等功以上（含二等功，不含集体二等功），退伍时具备立功奖章、立功受奖证书、奖励报告表、立功受奖通知书和立功喜报的（退伍后补办立功手续的不予办理）；

（2）因战、因公、因病致残的二等、三等革命伤残军人（不含退伍后由地方补评残的）能坚持工作的；

（3）在服役期间家庭住址变迁，父母双方户口由农村迁入城镇转为吃商品粮并在城镇居住（包括入伍前父母一方迁入城镇，另一方在军人服役期间迁入的），本人入伍前又是跟家人共同生活，原征集地无直系亲属的；

（4）在服现役期间，因国家建设需要，经县、市以上人民政府批准，土地被征用，全家转为城镇户口吃商品粮的；

（5）飞行学员确因身体不适应飞行而作义务兵退伍，持有航校或师以上机关证明（含航医部门的诊断证明）的。

（二）入伍前属县（市）以上教育行政部门批准在册的民办教师，退伍后如本人愿意，在两年内提出申请，经批准可继续担任民办教师，与一九七九年底在册的民办教师享受同等待遇。

（三）各用人单位和乡镇企业向农村招聘干部、招收工人时，在同等条件下，优先择优录用退伍义务兵，尤其要优先照顾荣立三等功、参战、孤儿和女性义务兵，并免交企业集资费。

（四）对回农村有专业或特长的退伍义务兵，当地政府应积极向用人单位推荐，对专业不对口的，应采取各种形式组织培训，开辟生产门路。

（五）各级政府在组织劳务输出时，在同等条件下，应优先选派退伍义务兵。

（六）各地财政、银行、税务、劳动、物资、商业、供销、科技、工商行政管理和乡镇企业管理等部门，对自谋职业的退伍义务兵，应予以扶持和帮助。

（七）对确无住房或者严重缺房而自建和靠集体帮助又确有困难的，有关部门应当按照国家规定安排一定数量的建筑材料和经费帮助解决。

（八）义务兵从部队退伍回到农村时，在新粮登场前退伍的，由国家按城市统销价每月供应30斤成品粮到新粮登场为止。退伍义务兵未落实责任田的，应按有关政策规定，由乡、镇人民政府尽快予以调整落实。

第九条　原是城镇户口的退伍义务兵，服役前没有参加工作的，由国家统一分配工作，实行“按系统分配任务，包干安置”的办法和坚持“鼓励先进，鞭策后进，区别对待”的原则进行安置：

（一）安置任务由当地政府统一下达，部分中央、省属单位由省劳动局、省安置办公室联合下达。先安置，后结算劳动指标。

（二）各级政府在分配指令性名额时，事先要与有关接收单位商定落实。各部门、各单位包括中央和省属企业、事业单位应接收安置退伍义务兵。对无特殊情况拒绝接收以致造成不良后果的，要追究有关人员的责任。

（三）对在部队荣获大军区（含大军区）以上单位授予荣誉称号和立二等功以上的，安排工作时，应优先照顾本人志愿；在部队荣立三等功和超期服役的，在条件允许的情况下，应当照顾本人的特长和志愿。

（四）对有一定专业技术和特长的，安排工作时，应当尽量做到专业对口。

（五）对要求自谋职业的，由本人在报到后提出书面申请，经所在地安置办公室审查批准，各有关部门应给予支持，提供方便。开业后三个月，安置办公室不再负责安排工作。

（六）对被部队作提前退出现役处理的（除本实施细则第二条第二款所列五项原因外），退伍军人安置办公室不负责安排工作，由街道办事处按待业人员对待。民政部门负责收回其服役期间的优待金（含农业户口入伍的）。

（七）对被部队开除军籍或除名遣返回原征集地的，公安部门凭部队师（旅）以上机关出具的证明，依照户口管理有关规定，给予办理落户手续。退伍军人安置办公室不负责安排工作，由街道办事处接收。民政部门负责收回其服役期间的优待金。其重新参加工作时，不能将过去的军龄计算为工龄。

第十条　因残、因病退伍的义务兵，按下列规定进行安置：

（一）因战、因公致残的二等、三等革命伤残军人，应由原征集地的安置办公室安排力所能及的工作。各接收用人单位要积极配合，在分配工种时，给予照顾。

（二）对患有精神病的退伍义务兵，应视其病情轻重，由部队与原征集地的安置办公室联系后送地方医院治疗或回家休养，其医药和生活费用，原则上自理。住院期间，支付医疗费确有困难的，由本人或家庭提出申请，由当地民政部门酌情帮助解决；回家休养生活有困难的，由当地民政部门给予定期定量补助。

（三）患有麻风病的退伍义务兵，安置办公室接收后，由卫生部门指定医院治疗。回乡后旧病复发的，由当地医疗部门治疗，本人支付医疗费确有困难的，由当地民政部门酌情给予补助。

第十一条　原是国家机关、人民团体、企业、事业单位正式职工的义务兵，退伍后原则上回原单位工作。对因残、因病不能坚持八小时工作的，原工作单位应按照对具有同样情况的一般工作人员的安排原则予以妥善安置。退伍义务兵原工作单位已撤销或合并的，由上级主管部门或合并后的单位负责安置。

原是集体所有制单位入伍的义务兵，退伍后本人要求回原单位工作的，应予允许；入伍前系城镇吃商品粮的，本人不愿意回原单位，由当地安置办公室统一分配工作。

从国营农、林、茶、渔、牧场入伍的义务兵，入伍前吃自产粮的，退伍后仍回原单位安置；入伍前是城镇户口吃商品粮的，退伍后由当地安置办公室统一安排工作。

第十二条　义务兵入伍前原是学校（含中等专业学校和职业学校）未毕业的学生，退伍后要求继续学习的，在年龄上可放宽三至五岁，原学校应在他们退伍后的下一学期准予复学。如果原学校撤销、合并或因其他原因复学有困难的，可由本人申请，县、市以上教育部门另行安排他们到相应的学校学习。复学的退伍义务兵毕业后，安置办公室不再负责安排工作。

第十三条　退伍义务兵报考高等院校、中等专业学校和技术学校，在与其他考生同等条件下，应予优先录取。

第十四条　对要求异地安置的退伍义务兵，应区别情况处理。户口在省内由城镇迁往城镇的，由两地安置办公室协商办理，经批准到异地安置的，由迁入地的县、市（区）负责落户并安排工作。从外省入伍，退伍后要求在我省安置的，经省安置办公室审查批准后，由迁入地接收安置。

当地公安、粮食部门凭省安置办公室的批件办理户粮手续。对从我省入伍退伍后要求到外省安置的，按迁入省规定办理。

本实施细则发布后，每年征兵时，实行城镇户口应征青年（含在职职工）预填退伍安置卡片制度。安置办公室凭退伍安置卡片对退伍义务兵进行安置，凡城市（含县城）吃商品粮的居民占用农村征集名额入伍的，退伍后由入伍地乡（镇）自行安排。如要求回入伍前城市（含县城）户粮所在地的，当地可给予接收落户，安置办公室不负责安排工作，按社会待业人员处理。

第十五条　义务兵从兵役机关批准入伍之日起，部队批准退出现役止，为服现役的军龄，满十个月的，按周年计算。

（一）退伍后新分配参加工作的，其军龄和待分配的时间（从报到之日起原则上不超过一年）计算为连续工龄；

（二）入伍前原是国家机关、企业、事业单位的职工，其入伍前的工龄和军龄连同待分配时间一并计算为连续工龄，享受所在单位职工同等待遇；

（三）农村籍退伍义务兵回乡参加农业生产后，又由劳动部门安排就业或者自行找到工作列入正式编制的，他们的军龄亦应合并计算为连续工龄，但其在农村从事农业生产的时间，不计算为工龄；

（四）退伍义务兵安排工作后的工资待遇，按照国务院、中央军委及省有关文件规定执行。

第十六条　退伍义务兵接到安排工作的通知后，无正当理由，不服从分配，经多次教育仍不接受，逾期半年不报到的，安置办公室可撤销其分配工作决定，不再负责安排工作，按社会待业人员对待。

第十七条　对认真贯彻执行《退伍义务兵安置条例》和本实施细则，安置工作做得好的单位和个人，由当地政府给予表扬和奖励。对违反《退伍义务兵安置条例》和本实施细则规定，造成不良后果的，要追究有关单位领导和经办人员的责任。超越安置政策范围，擅自安排退伍义务兵工作的，一律无效，由当地政府取消被安排退伍义务兵的户口、粮油和工资关系，并追究当事人责任。

第十八条　本实施细则由省民政厅负责解释。

第十九条　本实施细则自发布之日起施行。

福建省《军人抚恤优待条例》实施办法

（1990年5月16日省政府发布）

第一章　总则

第一条　为了保障国家对军人的抚恤和优待，加强军队建设，根据《军人抚恤优待条例》的规定，结合我省具体情况，制定本实施办法。

第二条　本实施办法所称优抚对象是指：中国人民解放军的现役军人、革命伤残军人、复员军人、退伍军人、革命烈士家属、因公牺牲军人家属、病故军人家属和现役军人家属。

第三条　本实施办法所称的家属是指：军人的父母、配偶、子女和依靠军人生活的十八周岁以下的弟妹，军人自幼曾依靠其抚养逾七年以上现又必须依靠军人生活的其他家属。

第四条　福建省民政厅主管全省军人抚恤优待工作，各地（市）、县（市、区）民政部门主管本行政区域内的军人抚恤优待工作。

在抚恤和优待工作中做出显著成绩的单位和个人，由各级人民政府给予表彰和奖励。

第二章　死亡抚恤

第五条　现役军人死亡，根据死亡性质确定为革命烈士、因公牺牲军人和病故军人。

第六条　符合下列条件之一，并经规定机关批准的，称为革命烈士：

（一）对敌作战牺牲的；

（二）对敌作战负伤后因伤死亡，或对敌作战负伤致残医疗终结评残发证后，一年内因伤口复发死亡的；

（三）在作战前线担任向导、修筑工事、救护伤员、执行运输等战勤任务牺牲，或者在战区守卫重点目标牺牲的；

（四）因执行革命任务遭敌人杀害，或者被敌人俘虏、逮捕后坚贞不屈遭敌人杀害或受折磨致死的；

（五）为保卫或抢救人民生命、国家和集体财产壮烈牺牲的；

（六）因在边防、海防执行巡逻任务，被反革命分子、刑事犯罪分子杀害的；

（七）因侦查刑事案件、制止现行犯罪，或逮捕、追捕、看管犯罪分子被其杀害的；

（八）因维护社会治安，同歹徒英勇斗争被杀害的；

（九）因执行军事、公安、保卫、检察、审判任务，被犯罪分子杀害或被报复杀害的；

（十）因正确执行党的路线、方针、政策，坚持原则，维护国家和人民的利益，被犯罪分子杀害或被报复杀害的；

（十一）部队飞行人员在执行战备飞行训练中牺牲，或在执行试飞任务中牺牲的；

（十二）死难情节特别突出，足为后人楷模的。

第七条　革命烈士批准机关：符合以上（一）至（三）项条件的，现役军人由部队团级以上单位的政治机关批准，其他人员由县（市、区）人民政府批准；符合以上（四）至（十一）项条件的，现役军人由部队军级以上单位的政治机关批准，其他人员由省人民政府批准；符合以上第（十二）项条件的，现役军人由中国人民解放军总政治部批准，其他人员由中华人民共和国民政部批准。

《革命烈士褒扬条例》施行前牺牲，符合（一）至（十一）项条件的，均由省人民政府审批。

第八条　符合下列条件之一，并经军队团级以上单位的政治机关批准的，称为因公牺牲军人：

（一）在执行任务或上下班途中，遇到非本人责任或无法抗拒的意外事故死亡的；

（二）因战致残医疗终结评残发证一年后，伤口复发死亡的；

（三）因公致残医疗终结评残发证后，伤口复发死亡的；

（四）因患职业病死亡的；

（五）在执行任务中因病猝然死亡的；

（六）因医疗事故死亡的。

第九条　在服役期间因病死亡，并经军队团以上单位的政治机关确认的，称为病故军人。现役军人因人民内部矛盾自杀身亡，或非因执行任务遇到意外事故死亡的，也按病故军人对待。

第十条　县（市、区）民政部门凭部队通知书，接收其移交的革命烈士、因公牺牲军人、病故军人的档案和资料，并分别发给其家属证明书和一次性抚恤金。对认定条件和批准权限不符合规定的，民政部门不予办理抚恤登记。

第十一条　革命烈士证明书、革命军人因公牺牲证明书、革命军人病故证明书发给的顺序：

（一）有父母或抚养人无配偶的，发给父母或抚养人；

（二）有配偶无父母或抚养人的，发给配偶；

（三）既有父母或抚养人又有配偶的，由其自行商定，协商不成的，发给父母或抚养人；

（四）既无父母或抚养人又无配偶的，发给（1）子女，（2）兄弟姐妹；

（五）无上述亲属的，不发。

第十二条　一次性抚恤金标准：革命烈士为四十个月工资；因公牺牲军人为二十个月工资；病故军人为十个月工资。

第十三条　军人死亡时的工资收入：现役军官工资按职务薪金、军衔薪金和军龄（含工龄）薪金三项之和计算；军队文职干部工资按职务工资和军龄（含工龄）工资两项之和计算；军队离休干部的工资标准按民政部和中央军事委员会的规定执行；义务兵和月工资低于正排职军官工资标准的志愿兵、专业军士、军士长，以及取得军籍的军队院校学员死亡时的工资收入，按基准军衔为少尉的正排职军官的职务薪金（第二档次）和军衔薪金两项之和计算。

第十四条　立功和获得荣誉称号的现役军人死亡，按规定的比例增发一次性抚恤金。在增发一次性抚恤金时，荣立多等或多次功勋的，按其中最高等功勋的增发比例增发，不累计折算提高功勋等次。虽在服役期间荣立功勋，但在退出现役后死亡的，不增发一次性抚恤金。

第十五条　一次性抚恤金，由持证的军人家属户口所在地的县（市、区）民政部门发给，顺序为：

（一）有父母或抚养人无配偶的，发给父母或抚养人；

（二）有配偶无父母或抚养人的，发给配偶；

（三）既有父母或抚养人又有配偶的，各发半数；

（四）既无父母或抚养人又无配偶的，发给子女；

（五）无父母或抚养人、配偶、子女的，发给未满十八周岁的弟妹；

（六）无上述亲属的，不发。

第十六条　革命烈士、因公牺牲军人、病故军人的家属，按照下列规定的条件享受定期抚恤金。

（一）父母、抚养人、夫、妻无劳动能力和生活收入的，或虽有一定生活收入，但不足以维持当地群众一般生活水平的；

（二）子女未满十八周岁，或虽满十八周岁因读书或伤残而无生活来源的；

（三）弟妹未满十八周岁，且依靠军人生前供养的。

第十七条　定期抚恤金由享受者户口所在地的县（市、区）民政部门发给，其标准按民政部、财政部现行规定执行。

第十八条　享受定期抚恤金的对象，男满六十周岁，女满五十五周岁，且无儿女的孤老和未满十八周岁且丧失父母的孤儿，按应领取定期抚恤金数额的20%增发。

第十九条　领取定期抚恤金的对象户口迁移时，应同时办理定期抚恤金转移手续。户口迁出地的县（市、区）民政部门负责发给当年的定期抚恤金，户口迁入地的县（市、区）民政部门应凭转移手续，按当地定期抚恤标准，从第二年的一月份起予以抚恤。

第二十条　享受定期抚恤金的对象死亡时，除发给当月应领的定期抚恤金外，另加发半年的定期抚恤金，作为丧葬补助费，同时注销定期抚恤金领取证件。

第三章　伤残抚恤

第二十一条　现役军人伤残，根据伤残性质确定为因战致残、因公致残和因病致残。

第二十二条　在对敌作战中负伤致残，经医疗终结符合评残条件的，称为因战致残。其范围是：

（一）在对敌作战中负伤致残的；

（二）临战前在战区执行潜伏、侦察、巡逻、后勤保障等任务，遭敌人武器伤或其他意外伤致残的；

（三）平时在边境线执行潜伏、侦察、巡逻、后勤保障等任务，遭敌人武器伤或误伤致残的；

（四）在对敌斗争中被俘不屈，负伤致残的。

第二十三条　在执行公务中致残，经医疗终结符合评残条件的，称为因公致残。其范围是：

（一）因从事军事训练、施工、生产等任务或在上下班途中，遭到非本人责任或无法抗拒的意外伤致残的；

（二）在执行任务中被犯罪分子致残的；

（三）为维护社会治安，保护人民生命，国家和集体财产，被犯罪分子致伤或遭意外伤致残的；

（四）因患职业病致残的；

（五）因医疗事故致残的。

第二十四条　义务兵在服役期间患精神病以外的疾病，经医疗终结符合二等乙级以上病残条件的，称为因病致残。

第二十五条　革命伤残军人的伤残等级，根据丧失劳动能力及影响生活能力的程度，由军队规定的审批机关按照民政部《革命伤残军人评定伤残等级的条件》确定。

第二十六条　因战因公致残的革命伤残军人，因伤口复发残情加重，并符合二等乙级以上条件的，应提高伤残等级；残情显著减轻或完全消失的，应适当降低或取消伤残等级。

革命伤残军人需要调整伤残等级的，现役军人由军队规定的机关审批，退役后由户口所在地的县（市、区）民政部门申报，省民政厅审批。

第二十七条　现役军人因战、因公、因病致残，由军队审批机关评定伤残等级，发给革命伤残军人证。革命伤残军人退役时，由户口所在地的县（市、区）民政部门接收，做好抚恤工作，并报省、地（市）主管部门备案；对认定条件和审批权限不符合规定的，民政部门不予办理抚恤登记。

第二十八条　现役军人在服役期间未办理评残手续，退役后符合下列情况之一的，可以补办评残手续：

（一）《军人抚恤优待条例》施行后退出现役的军人，因战因公致残，有档案记载和确切证明，残情符合二等乙级以上者，士兵需经军级以上单位卫生部门审批，军官需经军区级以上单位卫生部门审批；

（二）《军人抚恤优待条例》施行前退出现役的军人，因战因公致残，有档案记载或确切证明，残情符合二等乙级以上者，由省民政厅审批；

（三）现役军人因战因公致残，医疗终结后未及时评残，三年后申请补办评残手续的，有档案记载和确切证明，残情符合二等乙级以上者，由军队规定的机关审批。

第二十九条　革命伤残军人继续在部队服役的，由所在部队发给伤残保健金；退出现役后没有参加工作和参加工作的，由其户口所在地的县（市、区）民政部门分别发给伤残抚恤金和伤残保健金，其标准按民政部、财政部现行规定执行。

第三十条　参加工作领取伤残保健金的革命伤残军人是指：

（一）为国家机关、民主党派、人民团体的正式工作人员；

（二）为全民企事业单位的正式职工、合同制职工；

（三）为县以上集体企事业单位的正式职工、合同制职工。

第三十一条　领取伤残保健金人员的所在单位不得因其伤残而解聘。因其他原因必须解聘的，应征得县（市、区）民政部门、劳动部门同意。解聘后，由户口所在地的县（市、区）民政部门批准，改领伤残抚恤金。

第三十二条　革命伤残军人户口迁移时，应同时办理伤残抚恤转移手续。户口迁出地的县（市、区）民政部门负责发给当年的伤残抚恤金或伤残保健金，户口迁入地的县（市、区）民政部门凭革命伤残军人证和转移手续，从第二年的一月份起予以抚恤。

第三十三条　特等、一等革命伤残军人由国家供养终身。

享受离、退休待遇的，由户口所在地的县（市、区）民政部门或所在部队发给伤残保健金，由发给离、退休费的单位发给护理费。

不享受离、退休待遇的，由户口所在地的县（市、区）民政部门发给伤残抚恤金和护理费。

第三十四条　分散供养的特、一等革命伤残军人，由原户口所在地或配偶户口所在地的县（市、区）人民政府接收安置。安置地点可以在原户口所在地或配偶户口所在地的城镇选择。安置地的县（市、区）人民政府应妥善安排他们的住房，如需维修旧房、建造新房的，所需费用由同级财政给予适当补助。

由农村迁往城镇安置的特、一等革命伤残军人，其配偶和未满十八周岁的子女及已满十八周岁的在校学生可随同迁居，并转为城镇户口；其配偶具有城镇户粮关系，并符合招工条件的，由安置地的县（市、区）劳动局办理招工录用手续。

特、一等革命伤残军人本人的口粮、食品和副食品，按照当地干部的定量标准，由国家供应。

第三十五条　特、一等革命伤残军人因伤残后遗症需要经常医疗处置的，生活需要护理不便分散照顾的，以及独身一人不便分散安置的，可集中供养。

需要集中供养的特等、一等革命伤残军人由户口所在地的县（市、区）民政部门申报，省民政厅审批，福建省荣军康复医院接收。

集中供养的，不发护理费，不转户粮关系，不转供养关系，不带家属。

第三十六条　革命伤残军人死亡，从死亡的第二个月起，停发伤残抚恤金或伤残保健金和护理费，同时注销证件，留作纪念。

原领取伤残抚恤金的，由户口所在地的县（市、区）民政部门按照当地国家机关工作人员的丧葬补助标准发给丧葬补助费；原领取伤残保健金的，由其所在单位按有关规定发给丧葬补助费。

第三十七条　革命伤残军人因战致残，医疗终结评残发证一年内因伤口复发死亡的，由户口所在地的县（市、区）民政部门按照革命烈士的抚恤标准发给一次性抚恤金，其家属享受革命烈士家属待遇。

第三十八条　革命伤残军人因战致残，医疗终结评残发证一年后因伤口复发死亡，和因公致残医疗终结评残发证后因伤口复发死亡的，原领取伤残抚恤金的，由户口所在地的县（市、区）民政部门按照因公牺牲军人的抚恤标准，发给一次性抚恤金；原领取伤残保健金的，由其所在单位按因公（工）死亡人员的规定予以抚恤，其家属均享受因公牺牲军人家属的待遇。

第三十九条　革命伤残军人因病死亡，原领取伤残抚恤金的，由户口所在地的县（市、区）民政部门另增发半年伤残抚恤金，作为一次性补助；原领取伤残保健金的，其抚恤按本单位有关病故人员的规定予以办理；因战因公致残的特等、一等革命伤残军人因病死亡的，其家属享受病故军人家属的待遇。

第四章　优待

第四十条　对农村义务兵的家属实行普遍优待。每户每年优待金不低于当地上年度农民人均收入的70%。对个别生活有特殊困难的义务兵家属，可酌情提高优待金。

第四十一条　革命烈士家属、因公牺牲军人家属、病故军人家属、革命伤残军人，在国家发给定期抚恤金和伤残抚恤金后，生活仍达不到当地群众一般水平的，必须辅以适当的优待；对带病回乡，生活有困难的复员、退伍军人，可视其经济收入和家庭生活困难程度，酌情予以优待。

第四十二条　义务兵在部队获得荣誉称号或立功受奖的，由原户口所在地分别按下列比例增发优待奖励金：

（一）由军以上单位授予称号或者荣立一等功的，增发当年优待金的一倍；

（二）荣立二等功的，增发当年优待金的60%；

（三）荣立三等功的，增发当年优待金的30%。

第四十三条　优待金由乡、镇人民政府统一筹集。对适龄青年可增收优待金。优待金只能用于义务兵家属等优抚对象的优待和立功受奖奖励金。如有余额，可存入优待基金会，转下年度使用。

第四十四条　优待金的享受对象和标准，应在每年年初以乡、镇为单位统一评定公布，当年兑现。新征集的义务兵应在批准入伍的同时评定优待金。

第四十五条　优待金按照《中华人民共和国兵役法》规定的义务兵服现役的期限发给。超期服役的，凭部队团以上单位机关的通知，继续给予优待；没有部队通知的，义务兵服现役期满，即停止发给优待金。

优待金由义务兵入伍时的户口所在地的县（市、区）或乡、镇人民政府发给。非户口所在地入伍的义务兵，不予优待。从地方直接招收的军队院校学员及军队文艺体育专业人员的家属，不享受义务兵家属的优待金待遇。

第四十六条　领取伤残保健金的革命伤残军人，享受其所在单位的医疗待遇；领取伤残抚恤金的二等乙级以上（含二等乙级）革命伤残军人，享受卫生部门公费医疗待遇；领取伤残抚恤金的三等革命伤残军人，因伤口复发需要治疗的，所需医疗费由户口所在地的县（市、区）民政部门一次性解决。因病治疗所需医疗费本人支付有困难的，由户口所在地的县（市、区）民政部门酌情给予补助。

第四十七条　因战因公致残，领取伤残抚恤金的革命伤残军人伤口复发，经批准到外地治疗或安装假肢的，其交通、食宿费用和住院治疗期间的伙食费，由户口所在地的县（市、区）民政部门给予适当补助；领取伤残保健金的革命伤残军人伤口复发，经批准到外地治疗或安装假肢的，所需费用由其所在单位按公（工）伤待遇办理。

第四十八条　二等乙级以上革命伤残军人因伤残需要配制假肢、代步三轮车等辅助器械的，由户口所在地的县（市、区）民政部门申报，省民政厅审批并配制。

第四十九条　革命伤残军人乘坐国营的火车、轮船、长途客运车、国内民航客机的，凭革命伤残军人证优先购票，并按规定享受票价优待。

第五十条　革命烈士、因公牺牲军人、病故军人、现役军人的家属，以及带病回乡的复员退伍军人，不享受公费医疗待遇的，因病治疗无力支付医疗费，由户口所在地的县（市、区）卫生部门酌情给予减免。

第五十一条　孤老烈属免于承担农村的集体提留与统调工、义务工的负担。二等乙级以上革命伤残军人免服义务工。现役军人不得计入家庭人口摊派提留和义务工。

第五十二条　优抚对象中的孤老、孤儿，应由县光荣院、福利院和农村敬老院收养，或由当地政府组织群众建立“优抚小组”“服务站”等形式，实行包户服务。

第五十三条　《军人抚恤优待条例》施行后，新评烈士的家属，符合当地劳动部门和用人单位规定的招工条件的，应安排其中一人在全民或集体企事业单位就业。

第五十四条　革命烈士子女报考公立初、高中时，应适当降低分数线，择优录取，同时免交学杂费；在中等专业学校、高等院校录取时，应降低一个分数段。

第五十五条　优抚对象享受下列优先权益：

（一）优先享受国家机关和企业、事业单位对职工的录用；

（二）优先享有学校对学员的录取，优先享受减免学杂费、助学金、学生贷款；

（三）优先获得扶持生产、社会救济款物、农业生产资料和各种贷款；

（四）优先享受公有房屋的购买、分配和建房用地以及建筑材料的供给；

（五）优先获得参军资格。

第五十六条　未参加工作的复员军人，因孤老或年老体弱丧失劳动能力，带病回乡不能经常参加生产劳动，生活有困难的，由户口所在地的县（市、区）民政部门给予定期定量补助。定期定量补助标准，按照民政部、财政部现行规定执行。

对在部队期间立功受奖、服役年限长、贡献大的复员军人，应适当提高定期定量补助标准。

在乡退伍红军老战士病故后，其配偶生活困难的，可给予定期定量补助。

第五十七条　享受定期抚恤和定期定量补助的优抚对象，应按规定的标准享受粮、油、主要副食品价格补贴。

第五十八条　各项抚恤、优待、补助款物的发放，应实行专款专用，任何单位和个人不得贪污、挪用和克扣。违反规定的，应追究直接责任人员的行政责任；触犯刑律的，由司法机关依法追究刑事责任。

第五章　附则

第五十九条　复员军人是指一九五四年十月三十一日开始试行义务兵役制以前，参加中国工农红军、东北抗日联军、中国共产党领导的脱产游击队、八路军、新四军、解放军、中国人民志愿军等，持有复员证件或经组织批准复员的人员。在乡的红军失散人员也按复员军人对待。

退伍军人是指一九五四年十一月一日开始试行义务兵役制以后参加中国人民解放军，持有退伍或复员军人证件的人员。

第六十条　中国人民解放军的现役军人，是指按照《中华人民共和国兵役法》的规定，正在服现役的军官（含由现役军官改任的文职干部）和士兵。保留军籍的军队离休干部按现役军人对待。

第六十一条　对被判处徒刑、剥夺政治权利的优抚对象，停止抚恤和优待；当其服刑期满，政治权利恢复时，经户口所在地的县（市、区）民政部门批准，可予恢复抚恤和优待。对犯罪情节特别严重的，经省人民政府批准，应取消其抚恤和优待。

第六十二条　本实施办法适用于中国人民武装警察部队。

第六十三条　因战伤亡的民兵、民工和因参加县（市、区）以上人民武装部门或预备役部队组织的军事训练的人员的伤亡抚恤，有工作单位的，按其所在单位的因公（工）伤亡办法办理；无工作单位的，参照本实施办法执行。

第六十四条　各地（市、区）、县（市、区）人民政府可以根据《军人抚恤优待条例》和本实施办法，结合本行政区的实际情况，制定具体抚恤优待办法。

第六十五条　本实施办法由福建省民政厅负责解释。

第六十六条　本实施办法自颁发之日起施行。

福建省老年人保护条例

(1990年10月26日福建省第七届人民代表大会常务委员会第十七次会议通过)

第一章 总则

第一条 为了保护老年人的合法权益，根据《中华人民共和国宪法》和有关法律的规定，结合本省实际情况，制定本条例。

第二条 本条例所称老年人，是指六十周岁以上的公民。

第三条 老年人是社会的宝贵财富，应当受到全社会的尊重和爱护。

发扬尊老、爱老、养老的传统美德，树立良好的社会风尚，促进社会主义物质文明和精神文明建设，实现老有所养、老有所医、老有所为、老有所学、老有所乐。

第四条 老年人的合法权益，任何单位和个人不得侵犯。禁止歧视、谩骂、侮辱、殴打、虐待和遗弃老年人的行为。

第五条 老年人对国家和社会的发展作出了重要贡献，有权分享社会发展的成果。

第六条 保护老年人是全社会的共同责任。各级国家机关、社会团体、企业事业单位、基层群众性自治组织应依照各自的职责，做好老年人保护工作。家庭和公民应当尊敬、关心老年人，保护老年人在社会生活和家庭生活中的合法权益。

第七条 老年人应当遵纪守法，履行法律规定的义务，妥善处理家庭和邻里关系。

第八条 每年“重阳节”（农历九月初九）为本省老年节。

第二章 家庭保护

第九条 老年人享有成年子女赡养和扶助的权利。依法负有赡养和扶助义务的子女或孙子女、外孙子女等，必须赡养和扶助父母或者祖父母、外祖父母。

负有赡养和扶助义务的夫妻双方应支持、帮助配偶赡养和扶助老年人，不得干涉配偶履行义务。

第十条 赡养人必须保障老年人的基本生活需要，保证老年人生活水平不低于与其共同生活的家庭成员的平均生活水平。

与老年人同地生活的赡养人，应承担老年人力不能及的家务劳动；与老年人异地生活的赡养人，应妥善安排老年人的生活，使其生活得到保障。

第十一条 农村中与老年人分居的赡养人，负责耕种、管理老年人的口粮田、自留地，收益归老年人，赡养人不得强行索要或扣留。

第十二条 赡养人不得要求老年人承担力不能及的劳动。

第十三条 老年人患病或者生活自理确有困难的，赡养人应当负责给予医疗、照料。

第十四条 赡养人不得以放弃继承权或其他任何理由，拒绝履行赡养和扶助老年人的义务。赡养人不履行赡养和扶助义务时，无劳动能力或生活困难的老年人，有权要求赡养人给付赡养费。

第十五条　属老年人所有的房屋产权或租用的房屋使用权，任何人不得非法侵犯，非经老年人授权，子女或其他亲属无权处分或侵占；属老年人所有的房屋，经老年人同意，由子女或其他亲属出资改建或扩建的，应事先订立协议书，明确老年人享有的房产份额和使用权。

第十六条　子女所在单位分配的住房，老年人与子女有同等居住的权利，并应照顾老年人的特殊需要。

与老年人共同生活的已婚子女，需要迁出另居的，应尊重老年人的意见。老年人生活自理有困难，需要子女照顾的，其子女不得借故推诿，应履行赡养和扶助的责任。

老年人没有住房的，赡养人应妥善安排其住处。

第十七条　老年人有权支配自己的合法收入和财产，任何人不得侵占、挪用、骗取和破坏。老年人有权拒绝或应允有独立生活能力的成年子女提出的经济资助的要求。

老年人有权依法用遗嘱继承、遗赠等方式处分自己的合法财产，任何人不得非法干涉。

赡养人遗弃老年人，或者虐待老年人情节严重的，依法丧失继承遗产的权利。

第十八条　子女或者其他人不得干涉老年人的婚姻自由，不得干涉丧偶或者离婚的老年人再婚、复婚及其婚后的家庭生活。

第三章　社会保护

第十九条　积极发展老年福利事业，加强社会保障工作。各地区和部门应根据法律和有关规定，通过多种渠道筹集资金，兴办敬老院、福利院、老年公寓、老年人活动中心等福利设施，为保障老年人权益创造条件。

第二十条　全社会都应重视、珍惜老年人的知识、技能和经验，支持老年人继续为社会服务。

第二十一条　医疗卫生部门要加强老年人医疗保健工作，为老年人看病提供方便，逐步实行就医优先制度。城市和有条件的农村应逐步建立老年病门诊、老年病床或家庭病床，对八十周岁以上的高龄老年人要出诊到户。

第二十二条　工业、商业、服务部门应重视生产、经营老年人所需要的商品，可开设为老年人服务的项目。交通、铁路、民航部门要逐步建立老年乘客的优先服务制度，为老年人乘车、乘船、乘机提供方便。

第二十三条　文化、教育、体育部门应重视发展老年文化教育事业和体育事业，丰富老年人的精神生活，支持社会团体、乡（镇）基层组织开展老年人文娱、教育、体育活动；娱乐、公园、体育场所应为老年人活动提供方便。各地根据实际情况，对老年人进公园、博物馆、纪念馆等场所，可实行半费或免费。

第二十四条　城乡规划、建设部门在规划、建设居住区时，应根据条件增建老年人生活服务设施和活动场所。

第二十五条　宣传部门应通过报刊、广播、电视等宣传工具，经常地进行尊老、爱老、养老的传统美德教育，表扬好人好事，谴责和揭露侵犯老年人合法权益的行为，树立良好的社会风尚。

第二十六条　各类学校应对学生进行尊老、爱老、养老的传统美德教育和维护老年人合法权益的法制教育。

第二十七条　离休、退休老年人按照国家有关规定享有的政治、经济、文化、住房、医疗、福利等待遇，必须切实得到保障，不得随意降低或取消。

离休、退休老年人的离休费、退休费，以及按规定享有的各种补贴费，其所在单位必须及时发放，不得拖延、克扣或挪作他用。对生活确有困难的离退休老年人，原工作单位应给予经济补助，其主管部门应负责落实。

第二十八条　离退休的孤寡老年人患病，原单位应负责安排医疗和照料。

第二十九条　城镇没有经济收入的孤寡老年人，由民政部门给予社会救济，保障其基本生活，或根据老年人的意愿接纳进福利院。

农村孤寡老年人，由乡（镇）人民政府统筹安排，实行保吃、保穿、保住、保医、保葬的五保制度，县以上人民政府应定期检查，确保落实。

孤寡残疾老年人和八十周岁以上的高龄孤寡老年人的供养标准应高于一般孤寡老年人。

第三十条　赡养人拒不给付赡养费的，被赡养人有权要求赡养人所在单位从其工资中扣付；赡养人是农民或者无固定职业的城镇居民的，由所在乡（镇）人民政府或者街道基层组织责令其给付，村民委员会、居民委员会应予协助。

第三十一条　逐步建立和完善多种形式的城乡养老保险制度，使老年人生活得到切实的保障。

全民所有制企业事业单位、中外合资、中外合作经营企业、外资企业和城镇集体企业、私营企业、合作企业、个体工商户均应参加退休费用统筹社会养老保险，并按规定为其从业人员缴纳养老保险费。

农村应根据农民自愿和经济条件，以乡、镇或村为单位，逐步建立养老保险制度。

第三十二条　各级老龄工作委员会可根据国家有关规定，建立老年基金会，兴办老年福利事业，解决老年人的特殊问题。

第三十三条　每年老年节，国家机关、社会团体、企业事业单位和基层群众性自治组织应开展尊敬老年人活动，并对贯彻执行本条例的情况进行检查，研究和解决存在的问题。

第四章　组织与管理

第三十四条　各级人民政府负责领导老年人保护工作。

各级老龄工作委员会和民政部门主管本条例的实施，具体负责检查、督促、协调老年人保护工作。

各级老干、人事、劳动等部门和工会、共青团、妇联等群众组织均应发挥职能作用，及时反映老年人的合理要求，提出保护老年人的意见，促进本条例的贯彻实施。

第三十五条　省、地（市）、县（市、区）设立老龄工作委员会，在同级政府领导下负责老龄工作。

第三十六条　各级老龄工作委员会的任务：

（一）检查、监督本条例实施情况，总结经验，表彰先进；

（二）宣传、贯彻执行有关老龄工作的方针政策和法律、法规；

（三）负责老龄问题的调查研究和统筹规划；

（四）组织、部署、督促、指导老龄工作，协调解决老龄工作中的重大问题；

（五）针对本地区老龄问题的实际，提出对策建议和实施意见；

（六）指导老年人群众性组织的工作；

（七）发展同台湾同胞、港澳同胞、海外侨胞、国外的老年组织和老年人的友好往来、交流与合作。

第五章　奖励与处罚

第三十七条　国家机关、社会团体、企业事业单位和基层群众性自治组织，对在维护老年人合法权益，开展尊老、爱老、养老活动中做出显著成绩的单位、家庭、个人，应给予表彰和奖励。

第三十八条　老年人在其合法权益受到侵犯时，可向有关机关、团体、组织提出控告、申诉，请求调解，也可依法向人民法院起诉。

对侵犯老年人合法权益的行为，任何组织和公民都有权制止、检举和揭发。

第三十九条　有关机关、团体、组织在处理老年人权益的纠纷时，应注重调解，妥善解决。应老年人的要求进行调解达成协议的，协议书除送达双方当事人外，还应送交履行义务人的所在单位或居民委员会、村民委员会督促履行。

第四十条　违反本条例，情节轻微的，由所在单位或基层群众性自治组织予以批评、教育，并责令其改正；情节较重或者经批评教育不改的，由所在单位或有关组织给予行政处分；情节严重构成犯罪的，由司法机关依法追究刑事责任。

第四十一条　违反本条例规定的单位，当地政府和主管部门应督促其纠正，经教育不改或造成严重后果的，应追究单位领导人的责任。

第四十二条　有关部门和司法机关，对侵犯老年人合法权益的行为，必须认真及时地进行查处，不得借故推诿、拖延、搪塞，对玩忽职守造成严重后果的，应依法追究责任。

第六章　附则

第四十三条　本条例由福建省人民代表大会常务委员会解释。

第四十四条　本条例自公布之日起施行。

福建省村民委员会选举办法

(1990年12月26日福建省第七届人大常委会第十九次会议通过)

第一条　为保障村民依法行使民主权利，根据《中华人民共和国村民委员会组织法（试行）》，结合我省农村实际，制定本办法。

第二条　村民委员会主任、副主任和委员，由村民采取差额和无记名投票的方法直接选举产生。

由十八周岁以上村民或每户派一名代表参加的村民委员会的投票选举，都属于直接选举方式。村民委员会规模过大或村落过于分散的，可以召开户代表会议。

第三条　村民委员会每届任期三年，届满后应当及时换届选举，其成员可以连选连任。换届选举工作由省人民政府统一部署，受县（市）、乡、民族乡、镇人民政府和民政部门指导。

任期未满因特殊情况需要提前换届的，须经县级人民政府批准，按本办法执行。

第四条　村民委员会由主任、副主任和委员共三至七人组成，具体名额由村民会议讨论决定。

几个自然村联合设立村民委员会的，其成员分布应当适当照顾村落状况。

第五条　村民委员会换届选举工作由村民委员会或经村民会议通过的换届选举领导小组主持。

第六条　县（市）、乡、民族乡、镇成立村民委员会换届选举指导组。县（市）指导组由同级党委、人大、政府及有关部门人员组成。乡、民族乡、镇指导组由同级党委、人大主席团、政府及有关部门人员组成，受县（市）指导组领导。

第七条　县（市）、乡、民族乡、镇指导组的职责：

（一）宣传和执行《中华人民共和国村民委员会组织法（试行）》、《福建省实施〈中华人民共和国村民委员会组织法（试行）〉办法》和本办法；

（二）部署、指导和监督村民委员会换届选举工作，引导村民依法搞好换届选举；

（三）培训换届选举工作人员；

（四）受理换届选举工作中的有关申诉；

（五）确定直接选举方式；

（六）确定村民委员会的选举日；

（七）总结交流换届选举工作经验。

第八条　县（市）、乡、民族乡、镇指导换届选举工作的活动经费分别由县、乡财政开支。

第九条　村民委员会或换届选举领导小组成员应当遵守法律和国家政策，代表村民利益，倾听村民意见，办事公道，作风正派，热心为村民服务。

村民委员会或换届选举领导小组负责确定换届选举工作人员，审查选民资格，公布选民名单，组织候选人提名和酝酿协商，确定并公布正式候选人名单，组织投票选举，公布选举结果。

换届选举领导小组行使职责至新一届村民委员会召开第一次会议时止。

第十条 年满十八周岁的村民，不分民族、种族、性别、职业、家庭出身、宗教信仰、教育程度、财产状况、居住期限，都具有选民资格；但是，依照法律被剥夺政治权利的人除外。

第十一条 凡具有选民资格的村民都应当在居住地区的村民委员会进行选民登记。

计算年龄的时间，以选举日为准。村民出生日期以身份证为准。

第十二条 经登记确认的选民资格长期有效。每次选举前应当对上届选民登记以后新满十八周岁的、新迁入本村具有选民资格的和被剥夺政治权利期满后恢复政治权利的选民，予以补充登记。对选民登记后迁出本村、死亡和依照法律被剥夺政治权利的人，从选民名单上除名。

第十三条 在选举日前十日因婚姻、家庭等关系住进本村，具有选民资格的，不论其户口是否已迁入一律予以登记。

第十四条 在选举日前十日因婚姻、家庭等关系脱离本村的，不论其户口是否已迁出均不予登记。

村办企业和其他经济实体中雇用的非本村人员不予登记。

第十五条 选民名单应当在选举日前十日公布。

对公布的选民名单有不同意见的，可以向村民委员会或换届选举领导小组提出。村民委员会或换届选举领导小组应当依法作出调整或解释。

第十六条 村民委员会成员候选人，由村民五人以上联名提名。所有的提名名单应当于选举日前五日公布。

第十七条 候选人名单公布后，可以采取村民小组会、村民代表会议或村民会议等形式进行充分酝酿协商，根据较多数选民的意愿，确定正式候选人。主任、副主任的候选人人数应当比应选名额多一人，委员的候选人人数应当比应选名额多一至三人。正式候选人名单确定后应当在选举日前二日按姓氏笔画顺序公布。

第十八条 村民委员会或换届选举领导小组应当向选民介绍候选人的情况，选民和候选人也可以在村民小组会、村民代表会议或村民会议上介绍候选人的情况，但选举日必须停止对候选人的介绍。

第十九条 投票选举的准备工作：

（一）训练工作人员；

（二）核实参选人数，落实外出选民的委托投票人；

（三）公布投票选举的时间、地点，准备票箱和选票，布置中心会场和投票站。

第二十条　投票选举时，根据村民居住状况和便于投票的原则，应当设立中心会场和若干投票站。对老、弱、病、残和其他原因不便到中心会场或投票站投票的，可以设流动票箱投票。中心会场和投票站由村民委员会或换届选举领导小组主持，每个流动票箱由村民委员会或换届选举领导小组指定三名以上工作人员负责。

候选人不得主持投票选举，也不得担任选举工作人员。

第二十一条　选民在选举期间外出的，经村民委员会或换届选举领导小组同意，可以书面委托其他选民代为投票。每一选民接受委托投票不得超过三人。

第二十二条　选举方式应当根据较多数选民的意愿，由村民委员会或换届选举领导小组确定，可以一次性投票选举主任、副主任、委员；也可以先选举主任、副主任，后选举委员。但不能先选举委员，再由委员推选主任、副主任。

第二十三条　选票由选民单独填写。因文盲或其他原因不能写选票的，可以委托除候选人之外的人代写，代写人不得违背选民的意志。

第二十四条　投票结束后，所有投票箱应当于当日集中在中心会场开票。由唱票、计票人员在两名监票人的监督下，认真核对、计算票数，当场公布选举结果，并由主持人和监票人作出记录。

第二十五条　每次选举所投的票数，多于投票人数的无效，等于或少于投票人数的有效；每一选票所选的人数多于规定应选名额的无效，等于或少于应选名额的有效。

无法辨认、不按规定符号填写以及有不严肃的文字、图案的选票无效。

第二十六条　全体村民或户代表过半数参加的选举有效，候选人获得全体村民或户代表过半数选票始得当选。

候选人获得全体村民或户代表过半数选票的人数超过应选名额时，以得票多的当选；如遇票数相等不能确定当选人时，应当就票数相等的候选人重新投票。

候选人获得全体村民或户代表过半数选票的人数少于应选名额时，不足的名额，应当在没有当选的候选人中以得票多的人为候选人另行选举。另行选举以得票多的当选，但得票数不得少于全体村民或户代表的三分之一。

第二十七条　经多次投票选举，当选人仍不足应选名额，当选人已达三人以上的，不足名额可以暂缺。主任暂缺的，由当选的成员推选一名副主任，没有副主任的推选一名委员，临时主持工作，直至选出主任为止。当选人不足三人，无法组成新一届委员会的，暂由原村民委员会主持工作，直至组成委员会为止。

村民委员会主任、副主任和委员缺额的，应当做好工作，适时依法补选。补选时，原当选的主任、副主任、委员资格有效。

第二十八条　选举结果经村民委员会或换届选举领导小组确认有效后，在投票的当日或次日正式公布，同时上报乡、民族乡、镇人民政府和县（市）民政部门备案，并由县（市）

民政部门颁发省统一印制的主任、副主任和委员当选证书。

第二十九条　村民委员会的任期，从每届举行第一次会议开始，到下届举行第一次会议为止。

新一届村民委员会第一次会议应当在选举结果公布后十日内召开。

第三十条　村民委员会成员受村民监督。村民会议有权罢免村民委员会成员。

罢免村民委员会成员，由十名以上村民联名提出，有五分之一以上村民或户代表附议的，应当召集村民会议讨论。罢免决议须经全体村民或户代表过半数通过。

对不称职的村民委员会成员，县（市）人民政府可以提出罢免建议，由所在村民委员会召集村民会议讨论决定。

被罢免的村民委员会成员对罢免不服的可以提出申诉，由县级民政部门和所在乡、民族乡、镇人民政府调查处理。

第三十一条　村民委员会成员出缺时，可以另行补选，候选人应当根据较多数村民的意愿确定，人数可以多于或等于应补选名额。

补选时候选人获得全体村民或户代表过半数选票的当选。

第三十二条　村民小组长和村民代表的选举与村民委员会换届选举结合进行。

村民小组长和村民代表由村民小组会议推选。村民代表的名额由村民委员会或换届选举领导小组确定，一般应当占总人口的百分之五左右。

村民小组长和村民代表的任期，与村民委员会相同。

第三十三条　用暴力、威胁、恐吓、欺骗、贿赂、打击报复等手段，扰乱、破坏选举工作的，给予批评教育或行政处罚，触犯刑律的，依法追究刑事责任。

第三十四条　本办法的应用解释权属福建省民政厅。

第三十五条　本办法自颁布之日起施行。

福建省拥军优属若干规定

(1996年11月29日福建省第八届人民代表大会常务委员会第二十七次会议通过)

第一条　为加强拥军优属工作，促进国防建设，根据《中华人民共和国兵役法》、《军人抚恤优待条例》和国家有关法律法规的规定，结合本省实际，制定本规定。

第二条　国家机关、社会团体、企业事业单位、其他经济组织、城乡基层群众性自治组织和公民都应当依照本规定履行各自的职责和义务。

第三条　地方各级人民政府应当加强拥军优属工作的领导，及时解决拥军优属存在的问题，保证拥军优属工作的落实。

第四条　地方各级人民政府应当将拥军优属的宣传教育纳入爱国主义教育、全民国防教育和法制宣传教育规划。各级民政、司法和新闻等部门，应当根据宣传教育规划制定年度实施计划。

广播、电视、报刊等宣传媒体应当加强经常性的拥军优属宣传报道。每年元旦、春节期间，各地应当开展拥军优属宣传月活动，不断提高全民国防观念，培育拥军优属的良好社会风尚。

第五条　地方各级人民政府及有关部门和单位应当从技术、信息、资金、税收等方面积极扶持部队、军休所和优抚对象发展生产经营。

第六条　地方各级人民政府应当有计划地支持帮助驻高山、海岛、边远地区部队搞好水、电、路等基础设施建设和农副业生产，不断改善部队的工作和生活条件。

第七条　教育、劳动、人事等部门，要积极开展智力拥军活动，帮助部队搞好各类教育，培养军地两用人才。

第八条　科委和有关部门，要大力开展科技拥军活动，帮助部队培训科技人才、安排科研项目，优先转让科研成果。

第九条　在本省行政区域内，军用车辆过路、过桥、过渡、过隧道等免费通行。

第十条　现役军人、革命烈士家属、军队离休干部、革命伤残军人，游览、参观公园、纪念馆、博物馆，凭证免收门票。

革命伤残军人凭革命伤残军人证，免费乘坐市内公共汽车。

车站、港口、医院等对第一款所列人员应当单设窗口或挂牌优先服务。

第十一条　符合随军条件的现役军人配偶，经部队师（旅）以上政治机关批准随军后，公安、粮食部门应按规定及时办理户粮迁移手续。

对有工作的现役军人配偶，在调入单位尚未落实前，凭师（旅）以上政治机关证明，现役军人所在部队驻地的公安、粮食部门应予办理户粮迁移手续。

第十二条　用人单位招工、成人高校招生，在同等条件下对现役军人、革命烈士和特、一等革命伤残军人配偶应当优先录用或录取。

第十三条　被批准随军的现役军人配偶已有工作的，劳动、人事部门应协调用人单位优先安置，落实安置的时限一般不超过半年；无工作的，符合就业条件，劳动部门应优先介绍就业。

经批准随军而未随队的现役军人配偶，符合就业条件，所在地的劳动、人事部门应当按本地驻军随军家属待遇介绍就业。

第十四条　现役军人配偶和其他优抚对象从事个体经营的，工商部门应当优先办理营业执照，税务、银行等部门应当积极扶持。

第十五条　企业事业单位在调整劳动组合和人员结构时，对现役军人配偶应予照顾，对确需下岗的，劳动、人事部门和企业事业单位应负责再培训，并帮助优先重新就业。

第十六条　现役军人配偶所在单位除应按照国家规定给予探亲假外，当年现役军人已回家探亲的，其配偶仍可享受探亲假。现役军人配偶探亲假期间，工资、奖金照发。

第十七条　现役军人配偶所在单位在分配住房或集资建房时，应当按照本单位双职工及现役军人配偶职级待遇分配住房或集资建房，并在同等条件下优先；现役军人配偶无工作单位且属住房困难户的，当地房管部门应按照住房特困户优先解决。

第十八条　城镇义务兵在服现役期间，其家属单位在安排住房时，应将其计入家庭人口；紧缺房的农村义务兵家属需要用地建房的，所在村委会应当从建设用地指标中优先安排，用地审批机关应优先批准。

第十九条　拆迁现役军人家属、革命烈士家属、革命伤残军人房屋时，在同等条件下，拆迁人应给予及时补偿、优先安置。

第二十条　现役军人、革命烈士和特、一等革命伤残军人子女上小学的，教育部门应当尽可能就近安排在教学条件较好的学校就读；上中学的，按同等优先原则给予照顾。现役军人工作调动，教育部门和学校应及时为其子女办理转学手续。

荣立二等功以上或在边防、海岛、船艇、高山等艰苦地区连续工作十年以上的现役军人，经师（旅）以上政治机关证明，其子女可到亲属所在城市就近安排在教学条件较好的中小学校就读。

第二十一条　驻边防、海岛、船艇、高山等艰苦地区的部队需要在市区或城镇建立家属区的，各级人民政府应当在经费、土地审批等方面给予支持和优惠。

第二十二条　乡镇、街道办事处和村委会、居委会及企业事业单位，应当积极开展经常性的拥军优属服务活动，为现役军人、军队离退休干部和其他优抚对象排忧解难。

第二十三条　按照国家有关规定，成立福建省拥军优属基金会，接受社会各界的捐款，并按基金会章程开展活动。

第二十四条　地方各级人民政府及有关部门和单位应积极做好军队转业干部的安置、就业工作，并按照国家的政策规定，落实军队转业干部的政治、生活待遇。有关单位不得拒绝接收组织、人事部门统一分配的军队转业干部。

第二十五条　各有关部门要积极做好移交地方的军队离退休干部的安置和军队无军籍退休退职职工的接收工作，对需要建房用地和购房的，应当优先优惠办理。移交地方的军队离退休干部的医疗关系，纳入当地公费医疗管理，医疗费用按国家有关规定执行。

第二十六条　有关单位必须接收当地人民政府分配的城镇退伍义务兵和转业志愿兵，保证其第一次就业。对拒不接收的，主管部门应当责成其从接到安置任务之日起，发给安置人员该单位职工的平均工资，直至上岗工作。

第二十七条　义务兵在部队获得荣誉称号或立功的，由家属户口所在地优待金发放单位增发优待奖励金，其标准不低于：

（一）由军以上单位授予荣誉称号或荣立一等功的，为当年优待金的百分之一百；

（二）荣立二等功的，为当年优待金的百分之六十；

（三）荣立三等功的，为当年优待金的百分之三十。

第二十八条　现役军人死亡，由县（市、区）民政部门按规定发给其家属一次性抚恤金。

一次性抚恤金标准：革命烈士为80个月工资，因公牺牲军人为40个月工资，病故军人为10个月工资。

为弘扬革命烈士精神，县级人民政府应再发给革命烈士家属一定数额的褒扬金。

第二十九条　获得荣誉称号和立功的现役军人死亡，可增发一次性抚恤金，增发比例为：

（一）被中华人民共和国主席或者中央军事委员会授予荣誉称号的，增发百分之五十；

（二）被军区（方面军）授予荣誉称号的，增发百分之四十；

（三）荣立一等功的，增发百分之三十；

（四）荣立二等功的，增发百分之二十；

（五）荣立三等功的，增发百分之十。

荣立多等或多次功勋的，按其中一次最高等功勋的增发比例计发。

第三十条　革命烈士、因公牺牲军人、病故军人的家属及在乡复员军人，按规定条件享受定期抚恤金或定期定量补助，其标准应当随着经济发展和人民生活水平的提高作相应调整。

第三十一条　对领取伤残抚恤金、保健金的二等乙级以上革命伤残军人实行公费医疗，医疗费由县（市、区）公费医疗机构统一管理，实报实销。

特等、一等革命伤残军人享受护理费待遇，领取伤残保健金的，由所在单位发给护理费；领取伤残抚恤金的，由县（市、区）民政部门发给护理费。其护理费年标准不低于当地上年度职工平均工资的下列比例：

（一）因战、因工特等的为百分之五十；

（二）因战、因公一等的为百分之四十；

（三）因病一等的为百分之三十。

第三十二条　领取伤残抚恤金的革命伤残军人，在国家规定抚恤标准的基础上，各级人民政府应根据当地物价、生活水平，另发给适当的生活补助费。

第三十三条　革命烈士家属、革命伤残军人、复员军人及带病回乡的退伍军人，在享受国家抚恤、补助基础上生活仍有困难的，由当地人民政府从优待金中解决，保证其生活水平略高于当地群众一般生活水平。

第三十四条　享受定期抚恤金或定期定量补助的对象死亡时，除发给当月的定期抚恤金或定期定量补助外，另加发半年，作为丧葬补助费。

第三十五条　各级人民政府对拥军优属工作中做出显著成绩的单位和个人，应予表彰和奖励。

违反本规定的单位和个人，各级人民政府或主管部门应予通报批评或依法给予行政处分。贪污、挪用、克扣优抚经费的，依法追究法律责任。

第三十六条　本规定自公布之日起施行。

福建省人民政府关于加强抗灾救灾管理工作的通知

闽政〔1997〕34号

宁德地区行政公署，各市、县（区）人民政府，省直各单位：

我省是个自然灾害频发的省份，抗灾救灾工作任务十分繁重。为减轻灾害造成的损失，促进我省国民经济持续、快速、健康发展，维护社会稳定，根据国务院《关于加强抗灾救灾管理工作的通知》（国发〔1997〕2号）精神，经研究，现就加强我省抗灾救灾管理工作问题通知如下：

一、坚决贯彻中央关于抗灾救灾的方针和原则

国务院确定，我国抗灾救灾的方针是“防御为主、救助为辅、自力更生、生产自救、恢复生产、重建家园”；原则是“坚持地方自救为主、中央补助为辅；统筹规划、重点安排”。中央、省用于特大自然灾害的抗灾救灾资金、物资要统筹规划，优先安排重灾区，适当照顾贫困地区和少数民族地区。各级政府和有关部门要坚决贯彻国务院抗灾救灾的方针和原则，增强防灾抗灾意识。灾害发生后，各级政府要及时组织人员深入灾区第一线，领导抗灾救灾工作。灾区广大干部、群众要发扬自力更生、艰苦奋斗的精神，不等靠要，迅速开展生产自救和重建家园。同时，要通过多种形式拓宽抗灾救灾的资金、物资的筹集渠道，组织、动员全社会的力量支援灾区。特别是要积极动员基层救灾互助组织，广泛开展互助互济活动。

二、加强对抗灾救灾工作的管理

根据《国务院关于救灾工作的暂行规定（草案）》第五条的规定，省人民政府统一领导和管理全省抗灾救灾工作。省直各单位和各级人民政府要密切配合，各负其责，认真做好抗灾救灾工作，同时，要加强同当地驻军和武警部队的联系，及时取得他们对抗灾救灾工作的支持。各级人民政府要明确承担抗灾救灾综合协调工作的机构，负责做好协调、监督检查和服务工作，加强抗灾救灾工作的综合管理。

（一）省政府办公厅负责综合协调全省抗灾救灾工作，计划、财政、民政、经贸、农办、农业、水电、交通、防汛等省直有关部门分工负责各自职责范围内抗灾救灾工作，分配和管理各项抗灾救灾资金、物资，指导、检查本系统的抗灾救灾工作，并及时向省政府办公厅报送工作情况和资金、物资分配情况。

（二）加强抗灾救灾资金、物资的管理。抗灾救灾资金、物资要严格按照规定的范围、项目、标准和办法审批发放，做到合理使用，专款专用，专项专用，确保重点，不得平均分配或挪用、截留。凡以省政府名义上报，由中央下拨的救灾救济款物，应由省民政厅、防汛办、财政厅等有关部门提出分配方案，报省政府核准后方可下拨。

（三）建立监督和处罚机制。监察、审计部门负责监察、审计各有关部门安排使用抗灾救灾物资的情况，受灾较重的年份须向本级人民政府报告监察、审计结果，并抄报有关部门。要建立灾情调查审核制度，对于虚报灾情以及挪用、截留、贪污、私分和挥霍抗灾救灾资金、物资的单位和个人，要严厉处罚并通报批评；对直接负责人要严肃处理并追究其领导责任和法律责任。

（四）加强灾情测报、统计、信息处理和灾情报道工作。闽江洪水预警系统和中尺度灾害性天气预警系统要加强运营管理，充分发挥预报、测报作用，及时准确地提供灾情信息。各地、市、县人民政府要加强抗灾救灾信息管理，逐步配置救灾装备，提高灾情测报和灾情信息的处理能力，及时、准确地掌握抗灾救灾工作动态。在重大灾情发生时，各级领导首先要深入灾区，加强组织协调，发动群众抗灾救灾。确需派人来省向省政府汇报灾情的，应先由地区行政公署、省辖市人民政府报告省政府，经同意后，由省人民政府组织有关部门听取汇报。县、乡级人民政府不要越级来省汇报。

适时报道灾情和抗灾救灾工作，坚持正面宣传，引导广大干部群众振奋精神，团结抗灾。公开报道灾情，要实事求是，有利于社会安定和抗灾救灾工作。报道要慎重，内容要按规定经省防汛办、省民政厅等有关部门审核并由省政府办公厅报经有关领导审定。

三、建立救灾工作分级管理、救灾款分级负担机制

各级政府要根据历年的灾害损失情况，在年度计划和财政预算中安排一定比例的抗灾救灾资金，并根据本级政府财力增长情况逐年有所增加。要建立救灾工作分级管理、分级负责责任制。对没有建立救灾工作分级管理、救灾款分级负担机制的地方，省里不再下达救灾补助经费。各级建立的情况应以当地政府的名义上报省政府。对发生重大自然灾害，依靠本地区的财力、物力难以解决，确需省里补助资金和物资的，必须由地（市）政府核实后，以文电形式向省政府报告，并抄报有关部门。报告内容主要包括：本次（阶段）灾害发生范围及损失情况，当地投入抗灾救灾的资金和物资情况，生产自救情况、灾民安置情况，请求省里补助的资金、物资的数量及用途等。报告灾情及要求补助的数额一定要实事求是，不夸大、不缩小。

四、及时报告和检查抗灾救灾资金、物资的分配使用情况

各地区行署、市政府在接到省里下拨的抗灾救灾资金、物资的文件后，要在一个月内将资金、物资分配使用情况报省政府办公厅，并抄送省政府有关部门。同时，各地要对抗灾救灾资金、物资的分配情况实施监督、检查，发现问题及时纠正。对抗灾救灾资金不能及时到位的地方，要追究有关领导的责任。

五、积极开展“扶贫济困送温暖”捐助活动

根据国家九部委《关于开展“扶贫济困送温暖”捐助活动的通知》（民救发〔1996〕7号）精神，各地市和省直各单位要努力搞好捐助活动，确保募集的物资及时安全运送到受援地区。要争取海内外各界对我省的救灾捐赠，扩大救灾资金、物资的来源渠道，增强救灾工作实力。接受捐赠与捐赠资金的安排使用由各级民政部门负责。

福建省人民政府

一九九七年九月二十六日

福建省人民政府关于在全省建立和实施城市居民最低生活保障制度的通知

闽政〔1997〕47号

宁德地区行政公署，各市、县（区）人民政府，省直各单位：

最近，国务院发出《关于在全国建立城市居民最低生活保障制度的通知》（国发〔1997〕29号），这是国家为妥善解决城市贫困人口的生活困难问题，促进我国经济和社会健康发展所采取的一项重要举措，它标志着城市最低生活保障工作已从试点阶段进入全面实施阶段。根据国务院的部署和我省的实际情况，现就全省实施城市居民最低生活保障制度有关事项通知如下：

一、进一步明确建立城市居民最低生活保障制度的意义、目标和要求

建立城市居民最低生活保障制度，是改革和完善传统社会救济制度、建立健全社会保障体系的重大措施，它的建立和实施，体现了社会主义制度的优越性，体现了党和政府全心全意为人民服务的根本宗旨，有利于维护社会稳定、促进经济体制改革的顺利进行。各级人民政府一定要充分认识这项工作的重要性、紧迫性，采取有力措施，努力完成任务。

为了确保完成国务院确定的目标任务，使我省城市居民的基本生活得到保障，要求：已建立和实施这项制度的市、县（区）要继续完善；尚未建立这项制度的县要抓紧做好准备工作，1998年县政府所在地的镇要全部建立起这项制度。全省提前一年实现国务院确定的目标。

二、合理确定保障标准和保障对象

各地要对城镇居民特别是贫困居民的生活状况进行详细的调查了解，掌握贫困人口的数量、家庭结构、居民最低生活消费情况和物价指数等方面的资料。要根据生活必需品和当地市场价格等因素计算出每月人均最低消费金额，并考虑当地财政承受能力和资金来源情况，规定一个切实可行的标准即最低生活保障线。保障标准要体现既能保障基本生活，又有利于克服依赖思想的原则，并注意与其他各项社会保障标准相衔接，不搞攀比。保障标准由各地民政部门会同当地财政、统计、劳动、物价等部门制定，经当地人民政府批准后向社会公布，并且随着经济发展，人均收入水平和物价水平的变化适时调整。

保障对象是家庭人均收入低于当地最低生活保障标准的持有非农业户口的城市居民。主要是以下三类人员：（一）无生活来源、无劳动能力、无法定赡养人或抚养人的居民；（二）领取失业救济金期间或失业救济期满仍未能重新就业，家庭人均收入低于最低生活保障标准的居民；（三）在职人员和下岗人员在领取工资或最低工资、基本生活费后以及退休人员领取退休金后，其家庭人均收入仍低于最低生活保障标准的居民。保障对象要向住地居委会提出申请，并分类由街道办事处或由办事处会同工会基层组织调查核实后，报区、县民政局审批并进行动态管理。各地在发放最低生活保障金时，应根据不同对象区别对待。对第一类人员要按最低生活保障标准全额发放，如其原来享受的生活救济标准高于最低生活保障标准的，则按原救济标准发放；对第二、三类人员均按其家庭人均收入与最低生活保障标准的差额发放；根据国家有关规定享受特殊待遇的优抚对象等人员，其抚恤金等不计入家庭收入。

三、切实落实最低生活保障资金

资金的筹集是建立最低生活保障制度的关键。在保障标准确定之后，当地政府要公布实施办法，并报上一级政府和民政、财政部门备案。所需资金按照财政分级负责的原则，由市、县（区）人民政府列入财政预算，纳入社会救济专项资金支出科目，专账管理。每年年底之前由各级民政部门提出下一年所需保障资金和业务经费的用款计划，经同级财政部门审核后列入预算，定期拨付，民政部门要根据有关程序按月发放到户，年终要编制决算，送同级财政部门审批；各地财政部门要切实落实城市最低生活保障资金，加强保障资金的管理和监督，保证保障资金专款专用，不被挤占、挪用。保障资金的使用要接受财政和审计部门的定期检查、审计及社会监督。目前最低生活保障资金采取由财政和保障对象所在单位分担办法的城市，要逐步过渡到主要由财政负担的方式上来。省直、部属企业困难职工及其家庭最低生活保障工作实行属地管理。

四、抓好相关政策的配套与落实，鼓励劳动致富

各级政府和有关部门要进一步做好已经出台的各项社会保障政策措施的落实，如最低工资标准、下岗人员基本生活保障标准、养老保险、失业保险、医疗保险等，还没有实施相关社会保障政策的地方要尽快实施；抓好再就业工程，加强失业转岗培训，提高再就业比例，减少社会救济的人数。

在建立和实施城市居民最低生活保障制度的过程中，各地要教育群众体谅国家的困难，鼓励和支持有劳动能力的保障对象自谋职业、自食其力，通过劳动增加收入，逐步改善生活状况，提高生活水平。对从事个体经营的保障对象，应给予必要的扶持。要充分发扬中华民族尊老爱幼、互助互济的传统美德，进一步鼓励、动员社会力量，大力开展扶贫济困送温暖及社会捐赠等活动，把社会主义精神文明建设与实施城市居民最低生活保障制度有机地结合起来。同时，各地可根据本地实际，在可能情况下对保障对象在有关方面给予必要的照顾。

五、加强领导，确保城市居民最低生活保障制度顺利实施

实施城市居民最低生活保障制度的工作涉及面广、政策性强、任务艰巨，必须坚持政府领导、民政主管、财政保障、部门配合、属地管理的原则。各级政府要把这项工作作为当前正确处理改革、发展、稳定三者关系的一件大事，摆上议事日程，加强领导，统一部署。民政部门要充分发挥职能部门的作用，精心组织，周密安排，加强管理，建立健全各项规章制度，坚持公开、平等、民主的原则，做到保障对象、保障资金和保障标准三公开，实行规范化管理，保证各个环节的工作落到实处。财政部门要主动配合民政部门工作，落实保障资金，加强对保障资金的管理和监督，保证资金得到合理、有效的使用。劳动、人事、统计、物价、工会等政府有关部门和组织要积极支持，密切配合，共同做好此项工作。基层民政部门、街道办事处和居委会是实施城市居民最低生活保障制度的基层组织，任务重、责任大，各级政府要加强对这些机构的领导，在人、财、物方面给予关心和支持，为其工作创造必要的条件，确保城市居民最低生活保障制度的顺利开展。

城市居民最低生活保障制度的具体实施办法由民政部门会同有关部门制定。

省政府要求，在建立和完善城市居民最低生活保障制度的同时，应积极推进建立农村最低生活保障制度，以促进农村经济和社会发展，维护城乡的社会稳定。实行农村最低生活保障制度的具体实施办法由各市、县（区）政府制定。

福建省人民政府

一九九七年十二月十二日

福建省人民政府关于印发加快实现社会福利社会化实施意见的通知

闽政〔2000〕18号

各市、县（区）人民政府，省政府各部门、各直属机构，各大企业，各高等院校：

近年来，我省社会福利事业有了较大发展，但仍滞后于经济发展水平和社会需求的增长。积极推进社会福利社会化，引导社会力量兴办社会福利事业，是促进我省社会福利事业发展，解决社会养老和孤残儿童收养、康复问题的重要举措。为使全省经济和社会事业持续、协调、健康发展，根据《国务院办公厅转发民政部等部门关于加快实现社会福利社会化意见的通知》（国办发〔2000〕19号）和国家其他有关规定，提出如下实施意见：

一、充分认识实现社会福利社会化的重要性和紧迫性

社会福利事业是指举办以老年人、残疾人、精神病人、孤儿和弃婴为主要服务对象的社会福利机构。它是我国社会保障制度的重要组成部分。社会福利事业的发展水平，直接关系到党和政府在人民群众心目中的形象，也是衡量一个国家、一个地区文明进步程度的重要标志。目前，我省社会福利事业机构数量少、规模小，每千名老人平均床位数低于全国的平均水平。有关统计资料表明，我省人口老龄化的趋势明显，1999年60岁以上的老年人口381万人，占全省人口总数的11.5%，成为全国第十个跨入老年型社会的省份。到2005年，我省60岁以上老人将达到480万人。全省社会福利事业的现状与人民群众日益增长的社会福利服务需求的矛盾将更加突出。各级人民政府要充分认识到推进社会福利社会化，是建立社会主义市场经济体制的必然要求，是迎接人口老龄化挑战，加快建立健全老年人福利服务体系的迫切需要，是适应现代化特别是城市化进程的客观要求，是迅速缓解目前社会福利供需矛盾的有效手段。发展社会福利事业，实现社会福利社会化，有利于更好地体现社会主义制度的优越性，有利于促进经济与社会的协调发展，有利于加强社会主义精神文明建设，促进社会的文明进步。要通过宣传教育，促进全社会养老方式和观念的转变；要通过政策扶持，大力推进社会福利社会化，实现投资主体多元化，服务对象大众化，服务方式多样化，服务队伍专业化。

二、推进我省社会福利社会化的指导思想和目标任务

指导思想：以邓小平理论和党的十五大精神为指导，立足我省实际，在供养方式上坚持以居家为基础、以社区为依托、以社会福利机构为补充的发展方向，探索出一条国家倡导资助，社会各方面力量积极兴办社会福利事业的新路子，建立与社会主义市场经济体制和社会发展相适应的社会福利事业管理体制和运行机制，促进社会福利事业健康有序地发展。

目标任务：今后五年，我省要基本建成以国家兴办社会福利机构为示范，其他多种所有制形式的社会福利机构为骨干，社会福利服务机构为依托，居家供养为基础的社会福利服务网络。各类社会福利机构的数量和集中收养人员的数量每年以10%左右的速度增长，尤其是老年人社会福利机构的数量要有较大增长；城市人口不足6万人的街道办事处要设立一处老年人综合福利服务设施，同时附设一处可容纳30名左右老人的养老院，人口超过6万人的街道办事处则要按上述要求增设新的老年人综合福利服务设施，各种所有制形式的养老服务机构床位数达到每千名老人10张左右，普遍建立起社区福利服务设施并开展家庭护理等系列服务；农村98%以上的乡镇建立起以“五保”老人为主要对象，同时面向所有老年人、残疾人和孤儿的社会福利机构。各地要根据这个总目标，结合当地实际，制定具体目标，任务落实到县（市、区）、乡镇、街道。

三、建立政府投入与社会投入相结合的社会福利资金筹措机制，为实现社会福利社会化打下坚实基础

各地要将社会福利机构及床位数作为社会发展的指导性指标纳入国民经济和社会发展计划，并根据财力可能，安排必要资金。各级政府应根据经济和社会发展的需要，逐年增加对社会福利事业的投入，重点用在基础性、示范性社会福利机构的建设上，同时采取民办公助的办法，将一部分资金用于鼓励、支持和资助各种社会力量举办社会福利机构。要动员全社会共同关心、支持社会福利事业的发展。发行社会福利彩票是筹集社会福利资金的有效途径，各级政府要精心组织，周密部署，积极拓展福利彩票市场，努力扩大发行规模，筹集更多的资金支持社会福利事业建设；各市、县都要抓紧建立慈善机构，为筹措福利事业资金拓展路子。

各级政府在办好国家窗口和示范式社会福利机构的同时，要把开展自费寄养业务的福利机构大胆推向社会、推向市场，鼓励并发动社会团体、企事业单位、村（居）委会、个人和外商采取独资、合资、合作、民办公助等形式，创办以老年人、残疾人、精神病人、孤儿和弃婴为主要服务对象的各类社会福利机构，全面推进社会福利社会化。要允许和支持社会力量以合资、入股、购买和租赁等方式参与现有社会福利机构和设施的改造和扩建；鼓励现有社会福利机构通过依法转让部分土地使用权等方式筹集资金用于旧设施的改造和扩建；鼓励和支持我省复退军人以合股、合资等形式创办福利机构；鼓励企事业单位根据自身条件自愿捐助社会福利事业，或利用闲置资源投资“面向社区、自主经营、自负盈亏”的社会福利事业。各地要认真探索政府资助、社会主办、企事业单位入股合办、法人承包等社会福利事业的发展路子，使社会福利事业的管理体制逐步朝着政府调控、民办公助、法人管理的行业化方向健康发展。

四、各级政府及有关部门要加大对社会福利事业的扶持力度，努力创造社会福利社会化的良好条件

为了充分调动和保护社会力量兴办社会福利事业的积极性，各级政府要制定优惠政策，给予多方面的扶持和引导。发展计划、财政、物价、地税、国土资源、城建、司法行政、公安、交通、宣传、教育、卫生、劳动和社会保障等部门要各司其职，通力协作，认真落实扶持政策，积极主动地配合民政部门共同做好这项工作。

规划部门在编制城市（城镇）总体规划时，应按照《城市居住区规划设计规范》和建设部、民政部下发的《关于发布行业标准〈老年人建筑设计规范〉的通知》（建标〔1999〕131号）文件精神，将社会福利设施特别是养老服务设施纳入公共设施统一规划，应安排在社区内或交通便利、环境良好、无污染的地方兴建社会福利设施。每个城镇根据社区人口数量分别设立一处或多处老人综合服务设施。

合理确定各类社会福利机构自费寄养人员的收费标准，是调动社会力量兴办福利事业积极性的关键。既要充分考虑福利事业的公益性和社会的承受能力，也要考虑到投资者能够持续经营，增强发展后劲。省物价局要会同省民政厅，根据积极支持、鼓励发展的原则，制定收费管理办法，由当地物价部门会同民政部门核定具体标准。

此外，还应在以下几个方面给予政策扶持：

（一）用地和税收优惠

对新办的社会福利机构的建设用地，按照有关法律、法规规定，应当采用划拨方式供地的，要优先划拨供地；应当采用有偿方式供地的，在地价或租金上适当给予优惠；属出让土地的，在土地出让金收取标准上应当予以适当降低，对征用或者使用集体所有的非农用地建设社会福利设施工程的，按照国家规定免收征地管理、土地权属调查、地籍测绘等项费用。

鼓励在荒山、荒地、荒滩开发兴建福利机构，各级土地部门要按划拨方式供地。

养老院、残疾人福利机构提供的育养服务免征营业税。对按规定应缴纳所得税并符合现行税收法律、法规规定的，可给予相应的所得税减免优惠。安置残疾人的社会福利生产性企业，参照现行的国家税法法定享受有关税收优惠政策。如有招聘失业、下岗职工就业并达到一定比例的，可按劳动就业服务企业的相关优惠政策执行。

经民政部门批准新办的福利机构，安置城镇下岗待业人员比例符合规定的，可享受再就业工程有关税收优惠。

（二）城市建设和公用事业收费

对新办的社会福利机构免交城市建设和房屋建设的有关收费（证照费除外），免交煤气、水、电增容费和供排水设施使用费。用水、用电、用气的收费，电话安装、通信业务的使用，按居民生活收费标准执行。

社会福利机构的救护与生活用车可由各地根据有关规定和实际工作需要，按程序报请地方交通主管部门审批减免征收养路费和车辆购置调节金。

（三）对福利机构人员的职称评定

要重视和关心社会福利机构队伍的建设，进一步提高福利事业单位医护人员的业务水平，着力培养专业技术人才。民政、人事、卫生部门要根据福利事业单位的特点，加强对民政系统卫生技术人员职称评聘工作的指导，制定适合民政系统卫生专业技术职称的考核办法。在条件成熟时，对社会福利事业机构的医护人员进行高级、中级、初级职称评定，经考试合格的专业技术人员给予资格认定。

对社会福利机构所需中级以上职称的专业人员，人事部门应按国家有关规定给予优先调入。

（四）入学和医疗优惠

对社会福利机构收养的（包括社会福利机构在社区或居民家庭中分散寄养的）、就读于小学、初中的学龄孤儿，教育部门免收杂费、书本费；对就读于高中（职业高中）、技校、中专、高等院校的孤儿，免收学费、住宿费，教育部门或学校酌情给予助学金。

社会福利机构所办医疗机构已取得执业许可证并申请城镇职工基本医疗保险定点医疗机构的，可根据原省劳动厅、卫生厅、财政厅联合转发的《关于印发城镇职工基本医疗保险定点医疗机构管理暂行办法的通知》（闽劳办〔1999〕73号）的规定，经审查合格后纳入城镇职工基本医疗保险定点范围，社会福利机构收养的人员中的基本医疗保险参保人员，在定点的社会福利机构所办医疗机构就医所发生的医疗费用，按基本医疗保险的规定支付。

对社会福利机构收养“三无”（无劳动能力、无生活来源、无法定抚养人或赡养人）人员患病治疗，卫生医疗部门可以实行挂诊费、护理费减免，手术费、床位费减半收取。

（五）政府保障与补贴

福利机构安置“三无”对象的生活、医疗费用按现行规定由各级财政给予保障，保障标准应随当地经济的发展逐步提高。具体的保障标准和补助办法由各级民政部门提出意见，商财政部门制定。“三无”对象的老年人，可由民政部门安排其入住养老机构。

农村集体办的社会福利机构“五保”对象的生活、医疗费用，除按现行乡镇统筹的规定保障外，乡镇政府应给予适当补助。

（六）其他扶持政策

对在国家和集体办的社会福利机构中连续义务服务二十年的志愿者，可进入该福利机构享受免交食宿和服务费；累计义务服务一年以上的志愿者，可免收相应时间的服务费。

对各类社会福利机构中具备劳动能力的成年孤残人员，劳动部门应优先推选就业。

国有社会福利机构发挥自身优势，从事对外经营服务活动的，有关部门应予以支持。工商部门根据有关法律、法规的规定，给予办理登记。

社会福利机构可以接受国内外组织和个人的捐赠（接受国外捐赠必须经过相关部门同意）。经当地县以上民政部门报本级人民政府批准，可以公开向社会募集款物。募集的所有款物，必须全部用于改善收养人员的生活和改善自身设施设备条件，并接受捐赠人和有关部门的监督检查。对捐赠支持社会福利事业的单位和个人，按照现行的国家税法规定享受有关税收优惠政策。

对捐资兴建社会福利机构设施（项目）的人士，其捐赠额占项目投资总额一半以上的，该设施（项目）可以其名字命名（国家明确规定不能命名的除外）。对捐赠、支持社会福利事业发展的单位和个人，受赠单位应给予公开感谢；对作出突出贡献的单位和个人，可由当地政府给予嘉奖。

社会福利机构享受优惠政策待遇，按照属地管理的原则，由所在地的民政部门会同有关部门审批。

福建省人民政府
二〇〇〇年十二月七日

中共福建省委 福建省人民政府贯彻《中共中央 国务院关于加强老龄工作的决定》的实施意见

闽发委〔2001〕5号

各市、县（区）委和人民政府，省直各单位：

《中共中央 国务院关于加强老龄工作的决定》（中发〔2000〕13号，以下简称《决定》），是党中央、国务院在我国人口年龄结构进入老龄化阶段的新形势下，为加强老龄工作，发展老龄事业，推进改革开放和现代化建设，作出的重大决策。《决定》体现了“三个代表”的重要思想，明确了老龄工作的指导思想、原则、目标和任务，是指导当前和今后一个时期我国老龄工作的纲领性文件。为认真贯彻《决定》精神，结合我省实际，制定如下实施意见。

一、统一思想，充分认识加强老龄工作的重大意义

1. 目前，我省60岁以上人口已达到381.34万，其中65岁以上人口达到265.28万，分别占总人口的11.5%和8.4%。按照国际通行标准，我省人口年龄结构已进入老龄化阶段。据预测，今后一个时期我省人口老龄化进程还将继续加快。

人口平均寿命延长和老年人口增加，是我省经济发展、社会进步、人民生活水平提高、医疗卫生条件改善的重大成果。但是，人口老龄化也给我省经济和社会发展带来一系列深刻影响。采取相应对策，加强老龄工作，是当务之急。

2. 省委和省政府高度重视老龄工作。我省先后颁布施行了《福建省老年人保护条例》等维护老年人合法权益的法规，制定了《九十年代福建省老龄事业发展规划》（闽委办〔1994〕46号）。在党委、政府的领导下，各级老龄工作委员会在宣传老龄工作；建立健全老龄工作组织；实施老年法律法规，维护老年人合法权益；推动养老、医疗等社会保障制度的建立；加强基层老龄工作，发挥基层老龄组织的作用；推广给老农民发放养老金和固定生活补助，让老年人共享社会发展成果；配合有关部门开展老年文化教育、体育活动，丰富老年人精神文化生活；开展“敬老助老工程”活动；筹集老年福利基金，发展老年福利事业；组织专家、学者进行老年科学研究，探索人口老龄化对策等方面做了大量的工作，对促进我省改革开放和两个文明建设起到了重要作用。

但是，也要清醒地看到，我省老龄工作还存在薄弱环节，难以适应人口老龄化的要求。主要问题是：对人口老龄化问题认识不足，老龄工作宣传力度不够，老龄工作政策、法规不够健全，对老龄事业的投入不足，养老保障和医疗保障制度尚不完善，社区管理和老年福利设施、服务网络建设滞后，老年思想政治工作薄弱，部分老年人生活还较困难，虐老侵权现象时有发生等。对此，我们必须高度重视，认真解决。

3. 老年人是社会的重要组成部分，我省老年人为福建的革命和建设作出了重要贡献。满足广大老年人日益增长的物质和文化生活需求，让老年人共享改革开放和经济发展的成果，切实感受到党和政府的温暖，是我们党全心全意为人民服务根本宗旨的体现，是政府和社会义不容辞的责任。在社会主义市场经济条件下，弘扬中华民族传统美德，进一步形成敬老、养老、助老以及代际和谐的良好社会风尚，是社会主义精神文明建设的一项重要内容。正确处理和解决人口老龄化过程中出现的各种矛盾和问题，切实保障老年人的合法权益，对维护我省改革、发展、稳定大局具有重要意义。

二、明确老龄工作的指导思想、原则和目标

4.《决定》明确了我国老龄工作的指导思想、原则和目标，对开创老龄工作新局面指明了方向，各级党委和政府要认真学习，全面贯彻落实。

5.老龄工作指导思想是：以马克思列宁主义、毛泽东思想、邓小平理论为指导，贯彻党的十五大精神，从我省的实际出发，适应人口老龄化的发展趋势，完善社会保障制度，建立健全社区管理和社区服务体系，发展老年服务业，维护老年人的合法权益，加强老年思想政治工作，开创老龄工作新局面。

6.加强老龄工作，发展老龄事业要遵循以下原则：坚持老龄事业与国民经济和社会发展相适应，促进老龄事业健康发展；坚持家庭养老与社会养老相结合，充分发挥家庭养老的积极作用，建立和完善老年社会服务体系；坚持政府引导与社会兴办相结合，按照社会主义市场经济的要求积极发展老年服务业；坚持道德规范与法律约束相结合，广泛开展敬老养老道德教育，加强老龄工作法制建设；坚持关心老年人生活以及老龄妇女的特殊问题与加强思想政治工作相结合，使广大老年人物质生活得到改善，精神文化生活更加丰富；坚持统筹规划与分类指导相结合，因地制宜地开展老龄工作，发展老龄事业。

7.今后一个时期我省老龄事业发展的主要目标是：从我省经济和社会发展实际出发，努力建立和完善老年社会保障制度和社会互助制度；建立以家庭养老为基础、社区服务为依托、社会养老为补充的养老机制；逐步建立和完善以老年福利、生活照料、医疗保健、体育健身、文化教育和法律服务为主要内容的老年服务体系，切实提高老年人的物质和精神文化生活水平，在实现老有所养、老有所医、老有所教、老有所学、老有所为、老有所乐的目标方面，高于全国平均水平。

三、认真贯彻有关法律、法规，切实保障老年人的合法权益

8.加强法制建设，不断完善维护老年人合法权益的法律法规。认真执行《中华人民共和国老年人权益保障法》（以下简称《老年法》）和《福建省老年人保护条例》（以下简称《条例》）等法律法规，切实有效地保障老年人的合法权益。加大执法和监督力度，依法处理和打击侵犯老年人合法权益的不法行为。认真调解涉老纠纷。依法取缔伤害老年人身心健康、宣传迷信邪说等侵害老年人合法权益的非法组织。

9.把《老年法》和《条例》纳入我省普法规划。在全社会开展依法护老的法制宣传和教育活动，进一步提高全体公民维护老年人合法权益的法律意识，努力营造维护老年人合法权益的良好社会氛围。司法部门要切实担负起普法工作和维护老年人合法权益的责任。老年人也要学法、懂法、守法、用法，依法维护自身的合法权益。

倡导法律助老，建立健全法律援助制度。切实加强和不断完善对老年人法律援助服务工作，有效地保障老年人的合法权益不受侵犯。各级司法行政部门和法律援助中心，要积极主动地帮助急需获得律师及其他法律帮助但又无力支付法律服务费用的老年人，按照有关规定向他们提供法律援助。各级人民法院对涉老侵权案件要实行优先立案、优先审结、优先执行、优先回访“四优先”服务，对行动不便的老年人采取巡回办案，就地审理、及时处理。对老年人因合法权益受到侵害提起诉讼交纳诉讼费确有困难的，要给予缓交、减交或免交的优待。

在社会主义精神文明建设中，要广泛开展敬老、养老、助老的道德教育。各地可结合实际，开展创建文明家庭、文明楼院、文明单位、文明小区、文明村（居）等活动。各新闻单位要结合当地实际，制定计划，加大宣传力度，加强舆论宣传导向，营造浓厚的老龄工作氛围。

各级党校和各类学校要把敬老、养老、助老教育作为传统美德教育的重要内容纳入教育计划。在全社会广泛开展宣传教育活动，树立尊重、关心、帮助老年人的社会风尚。要贯彻落实省纪委、省委组织部、省老龄委等10个部门《关于共产党员、国家干部、企事业职工尊老敬老爱老的若干规定》(闽老龄综〔1993〕01号）和省委组织部、省老龄委等12个部门《关于开展敬老工程树立社会新风尚的通知》(闽老龄综〔1995〕01号)。

10. 完善社会保障制度，逐步建立国家、社会、家庭和个人相结合的养老保障机制，确保老年人生活、医疗等方面的基本需求。

在城镇，要建立以基本养老保险、基本医疗保险、商业保险、社会救济、社会福利和社会互助为主要内容的比较完善的社会保障体系。逐步建立起独立于企事业单位之外、资金来源多渠道、保障制度规范化、管理服务社会化的基本养老保险制度。认真贯彻落实《福建省城镇企业职工基本养老保险条例》和《福建省人民政府贯彻〈国务院关于建立城镇职工基本医疗保险制度的决定〉的通知》(闽政〔1999〕15号)，采取有力措施，确保离退休人员基本养老金按时足额发放。保持离休人员的医疗待遇不变，对于退休人员参加基本医疗保险，个人不缴纳基本医疗保险费，并在单位缴费划入个人账户和个人负担医疗费比例上给予适当照顾，同时发展各种类型的补充医疗保险和医疗保障互助，满足广大老年人的基本医疗需求。继续完善城市居民最低生活保障制度，把家庭人均收入低于所在城市最低生活保障线的老年人，纳入最低生活保障范围，发放最低生活保障金。财政部门要通过调整财政支出结构，增加社会保障资金投入。

在农村，坚持以家庭养老为主，进一步完善社会救济和以保吃、保穿、保住、保医、保葬为内容的“五保”供养制度，倡导村民互助。有条件的地区可探索多种社会养老的路子。

老年人有受赡养的权利，赡养人应当履行对老年人经济上供养、生活上照料和精神上慰藉的义务。倡导赡养人之间就履行赡养义务签订《家庭赡养协议书》，并征得老年人同意，由基层组织和赡养人所在单位监督履行。要切实保障老年人的住房、财产、继承、遗赠等合法权益。重视和解决好老年妇女问题。

11. 认真贯彻实施《老年法》规定的老年人“有享受社会发展成果的权利”。机关、事业单位的离退休干部和职工，应享受政策性福利待遇；企业应尽力提高离退休干部和职工的福利待遇。在农村，继续推行我省行之有效的“老农民享受养老金和固定生活补助”的办法，以体现党和政府对老年人的关怀。

要创造条件建立养老创收基地。在农村有条件的地方应拨出部分土地、山林、果园、水面、荒坡、滩涂等作为养老基地，或建立创收项目，收益用于老年人养老及解决老年人其他方面的困难。

12. 依法保护老年人婚姻自由的权利。要移风易俗，转变观念，支持单身老年人自由择偶结婚。对再婚老年人，子女应给予理解和支持，并继续依法承担赡养义务。提倡和鼓励老年人之间建立互帮、互助关系。

13. 重视为“老有所为”创造条件。在身体条件许可和自愿的前提下，鼓励老年人从事革命传统教育、关心教育下一代、宣传计划生育、传授科技文化知识、开展咨询服务；参与社会治安综合治理、调解民事纠纷、社会公益事业和社区精神文明建设等活动。老年人的合法收入受法律保护。

四、齐抓共管，发展老年服务业

14. 加强社区建设，依托社区发展老年服务业，进一步完善社区为老年人服务的功能。充分发挥社区组织在发展老龄事业中的积极作用，加快社区老年服务设施和服务网络建设，努力形成设施配套、功能齐全、管理规范的社区老年服务体系。

“十五”期间，要进一步建设和办好老年福利院、老年医院、老年公寓、托老所等老年服务设施，为老年人提供生活、文娱、护理等方面的服务。通过扩大发行福利彩票等多种形式，推进社会福利社会化进程，逐步建立健全老年福利服务体系。大力发展各种所有制形式的老年福利机构，力争到2005年，在设区的市和县级市的城区各建一所社区福利服务中心，街道一级各建一所容纳30名以上老人的养老院，使各种所有制形式的养老机构床位总数达到每千名老人10张以上。乡镇要努力办好敬老院，有条件的要逐步将敬老院建设成综合性多功能的老年福利服务中心。力争5年内使敬老院在全省乡镇的覆盖率从目前的63％提高到98％以上。

老年福利事业应面向社会，坚持国家、集体、个人一起办。非营利性老年福利设施建设所需资金以各级人民政府筹集投入为主，要制定优惠政策，鼓励和引导社会力量积极兴办老年福利事业。鼓励社会各方面力量积极参与，共同发展老年服务业。引导、支持企业生产与经营老年日常生活用品、体育健身产品、特殊用品。培育和发展老年消费市场，引导老年人合理消费，满足不同层次、不同类型的消费需求。

15. 各级人民政府应把发展老年医疗保健事业纳入人口卫生事业发展总体规划，开展老年人家庭医疗与急救呼叫信息服务网络等多种形式的老年卫生保健服务，逐步建立完善社区医疗卫生保健服务系统，提高服务质量。医学院校要加强社区人员特别是全科医生的培养，促进社区卫生服务的开展。各级卫生部门要积极开展各种形式的健康教育，做好老年病防治工作，普及老年保健和卫生科学知识，增强老年人自我预防和保健技能。建立健全新时期农村合作医疗等多种形式的医疗保障制度，加快农村医疗卫生组织建设，完善农村基层卫生服务网络，切实解决贫困地区老年人缺医少药的问题。

16. 加强对人口老龄化问题的研究，加大老龄工作宣传力度。采取措施，加强老龄问题的学术研究和科研人才的培养，切实提高老龄问题的科研水平。报刊、广播、电视等新闻媒体要把老龄宣传工作摆上议事日程，省级广播电视机构要努力办好老年节目，各市、县（区）广播电视机构要结合本地情况做好转播工作。其他有条件的新闻媒体也要开辟宣传专栏或专题。出版部门要将以老龄为主题的图书、音像制品和电子出版物列入出版选题计划。各级文化艺术部门要搞好规划，尤其是农村和山区老年文化工作要纳入《福建省山区文化发展规划》，积极组织创作老年人喜闻乐见的优秀作品，组织开展丰富多彩的老年文化活动，努力丰富老年人的精神文化生活。

各级体育和工会、妇联等群众团体，要进一步推进老年体育事业。组织老年人开展体育健身和娱乐活动，提倡科学、文明、健康的生活方式。逐步增加对老年人体育的资金投入，研究解决老年体育工作中存在的实际困难。老年人开展健身体育活动场所的建设要纳入各地城镇建设规划和全民健身设施建设计划。现有的体育场馆要为老年人提供优先优惠服务。

加强对老年活动中心（站、室）的建设和管理，总结推广行之有效的做法和经验，把老年活动中心（站、室）建设成为老龄工作的重要阵地。

17. 切实保障老年人有继续受教育的权利。大力发展老年教育事业，办好各级各类老年学校。社会各方面都应重视老年教育工作。“十五”期间老年教育要基本普及到乡镇（街道），有三分之一以上的村（居）办起老年学校，逐步建立起省、市、县（区）、乡镇（街道）、村（居）五级老年教育网络。大力加强城市老年大学的分校、教学区建设，发展函授、电视、广播、网上老年教育，满足老年人就地就近入学的需求。力争到2005年，在校老年学员人数占老年人口总数的10%。老年大学（学校）要坚持正确的办学方向，贯彻“发展”与“提高”并重的方针，加强政治理论学习，把老年学校办成加强老年思想政治工作的阵地。

18. 各级人民政府要进一步推行优待老年人的有关规定，继续贯彻落实省财政厅、省卫生厅、省老龄委三部门《关于对百岁老人实行优惠待遇的通知》（闽老龄〔1998〕049号），积极开展扶老助困和“敬老工程”活动。各设区的市和部分县（市、区）已出台的优待老年人的规定，要抓紧落实，让老年人切实得到实惠。尚未制定优待老年人规定的县（市、区）应抓紧制定。

五、加大扶持和投资力度，促进老龄事业的发展

19. 各级人民政府要制定“十五”期间老龄事业发展规划和年度计划。要高度重视社区建设，要根据实际需要，在充分利用现有设施的基础上，新建和扩建一批社区老年服务设施、福利设施和活动场所。

各级发展计划部门在制定投资计划、安排投资项目时，要加大对老年服务设施的投入。省级发展计划部门可设立“社区公益设施专项”投资，在省级预算内基建投资安排上，对有利于发展老年产业的项目，给予重点支持；各级发展计划部门对老龄产业发展的项目，在项目立项、建设资金等方面，给予重点支持；在申请资金补助的项目申报上，发展计划部门对有利于老年产业发展的项目，要优先推荐上报。城市建设、旧城改造、居住区建设要将老年服务设施纳入规划并认真付诸实施。

20. 各级财政部门要加大对老龄事业的资金投入，主要用于老年社会保障、老年福利与服务、老年体育健身设施建设以及老年教育、人才培训、科学研究等。要将老年福利事业经费纳入财政预算。“十五”期间我省发行的福利彩票收益，应增加用于发展老龄事业的比例。

21. 鼓励社会力量兴办老年福利服务设施。对社会力量投资兴办的福利性、非营利性的老年服务机构和有关捐赠，落实好减免税等优惠政策。

22. 各级老龄组织可根据国家有关规定，建立老年福利基金组织，发展老年福利事业。居民委员会、村民委员会和基层老年协会可按有关规定建立老年互助金，用于发展基层老龄事业和解决老年人的特殊需要。

23. 金融机构要充分发挥信贷支持作用，热情关注、积极支持社区老年服务设施、活动场所和福利设施的建设，按照信贷通则加大贷款支持力度。

24. 各级人民政府在编制本地区土地利用年度计划实施方案时，应统筹安排社区老年服务设施、老年体育活动场所和福利设施建设用地，并按有关规定，采用行政划拨方式或优惠有偿方式供地。对新建老年服务设施的市政基础设施配套建设费也应按有关规定酌情给予减免，降低征地和拆迁补偿费。

25. 按照“三个代表”的要求，加强对老龄工作队伍的建设。特别要加强对老龄工作干部的培训，提高老龄工作者自身素质，培养一支热爱老龄事业、全心全意为老年人服务的干部队伍。各级老龄工作机构要加强机关效能建设，转变机关作风，切实履行职责。

26. 村（居）党支部、村（居）委会应加强对村（居）一级老年群众组织的领导，支持他们开展工作。村（居）一级老年群众组织，要在村（居）党支部、村（居）委会领导下，实行自我管理、自我教育、自我服务、自我保护。在组织广大老年人开展各项健康有益的活动，反映老年人的要求，维护老年人合法权益，加强老年人思想政治工作，丰富老年人精神文化生活，促进两个文明建设和发展老龄事业中发挥作用。

六、提高认识，改进方法，做好老年思想政治工作

27. 进一步加强和改进老年思想政治工作，认真研究解决老年群体中的各种思想问题。坚持以马列主义、毛泽东思想特别是邓小平理论作为老年思想政治教育的重要内容，积极开展党的基本路线、政策、形势、民主与法制和科学文化知识的教育，使广大老年人树立正确的世界观、人生观和价值观，划清科学与迷信、文明与愚昧的界限，坚定对建设有中国特色社会主义的信念，增强对改革开放和现代化建设的信心，坚定地与以江泽民同志为核心的党中央保持一致。

28. 积极研究和探索新形势下加强和改进老年思想政治工作的新形式、新办法。要根据老年人的特点，把思想教育与开展健康有益的文化体育活动、解决思想问题与解决实际问题结合起来。坚持以理服人，以情感人，寓教于乐，把老年思想政治工作做实、做活、做深、做细，使广大老年人在健康文明、安定祥和的环境中安享晚年。

要总结和推广新经验，树立典型，表彰先进，弘扬正气。充分发挥基层党支部在老年思想政治工作中的战斗堡垒作用，重视和发挥老年党员的政治优势和先锋模范作用。所有老年党员都要编入党的基层组织，参加党组织的活动，有条件的地方也可单独建立党支部。通过创建“五好”党支部，推动老年思想政治工作和建立社区老年人思想教育工作机制，保证老年人自觉贯彻执行党的路线、方针、政策。

七、切实加强领导，理顺和健全老龄工作体制

29. 各级党委、政府要认真学习贯彻《决定》，掌握党和国家有关老龄工作的各项方针政策、法律法规，提高认识，统一思想，增强政治意识、大局意识和责任意识，把老龄工作列入党政的重要议事日程，做到领导到位，措施到位，工作到位。

30. 抓紧理顺和健全老龄工作体制。按照《决定》和省委、省政府有关加强老龄工作的要求，抓紧组建各级老龄工作委员会及其办公室。新一届省老龄工作委员会为省政府主管老龄工作的议事协调机构，原省老龄工作机构成建制划归省民政厅。省老龄工作委员会下设办公室，设在省民政厅。办公室主任由省民政厅厅长兼任，设常务副主任和副主任各一名。各级原则上要参照省老龄工作委员会及其办公室的设置模式，组建本地区老龄工作委员会及其办公室。老龄工作所需经费纳入各级财政预算。各级老龄工作委员会成员单位和有关部门，要各负其责，齐抓共管，共同做好我省新形势下的老龄工作。

中共福建省委
福建省人民政府
二〇〇一年四月十一日

福建省城市居民最低生活保障实施办法

（2001年7月2日福建省人民政府第30次常务会议通过）

第一条　为了规范城市居民最低生活保障制度，保障城市居民基本生活，根据国务院《城市居民最低生活保障条例》，结合本省的实际情况，制定本办法。

第二条　对本省行政区域内持有非农业户口的城市居民的最低生活保障，适用本办法。

持有非农业户口居住在农村的居民的最低生活保障，参照本办法执行。

第三条　城市居民最低生活保障工作实行属地管理，坚持公开、公正、公平的原则。

第四条　县级以上各级人民政府民政部门负责本行政区域内城市居民最低生活保障的管理工作；财政部门负责落实城市居民最低生活保障资金和依法监督资金使用情况；统计、物价、审计、劳动和社会保障、人事等部门，在各自的职责范围内负责城市居民最低生活保障的有关工作。

县级人民政府民政部门以及街道办事处和镇人民政府（以下统称管理审批机关）负责城市居民最低生活保障的具体管理审批工作。

居民委员会根据管理审批机关的委托，可以承担城市居民最低生活保障的日常管理、服务工作。

第五条　持有非农业户口的城市居民，凡共同生活的家庭成员人均收入低于当地城市居民最低生活保障标准的，均可以享受城市居民最低生活保障待遇。

前款规定的城市居民最低生活保障标准的确定及其变动，按照国务院《城市居民最低生活保障条例》第六条规定执行。城市居民最低生活保障标准每年至少公布一次。

第六条　家庭实际生活水平达到或高于当地城市居民最低生活保障标准，或者有一定劳动能力并有就业条件，但无正当理由拒绝就业的，不享受城市居民最低生活保障待遇。

在就业年龄内有劳动能力但尚未就业的城市居民，在享受城市居民最低生活保障待遇期间，应当参加其所在居民委员会组织的公益性劳动。

第七条　城市居民最低生活保障待遇，分别按照下列规定享受：

（一）无生活来源、无劳动能力又无法定赡养人、扶养人或者抚养人的，按照当地城市居民最低生活保障标准全额享受。

（二）有一定收入的城市居民，按照家庭成员人均收入低于当地城市居民最低生活保障标准的差额享受。

第八条　家庭成员人均收入以共同生活的家庭成员的全部货币收入（含法定赡养人、扶养人或者抚养人应当给付的赡养费、扶养费或者抚养费）和实物收入为基数（不包括优抚对象按照国家规定享受的抚恤金、补助金），按照申请居民最低生活保障待遇前3个月的平均数额计算。

第九条　城市居民最低生活保障待遇的申报和审批，按照下列规定执行：

（一）由户主向户籍所在地的居民委员会提出书面申请，并出具有关证明材料，如实填写城市居民最低生活保障待遇审批表；

（二）居民委员会受管理审批机关委托，对申请人的家庭经济情况和实际生活水平在个人自报的基础上，通过入户调查、邻里走访、信函索证等方式进行核实，并张榜公布；

（三）居民委员会根据核查结果填写城市居民最低生活保障金待遇申请审批表，报街道办事处或镇人民政府；

（四）街道办事处或镇人民政府对城市居民最低生活保障金待遇申请审批表进行初审后，报县级人民政府民政部门；

（五）县级人民政府民政部门对上报材料进行审查，对符合条件的，予以批准；对不符合条件的，书面通知申请人，并说明理由；

（六）街道办事处、镇人民政府、居民委员会对县级人民政府民政部门的批准结果张榜公布，5日后无异议的，由居民委员会代发县级人民政府民政部门统一印制的城市居民最低生活保障领取证；对有异议的，由管理审批机关进行核实，情况属实的，予以纠正。

管理审批机关应当自接到申请人提出申请之日起30日内办结审批手续。

第十条　城市居民最低生活保障待遇，由街道办事处、镇人民政府以货币形式按月发放；必要时，也可以给付实物。保障对象领到的保障金应用于基本生活所需。

第十一条　保障对象应当定期通过居民委员会向管理审批机关报告家庭收入情况。

第十二条　管理审批机关未委托居民委员会承担日常管理和服务工作的城市居民最低生活保障待遇的申报、审批程序，按照国务院《城市居民最低生活保障条例》的有关规定执行。

第十三条　管理审批机关应当建立、健全保障对象档案和计算机网络管理系统，对保障对象的家庭收入实行动态管理，并根据保障对象家庭收入的变化情况，及时办理停发、减发或者增发城市居民最低生活保障待遇手续。

第十四条　城市居民最低生活保障所需资金，列入各级人民政府财政预算，纳入社会救济专项资金支出项目，专项管理，专款专用。

第十五条　保障任务较重且财政困难较大的地区，由省、设区的市财政通过转移支付适当补助。

第十六条　劳动和社会保障、教育、卫生、工商行政管理、税务、城建等有关部门，应当对保障对象在就业、就学、就医、从事个体经营等方面给予必要的照顾和政策扶持。

鼓励社会力量开展经常性捐赠、扶贫济困等社会互助活动。

第十七条　从事城市居民最低生活保障管理工作的人员有下列行为之一的，给予批评教育，依法给予行政处分；构成犯罪的，依法追究刑事责任；

（一）对符合享受城市居民最低生活保障待遇条件的家庭拒不签署同意享受城市居民最

低生活保障待遇意见的，或者对不符合享受城市居民最低生活保障待遇条件的家庭故意签署同意享受城市居民最低生活保障待遇意见的；

（二）玩忽职守、徇私舞弊，或者贪污、挪用、扣压、拖欠城市居民最低生活保障款物的。

第十八条　违反本办法的，按照国务院《城市居民最低生活保障条例》的有关规定处罚。

第十九条　本办法由福建省人民政府法制办公室负责解释。

第二十条　本办法自发布之日起实行。

中共福建省委　福建省人民政府关于印发《福建省城市社区建设纲要（试行）》的通知

闽委发〔2001〕14号

各市、县（区）党委和人民政府，省直各单位：

《福建省城市社区建设纲要（试行）》经省委六届十三次全会审议修改，并经省委、省政府同意，现印发你们，请结合本地区、本部门实际情况，认真贯彻执行。

城市社区是党和政府城市工作的基石。城市抓社区是省委、省政府贯彻江泽民同志“三个代表”重要思想的重大举措。切实加强城市社区建设，对于新形势下坚持党的群众路线、做好群众工作和加强基层政权建设、提高人民的生活水平和质量、推动城市现代化建设、实现经济和社会协调发展，具有十分重要的意义。各级党委和政府要高度重视城市社区建设，切实加强领导，充分发挥各方面的主动性、积极性和创造性，共同推动城市社区建设向前发展。

中共福建省委
福建省人民政府
二〇〇一年十月九日

福建省城市社区建设纲要（试行）

城市社区是党和政府城市工作的基石。推进城市社区建设，直接关系人民群众的切身利益，关系现代化建设大局，关系党的执政地位。为进一步推进我省城市社区建设，适应新世纪、新形势、新任务要求，结合我省实际，制定本纲要。

第一章　总体要求

第一条　指导思想

坚持以邓小平理论和江泽民同志“三个代表”重要思想为指导，按照党中央、国务院关于推进城市社区建设的精神，围绕我省新世纪初国民经济和社会发展总体目标，以发展为主题，加快社区两个文明建设，提高居民生活质量与城市文明程度；转变政府职能，理顺城市管理体制，进一步确立街道在城市管理中的基础地位；发挥居民委员会在管理社区事务和服务居民中的积极作用，调动居民群众依法管理自身事务的积极性，保证党和政府决策部署的全面落实。通过加强党的领导，改革体制、改进管理、改善服务，完善社会保障，强化社区功能，促进社区政治、经济、文化协调发展，努力为人民群众的工作生活创造文明、舒适、方便、安全的环境。

第二条　建设目标

经过“十五”期间的努力，初步建立“以块为主、条块结合、分工科学、管理有序”的城市基层管理体制；形成由党委政府领导，部门密切配合，街道和社区居民委员会组织实施，社会力量支持，群众广泛参与的社区建设工作机制；逐步建设党政领导有力、管理规范有序、服务优质完善、治安秩序良好、环境整洁优美、生活便利舒适、文体活动丰富、道德风尚良好、人际关系和谐的新型城市社区。

第三条　基本原则

加强党的领导。在社区政治、经济、文化各个领域中，充分发挥党对各项改革和建设的领导作用。在党组织的统一领导下，按照责权统一、管理有序的要求，明确分工，统一步调，落实社区建设的各项任务。

推进基层民主。把坚持党的领导、发扬人民民主和严格依法办事统一起来，贯彻依法治国方略，加强社区自治组织建设，切实维护并逐步扩大居民群众的民主权利，依法保障社区居民委员会行使自治职能。

提高服务质量。把服务社区居民、提高居民生活质量作为根本出发点和归宿，以社区居民需要为第一信号，解决好影响社区居民生产生活的主要问题，不断满足社区居民的需求，密切党群干群关系。

立足各地实际。实事求是，因地制宜，循序渐进，注重实效，突出特色。尊重和支持基层大胆实践，积极探索，认真总结群众创造的新经验、新做法，坚决反对官僚主义、形式主义。

实行共驻共建。社区内的机关、团体、部队、企事业单位主动关心，协调配合，积极参与，最大限度地实现社区资源共享，营造共驻社区、共建社区的良好氛围。

第四条　工作进度

2001—2002年抓试点，在各设区市和区（市、县）建立若干个示范点。2003—2004年抓普及，由点到面，全面启动，整体推进。2005年开始抓深化，总结经验，改进工作，巩固提高。

第二章　街道

第五条　管理体制

适应社会经济发展和城市建设与管理的需要，完善设区市“两级政府、三级管理”的城市管理体制，发挥设区市、区（市、县）政府和街道办事处三个管理层级的领导、组织和协调作用，有效提高综合管理的效能。按照“责权统一、以块为主、条块结合、强化基层”的原则深化改革，实现街道管理体制和管理方式的创新。对一些管辖地域和人口规模过小的街道，依据有关规定和程序进行适当调整。

结合行政管理体制改革，设区市城市管理职能部门向区（市、县）下放城市管理相关权限。区（市、县）城市管理职能部门按照城市管理重心下移的要求，向街道派出机构或人员，与街道对应设置，同时积极稳妥地将部分城市管理权限下移到设在街道的派出机构，并充实派出机构的管理人员。有条件的地方，可在区（市、县）探索成立由城市管理职能部门人员组成的综合执法队伍，向街道派出机构或人员，以减少街道站所设置。

第六条　工作职责

街道党工委（党委）根据区（市、县）委授权，领导本地区工作。主要职责是：宣传、贯彻党的路线方针政策和国家的法律、法规，执行上级党组织的决议和部署，团结、组织党员和群众，保证党和政府各项任务顺利完成，推进街道两个文明建设健康协调发展；讨论决定辖区内社区建设的重大问题，组织、指导和协调驻区基层党组织和党员共同开展社区建设；领导街道办事处、群团组织和居民区党支部（党总支），支持和保证行政组织、经济组织、群众自治组织依照法律、法规和各自的章程充分行使职权；按照干部管理权限，做好本街道干部的教育、管理和监督工作，加强对城市管理职能部门派出机构有关人员的考核、监督工作；负责街道党的建设工作。

街道办事处是区（市、县）政府的派出机关，依据法律、法规、规章和区（市、县）政府的授权，对辖区内的经济和社会事务行使组织领导、综合协调、监督检查的政府管理职能，组织开展辖区内地区性、社会性、群众性、公益性工作，指导和支持社区居民委员会行使自治职权，开展工作。

第七条　管理权限

街道党工委（党委）对城市管理职能部门派出机构人员拥有管理权。区（市、县）城市管理职能部门派出机构党的关系实行属地管理，由街道党工委（党委）统一领导。垂直管理为主的部门派出机构人员的任免、奖惩及年度考核，须征求街道党工委（党委）意见；属区（市、县）管理的派出机构人员的任免、奖惩及年度考核鉴定，应征得街道党工委（党委）同意。公安派出所的所长应作为街道党工委（党委）或办事处的成员，参加街道管理工作。

街道办事处对城市管理职能部门派出机构的工作拥有统筹协调权。城市管理职能部门派出机构的业务管理纳入街道办事处总体工作部署，实行双重领导。区（市、县）政府及城市管理职能部门要支持、保证街道党政组织充分履行职权，各城市管理职能部门派出机构对职权范围内的事务要主动接受街道的统筹协调。

街道办事处对辖区内小区建设规划拥有知情权和参与权。城市规划管理部门在规划小区开发建设时，要进行公示，并征求小区所在街道的意见，建设项目审批结果向所在街道通报。新建居民小区的综合验收，应要求街道办事处、社区居民委员会或居民代表参加。对未按规划建设小区配套设施的单位，街道有权提请规划、建设行政主管部门予以纠正。

街道党工委（党委）、办事处对辖区内的社区建设拥有组织实施权。在街道建立社区建设协调委员会，作为议事协调机构，定期召开会议。协调委员会由街道党工委（党委）、办事处和区（市、县）城市管理职能部门派出机构的负责人，辖区内的人大代表、政协委员，辖区内单位或组织、居民委员会的有关领导组成，街道党工委（党委）书记兼任协调委员会主任。协调委员会的主要任务是：加强对社区建设的指导、协调，研究和评议社区建设和管理工作，反映居民的意见和要求，动员辖区内单位和居民参与社区活动，监督检查街道办事处以及城市管理职能部门派出机构及人员的工作。辖区内机关、团体、部队和企事业单位有责任协助做好社区建设有关工作，要积极主动参与，形成建设合力。辖区内各单位参加区（市、县）以上与社区建设工作相关的各种评先评优活动，应听取街道党工委（党委）的意见。

街道党工委（党委）、办事处对辖区内各城市管理职能部门派出机构的工作拥有检查监督权。街道党工委（党委）、办事处要经常听取城市管理职能部门派出机构的工作汇报，根据有关规定，对城市管理职能部门派出机构的工作情况进行监督检查。派出机构的工作，可由街道党工委（党委）、办事处组织进行评议，评议工作可视情邀请辖区内的人大代表、政协委员和辖区内有关单位、居民代表参加，考核和评议结果作为干部任免、奖惩的依据之一。

第八条　机构设置

本着精简、统一、效能的原则，根据街道党工委（党委）、办事处的职能和任务，科学确定街道机构编制，严格定责、定岗、定编。街道党工委（党委）、办事处总编制、领导职数配备和机构设置，根据街道辖区规模、人口数量、经济状况等情况，由区（市、县）研究并按有关规定报批，其中党、群系统人员编制占总编制的比例一般不少于三分之一。积极探索街道党工委（党委）、办事处合署办公的做法。有条件的街道应将各种面向群众的窗口服务单位集中起来，公开办事规则和程序，方便群众，提高效能。

第九条　财力保障

加大财政支持力度。在明确街道一级事权的基础上，其相应的行政事业经费由区（市、县）人民政府负责解决，全额列入区（市、县）级财政预算。设区市人民政府应将社区建设经费纳入财政预算。对财力特别困难的区（市、县）的社区建设，省级财政给予适当补助。健全街道办事处协税护税制度，各区（市、县）视本级财力和各项事业发展需要，根据街道协管税收的增长情况及对政府可用财力的贡献率，由区（市、县）政府给予奖励。

保障基层专项工作经费。设区市、区（市、县）两级用于社区绿化、环卫、计生、治安、科普、统计、外来人口管理、环境保护和普法等工作的专项经费，各相关城市管理职能部门要按照财权与事权相结合的要求，相应拨给街道或驻在街道的派出机构，作为定向支出，不得挤占、挪用或截留。

多渠道筹集社区建设资金。社会福利和体育彩票筹集的资金，除上解中央和省统筹部分外，按合理比例用于社区福利和体育设施建设。对社会各界捐赠（助）的资金，可设立社区建设基金，专款专用。

发展社区有偿服务。街道兴办的部分社区服务项目实行有偿服务，项目收入，应专项用于社区有偿服务项目的滚动发展。

规范财务管理监督。建立健全预算收支审批制度，搞好预算内外资金的综合平衡。街道财务的收支计划报区（市、县）政府审批。区（市、县）政府要将街道财务收支情况纳入本级财政预、决算，向区（市、县）人民代表大会报告。城市管理职能部门派出机构的行政事业性收费和罚没收入严格实行收支两条线。

第十条　县级市、县政府所在地和城乡接合部的城市管理

对县级市、县政府所在地的镇（乡），在充分调研论证和试点的基础上，按照成熟一个改一个的原则，逐步撤销现有镇（乡），建立街道党政组织，加快城市化管理步伐。对符合条件的新建小区和小城镇户籍制度改革的地区，尽快建立街道党工委（党委）和办事处。对居民、农民混居的城乡接合部，加快实行城市管理体制，由农村管理向城市管理转变。

第三章　社区居民委员会

第十一条　辖区规模

本着“便于管理、便于服务、便于自治、便于发展”的原则，充分考虑居民的认同感和归属感等因素，对现有的居民委员会辖区进行适当调整、合并。可以居民居住的自然地域设置，也可以封闭性居民小区为单位设置，还可以职工家庭居民小区为主体设置。管辖范围一般以1000～3000户或实有人口3000～5000人为宜。辖区的调整要因地制宜，分类指导，不搞一刀切。

居民委员会的设立、撤销、规模调整，由区（市、县）人民政府决定。被合并的居民委员会财产归合并后的居民委员会，任何单位或个人不得侵占、挪用。调整后的居民委员会辖区冠名社区，按照地名管理的有关规定实施。

第十二条　组织设置

在辖区调整的基础上，建立社区居民委员会。社区居民委员会的性质是党领导下的社区居民实行自我管理、自我教育、自我服务、自我监督的群众性自治组织，根据有关法律规定履行法定任务，协助人民政府及其派出机关推进城市社区建设。

社区居民委员会由主任、副主任、委员组成，具体人数根据辖区范围、户数规模等因素并依据有关法律规定核定，负责管理社区居民委员会日常事务。社区居民委员会由社区成员代表会议民主选举产生，每届任期三年。根据需要设人民调解、治安保卫、科教文卫等委员会，可以分设若干居民小组。

建立社区成员代表会议制度。社区成员代表会议由社区居民委员会辖区居民代表和单位代表组成，对辖区内的自治事务实行决策和监督。居民代表由居民小组会议或户派代表选举，单位代表由单位选派。其主要职能是：选举、罢免、补选社区居民委员会成员；听取和审议社区居民委员会在社区履行职责的情况，评议社区居民委员会成员；反映社区居民的意

见、建议和要求；对涉及本社区的重要公共事务进行决策。社区成员代表会议的届期与社区居民委员会相同。

第十三条　居民自治

依法实行自治。社区居民委员会要牢固树立党的领导观念，在街道党工委（党委）和居民区党支部（党总支）的领导下，在政府和有关部门及其派出机构的指导下，实行民主选举、民主决策、民主管理和民主监督，依法协助区（市、县）人民政府、街道办事处做好各项管理和服务工作，对政府及其城市管理职能部门派出机构和工作人员的工作实行监督、进行评议。社区居民委员会办理本居住地区公益事业所需的费用，经社区成员代表会议讨论决定，在辖区内公示后，可以根据自愿原则向居民筹集，也可以在征得辖区内受益单位同意后向其筹集，收支账目应当及时公布，接受监督。城市管理职能部门需要社区居民委员会或它的下属委员会提供协助的行政管理事务，由街道办事处统一安排，社区居民委员会应主动承担协办。协办的有关事务应按照“费随事转”的原则，拨支工作费用。各有关部门和单位不得向社区居民委员会乱收费、乱摊派。

健全规章制度。社区居民委员会要依照国家有关法律、法规和政策，制定《社区自治章程》和《居民公约》，规范辖区事务的管理和服务。制定社区居民委员会的工作规则、目标责任、管理办法、奖惩措施、财务审计等制度，促进各项工作规范化、制度化。实行办事公开和民主评议制度，将社区居民委员会工作职责、成员分工和办事依据、办事程序、办事标准、办事纪律、办事结果等向居民公开，接受民主评议，实行民主监督。

理顺社区居民委员会同物业管理公司的关系。物业管理公司是经营性服务企业，参与社区的建设、管理和服务。社区居民委员会有权对物业管理公司进行指导和监督，物业管理公司有责任和义务协助社区居民委员会开展社区建设工作。物业管理公司、业主管理委员会的负责人可以参加社区居民委员会工作，共同搞好社区管理。有关部门在办理物业管理企业营业执照年检或资质等级核定时，应由相关的社区居民委员会签署意见。

第十四条　工作条件和成员待遇

社区居民委员会的办公用房和公用设施用房，由区（市、县）人民政府多渠道统筹解决。规划部门要严格按照国家建设部有关规定，将社区居民委员会公用设施建设纳入公共设施配套建设规划，督促建设单位进行建设。对已验收但未提供相应配套公用设施的住宅区，要通过新建、改建、租赁等形式逐步加以解决。对城区改造中拆除的公用设施，严格按照规定予以补偿或重建。区（市、县）财政要逐步提高社区居民委员会的工作经费，配备必需的办公设施。

社区居民委员会成员的待遇。从机关和事业单位产生并依法当选社区居民委员会成员的，其身份、待遇保持不变；从现任社区居民委员会成员、应届大中专毕业生、复退专业军人、下岗失业人员中产生并依法当选社区居民委员会成员的，其财政性生活补贴由设区市根据实际情况自行确定，其中主任、副主任的财政性生活补贴原则上不低于区（市、县）当年最低工资标准的150%；专职委员不低于区（市、县）当年最低工资标准的130%；其他委员和自聘工作人员的补贴由区（市、县）或街道办事处制定。设区市和区（市、县）要统筹解决社区居民委员会主任、副主任和专职委员任期内的医疗、养老、失业等社会保险。对居民委员会辖区调整后退离居民委员会的主任、副主任和专职委员，符合退养条件人员的退养补贴、医疗保险和不符合退养条件人员的生活补助，由设区市、区（市、县）根据其在居民委员会工作的实际年限，予以解决。

第四章　主要任务

第十五条　社区服务

拓宽服务内容。社区服务主要是开展面向老年人、儿童、残疾人、社会贫困户、优抚对象的社会救助和福利服务，面向退休人员、失业人员、困难群体的社会保障服务，面向新生劳动力就业、下岗失业人员再就业的服务，面向社区单位的社会化服务，面向社区居民的便民利民服务和医疗卫生、计划生育服务。

完善服务设施。重点建设城区、街道办事处社区服务中心、社区居民委员会社区服务站和老年人生活服务等设施，加快信息联网，拓宽服务领域，向居民开展法律服务、政策咨询、就业指导、扶老托幼、扶残助残、文化娱乐、体育健身和家政家教等服务。社区的重要服务设施由设区市、区（市、县）两级政府纳入年度国民经济和社会发展计划，分期分批推进。建设以社区卫生服务中心为主体，社区卫生服务站和其他医疗卫生机构为补充，条块结合、以块为主的基层卫生服务网络，实现社区卫生服务从以医疗服务为主转向集预防、保健、医疗、康复、健康教育和计划生育技术服务为一体。计划生育和卫生部门要根据各自的职责，密切配合，围绕生育、节育、不育共同做好计划生育技术服务和生殖保健服务。

健全保障体系。在街道办事处设立社会保障事务机构，建立街居两级社会保障工作网络，形成独立于企事业单位之外的社会保障体系。街道社会保障机构负责管理退休人员养老保险关系，接收退休人员档案，实行养老金的社会化发放。开展失业人员登记管理，规范失业金、城镇居民最低生活保障金的发放和管理；推进社区基本医疗保险工作。社区居民委员会建立群众自治退管组织，在社会保障行政机构的指导下，开展自我管理、自我服务。纳入省级财政预算的退休人员管理服务经费，重点用于推动退休人员管理服务社会化工作。

推进资源共享。社区内机关、团体、企事业单位的文化、体育等场所和设施，应对社区开放，实行无偿或低偿服务。鼓励高校、科研机构及高科技园区的实验室和科研基地，作为科普基地向所在社区开放。发挥社区人才资源优势和老同志的作用，调动他们参与社区建设的积极性。

规范行业管理。福利性服务实行社区服务证书以及定期审验制度，提高社区服务质量。严格执行国家有关法律、法规和政策，完善各项规章制度。加强服务人员管理和职业道德教育，规范服务行为。有关部门要加强机构、人员、服务项目的准入管理和业务指导，统一服务标准，加强监督检查。

第十六条　社区经济

大力发展服务群众物质和文化生活的产业。特别是发展需求稳、投资少、有效益的服务项目。社区服务业要坚持有偿、低偿和无偿并举，福利性、互助性、经营性相结合，公办、民办一起上，走社会化、产业化和市场化的路子。兴办福利性的社区服务业，享受国家和省里规定的有关优惠政策。

大力发展加强城市基础管理的产业。对环卫、园林、环保、保安等行业，逐步将政府管理职能同企业行为分开，引进市场机制，努力培育起点高、管理好的专业性服务公司。推动物业管理公司按行业服务规范加强管理，提高档次，壮大规模效益。

大力发展培植税源经济的产业。不断优化投资环境，按照经济结构调整要求，吸引多种所有制经济实体、大中小企业在社区投资，发展各种经济实体特别是第三产业，培育新的经济增长点，形成社区经济特色。

大力发展提供更多工作岗位的产业。认真落实各级政府关于促进就业、再就业的政策措施，建立健全就业服务组织，拓宽社区就业渠道。引导失业人员采取多种形式实现再就业，增加收入。鼓励社区内有经营才能和技术专长的人员创办企业，为下岗失业人员和残疾人就业创造条件。

加大街属企业的改革力度。逐步实现政企分开，支持企业通过改革、改组、改造和加强管理，增强活力，自主经营，自我发展。继续盘活街居自我资产，努力保值增值。

第十七条　社区精神文明建设和思想政治工作

唱响主旋律。组织学习科学理论，按照以德治国和中央关于公民道德建设的要求，以思想道德建设为核心，积极宣传、推广和普及先进的思想文化，在社区形成共同的行为准则、共同的理想信念。重视抓好对社区居民特别是老年人、青少年的思想政治工作，引导人们树立科学、文明、进步的思想观念和生活方式，移风易俗，禁止黄赌毒，抵制邪教组织的歪理邪说和各种腐朽思想的侵蚀，形成“倡导文明新风、共建美好家园”的良好氛围。

运用好载体。充分利用社区内文化设施、历史文物、爱国主义教育基地等思想教育载体，让社区居民接受革命传统教育、爱国主义教育和国防教育。建设文体设施，组建社区文体队伍，寓教于乐，组织开展健康向上、具有社区特点的群众性文化、体育、科普等活动，满足社区居民的精神文化生活需要。依托社区教育资源，加强市民教育。深化军警民共建活动。在创建文明城市中，把创建文明社区同创建文明单位、文明行业以及创建五好文明家庭和文明楼院活动结合起来，着力提高公民的整体素质和社会文明程度。

开展志愿者活动。组织和发动社区居民以自己的体能、技能和智能，服务居民，奉献社区。组织志愿者团体，试行志愿者登记注册制度。把党员干部、青年学生参加志愿者活动的情况作为思想道德考核或操行评定的一项重要内容。

美化社区环境。在规划建设时，突出人与环境和谐的主题，努力营造功能完善、布局合理，建筑与环境相互协调、相互依存的社区居住环境。充分考虑老年人、残疾人、儿童的需要，建设相关的设施。逐步实行垃圾分类收集和袋装化，建设配套的环卫环保设施。加强城建监察，重点整治违章建筑，整治社区中小道路和建筑工地周边地带，整治新村小区内的脏、乱、差，整治占绿、毁绿现象。加强环境保护，开展创建园林社区和环保社区活动，对娱乐业、集贸市场和施工场所噪音污染，饮食服务业的油烟污染，建筑工地的扬尘污染等社区居民反应强烈的扰民问题，加大整治力度，努力保持清新整洁的社区面貌。

第十八条　社区治安

严格落实社会治安综合治理目标管理责任制。街道党政一把手切实负起保一方平安的责任，公安机关切实履行打击犯罪、保护人民的职能，以领导干部的责任感和政法机关的紧迫感，保证群众的安全感，强化社区管理控制功能，充分发挥社区作为城市稳定第一道防线的作用，把依法治省要求落到基层。

完善综合治理工作网络。健全街道社会治安综合治理委员会，抓好本辖区社会治安综合治理工作。建立以公安派出所为骨干，以治安巡逻队、专职保安队和护卫力量为依托，以治保、调解、帮教等有关组织为基础，专业队伍与群众相结合，人防、物防、技防并举的群防群治体制。坚持“打防结合、预防为主”的方针，逐步建立完善“打防控”一体化的工作机制。从实际出发，调整民警责任区，设立社区警务室。治安复杂、管理任务重的派出所，要建立专业治安组，承担重点行业、重要场所管理，办理治安案件。

推进综合治理措施的落实。以社区居民委员会为单位，全面深入开展创建安全社区活动。做好矛盾纠纷排查调处工作，努力将矛盾化解在基层，消除在萌芽状态。以增强群众安全感为重点，着力预防和减少多发性、可防性的案件，加强对重点区域和重点部位的监控，做好防火防盗和安全生产等治安防范工作。把加强流动人口管理与服务作为创安的重要内容，建立健全流动人口协管站、劳动就业介绍所等管理中介机构，落实管理职责，保障管理经费，完善管理办法，注重管理实效，保障外来人口的合法权益。发展规范房屋租赁，完善社区出租房、工棚、工地的管理，改进服务，消除各种不稳定因素。多渠道、因地制宜地做好刑满释放、解除劳教人员安置帮教工作。

搞好法制宣传教育。加强对社区法律服务机构和调解组织的领导，充分利用社区资源，加强对社区居民特别是青少年的法制教育，不断提高市民的法律素质。

第五章　党的建设

第十九条　领导核心

及时调整组织设置。现有的街道党委逐步改为街道党的工作委员会，作为区（市、县）委的派出机关。街道党工委（党委）是街道各种组织和各项工作的领导核心。按照《中国共产党章程》的有关规定，结合居民委员会辖区调整合并状况和社区党员分布情况，及时建立健全居民区党支部或党总支，以社区居民委员会辖区地名冠名。居民区党支部（党总支）是居民委员会辖区各种组织和各项工作的领导核心，在街道党工委（党委）领导下开展工作。

充分发挥街道党工委（党委）和居民区党支部（党总支）的领导核心作用。街道党工委（党委）要切实负起责任，狠抓工作落实，发挥思想导向、组织协调、监督保证作用。居民区党支部（党总支）要领导、支持和保证社区居民委员会依法履行自治功能，动员和组织各方面力量开展社区建设。

改进领导方式、工作方式和活动方式。适应社区建设形势，领导方式从传统的行政管理向协调、指导和服务的方式转变，工作方式从以条为主、条块分割向条块结合、以块为主的方向转变，活动方式从主要依靠社区党组织自身力量向更多地组织、协调辖区内单位力量转变，使党建工作的活力在社区得到体现。

第二十条　工作要求

建立党建工作联席会。由街道党工委（党委）书记牵头，居民区党支部（党总支）和辖区内行政组织、经济组织、群团组织和社团组织中的基层党组织负责人参加，建立党建工作联席会，逐步形成以街道党工委（党委）为核心，以居民区党支部（党总支）为基础，以社会性、地区性、公益性、群众性工作为载体，以共同利益、共同需求、共同目标为纽带，社区内各单位基层党组织和社区全体党员共同参与，条块结合、优势互补的党建工作格局。联席会议负责研究、部署、协调工作，通报情况，沟通信息，交流经验，协调议事等。

加快社区有关组织和机构党组织的组建步伐。非公有制经济组织和中介机构，具备条件的都要建立独立的党支部。对党员数量少或暂无党员的非公有制经济组织，通过联建、挂靠等方式组建党组织。对各类社团组织，业务主管单位要切实负起责任，保证社团的核准登记与党组织的建立同步。积极探索党组织的设置形式、隶属关系、活动方式等。努力做到有党员的地方就有党组织，有党组织的地方就有党的领导、工作和活动。

把群团工作纳入社区党建总体规划。在街道党工委（党委）统一领导下，建立健全工会、共青团、妇联、科协、残联和计划生育协会、老年人协会等，形成群众工作网络。加强党对群团组织的领导，支持群团组织依照各自的章程独立自主地开展工作，发挥群团组织在社区事务管理中的民主参与和民主监督作用。

第二十一条　社区党建带动社区建设

紧密围绕社区建设任务开展工作。把党的工作融合到社区政治、经济、文化活动中去，深入到为群众办实事的具体工作中去，渗透到社区居民自治管理的实践中去。发挥社区各个基层党组织贴近群众、联系群众的优势，围绕社区居民普遍关注的问题，协同有关方面，促进社区建设任务的落实，着力增强社区的依法自治功能、管理服务功能、社会保障功能、治安防范功能，增强党在群众中的凝聚力和号召力。

发挥党员的表率作用。实行党员属地管理或双重管理、完善社区在职党员登记、填发流动党员登记卡、联系老党员等办法，建立党员志愿者活动记录、党员奖惩建议制度，采取直管、代管、协管、联系等方式，加强对党员的管理和教育，加强对党员干部工作时间之外的监督。通过党员志愿者服务、楼院包干责任区、结对帮扶等形式，组织社区党员为民办实事做好事，在社区管理和服务中体现党员先锋模范作用。在职党员要带头遵守社区建设和管理的有关规定，带头实践社会公德、职业道德和家庭美德，带头移风易俗，在社会生活和社会活动中作出表率。流动党员要主动接受社区党组织的管理，勤劳创业，守法从业，积极参与社区建设。老龄党员要积极参加各类有益于身心健康的活动，在社区建设中做力所能及的工作。

第二十二条　工作责任制

区（市、县）委书记是社区党建工作的第一责任人，街道党工委（党委）书记是本街道社区党建工作的直接责任人。区（市、县）委要重视和加强对社区党建工作的领导和指导，街道党工委（党委）要把社区党建工作作为首要任务。针对社区党建工作的新情况、新问题，积极探索社区党建工作新途径、新办法，逐步形成具有社区特点的工作机制。设区市党委要加强对社区党建工作的督促检查，切实做到分工明确、责任到人、措施有力，把社区党建工作落到实处。

第六章　组织领导

第二十三条　领导机构

全省社区建设由省委、省政府分别指定一位领导分管。需要省委、省政府决定的事项，由省委办公厅、省政府办公厅协调省直有关部门后报省委、省政府研究。各级党委、政府要把社区建设作为加强基层基础工作的一项重要任务，纳入经济和社会发展规划与年度计划，及时研究解决重大问题，抓好组织实施。

各设区市成立社区建设工作领导小组。由市党政领导任正副组长，有关部门和群团组织负责人参加。其基本职责是：负责制定、审核全市社区建设规划和工作计划，研究制定社区建设的总体要求和政策措施，提出加强和改进社区建设的意见，并督促落实；协助党委、政府推进基层管理体制改革，理顺条块关系。领导小组下设办公室，抽调专门人员集中办公。

区（市、县）党委、政府对社区建设负有直接领导责任。要根据上级社区建设总体规划，负责制定本区（市、县）社区建设措施；加强对社区建设的指导，推动社区建设的宣传、发动和组织工作；定期分析研究社区建设形势，协调解决社区建设工作中存在的困难和问题。

第二十四条　职能部门的作用

明确分工，齐抓共管，形成合力。党委、政府各职能部门要进一步明确和规范管理职责和管辖范围，建立以部门领导为核心的责任制，把管理责任层层分解，落实到具体部门、具体人。群团组织要认真履行职能，以形式多样的活动为载体，服务社区建设，服务社区群众。

搞好宣传，加强引导。报刊、广播、电视等新闻媒体要运用各种形式，宣传社区建设的重大意义、目标要求、重点任务，介绍社区建设的有益经验和成功做法，引导社会各界为社区建设献计献策，增强干部群众参与社区建设的积极性、自觉性和主动性，形成各方面关心社区、建设社区的良好局面。

第二十五条　队伍建设

配强配齐街道干部。各设区市、区（市、县）党委要调整优化街道领导班子和干部队伍，特别要选好配强党政一把手。党工委（党委）领导职务与办事处领导职务可以兼任。结合机构改革，采取干部交流、轮岗下派、挂职锻炼等方式，从设区市、区（市、县）机关中挑选一批政治素质好、学历高、年纪轻的优秀干部充实基层。加大年轻干部培养选拔力度，改善班子整体素质。实行干部竞争上岗制度，增强队伍活力。

加强社区居民委员会班子建设。从思想表现、工作能力、生活作风、群众拥护程度等方面进行考核，把好社区居民委员会成员候选人的素质关。通过从机关和事业单位产生、向社会招考、在现任居民委员会成员中择优留用等方式，确定社区居民委员会成员的候选人，依法参加选举。推荐的候选人中党员、妇女应占一定比例。居住在辖区内的居民区党支部（党总支）书记可参加社区居民委员会主任选举。鼓励优秀年轻干部和大中专毕业生到社区居民委员会任职。

加强对街居干部的培训。有计划、分层次地通过党校、干校培训街道干部和居民区党支部（党总支）、社区居民委员会成员。街道党工委（党委）书记、办事处主任纳入省委党校培训计划，居民区党支部（党总支）书记、社区居民委员会主任纳入设区市党校培训计划。街居干部要加强学习，领会和掌握邓小平理论和江泽民同志“三个代表”重要思想，自觉贯彻党的路线、方针、政策和党委、政府的工作部署，以服务人民为宗旨，以社区建设为己任，扎实工作，努力奉献。

切实加强和改进作风建设。深入贯彻党的十五届六中全会精神，严格执行《中共中央关于加强和改进党的作风建设的决定》，全面落实“八个坚持、八个反对”的要求，集中解决思想作风、学风、工作作风、领导作风和干部生活作风等方面的突出问题，进一步密切党同人民群众的联系。街居干部要心系群众，深入社区，埋头实干，开拓创新，扎实抓好社区建设各项任务的落实，把精力用在勤勤恳恳为社区群众服务上。党政各部门要多为基层和群众办实事办好事，为社区建设创造条件。规范对街道、社区居民委员会的工作考评，简化检查评比项目，控制层层达标升级活动，减少各类表册簿记，切实减轻基层负担。把推动社区建设的相关工作，作为检验自身工作的一个重要标准，使一流的服务体现到社区。

建立健全管理监督机制。对干部严格要求、严格教育、严格管理、严格监督，努力提高队伍素质。区（市、县）党委要指导和帮助街道党政组织和居民区党支部（党总支）、社区居民委员会健全理论学习、民主议事、责任考核、事务公开、廉洁从政、奖惩约束等制度，促进街居干部廉洁自律、秉公办事、文明服务、勤政为民。区（市、县）城市管理职能部门要会同街道党工委（党委）、办事处加强对派出机构的监督，整顿执法队伍，促进严格执法、文明执法。对表现突出、群众满意的街居干部，要给予表彰和奖励。

采取分类推进的办法贯彻落实纲要精神。要适应城市发展水平和群众承受能力，针对新城区与老城区、中心城市与其他城市、山区与沿海的不同情况，加强分类指导。社区建设已有一定基础的地方，要争创一流，再上台阶；社区建设起步晚的地区要积极创造条件，赶上全省步伐。省会城市和经济特区要坚持高标准，发挥示范作用。鼓励基层和群众解放思想，立足实际，勇于实践，大胆创新。及时总结基层创造的新鲜经验，推广先进典型，推动全省社区建设广泛深入开展。

本纲要是指导我省城市社区建设的文件。各设区市要从本地实际出发，提出实施意见。有关部门要对所负责业务范围的工作，制定具体实施细则，保证我省城市社区建设取得实效。

福建省人民政府关于调整乡镇行政区划的意见

闽政〔2002〕24号

各市、县（区）人民政府，省政府各部门、各直属机构，各大企业、各高等院校：

为优化我省乡镇布局，加快城镇化进程，适应经济和社会发展的需要，根据国家民政部等七部、委、办《关于乡镇行政区划调整工作的指导意见》（民发〔2001〕196号）和《福建省乡镇工作纲要（试行）》、《福建省城市社区建设纲要（试行）》，结合我省实际，现提出调整乡镇行政区划的意见。

一、调整乡镇行政区划的必要性

（一）我省规模小的乡镇较多。据统计，面积小于20平方公里的乡镇有60多个，其中小于5平方公里的有10个；人口少于1万人的乡镇有122个，其中不足5000人的有15个，个别的乡镇人口仅1000多人。这种状况导致这部分乡镇集聚力和辐射力不强，产业结构雷同，资源浪费严重，整体实力弱，市场难以形成。通过行政区划调整，实行乡镇区域重组，撤并规模小、经济实力弱、基础设施差的乡镇，使调整后的乡镇可以在较大的范围内合理地配置资源和安排建设布局，有利于加快农村产业化结构调整，有利于促进乡镇企业上规模、上档次，从而加速我省农村经济的发展。

（二）我省多数县城（含县级市城区）在县域中首位度不高，城市发育不足，集聚和辐射功能弱，规模小，全省县城平均人口不足5万人。行政区划不够合理，县城驻两个以上乡级政府的现象相当普遍，有一半左右的县城区内驻着城郊乡镇的政府，或被城郊的另一个乡镇包围，造成城、郊交错，相互“插花”，不仅行政管理困难，基础设施重复建设，影响城市的统一规划和建设，而且生产力要素集中程度不高，乡镇企业缺乏规模和档次，农村剩余劳动力和农村人口转移困难，制约第三产业的发展和市场的形成。调整行政区划，可以理顺不合理的行政区划，充分发挥农村中心镇的聚集优势和区位优势，促使人流、物流、资金流和信息流等生产力要素加快向县域中心和农村中心镇集聚，促进农村经济结构的调整，统筹规划和建设基础设施，吸纳农业剩余劳动力，全面提高我省农村城镇化水平。

（三）我省一些乡镇机构庞大，部门多，机构臃肿，财政压力大，农民负担重。撤并部分乡镇可扩大经济发展空间，中心镇的功能将进一步突出，避免了资源浪费，减少社会运行成本，促进经济发展，减轻农民负担。

二、调整行政区划的指导思想和原则

（一）指导思想：以促进经济和社会事业发展为目标，以强化行政管理为出发点，在确保社会稳定的前提下，实事求是，稳妥有序，因地制宜，适时合理地调整乡镇规模和布局，加速城镇化进程，使我省乡镇达到规划科学、布局合理、规模适度、加快发展的要求。

（二）撤并乡镇的原则

1. 以经济为主导的原则。要以经济建设为中心，立足长远，科学规划，着眼于乡镇经济和小城镇的长远发展，优化资源配置，合理布局生产力要素，使调整后的乡镇适度扩大规模，增加经济发展的空间，成为新的经济增长点。

2. 实事求是、因地制宜的原则。要根据当地实际情况和有关乡镇的不同特点，充分考虑自然地理条件、经济社会发展水平、城镇建设、行政管理以及历史沿革和群众生产生活习惯、意愿等方面因素；不能人为地割裂历史、地理等因素，下达指标，定比例。不搞“一刀切”，条件不成熟的地方不要勉强进行调整撤并。要依据沿海、山区不同地域情况，因地制宜，分类指导。

3. 科学规划、合理布局的原则。依据经济、社会发展规划和城镇体系规划，制定撤并方案。调整后的乡镇规模要适度，乡镇政府驻地一般在原驻地中选择，原则上不选第三地。做到既便于有效管理、强化服务，又有利于优化资源配置，促进区域经济的发展。

4. 稳妥有序、确保社会稳定的原则。行政区划调整与广大干部群众的利益息息相关，容易引发各类矛盾，必须稳妥操作，有计划、按程序进行。要做好干部群众的思想工作，尊重群众的意愿。对少数民族居住较为集中的地区，要充分听取少数民族干部群众的意见，加强沟通和协调，妥善解决好各种矛盾，确保社会安定稳定。

5. 尽量成建制撤并的原则。一般以乡镇为单位，实行成建制撤并，以减少因资产、债权、债务分割带来的矛盾，实现平稳过渡。

6. 减轻农民负担的原则。撤并乡镇要与机构改革结合起来，下决心精简机构和人员，减少开支，不得趁撤并之机向农民乱收费、乱集资、乱罚款和乱摊派，确保农民的负担比撤并前有所减轻。

三、调整乡镇的参照标准

此次调整乡镇行政区划以扩大县（市）政府驻地行政区域的规模，增强其经济实力和撤并规模过小的乡镇为重点，同时理顺不合理的行政区划关系。

（一）县城（含县级市城区）在县（市）域内生产力要素密度较高，基础设施较配套，第三产业网点集中，具有向中小城市“质量升级”的基础。以县城扩容为重点，可以节约土地资源，降低城市化成本。鉴于我省各地情况差别较大，现提出以下指导性的调整乡镇参照标准：

1. 县级市城区总面积，一般要达到40平方公里，人口一般要达到10万以上，未达到的，要逐步撤销城郊的乡镇将其行政区域并入；县政府驻地镇，面积小于40平方公里，人口少于6万人的，要逐步撤销城郊乡镇，将其行政区域并入。

2. 位于县（市）城郊，政府驻地在县城关的乡镇，要撤并入城关镇（城区）；包围着城关镇的城郊乡镇，原则上也要逐步撤并入城关镇。

3. 设市或设区后其城区仍保留原城关镇的，应改制为街道办事处。县政府驻地镇，在充分调研论证和试点的基础上，按照成熟一个改一个的原则，逐步撤销建制镇，设立街道办事处，作为县政府的派出机关。街道办事处的设立，原则上是撤一设一。城区常住人口超过10万人（含10万人）的镇，若确有必要，可增设一个街道办事处。

4. 已纳入城市建成区，基本没有农用地或只有少量农用地的乡镇，以及符合条件的新建小区和小城镇户籍制度改革的地区原则上也应改制为街道办事处，村委会改为居委会。

（二）区域面积偏小（视各地情况而定），且沿海人口在1.5万人以下，山区人口在1万人以下的乡镇，除岛屿等自然地理位置特殊的外，原则上要逐步撤并入毗邻实力较强的乡镇。

（三）经济实力较强，区位优势明显的中心镇，力求调大规模，位于沿海的一般面积要在30平方公里、人口5万以上；位于山区的一般面积要在100平方公里、人口3万以上。未达到以上标准的中心镇，原则上要逐步撤并周边经济实力较弱、规模偏小、与其地缘关系较密切的乡镇。

（四）交通条件较差，又无其他优势，且财政困难，发展潜力较小的乡镇，可逐步撤并入毗邻实力较强的乡镇。

（五）市辖区的乡、镇、街道办事处调整，可根据本辖区的实际情况，参考上述标准操作。

四、方法和步骤

调整行政区划工作涉及面广，政策性强，情况复杂，影响深远，各地一定要高度重视，加强领导，各级政府和有关部门要统筹规划，精心组织，上下结合，分步实施，确保调整工作达到促进经济和社会发展的预期目标，确保撤并工作不影响经济建设和社会稳定。条件不成熟的地方，不要勉强调整撤并。

（一）先试点，后全面铺开。各设区的市今年可先进行一两个试点，在试点的基础上总结经验；同时组织开展全面调查摸底，制订调整乡镇的总体规划和年度计划，明年起再有组织地分批展开。

（二）建立工作机构，加强组织领导。省和有任务的设区市、县（市、区）要建立乡镇区划调整工作领导小组，由同级政府主要领导担任组长，分管领导担任副组长，成员包括有关部门领导等，领导小组下设办公室，具体组织、指导、协调行政区划调整工作；办公室一般设在同级政府民政主管部门。

（三）调查摸底，征求意见。由县（市、区）政府负责，组织计划、教育、公安、民族事务、民政、财政、人事、机构编制、国土、建设、农业、林业、审计、统计、体制改革等部门组成联合调查组，到需要撤并的乡镇调查研究，广泛听取干部群众意见，确定乡镇调整方案。必要时，由设区的市通盘协调和研究，确定乡镇调整方案。

（四）严格履行审批手续，认真组织实施。各级政府和有关部门要严格把关，按法定程序，逐级上报到省政府审批。经批准后，再精心组织实施。

（五）妥善安置干部。要严格按照干部管理的原则和权限，根据本地实际情况，通盘考虑，妥善安置，多渠道分流消化，尽可能减少人员思想波动。

（六）清理财产，做好交接。对于撤并乡镇的国有资产和集体财产要实行统一审计，统一并账，统一管理，严防国有资产和集体资产流失。对有关乡镇的财务审计和封账必须在撤并工作前进行。对原乡镇政府的债权债务关系，应转到新组建的乡镇政府，并依法告知有关方面和有关人员；对违反财经法规、纪律的，要严肃处理。

五、有关要求

（一）耐心细致地做好基层干部群众的思想政治工作，防止简单行事。做好宣传发动工作，稳善安置乡镇富余人员，要教育干部从全局出发，服从组织安排。要有针对性地做好群众的宣传教育，并认真考虑和兼顾不同方面群众的利益，确保社会稳定。特别是有关乡镇的领导干部要带头坚持讲大局、讲团结、讲稳定，扎扎实实地做好各项工作。

（二）严明纪律。要严肃组织人事纪律、财经纪律、群众纪律和廉政纪律，不准干扰区划调整，不准突击调配人员、提干、提职，防止出现私分、侵占、挥霍国家和集体资产等问题。

（三）继续做好被撤乡镇驻地的管理。调整撤并乡镇后，城镇基础建设应以新驻地为重点，对被撤乡镇驻地应严格控制，防止出现新的重复建设。对被撤乡镇驻地的原乡镇政府固定资产要积极盘活，充分利用，为生产、生活服务的功能性设施要通过创新机制，继续利用，不断完善；同时，要保护好当地多种经济成分的各类企业、工商户的合法权益，支持他们继续办好现有的产业和项目，鼓励他们到新建乡镇驻地开展经营活动。

（四）乡镇行政区划调整要与省委、省政府关于乡镇机构改革方案的总体要求相适应，按照“精简、统一、效能”的原则，合理调整内设机构，精简、优化乡镇干部队伍，做好撤并后人员安置工作，使调整后的乡镇机构符合办事高效、运转协调、行为规范的管理体制的要求。

（五）开展调整乡镇行政区划试点的单位，要根据中共中央转发《全国人大常委会关于全国乡级人民代表大会换届选举工作有关问题的意见》（中发〔2001〕12号）以及省人大常委会的有关决定精神，做好乡镇人大换届选举各项安排的衔接工作。同时，要做好与农村税费改革相配套的衔接工作。

（六）新组建的乡镇要根据经济社会发展和建设用地的需要，可以按照法定程序，修订县（市）域土地利用总体规划和城镇体系规划，以及乡镇的经济社会发展规划、土地利用总体规划和建设规划，积极引导人口和生产力要素向调整后的乡镇集聚，加快当地经济发展。

（七）在调整乡镇的同时，积极稳妥地做好村委会调整撤并工作。村委会调整撤并必须切实加强领导，充分准备、严密组织，注意把握以下几点：

1. 以县（市、区）为单位，从本地的实际出发，因地制宜地确定并村方案，不定指标、不压任务，不搞“一刀切”。

2. 对同一自然村内有两个村委会的，原则上应予合并；对人口少、面积小的，或人为分割但经济联系密切的村，原则上应予合并。

3. 原则上以村为单位整建制进行撤并，合并的村在地理位置上要相连，不得形成新的"飞地"，以方便群众办事和村民自治。

4. 坚持依法办事。村的撤并要经大多数村民同意，村民代表大会未通过的撤并方案，不得勉强实施。

5. 依法处理集体资产和债权债务问题，严格财务制度和财经纪律，坚持公开民主操作。对并村后的村级集体资产和村民福利待遇，要广泛征求村民意见，依法办事，防止简单平调和拉平。对村级集体的经营性资产，要建立规范的经营、管理机制，实现保值增值。

6. 切实减轻农民负担。并村中，不得以任何名义向农民乱集资、乱摊派和乱收费；并村后，要确保农民的负担比并村前有所减轻。

福建省人民政府

二〇〇二年六月一日

福建省殡葬管理办法

(2002年8月12日省政府令第83号发布)

第一章　总则

第一条　为了加强殡葬管理，推进殡葬改革，促进社会主义精神文明建设，根据国务院《殡葬管理条例》，结合本省实际，制定本办法。

第二条　本办法适用于本省行政区域内的殡葬活动及其管理。

第三条　各级人民政府应当加强对殡葬工作的领导，制定实行火葬的具体规划，将兴建、改造殡葬服务设施纳入城乡建设规划和基本建设计划。殡葬工作建立目标管理责任制。

建设殡葬设施、提高火化率、制止乱埋乱葬、移风易俗等应当作为精神文明建设的重要内容。

第四条　县级以上人民政府民政部门是殡葬管理工作的主管部门，负责本行政区域内殡葬管理工作。市、县(区)殡葬管理机构受同级人民政府民政部门委托，负责殡葬管理日常工作。

土地、公安、工商、交通、卫生、林业、建设、环保、民族宗教等部门，应当按照各自职责，共同做好有关殡葬管理工作。

国家机关、社会团体、企事业单位、居(村)民委员会和其他组织，应当支持和宣传殡葬改革，引导公民文明节俭办丧事。

第二章　殡葬活动管理

第五条　交通方便的地区应划为火葬区。暂不具备实行火葬条件的地区，可划为土葬改革区。

火葬区和土葬改革区的划定由省人民政府民政部门编制方案，报省人民政府批准。

第六条　火葬区内的人员死亡后应当全部实行火葬。国家另有规定的，从其规定。

土葬改革区死亡的人员，自愿实行火葬的，应当予以支持和鼓励，他人不得干涉。

第七条　火葬区内的遗体应当就地就近火化。因特殊原因确需将遗体运往非死亡地的，应当由非死亡地的县级以上人民政府民政部门出具证明，经死亡地县级以上人民政府民政部门批准，用殡葬专用车运送。

第八条　死者有亲属的，亲属是丧事承办人；死者没有亲属的，其生前单位或临终居住地的居(村)民委员会是丧事承办人。

第九条　火葬区死亡的人员，丧事承办人应及时通知殡仪馆或殡仪服务站(中心)，办理遗体火化手续；无名、无主的遗体由当地公安部门通知殡仪馆或殡仪服务站(中心)接运遗体。

殡仪馆或殡仪服务站（中心）应当自接到通知后12小时内接运遗体。

运至殡仪馆的遗体应当在7日内火化。因特殊情况需要延期火化的，丧事承办人应报殡仪馆的主管部门批准。

火化遗体必须凭公安机关或国务院卫生行政部门规定的医疗机构出具的死亡证明。

第十条　殡仪馆火化完遗体后，应及时向丧事承办人出具由省人民政府民政部门监制的遗体火化证。

第十一条　尊重少数民族的丧葬习俗。火葬区内依照国家规定可以土葬的少数民族公民死亡后，应葬入县级人民政府指定的公墓或划定的区域。可以土葬的少数民族公民死亡，自愿实行火葬的，他人不得干涉。

第十二条　外国人、港、澳、台胞、华侨来闽期间死亡的，可就地火化。但其亲属要求将遗体运出境的，按国家有关规定办理。

第十三条　正常死亡人员的遗体及经公安司法部门鉴定后的非正常死亡人员的遗体，停放住所时间不得超过48小时。

高度腐烂的遗体和因烈性传染病死亡的遗体，按《中华人民共和国传染病防治法》的规定进行处理。

捐赠的遗体按照国家和本省的有关规定办理。

第十四条　非正常死亡人员遗体需存放在殡仪馆的，有关单位或个人应与殡仪馆协商办理。

无主遗体火化后180日内仍无人认领骨灰的，可由殡仪馆深埋处理。

第十五条　土葬改革区死亡人员的遗体可以实行土葬，其遗体应葬入公墓或县级人民政府划定的区域。

非公墓区内的坟墓禁止用水泥、石材等永久性建筑材料修建。

第十六条　骨灰处理应当尽量少占地或者不占地，提倡播撒、深埋、植树葬等不保留骨灰的安置方式。需保留骨灰的，可凭遗体火化证存放或埋葬在经县级以上人民政府民政部门批准的骨灰堂（楼、塔）或公墓。

丧事承办人向殡仪馆领取骨灰时，应提交骨灰安放（安葬）证等骨灰去向的有效证明。

禁止将骨灰埋葬在非公墓区。国家另有规定的除外。

第十七条　禁止在下列区域建造坟墓：

（一）耕地、林地；

（二）铁路、公路、河流主干道两侧；

（三）城市公园、风景名胜区、文物保护区、经济开发区；

（四）水库、河流堤坝附近的水源保护区。

上述区域由县（市）人民政府具体划定。

凡本条规定区域内现有的坟墓，除受国家保护的具有历史、艺术、科学价值的予以保留外，均应限期迁移或深埋，不留坟头。

第三章　殡葬设施管理

第十八条　殡仪馆、公墓、骨灰堂（楼、塔）、殡仪服务站（中心）等的数量、布局规划，火化率指标等，由省人民政府民政部门编制，报省人民政府审批。

第十九条　建设殡葬服务设施应当履行下列审批手续：

（一）建立殡仪馆，由市、县人民政府民政部门提出方案，报本级人民政府审批；

（二）建立经营性公墓、骨灰堂（楼、塔）由市、县人民政府民政部门审核同意后，报省人民政府民政部门审批；

（三）农村设置公益性公墓、骨灰堂（楼、塔），经乡（镇）人民政府审核同意后，报市、县人民政府民政部门审批，并报省人民政府民政部门备案；

（四）利用外资建设殡葬设施，经省人民政府民政部门审核同意后，报国务院民政部门审批。

兴建殡葬设施应当依法办理用地、规划、建设和其他有关手续。

任何单位和个人未经批准，不得擅自兴建殡葬设施。

第二十条　骨灰安葬在经营性公墓或安放在经营性骨灰堂（楼、塔）的，凭殡仪馆出具的遗体火化证购置墓穴或骨灰格位。禁止为尚未死亡的人员购置墓穴或骨灰格位，但为死者的健在配偶留作合葬的寿穴（骨灰格位）除外。对安葬（存放）的骨灰，应发给省人民政府民政部门监制的骨灰安放（安葬）证。

禁止传销或以其他方式非法买卖墓穴和骨灰格位。

第二十一条　殡仪馆、经营性公墓等殡葬服务单位，应当因地制宜设立服务项目，为公众办丧事提供良好的服务，满足不同层次的丧葬消费需求。

殡仪馆、经营性公墓等殡葬服务单位提供的服务项目的收费标准应当报物价部门审批，并明码标价。

殡葬服务单位应当建立健全各项规章制度，实行工作程序化、规范化。

第四章　丧事活动及丧葬用品管理

第二十二条　办理丧事活动，不得妨害公共秩序，危害公共安全，侵害他人合法权益。

禁止在丧事活动中从事封建迷信活动；禁止在公共场所停放遗体、摆放花圈、搭设灵棚或抛撒、焚烧祭祀品。

第二十三条　制造、销售焚尸炉、运尸车、尸体冷藏柜等殡葬设备的单位和个人，应当按照国家颁布标准进行生产、销售，各级民政部门应对殡葬设备加强管理。

禁止生产、销售封建迷信丧葬用品。

第五章　罚则

第二十四条　将应当火化的遗体土葬，或者违反规定将骨灰埋葬在非公墓区，或者在公墓和划定的区域以外埋葬遗体、建造坟墓的，由县级以上人民政府民政部门责令限期改正；拒不改正的，可以强制执行，其费用由责任人承担。强制执行时，当地街道办事处、乡镇人民政府和死者生前工作单位应协同处理。

非公墓区内的坟墓用水泥等永久性建筑材料修建的，由县级以上人民政府民政部门责令改正；拒不改正的，可强制执行，其费用由责任人承担。

第二十五条　未经批准，擅自兴建殡葬设施的，由县级以上人民政府民政部门会同建设、土地行政管理部门予以取缔，责令恢复原状，没收非法所得，可以并处违法所得 1 倍以上 3 倍以下罚款。

第二十六条　擅自改变公益性公墓、骨灰堂（楼、塔）性质的，由县级以上人民政府民政部门没收违法所得，可以并处违法所得 1 倍以上 3 倍以下罚款。

第二十七条　传销或以其他方式非法买卖墓穴或骨灰格位的，由工商行政管理部门予以制止，没收违法所得，并处销售金额 1 倍以上 3 倍以下的罚款。

第二十八条　殡葬服务单位违反收费标准的，由物价行政主管部门依法予以处罚。

第二十九条　殡葬管理人员滥用职权、徇私舞弊、索贿受贿、玩忽职守的，由主管部门依法给予行政处分；构成犯罪的，依法追究刑事责任。

第三十条　殡葬服务人员违反操作规程，造成重大事故或不良影响的，由民政部门追究殡葬服务单位领导和直接责任人的责任。

殡仪服务人员利用工作之便索取或者收受财物的，由民政部门责令退赔；构成犯罪的，依法追究刑事责任。

第六章　附则

第三十一条　本办法自 2002 年 10 月 1 日起实行。

福建省人民政府关于印发《福建省优待老年人若干规定》的通知

闽政〔2002〕45号

各市、县（区）人民政府，省政府各部门、各直属机构，各大企业，各高等院校：

现将《福建省优待老年人若干规定》印发给你们，请认真遵照执行。

福建省人民政府

二〇〇二年九月三十日

福建省优待老年人若干规定

为了进一步贯彻落实《中华人民共和国老年人权益保障法》、《中共中央、国务院关于加强老龄工作的决定》和《福建省老年人保护条例》、《中共福建省委、福建省人民政府贯彻〈中共中央、国务院关于加强老龄工作的决定〉的实施意见》，弘扬中华民族敬老养老助老的传统美德，促进社会主义精神文明建设，体现党和政府对老年人的关怀，结合我省实际，对老年人实行下列优待。

一、农村老年人不承担义务工、劳动积累工。非农村税费改革试点地区经村民代表大会通过后，农村65周岁以上（含65周岁）的老年人免除村提留，65周岁以下丧失劳动能力或家庭有特殊困难的老年人酌情减免。

二、为老年人医疗保健提供优先优质服务。各级医院、疗养院等医疗机构要积极创造条件开设老年病门诊，在挂号、就诊、检查、取药、住院、收费等方面对70周岁以上（含70周岁）的老年人实行优先服务。有条件的地方，应为患有慢性病或行动不便的老年人设立家庭病床，提供上门服务。

三、老年人凭福建省老年人优待证进入公园（不含园中园）、非商业性展览馆等，各地根据实际情况，在购买门票时给予优惠。

四、电影院、文化宫（馆）、体育场（馆）、图书馆等公共文化体育设施的经营管理部门，应为丰富老年人精神文化生活提供便利。

五、70周岁以上（含70周岁）的老年人凭福建省老年人优待证在市区内免费乘坐公共汽车。公共汽车上应提倡为老年人让座。

六、车站、港口、机场等经营管理部门应为老年人购票、进站、托运行李、上下车（船、飞机）提供方便。应在候车（船）室设老年人专用座位。

七、老年人因合法权益受到侵害提起诉讼，交纳诉讼费有困难的，按闽委发〔2001〕5号文件规定，酌情给予缓交、减交或免交。老年人需要法律援助，又无力支付律师费用的，依照《福建省法律援助条例》办理。

八、敬老院、老年公寓、托老所、社会福利院等为老年人服务的单位和70周岁以上（含70周岁）身边无子女的老年人，持街道、乡镇以上民政部门的证明，在申请安装闭路电视和管道煤气时，初装费实行优惠，并优先安装。

九、商业、水电、燃料、电信、邮政等窗口行业和社区服务单位，应为老年人提供优质、优惠、优先服务和照顾，提倡为老年人上门服务，满足老年人的特殊生活需求。

十、各县（市、区）政府对百岁以上老年人实行每人每月发给不低于100元长寿营养补贴，卫生部门定期为他们免费体检、巡诊。

十一、涉及上述敬老优待服务项目的单位，应向社会公开承诺优待服务内容，在服务窗口设置明显的标志，并采取有力措施做好相关服务工作，兑现承诺。

本规定所称“老年人”，为年满60周岁者（对年龄有特殊规定的，按照特殊规定；年龄以居民身份证为准）。福建省老年人优待证由福建省老龄工作委员会办公室统一印制和管理，各设区的市老龄工作委员会办公室负责组织发放。福建省老年人优待证应当明确为老年人优待服务的主要项目，发放过程中要尊重老年人的意愿，不得硬性派发。

福建省人民政府关于全面建立和实施农村居民最低生活保障制度的通知

闽政〔2004〕3号

各市、县（区）人民政府，省人民政府各部门、各直属机构，各大企业，各高等学校：

为了进一步贯彻落实党中央、国务院关于解决城乡困难群众生产生活问题的一系列重要指示，妥善解决我省农村贫困人口的生活困难，切实保障农村低收入居民的基本生活，经研究决定，从2004年1月起在全省全面建立并实施农村居民最低生活保障制度（以下简称“农村低保制度”）。现就有关工作通知如下：

一、充分认识建立和实施农村低保制度的重要意义，明确指导思想和目标

在我省全面建立和实施农村低保制度，是省委、省政府深入贯彻落实“三个代表”重要思想，高度重视解决农业、农村、农民问题的具体体现，也是完善我省社会保障体系的一项重大举措。它体现了执政为民的根本宗旨和社会主义制度的优越性，对推进我省全面建设小康社会，促进城乡经济社会协调发展，维护农村社会稳定都具有重要意义。

全面建立和实施农村低保要在各级党委、政府的领导下，以“三个代表”重要思想为指导，以保障农村贫困居民基本生活为目的，以定期救济救助为主要保障形式，从实际出发合理确定保障标准，建立稳定可靠的低保资金筹措机制，按时将保障资金足额发放到低保对象手中。要不断完善各项规章制度，加强规范化管理。经过努力，在2004年底前将低于保障线的农村贫困居民全部纳入低保范围，基本实现应保尽保的目标。

二、科学合理确定农村低保的保障对象范围和保障标准

农村低保的保障对象范围为，凡共同生活的家庭成员年人均收入低于户籍所在地农村低保标准的我省农村居民，均享受农村居民最低生活保障待遇，纳入保障范围。

农村低保待遇分为全额享受和差额享受两种。其中：农村五保对象按照当地农村低保标准全额享受低保待遇，其他低保对象按照其家庭年人均收入低于农村低保标准的部分，予以差额补助。

农村五保对象除享受当地农村居民最低生活保障待遇外，根据国务院《五保供养条例》，还要采取多种救助和帮扶措施，使他们的供养标准不低于当地农村居民的一般生活水平。

要合理确定保障标准。各地实施农村低保应遵循保障农村居民基本生活的原则，坚持政府保障与社会帮扶相结合、鼓励劳动自救的方针，制定与当地经济发展水平和财政承受能力相适应的切实可行的保障标准。保障标准要体现既能保障基本生活，又有利于克服依赖思想的原则，并注意与城市低保标准有所衔接。现阶段全省农村低保标准按照农村居民家庭年人均1000元确定（即每人每月83元）。各地人民政府可结合实际确定本地低保标准，但不得低于省里确定的标准。当地人民政府确定的本地低保标准报上一级人民政府备案后向社会公布。今后，随着经济发展水平、财政承受能力和人民生活水平、物价水平的较大变化，经研究作适当调整。

要认真界定家庭收入。农村居民家庭收入是指共同生活的家庭成员全年所获得的货币收入和实物收入的总和。家庭收入计算按照省统计局有关“农民人均纯收入”办法计算。农村居民根据国家有关政策规定享受的荣誉津贴、抚恤补助、优待金、临时性社会救济金、在校生获得的生活津贴和困难补助等不计入家庭收入。

三、建立稳定的保障资金筹措机制，确保低保资金及时足额到位

实施农村低保制度所需资金，由各级人民政府列入财政预算，实行财政分级负担。县（市）的保障资金，由县（市）人民政府确定县（市）、乡（镇）财政的分担比例；设区的市所辖区的保障资金，由设区的市人民政府确定市本级、区、乡（镇）财政分担比例。各地要避免出现乡（镇）负担比例偏大问题，村级原则上不负担。现阶段省级财政对农村低保标准定为年人均1000元的财政困难县（市）予以一定补助。

各级民政部门要根据落实农村低保制度的实际需要，每年年底前提出下一年度用款计划，经同级财政部门审核后编列财政年度预算。各级财政要按实列足低保资金预算，按照批准后的资金预算和用款计划及时拨付，确保低保资金及时足额到位。省级财政安排的农村低保专项补助资金实行财政专项转移支付，核定到县（市），一年一核定，并建立相应的激励和约束机制。

农村低保资金在县（市、区）实行专户管理，专款专用，不得挤占、挪用。各级人民政府以及财政、监察、审计等部门要定期跟踪检查资金使用情况。对资金预算安排不到位或拨付不及时的，当地政府和上级有关部门要及时督办；督办仍不到位的，要给予通报批评，直至追究当地政府相关责任。

地方各级人民政府要多渠道筹集农村低保资金，鼓励企事业、民间组织和个人为实施农村低保提供捐赠和资助，其捐助的资金全部纳入农村低保资金专户管理。

四、健全相关配套政策，切实加强对农村低保工作的规范化管理

各级人民政府和有关部门要尽快制订农村低保的工作方案和具体实施办法，不断推动农村低保工作的制度化、规范化。要切实建立起“政府领导、民政主管、部门配合、基层落实”的工作机制。要根据属地管理和动态管理原则，健全农村低保对象的申请、审批、公示和保障资金发放制度。农村低保工作要坚持公开、公平、公正原则，实行政务公开，张榜公布低保对象和补助金额，接受社会和群众监督。同时，在建立和实施农村低保制度的基础上，要积极探索构建农村社会救助体系，建立健全对困难群众的长效帮扶机制，各有关部门要对低保对象等困难家庭成员在农业技术培训、扶贫项目扶持、医疗、子女就学、法律服务等方面制定有关优惠政策或帮扶措施，提供及时、必要的救助。

五、加强领导，推动农村低保制度顺利实施

全面建立和实施农村低保制度，涉及面广、工作量大、政策性强，关系到广大农村困难居民的切身利益，是一项惠及农村困难群众的“爱心工程”。各级人民政府要高度重视，作为做好农村工作的一项重要工作，摆上议事日程，加强领导，精心部署，统筹协调，认真落实。民政部门要充分发挥职能部门的作用，坚持公开、公平、公正的原则，做到保障对象、保障资金和保障标准三公开，保证农村低保的工作落到实处。财政部门要密切配合，落实保障资金，加强对保障资金的管理和监督，保证资金得到合理、有效的使用。农业、扶贫、统计、物价等政府有关部门要积极支持，密切配合，共同做好此项工作。基层民政部门和村（居）委会是实施农村低保的基层组织，要做好低保对象的申请受理和初审以及保障金发放等工作，把工作做细做实，按时足额地把保障金发到每一个保障对象。各级人民政府要为农村低保管理服务和工作运行提供必要的工作条件。各级领导要深入基层，不断研究解决实施中出现的新情况新问题，不断加强对农村低保工作的指导和检查，确保农村低保制度的顺利实施，切实把好事办好，把实事办实。

省民政厅、财政厅按照本通知制定我省实施农村低保制度具体规定、保障资金管理办法，联合发文执行。

福建省人民政府

二〇〇四年二月三日

福建省人民政府批转省民政厅等部门关于福建省农村困难家庭医疗救助试行办法的通知

各市、县（区）人民政府，省人民政府各部门、各直属机构：

为了推进我省农村困难家庭医疗救助试点工作，省民政厅、卫生厅、财政厅制定了《福建省农村困难家庭医疗救助试行办法》（以下简称《办法》）。该《办法》已经省人民政府研究同意，现发给你们，请认真贯彻执行。

探索建立农村困难家庭医疗救助制度，是省委、省政府贯彻落实“三个代表”重要思想，坚持科学发展观，构建和谐社会，着力解决“三农”问题的又一重要举措。各级政府、各有关部门要认真组织开展试点工作，以大病救助为重点，切实解决农村低保对象（五保对象）、重点优抚对象的大病医疗救助问题，缓解农村贫困农民因病致贫问题，逐步建立和实施农村困难家庭医疗救助制度，进一步完善我省农村社会救助体系。各有关部门要加强综合协调，密切配合，建章立制，及时总结工作经验，适时完善各项制度，以确保试点工作健康发展，逐步推进。

省人民政府决定，2005年起先在罗源县、厦门市同安区、长泰县、安溪县、永安市、莆田市荔城区、武夷山市、龙岩市新罗区、柘荣县开展农村困难家庭医疗救助试点。今后，凡是开展新型农村合作医疗试点的县（市、区），都要依照本《办法》规定试行农村困难家庭医疗救助。

福建省人民政府

二〇〇五年四月二十九日

福建省农村困难家庭医疗救助试行办法

第一章　总则

第一条　根据《中共中央、国务院关于进一步加强农村卫生工作的决定》（中发〔2002〕13号）精神和《民政部、卫生部、财政部关于实施农村医疗救助的意见》（民发〔2003〕158号）要求，结合我省实际，制定本办法。

第二条　农村医疗救助制度是通过政府拨款和社会各界自愿捐助等多渠道筹资，资助农村医疗救助对象参加新型农村合作医疗，帮助解决重大疾病医疗费负担过重而实施的一项社会救助制度。

第三条　实施农村医疗救助制度应遵循下列原则：

（一）实行属地管理；

（二）与建立新型农村合作医疗制度相互衔接；

（三）坚持公开、公平、公正和便民；

（四）与当地经济社会发展水平和财政支付能力相适应。

第二章　医疗救助对象

第四条　现阶段救助对象为具有当地农村居民户籍且具备下列条件的贫困群众：

（一）享受农村居民最低生活保障的对象（含五保对象）。

（二）在乡重点优抚对象（含革命“五老”人员）。

第三章　医疗救助范围

第五条　农村困难家庭医疗救助范围是资助医疗救助对象参加当地新型农村合作医疗和补助因患大病（含因并发症住院分娩）所发生的大额医疗费用。

（一）资助医疗救助对象参加当地新型农村合作医疗个人缴费应负担的资金（每人每年10元），并享受合作医疗待遇。

（二）医疗救助对象大额医疗费用经合作医疗补助后，个人负担的医疗费用超过一定数额，难以承担，影响家庭基本生活的，再给予一定比例的医疗救助。

（三）国家规定特种传染病的救治费用，按有关规定办理。

第六条　县级人民政府应根据当地实际情况、医疗救助基金总额和收支平衡原则，制定本地农村医疗救助的起付线、具体比例和最高标准。医疗救助对象个人当年累计享受救助金额，原则上不超过当地规定的医疗救助的最高标准。

第七条　下列情形发生的医疗费用不属于本项医疗救助范围：

（一）新型农村合作医疗规定的医疗用药目录、诊疗项目目录和医疗服务设施目录标准支付范围以外的费用。

（二）因自杀、自残、打架斗殴、酗酒、吸毒等所发生的医疗费用。

（三）因交通事故、医疗事故以及其他赔付责任人应予支付的医疗费用。

（四）因器官移植、镶牙、整容、矫形、配镜以及保健、康复等所发生的费用。

（五）未按规定办理相关手续，在非定点医疗机构就医的费用。

（六）当地人民政府规定的其他不属于本项医疗救助范围的情形。

第四章　医疗救助的申请、审批程序

第八条　申请人（户主）在规定时间内向村民委员会提出书面申请，填写福建省农村困难家庭医疗救助申请表，如实提供当年度患大病的医疗诊断书、新型农村合作医疗管理机构出具的医疗费用总额收据及合作医疗补助凭证、必要的病史材料、社会帮困情况证明等，经村民代表会议评议后报乡（镇）人民政府审核；分散供养和集中供养的五保对象，分别由所在地的村民委员会和所在敬老院直接报乡（镇）人民政府审核。村民委员会和敬老院每年应

将享受医疗救助的人员名单、救助金额张榜公示，接受社会和群众监督。

第九条　乡（镇）人民政府对上报的申请表和有关材料在10个工作日内审核完毕。符合条件的，应报县级民政部门审批；不符合条件的，应将材料退回所在村民委员会，通知申请人，并说明原因。

乡（镇）人民政府根据需要，可采取入户调查、邻里访问以及信函索证等方式对申请人的医疗支出和家庭经济状况等进行调查核实。

第十条　县级民政部门对乡（镇）人民政府上报的申请材料在10个工作日内复核完毕。对符合医疗救助条件的，核准其享受医疗救助金额，并将批准意见通知乡（镇）人民政府和申请人；对不符合条件的，应书面通知申请人，并说明理由。

第十一条　医疗救助资金，由县级民政部门直接发放。交通不便的偏远地区，可由乡镇人民政府发放。有条件的地方，要采取社会化发放。

第五章　医疗救助服务

第十二条　医疗救助对象由当地新型农村合作医疗定点医疗机构提供医疗救助服务，并按照当地合作医疗规定的医疗用药目录、诊疗项目目录及医疗服务设施目录，为医疗救助对象提供热情周到的医疗服务。

第十三条　医疗救助对象在定点医疗机构住院期间，院方对其住院床位费、护理费给予减收50%的优惠；大型设备检查费、手术项目费用给予减收20%的优惠。

第十四条　医疗救助对象患疑难重症需转到非定点医疗机构就诊时，按当地实施医疗救助的有关规定办理转院手续。

第十五条　承担医疗救助的定点医疗机构要完善并落实各项诊疗规范和管理制度，保证服务质量，控制医疗费用。

第十六条　定点医疗机构不得要求医疗救助对象支付按规定应予减免的费用。

第六章　救助基金筹集和管理

第十七条　各县（市、区）应建立农村医疗救助基金，基金主要通过省、市、县（区）财政拨款、福利彩票公益金中提取和社会各界自愿捐助等渠道筹集。

（一）财政部门按当地救助对象每人每年不低于50元的标准筹集医疗救助资金，并按分担比例列入各级财政预算。财力状况较好的地方，应加大财政投入力度，扩大基金规模。

省级财政根据各县（市、区）财力状况确定补助标准。对享受财政一般转移支付的县（市）和实际人均财力相当于一般转移支付县水平的县（市），按每人每年40元的标准补助；对人均财力在1.5万～2万元之间的县（市），按每人每年30元的标准补助；对人均财力在2万元以上的县（市）以及市辖区，按每人每年20元的标准补助。省级财政补助资金通过专项转移支付形式补助给有关县（市、区），其余的财政资金由设区的市和县（市、区）财政分担，分担比例由设区的市人民政府确定。在本办法规定的我省现阶段试行农村医疗救助对象之外，当地人民政府自行规定的其他享受农村医疗救助对象，其救助资金由当地财政负担并列入预算。厦门市的筹资标准和各级分担比例，由厦门市人民政府确定，所需资金由厦门市保障。

（二）社会各界捐赠的资金。

（三）农村医疗救助基金形成的利息收入以及其他资金。

第十八条　从福利彩票公益金中提取一定比例的资金和社会各界对农村医疗救助的捐赠资金，作为省和设区的市农村医疗救助基金（调剂金），主要用于突发重大疾病致贫的农村困难群众的临时医疗救助。

第十九条　县级财政部门应建立农村医疗救助基金专户。县级民政部门应设立农村医疗救助基金专账，用于办理资金的核拨、支付和发放业务。

第二十条　农村医疗救助基金实行专户储存、专项管理、单独核算、专款专用，其筹集、管理和使用要接受社会监督。

第二十一条　民政部门要建立跟踪检查制度，财政、审计等有关部门应对医疗救助基金实施财务监管和审计，确保医疗救助基金按时拨付和合理使用，杜绝发生挤占、挪用等违规行为。

第七章　组织实施

第二十二条　实施农村医疗救助制度，要在各级人民政府领导下，由民政部门管理并组织实施，有关部门配合，共同抓好落实。

第二十三条　各级民政部门要加强对农村医疗救助工作的指导，认真调查研究，掌握情况，建章立制，加强管理，做好综合协调工作。按照公开、公平、公正原则，实行医疗救助公示制度，接受社会和群众监督。

第二十四条　各级财政部门应会同民政部门，制定医疗救助基金管理办法。县级财政部门根据审定的用款计划，及时将医疗救助资金拨付到位。

第二十五条　卫生部门应加强对提供医疗救助服务的定点医疗机构的监督管理，规范医疗服务行为，提高服务质量。

第二十六条　有关单位、组织和个人应当如实提供所需情况，配合有关医疗救助工作的调查核实。

第八章　附则

第二十七条　各市、县（区）人民政府根据本办法，结合当地实际情况制定本地区农村困难家庭医疗救助实施办法，报上级人民政府和有关部门备案。

第二十八条　本办法由省民政厅会同省卫生厅、省财政厅负责解释。

福建省人民政府批转省民政厅等部门关于福建省城市医疗救助试行办法的通知

闽政〔2005〕8号

各市、县（区）人民政府，省人民政府各部门、各直属机构：

根据《国务院办公厅转发民政部等部门关于建立城市医疗救助制度试点工作意见的通知》（国办发〔2005〕10号）精神，省人民政府决定，2005年起在我省开展建立城市贫困家庭医疗救助制度的试点工作。今年起先在福州市鼓楼区、台江区、仓山区、晋安区、马尾区，厦门市思明区、湖里区、海沧区、集美区、同安区、翔安区，泉州市鲤城区、丰泽区、泉港区、晋江市和沙县开展建立城市贫困家庭医疗救助制度试点。明年起再增加试点单位，再用两三年的时间，到2008年在全省普遍建立城市医疗救助制度。为了确保我省城市医疗救助工作规范有序开展，省民政厅、卫生厅、劳动保障厅、财政厅制定了《福建省城市医疗救助试行办法》（以下简称《办法》）。现将《办法》批转给你们，请认真贯彻执行。

实施城市医疗救助，是省委、省政府贯彻“三个代表”重要思想，坚持以人为本，落实科学发展观，扶助困难群体，构建社会主义和谐社会的一项重要举措。各级政府要加强组织领导，切实落实措施，积极筹集资金，认真开展试点工作。在试点中，既要坚持从当地经济社会发展水平和财政支付能力的实际出发，又要坚持以大病医疗救助为重点，尽量帮助城市贫困群众解决最基本的医疗困难，及时总结经验，规范运作，逐步建立和实施城市医疗救助制度，进一步完善我省城市社会救助体系。各有关部门要履行职责，加强协调，密切配合，建章立制，不断完善，确保这项工作健康发展，稳步推进。

福建省人民政府

二○○五年五月十五日

福建省城市医疗救助试行办法

第一章　总则

第一条　根据《国务院办公厅转发民政部等部门关于建立城市医疗救助制度试点工作意见的通知》（国办发〔2005〕10号）精神，结合实际，制定本办法。

第二条　城市医疗救助的指导思想是，坚持以邓小平理论和“三个代表”重要思想为指导，贯彻落实党中央、国务院关于改革和完善城镇社会保障制度的有关精神，从实际出发，通过多渠道筹措资金，逐步建立适合国情、省情的城市医疗救助制度，切实帮助城市贫困群众解决因患重大疾病医疗费用负担过重和基本医疗服务的困难和问题。

第三条　城市医疗救助应遵循下列基本原则：

（一）实行属地管理。

（二）实事求是，因地制宜。

（三）多方筹资，多种方式。

（四）量力而行，与当地经济社会发展水平和财政支付能力相适应。

第二章　医疗救助对象

第四条　现阶段救助对象为具有当地城镇居民户籍的下列贫困群众：

（一）城市居民最低生活保障对象中未参加城镇职工基本医疗保险的人员。

（二）重点优抚对象（含革命“五老”人员，即老地下党员、老游击队员、老接头户、老交通员、老苏区干部）。

（三）社会福利机构收养的“三无”人员，即无劳动能力、无生活来源、无法定抚养人。

第三章　医疗救助范围

第五条　符合条件的救助对象当年累计医疗费用或因患重病住院一次性医疗费用，在扣除临时救济、社会互助帮困等之后，个人负担超过一定金额的医疗费用给予一定比例或一定数额的救助。但个人当年累计享受的救助金额原则上不得超过当地规定的最高救助标准。

第六条　医疗救助起付标准、救助比例和最高救助标准，应与当地经济发展水平和财政支付能力相适应，同时又要尽量帮助城市医疗救助对象解决最基本的医疗服务。具体标准由县级民政部门会同卫生、劳动保障、财政等部门制订，经同级人民政府批准后执行。

第七条　下列情形发生的医疗费用不属于本项医疗救助范围：

（一）当地城镇职工医疗保险规定的甲类药品目录、诊疗项目目录和医疗服务设施目录以外的费用。

（二）因自杀、自残、打架斗殴、酗酒、吸毒等发生的医疗费用。

（三）因交通事故、医疗事故以及其他赔付责任人应予支付的医疗费用。

（四）因器官移植、镶牙、整容、矫形、配镜以及保健、康复等发生的费用。

（五）未按规定办理相关手续，在非定点医疗机构就医所发生的费用。

（六）当地人民政府规定的其他不属于本项医疗救助范围的情形。

第四章　医疗救助的申请、审批程序

第八条　符合条件的医疗救助对象，由本人或户主向所在地的居民委员会提出申请，填写福建省城市贫困群众医疗救助申请表，提供定点医疗机构出具的符合城镇职工基本医疗保险甲类用药目录、诊疗项目目录、医疗服务设施目录以内的收费凭据、疾病诊断书及必要的病史材料、社会互助帮困证明等。居民委员会对救助对象提供的材料进行初审和入户调查，在5个工作日内上报街道办事处或乡（镇）人民政府。居民委员会应将享受医疗救助的人员名单、救助金额张榜公示，接受社会和群众监督。

第九条　街道办事处或乡（镇）人民政府对上报的申请材料在5个工作日内审核完毕。

对符合条件的，应报县级民政部门审批；不符合条件的，应将材料退回所在居委会，通知申请人，并说明理由。社会福利机构“三无”人员申请医疗救助，由所在社会福利机构负责审核，直接报同级民政部门审批。

第十条　县级民政部门对上报的申请材料在5个工作日内复核完毕。对符合医疗救助条件的，核准其享受医疗救助的金额；不符合条件的，应书面通知申请人，并说明理由。

第十一条　医疗救助资金由县级民政部门采取社会化发放办法直接发放。

第五章　医疗救助服务

第十二条　城市医疗救助的定点医疗机构由县级人民政府确定。救助对象凭福建省城市居民最低保障金领取证、优抚对象定补证、革命五老人员定补证及社会福利机构出具的证明到定点医疗机构就医。定点医疗机构原则上参照当地城镇职工基本医疗保险甲类用药目录、诊疗项目目录和医疗服务设施目录为医疗救助对象提供医疗服务。

第十三条　医疗救助对象在定点医疗机构住院期间，院方对其住院床位费、护理费给予减收50%的优惠；大型设备检查费、手术项目费用给予减收20%的优惠。

第十四条　医疗救助对象患疑难重症需转到非定点医疗机构就诊的，按当地有关规定办理转院手续。

第十五条　定点医疗机构要完善并落实各项诊疗规范和管理制度，保证服务质量，合理检查、合理用药、合理收费，不得要求医疗救助对象支付按规定应予减免的费用。

第六章　医疗救助基金筹集和管理

第十六条　设区的市和县（市、区）应建立城市医疗救助基金。医疗救助基金主要通过省、市、县财政拨款和社会各界捐助等渠道筹集。

（一）财政部门按当地救助对象每人每年不低于100元的标准筹集城市医疗救助资金，并按分担比例列入各级财政预算。财力状况好的地方，应加大财政投入力度，扩大基金规模。

省级财政根据各县（市、区）人均财力情况和医疗救助对象人数给予补助。对享受一般转移支付的县（市）和实际人均财力相当于一般转移支付县水平的县（市），按每人每年80元的标准给予补助；对人均财力在1.5至2万元之间的县（市），按每人每年50元的标准给予补助；对人均财力2万元以上的县（市）以及市辖区，按每人每年20元的标准给予补助。省级财政补助资金通过专项转移支付形式补助给有关县（市、区）。其余资金由设区的市与县（市、区）财政分担，分担比例由设区市人民政府确定。当地人民政府自行决定扩大救助对象范围所需的医疗救助资金，由当地财政全额负担并列入财政预算。厦门市的筹资标准和各级分担比例，由厦门市人民政府确定，所需资金由厦门市全额筹集。

（二）社会各界对城市医疗救助捐助的资金。

（三）城市医疗救助基金形成的利息收入以及其他资金。

第十七条　从福利彩票公益金中提取一定比例的资金作为省级城市医疗救助调剂金，用于对城市其他困难群众突发重大疾病致贫的临时救助。

第十八条　县级财政部门应在社会保障基金财政专户中建立城市医疗救助基金专账，并按照社会保障基金财政专户管理有关规定，对各项来源的基金收入和支出实行专账核算、专项管理。县级民政部门应设立城市医疗救助基金专账，用于办理资金的核拨、支付和发放业务。

试点期间，设区的市对所辖区的医疗救助可实行统一标准、统一管理；也可以区为单位对城市医疗救助实行统一管理，但在所辖区之间，要做到政策互相衔接，救助标准基本一致。

第十九条　城市医疗救助基金实行专项管理，单独核算，专款专用，不得提取管理费或列支其他任何费用。省财政厅会同省民政厅制定城市医疗救助基金管理暂行办法。

第二十条　民政、财政、监察、审计等部门要加强对城市医疗救助基金使用情况的监督检查，定期向社会公布医疗救助基金的筹集和使用情况，接受社会监督。对虚报冒领、挤占挪用、贪污浪费等违法违纪行为，依照有关法律法规严肃处理。

第七章　组织与实施

第二十一条　省政府成立的“福建省城乡贫困家庭医疗救助试点工作协调小组”，负责指导和协调全省城市和农村贫困群众医疗救助试点工作。协调小组下设办公室，办公室挂靠省民政厅，负责承办协调小组的日常工作。有关设区的市和试点县（市、区）也应成立相应机构，负责指导和协调本地区城乡贫困群众医疗救助试点工作。

第二十二条　民政部门负责牵头和管理城市贫困群众医疗救助工作，研究拟定城市医疗救助的政策规定和实施细则，建立健全城市医疗救助管理的各项规章制度，认真组织实施。

第二十三条　财政部门会同民政部门制定城市医疗救助基金管理办法。县级财政部门根据审定的用款计划，及时将医疗救助基金拨付到位并予以检查监督。

第二十四条　卫生部门加强对提供医疗救助服务的卫生医疗机构的监督管理，规范医疗服务行为，提高服务质量。

第二十五条　劳动保障部门配合做好城市医疗救助与城镇职工基本医疗保险的衔接工作。

第二十六条　有关单位、组织和个人应当如实提供所需情况，配合有关医疗救助工作的调查核实。

第八章　附则

第二十七条　各市、县（区）人民政府根据本办法，结合当地实际制定本地区城市贫困群众医疗救助实施细则（办法），报上级人民政府和有关部门备案。

第二十八条　本办法由省民政厅会同省卫生厅、劳动保障厅、财政厅负责解释。

福建省人民政府批转省民政厅等部门关于福建省重点优抚对象和革命“五老”人员医疗补助办法的通知

闽政〔2005〕24号

各市、县（区）人民政府，省人民政府各部门、各直属机构：

为了做好重点优抚对象和革命“五老”人员医疗补助工作，省民政厅、老区办、财政厅、卫生厅制定了《福建省重点优抚对象和革命“五老”人员医疗补助试行办法》（以下简称《办法》）。该《办法》已经省人民政府研究同意，现发给你们，请认真贯彻执行。

党和国家历来重视做好重点优抚对象的优待抚恤工作，多次提高他们的生活待遇和补助标准。省委、省政府还十分关心我省根据有关政策评定的革命“五老”人员的生活，多次提高补助标准。他们中大部分年老体弱多病。为此，省委、省政府决定在我省逐步开展新型农村合作医疗和城乡困难家庭医疗救助的同时，从2006年起对全省重点优抚对象和革命“五老”人员实行医疗补助。各级政府要切实加强领导，周密部署，制定具体方案，认真组织实施；各有关部门要密切配合，加强协调，完善各项管理制度，确保这项工作落到实处。省直有关部门要加强指导，搞好服务，总结经验，促进完善。

福建省人民政府

二〇〇五年十二月三十一日

福建省重点优抚对象和革命“五老”人员医疗补助试行办法

第一章　总则

第一条　为了体现党和政府对重点优抚对象和革命“五老”人员的关心，解决他们的部分医疗费用，根据现阶段经济社会发展水平和各地实际情况，制定本办法。

第二条　重点优抚对象和革命“五老”人员医疗费补助遵循下列原则：

（一）属地管理；

（二）坚持公开、公平、公正；

（三）与新型农村合作医疗制度和城乡医疗救助制度相衔接；

（四）与当地经济发展水平和财政支付能力相适应。

第二章　实行医疗补助的对象

第三条　医疗补助对象为具有当地居民户籍的下列人员：

（一）重点优抚对象，即残疾军人（不含六级以上人员）、烈士遗属、因公牺牲军人遗属、病故军人遗属、在乡退伍红军老战士、红军失散人员、在乡复员军人(1954年10月31日前入伍)。

(二)革命“五老”人员,即建国前参加革命、建国后经县级以上人民政府评定、现享受定期生活补助费的老地下党员、老游击队员、老接头户、老交通员、老苏区干部。

第三章 医疗补助办法

第四条 对重点优抚对象和革命“五老”人员的医疗补助包括以下两部分:

(一)为每个重点优抚对象和革命“五老”人员设立一个个人门诊账户,按个人补助资金年标准的30%拨入其个人门诊账户,用于平时在定点医院门诊的开支。

(二)剩余资金全部归入当地重点优抚对象和革命“五老”人员医疗补助基金,作为大病医疗补助基金。重点优抚对象和革命“五老”人员累计医疗费用或住院一次性费用,经实施新型农村合作医疗补助和城乡医疗救助后,扣除临时救济、社会帮困,个人负担的医疗费用超过一定金额的,由重点优抚对象和革命“五老”人员医疗补助基金给予一定比例的医疗补助。

第五条 各县(市、区)应当结合当地实际,制定重点优抚对象和革命“五老”人员医疗补助起付线、补助比例和最高补助标准。重点优抚对象和革命“五老”人员当年的累计补助金额原则上不得超过当地规定的最高补助标准。

第四章 医疗补助申请、审批程序

第六条 重点优抚对象和革命“五老”人员需要由医疗补助基金给予补助的,由其向所在地的村(居)民委员会提出申请,填写重点优抚对象医疗补助申请表或革命“五老”人员医疗补助申请表,并提供定点医疗机构出具的符合规定的用药目录、诊疗项目目录、医疗服务设施目录的收费凭据(已开展新型农村合作医疗和农村医疗救助试点地方由新型农村合作医疗经办机构出具),疾病诊断书及必要的病史材料,社会互助帮困证明,已享受城乡医疗救助证明等,村(居)民委员会进行初审并公示,符合条件的上报乡(镇)人民政府或街道办事处。

第七条 乡(镇)人民政府或街道办事处对上报的申请材料在10个工作日内审核完毕。符合条件的,县(市、区)有关部门审批;不符合条件的应将材料退回所在村(居)民委员会,通知申请人并认真负责地说明具体理由。

第八条 县(市、区)审批部门对重点优抚对象和革命“五老”人员的申请材料在10个工作日内审查完毕。符合补助条件的予以审批并核准其享受医疗补助的金额;不符合补助条件的应书面通知申请人,并说明理由。

重点优抚对象和革命“五老”人员医疗补助的审批部门由县(市、区)人民政府确定,补助资金由县审批部门发放。

第五章　医疗服务

第九条　已经开展新型农村合作医疗及城乡医疗救助试点的县（市、区），由新型农村合作医疗及城乡医疗救助定点医疗机构提供医疗服务；尚未开展城乡医疗救助的县（市、区），定点医疗机构由县级人民政府确定。应按照方便就医的原则确定医疗机构，鼓励他们就近到基层卫生医疗机构就医治疗。

第十条　重点优抚对象和革命“五老”人员分别凭优抚对象定补证和革命“五老”人员定补证及相关身份证件到定点医疗机构就医。定点医疗机构按照规定的用药目录、诊疗项目目录和医疗服务设施目录提供医疗服务。

第十一条　重点优抚对象和革命“五老”人员在定点医疗机构住院期间，按实施城乡医疗救助制度规定的标准，院方对其住院床位费、护理费给予减收50%的优惠；大型设备检查费、手术项目费用给予减收20%的优惠。

第十二条　重点优抚对象和革命“五老”人员患疑难重症需转到非定点医疗机构就诊的，按照城乡医疗救助或当地有关规定办理转院手续。

第十三条　定点医疗机构要完善并落实各项诊疗规范和管理制度，保证服务质量，合理检查、合理用药、合理收费，不得要求重点优抚对象和革命“五老”人员支付按规定应当予以减免的费用。

第六章　医疗补助资金的筹集和管理

第十四条　资金由省、市、县（区）三级财政共同分担。现阶段财政部门按照当地补助对象每年每人600元的标准筹集补助资金，并按省、市、县三级分担比例列入各级财政预算。根据各地财力状况，各级按下列比例负担：

（一）人均财力在1.2万元以下的县（市），省、市、县按7∶2∶1比例负担。

（二）人均财力在1.2至1.5万元的县（市），省、市、县按照6∶2∶2比例负担。

（三）人均财力在1.5至2万元的县（市），省、市、县按照5：2∶3比例负担。

（四）市辖区及人均财力在2万元以上的县（市），省、市、县按照4∶2∶4比例负担。

厦门市的资金筹集标准和负担比例由厦门市人民政府确定。

第十五条　各县（市、区）应建立重点优抚对象和革命“五老”人员医疗补助基金。基金应做到当年平衡，超支不补，节余的转入下年度继续使用。

第十六条　县级财政部门应设立重点优抚对象和革命“五老”人员医疗补助基金专户。县级医疗补助审批部门应设立医疗补助基金专账，用于办理资金的核拨、支付和发放业务。

第十七条　医疗补助基金实行专户储存、专项管理、单独核算、专款专用，其筹集、管理和使用应当接受社会监督。

第十八条　民政、老区部门要建立跟踪检查制度，财政、审计部门应对医疗补助基金实施财务监管和审计，确保补助基金按时拨付和合理使用，杜绝发生挤占、挪用等违规行为。

第七章　组织实施

第十九条　重点优抚对象和革命“五老”人员医疗补助工作在各级人民政府领导下，由民政等部门管理并组织实施，有关部门配合，共同抓好落实。

第二十条　财政部门会同民政、老区部门制定重点优抚对象和革命“五老”人员医疗补助基金管理办法。县级财政部门根据用款计划，及时将医疗补助基金拨付到位。

第二十一条　卫生部门要加强对提供医疗服务的定点卫生医疗机构的监督管理，规范医疗服务行为，提高服务质量。

第二十二条　有关单位、组织和个人应当如实提供所需情况，配合有关医疗补助工作的调查核实。

第八章　附则

第二十三条　各县（市、区）人民政府根据本办法，结合当地实际制定本地区重点优抚对象和革命“五老”人员医疗补助实施办法，报上级人民政府及民政、老区、财政、卫生部门备案。

第二十四条　本办法由省民政厅、省老区办、省财政厅、省卫生厅负责解释。

编 后 记

《福建省志·民政志（1995—2005）》（以下简称《民政志》）编纂工作于2009年下半年开始着手进行。2012年7月草成初稿并会同省方志委省志辅导处召开初稿评议会；2013年3月省民政厅机关成立《民政志》编纂委员会和编辑室；同年8月完成志书总纂稿并召开总纂稿评审会；2014年7月至10月初印蓝本征求省民政厅机关各处（室、局）和离退休老干部意见，并召开《民政志》送审稿第一次审稿会议；2015年5月召开送审稿第二次审稿会议；2017年11月召开送审稿第三次审稿会议后形成终审稿。

历经数载的《民政志》编纂工作是一个不断查阅搜集史料，不断复核考证史料，不断调整编写框架，不断扩展编写内容的过程。这一过程除了人手短缺以外（过程前半期由一人兼职开展工作，后半期方具备专职一人），始终面临着资料缺口的瓶颈问题（省民政厅办公地点在志书记述时限内曾两次搬迁，老旧资料基本流失不复存在）。但是，承蒙省民政厅领导的重视与关怀以及各业务处（室、局）同志们的支持与配合，省方志委业务人员的帮助，编纂工作得以有序推进。编纂人员通过各种途径调阅历史文件、历史书刊以及政府门户网站，多次实地实人采访或电话咨询，许多史料信息反复推敲研究，多方审核查验。全书从最初文稿的37万字，扩展到初印蓝本的53万字，再扩展到最后定稿的60多万字，而且内容的准确性也伴随着数次修稿过程而获得有效保障。为本书提供资料的有吴连田、林双全、夏文明、陈建年、贾丽芹、魏金鲜、廖庆文、黄灵星、黄小谷、郑令宇、李锋华、林晓渊、林振、卢六周、洪道庆、郑泳等同志；参与本书文稿审查的有黄炳泰、高雪玉、吴连田、陈彩登、廖明光、汪洁生、翁建国、黄声亮、张孝敢、林珍瑞、黄金泰、温崇海、林建水、林双全、邱航、张志明等同志；福建师范大学学生陈瑶、邓似宾、叶惠恋、郑雪维、林彩虹、张傲等协助录入和编辑文字图像等资料；工作过程中还得到了奚小平、徐若兰、谭浩等同志的帮助。在此，谨向关怀本书编纂工作的领导和协助本书编纂成稿的所有人员表示诚挚的谢意。

由于人手不足，史料收集困难，加之编修者经验水平所限，本书如有疏漏与错误之处，敬请各方人士批评指正。

《福建省志·民政志（1995—2005）》编辑室

2018年9月